दारुलशफ़ा

राजकृष्ण मिश्र

राजकमल पेपरबैक्स

पहला पुस्तकालय संस्करण
शब्दकार, दिल्ली द्वारा
1981 में प्रकाशित

राजकमल पेपरबैक्स में
पहला संस्करण : 1985
चौथा संस्करण : 2006
This book is printed on **Print on Demand** Technology : 2024

राजकमल पेपरबैक्स : उत्कृष्ट साहित्य के जनसुलभ संस्करण

राजकमल प्रकाशन प्रा.लि.
1-बी, नेताजी सुभाष मार्ग, दरियागंज
नई दिल्ली-110 002
द्वारा प्रकाशित

शाखाएँ : अशोक राजपथ, साइंस कॉलेज के सामने, पटना-800 006
पहली मंजिल, दरबारी बिल्डिंग, महात्मा गांधी मार्ग, प्रयागराज-211 001
1, अनमोल सोराबजी सन्तुक लेन, धोबी तलाव, मरीन लाइंस, मुम्बई-400 002
वेबसाइट : www.rajkamalprakashan.com
ई-मेल : info@rajkamalprakashan.com

मूल्य : ₹399

DARULSHAFA
Novel by Rajkrishna Mishra

ISBN : 978-81-267-1267-0

राजकृष्ण मिश्र

जन्म : 3 अगस्त, 1940। जन्म स्थान : वाराणसी। शिक्षा : बी.ए. (कॉमर्स), लखनऊ विश्वविद्यालय, सर्टिफिकेट कोर्स, ऑल इंडिया इंस्टीट्यूट ऑफ सोशल वेलफेयर एंड बिजिनेस मैनेजमेंट, कलकत्ता।

राजकृष्ण मिश्र की पहली कहानी 'ककन के लिए' 1957 में छपी थी। उसके बाद 'क्या होगा', 'वह आएगी', 'धड़कनों का राग', 'मन के किनारे', 'धंधा' आदि कहानियाँ समय-समय पर प्रकाशित होती रहीं। 'कामना का क्षितिज' पुस्तक 1973 में छपी थी। राजकृष्ण मिश्र ने 'चालान', 'वापसी', 'वजूद' और 'हेलो' नाटक लिखे हैं। 'चालान' और 'वापसी' नाटक दूरदर्शन और आकाशवाणी से प्रसारित किए जा चुके हैं। राजकृष्ण मिश्र दूरदर्शन के फ्रीलांस निर्माता-निर्देशक हैं और दूरदर्शन के लिए फिल्में बनाते हैं। 'सर्वे भवंतु सुखिनः', 'बंद मुट्ठी', 'खुला आसमान', 'पीढ़ी से पीढ़ी तक', 'टुकड़ों में बँटी जिंदगी', 'भूले भटके', 'पुनः', 'दस साल बाद', 'रहस्य', 'अनुभूति', 'संकट मोचक' और 'रासलीला' आदि दूरदर्शन-फिल्मों के पटकथा-लेखक, निर्माता और निर्देशक रहे हैं। वर्तमान में उत्तर प्रदेश चल चित्र निगम लि. में सलाहकार के पद पर कार्यरत हैं।

श्री रामकृष्ण मिश्र (आर. के. मिश्र) को यों तो कई वर्षों से जानता हूँ किंतु 'दारुलशफ़ा' के कई परिच्छेद झाँककर ही मैंने उपन्यासकार के रूप में उनका नया परिचय पाया है। यह उपन्यास कथ्य और शिल्प दोनों ही दृष्टियों से रोचक है। कहानी कुछ घंटों की ही है; स्थल, विधायक निवास उर्फ़ दारुलशफ़ा। विधायकों और मंत्री बनने के इच्छुक लोगों की कारगुज़ारियाँ ; बड़े ही सजीव और रोचक ढंग से इस उपन्यास में प्रस्तुत की गई हैं। उत्सुकदास, गुरुपदस्वामी, लोबीराम-जैसे पात्रों के पीछे मुझे उनके असली चेहरे भी अक्सर नज़र आए जिससे यह अनुमान लगा कि श्री मिश्र ने वर्षों तक असली दारुलशफ़ा के फेरे लगाकर इन राजनीतिक शतरंज के मोहरों की उठा-पटक को बहुत बारीकी से देखा होगा। चरित्र-चित्रण ठीक लगा। वर्णन रोचक है और शिल्प की दृष्टि से भी इसमें ताजगी नज़र आती है। लेखक ने इसमें कुछ चरित्रों की कहानियाँ लिखी हैं किंतु यह चरित्र एक-दूसरे की समस्याओं में गुँथकर इन कहानियों में इस तरह से गतिशील होते हैं कि कहानियाँ सब मिलाकर उपन्यास का रूप ले लेती हैं। श्री मिश्र एक उदीयमान लेखक हैं। भविष्य में इनसे अच्छे उपन्यासों की आशा भी की जा सकती है। मैं अपने नगर की इस नवोदित प्रतिभा का हार्दिक स्वागत करता हूँ। मुझे आशा है कि पाठक सब मिलाकर प्रस्तुत रचना तथा उसके रचनाकार की सराहना करेंगे।

15.10.81

अमृतलाल नागर

जून का महीना, 16 तारीख, चार-सवा चार का वक्त होगा। दोपहर ढलने पर भी गजब की लू चल रही थी। हवा के थपेड़े धू-धू की आवाज में दूर-दूर तक गोल गर्द के बवंडर को खौफनाक बना रहे थे। हल्का-सा झोंका, हमेशा दबी खामोशी में पड़ा रहनेवाला ज़र्रा, छोटा-सा दायरा बनकर उठता और बड़े बगूलों में समा जाता। ऐसे अनेक दायरों की कतार, फिर उनसे बड़े बगूले और पास ही मँडराते हुए बवंडर जैसे एक-दूसरे में समा जाने के लिए घूम रहे थे। जो दायरा भटक जाता, वह आगे जाकर हमेशा की तरह टूट जाता, बिखर जाता।

उत्तरप्रदेश की राजधानी लखनऊ में उस दिन बड़ी हलचल थी। तीन महीने के राष्ट्रपति शासन के बाद पार्टी का मंत्रिमंडल बनने जा रहा था जिसमें अपने-अपने दाँव लगाकर कितने ही विधायक दारुलशफ़ा में दम साधे बैठे थे। रंगीनराय के कमरे में अखंड पाठ जमा तो लोबीराम के लिए एक पंडित हवन कर रहा था। यशोदाबल्लभ ने अपने भाई कृष्णबल्लभ के मंत्री बन जाने की चाहत में चंडिका का जाप लगा रखा था। उधर तांत्रिक, नजूमी और हाल बुलानेवालों का धंधा जोरों पर था। सभी मनौती-चढ़ावा मानकर, अपने-अपने कुलदेवता के नाम से प्रार्थना में मग्न थे। सत्ता-संघर्ष के अंतिम दौर में दिलों में दहशत, आँखों में सवाल लिए प्रदेश के कर्णधारों को सरकार बनने की सुनहरी घड़ी का बेचैनी से इंतजार था।

मंत्रिमंडल के उम्मीदवार भावी मुख्यमंत्री उत्सुकदास से, इन दिनों, कई-कई बार मिलकर अपनी निष्ठा, दिल चीरकर दिखा आए थे। इन्हीं दिनों दिल्ली के चक्करों में गोलबंद चमचे, चकरबंध, नमकीन चिलगोजे, खुराकी कार्यकर्त्ताओं और उत्साहवर्धक समर्थकों के दल केंद्रीय नेताओं के इर्द-गिर्द परिक्रमा करते रहे। जिले, प्रदेश, देश और विदेश की परिस्थितियों से अवगत कराने से भी अगर काम न चला तो कह आए थे, इन्हें मंत्री न बनाया तो परिणाम भुगतिएगा जब विद्रोह होगा।

दारुलशफा 'ए' ब्लॉक के उत्तरी कोने में कालीशंकर अभी एंबेस्डर गाड़ी से उतरा ही था, सामने बढ़ई दीक्षित को जाता हुआ देखकर, उसने आवाज लगाई : "रे बढ़ई! सुना भाई! सुना!!"

"हो···हो, काली तुम! क्या बात है? इस भयंकर लू में कहाँ निकल पड़े?"

इतने में गर्द का एक झोंका आया जिसकी जलन से घबड़ाकर कालीशंकर 'ए' ब्लॉक

की प्रवेश गैलरी की ओर भागा। बढ़ई भी आँखें मलते हुए वहीं पहुँच गया। बाईं जेब से रूमाल निकालकर मुँह पोंछते हुए कालीशंकर ने कहा, ''क्या बताएँ यार, कृष्णबल्लभ यादव से कहने आया था, राजभवन पहुँच जाएँ।''

''अरे! क्या कृष्णबल्लभ मंत्री हो गए? सबेरे तो सुना था, उनका नाम हाईकमांड ने काट दिया। कुछ भी हो गुरु, तब तो मजा-ही-मजा है। यहाँ तो रोजाना मंत्रियों की लिस्ट बनती है, बिगड़ती है, फिर बनती है। सच क्या है, पता नहीं लग पाता। अब तुम्हीं बताओ मेरे भाई, कौन-कौन हो रहा है?''

''कौन-क्रौन हो रहा है, क्या है यार! हमें भी बस अटकलबाजियाँ ही मालूम हैं, फिर अभी ढाई बजे ही तो, पार्टी-अध्यक्ष लिस्ट लेकर आए हैं। किसी को···किसी को भी, हाँ प्रधानमंत्री और पार्टी-अध्यक्ष के सिवा कुछ पता तो है नहीं—साले बैठे-ठाले लंतरानियाँ उड़ाते रहते हैं, मुख्यमंत्री के बाप!'' मुँह बिचकाते हुए कालीशंकर ने कहा, ''तो फिर चलें, और हाँ, यादव जी कमरे में तो हैं. ना?''

कुछ उखड़े हुए मूड में बढ़ई बोला, ''वह तो कमरा बंद किए पड़े हैं। मैं अभी हाल गया तो डाँटकर भगा दिया। बोले—मगज मत चाटो···सब साले हैं हरामखोर··· वक्त-बेवक्त चले आते हैं।'' कृष्णबल्लभ की नकल उतारते हुए बढ़ई ने कहा।

कालीशंकर को इस लहजे पर अनायास हँसी आ गई। फिर हँसी रोकते हुए उसने पूछा, ''क्यों भला, हुआ क्या?''

''लो, अब इनसे पूछो, हुआ क्या! होना क्या था भला, वही जैसे स्कूली लड़कों को एक्ज़ामिनेशन फ़ीवर, शहरों में डेंगू फ़ीवर, गाँवों में पीला, काला फीवर, उनको रहा मंत्रिमंडल फीवर 108 डिग्री!! कल तो अच्छे-भले थे। गई रात तक उनकी हाजिरी लगाकर गया था। क्या आलम था, उनका! बस यही लगता है सबेरे के अखबारों ने उनका जायका बिगाड़ डाला। फिर भी चलते हैं तुम्हारे साथ, देखें आखिर होता क्या है!''

''हाँ···हाँ, चलो। अखबारों की खबर तो झूठी थी।''

जोड़-तोड़, निशानेबाजी में कृष्णबल्लभ तीन दिन, तीन रातों से सोए नहीं थे। मंत्रिमंडल के निर्माण की गतिविधियों के प्रथम दिन से कल तक उनको पूरा यकीन था, वह मंत्री बनेंगे। गँवई-गाँव के सैकड़ों लोग आ-आकर बधाई दे गए। फोन, तार का सिलसिला लगा रहा। फिर कितनी सौगातें आईं। दर्जनों प्रलोभन, आकांक्षी, उत्साहवर्धक चमचे बड़ी तादाद में बिखरे पड़े थे, महान अवसर की प्रतीक्षा में।

वैसे तो कल सबेरे ही अखबारों में कृष्णबल्लभ का नाम आ गया था लेकिन शाम को डेलीन्यूज के विशेष संवाददाता सुमंत और इंडियन न्यूज एजेंसी के पत्रकार डैनियल ने

उनसे दारू की दावत माँगी, तब कहीं जाकर उनको पूरा इत्मीनान हुआ। इन लोगों ने कृष्णबल्लभ यादव को पका-पकाकर बता दिया, वह न सिर्फ कैबिनेट स्तर के मंत्री होंगे, उनको सिंचाई विभाग भी मिलनेवाला था।

ला माटीनियर ग्राउंड के सन्नाटे में सुमंत और डैनियल के साथ हुई दारू की दावत के बाद कल रात, कृष्णबल्लभ जब दारुलशफा लौटे तो उनके पाँव जमीन पर नहीं पड़ रहे थे। उनके मन के कोने-कोने में फुलझड़ियाँ फूटतीं और बड़े जोर से रगों में दौड़कर हर धड़कन में समा जातीं। सबकुछ होते हुए भी उनका मंत्री बन जाना इतना आसान नहीं था, इसीलिए आज इतने दिनों से वह भिड़े थे। अब सबेरे की अखबारी खबरें, फिर शाम दारू की दावत, ऊपर से सुमंत और डैनियल-जैसे चोटी के खबरनवीसों के कसमें उठा-उठाकर बोलने-बताने से वह पूरी तरह निश्चित हो चुके थे। कहीं भी, किसी प्रकार की शंका उनके मन में तब बाकी न बची।

दारुलशफा, अपने कमरे में पहुँचकर कृष्णबल्लभ ने अपने खास सेवक जाटव को बुलाया। फिर उसे दस-दस के दो नोट देकर बोले, "जाटव! जरा जाकर चौधरी की मिठाई तो ले आ। मेरे लिए तो खाना ले आना और बाकी की मिठाई बाँट देना लोगों में, जो आए हैं। लेकिन खाना, पहले जरा हमें खिलाए देना।"

जाटव, फूल-कुप्पा होकर बोला, "अरे का, बाबू सरकार मंत्री हुइ गए।"

"चल बेट्टा!" कहकर यादव जी हँसने लगे...हँसते ही गए। एक धौल जमाई जाटव को। फिर खीसें निपोरीं, आँखें चढ़ाकर बोले, "क्या समझता है रे, तू अपने बाबू सरकार को?"

जाटव ने लपककर यादव जी के चरण पकड़ लिए और लगा दहाड़ मार-मारकर रोने। यादव जी उस समय बड़े अच्छे मूड में थे। उन्होंने जाटव को उठाकर खड़ा किया, आँखों से आँसू पोंछे, फिर दिलासा की वाणी में बोले, "अरे जाटव, क्या बात है, बोल ना!"

"हजूर! आप मंत्री हुइ रहे हैं ना! मंत्री तो भगवान होते हैं!! जौन चाहे करि दैं। तौन हमरे सात साल बियाह कैन भए और एक औलाद न भई। बाबू सरकार, हम हाथ जोड़कर आपसे विनती करित हैं आप मंत्री हुइ कै सबसे पहले हमार मेहरिया का औलाद दिऊ।"

कृष्णबल्लभ कुछ समझे, कुछ न समझे लेकिन जाटव के सर पर आश्वासनपूर्वक हाथ रखकर बोले, "जा रे! तेरा काम हो जाएगा।"

जाटव एक बार पुनः चरणस्पर्श करके भागा कॉमन हॉल में खबर प्रसारण करने।

अपने कमरे में यादव जी ने घुसकर सारे कपड़े उतार डाले। दीवाल से शीशा उतारकर मेज पर रख दिया। डगमगाते कदमों से बार-बार कमरे में एक ओर से छलाँग

लगाते और कहते, 'वो मारा'। साथ ही शीशे में मुग्ध भाव से अपने को निहार लेते। उनकी आकांक्षाओं का स्वर्ग अब उनके सामने था एक छलाँग की दूरी पर! इतने में दरवाजे पर धड़ाम-धड़ाम थापें पड़ने लगीं।

"बाबू सरकार, खोलिए, जल्दी खोलिए, बाबू सरकार!"

तौलिया लपेटकर यादव जी ने जो दरवाजा खोला तो सामने दारुलशफा दफ्तर का आदमी परशुराम खड़ा था।

"क्या बात है परशुराम! निपटने-नहाने जा रहा था," यादव जी की हँसी रोके नहीं रुक रही थी।

"बाबू सरकार! दिल्ली से बलरामबल्लभ का फोन आया है। कहते हैं दौड़ो, बुलाओ!"

रात के दस बज गए थे। कृष्णबल्लभ ने खद्दर का सफेद तहमद लपेटा, ऊपर से कुर्ता पहना, पैरों में चप्पल डाली और चल दिए। "सोचने लगे, न जाने बलराम को क्या सूझी, लगता है इस समय बधाई देने के लिए फ़ोन किया है। हमें तो पहले ही मालूम हो चुका था, बेकार परेशान किया।

इतने में बलिया के विधायक रामसिंह ने टोका, "यादव जी आप तो बन गए, और क्या-क्या हुआ?"

"नहीं भाई, जरा दिल्ली से फोन आया है, जल्दी में, अभी तो जरा चलें। लौट आएँ तब बात हो। लगता है, मुख्यमंत्री का फोन है।"

"फोन है! सो तो ठीक है लेकिन आपके कमरेवाला फोन क्या हुआ?"

"ऊ, ऊ ससुरा तो वही दिन सड़ गया जिस दिन से कैबिनेट बनना शुरू हुई।"

"जरूर रंगीनराय ने खराब करवाया होएगा। बड़ी पहचान है उनकी टेलीफोन एक्सचेंज में," रामसिंह ने चुटकी ली।

और कोई वक्त होता तो बस यहीं कृष्णबल्लभ रुक जाते, बरबराने लगते, रंगीनराय के नाम से भी उनके तन-बदन में आग लग जाती। फिलहाल उनको जाना था इसलिए बस इतना बोले, "हाँ, तभी तो इत्ते दिन से खराब पडा है।"

गैलरी में इतनी बातें हो ही रही थीं, दो-चार विधायक अपने कमरों से निकल आए। उनके साथ दस-बारह लोग और जमा हो गए। सबने यादव जी को घेर-सा लिया। आपकी कृपा, आपकी कृपा—कहते-कहते, नमस्कार! तो अभी चलें, अभी चलें, कहते भी पाँच-एक मिनट का समय निकल गया। यादव जी जब तक दफ्तर पहुँचे, उनके पीछे एक-दो विधायक और दस-पाँच शोहदे लग लिए थे।

उधर दफ्तर में फोन पर तो बढ़ई दीक्षित धीमी आवाज में कुछ इस तरह बात कर रहा था जैसे वही बैठे-बैठे कैबिनेट बना रहा हो। उसने यादव जी को देखा और

मुसकराकर आँख मार दी। यादव जी भी तकल्लुफ में हँस दिए। उन्होंने समझा बढ़ई बलराम से ही बात करता होगा। आगे मेज के पास कुर्सी पर बैठकर उन्होंने फोन माँगा। बढ़ई दीक्षित का व्यक्तित्व रहस्यमय था। टेरीकाट की पैंट के साथ खद्दर सिल्क की बुश्शर्ट, हाथ में गोल्ड चेन की घड़ी, पैरों में छींटदार जयपुर का नागरा, बुश्शर्ट की जेब में विदेशी बाल प्वाइंट पेन की शानदार टिप झलक रही थी। मुँह में पान दबाए हुए माउथपीस पर अपना हाथ रखकर उसने पूछा, ''क्या? आप बात करेंगे!'' फिर पता नहीं, फोन पर धीरे-से क्या कहा, और रिसीवर उनकी ओर बढ़ा दिया। तब परशुराम ने हँसकर यादव जी से कहा, ''सरकार, बलराम का फोन तो कट गया। आपने इतनी देर जो लगा दी। यह साला बढ़ई तो बिमला देवी से बात कर रहा था।''

बिमला देवी का नाम सुनकर यादव जी की बाछें खिल गईं। मुख्यमंत्री की हम-बिस्तर, राज़दार, जो चाहे करवा दे। यादव जी पर भी उसकी कृपा थी। वह पिछली बार बंबई से उसके लिए टेपरिकार्डर लाए थे। बड़े उत्साह से उन्होंने फोन ले लिया।

''हलू, बिमला जी, क्या मामले हैं?''

''वाह यादव जी, वाह, मैं अकेले यहाँ बोर हो रही हूँ, और आपका कुछ पता नहीं। अब यहाँ आएँ तो बातें हों।''

''हाँ...हाँ...क्यों नहीं।'' कहकर यादव जी ने फोन रख दिया फिर नजर उठाकर बोले, ''ऐ परशुराम जी! यू.पी. निवास मिलाइएगा।''

''अवश्य जी,'' कहते हुए परशुराम ने फोन अपनी तरफ खींच लिया।

तब यादव जी ने अपने पास ही खड़े बढ़ई की ओर मुखातिब होकर कहा, ''आओ बढ़ई, क्या खबर है, कुछ सुनाओ!''

'ए' दारुलशफा ब्लॉक के ऑफिसनुमा कमरे में चार कुर्सियाँ पड़ी थीं। करीब दस फुट का कमरा लंबा-सा, चौड़ाई कुछ कम, फिर लगी हुई एक कोठरी थी। कमरे की छत ऊँची होने के कारण लगता था रास्ता काटकर कमरा बनाया गया होगा। पश्चिमी किनारे पर दरवाजानुमा खिड़की थी। खिड़की के पास कुछ जगह छोड़कर परशुराम छोटी-सी मेज के ऊपर पैर फैलाए बैठे थे। उसी खिड़की से लगी हुई अंदर की तरफ की दीवार पर बाहरी लोगों के लिए फोन रक्खा था। खिड़की के बाहर काफी चौड़ी गैलरी सीधी जाती हुई, दाहिने-बाएँ मुड़ जाती। चलते समय दूर से देखने पर लगता, जैसे ये गैलरी चलती हो, दीवारें रुककर तमाशा देख रही हों। दफ्तरवाली प्रवेश गैलरी में घुसते ही तीन बड़े बोर्ड दिखते, जिनके ऊपर कमरों के नंबर लिखे थे। प्रत्येक नंबर के नीचे चौकोर कागज के टुकड़ों पर विधायक का नाम लिखकर क्लिप में फँसाया हुआ था।

काफी देर बाद यू.पी. निवास का नंबर मिला। वहाँ से बलिया जिले के बहादुर सक्सेना ने परशुराम को बताया, बलराम अपने कमरे में था नहीं, न ही उसने वहाँ से लखनऊ फोन किया था। परशुराम ने उससे यादव जी की बात भी करा दी। फोन रखने के बाद यादव जी ने बढ़ई से वहीं रुकने के लिए कहा, जिससे बलराम का दुबारा फोन आए तो उन्हें कमरे से बुला ले। तब तक वे नहा लें, खाना-पीना कर लें।

बढ़ई दीक्षित वास्तव में न बढ़ई थे और न ही दीक्षित! वह था मनोहरलाल धूसिया। प्रदेश-पार्टी के अध्यक्ष रामेश्वर दीक्षित के जमाने में उनके सेक्रेटरी की हैसियत से उन्होंने करीब पाँच वर्ष काम किया था। यूँ तो काम कोई विशेष जब रामेश्वर दीक्षित के पास ही नहीं था तो उनके प्राइवेट सेक्रेटरी के पास कैसे होता? बहरहाल इन पाँच वर्षों के दौरान धूसिया उन तमाम उद्योगपतियों, व्यापारियों, बड़े अफसरों, छोटे-बड़े नेताओं, किस्म-किस्म की महिलाओं, उनके दलालों से, जो दीक्षित जी के यहाँ पार्टी के लिए रुपया-पैसा देने और काम कराने आते-जाते रहते थे, अपनी घनिष्ठता बढ़ाते रहे। ऐसे लोग जो पैसा देते, उसका आधा हिस्सा चेक, आधे का नगदी में भुगतान करते। नगद दिए गए रुपए का भला हिसाब क्या था। दीक्षित जी असल में धूसिया के पिता बिहारीलाल धूसिया के अनन्य मित्र थे, जिसके कारण उनके ऊपर काफी भरोसा करते। शुरुआत में धूसिया जी ने बड़ी ईमानदारी से काम किया। अपने कई सहयोगियों की चोरियाँ पकड़ीं, अनेक लोगों को वादा खिलाफी, पैसा-रुपया कम देने के लिए, चेक देकर, नगद रुपए की बात टाल जाने के लिए दीक्षित जी से फटकार सुनवाई। सुबह आठ बजे से रात ग्यारह बजे तक वह काम में लगे रहते। जब तक दीक्षित जी कई बार कहते नहीं, अपने खर्चे के लिए वह कुछ भी न लेते। जो भी दफ्तर के खर्चे के बिल आते, उनमें कटौती करके पार्टी का रुपया बचा लेते। इन्हीं तमाम बातों से दीक्षित जी का विश्वास धूसिया पर अच्छी तरह जम गया। फिर धीरे-धीरे धूसिया की नीयत बदलने लगी। लखनऊ की रंगीनी असर करने लगी थी। वह बेचारे करते भी क्या। मनोहरलाल नाम के एक ठेकेदार की बीवी से उनका इश्क हो गया। शान-शौकत की जिंदगी बसर करने और पैसा जमा करने की बातें वह भी सोचने लगे। लगातार सोचने-विचारने पर उन्हें यह काम बड़ा आसान लगा। ऐसे-वैसे तमाम लोग अब तो उन्हीं के पास तक आकर रुक जाते क्योंकि दीक्षित जी के पास जाकर काम कराने से खर्चा काफी होता। फिर छोटे-मोटे काम दीक्षित जी से कहे भी नहीं जा सकते थे। इधर धूसिया की जान-पहचान कितने ही मंत्रियों, अफसरों से हो चुकी थी। किसे पता था दीक्षित जी ने कहलवाया था या धूसिया का अपना काम था। वैसे भी दीक्षित जी लाखों के मामलों को छोड़कर बात भी न करते। इस प्रकार जब धूसिया ने काफी पैसा जमा कर लिया तो उसका लालच बढ़ा और उन्होंने हिसाब-किताब में भी गड़बड़ शुरू कर दी। फिर धीरे-धीरे शिकायतें पहुँचने लगीं।

पार्टी में कितने ही लोग उनसे जले-भुने बैठे थे। अब तो वह किसी से सीधे मुँह बात भी न करते। इधर उन्होंने मनोहरलाल के साथ मिलकर फरनीचर कारखाना भी लगा लिया। इस कारखाने में लगा सारा रुपया दीक्षित जी के यहाँ से ही उन्होंने कमाया था। धूसिया पकड़े गए जब पार्टी के लिए करीब सौ कुर्सियों का आर्डर उन्होंने अपनी ही फर्म को दे डाला। आर्डर के जिस बिल के एवज में चेक बनाया गया, उस पर मनोहरलाल के न मिलने पर धूसिया ने स्वयं दस्तखत कर दिए। धूसिया निकाल दिए गए और उनके फरनीचर के कारखाने का किस्सा तमाम नेताओं को बता दिया गया। इस तरह दीक्षित के पैसे से धूसिया बढ़ई बने। तभी से इनका नाम बढ़ई दीक्षित पड़ गया।

अपने कमरे में यादव जी भोजन कर रहे थे। उनका मन आशा से भरा-पूरा, आनेवाले गौरवमय क्षणों की याद में डूबा था। चौबीस घंटों की प्रतीक्षा अब उन्हें खलने लगी थी। ...अर्दली, फर्राशों से भरा ऊँचे-ऊँचे कमरोंवाला बँगला होगा। नहरों, बाँधों, ट्यूबवेल की योजनाओं के उद्घाटन पर, उनके नाम के पत्थर लगेंगे। लंबी, विलायती मोटर में पिछली सीट पर बैठे बस हाथ हिलाते हुए वह निकल जाया करेंगे। हर तरफ लोग उनकी जय-जयकार करेंगे। पलक उठाते ही दर्जनों सवाल लोगों के मन में जागने लगेंगे। होठों की जरा-सी हरकत पर, हर तरफ उनकी बात सुन लेने की होड़ होगी। मंत्री जी आइए! मंत्री जी बैठिए!! यहाँ नहीं... मंत्री जी यहाँ बैठिए... नहीं... नहीं वहाँ बैठिए। वाह मंत्री जी... वाह... वाह मंत्री जी! हर वक्त, सबेरे से देर रात तक सैकड़ों-हजारों लोग, अपना भाग्यविधाता समझकर पूजेंगे उनको। क्या माहौल होगा... चारों ओर बस सम्मान, सजावट, भक्ति होगी। लड़ाई तो खत्म हो गई। अब तो ऐश होगी... ऐश!

हुकूमत के नशे में उतराते हुए अभी यादव जी भोजन कर रहे थे, इतने में बढ़ई दीक्षित ने आकर बताया, "फिर बलराम का फोन आ गया।" वह फौरन हाथ-मुँह धोकर, दफ्तर की ओर चल दिए। उनकी चाल में आत्मसम्मान का बोझ था। दफ्तर पहुँचकर यादव जी ने रिसीवर उठाते हुए देखा, परशुराम भी जा चुके थे। वहाँ अब कोई न था। बढ़ई तो उनका साथ छोड़कर बाहर से ही खिसक गया था।

"हलू बलराम! बोलो क्या बात है?"

"भाईसाब! बड़ी बुरी खबर है!"

"क्या हुआ?" यादव जी ने घबराते हुए पूछा। ...सहसा उनके अंदर डर समा गया। उन्हें बलराम की आवाज बड़ी रहस्यमय लगी। उस समय रात के करीब ग्यारह बज रहे होंगे। बाहर कुछ सन्नाटा हो चला था। सड़ी हुई गर्मी के कारण उनका जैसे दम घुट रहा था। पसीने में लथपथ उन्होंने आशा के लिए छत पर लगे पंखे की ओर देखा तो उनको पंखा उलटा घूमता लगा। तभी बलराम की रोती हुई आवाज उनके कान में पड़ी। वह

जल्दी-जल्दी बोल रहा था :

''भाई साब, क्या आपकी मुख्यमंत्री जी से बात भई ? मैं करीब आठ बजे उनसे मिला था। वह बड़े दुखी थे। हाईकमांड ने उनके सब आदमी काट दिए। ''

''मेरा क्या हुआ ?'' यादव जी को अपनी साँस रुकती हुई लगी। जैसे प्राण निकल रहे हों।

''अरे भाई साब, अब आपका क्या, आपका भी नाम कट गया। आप मुख्यमंत्री से सबेरे मिल लें। यहाँ तीन दिन उनको रगड़ा गया फिर बिना लिस्ट के वापस लखनऊ भेज दिया गया। बोले हैं, लिस्ट पार्टी-अध्यक्ष देंगे। कोई बड़ी गड़बड़ है।''

''क्या···क्या कहा, मेरा नाम कट गया···'' यादव जी जैसे आसमान से गिर पड़े, ''तुम क्या कहते हो। मुझे तो अभी हाल बिमला देवी, सुमंत, डैनियल ने बताया···पक्का-पक्का बताया, सिंचाई मिलेगा। और फिर यहाँ आज लखनऊ के सभी अखबारों में खबर जो छपी वो अलग !''

''पहले यहाँ भी यही खबर रही। कुछ न पूछो, सबको कित्ता बुरा लगा। सारा मामला गड़बड़ा गया। मैं यू. एन. आई. के दफ्तर से बोलता हूँ। आपके मंत्री न होने की खबर यहाँ से भेज दी गई। कल सबेरे अखबार मा पढ़ि लेना। अच्छा तो काटता हूँ, सब चिल्लाते हैं।''

बलराम ने फोन रख दिया लेकिन यादव जी के कानों में उसकी आवाज़ अभी तक गूँज रही थी, 'आपका भी तो नाम कट गया।' कुछ देर वह आश्चर्य, क्षोभ, पीड़ा, निराशा की मन:स्थिति में खड़े रहे। उनके अंदर कोलाहल उमड़ने लगा। आँखों में आँसू आ गए। थके-थके हाथ से रिसीवर रखकर, वह अपने कमरे की ओर लौट चले। पैर इतने भारी हो रहे थे, एक कदम भी चलना कठिन था।···सब गड़बड़ा गया।···न जाने यह कैसी घड़ी आ गई। एकाएक आशंकित होकर उन्होंने इधर-उधर ताका। कहीं कोई देख न ले, यह सोचकर तेजी से अपने कमरे की ओर बढ़ लिए। एक क्षण को उन्हें बिमला देवी का ख्याल आया, फिर सोचा···अब इस हालत में कहाँ जाएँगे ?···कमरे में पहुँचकर उन्होंने दरवाजा बंद कर लिया।

कृष्णबल्लभ पूरी रात न तो सोए, न ही उन्होंने कुछ खाया-पिया। मंत्रिमंडल से नाम कट जाने की खबर से बेचारे कटे पेड़ की तरह गिर पड़े। उनके सपनों का महल ढह गया। दु:ख-वेदना का तूफान आ गया जिसमें घूमती-मँडराती काली छायाएँ डँसने लगीं। धीरे-धीरे उन्हें सब याद आ रहा था। यशोदाबल्लभ कमीना है···साला अफीम का खेत अगर मेरे नाम न चढ़वाता, उसका क्या घाटा था···श्रीकांत पाठक गधा है, फाइलें अलमारी में बंद कर देता, साला ! ताँबा कांड खुलने से अब कहीं का नहीं रहूँगा। नहीं···नहीं ताँबे के सौदे के बारे में लगता है, अभी अपना नाम कहीं नहीं आया···तब क्या

हो सकता है ? फूलदास के पास तस्करी में पकड़े गए कागजात कहाँ गए··· और हाँ ! यशोदा मेरा रिवाल्वर ले गया था । उससे कहीं कुछ···

कृष्णबल्लभ को बात कुछ समझ में नहीं आ रही थी, आखिर उनका नाम कटा कैसे ? उन्हें मंत्री बनने का पूरा विश्वास था । उत्सुकदास थे उनके नेता । पिछले दस वर्षों से उनकी सेवा बजाई, हुक्म माना । सही-गलत सारे काम किए । हजार एकड़वाले फार्म में, जिसमें अफीम की खेती यशोदा करवाता, उत्सुकदास का हिस्सा था । बाजरा, चावल, चोकर की तस्करी से लाखों बनते, जिसकी बदौलत उत्सुकदास जब-तब रुपया माँगा करते । उनकी रुपए की माँग और मौत का कोई ठिकाना नहीं था । पचास हजार, लाख-दो लाख तो मामूली बात थी । कृष्णबल्लभ कमरा बंद किए विचारधारा में बहे जा रहे थे, मन व्यथित था । उनके जीवन में तूफान आया था । कल से वह कुछ न रहेंगे अब न जाने क्या होगा ! सुना था, रंगीनराय प्रदेश-पार्टी के अध्यक्ष हो जाएँगे । तो वहाँ से भी अपना पत्ता साफ !

रह-रहकर उन्हें अपने गुनाह याद आने लगे । बंद कमरे में उनके सुप्त दिमाग की मशीन तेजी से चलने लगी । उनकी शंका का समाधान पिछले कारनामों के विश्लेषण से ही हो सकता था । गड़बड़ क्या हुआ, मंत्रिमंडल से नाम क्यों कटा ? रात-भर सोचते-विचारते, रोते-जागते, कभी कमरे में टहलते, कभी बालकनी में जाकर खड़े हो जाते । टहलते-टहलते थक जाने से वह कुर्सी पर बैठ जाते या फिर पलंग पर लेट जाते । बदहवास हालत में, टूटे, बेचैन कृष्णबल्लभ को याद आया, तस्करी में जो ट्रक फूलदास ने पकड़ी थी, उसमें अफीम के अतिरिक्त विद्युत परिषद् के गोदामों से उठाया ताँबा भी था । फिर भी कृष्णबल्लभ के मन में आशा की कोई किरण अनायास जागी । क्या पता, बलरामबल्लभ की खबर गलत हो ? उत्सुकदास ने स्वयं कहा था । वे भला क्यों कहेंगे ?···जब रात को दो से ऊपर बज गए, कृष्णबल्लभ ने अपनी अलमारी से ग्रैंड-मुगल का अद्धा निकालकर चाँदी के गिलास में उँडेला और फिर धीरे-धीरे पूरी पी गए । कुछ चैन आया, कुछ नहीं भी आया । व्याकुलता बनी रही । आशा-निराशा के बीच हिचकोले खाते, पता नहीं कब थोड़ी-सी नींद आ गई ।

सबेरे उठे, अपने नौकर से चाय-नाश्ता लगाने को कहकर बाथरूम में घुस गए । कुछ देर बाद नौकर ने चाय-नाश्ते के साथ सबेरे के ताजा अखबार रख दिए । चाय की चुस्कियाँ लेकर उन्होंने अखबार देखा । पहले पेज पर ही कल रात बलरामबल्लभ की बताई खबर डबल कालम में छपी थी :

"मंत्रिमंडल से कृष्णबल्लभ यादव का नाम कटा !"

उनके हाथ से चाय का प्याला छूटकर गिर पड़ा । थोड़ी-सी चाय पी पाए थे । नाश्ता खाया नहीं गया । सिर में चक्कर आने लगे, पैर काँप रहे थे । अब उन्हें पूरा विश्वास हो

गया, वह कहीं के न रहे। थोड़ी देर गुमसुम बैठे रहे। खबर की एक-एक लाइन उनकी आँखों में बर्छियों की तरह चुभ रही थी। एक अखबार, दूसरा, फिर तीसरा, सभी में उनके बारे में खबर वही थी। कुछ देर बाद उठकर उन्होंने दरवाजा बंद किया और लेट गए। आँखों से आँसुओं की धारा बहती रही, फफक-फफककर रोते रहे कृष्णबल्लभ।

पूरे दिन वह न उठे। कई लोग आए, नौकर भी खाना पूछने आया, लेकिन उन्होंने दरवाजा तभी खोला जब कालीशंकर, बढ़ई दीक्षित के साथ आया, शाम के करीब साढ़े चार बजे।

कालीशंकर, बढ़ई दीक्षित के साथ कृष्णबल्लभ के कमरे की ओर जानेवाले बरामदे के दाहिनी मोड़ पर पहुँचा तो रंगीनराय लोबीराम के कमरे से बाहर निकल रहे थे। उन्हें देखते ही बढ़ई दीक्षित ने आवाज लगाई, "अरे आप! इतनी जल्दी!"

कुछ विरक्ति में रंगीनराय बोले, "ससुरा लछमनिया के साथ लेटा है।" और फिर उत्सुकता से कालीशंकर की ओर घूमकर बोले, "अरे कालीशंकर! तुम कैसे?"

कालीशंकर रंगीनराय से काफी डरता था। उत्सुकदास के भयंकर विरोधी होने के साथ उसकी कमजोर-दुखती हुई रगों के बारे में भी काफी कुछ वह जानते थे। उसने अदब से नमस्कार किया और फिर बोला, "हाँ राय साहब, हम जा रहे हैं, कृष्णबल्लभ को मंत्री बनाने।"

"वाह! कितना नेक काम है! चलो-चलो, हम भी चलते हैं। साले से मिठाई-दावत के लिए कहा जाए। क्यों बढ़ई?" बढ़ई दीक्षित, रंगीनराय, कालीशंकर धीरे-धीरे शाम को बननेवाले मंत्रिमंडल के बारे में बातचीत करते हुए जब कृष्णबल्लभ के फ्लैट के सामने पहुँचे ता दरवाजा बंद था।

कालीशंकर ने घंटी बजाई, कई बार बजाता रहा पर कोई जवाब नहीं मिला। तभी आगे बढ़कर रंगीनराय जोर-जोर से दरवाजा पीटने लगे। इस शोरगुल में अगल-बगल के दरवाजे खुल गए। विधायकों के साथ उनके चमचे भी निकलकर तमाशा देखने लगे। कुछ हर मौसम में, हर समय उपलब्ध रहनेवाले डोलट्स पहले ही साथ लग चुके थे। दो-एक सामने से जाते-जाते रुक गए। एक अच्छी-खासी भीड़ जमा हो गई। इस भीड़ में कालीशंकर जरा कुछ पीछे रह गया। कई बार और घंटी बजाने, दरवाज़ा पीटने पर, अंदर से चीखने-चिल्लाने की आवाज आई। तभी क्रोध से भरे हुए कृष्णबल्लभ ने दरवाजा खोला।

उस समय साढ़े चार का समय रहा होगा। दरवाजा खोलते ही कृष्णबल्लभ ने देखा रंगीनराय को और देखा बढ़ई दीक्षित के साथ आठ-दस आदमियों की भीड़ को। इनमें से कई लोग आपस में हँसी-मजाक कर रहे थे। कृष्णबल्लभ की उस समय अजीबो-गरीब

हालत थी। उलझे हुए बाल, रोते-रोते सूजकर हुई लाल-लाल आँखें, बढ़ी हुई दाढ़ी। उनके बदन पर कोई कपड़ा नहीं था। सिर्फ एक जाँघिया पहने थे। लगभग रोते हुए वह कुछ बोले, लेकिन शब्द होंठों पर ही आकर रुक गए। तभी बढ़ई दीक्षित ने आगे बढ़कर कहा, "बाबू साहेब पता है! आप मंत्री बन रहे हैं! क्या हालत बना रखी है आपने, आपकी तबीयत… ?"

बढ़ई दीक्षित का इतना कहना ही था, कृष्णबल्लभ की आँखों से लपटें उठने लगीं। नाक के नथुने आवेश-क्रोध में थुरथुराने लगे। बढ़ई दीक्षित की बात में कुछ व्यंग्य अवश्य था लेकिन वह उनके उस समय के हुलिए के ऊपर था।

कालीशंकर तो पीछे रह गया था। सामने दिखे रंगीनराय। उनके कट्टर दुश्मन! कृष्णबल्लभ के तन-बदन में आग लग गई। जरूर इसी ससुरे की बदमाशी होगी। अब आया है तमाशा देखने। साथ में इतने लोगों को लाया है। मेरी हालत… तभी कृष्णबल्लभ को अपनी हालत याद आई। क्रोध की तेज लहर उठीं, घृणा से होंठ सिकोड़कर उन्होंने कोई भद्दी गाली दी। रंगीनराय कुछ कहने ही जा रहे थे तभी कृष्णबल्लभ ने लगभग चीखते हुए कहा, "ऐ बढ़ई! तू चला जा यहाँ से! नहीं तो जूतों से मारते-मारते बेदम कर दूँगा!… हजरतगंज तक दौड़ाऊँगा!" घूमकर उन्होंने रंगीनराय की ओर देखा, "और कह दे इस कमीने से, चला जाए यहाँ से… आया है मेरी खिल्ली उड़ाने… नहीं तो…"

कमजोरी, बेबसी के मारे गले से आवाज नहीं निकल रही थी। उन्होंने फौरन पीछे हटकर भड़ाक से दरवाजा बंद कर दिया। कालीशंकर भौंचक देखता रह गया। जैसे ही कृष्णबल्लभ पीछे हटे, कालीशंकर अपने सामने खड़े आदमी को बाईं तरफ ढकेलकर आगे बढ़ा… तब तक दरवाजा बंद हो चुका था।

प्रदेश-पार्टी के मूर्धन्य नेता गुरुपदस्वामी अब बूढ़े हो चले थे। कभी समय था जब पूरा प्रदेश उनकी जय-जयकार करता। खानदानी आदमी थे। जमीन-जायदाद का लोभ, घर का विलासितापूर्ण वातावरण छोड़कर उन्होंने स्वतंत्रता संग्राम में, सड़कों की खाक छानी। बारह साल लगातार जेल जाते रहे। अंग्रेजी सरकार ने उनके ऊपर कितने जुल्म किए, जिनकी कहानी तब घर-घर में कही जाती थी। त्याग, बलिदान-भरे उनके जीवन में फिर भी अनेक कमजोरियाँ थीं, जिन्हें खुलेआम उनके विरोधी बढ़ा-चढ़ाकर उछालते। उनकी सबसे बड़ी कमजोरी उत्सुकदास थे।

गुरुपदस्वामी के शिष्य, उत्सुकदास, अपने राजनैतिक जीवन की सबसे ऊँची सीढ़ी पर पहुँचनेवाले थे। आज ही दिल्ली से संकट की नदी पार कर वापस लौटे। अपने तीन दिन के दिल्ली प्रवास में, उन्होंने तिकड़म, उलट-फेर से सभी महत्त्वपूर्ण नेताओं का

आशीर्वाद प्राप्त कर लिया। यहाँ तक कि गुरुपदस्वामी के कट्टर विरोधी नेताओं ने भी उनका समर्थन कर दिया। वामपक्षी गुट के नेता गुरुपदस्वामी को प्रतिक्रियावादी, पूँजीपतियों का दलाल, जमाखोरों, जखीरेबाजों का प्रतिनिधि कहते। गुरुपदस्वामी गुट के लोग वामपक्षी गुट के नेताओं को विदेशी ताकतों, देश की साम्यवादी पार्टियों के घुसपैठी कहते। दोनों गुट पार्टी में सरकार और संगठन की जोड़-तोड़ से अपनी-अपनी ताकत बढ़ाने में भिड़े रहते। लेकिन उत्सुकदास को इन सबका समर्थन मिला, यही उनकी खूबी थी।

उत्सुकदास के पिता गोविंदपुर महाराज के खजांची हुआ करते थे। महाराज की मृत्यु के समय रियासतें जब्त हो रही थीं। आशंका, भय के वातावरण में महाराज को सबसे बड़ा डर अपने खजाने का था। उनकी नई महारानी के दो छोटे-छोटे बच्चे थे। मरने के पहले उन्होंने अपने खजांची से खजाना खुफिया तहखाने में छिपाने के लिए कहा। जब सारा महल शोक मना रहा था, महाराज की अंतिम क्रिया की तैयारी हो रही थी, खजांची ने मोहरों, अशर्फियों से भरे दो-तीन बोरे पार कर दिए।

इसके पहले भी खजांची के यहाँ किसी चीज की कमी न थी। दूध-घी की नदियाँ बहा करतीं। उनकी हवेली में अन्नपूर्णा का भंडार था। दर्जनों पड़े रहते। बसर-बसेरा डालनेवालों की क्या कमी होती! खजांची बड़े शान-बानवाले थे।

अपने लड़के को पढ़ा-लिखाकर बैरिस्टर बनाने की उनकी इच्छा बहुत पहले से थी, जो समय के साथ बढ़ती ही जा रही थी। उनका सारा ध्यान लड़के की पढ़ाई पर लगा रहता।

उधर उत्सुकदास ने धीरे-धीरे वकालत की डिग्री हासिल कर ली। उन्होंने वकालत शुरू की, तो चली नहीं। कुछ दोस्तों की संगत में, कुछ इस सलाह में कि जेल जाने से वकालत चली जाएगी, वह स्वतंत्रता-आंदोलन में भर्ती हो गए। पर जुलूस में जाने से पहले पता कर लेते, लाठियाँ-गोलियाँ चलेंगी या नहीं। पुलिस में उनके गाँव के एक-दो आदमी थे, जो उन्हें खबर कर दिया करते। लाठियों-गोलियों से उनको बड़ा डर लगता।

जेल से बाहर रहने में भी तकलीफें कम न थीं। पर्चे छापो, पोस्टर लगाओ—दाम अपने खीसे से दो, मीटिंग के लिए दरियाँ बिछाओ, स्टेज बनाओ, अखबारों के दफ्तर के चक्कर लगाओ। सबसे खतरनाक काम था जुलूस निकालना जिसमें लाठियाँ चलतीं, गोलियों के घेरे के बीच, अपनी जान हथेली पर लेकर जूझना पड़ता। इन सब मुसीबतों से बचने के लिए, मौका निकालकर उत्सुकदास जेल में घुस जाते—सीधे तरीके से दफा 144 तोड़कर। फिर जेल में कोई खास तकलीफ उनको लगी नहीं। कुछ चकल्लस ही रहती। फूल मालाओं, जिंदाबाद के नारों से स्वागत किया जाता। जेल जाने से पहले

आरती-तिलक लगाया जाता। अखबारों में नाम छपता, फोटो छपती।

वहाँ खजांची अपने बेटे की नालायकी पर बेहद दुखी थे। हमेशा उन्होंने उत्सुकदास को हृदय के टुकड़े की तरह पाला। इकलौते बेटे की एक-एक इच्छा पूरी करने में उन्होंने कभी दौलत का मुँह नहीं देखा। उसी बेटे ने उनकी आशाओं पर पानी फेर दिया था, उनके सपनों को तोड़ डाला था।

उत्सुकदास के स्वतंत्रता-आंदोलन में भर्ती होने पर उन्हें बड़ा आघात पहुँचा। तब एक दिन खजांची दल-बल के साथ शहर पहुँचे। वहाँ पता चला, उनका बेटा जेल में था। बस, इस खबर ने उनकी कमर तोड़ दी। थोड़े ही दिनों बाद खजांची चल बसे। मरने से पहले वे उत्सुकदास से बहुत ही नाराज रहने लगे थे। सबसे कहते, 'मेरा ही बेटा! मुझे देखने नहीं आया, अब मैं मजा चखाऊँगा!' सो उन्होंने मजा तो चखा ही दिया। उत्सुकदास पैसे-पैसे को मोहताज हो गए। बस बूढ़े-दुखी खजांची के मन की जिद ही थी, नालायक बेटे को बेदखल करके उन्होंने अपनी सारी जायदाद, सारा पैसा धर्म-मंडल को तीर्थयात्रियों के लिए दान कर दिया।

जेल से छूटने पर उत्सुकदास ने देखा, वह तबाह हो चुके थे। वकालत चल निकले, इस लालच में वे स्वतंत्रता-आंदोलन में सम्मिलित हुए थे। पर जेल ने उन्हें बरबाद कर दिया। उधर कुछ भाग्य का चक्र ऐसा चला, वह नेता बन गए। खजांची बाप के अत्याचार की कहानी, उनके माथे पर बलिदान का तिलक बनकर चमकने लगी। स्वतत्रता-आंदोलन में उनके महान त्याग की चर्चा चारों तरफ आग की तरह फैल गई। लोगों ने उत्सुकदास को कंधों पर उठा लिया। दूर-दूर तक उनका नाम लिया जाने लगा। फिर धीरे-धीरे प्रदेश के बड़े नेताओं के बीच पहुँचकर उन्हें अपने महत्त्व का पता लगा। तब कहाँ जाते! बस जेल, जुलूस, आंदोलन में उन्हें ढकेल दिया गया।

इस सबसे हालाँकि, अब तक उन्हें घिन आने लगी थी। लेकिन दूसरी तरफ अपने खजांची बाप से उन्हें नफरत थी। क्यों... आखिर क्यों... अपने ही बाप ने पैसे-पैसे का मोहताज कर दिया। ऐसा भी क्या था? बेटे से खून का रिश्ता तोड़ दिया! उनको साफ-साफ अपना गुजरा हुआ खजांची बाप बेवकूफ नजर आने लगा, जो वक्त का तकाजा, हवा का रुख नहीं पकड़ सका। उत्सुकदास लगातार जेल जाते रहे और वक्त के तकाजे, हवा के रुख को हमेशा अपनी मजबूत पकड़ में रखा।

इसी तरह दिन गुजरते रहे। उत्सुकदास विधान सभा के सदस्य तो पहले ही हो चुके थे, अब प्रदेश पार्टी के दूसरी पंक्ति के प्रमुख नेताओं में उनका नाम लिया जाने लगा। बात उन दिनों की थी जब काशी विश्वविद्यालय यूनियन के अध्यक्ष कृष्णबल्लभ यादव हुआ करते थे। कृष्णबल्लभ यादव अध्यक्ष तो थे लेकिन उनकी कुछ चलती नहीं। असल में सांप्रदायिक दलों की साजिश उनको उलटने की थी। लेकिन प्रदेश पार्टी के

नेता उनको बनाए रखना चाहते थे। फिर भी हालत खराब थी। आम चुनाव नजदीक आते-आते, इन दलों का दबाव बेहद बढ़ता जा रहा था। पार्टी के बड़े नेताओं को पूरा जिला हाथ से निकलता हुआ लगता। तब तक उत्सुकदास अपनी फुर्तीली राजनीति के लिए, पार्टी में नाम कमा चुके थे। इसीलिए उनको काशी विश्वविद्यालय के साथ जिले की पूरी राजनीति ठीक करने को भेजा गया।

उन दिनों, वहाँ प्रोफेसर ब्रजकिशोर की बड़ी लड़की प्रतिभा, कालीशंकर के साथ पार्टी का काम कर रही थी। वह बचपन से ही स्वभाव की जिद्दी, मनमौजी, लोगों में घुल-मिल जानेवाली थी। पढने-लिखने में तेज होने से घर में कोई कुछ कहता नहीं था। सजने-सँवरने, घूमने-फिरने का उसको बड़ा शौक था। खुलता हुआ चंपई रंग, कँटीली चितवन, तीखे नाक-नक्श, छरहरे बदन में उभरते-उतराते चढ़ाव-कटाव बेहद नशीले थे। कालीशंकर के साथ के कारण विश्वविद्यालय की राजनीति में प्रतिभा को दिलचस्पी तो थी ही जिसकी वजह से उसको यूनियन का लाइब्रेरियन बना दिया गया था।

कालीशंकर के माँ-बाप नहीं थे। उसके बाबा उत्सुकदास के खजांची बाप के यहाँ कारिंदे हुआ करते थे। उत्सुकदास से कहकर उन्होंने कालीशंकर की पढ़ाई-लिखाई का इंतजाम करवा दिया। गरीबी के आतंक से पीड़ित कालीशंकर को उत्सुकदास का सहारा, डूबते को तिनके का सहारा था। फिर उत्सुकदास तिनका नहीं, खंभा बन गए। जैसे कालीशंकर के जीवन की बेल उसी खंभे से लिपटकर रह गई। मेहनत, लगन, ईमानदारी से कालीशंकर ने उत्सुकदास का मन जीत लिया। इधर जब से वह पढ़-लिखकर बड़ा हुआ, उत्सुकदास के व्यक्तिगत सहायक के रूप में काम करने लगा।

काशीयात्रा के दौरान उत्सुकदास वहाँ तीन दिन रहे। इसी बीच चकिया डाकबँगले में एक गुप्त मीटिंग बुलाई गई, जिसमें उन्हें पार्टी के विशिष्ट विद्यार्थी नेताओं को, राजनीति संबंधी दिशा-निर्देश देना था। इस मीटिंग में आए यूनियन के अध्यक्ष कृष्णबल्लभ यादव, कालीशंकर, प्रतिभा। नवंबर का महीना था। कड़ाके की सर्दी, साथ में बरसात। तूफानी हवाओं के झोंके जैसे अटल भाग्यरेखा की तरह उस दिन, किन्हीं अनजाने रिश्तों को बाँधने चले हों।

कृष्णबल्लभ यादव ने भी उसी दिन, उत्सुकदास से कभी न टूटनेवाले समझौते कर लिए। हमेशा के लिए वह उत्सुकदास से बँध गए। कृष्णबल्लभ यादव ने उत्सुकदास को न सिर्फ अपना नेता मान लिया, उनके पैरों पर गिर पड़े। तब उत्सुकदास ने उन्हें उठाकर जो गले लगाया तो कभी नहीं छोड़ा।

मीटिंग चल रही थी, इसी बीच उत्सुकदास ने कालीशंकर को खाने-पीने का सामान और कुछ अन्य छात्र-नेताओं को बुला लाने के लिए भेज दिया। उसके जाने के थोड़ी ही देर बाद, कृष्णबल्लभ भी अपनी मोटरसाइकिल लेकर चल दिए। डाकबँगले में अब

रह गए सिर्फ उत्सुकदास और प्रतिभा। प्रतिभा को बाद में कालीशंकर के साथ जाना था।

चकिया के डाकबँगले में अँधेरा बढ़ने लगा था। सर्द हवा के झोंके बर्छियों से चुभने को दौड़ रहे थे। संयोग ही था, रास्ते में जिस मोटर से कालीशंकर जा रहा था, उसका धुरा टूट गया। जब काफी देर तक कालीशंकर नहीं लौटा, उत्सुकदास प्रतिभा से ही विचार-विमर्श करने लगे। बातचीत राजनैतिक विषयों से आरंभ होकर कालिदास, संगीत, रोमांस और फिर यौनशास्त्र तक आ पहुँची।

उत्सुकदास उस समय चालीस के करीब रहे होंगे। अपने संघर्षमय जीवन में उनको औरत का सुख बस गिनती का ही मिला था। पहलौटी में बीवी गुजर गई तो फिर उन्होंने शादी तो की नहीं; हाँ, पार्टी की अधेड़ औरतों के चक्कर में लगे रहते। इन भुतही औरतों ने उनका जी खराब कर रखा था। कुछ दिन पहले वह ऐसी औरतों के कारण वी. डी. में फँस गए तो बड़े दुखी रहने लगे थे। तब से उन्हें पूरी नारीजाति से एक प्रकार की वितृष्णा हो गई थी। दूर भागते थे उत्सुकदास उन दिनों औरतों से। लेकिन बिना उसके काम भी तो नहीं चलता! तभी कसमिया उन्होंने घरेलू औरतों से ही निबाह करने की ठान ली। पर घरेलू औरतों का मिलना इतना आसान नहीं था। किसी कीमत पर ब्रह्मा के लिए भी वह अपने राजनैतिक जीवन को खतरे में डालने को तैयार न थे। और बिना खतरे के औरत मिल जाना मुमकिन नहीं हो पा रहा था।

आज इतने दिन बाद, बिना खतरे के कोई मामूली घरेलू औरत नहीं, नूर, हुस्न से लदी, बेदाग़ साफ-सुथरी 19-20 की बेहद खूबसूरत हसीना सामने बैठी थी। अकेला मौका, सर्दी में अकड़े हुए बदन की माँग, ऊपर से मोहक अदाएँ बार-बार उनके अंदर सिहरन उठा रही थीं। कमर से नीचे जाँघ तक रोए-रोए से मीठी-मीठी गुदगुदी उठ रही थी, फिर लगता मुँह से कलेजा निकलकर गिर पड़ेगा।

उत्सुकदास का दिमाग उस वक्त बड़ी तेजी से काम कर रहा था। उनके मन का कोना-कोना बस यही दुआ माँगता, कालीशंकर अभी कुछ देर और न आए। जहाँ एक तरफ उनकी जबान दुनिया-भर का ज्ञान और तमाम सरपट दौड़ते आँकड़े-भरे किस्से सुनाने में लगी थी, उनके हाथ और पैरों ने हल्के-हल्के हरकतें करना शुरू कर दिया।

असल में इतना लबा खींचकर उत्सुकदास ने हाथ डाला था, प्रतिभा कुछ बोली नहीं। उस समय उत्सुकदास की बातों का नशीला ज़हर पूरी तरह उसके ऊपर असर कर चुका था। विश्वविद्यालय के टटपुँजिए नेताओं की हमेशा की बातें उत्सुकदास के सामने अधकचरी ही लगीं। क्या जादू था जो सिर पे उसके चढ़कर फुसफुसाने लगा। तभी जब उत्सुकदास का हाथ उसकी जाँघ की गोलाइयों को पकड़ में लेने लगा, उसने हया के मारे बस सिर झुका लिया था।

उत्सुकदास उन दिनों पार्टी-कार्यकारिणी के सदस्य बन चुके थे। तब से कई बड़े नेताओं के पैर छूकर, हाथ जोड़कर अपने प्रभाव को बढ़ाने के अतिरिक्त वह यवक, मजदूर-नेताओं, सरकारी अफसरों, पत्रकारों, अभियन्ताओं, खूनी-डकैतों, ठेकेदारों कोटा-परमिट के धंधेबाजों, कालाबाजारी करनेवालों को अपने साथ बटोरते रहे। इनको शासनतंत्र का संरक्षण प्रदान किया। प्रत्येक जिले में कार्यकर्त्ताओं के गुट बनाए। गुरुपदस्वामी के नाम पर उनके हजारों बिखरे हुए प्रशंसकों-समर्थकों को एकत्र करके, उन्होंने अपने प्रभाव में लेना शुरू कर दिया।

आजादी के बाद राजनीति का जो स्वरूप बन रहा था, उसमें जनसपक का अर्थ लोगों के गलत-सही कामों को ठीक कराना था। कानून के शिकंजे दिन-प्रतिदिन सख्त होते जा रहे थे। लगातार नए विधेयकों की गिरफ्त में आनेवाले, भागकर नेताओं के इर्द-गिर्द घूमने लगते। अन्य कई प्रकार के धंधे चल निकले जिनमें कोटा, परमिट से लेकर ठेकेदारी तक में सरकार का हस्तक्षेप होने लगा। लोगों में होड़ लगी थी, कौन कितना लूट सकता है। कारूँ का खजाना सामने था, उत्सुकदास कैसे चूक जाते! अफसर किसका आदमी, किन जिलाधिकारियों पर कितना विश्वास किया जा सकता, विभागों में प्रभाव डालने के लिए किससे कहना होगा, इस सबका ज्ञान उनको था। पुलिस, आबकारी, बिक्रीकर, सिंचाई-बिजली, कृषि आदि विभागों की ओर उत्सुकदास ऐसा झुके, ऐसा चिपके, जैसे शहद के छत्ते की ओर मधुमक्खी!

इसी बीच गुरुपदस्वामी प्रदेश के मुख्यमंत्री बन गए। अब क्या था, महत्त्वपूर्ण विभागों में चुने हुए लोग रखे जाते। फार्मूला सीधा था, या तो इन विभागों के मंत्रालय गुरुपदस्वामी-गुट के मंत्रियों के पास रहते या इन विभागों में चुने हुए अधिकारियों को रखा जाता।

इधर विकासशील योजनाओं की असीम बढ़ोत्तरी से विभागीय अधिकारियों में भी सरफुटव्वल होने लगी। पदोन्नति, फायदे की जगहों पर पोस्टिंग के लिए अधिकारी एक-दूसरे की शिकायतें करके भंडाफोड़ किया करते। शासन में उत्सुकदास बड़ी चालाकी से इन शिकायतों का प्रयोग अधिकारियों के ऊपर करने लगे। उनको बाँधकर उखाड़-पछाड़ करने के लिए तबादला-तरक्की, विजिलेंस जाँच, आमदनीवाली जगहों पर पोस्टिंग आदि हथियारों का प्रयोग किया जाता। आजादी के बाद जैसे भूखों-नंगों की बड़ी-सी फौज पार्टी-सरकार को घेर रही थी।

गुरुपदस्वामी की आड़ उनके लिए बहुत बड़ी आड़ थी, जिसकी ओट में उत्सुकदास अपना खेल सावधानी से खेलते रहे। गुरुपदस्वामी की कमजोरियों को सूझ-बूझ से समझकर उनके सरल स्वभाव का लाभ उठाते हुए उत्सुकदास धीरे-धीरे उन पर पूरी तरह हावी हो गए। गुरुपदस्वामी करीब-करीब महात्मा थे। नई राजनीति के

तीन-तिकड़म उन्हें कहाँ आते ! उत्सुकदास को वह लड़के-सरीखा मानने लगे । फिर एक दिन वह भी आया जब उत्सुकदास मंत्रिमंडल में ले लिए गए। मंत्री का ठाठ-बाट देखकर पहले तो वह कुछ चक्कर में पड़े । उन्हें क्या करना था, यही समझ न आता । तब लोगों ने उनको समझाया, मंत्री तो बादशाह का नया नाम है । उसे तो सिर्फ हुक्म देना होता है । हुक्म वे भला देते भी क्या । अपने विभाग के बारे में उन्हें कुछ भी तो मालूम न था । तब बड़े अफसर श्रीकांत पाठक ने उन्हें बताया, मंत्री कोई हमेशा नहीं रहता । समय से मिले मौके में कुछ जमा-जोड़ लो ! मंत्री न रहे तो कौन पूछेगा ? राजनीति के दाँव-पेंच के लिए भी रकम चाहिए थी । फिर उत्सुकदास को हुक्म तो देना ही था । उन्होंने पहला हुक्म दिया, उन्हें पैसा चाहिए । बेतहाशा पैसा !

उत्सुकदास असल में करोड़पति बनना चाहते थे । अपने पिता के जमाने में महाराज गोविंदपुर के राजसी ठाठ उन्होंने देखे थे । मन में कहीं ताकत और पैसे की भूख, फन उठाए नाग की तरह पल यही थी । इस तरह श्रीकांत पाठक जैसा धाँसू अफसर बना उनका गुरु । सिर्फ़ एक दस्तखत करने पड़ते, एक हुक्म देना होता, हजारों आ जाते । धीरे-धीरे उत्सुकदास को मजा आने लगा । काफी-कुछ समझने लगे । धूर्तता की बातें उनकी भी समझ में आने लगीं । उन्हीं दिनों प्रदेश के व्यापार-मंडल की ओर से उनको सम्मान दिया गया । अग्रवाल सभा, जैन सभा—सभी जगहों पर बुलाकर लोग-बाग उनको मानपत्र देने लगे । प्रदेश के व्यापारियों, पूँजीपतियों, उद्योगपतियों को अपना व्यापार बढ़ाना था । उनकी समस्याएँ ही कुछ ऐसी होतीं, जिसके लिए सरकार के संरक्षण की आवश्यकता पड़ती । उत्सुकदास मंत्री थे सिर्फ अपने विभाग के, फिर भी अन्य विभागों के लिए अफसरों से कह-सुन देते थे। लाइसेंस, कोटा-परमिट, खरीद-फरोख्त, जाल-बट्टा करते-करते उन्होंने अपना अच्छा-खासा गिरोह तैयार कर लिया ।

पार्टी में भी उनका असर बढ़ चला था । गुरुपदस्वामी के जाने के बाद, जिनकी जड़ें रंगीनराय के अनुसार, उत्सुकदास ने ही काटी थीं, वह अब मुख्यमंत्री बनने जा रहे थे । कालीशंकर उनका प्राइवेट सेक्रेटरी था, जिससे प्रतिभा का विवाह हो चुका था और कृष्णबल्लभ उनके सबसे खास आदमी थे । यूँ तो उत्सुकदास को आर्थिक सहायता देनेवालों की कमी नहीं थी लेकिन कृष्णबल्लभ ही आड़े समय काम आते ।

दिल्ली प्रवास में उत्सुकदास को मंत्रिमंडल बनाने में अनेक कठिनाइयाँ झेलनी पड़ीं । पहले मंत्रियों की जो सूची स्वीकृत हुई उसमें उनके करीब-करीब सभी आदमियों को काट दिया गया । सच बात तो यह थी कि अगर कृष्णबल्लभ यादव को वह मंत्री न बनवा पाए, उनका मुख्यमंत्री बनना बेकार था । क्योंकि उत्सुकदास हमेशा दूसरों के कंधे पर रखकर बंदूक चलाते । कृष्णबल्लभ का कंधा, उत्सुकदास की बंदूक, निशाना

होते गुरुपदस्वामी ! गुरुपदस्वामी के समाप्त हो जाने पर प्रदेश-राजनीति में उनका एकछत्र रामराज्य स्थापित हो सकता था।

कृष्णबल्लभ को मंत्री न बनते देखकर उन्होंने उनका नाम प्रदेश-पार्टी अध्यक्ष के लिए पेश कर दिया। हाईकमांड के नेता उत्सुकदास की चाल समझ गए। इसके जवाब में उन्होंने रंगीनराय को अध्यक्ष बनाने का मुद्दा आगे बढ़ाया। सब जानते थे, रंगीनराय को किसी कीमत पर अध्यक्ष बनाने के लिए उत्सुकदास तैयार न होंगे क्योंकि रंगीनराय के अध्यक्ष होने से न सिर्फ उनकी प्रतिष्ठा गिर जाएगी, खुलेआम उनका विरोध होगा, गालियाँ मिलेंगी। कदम-कदम पर पार्टी में, सरकार में टकराव होगा। नाकेबंदी, विरोध, चक्रव्यूह-रचना में रंगीनराय अभ्यस्त थे। उत्सुकदास से उनका पुराना झगड़ा कृष्णबल्लभ को लेकर शुरू हुआ था। धीरे-धीरे उस झगड़े में राजनैतिक सिद्धांत तथा अन्य ढकोसले शामिल होते गए। वह असल में, उत्सुकदास को पूँजीपतियों का दलाल समझते।

कृष्णबल्लभ की हालत देखकर कालीशंकर कुछ दहल गया। दरवाजा बंद होने के बाद कुछ देर वहीं बरामदे में रुका रहा। फिर रंगीनराय की सलाह मानकर फौरन उत्सुकदास को इन हालात की खबर देने चल दिया। उसे मालूम था, कृष्णबल्लभ का शपथ-समारोह में आना कितना आवश्यक था।

बढ़ई दीक्षित कालीशंकर के साथ ही मोटर में बैठ गया। रंगीनराय लोबीराम के कमरे की ओर चल दिए।

शाम के करीब पाँच बज रहे थे। उत्सुकदास अपने बँगले के ड्राइंगरूम में बीचवाले सोफे पर अधलेटे बैठे थे। काफी बड़ा कमरा विभिन्न प्रकार के नेताओं से भरा था। बाहर बरामदे में भी लोग-बाग खड़े थे, मुलाकात की प्रतीक्षा में। काफी कुछ लोग यूँ ही घटनाक्रम की सुराग में पिले थे। कई पत्रकार अंदर, कई बाहर इधर-उधर भीड़ में घूम रहे थे। उस समय उत्सुकदास गुप्त स्वर में अपने सहयोगियों से मंत्रणा में मग्न थे।

इतने में कालीशंकर अंदर आया। उत्सुकदास के कान में उसने सारी बात बताई। उन्होंने मुसकराकर कहा, ''मेरे नाम से कृष्णबल्लभ को एक पत्र टाइप कर लाओ, वह उन्हें भिजवा दो, आ जाएँगे।''

कालीशंकर भागकर बगल के कमरे में गया, कुछ ही देर में पत्र टाइप कर लाया। उत्सुकदास ने उस पर हस्ताक्षर किए। कालीशंकर ने उसे मोड़कर लिफाफे में रखा और बाहर निकल आया।

उसने बाहर निकलकर इधर-उधर देखा। किसके द्वारा यह पत्र कृष्णबल्लभ को भेजा जाए। इसी उधेड़-बुन में फँसा था तभी उसने बढ़ई दीक्षित को देखा जो किसी पत्रकार से बातचीत कर रहा था। उसने बढ़ई दीक्षित की बाँह पकड़कर अलग बुलाया

और फिर धीरे से बोला, ''बंधु, तुम्हारी मदद चाहिए !'' पत्र दिखाते हुए उसने कहा, ''किसी तरह यह कृष्णबल्लभ तक पहुँचाना है।''

''हाँ भई, लेकिन समस्या तो है उन तक पत्र भी पहुँचाया कैसे जाए ? दरवाजा तो कृष्णबल्लभ खोलेंगे नहीं। और अगर खुदा-न-ख्वास्ता दरवाजा खुल भी गया तो तुमने सुन ही लिया, जूतों से मारने-पीटने की बात।''

''तो फिर ?'' कालीशंकर को लगा, इतनी मुसीबत उत्सुकदास को मुख्यमंत्री बनने में भी नहीं आई। मैं अगर जाऊँ तो भी बात वहीं-की-वहीं रहेगी। तभी उसे कुछ याद आया। आगे बढ़ते बढ़ई दीक्षित को लपककर उसने पकड़ा जो फिर पत्रकारों की तरफ बढ़ चला था।

''बंधु, फिर ऐसा करते हैं, यह पत्र तुम ले जाकर यशोदाबल्लभ को दे देना। परिस्थिति समझाकर उससे कहना, हर हालत में, चाहे दरवाजा तोड़ना पड़े, इसे कृष्णबल्लभ तक पहुँचाना होगा। कहना, उन्हें अपने साथ लेकर आएँ। अच्छा गुरु, अब तुम चलो, मैं इधर का काम देखता हूँ।''

बढ़ई दीक्षित को गाली देकर भगा देने के पश्चात् कृष्णबल्लभ अपने बेडरूम में आकर लेट गए। उस समय वह हाँफ रहे थे। धौंकती साँस, तेज धड़कन, उन्हें न तो कुछ दिखाई दे रहा था, न सुनाई। काफी देर तक लेटे रहने पर उनकी तंद्रा लौटने लगी। तभी उन्हें लगा, जैसे कहीं घंटी बजी है।

जब पहली बार टेलीफोन की घंटी बजी तो कृष्णबल्लभ को विश्वास नहीं हुआ। पिछले तीन दिनों में, वह एक प्रकार से भूल चुके थे, उनके यहाँ एक अदद टेलीफोन भी लगा है। फिर टेलीफोन ने कल रात उन्हें बड़ा दुखी किया था जब दो बार दफ्तर के चक्कर लगाने के बाद, अपने ही भाई बलराम ने गोलाबारी करके उनके सपनों का महल ढहा दिया था।

लेकिन घंटी तो बजी थी। कृष्णबल्लभ को लगा, उनके जीवन, उनके शरीर, उनके दिमाग का सारा सिस्टम गड़बड़ चल रहा था। यह घंटी जरूर खतरे की घंटी कहीं उनके दिमाग के अंदर से ही बजती होगी। घंटी बजती रही बजती रही। तब उन्होंने आँखें खोल दीं। उन्होंने सोचा, आँखें खोलकर देखने से शायद पता चले कहाँ से आ रही थी, यह घंटी की आवाज ! अपनी समस्त शक्ति, पाँचों इंद्रियाँ एक साथ जोड़कर, उन्होंने आवाज ढूँढ़ने में लगा दी। तब उन्हें पता लगा यह तो टेलीफोन की घंटी ही थी।

कृष्णबल्लभ उछलकर पलंग से कूदे। लंबी छलाँगें लगाकर बाहरी कमरे में एक तिपाई के ऊपर रखे टेलीफोन के पास पहुँचे। तब तक घंटी बंद हो चुकी थी। वहीं टेलीफोन के पास ही जमीन पर वह पालथी मारकर बैठ गए।

पिछले अठारह घंटों से जिस मानसिक पीड़ा की तपन में कृष्णबल्लभ जल रहे थे, एकाएक गायब होने लगी। उनके दिमाग में विचार आया, जैसे हालातों में कोई बहुत बड़ा परिवर्तन होनेवाला था। उनके मस्तिष्क की सेल्स ने, जो कल रात बलराम के टेलीफोन के बाद उलझ गई थीं, एकाएक काम करना शुरू कर दिया। दोनों हाथ जोड़कर, आँखें बंद करके वह ईश्वर से प्रार्थना करने लगे। एक बार, सिर्फ एक बार टेलीफोन आ जाए। उनके अचेतन मन में कोई लहर उठी, एक बार घंटी बजने से पिछले अठारह घंटों की व्यथा से मुक्त हो जाएँगे।

एक बार फिर उनकी सारी आशा टेलीफोन पर केंद्रित हो गई। टेलीफोन से उनके जीवन का महत्त्वपूर्ण संबंध रहा था। विद्यार्थी-जीवन से आज तक सभी शुभ सूचनाएँ उनको टेलीफोन के जरिए मिलती आईं। सामने आने से कृष्णबल्लभ की आधी शक्ति क्षीण हो जाती। रामायण के बालि की तरह लोग उनकी ताकत छीन लेते। टेलीफोन पर या सभा के मंच पर वह शेर बन जाते। उनके जीवन की परिचित आशा का केंद्र था टेलीफोन!

उधर कालीशंकर को अधिकारियों से कृष्णबल्लभ का टेलीफोन ठीक होने की खबर मिली, तो उसने नंबर मिलाया। पहली बार तो किसी ने उठाया नहीं लेकिन दुबारा नंबर मिलाने पर जैसे ही घंटी बजी, झपटकर कृष्णबल्लभ ने रिसीवर उठा लिया।

"हलू...मैं बोल रहा हूँ, कृष्णबल्लभ!"

"वाह! भाईसाब...वाह!"

"कालीशंकर! अच्छा तो तुमने अभी फोन किया था!" कृष्णबल्लभ आशाजनित विश्वास से बोले।

"आप भी अजब तमाशा करते हैं, भाईसाब! टेलीफोन मैं ही मिला रहा था, उस समय जब आपने बढ़ई दीक्षित को बिगड़कर भगा दिया, तब भी मैं वहाँ मौजूद था। वे लोग मेरे ही साथ आपके यहाँ गए थे। रंगीनराय आपके विरोधी होंगे, फिर क्या...आपको बधाई देने नहीं आ सकते? आपने विश्वास कैसे कर लिया, बाबू साब के होते हुए आप मंत्री नहीं बनेंगे?"

"आज सारे अखबारों में तो यही छपा है, कालीशंकर!" वे कुछ उदास स्वर में बोले।

कालीशंकर ने खीझकर कुछ चिढ़ में कहा, "अब तो ईश्वर, बाबू साब और आपकी सौगंध उठाकर कह रहा हूँ, आप मंत्री बनेंगे। यह बात सच है, आपका नाम कट गया था। लेकिन बाबू साब ने लड़कर फिर से करा लिया। मैं आपको उस समय, यही सब बताने गया था।"

कृष्णबल्लभ में हर्षोल्लास का सागर लहराने लगा। जैसे ऊँची मीनार से कहीं

एकाएक शहनाइयाँ बजने लगीं। अभी प्रार्थना की और टेलीफोन की घंटी बजी। उनके जीवन पर आया संकट समाप्त हो गया। उनको विश्वास था, टेलीफोन की घंटी कभी धोखा नहीं दे सकती।

''अच्छा-अच्छा भई! कालीशंकर, तुम तो अपने ही हो! क्या मुझे क्षमा नहीं करोगे? कल रात दिल्ली से बलराम ने जब से नाम कटने की खबर दी, मेरा मानसिक संतुलन ही बिगड़ गया। हाँ, तो राजभवन आठ बजे जाना है न?''

''नहीं जी! समय बदल गया है। शपथ-समारोह अब दस बजे होगा। उसके पहले आठ बजे दल की मीटिंग में नेता का चुनाव होगा।''

''क्या कहा, चुनाव होगा?''

''इसमें घबराने की क्या बात है? दिल्ली से गुरुपदस्वामी, पार्टी-अध्यक्ष, अन्य बड़े नेता आए हुए हैं। मीटिंग तो महज फार्मेलिटी के लिए हो रही है। आप तुरंत तैयार हो जाएँ।''

कृष्णबल्लभ रिसीवर रखने ही जा रहे थे कि कालीशंकर ने होल्ड करने को कहकर फोन उत्सुकदास के सामने रख दिया।

''अरे कृष्णबल्लभ, कहाँ रहते हो? पता ही नहीं लगता! आज का कार्यक्रम तो कालीशंकर ने बता दिया होगा। उसके पहले तुम यहाँ आकर मुझसे मिलो। कामयाब सेठ का ताँबेवाला सौदा तुम्हें याद है ना? उसकी फाइल कहाँ है? फसाद मचा दिया है सालों ने! अच्छा, अब मैं फोन काट रहा हूँ, बाहर, लगता है अध्यक्ष आ गए हैं।''

कृष्णबल्लभ भी फोन रखकर बाथरूम की ओर भागे। जल्दी-जल्दी दाढ़ी बनाई, स्नान किया, तौलिया से पोंछ-पोंछकर, बुर्राक खद्दर की धोती-कुर्ता पहनकर बाहर निकलने से पहले बैठक के कमरे में पंखे के नीचे पसीना सुखाने को खड़े हुए और उन्होंने कमरे का दरवाजा खोल दिया।

दो

जिस समय कालीशंकर की गाड़ी दारुलशफा 'ए' ब्लॉक के सामने आकर रुकी, उससे कुछ ही देर पहले दुर्लभ काछी 'बी' ब्लॉक के सामने जीप से उतर रहा था। उसने अपने सर पर बाँधे साफे का एक हिस्सा खोलकर मुँह के ऊपर बाँध लिया। छह फुट लंबा,

बड़ी-बड़ी मूँछ-दाढ़ी से भरे चेहरे के ऊपर लाल-लाल आँखें दहक रही थीं। लंबा, घुटने तक का कुर्ता, हल्के किनारेवाली खादी की धोती, कीचड़-धूल में सनी हुई चमड़े की सैंडिल, पसीने से तर-बतर, घबराया हुआ, इधर-उधर देखते हुए वह पहली मंजिल पर यशोदाबल्लभ के फ्लैट की ओर चल दिया। चार बजे का समय, धूप तो कुछ कम हो चली थी मगर लू के झोंकों-झपेटों मे उड़ती गर्द के गोल दायरे दारुलशफा की इमारत से टकराकर उसी प्रकार कोलाहल मचा रहे थे, जैसा उस समय दुर्लभ काछी के मन में उठा था। 'बी' ब्लॉक की लिफ्ट की तरफ न जाकर वह सीढ़ियों से ही ऊपर की ओर बढ़ा।

दारुलशफा के 'बी' ब्लॉक की सीढ़ियों के ऊपरी हिस्से में कमलासिंह उतरकर नीचे की ओर से आ रहा था, जब उसकी आवाज सुनकर चार-पाँच सीढ़ियों के बाद नीचे की ओर चढ़ता हुआ दुर्लभ काछी रुक गया।

उस समय कमलासिंह के साथ बढ़ई दीक्षित, बजरबट्टू और रंगीनराय थे। बढ़ई दीक्षित और रंगीनराय, बजरबट्टू की बातें सुनकर हँस रहे थे लेकिन कमलासिंह बनावटी मुसकराहट के चोले में अपनी खीझ छिपाने में लगा था। बजरबट्टू असल में रंगीनराय के साथ लगा रहता। बड़े ही मजेदार किस्म का आदमी, स्कैंडल उड़ाने में उसकी सानी का कोई और न था। पैरों में तो उसके जैसे चक्कर लगा था। इस कमरे से उस कमरे, इधर-उधर बस घूमता ही रहता।

दारुलशफा में सैकड़ों विधायक, उनके नाते-रिश्तेदार, चुनाव-क्षेत्र और इधर-उधर के हजारों लोग धंधेवाले, चोर-उचक्के, पुलिस अधिकारी, अखबारनवीस, करीब-करीब रोजाना आते-जाते। बाहर से शांत दिखनेवाले दारुलशफा में कितनी ही करवटें बदलती हलचलों के बारे में सबकुछ बजरबट्टू को मालूम रहता। ताजा-ताजा खबरें, राजनीति के दाँव-पेंच, दलबंदी में जूझे नेताओं की घटती-बढ़ती शक्ति के विभिन्न कोण, प्रत्येक कोण की इकाइयों में टूटती-जुड़ती कड़ियों का सारा हिसाब बजरबट्टू के पास मौजूद रहता।

स्वार्थ-लोलुपता, आस्था-विश्वास के उसके अपने दृष्टिकोण थे। दुबला-पतला, करीब साढ़े पाँच फीट का कद, मैले-कुचैले कपड़े, टूटी चप्पलें, आम की गुठली-सा चेहरा, बड़ी नाक, खिचड़ी बाल; उसके व्यक्तित्व में सबसे आकर्षक उसकी आँखें थीं जो सदैव चमकती रहतीं। उनमें जैसे कोई सवाल हो, कुछ खोया हुआ तलाश कर रही हों। जोशीली बातें करते-करते वह चीखकर हाँफने लगता। कभी-कभी माँ-बहन की गालियों पर उतर आता। ऐसे मौकों पर तब उसके मुँह से फिचकुर बह निकलता।

कमलासिंह को आता जानकर दुर्लभ काछी वहीं बीच में रुका रहा। उसे लगा, कमलासिंह अकेला नहीं था। कई और लोग उसके साथ हल्लेदार आवाजों में बात करते हुए नीचे आ रहे थे। एक क्षण उसने सोचा, वापस जीप में जा बैठे। तब कमलासिंह को

मौका देखकर पकड़ेगा। लेकिन जीप तो वहाँ से दूर थी। उसमें फिर जालिम लेटा था। अब यहाँ अपने दोनों का एकसाथ रुकना उसे ठीक न लगा। गर्द-गुब्बार से भरी लू, ऊपर से रास्ते की थकान। उसका सारा बदन रात-भर न सोने की वजह से टूट गया था। प्यास की तलब से सूखे हुए गले में खिस्सा घूँट निगलकर उस वक्त वह किसी भी तरह यशोदाबल्लभ के कमरे में पहुँचने की फिराक में था। कमलासिंह के साथ की आवाजें और तेज हो गईं। सीढ़ियाँ उतरने के साथ-साथ रुक-रुककर आपस में नोंक-झोंक चल रही थी। उनमें से कोई आदमी जोर-जोर से चिल्ला रहा था। अपना नाम सुना उसने, फिर फूलदास का नाम सुना जिसके साथ ही उसके पेट में ठंडी डरावनी मरोड़ उठकर एक क्षण, जैसे सारी ताकत निकाल ले गई। एकाएक घबराकर उसने साफा खोल डाला। हाथ-मुँह पर बह रहे पसीने में सनी हुई गर्द को साफ करते हुए वह तेजी से नीचे उतरनेवाला ही था, इतने में वे लोग सामने आ गए।

बजरबट्टू तो उसे देखते ही खामोश हो गया, जैसे साँप सूँघ गया हो! वह बढ़ई दीक्षित और रंगीनराय के साथ जरा-सा कतराकर नीचे उतर गया। तब कमलासिंह ने घबराती आवाज में, आँखें निकालकर दुर्लभ काछी से कहा, "तुम्हें यहाँ अभी आना था? बाबू साहब की शपथ होने जाय रही है।"

दुर्लभ काछी तब परेशान, थके हाल, बेहद ऊबा हुआ था। दाँत किटकिटाते हुए धीमी लेकिन सख्त आवाज में बोला, "कोई शौकिया दावत मा नाहीं आए रे! नीचे जीप मा जालिम भी हैय। तुम अभी-हाल यशोदा के कमरे में उसका लै आओ, फौरन!" और तेजी से दुर्लभ काछी ऊपर की ओर बढ़ चला।

उधर बढ़ई दीक्षित, रंगीनराय और बजरबट्टू बरामदे में रुके खड़े थे। कमलासिंह को अब पास आता देखकर बजरबट्टू की मूँछों के बाल खड़े होने लगे और उसकी आँखें गोल-गोल घूमने लगीं। हाथ ऊपर की ओर उठाकर, रंगीनराय को देखते हुए, एक क्षण को रुका, फिर कमलासिंह की ओर घूमकर वह बोला, "क्यों बेट्टा! बाबू साब को शपथ दिलवा रहे थे, मंत्री बनेंगे, सय्याँ, नाचूँगी मैं रात-भर। कोई इनसे पूछे, भला कितने दिन रहेगा मंत्रिमंडल? उसके बाद... उत्सुकदास भीख माँगेंगे! तुम्हारे बाबू साब जाएँगे जेल, चक्की पीसेंगे! जमा बैठा हुआ है अपना फूलदास जिला शाहजहाँपुर मा!"

"क्यों बे बजरबट्टू! कभी तो कायदे से बात किया कर! इनके बाबू आज मंत्री होय रहे हैं, कमलासिंह भिजवाय देगा आगरे अस्पताल मा।"

"भय्या रंगीनराय! हमने आगरा देखा, बरेली, राँची देखा। अब देखते हैं यह दारुलशफ़ा जहाँ रात-रात-भर दीवारों से लहू टपकता है। जहाँ परेत-चुड़ैलें नाचती हैं। अब सुनौ! कल आधी रात जो नींद टूटी तो हम बड़ी देर जागते रहे। जब जी उकताय गया, उठकर वहीं बरामदे मा टहलने लगे। उस छोर से जब लौटे तो क्या देखा,

वर्मा के कमरे से क्या-क्या आवाजें आय रही हैं।"

"फिर वही भूत-चुड़ैल का किस्सा!"

"ना राय साब, ना, तनिक सुना···!"

"छोड़ो···छोड़ो बजरबट्टू! यह सब यहाँ रोजाना होता है। मेंबर साले, खुद तो रहते नहीं, कमरे किराए पर चढ़ाए हैं। कई ने दोस्तों-मुलाजिमों को दे रखा है। और वह ससुरा वर्मा तो लोफर है ही। उसका का ठिकाना।"

"हा राय साहब, मुझे क्या है। समाज के ठेकेदार, राष्ट्रसेवक, जनता के प्रतिनिधि रसातल तक दल-दल में घुसे रहें···मुझे क्या? बस यह सब देखा नहीं जाता, इसीलिए कह देता हूँ।" बजरबट्टू ने निराश भाव से कहा।

इतने में कमलासिंह जाने के लिए आगे बढ़ा। बढ़ई दीक्षित ने तभी रंगीनराय का हाथ दबाकर चलने का इशारा किया। तब रंगीनराय ने उसे जरा रोकते हुए बजरबट्टू से पूछा, "अच्छा गुरु! असली खबर तो बताओ।"

"क्या असली, क्या नकली?"

"अरे वही मंत्रिमंडलवाली!"

फिर तो बजरबट्टू बड़े जोर का ठहाका मारकर हँसा···काफी देर तक हँसता रहा। एकाएक गंभीर हो गया। चमकती आँखों को, गोल-गोल नचाते हुए, पहले रंगीनराय को उसने चुनौती-भरी, प्रश्नसूचक दृष्टि से देखा और फिर बोला, "कैसा मंत्रिमंडल, कहाँ की सरकार? सब टूट जाएगा। जाओ, देखो लोबीराम के यहाँ कौन षड्यंत्र चल रहा है! गई सरकार···गई। कृष्णबल्लभ घुस गए! चार दिन की चाँदनी फिर अँधेरी पाख···!" गाते-गाते वह नाचने-कूदने लगा।

बजरबट्टू के प्रलाप से मतलब की बात मिल आई। समझ की मुसकराहट से रंगीनराय ने उसकी ओर देखा। तब तक उसके मुँह से फिचकुर निकलने लगा था। और फिर बढ़ई दीक्षित को लेकर वे लोबीराम के कमरे की ओर चल दिए। उधर कमलासिंह जालिम खाँ को बाहर खड़ी जीप में देखने चल दिया।

जालिम खाँ अभी जीप की पिछली सीट पर बड़े आराम से पैर फैलाए बैठा था। उसे अपने पहचाने जाने का तो डर था नहीं। फूलदास का कत्ल करने के बाद ही, उसने अपनी दाढ़ी-मूँछ मुड़वा दी थी। कुछ अजीब-सा आदमी जिसे देखते ही दया आने लगे, कौन कह सकता इतना बड़ा डकैत-खूनी होगा! खाकी पैंट की जेब से उसने सिगरेट की डिबिया निकाली। फिर एक सिगरेट निकालकर जलाने के लिए जब माचिस ढूँढ़ने लगा तो उसे याद आया, माचिस की तीलियाँ तो रास्ते में ही खत्म हो गई थीं। गर्मी-लू, रास्ते की थकान, ऊपर से टूटी-फूटी सड़कों पर हिचकोले खाती जीप ने उसके शरीर के

अंजर-पंजर झझोरकर रख दिए थे। चला तो था वह सबेरे ही, लेकिन रास्ते में जीप खराब हो जाने से देर हो गई। माचिस न मिलने के कारण झुँझलाकर वह जीप से उतरा तो उसे सामने गेट के पास, मैदान की सिंचाई के लिए, बड़े मुँहवाला नल दिखाई दिया जिसकी तरफ, दाहिने पैर से, लँगड़ाता हुआ, वह पहले पानी पीने के लिए चल दिया।

जालिम खाँ का फूलदास से कोई झगड़ा नहीं था। झगड़ा तो दुर्लभ काछी का था। लेकिन दुर्लभ काछी का झगड़ा आज़ उसका झगड़ा था। हाँ, शुरू-शुरू में दोनों की दोस्ती लूटमार और डकैती के सिलसिले में इलाकों के बँटवारे से पैदा हुई थी। तब तो दुर्लभ काछी व जालिम खाँ के गिरोह तक अलग-अलग थे। जाहिरा तौर पर दोनों गिरोह एक-दूसरे से लड़ते तो नहीं थे फिर भी कभी-कभार इनके आदमियों में छोटी-मोटी मुठभेड़ की वारदातें हुआ करतीं। वैसे तब जालिम खाँ को परोक्ष रूप से, कृष्णबल्लभ का संरक्षण, गिरोही के जरिए मिला हुआ था। ये गिरोही कृष्णबल्लभ की कृपा से कई एक बंदूक, कारतूस वगैरा ले जा चुके थे।

उन दिनों, जालिम खाँ काफी मुश्किल में था, जब उसके गिरोही ने यशोदाबल्लभ से मीटिंग करवा दी। यशोदाबल्लभ ने जरा दूर की कौड़ी फेंकी और जोर-समझ से दुर्लभ काछी के साथ जालिम खाँ का करार ठहरा दिया। तभी पहले-पहल इलाके बँट गए। शाहजहाँपुर का इलाका मोहम्मद पुरवा, शंकरगाँव, ढिलियाना के पूरब-दक्षिण के बीच बँट गया। और उसके कुछ ही दिनों बाद दोनों गिरोह साथ-साथ मिलकर लूट-डकैती करने में लग गए।

इसी इलाके से यशोदाबल्लभ के भाई कृष्णबल्लभ विधानसभा के लिए चुने जाते। जिला परिषद्, नगरपालिका, पंचायतों पर उनके लोग पहले से जमे-जमाए थे। गाँव-सभा, पंचायत, तहसील, नोटीफाइड एरिया आदि सभी जगह, यशोदाबल्लभ ने अपने खास लोगों को रख छोड़ा था। पूरे इलाके के गुंडे, बदमाश, गिरहकट, चोर-उचक्के, अपने-अपने धंधे में लगे थे। पुलिस-कचहरी, थाना-दरोगा, कृषि, बिजली, सिंचाई, चकबंदी के अधिकारी स्वाभाविक रूप से जैसे किसी अज्ञात नियम-कानून से बँधे यशोदाबल्लभ और कृष्णबल्लभ का काम किया करते। कृष्णबल्लभ तब तक प्रदेश मंत्रिमंडल में मंत्री बन चुके थे जिसकी वजह से अधिकारियों को भय, लिप्सा और प्रभाव की मिश्रित प्रतिक्रियाओं ने फाँस रखा था। गँवई-गाँव के लोगों को अपनी समस्याओं को निपटाने के लिए इनके चक्रव्यूह से निकलने की न तो जरूरत थी औंर न ही निकल पाना उनके लिए मुमकिन था।

पिछले चुनाव में दुर्लभ काछी ने पूरे इलाके में तहलका मचा दिया था। जिस गाँव में कृष्णबल्लभ का विरोध होता, वह गाँव लूट लिया जाता, घरों में आग लगा दी जाती। आशंका, भय के वातावरण में लोग अच्छी तरह समझ गए, अगर चैन से जिंदा रहना है

तो वोट कृष्णबल्लभ को ही देना होगा। चुनाव के बाद विरोधी दल तो दिखाई नहीं देते। उधर विरोधी दल के उम्मीदवार भला क्या करते, उनकी खुद भी वही हालत होती, जो वोट न देनेवालों की।

वैसे बंदूक-कारतूस दिलवाने में यशोदाबल्लभ का भी कोई मुकाबला नहीं था। तमंचे वगैरह तो डाकू लोग खुद बनवा लेते या अवैध कारखानों से बराबर आमद होती रहती। अच्छी बंदूकें सरकारी लाइसेंस के बिना मुश्किल से मिलतीं। लेकिन यशोदाबल्लभ ने कमलासिंह की मदद से अपना पूरा इंतजाम कर रखा था। जिला और पुलिस अधिकारी कारखानों और लाइसेंस से गायब हुए हथियारों के बारे में मिली रिपोर्ट पर कानूनी कार्यवाही करते नहीं थे। इसके अलावा फर्जी लाइसेंसों के आधार पर अच्छे-से-अच्छे हथियार इनके पास पहुँच जाते।

दुर्लभ काछी को जालिम खाँ की ही तरह लूट के माल को निकालने में बड़ी परेशानी होती थी। कई बार पैसे अच्छे नहीं मिलते। माल इधर-उधर करने में महीनों लग जाया करते। उधर यशोदाबल्लभ, कमलासिंह की दूर-दूर तक पहुँच थी जिसकी वजह से सब आसान हो जाता। तभी तो दुर्लभ काछी, जालिमखाँ ज्यादा-से-ज्यादा रुपया, सोना, जेवर यशोदाबल्लभ के पास जमा करवा जाते। बंदूक, रिवॉल्वर, बल्लम-कांता, कारतूस, हथगोले, लाठियाँ, आँसू-गैस की गोलियाँ, लाइसेंस बनवाने के खर्चे और अपने राजनैतिक जीवन को चलाते रहने की कीमत काटकर बाकी पैसा इनके आदमी को दे दिया जाता। तब यशोदाबल्लभ के जरिए, कमलासिंह की तरकीबों से, दुर्लभ काछी, जालिम खाँ का गिरोह पनपने लगा। पूरे इलाके में उन्हें रोकने-टोकनेवाला कोई न था। हाकिमों-अफसरों की तरफ से उन्हें पूरी छूट मिली हुई थी।

इनके गिरोह के कारनामों के बारे में धीरे-धीरे अखबारों में भी खबरें छपने लगी थीं। कई किस्से इतने भयानक, घिनौने थे, जिनकी चर्चा दिल्ली में भी लगातार हो रही थी। तभी पुलिस के बड़े अफसरों ने फूलदास को इन डकैती और तस्करी गिरोहबाजों को पकड़ने के लिए भेजा।

फूलदास असल में इस इलाके में पहले भी रह चुका था। इन लोगों से उसकी पुरानी दुश्मनी थी। पिछली बार उसने दुर्लभ काछी को तीन दिन थाने में बंद रखा था। तब यशोदाबल्लभ ने रातों-रात उसका तबादला करवा दिया। इस बार दुर्लभ काछी और जालिम खाँ के आपस में मिल जाने से फूलदास को काफी कठिनाइयाँ भुगतनी पड़ी थीं। वह ईमानदार, बहादुर पुलिस अफसर होने के साथ प्रदेश के बड़े नेता गुरुपदस्वामी का संबंधी था।

गेट के पास मैदान में लगे नल से जालिम खाँ ने पानी पिया, हाथ-मुँह धोया, अपने कपड़ों पर लगी धूल झाड़ी। फिर तेज धूप की तपन में वहाँ उससे रुका न गया।

लँगड़ाता हुआ, लगभग दौड़कर, दारुलशफा के गेट से लगी हुई पान-सिगरेट की गुमटी पर पहुँच गया। वहाँ से माचिस के साथ एक डिब्बी पनामा लेकर वह चलनेवाला ही था, उसने देखा नीले रंग की फिएट से यशोदाबल्लभ उतरकर कार का दरवाजा बंद कर रहा था। जालिम खाँ उसी तरफ बढ़ चला।

यशोदाबल्लभ मिडिल फेल था। उसकी भाभी राधिकारानी के अपनी कोई औलाद थी नहीं, जिससे यशोदाबल्लभ को वह अपने बच्चे की तरह प्यार करती। उनके लाड़-प्यार ने ही शुरू-शुरू में उसे बिगाड़ दिया। छोटी उम्र से ही आवारागर्दी में फँसकर वह घर से गायब रहने लगा। पढ़ाई-लिखाई से कतराने की तो उसकी आदत बन गई। बाप के पास वकालत के पेशे के सिलसिले में उन दिनों एक-से-एक शातिर बदमाश आया करते। चोर-उचक्के, कातिल, डकैतों-तस्कर गिरोहों से उसके वकील बाप हमेशा घिरे रहते। वकील साहब का बेटा यशोदाबल्लभ उन तमाम मुवक्किलों का लाड़ला, प्यारा, सबकी आँखों का तारा बना हुआ था। वे लोग अपने-अपने पेशों के किस्से-कहानियाँ, मौज-जोश में, यदा-कदा यशोदाबल्लभ को सुनाया करते, जिन्हें वह बड़े चाव-मन से सुनता और साथ में समझने की भी कोशिश करता।

इन लोगों में यशोदाबल्लभ का दोस्त बना दुर्लभ काछी। दुर्लभ काछी वकील साहब का खास दलाल था। उस समय दुर्लभ काछी करीब तीस का रहा होगा। तब वह मुवक्किलों को फाँसकर लाया करता, जिसके लिए वकील साहब उसे दस प्रतिशत कमीशन दिया करते।

सब ठीक-ठीक चल रहा था। इसी बीच वकील साहब बीमार पड़ गए। काम-काज करीब-करीब, उनके खाट पकड़ने से बंद हो गया। थोड़े ही दिनों बाद, वकील साहब को जो फालिज गिरा, दुर्लभ काछी घबरा गया। उसके खर्चे तब तक बढ़ चले थे। दारू, जुओं के अड्डे और औरतबाजी की वजह से उसकी आदतें खराब हो चुकी थीं। कभी-कभार उन दिनों वह यशोदाबल्लभ को भी इन जगहों पर ले जाया करता। यशोदाबल्लभ तब तक काफी कुछ समझने लगा था। पतली मोहरी की पैंट, छींटदार रंगीन बुश्शर्ट, घुँघराले बाल, चिकना चेहरा—सब मिलाकर मॉडर्न-सा लगता वह शाहजहाँपुर के इलाके में। वकील साहब की पुरानी फटफटिया इधर-उधर चलाया करता। यशोदाबल्लभ को साथ रखने का, दुर्लभ काछी का एक और मतलब था। उसे मुवक्किलों की तलाश में दूर-दूर तक धावा बोलना पड़ता। वहाँ जाने के लिए अकसर कोई सवारी मिलती नहीं। ऐसे मौकों पर वकील साहब को बताए बिना तब यशोदाबल्लभ की फटफटिया वह माँग ले जाता। कभी-कभी तो रात में, शहर से दस-बीस मील दूर जाकर मुवक्किलों से वीराने जंगल में जाकर मिलना पड़ता। रुपए-पैसे की वसूली भी उसे ही करनी पड़ती।

यशोदाबल्लभ को वह हमेशा खुश रखता। खूब ऐश कराता। उसे तरह-तरह की चीजें लाकर देता। वकील साहब ने दुर्लभ काछी के लिए एक दुनाली बंदूक का लाइसेंस बनवा दिया था, जिसे वह हमेशा अपने कंधों पर लटकाए रहता। काफी मेहनत-मशक्कत के बाद यशोदाबल्लभ को भी उसने आखिर बंदूक चलाना सिखा दिया। जिस दिन यशोदाबल्लभ ने पहली चिड़िया मारी, दुर्लभ काछी उसे कालीबाड़ी ले गया। देवी के सामने माथा टेककर उसने सौगंध दिलवाई। दोनों जिगरी दोस्त बन गए। उसी दिन यशोदाबल्लभ ने दुर्लभ काछी के साथ मिलकर पहाड़पुर गाँव में पहली बार डाका डाला, फिर सारा माल लेकर, फटफटिया पर भाग आए। यशोदाबल्लभ उस दिन बहुत खुश था। पाँच सौ नगद, एक चाँदी की थाली उसके हिस्से में पड़ी, लेकिन लौटकर उसने देखा, घर के सामने बेतहाशा भीड़ थी। वकील साहब गुजर गए थे।

यशोदाबल्लभ की माँ पहले ही मर चुकी थी, अब बाप चल बसे। बड़े भाई का सहारा था। क्रिया-कर्म के बाद कृष्णबल्लभ ने बापू की तिजोरी खोली। उसमें से निकले दस हजार रुपए, पचास तोले सोने के बिस्कुट, अफीम की एक पेटी, और कुछ चाँदी-सोने के जेवरात।

कृष्णबल्लभ उस समय काशी हिंदू विश्वविद्यालय की यूनियन का चुनाव लड़ने जा रहे थे। सो, पाँच हजार रुपए उन्होंने ले लिए। बाकी तीन हिस्से में बँट गया, लेकिन सब सामान उसी तिजोरी में बंद करके चाभी राधिकारानी को दे दी गई। बलरामबल्लभ एल-एल. बी. पास कर चुका था। तो उसने बाप की गद्दी सँभाली।

अपनी चुनाव-यात्रा पर जाने से पहले दोनों भाइयों को बैठाकर कृष्णबल्लभ ने समझाया। बलरामबल्लभ का मामला सीधा-साफ था। उससे तो सिर्फ इतना कहा, "भैया, वकालत जिस तरह बापू करते थे तुम न कर पाओगे। फिर भी कुछ-न-कुछ करना ही है तो वकालत क्या बुरी! बापू की जमाई हुई है, फालिज गिरने से तमाम मुवक्किल बिखर गए थे, उन्हें बटोर लो। दुर्लभ काछी है ही, सब ठीक हो जाएगा। बस इतना ध्यान रखना, कोई बात खुले नहीं। बापू की लोग-बाग बड़ी इज्जत करते थे। तभी तो देखो, इतनी दौलत छोड़कर मरे हैं। एक बात और करना। बापू ने दो-तीन साल पहले, बीस एकड़ जमीन का एक मुकदमा खरीद लिया था। यह मुकदमा बापू मरने से पहले जीत गए थे। कागजात तिजोरी में रखे हैं जो राधिकारानी से कहकर ले लेना।" फिर यशोदाबल्लभ की ओर घूमकर उन्होंने कहा, "और तुम क्या करोगे?"

यशोदाबल्लभ भाई के पढ़े-लिखे होने के कारण कुछ डरता था, इसीलिए कुछ बोला नहीं।

कृष्णबल्लभ ने कहा, "हमारी राय मानो तो तुम दुर्लभ काछी को कर दो साफ। मुवक्किल लाया करो। दस प्रतिशत कमीशन देना पड़ता है। सो घर ही में रह जाएगा।

सारे मुवक्किल धर पकड़ो। तुम्हारा, बलराम दोनों का काम चल जाएगा। मुझे तो राजनीति में जाना ही है। अगले साल भगवान की इच्छा भई तो यहाँ से विधानसभा का चुनाव लड़ूँगा। फिर बापू के प्रताप से, मंत्री तो बन ही जाऊँगा। तुम तनिक पार्टी के दफ्तर चले जाया करो। कुछ यही सब सीखो! इन सबमें कौन पढ़ाई-लिखाई की जरूरत होती है।''

कृष्णबल्लभ के जाने के बाद यशोदाबल्लभ ने दुर्लभ काछी को सब बातें बताईं। दुर्लभ काछी बोला, ''यशोदाबल्लभ! सच पूछो तो अब हमारा मन इस दल्लाली के काम में लगता नहीं है। खर्चे बढ़े हैं। हम तो अब डाका डालेंगे। भैया, चल सको तो तुम भी चलो।''

''न दुर्लभ! यह काम तो हमसे न होगा। पहली बार तुम्हारे साथ गए थे, तो पैंट मा पिशाब हुई गई। डर के मारे आधी जान वहीं निकल गई। लगता था, अब धरे गए, अब मारे गए।''

''तो ठीक है जैसा कृष्ण भैया कह गए, तुम करो दल्लाली—हम डालेंगे डाका। वकील साहब की दिलवाई दुनाली है ही। काली माँ की इच्छा भई तो मुल्तान पासी अब बूढ़ा हुइ गया है। हम अपना गिरोह बनाएँगे।''

उसी दिन से यशोदाबल्लभ-दुर्लभ काछी में जीवन-भर का करार हो गया। कालीबाड़ी में सौंगंध ले ही चुके थे। अब भाग्य की लिख गई।

बीस एकड़ जमीन जो वकील बाप के खरीदे हुए मुकदमे से यशोदाबल्लभ को मिली, उसमें दुर्लभ काछी की सलाह से अफीम की खेती होने लगी। उधर दुर्लभ काछी मुल्तान पासी के गिरोह में, वकील साहब की दिलवाई बंदूक लेकर भर्ती हो गया। एक डकैती के बाद पुलिस-मुठभेड़ में मुल्तान पासी मारा गया। दुर्लभ काछी तब गिरोह का सरदार बन गया।

दुर्लभ काछी ने यशोदाबल्लभवाली जमीन पर अपने गिरोह के एक आदमी को बसा दिया, जिससे चारों तरफ की खबरें मिलती रहें—किसके खेत में कितनी अफीम डाली गई, कटाई, बिनाई का माल कहाँ गया? इधर माल चला, लूटने की तैयारी होने लगती या ऊपर अफीम का नजराना वसूल किया जाता। उधर रास्ते में जाती हुई बैलगाड़ियों, घोड़ागाड़ियों के क़ाफिले रोककर अफीम लूट ली जाती। यशोदाबल्लभ-दुर्लभ काछी लूटी हुई और अपनी बीस एकड़ जमीन से मिली अफीम की तस्करी अपने गिरोह से करवाते।

यशोदाबल्लभ ने तब तक तस्करी का अच्छा-खासा गिरोह बना लिया था। और उधर ग्राम-पंचायतों से पहले कई एकड़ जमीन हथिया ली। फिर उसे फार्म की शक्ल देकर, कृषि उत्पादन बढ़ाने के लिए भूमि-बंधक बैंकों से लंबी रकम झटक ली। कृषि

विभाग से ट्रैक्टर आए, सिचाई विभाग ने ट्यूबवैल लगवाए । जोड़-तोड़, तिकड़म तथा विभागीय अधिकारी के सहयोग से जीप-ट्रक व अन्य कृषि संबंधी यंत्रों की प्राप्ति हो गई । पास के गाँव से निकाली गई नहर का रुख मोड़ दिया गया । ऊबड़-खाबड़ जमीन पर लगे जंगल साफ करने के लिए बुलडोजर-क्रेन इत्यादि से महीनों बिना-लागत काम होता रहा । जब जंगल साफ हो गया, ट्यूबवैल लग गए, मशीनें जमा हो गईं तो यशोदाबल्लभ ने काँटेदार तारों का जाल बिछवाकर काफी ऊँची चारदीवारी बनवाई जिसके बीच में किलादार लोहे का फाटक लगवाया । उसी फाटक के ऊपर काले रंग के ऊपर सफेद रंग से लिखा हुआ, 'राष्ट्रीय निर्माण संघ' का बोर्ड लगा । निर्माण विभाग द्वारा सड़कें पहले बन ही चुकी थीं । इस सबके बाद यशोदाबल्लभ ने, दुर्लभ काछी के कहने पर, उस फार्म में भी अफीम की खेती करवा दी ।

इन्हीं दिनों यशोदाबल्लभ जिला पार्टी का अध्यक्ष बना दिया गया। उधर बलरामबल्लभ की वकालत का सत्यानाश हो चुका था। वे थे दीवानी के वकील। मुकदमे आते फौजदारी के। उस इलाके में दीवानी के मुकदमे नहीं के बराबर होते। अफीम की खेतीवाली जमीन के लिए किसानों में भला क्या खाक मुकदमेबाजी होती ! उनके मामले आपस में तय हो ही जाते। फौजदारी के मुकदमों में आमदनी बेतहाशा थी। मुवक्किल ही ऐसे थे, जिनके पास हराम का पैसा था। गिरोह का एक आदमी पकड़ा गया तो जैसे गिरोह में नहीं, पूरे इलाके में खलबली मच जाती । वकील को सिर्फ जमानत करवानी होती, फिर भी मुँहमाँगी फीस मिलती । यह सब बलराम के बस के बाहर था । दुर्लभ काछी के गिरोही धर-पकड़ में फँस रहे थे । नुकसान-पर-नुकसान हो रहा था । यशोदाबल्लभ को रात-रात-भर नींद नहीं आती । अध्यक्ष की प्रतिष्ठा किसी भी दिन खतरे में पड़ सकती थी । वह चिंता में घुला-मरा जा रहा था ।

तभी एक दिन दुर्लभ काछी कहीं से आधी रात को उसके घर घुस आया । वैसे दुर्लभ काछी को जब कभी मिलना होता, यशोदाबल्लभ खबर पाने के बाद, देर रात नहर के डाकबँगले पर चला जाता । उस दिन दुर्लभ काछी को खबर भिजवाने का मौका ही न मिला । काफी घबराया हुआ था । यशोदाबल्लभ से आकर बोला, "यशोदा ! अब अंत आ पहुँचा है । बलराम तो कुछ कर नहीं पाते । तीन आदमी बड़े थाने में पहिले ही बंद थे, आज अपने तस्करी गिरोह का कारिंदा पकड़ लिया, उस ससुरे फूलदास ने ।"

"फूलदास कौन ?"

"फूलदास वही, जो नया डी. एस. पी. आया था । कारिंदे के पास कागजात भी हैं । तुम्हारी बीस एकड़वाली जमीन का पट्टा भी है। सब धरे जाएँगे। हम तो, यशोदाबल्लभ, अब जा रहे हैं अड्डे पर, दस-बारह दिन न निकलेंगे ।"

फिर दुर्लभ काछी ने अपनी धोती के फेंटे से, इतना कहकर, पाँच हजार रुपए

दस-दस के नोट में, सोने का एक भारी हार, यशोदाबल्लभ के सामने मेज पर रख दिया और बाहर खड़ी जीप में बैठकर चला गया।

कमलासिंह ने वकालत जब शुरू की तो उसमें जोश का समंदर लहरा रहा था। कानून की सनद में ईमानदार पेशे की बाबत उसने कुछ कसमें खाई थीं। दफ्तरी, पालकीवाला, कन्हैयालाल आदि चोटी के वकीलों के बारे में उसने सुन रखा था। पचास हजार रुपए महीने की कमाई, सालाना दो-ढाई लाख का टैक्स! बड़ी हसरत थी उसमें ऐसा कुछ करने की! चोटी के वकीलों के कितने किस्से उसे जबानी याद थे। कन्हैयालाल की डिलिवरी, दफ्तरी, पालकीवाला की कानूनी व्याख्या, कृष्णामेनन, नीरेन डे की वक्तृता कितनी उच्चकोटि की थी! कमलासिंह स्वप्न देखता, हसीन खयालों की बुलंदियों पर पहुँच जाता। एक नहीं, कई-एक मोटरें होंगी, आलीशान बँगला, मोटा बैंक-बैलेंस, समाज में प्रतिष्ठा होगी, अखबारों में जिरह छपेगी, सारे देश में नाम होगा! सपने सुंदर थे, लेकिन उसका पेशा गंदगी, मक्कारी, चालबाजी, धूर्तता से सराबोर था। उसमें आदर्शों और सपनों का क्या मूल्य? सफलता की सीढ़ियाँ मिल तो जातीं, उन पर चढ़ना इतना आसान नहीं था। फिर उन सीढ़ियों पर चढ़कर कुछ हासिल कर पाना दूसरी बात थी।

जब पहली बार गाउन पहनकर कमलासिंह कचहरी गया, उसके पैर जमीन पर नहीं रुक रहे थे। अपने को न्याय के तराजू का धुरा समझकर फरिश्ते-सी भोली भावनाओं की मधुर छाया में उसने वकालत शुरू की। समाज की अत्याचार-अनाचार से रक्षा करने का, प्रत्येक व्यक्ति को उसके अधिकार दिलाने का मासूम वादा कितना भी मोहक रहा हो, थोड़े ही दिनों में कमलासिंह समझ गया, वकालत में यह सब नहीं चलेगा। वकालत की सनद लेते समय जिन कर्तव्यों की शपथ उसने ली थीं वे कूड़े के ढेर से उड़ती हुई बिंदियों की तरह, कचहरी की धूल में दूर कहीं गुंबद की ऊँचाइयों से टूटकर गिरती हुई दिखाई देने लगीं।

करीब दो वर्ष बाद एक दिन दफ्तर में कमलासिंह ने अपने सीनियर मंगलसिंह से पूछा, "वकालत भी क्या पेशा है, झूठ-फरेब के बिना क्या काम नहीं चलेगा?"

"झूठे-फरेबी तो हम सब हैं। सवाल है, कौन बड़ा चोर-फरेबी है? जितना बड़ा फरेबी होगा, उतना बड़ा वकील!"

"कम-से-कम जाली मुकदमे तो न लें," कमलासिंह ने कराहते हुए कहा।

"तो क्या भूखे मरें? सही मुकदमों का अचार तो नहीं डाला जा सकता! हम तो हैं वकील, जैसा भी मुवक्किल हो, मुकदमा हो, हमें तो पैसा चाहिए। कहो तो जज को फाँसी चढ़वा दें। कचहरी-कानून, हरामजादे पेशकारों, मुहर्रिरों को—सभी को आग में

झोंक दें, भुनवा डालें। उस साले हरीराम को देखो, जात का अहीर है, दो हजार कमाता है।"

"हाँ, वो कैसे ? उसने तो इस कचहरी में आपके बाद कदम रखा था," कमलासिंह ने उत्साह से पूछा। लेकिन मंगलसिंह के घूरकर देखने से उसका कौतूहल कुछ नष्ट होने लगा। फिर भी भयमिश्रित शंका में, मंगलसिंह की रहस्यमय मूँछों से लेकर भौंहों तक फैली हुई विचित्र मुसकान से आतंकित होकर भी वह चुपचाप उसकी ओर किसी आशाजनित विश्वास से देखने लगा, जैसे गिरते हुए न्याय की तराज़ू को सँभालने के साथ पेट में दहकती हुई भूख मिटा देने का अवसर आनेवाला था।

"अरे भैया ! अपनी-अपनी किस्मत है। हम भी तो कोई हरिश्चंद्र नहीं हैं। उसके हाथा लग गई लाटरी ! मुल्तान पासी ने...," मंगलसिंह ने चीखते हुए कहा, "डाकू मुल्तान पासी ने उस गदहे की वकालत चलवा दी। शरीफजादों के मुकदमों से भला कोई जी सकता है ?" मंगलसिंह क्षोभ, घृणा, लिप्सा और ईर्ष्या-मिश्रित भाव में चोट-खाए उस सर्प की तरह फुँफकार रहा था जिसे डँसने का अवसर नहीं मिला।

धीरे-धीरे कचहरी की हकीकत देखकर कमलासिंह को आत्मज्ञान होने लगा। चारों ओर चोरी-चकारी, घूस-दस्तूरी का बाजार गर्म था। आदर्शों की टोकरी वह उसी दिन मंगलसिंह के घूरे पर फेंक आया था। दफ्तरी, पालकीवाला, कन्हैयालाल की ऊँचाइयाँ टूट गईं। हाईकोर्ट की जजी के सपने राख हो गए। न्याय की तराज़ू उसे एक ओर झुकी दिखाई देती और वकालत की सनद फर्जी। कचहरी की खस्ता इमारत की दीवारों से उसे किसी मुल्तान पासी डकैत का अट्टहास सुनाई देता। कचहरी बंद होने के बाद, अकसर कमलासिंह वहाँ की इमारत को शाम के अँधेरे में डूबती हुई देखता रहता। जैसे उसके मन के चारों ओर अँधेरा घिरता जा रहा था। गर्दिश में पैबंदवाली पैंट की जेब में पड़े दो-चार पैसे, जैसे फुसफुसाकर उससे कह रहे थे, 'जीना है तो मनाओ, मनौती माँगो, तुम्हारे हाथों भी लाटरी लग जाए। कोई मुल्तान पासी, किसी दिन आकर वकालत चलवा दे ! वरना, बेटा भूखों मरने के दिन अब ज्यादा दूर नहीं।'

मंगलसिंह के कहने से कमलासिंह जिला पार्टी का सदस्य हो गया। मंगलसिंह स्वयं दूसरी सोशलिस्ट पार्टी के सदस्य होने के कारण समर्थकों और कार्यकर्त्ताओं के मुकदमे झटक लिया करते। अपने जूनियर कमलासिंह को, जिला पार्टी का सदस्य उन्होंने बनवाया था जिससे जिला पार्टी के समर्थकों, मतदाताओं, कार्यकर्त्ताओं के मुकदमे भी मिलने लगे। लेकिन भाग्य का चक्र कुछ और ही चक्कर चला रहा था।

कमलासिंह पढ़ने-लिखने में तो तेज था ही, अंग्रेजी तथा इतिहास का भी उसे अच्छा ज्ञान था। महात्मा गाँधी, नेहरू को उसने पढ़ रखा था। अकसर बातचीत में उनका नाम लेकर कुछ भी कह देता, भले अपनी ही बात हो। थोड़े ही दिनों में जिला पार्टी में उसने

अपना सिक्का जमा लिया। उसी समय यशोदाबल्लभ का प्रादुर्भाव शाहजहाँपुर की राजनीति में हुआ। अपने भाई कृष्णबल्लभ के प्रभाव से यशोदाबल्लभ जिला पार्टी का अध्यक्ष बन गया। यशोदाबल्लभ था अँगूठा-टेक। उसे कमलासिंह-जैसे पढ़े-लिखे आदमी की आवश्यकता थी, जो लिखा-पढ़ी, जिला अधिकारियों से बातचीत, व्यौहार के साथ, तस्करी के मामलों में भी उसकी मदद कर सके।

रात के बारह बज गए थे, लेकिन कमलासिंह को अभी तक नींद नहीं आई। बाप से मिली तीन कमरोंवाली खपरैल के बाहरी कमरे में उसके सामने कई प्रश्नचिह्न घूम रहे थे। वही कमरा सबेरे दफ्तर में बदल जाता। किनारे रखी मेज के साथ, काँच की अलमारी में, कानून की किताबें भरी थीं।

जाड़े के दिन, दिसंबर का महीना, कड़ाके की सर्दी पड़ रही थी… लिहाफ के अंदर लेटा हुआ कमलासिंह सोच रहा था—पंद्रह दिन बाद उसकी बहन का लगन था। तीन हजार गिनकर देने होंगे। कहाँ से आएँगे?… उसकी बूढ़ी माँ तीन महीने पहले, तीर्थयात्रा की साध लिए, उसी दिन चल बसी जिस दिन अपने सीनियर मंगलसिंह के घरनुमा दफ्तर में, कमलासिंह को आत्मज्ञान हुआ था, जिस दिन से कमलासिंह ने किसी मुल्तान पासी का सपना देखना आरंभ किया था, जिस दिन से कमलासिंह ने अपनी वकालत की सनद की सारी शर्तें भुला दी थीं, हाईकोर्ट की जजी, पालकीवाला, दफ्तरी, कन्हैयालाल बनने की अभिलाषा हमेशा के लिए त्याग दी थी। जीवन के महान् उद्देश्य, आदर्शों के प्रतीक न्याय की तरह एक तरफ झुके पड़े थे। अब उस न्याय की तराजू को उठाने के लिए उसे मंगलसिंह की आवश्यकता नहीं थी, मुल्तान पासी की लाटरी चाहिए थी!

पिछले तीन वर्षों से वह बिलानागा रोज कचहरी गया। सुबह-शाम और छुट्टी के दिनों में भी दिन-भर दफ्तर में बैठकर मुवक्किल की प्रतीक्षा करता रहा। कचहरी में, तख्त पर मंगलसिंह के मुवक्किल के साथ बैठा रहता। सामने से निकलनेवाले हर आदमी को हसरत भरी निगाहों से देखता। कहीं कोई मुवक्किल मिल जाए। कोई गवाह, कोई अर्जी, अदालत, सख़ावत, दंगा, फसाद, सीरदारी, जमीन का मामला, कहीं से किसी का मुकदमा मिल जाए। और वकीलों को देखता, कैसे मुवक्किलों से घिरे रहते।

इसी तरह जाने कैसे तीन वर्ष बीत गए। अब कमलासिंह के सामने टेढ़ी समस्याएँ थीं… पाँच वर्ष शादी के बीत गए, पत्नी को क्या सुख दिया, सोच रहा था… उसका लिहाफ में दम घुटने लगा। नीचे खिसककर वह अधलेटा हो गया। बाहर दिसंबर की सर्दी में बरफ-सी जम रही थी। लगता, कोल्डवेव चलने लगी थी। लिहाफ खोलने से, कोल्डवेव उसके बदन के अंदर, ऊपर से नीचे तक घुस गई। खपरैल की छत का कोई कोना टूट गया था। बड़े जोरों से सूँ-सूँ की तेज आवाज के साथ सारा कमरा बर्फीली हवाओं से भर गया। उसके दिमाग की जड़ें हिल गईं। बेचैनी होने लगी। उसने लिहाफ

खींचने को हाथ बढ़ाया। ··· अनायास हाथ रुक गया, इतना भी नहीं सह सकोगे ! बेचारी रूबी को देखो। इतनी रात में भी जागकर, इतनी ठंडक में भी, घर के जूठे बर्तन साफ कर रही है। कितने दिनों से सोच रहा हूँ, उसके लिए एक ऊनी शाल तो लाऊँ। नहीं ला सका ··· फकत पंद्रह सौ रुपएं में मोटरसाइकिल मिल सकती है। ··· यशोदाबल्लभ अब फटफटिया पर कहाँ चढ़ता है ! उसके पास मोटर है, जीप है। मोटरसाइकिल मिल जाए तो रूबी को लेकर दूर, काफी दूर, जंगल के किनारे, पहाड़ी के नीचे, निकल जाऊँ, जहाँ घर के जूठे बर्तन न माँजने पड़ें।

तभी कहीं से उसके दिमाग में एक कीड़ा रेंगने लगा, उसकी विचारधारा में विघ्न पड़ गया। उस कीड़े की खरोंच, गुदगुदी मचाने लगी। ··· उसे याद आया, रूबी आज शाम कह रही थी, हाँ कह रही थी, माँ बननेवाली है। ओह ! ··· बस एकाएक, दिमाग में घुसा कीड़ा रेंगने-रगड़ने, गुदगुदी मचानेवाला वह कीड़ा, तपते हीटर के एलीमेंट में बदल गया। उसे गर्मी लगने लगी, तभी उसने ऊपर खपरैल को देखा, कुछ चिड़ियों ने वहाँ घोंसले बनाए थे। कहीं किसी कोने से भी उन घोंसलों में ठंडी हवा अंदर नहीं जा पा रही थी। खिड़की बंद थी, दरवाजा बंद था, उसने लिहाफ हटा दिया। फिर धीरे से पैरों में नीचे पड़ी हुई प्लास्टिक-चप्पल डाल ली। एक बार उसे महसूस हुआ, चप्पल में ठंडी हवा घुसी बैठी थी जो पैरों में अनेक सुइयों की तरह चुभ गई। ··· लेकिन नहीं, नथिंग डुइंग, माई गॉड ! आई एम गोइंग टु बी फादर ! नाउ, ओनली नाउ ! देयर हैज़ टु बी ए लाटरी ऑफ मुल्तान पासी !

उसी समय बाहर के दरवाजे की कुंडी खटकी। कमलासिंह उधर देखकर मुसकराया। और कोई समय होता, समझता मवक्किल आ गया। मुल्तान पासी आ गया ! ··· डैम इट ! डैम इट ! ब्लडी कोल्डवेव ! पहले खपरैल का कोना तोड़कर कमरे में, ऊपर-नीचे जूँ ··· जूँ रेंगती रहीं। अब खिड़की-दरवाजे खटखटाएगी ··· डैम इट ! नेस्टी कोल्डवेव ! ··· लेकिन नहीं, कोई दरवाजे की कुंडी बराबर खटखटाए जा रहा था ··· अरे हाँ, किसी ने वकील साहब कहकर मुझे ही पुकारा। ··· कहीं पास में जो दूसरे वकील रहते हैं, उनका घर समझकर कोई ··· इतनी रात में ··· नहीं ··· नहीं ये आवाज जानी-पहचानी लगती है ···।

कमलासिंह ने धड़कते दिल से दरवाजा खोला; मानो आज अपने ही भाग्य का दरवाजा खोलने जा रहा हो। दरवाजा खुलते ही बड़े जोर से ठंडी हवा अंदर आई, उसके साथ ही काले कुहनी तक के दस्तानों, ओवरकोट, मफलर, ऊनी मोजों-जूतों में बँधा हुआ यशोदाबल्लभ भीतर घुसा। उसने ओवरकोट की बाईं जेब से पाँच हजार रुपए, दस-दस के नोट, दाईं जेब से भारी-सा सोने का चमचमाता हुआ हार निकालकर कमलासिंह की मेज पर रख दिया।

रंगीनराय से अलग होकर कमलासिंह ने 'बी' ब्लाक के बाहरी तरफ जालिम खाँ को ढूँढ़ने की कोशिश की। वहाँ उसे न तो जालिम दिखाई दिया, न ही कोई जीप थी। फिर बरामदे के दूसरे छोर पर जाकर उसने देखा, इमली के पेड़ के नीचे एक जीप तो खड़ी थी लेकिन जालिम वहाँ नहीं था। उसके बाद रोक-टोक से बचने के लिए, पिछले जीने से कमलासिंह जब फ्लैट में पहुँचा, जालिम खाँ वहाँ पहले से मौजूद था। वह यशोदाबल्लभ के करीब एक कुर्सी पर उकड़ूँ बैठा ऊँघ रहा था।

उसी वक्त तरोताजा होने के बाद एक किनारे, दुर्लभ काछी तख्त पर लेटने चला। उसने अपना साफा खोलकर सर के नीचे टेक लगाई। बंडी की तिकोनी जेब में पड़ा कृष्णबल्लभ यादव का रिवॉल्वर बार-बार गड़ने लगता। तब कुछ झुँझलाकर उसने रिवॉल्वर बाहर निकाला। जिस तख्त पर दुर्लभ काछी लेटा, उसके बगल में एक छोटा स्टूल रखा था। रिवॉल्वर निकालकर उसने उसी स्टूल पर रख दिया। साफा एक बार उसने ज़रा मजबूती से लपेटा और फिर नाक से सीटी बजाने की कोशिश करने लगा।

यशोदाबल्लभ उस समय आँखें बंद किए खयालों की दुनिया में उड़ा जा रहा था। ''' उसके लिए आज का दिन कितना सुनहरा दिन था जब उसका सबसे बड़ा दुश्मन फूलदास दुनिया में नहीं रहा। ''' फूलदास से यशोदाबल्लभ चिढ़ा हुआ तो था ही। पहले भी एक बार उसका तबादला करवाया था लेकिन उसको जान से मारने का फैसला उसका नहीं था। यह फैसला तो दुर्लभ काछी ने किया। हाँ, इधर दो बातें ऐसी जरूर हुईं जिससे यशोदाबल्लभ की नफरत और बढ़ गई। फूलदास ने इस बार जब शिकंजा इन लोगों की तरफ बढ़ाया तो शक्ति से दबाता गया। फौलादी शिकंजे में दबोचकर उसने यशोदाबल्लभ के एक-एक आदमी को पकड़ना शुरू किया। आखिर में, जब निर्माण संघ की ट्रक में अफीम के साथ ताँबा पकड़ा गया, यशोदाबल्लभ के हाथ-पैर फूल गए। उधर कामयाब सेठ बराबर कुछ करने के लिए जोर डाल रहा था। दूसरी बात, जिसे जानते हुए भी यशोदाबल्लभ ने किसी से कहा नहीं, उसकी अपनी घरैतिन शांतिप्रणाली के बारे में थी। इतने में टेलीफोन की घंटी बजने लगी। यशोदाबल्लभ को अचानक उलझे हुए विचारों से भागने का मौका मिल गया। विशेष रूप से शांतिप्रणाली के नाम से इस समय उसे बेचैनी होने लगी थी। शांतिप्रणाली की बात दिमाग में आते ही उसे लगता, किसी अंधी घाटी में वह तेजी से गिरा जा रहा था। उसने अपने को हल्का-सा झटका दिया और फिर टेलीफोन का रिसीवर उठा लिया।

वातावरण की सँजीदगी समझकर कमलासिंह एक किनारे आरामकुर्सी पर बैठ गया। उसने आरामकुर्सी के हत्थों पर अपने दोनों पैर फैला लिए। कमीज की ऊपरीवाली बटन खोलकर टाई की नाट ढीली करते हुए उसने देखा, यशोदाबल्लभ काफी घबराया हुआ टेलीफोन पर बात कर रहा था। जैसे ही बात खत्म हुई, कमलासिंह

ने जोर से उससे पूछा, ''क्यों, क्या मामला है ?''

''मामला नहीं, मुसीबत कहो ! पाठक जी का फोन था, कह रहे थे, ताँबाकांड का बवेला खड़ा हो गया । दिल्ली के अखबारों में कई दिनों तक सुर्खीदार खबरें छप जो गईं । उधर कामयाब सेठ बुरी तरह फँसा हुआ है । मालूम है, वकील साब, पाठक जी खुद बहुत घबराए थे । बड़ा डरा रहे थे । हमारे तो पसीना छूटने लगा । यह सब आज ही होना था । उन्होंने यहाँ जो आने को कहा तो मैंने, इन मूर्तियों के कारण मना कर दिया,'' यशोदाबल्लभ ने दुर्लभ काछी, जालिम खाँ की ओर देखकर मुँह बनाया, ''मैंने कह दिया, खुद ही उधर आता हूँ ।''

''कमाल है ... अब यह क्या ... ताँबा तो बिजली बोर्ड ने उद्योग निगम को बेचा था,'' कमलासिंह अपने वकीली दिमाग से तुरंत बोला ।

''हाँ, लेकिन जब कामयाब सेठ विद्युत परिषद के भंडार से माल उठवाकर ले जा रहा था, एक ट्रक फूलदास ने पकड़ ली । चुप्पे-चुप्पे मामला, केंद्रीय गुप्तचर विभाग को पता नहीं कैसे भिजवा दिया । तभी दिल्ली में कामयाब सेठ के यहाँ रेड हुई और सारे कागजात जब्त कर लिए । राष्ट्रीय निर्माण संघ, बल्लभ इंडस्ट्री, हरी एंड संस के एग्रीमेंट भी कामयाब सेठ के पास ही थे, पता नहीं उनका क्या हुआ ?''

ताँबाकांड की मुसीबत में अभी कमलासिंह की दिलचस्पी नहीं थी । उसे मालूम था, कुछ ही देर में कामयाब सेठ आनेवाला है, तभी सब बात मालूम होनी थी । फिलहाल वह दुर्लभ काछी को घूर रहा था । हालात को तौलते हुए यशोदाबल्लभ की ओर मुखातिब होकर उसने पूछा, ''अच्छा तो फूलदास की कोई रिपोर्ट आई है ? पुलिस क्या कर रही है, किसी को पता है ? कहीं इनकी गाड़ी का नंबर तो नहीं नोट हो गया ? ये लोग जिस जीप में आए, वह क्या राष्ट्रीय संघ के नाम है ?''

''हाँ ।'' धीरे से जालिम खाँ बोला ।

''क्यों दुर्लभ ! तुमको किसी ने देखा तो नहीं ?''

''हम लोगों ने नंबर प्लेट बदल दी थी । जीप तो उसके घर के सामने ही जाकर रोकी थी, जिससे भागने में आसानी रहे । रात करीब दो बज गए थे तब काम खत्म करने के बाद जैसे ही हम भागे, वह ससुरा चौकीदार ... वही फूलदास का चौकीदार न जाने कहाँ से उछलकर जीप के बोनट पर चढ़ गया । हमने फौरन उसे भी वहीं ढेर कर दिया । जिसकी वजह से सामनेवाला सीसा थोड़ा-बहुत टूट गया । गोली उसमें छेद कर गई थी ।''

''क्या कहा ? जीप के विंडस्क्रीन में गोली का निशान ? तुम पागल हो गए हो क्या ? और वही जीप यहाँ लाए हो ?''

''हाँ, वकील साहब ! ''

''लेकिन तुम लोग यहाँ आए ही क्यों, अड्डे पर छिप जाते, कहीं भाग जाते ।''

दुर्लभ गुर्राया, ''यशोदा ने कहा था, काम खत्म करते ही लखनऊ फौरन आ जाना, बाबू साब के मंत्री होने का जश्न मनाएँगे।''

''उसी जीप में आए हो, वही जीप नीचे खड़ी है। बेवकूफी की भी हद है। मरवाओगे सबको ! यह क्या किया है तुमने ?'' कमलासिंह चीखा, ''अरे ओ यशोदा ! सुनो ! जल्दी करो ···जीप फौरन यहाँ से गायब होनी चाहिए, किसी को पता न चले। विंडस्क्रीन के ऊपर से टाट-बोरा लपेटकर बाँध देना, जहाँ भी खड़ी करना। उठो जल्दी। भागो यहाँ से।''

यशोदाबल्लभ को कुछ भी समझ नहीं आया, इन लोगों में क्या बातें हो रही थीं। उस समय उसका ध्यान ताँबाकांड के ऊपर था। श्रीकांत पाठक ने घबरा दिया था। जब कमलासिंह ने उसका नाम लिया तो उसे होश आया। और कोई समय होता तो वह पीछे पड़ जाता, गहराई तक खोजबीन करता। एक-एक बात खोद-खोदकर पूछता। प्रत्येक संभव खतरे के विषय में सोचकर ही आगे कदम उठाता। लेकिन इस समय तो उसका पूरा ध्यान ताँबे के सौदे की ओर था। बला टालने की गरज से उसने दुर्लभ काछी से कहा, ''वहाँ पिछवाड़े उधर मेनगेट के दाहिनी ओरवाली सड़क पर जो गैराज बने हैं उन्हीं में से एक में तिवारी मिस्त्री रहता है। उसके पास दो गैराज हैं, एक में रहता है दूसरे में मोटर बनाने के औजार और अंगड़-खंगड़ भरा है। तुम लोग जाकर जीप वहाँ खड़ी कर दो, मेरा नाम बतला देना। इस समय हम सब बहुत बड़ी मुसीबत में फँसे हैं। किया क्या जाए, कुछ समझ में नहीं आता।''

फिर दुर्लभ काछी के सुझाव पर यशोदाबल्लभ ने खाली सिगरेट की डिब्बी उठाइ उसमें तिवारी मिस्त्री को जीप सँभालकर रखने का निर्देश लिख दिया। दुर्लभ काछी जालिम खाँ उसी समय निकल गए।

यशोदाबल्लभ ने अपनी घड़ी में देखा, पाँच बज रहे थे। दूसरे कमरे में गया। खादी का कुरता बदला। बासबेशिन से मुँह-हाथ धोए, बालों पर पानी के छींटे डाले और तौलिया से पोंछकर, बालों में कंघी की, फ्रिज से ठंडे पानी की बोतल निकालकर पानी पिया। फिर कुछ सोचकर उसने श्रीकांत पाठक को फोन मिलाया, ''पाठक जी, ऐसा करिए, आप ही दारुलशफा आ जाइए···''

''हाँ···हाँ···नहीं, यहाँ मेरे फ्लैट पर नहीं, नीचे कालीशंकर के कमरे में मिलेंगे। जल्दी आइएगा। अभी बाबू साहब से मिलना है। फिर पार्टी की मीटिंग भी है आठ बजे। उसके बाद राजभवन जाना होगा, कितनी देर में आएँगे आप ?''

''यही कोई बीस-पच्चीस मिनट !''

तीन

''पूरे देश में समाजवाद आएगा···पूँजीपतियों का मुँह काला।'' आसमान में मुट्ठी तानकर राघव ने कहा।

''हाँ बंधु, क्यों नहीं, ऐसे ही आएगा! आप होंगे घोड़े पर और मुट्ठी होगी हवा में!'' मंजूर ने ठेंगा दिखाया।

''यह मुट्ठी···यह मुट्ठी तो मजदूर एकता का निशान है···इसमें बंद है वक्त की वह सुबह···।''

''जिसका हजारों···हजारों साल से दुनिया के तमाम मजदूरों को इंतजार है! ऐसे ही हवा में बँधी मुट्ठी ताने हुए तुम्हारे-जैसे खपती आए और चले गए।''

''मुझे खपती कहते हो? कुछ पता है क्रांति का इतिहास? खाली दिमाग के तो तुम हो, मंजूर भाई!''

''हाँ···हाँ, अब बोलोगे फ्रांस की क्रांति, फिर सोवियत गणतंत्र और चीन का इंकलाब!''

''यह सब सिर्फ अंधों को ही नहीं दिखता!''

''दिखता है यार, लेकिन यह सब इतना थोड़ा है···इतना कम है और अपने आपसे इतना दूर है···।''

''यह सब न तो थोड़ा है, न अपने आपसे दूर। जहाँ क्रांति का दौर आया···।''

''वहाँ नई व्यवस्था के नए ठेकेदार पैदा हो गए।''

''छिः···छीः! कैसा वक्त आया है, कैसे-कैसे प्रतिक्रियावादी होने लगे! अब सुनो···आज तुमको सुनना ही पड़ेगा। मैं समाजवाद का आंदोलन अभी यहीं से तुम्हारे से शुरू करनेवाला हूँ···।''

''लेकिन बकरा हलाल करने से पहले उसे खिलाना-पिलाना जो पड़ता है?'' कहते हुए मंजूर ने मुस्की छाँटी।

''मतलब?''

''कुछ खिलाओ-पिलाओ।''

''धत् तेरी की! वही इकन्नी छाप बात!''

''सो तो है, फिर भी नाश्ता सामने हो तो उसके साथ बात भी गले से उतारने में आसानी हो जाती है।''

''अच्छा बेट्टा! इसलिए नहीं, फिर भी कुछ माँगना तो चाहिए ही,'' कहकर राघव

वहाँ से उठकर चला गया।

राघव बड़े दिनों से इंकलाबी जद्दोजहद में लगा हुआ था। उसके मन, उसकी आत्मा में समाजवाद की गहरी आस्था टूट-टूटकर जुड़ी थी। बड़े धक्के खाए थे उसने। जब छोटा-सा था वह तब से लगा था मुख्तार महमूद के साथ। मुख्तार महमूद समाजवादी नेता थे—बड़े नेता! उनकी राष्ट्रीय स्तर की राजनीति जोर-शोर से होती। तब वह समाजवादी पार्टी की राष्ट्रीय कार्यसमिति के सदस्य हुआ करते। लोग कच्ची उम्र के राघव को उनके साथ-साथ देखकर कई तरह की बातें किया करते। राघव ने इन लोगों की परवाह नहीं की और न ही उनकी बातों की। जुलूस-हड़ताल और सत्याग्रह की राजनीति में उसे कितने-कितने दिनों तक जेल में सड़ना पड़ा था। एक लंबी, कभी न खत्म हो पानेवाली लड़ाई में वह एक हिस्सा बन चुका था। उसके साथ के काफी लोग धीरे-धीरे कुछ हासिल न कर पानेवाली लड़ाई से ऊबकर सत्तावाली पार्टी में घुस गए। लेकिन राघव आज भी हवा में मुट्ठी बाँधकर समाजवाद की सुबह का इंतजार कर रहा था।

राघव बस थोड़ी ही देर के लिए बाहर गया था। वह जब लौटकर आया तो उसके साथ दारुलशफा कैंटीन का छोकरा था, जिसके एक हाथ में चाय की केतली और दूसरे में एक प्लेट पकौड़ी थी। खुद राघव अखबारी कागजवाले दो थैले लिए था। उसे देखकर ही मंजूर उठकर बैठ गया।

"तो आ गया अपना लंच!"

"हाँ भई, हमें खिलाने-पिलानेवाले तो हैं नहीं। खुद लाया हूँ। एक प्लेट पकौड़ी, दो अंडे और दालमोठ!"

"अरे वाह राघव, इतना सब ले आए! फिर खिलाने-पिलानेवालों के न होने का गम भला क्या करना?"

"गम तो है ही, यार! बस जलन होती है ससुरे पार्टी नेताओं के ऐश देखकर!"

"ओह, तो आपको उत्सुकदास का वैभव खलता है।"

"वैभव क्या, सब फ्राड है, गुरु!"

"लेकिन बस यही फ्राड अब चलता है।"

"चलता नहीं, दौड़ता है। एक झटके में सत्ता हथिया ली ससुरे ने!"

"तो अब देखना, कैसा समाजवाद आएगा! क्या लंबी लपेट होगी!"

"सो तो है, यार! आओ, चाय ले लें।"

राघव ने वहीं से दो प्यालियाँ निकालकर उनमें चाय उँड़ेली और एक अंडा मुँह में ठूँस लिया। फिर पकौड़ी के साथ चाय की चुस्कियाँ लेने लगा। उधर मंजूर ने भी एक ही झटके में नाश्ता साफ कर दिया और तब बोला—

"राघू ! चाय क्या गूँगी रहेगी ?"

"वाह ! वाह···वाह मंजूर भाई ! क्या आइडिया है ! लेकिन यह काम तो आप करो।"

"मेरे साथ एक मजबूरी है।"

"वह क्या ?"

"मजबूरी बड़ी छोटी-सी है, कुछ बुर्जुवा किस्म की !"

"बोलो भी। बुर्जुवा तो तुम हो !"

"मेरे पास लोबीराम है।"

"और मेरे पास उत्सुकदास।"

"क्या कहा, चारमीनार रही।"

"हाँ···हाँ।" राघव खी-खीं कर हँसने लगा।

"तो तुम उत्सुकदास ले लो, मैं लोबीराम पीता हूँ।"

"लोबीराम का धुआँ तुम्हारे सिर को दिनोंदिन धुनता जाय रहा।"

"और तुम !"

"मैं तो उत्सुकदास को पी जाऊँगा, चबा जाऊँगा।"

बात छोटी-सी थी। चाय के बाद इनको सिगरेट पीनी थी। मंजूर लोबीराम-छाप चरस की सिगरेट पीना चाहता था, लेकिन राघव के डर से निकाल नहीं रहा था। इसलिए नहीं, सिगरेट चरस की थी, बल्कि इसलिए कि लोबीराम का नाम उससे जुड़ा था। फिर दोनों में समझौता हो गया। राघव ने अपनी चारमीनार सिगरेट निकालकर सुलगाई और उधर मंजूर चरस की सिगरेट से दम लगाने लगा। ज़रा देर के लिए दारुलशफा में मंजूर के कमरे में खामोशी-सी आ गई। चारमीनार और चरस की सिगरेटों का धुआँ गोल छल्लों से लेकर सीधी लकीर बनकर घुलने-मिलने लग गया।

चारमीनार सिगरेट का आखिरी कश ले लेने के बाद राघव ने उसे जमीन पर फेंक दिया और अपनी चप्पल से उसने सिगरेट के आखिरी हिस्से को रगड़कर मसल डाला। राघव, जिसे ज्यादातर लोग राघू कहते थे, इस वक्त बेचैन-सा हो चला। बार-बार, सिगरेट पीने के दौरान कलाई पर बँधी घड़ी को देख रहा था। अब सिगरेट खत्म करने के बाद वह उठकर खड़ा हो गया और कमरे के एक ओर से दूसरी ओर तक बार-बार चहलकदमी करने लगा। उसकी फ्रेंचकट दाढ़ी ज़रा कुछ बेतरतीबवार, गोरे-भरे चेहरे पर इधर-उधर फैली हुई थी। फिर भी पेशानी, बड़ी आँखें, चेहरे की नुकीली हड्डियों से हल्का-हल्का झटका बार-बार उठ रहा था। उसकी मुट्ठी बँधी थी और कुछ देर यूँ ही टहलने के बाद वह बाहर निकलकर बरामदे में दूर-दूर तक झाँक लेता।

कुछ राघव की खामोश चहलकदमी और कुछ चरस के मजे-मजे चढ़ने की वजह से

मंजूर भी इस बीच कुछ बोला नहीं। शाम के पाँच बजनेवाले थे। और अब ज्यादा देर तक कमरे में बंद रहने से उसका भी जी उकताने-सा लगा। तख्त पर से उठकर वह राघव को देखने लगा। उसने सोचा, नजर मिले तो बाहर निकल लेने के लिए राघव से कहेगा। फिर उसे लगा, राघव इस समय कहीं और···कहीं दूर जा चुका है। उसका जज्बाती हिस्सेदार ही नहीं, राघव उसकी अपनी जिंदगी का एक हिस्सा था, राघव दुनिया में अकेला था और हमेशा जान हथेली पर लिए रहता। उसका हर राज मंजूर को मालूम था, फिर भी इस वक्त की उसकी चहलकदमी और उसके अलग-अलग बने रहकर वहाँ कमरे में एक शख्सियत भुला देने-सी बात से मंजूर कुछ परेशान-सा हो लिया। उसे लगा, उससे कुछ छिपाया जा रहा है। लेकिन फिर भी सीधे सवाल से राघव शायद टाल जाए, इसीलिए मंजूर ज़रा नजर मिल जाने का मौका ताड़ रहा था। लेकिन राघव तो सचमुच उसकी वहाँ पर मौजूदगी के अहसास के बिना तीसरी बार बाहर बरामदे में निकल आया और दूर-दूर तक कुछ चाहा हुआ न दिख पाने से फिर अंदर आकर टहलने लगा। अब मंजूर से रुका न गया तो उसने कहा, "अरे राघू, चल ज़रा बाहर चक्कर लगा लें।"

एकदम मंजूर के शब्द जैसे बड़ी दूर से कहे हुए लगे उसे। कुछ और आगे जाकर वह रुक गया और पीछे की ओर घूमकर उसने मंजूर की ओर देखा, जैसे वह खुद सवाल कर रहा था, कुछ पूछ रहा था। बस एक पल को जैसे उसकी नजर मिली या न मिली और फिर जरा ऊपर उठकर दीवार से लगी हुई खिड़की से बाहर की ओर देखने लगी। कितना जादू था इन निगाहों में। मंजूर ने सोचा—काश! ये सब कोई पढ़ पाता, समझ पाता। बहरहाल, यह सब देखकर मंजूर ने उसको फिर कुछ देर तक छेड़ा नहीं।

राघव कुछ भी नहीं था, फिर भी बस अकेला ही जैसे सबकुछ कर लेना चाहता। उसे न तो किसी सहारे की जरूरत थी, न ही किसी से वह अपने अंदर की बात कहता ही। लेकिन ऐसा भी नहीं था कि उसे मंजूर से कुछ खास छिपाना था। फिलहाल उसके अंदर एक खास किस्म की कोशिश छिड़ी हुई थी। यह कोशिश न अपने खिलाफ थी न ही दूसरों के खिलाफ। यह तो भागते हुए वक्त को पकड़ लेने-सी कोशिश थी, जिसमें वह जूझा हुआ कुछ कर गुजरने को जुटा था।

जब चौथी बार राघव बाहर निकलकर आया तो मंजूर से रहा नहीं गया। वह भी पीछे से आकर वहीं दरवाजे से लगकर खड़ा हो गया। दूर-दूर तक बरामदों और सामने मैदान पर की भीड़ में कुछ खोज न पाने के बाद राघव वापस कमरे में मुड़ चलने के लिए घूमा तो मंजूर से उसकी नजर जा मिली। मंजूर उस समय प्रतिक्रियाविहीन-सा खड़ा था। जानबूझकर उसने अपनी प्रतिक्रियाओं को अपने अंदर ही दबा रखा था जिससे राघव उसे कहीं गलत न समझ बैठे। अब तक उसने राघव के अंदर चल रही कोशिश

को जरा कुछ तौल लिया था। एक बार उसने फिर कुछ देर पहले कही बात को ही दुहराया, "चलो ना, जरा बाहर हो आएँ!"

"नहीं भई, अभी तो जाना नहीं होगा।"

"क्यों भला, क्यों?"

"अब तुम्हें क्या बताएँ।"

"अच्छा...हमें क्या बताएँ? फिर भी कोई आनेवाला है क्या?"

"हाँ।"

"कौन, रीतू?"

"ना।"

"फिर?"

"कमाल है यार! तुम तो ऐसे पूछते हो जैसे कोई घरेलू रिश्ते-नाते की बात है?"

जाहिर था...मंजूर का अंदाज सही निकला। उसने राघव को इतनी देर देखने के बाद यही ताड़ा था, बात रीतू की होगी या इंकलाब की। जब बात रीतू की नहीं थी तो इंकलाब की होगी। अब पकड़ में लेने की गरज से उसने खुद अपने अकेले ही बाहर हो आने की बात कहनी चाही, फिर उसे खयाल आया, ऐसे में राघव को, जब रीतू को नहीं आना था, शायद उसकी ही जरूरत पड़े। फिर भी उसे जबरदस्ती तो करनी नहीं थी।

"अच्छा होगा राघू, थोड़ी देर को सामने बरामदे में या बाहर मैदान में चलें या फिर तुम अकेले ही रहना चाहोगे?"

"नहीं, ऐसी तो कोई बात नहीं, और तुम गैर हो क्या?"

"तो चल।"

दोनों गैलरी से होते हुए 'बी' ब्लॉक के सामनेवाले मैदान से लगी सड़क पर टहलने लगे। लेकिन राघव का वहाँ जी नहीं लग रहा था। वह बार-बार मंजूर के कमरे और उसके सामने के बरामदे को दूर तक देख रहा था। तभी किसी ने उसके कंधे पर हाथ रखा, जिसके साथ चौंककर उसने पीछे मुड़ते हुए कहा, "कहाँ रह गए थे?"

"वाह भई, वाह! इतनी बेकरारी थी मिलने की तो पहले बताया होता।"

"अरे, सी. पी. तुम!" राघव के तमतमाए चेहरे पर से लाली उतरकर पीलेपन में बदल गई, "धत तेरे की, यह तो सी. पी. था।..."

तभी मंजूर की ओर मुखातिब होकर सी. पी. बोला, "इनको क्या किसी और का इंतजार था?"

"क्यों नहीं, तुम्हारा साला क्या पता?"

"पता कोई करे तब न!"

"किसको पड़ी है! तुम चिड़िया हो क्या?"

''हाँ, या फिर चिड़िया कोई साथ हो तब…।''

''छोड़ो…छोड़ो,'' मंजूर को लगा, ख्वाहमख्वाह रीतू का जिकर आनेवाला था। उसने बात घुमा दी, ''क्या राजनीति चला रहे हो?''

''अब तो राजनीति सिर्फ मंत्रिमंडल के विरोधी की है।''

''धत! पिद्दी, फिर पिद्दी के शोरबे!! तुम का खा कै उत्सुकदास का विरोध करोगे? उसमें तो बिजली की कड़क है रे! वह तो बड़ा खिलाड़ी है!''

''क्यों, कुछ पहुँचा दिया उसने?'' सी. पी. ने चुटकी ली।

''अरे! सर पै कफन बाँधकर जो निकले हैं उन्हें कौन का लाल खरीदेगा।'' अब तक राघू से रुका न गया तो वह बोल ही दिया।

''राघू, तुम राघू, इस लोफर की तरफदारी में?''

''क्यों, बात जरा कड़वी थी। बस यह कहना राघू भूल गया, किराए के जुलूस कब तक निकालोगे?'' मंजूर ने कहा।

''हाँ मंजूर भई, इससे तो इत्तफाक कर लें। जुलूस दिनोंदिन महँगे होते जा रहे हैं।''

''क्या रेट चलता है?''

''मुझे अभी का तो नहीं पता। हाँ, पहले…।''

''ढाई रुपया लगता था। और अब तेरे को अभी का पता चल जाएगा।''

''वह कैसे?''

''क्यों, आज का जुलूस नहीं निकलेगा?''

''निकलेगा।''

''फिर क्या किराया नहीं देना?''

''नहीं तो।''

''क्या कहा, किराया नहीं देना।'' राघव कूदकर आगे आ गया, ''सुना मंजूर भाई, यह सी. पी. क्या कहता है।''

''हाँ सुना, कहते हैं मुर्गी के, किराया नहीं देना!'' मंजूर ने चिढ़ाया।

''लेकिन बात क्या है?'' राघव ने पूछा।

''बात यह है।'' नहले पर दहला लगाते हुए सी. पी. ने कहा, ''सारे किराए के लोग तो उत्सुकदास के जुलूस में चले गए!''

''ओह! तब क्या करोगे?''

''वही पूछने आया था।''

''हमसे? भला हम क्या बताएँ?''

''कुछ तो करो! ना हो कुछ चमचे, कुछ नमकीन चिलगोजे ही दिलवाय दैव!''

"यह भला आज यहाँ मिलेंगे ?" मंजूर ने जैसे किसी बेवकूफी-भरी बात पर ताज्जुब किया।

"माना मांसाहारी चमचे मंत्रिमंडल बनने में ताजा गोश्त की बू खोजते होंगे। पर वे चकरबंध, वे चिलगोंजे जिनके मालिक मंत्री नहीं बन पाए, वे तो खाली होंगे।"

"वे भी कहाँ खाली होंगे ?"

"क्यों, उनको क्या आँसू पोंछने हैं ?"

"उसके अलावा पार्टी-मीटिंग के कुछ हुल्लड़ दिल्लीवाले नेताओं की परिक्रमा भी तो गई-रात तक जो चलनी थी।"

"तब तो मारे गए गुरु ! मैंने सबको जबान दे डाली थी।"

"लेकिन तुम्हारा जुलूस भला करेगा क्या ? वहाँ उत्सुकदास का लाख-डेढ़ लाख का होगा ! उस पर सौ-पचास लाकर करोगे भी क्या ?"

"अरे, यह तुम कहते हो, तुम मंजूर भाई ! तुमने पाँच-दस लोगों को लेकर हजारों की भीड़ झेली थी। एक नहीं, कई-कई बार तुमने डंडे, जुल्म, गोलियों के बीच जान हथेली पर लेकर नारे लगाए, खिलाफत की ! अब···।"

"नहीं सी. पी., यह बात नहीं, खिलाफत तो होनी ही चाहिए। फिर भी प्लान क्या है ?"

"प्लान तो बड़ा है। पर देखो, होता क्या है।"

"क्यों भला ?"

"मंजूर भाई, हम थोड़े-से लोग लेकर जाएँगे और तब जाएँगे जब उत्सुकदास का हज्जूम ट्रकों में···बसों में लदकर जा चुका होगा।"

"फिर !"

"हमने एक गधे को तैयार कर रखा है !"

"गधे को ?"

"हाँ, वह गधा सज-सँवरकर बनेगा उत्सुकदास !"

"उत्सुकदास गधा नहीं बे ! गधे हो तुम ! गधे हैं पार्टी के तमाम लोग जिनके ऊपर सवार होकर वह सत्ता छीन लेगा।"

सी. पी. एकदम से हड़बड़ा गया, फिर सँभलकर बोला, "देखो···देखो मंजूर भाई, अब बीच में झोल न डालो। यह सब तुम्हारी बातें होंगी। हमें तो अपना काम करने दो ! हमारा जुलूस जाएगा ! उसमें अपने कुछ स्टार्म-ट्रूपर्स भी होंगे जो राजभवन में घुसकर उत्सुकदास का ताज छीन लेंगे।"

"ताली···तालियाँ !···कोई है···चलो हम ही ताली बजाएँ।" कहकर मंजूर हाथों से तालियाँ बजाने लगा, "अरे, सी. पी., आज तुम मारे जाओगे। अरे राघव, सुना तुमने !"

मंज़ूर जवाब न पाकर जो घूमा तो उसने पाया, राघव तो वहाँ था ही नहीं। तब हक्का-बक्का इधर-उधर चक्कर काटने के बाद उसने सी. पी. की ओर देखा, लेकिन उसे भी कुछ नहीं मालूम था, राघव कब खिसक गया था।

कुछ ही देर सी. पी. से और बात करने के बाद मंज़ूर अपने कमरे की ओर चल दिया, जहाँ उसे राघव के मिल जाने की उम्मीद थी। पहले तो सी. पी. भी उसके पीछे चलने लगा था, लेकिन राघव जरूर किसी खास मकसद में गहराई तक डूबा हुआ था। और ऐसे में सी. पी. का वहाँ जाना ठीक तो होगा नहीं, इसलिए वह सी. पी. को गेट के बाहर लालबाग चौराहे तक पहुँचाकर 'ए'-'बी' ब्लॉक के बीचवाली सड़क से लंबा चक्कर लगाकर अपने कमरे तक आया था।

इतनी देर में मंज़ूर ने राघव की अंदरूनी हालत का काफी अंदाज लगा लिया था। जिस बेचैनी से कमरे में वह बाहर जा-जाकर अंदर आ रहा था और जिस तरह बाहर मैदानवाली सड़क पर टहलते हुए उसकी निगाहें कमरे के आसपास ही मँडरा रही थीं, मंज़ूर को साफ-साफ कोई बड़ी चीज, कोई बड़ी खास बात हो जानेवाली-सी लगने लगी थी। कुछ ही दिनों पहले उसके बाप के समान बड़े भाई मुख्तार अहमद ने उससे राघव का जरा खयाल रखने को कहा था। जरा और कुछ जो उसने जानना चाहा था तो मुख्तार अहमद ने डाँट दिया था जिससे उसे तब भी हैरत ही हुई थी। हाँ, यह बात और थी, तब डाँट देने के बाद मुख्तार अहमद ने इतना तो कह ही दिया था, 'राघव को पहले-जैसा न समझते रहना।' मुख्तार अहमद वैसे भी अब कहीं आते-जाते तो थे नहीं, बस खटिया पर पड़े-पड़े अपनी बीमार जिंदगी की आखिरी साँसें गिन रहे थे। फिर भी राघव वहाँ जरूर जाता और अपनी सारी बातें जी खोलकर बस इन्हीं से कहा करता। उस बात के बाद आज पहली बार मंज़ूर को राघव की हरकतों में साफगोई नजर नहीं आ रही थी।

मंज़ूर जब अपने कमरे पर जा पहुँचा तो राघव तो वहाँ था ही, लेकिन उसके साथ दो आदमी और थे। खटखटाने पर कमरे का बंद दरवाजा जैसे ही खुला तो राघव से छेड़खानी के अंदाज में वह कुछ कहना चाह रहा था, तभी उसकी नजर राघव के पीछे खड़े हुए दो और आदमियों पर पड़ी। उन आदमियों को उसने पहले कभी तो देखा नहीं था, इसलिए पहले तो उसने कुछ जान लेना चाहा, फिर वहाँ एक खास तरह का डरावना माहौल महसूस किया जिससे वह चुप ही रहा। उसके बाद दोनों आदमी आँखों-ही-आँखों में राघव को कुछ इशारा करके चुपचाप बाहर निकल गए।

अब तक राघव का मूड काफी हल्का हो चुका था। उसके अंदर का पहले-जैसा तनाव गायब हो गया तो उसकी जगह उमंग और जोश की लहरें उठने लगी थीं। दोनों आदमियों के जाते ही वह फिर से चहकने लगा, "अरे मंज़ूर भाई, इतनी जल्दी सी. पी. ने बख्श दिया!"

अपनी सारी प्रतिक्रियाओं को दबाकर सामान्य बनने की कोशिश कर लेने के बाद मंजूर ने कहा, "क्या करें राघू, तुम तो चले आए थे!"

"मेरे चले आने से क्या? तुमको तो बाहर घूमने की भड़ाँस थी?"

"जो तुम कह आते तो कुछ देर और रह लेता। आज बड़ा जश्ने-माहौल है यहाँ, वक्त काटने की बात तो थी नहीं।"

"हाँ, मुझे तो आना ही था, मैंने तो पहले ही जाने तक को मना किया था।"

"हाँ, इन लोगों का ही इंतजार था तुमको?" मंजूर ने हकीकत जैसे बयान कर दी।

"हाँ, मंजूर भाई!"

"कौन थे ये लोग?"

यह सवाल···बिलकुल सीधा सवाल राघव को अच्छा तो नहीं लगा लेकिन एक तो मंजूर भाई ने पूछा था, फिर उसके कमरे में ये अनजाने लोग आए थे, इसलिए अपने को सँभालकर राघव ने कहा, "क्या है, मेरे भाई! यह लोग कोई गैर नहीं अपने ही इंकलाबी हैं।" दो थे वे और एक राघव, तीन इंकलाबी अपने कमरे में, आज के दिन, जब उत्सुकदास का मंत्रिमंडल बनने जा रहा था, पाकर मंजूर का माथा ठनका। बड़े भाई की राघव के बारे में कही बातें उसके जहन में बैठी हुई थीं। ऊपर से गूँगी चाय का हिसाब कर लेने के बाद अब तक की उसकी हरकतों ने उसके अंदर और दहशत-सी पैदा कर रखी थी। वैसे तो मंजूर खुद तरक्कीपसंद इंकलाबी था, लेकिन इन दिनों बड़े भाई की बातों ने राघव के सिलसिले में उसके अंदर एक जिम्मेदारी-सी पैदा कर दी थी, जिसकी वजह से वह हर वक्त उसे पूरी तरह से अपनी निगरानी में रखना चाहता था। लेकिन राघव ऐसा हो रहा था आजकल, बस टुकड़ों में छुटपुट ही कभी कुछ कह देता, अंदर की पूरी बात तो बताता नहीं था।

"अच्छा, तो अब क्या कार्यक्रम है?" कुछ और खोदकर जानने के लिए मंजूर ने कहा, फिर अंदर की तरफ बढ़ आया।

"अभी एक-आध घंटे तक तो कुछ भी नहीं।"

"एक-आध घंटे! इसका मतलब क्या हुआ?"

"मतलब···मतलब है आठ-एक बजे तक मुझे कहीं जाना नहीं है।"

"तो राघू ऐसा करें, जरा गुसल कर लें···बेहद गर्मी सताय रही है।"

"ऊपर से साला लोबीराम जो चढ़ा होगा।"

'हो···हो···हो!' काफी देर तक छोटे बच्चों की तरह मंजूर ताली बजा-बजाकर हँसता रहा। फिर माहौल को और हल्का बनाने के लिए उसने कमरे के अंदर एक-दो छलाँगें भी लगा दीं।

अब जरा हँसी का दौर कम हुआ तो नहा लेने के लिए मंजूर अंदर के कमरे से अपनी

तौलिया लेने गया। वहाँ एकाएक उसकी निगाह खटिया के पासवाले किनारे पर सफेद चद्दर में बँधी हुई एक गठरी पर पड़ी। धुली हुई चद्दर उसकी ही थी, जिससे उसे लगा शायद धोबी अभी हाल कपड़े धोकर रख गया होगा। गुसल के बाद ताजा धुले कपड़े पहन लेने का लोभ उससे रोका न गया। कंधे पर तौलिया डालकर वह धीरे-धीरे सीटी बजाता हुआ उस गठरी को खोलने लग गया। गाँठ जरा मजबूत बँधी थी, कई परतें थीं उसमें। इस बीच वह याद करने लग गया, भला कुरता कौन-सा पहिन लेगा? कुछ लुंगी भी निकाल लेने-जैसा खयाल आया। लुंगी के खयाल से जुड़ी कुछ और बातें झन्नाटे से उसके जहन में पैदा हुईं, जिनके साथ एक बार फिर उसका हाथ रुक गया और वहीं धम-से जमीन पर बैठकर हँसने लगा।

उसकी हँसी की आवाज सुनते ही दौड़ते हुए राघव अंदर आ गया। वहाँ चादर में लपेटी हुई गठरी के सामने मंजूर को बैठकर हँसता हुआ देखकर वह सकते में आ गया। एक सन्नाटा...एक झटका माथे से बड़ी तेजी से गुजरकर उसके पेट की अंतड़ियों तक को हिला गया।

कमरे में किसी को आया जानकर मंजूर की हँसी रुक गई। फिर उसने घूमकर देखा, "अरे राघव तुम! भई, यह तो बताओ...," गठरी की ओर इशारा करके उसने पूछा, "धोबी आया था या धोबन?" इतना कहकर वह फिर खी...खी करके हँसने लगा।

उधर राघव का बुरा हाल था। फिर अपने को सँभालते हुए उसने मंजूर को तीखी निगाहों से देखा। ऐसा करना...जब मंजूर भाई का हँसी से बुरा हाल हो, उसे अच्छा तो नहीं लगा। फिर भी और कुछ उसे सूझा नहीं। उसकी तीखी नजर के अहसास से मंजूर की हँसी तो काफूर हो गई। फिर उसने गठरी की ओर देखा और फिर राघू की ओर। तब उसे भी कुछ और लगा। गले में दबी हुई खराश को निकालते हुए उसने कहा, "क्या है, राघू, क्या है इसमें?"

"इधर आओ मंजूर भाई, इसको न छूना। धोबन नहीं, यह तो मेरे इंकलाबी साथी लाए थे। मैंने तुम्हारी चादर में बाँध दिया था इसे।" बड़ी मोटी आवाज थी राघव की।

"फिर भी बोलो तो, क्या है भला इसमें?" मंजूर को जरा दहशत-सी होने लगी थी।

"इसमें मंजूर भाई...इसमें तो मोलोटोव काकटेल्स है। इसको न छूना!"

चार

दारूलशफा की बेजान दीवारों से टकराकर ढलते सूरज की अंतिम किरणें दूर-दूर तक फैले पेड़-पौधों की डालियों, शाखों, फूल-पत्तियों को छूकर विदा माँग रही थीं। धरती की तपन, जलते हुए हवा के झोंके, अनजान भय में चीखकर इधर-उधर भागते पक्षियों का कलरव, आकाश में एक ओर सिंदूरी अवसान, दूसरी ओर से उगती जड़ता के प्रतिरूप में रात्रि का प्रवेश किसी खोज में, तलाश में, भटककर यहाँ आ गया। डाल को छूकर विदा माँगती अंतिम किरणों को आज कौन देखेगा ? आज यहाँ आग लगी थी, संघर्ष की ज्वाला से उठती भीषण तपन, किसी टकराव, किसी विस्फोट की प्रतीक्षा में जैसे दारूलशफा के बरामदों के कोनों-कोनों में किनारों तक हर कमरे के अंदर-बाहर छाई हुई थी। रंगीनराय अपने संघर्ष के अंतिम चरण में थे। उत्सुकदास को मुख्यमंत्री बनाने में सिर्फ पाँच घंटे बाकी थे। कृष्णबल्लभ को चिंता गुनाहों पर परदा डालने की थी, अफीम की तस्करी, डकैती की कमाई, राष्ट्र निर्माता संघ के घपले, ताँबाकांड, कामयाब सेठ से मिलनेवाले पाँच लाख रुपयों के लिए उनका मंत्री बनना उतना ही जरूरी था जितना ब्रह्मा का सृष्टि रचना। कृष्णबल्लभ भी उत्सुकदास के साथ पाँच घंटों में इन विपदाओं से ऊपर उठ जाएँगे। शक्ति का अमोघ अस्त्र उनके पास होगा, फिर उन्हें कोई छू भी न सकेगा। यशोदाबल्लभ, कमलासिंह, दुर्लभ काछी, जालिम खाँ, कामयाब सेठ—सभी मंत्रिमंडल में छाते के नीचे होंगे। बौछार में उनको भीगना नहीं होगा।

लोबीराम उस समय उत्सुकदास और रंगीनराय के मध्य कुछ तौल रहे थे, कुछ माप रहे थे। शांतिप्रणाली बजरबट्टू की तलाश में, प्रतिभा उत्सुकदास के लिए, बढ़ई दीक्षित अपनी घरवाली के लिए—सभी अपनी-अपनी सीमाओं में स्वार्थ-आकांक्षा, विपदाओं के घेरे में चक्कर लगा रहे थे। समय की अनंत गति, जिसे शताब्दियाँ-युग नहीं नाप सके, किंतु ये सब-के-सब एक-एक पल के लिए समय के साथ दौड़ रहे थे, जैसे कहीं कुछ छूट न जाए। अपनी-अपनी भूख मिटाने के लिए यह सब हजम कर लेना चाहते थे, दारूलशफा की फौलादी दीवारों को भी जिन्हें इतिहास बनाने की सौगंध थी।

उत्सुकदास को सरकार बनानी थी, रंगीनराय को सरकार गिरानी। लोबीराम इनके बीच की दूरी बाँधकर कुछ बटोरना चाहते थे। पार्टी, प्रदेश, देश, विश्व-ब्रह्मांड में कहीं कोई भी ऐसा धरातल नहीं था जो उनकी तराजू में तौला नहीं जा सके। असल में एक तिजोरी ही थी जो उन्हें प्रेरणा देती किधर जाएँ, क्या करें ? जब कभी मन की शंका लोभ के तराजू में तौली नहीं जा पाती, कहीं कोई भटकाव आने लगता, पहुँच जाते

लोबीराम अपनी उसी तिजोरी के सामने। मन खोलकर तिजोरी के पट के सामने रख देते। शंका, भटकाव से बचने के लिए फौलादी तिजोरी से फौलाद-सी शक्ति माँगते। जब तक तिजोरी के पट बंद रहते, लोबीराम अँधेरे में भटकते रहते।

आज एक बार फिर लोबीराम को अवसर मिला था। सरकार बनाने में उत्सुकदास, गिराने में रंगीनराय संघर्षरत थे। लोबीराम की व्याकुलता बढ़ जाती। जैसे-तैसे समय बीतता, उनकी तरलता, स्निग्धता विलुप्त हो जाती। सौम्यता, आदर्श, नम्रता की मूर्ति लोबीराम में धीरे-धीरे जड़ता, धूर्तता, विद्रूप, लिप्सा जागने लगती। जहरीले साँप की तरह अपनी केंचुल छोड़कर उस समय असली लोबीराम निकल आते। तब कोई नहीं जानता, उस समय कहाँ विष उगलेगा, किसे काट लेगा! इन दिनों लोबीराम का रोम-रोम जलती हुई भट्ठी की तरह सुलगता रहा। आँखों में घृणा, कुत्सित वितृष्णा के डोरे उग आते, भौंहें सिकुड़कर पलकों पर चढ़ जातीं। दुखी मन की मजबूरी में लोबीराम वक्त गुजारने के लिए हर समय नशे की गहराइयों में डूबे रहते।

सुनहले रंग के सिगरेटकेस से लोबीराम सिगरेट निकालकर लगातार पीते रहते। उनकी सिगरेट लालबाग में एक बीड़ीवाला बनाया करता। तंबाकू में चरस-गाँजा मिलाकर असगरअली के इत्र में मींजकर सुखा लेने के बाद ये सिगरेटें तैयार होतीं। सुंगध से बदबू का पता नहीं चलता। धीरे-धीरे कई-एक लोगों को उनकी सिगरेटों का भेद पता चल गया। चर्चा कुछ लोगों में ऐसी चली कि उनको परेशानी होने लगी। कहाँ तक मुफ्त में सिगरेटें बाँटते! गाँजा तो आसानी से मिल जाता, चरस ज़रा दिक्कत से मिलती थी। बीड़ीवाले का चूरा, असग़रअली का इत्र, तंबाकू, कागज सब मिलाकर काफी महँगा पड़ता। तभी एक दिन उनके चुनाव-क्षेत्र से भंगियों का चौधरी रोजगार की खोज में दारुलशफा आया। लोबीराम के पैरों पर गिरकर गिड़गिड़ाने लगा। आजकल मकानों में जब से फ्लश-लैट्रिन, सीवर लाइनों का दस्तूर चला है, भंगियों की रोजी छिनती जा रही है। जिन घरों में फ्लश-लैट्रिन नहीं बनी थीं, वहाँ भी रहनेवाले, भंगियों को धमकाते। कमाई कम होने से चौधरी की आमदनी भी कम हो चली थी। लोबीराम के इलाके में चार-पाँच हजार भंगियों के वोट इसी चौधरी के हाथों में थे। पूरे कस्बे में चौधरी की बड़ी धाक थी। चौधरी से लोबीराम बातचीत कर ही रहे थे, इसी बीच उनके सामने रंगी सुनहरा सिगरेट केस, माचिस के साथ रख गया। लोबीराम ने सिगरेट निकाली, तो चौधरी ने भी फरमाइश कर दी। मजबूरी में उसको भी सिगरेट देनी पड़ी। सिगरेट सुलगाकर चौधरी झूम उठा। गाँजे का दम तो चिलम में रोज ही लगाता था लेकिन इसमें कुछ मजा ही और था।

चौधरी तब वहीं लोबीराम के यहाँ पड़ रहा। दिन-भर में दस-बीस सिगरेटें फूँक डालता। चंद दिनों में उसके भाई-बंद भी जमा होने लगे जिससे खर्चा बढ़ चला। उधर

दारुलशफा के कमरों में लोबीराम छाप की सिगरेटों की माँग बेहद बढ़ गई। अब वह घबरा गए। वह सब उनके बूते का नहीं था। उन्होंने चौधरी के लिए वही दारुलशफा के बीचवाली सड़क पर अपने फ्लैट की दाहिनी खिड़की के नीचे, किसी ठेकेदार से कहकर छोटी डेला-गुमटी बनवा दी जिसमें पान की दूकान खुल गई।

भंगी चौधरी तमोली बन गया। लोबीराम का नौकर रंगी भी उसी दूकान पर बैठने लगा। इतने समय में सिगरेटों की माँग को लोबीराम ने इतना बढ़ा दिया, दारुलशफा के लोग एक-एक सिगरेट के लिए तड़पने लगे। तब उन्होंने चौधरी से सिगरेटें बिकवाना शुरू कर दिया। जो कोई माँगता, साफ कह देते, खरीदकर पिओ। गुमटी के पीछेवाली जमीन पर लोबीराम ने छोटा-सा छप्पर से घिरा हुआ गोदाम बनवा दिया। इसी गोलाकार गोदाम का आखिरी सिरा लोबीराम के फ्लैट के पिछवाड़े जाकर मिलता था। लालबाग का बीड़ीवाला अब यहीं रहने लगा। उसने कुछ कारीगरों के साथ एक गुमाश्ता भी रख लिया। गाँजा, चरस, असगरअली का इत्र, चूरे का मसाला आदि जोड़ने का काम करता चौधरी और सिगरेट बनाने का लालबाग का बीड़ीवाला। मुनाफे का कुछ हिस्सा इन लोगों को देकर, बाकी लोबीराम तिजोरी में रख लेते।

लालबाग के बीड़ीवाले की लड़की लछमनिया काफी दिनों से लोबीराम के यहाँ काम करती थी। लछमनिया पहले एक-दो बार सिगरेटें लेकर आई। रंगी उन दिनों था नहीं। लोबीराम को कुछ-न-कुछ तकलीफ बनी रहती। उन्होंने लछमनिया को काम पर लगा दिया। बाद में लछमनिया से अनुराग ऐसा लगा, ऐसा लगा, लोबीराम ने उसे बैठाल लिया। लछमनिया ने अभी दुनिया देखी ही कहाँ थी। गरीबी, आपदाओं, भुखमरी के सिवा लालबाग का बीड़ीवाला उसे क्या दे सका? यहाँ पेट-भर खाना, अच्छे कपड़े पहनने को मिलते। चार पैसे अपने बाप को भी दे आती। नशे की तादाद जरा भी कम होने से लोबीराम को उन दिनों नींद नहीं आती थी। बीच रात में उठकर तिजोरी के सामने बैठ जाते, कहाँ-कहाँ की उड़ानें भरते! लछमनिया के आने से आराम हो गया। जब कभी नशा कम हो जाता, वह पूरा कर देती। पाँव दबाती, सेवा करती।

लोबीराम तो बेहद खुश थे, लेकिन लछमनिया को जवानी का तूफान उड़ा ले जाना चाहता था। लोबीराम लछमनिया को अपनी मुट्ठी में बंद नहीं कर पाते; लगता, वह समाएगी नहीं। उधर लछमनिया के लिए अब क्या अच्छा, क्या बुरा! शिवबूटी, चरस के नशे में कौन आता, वह कहाँ जाती, कुछ पता नहीं। पहले रंगी, बढ़ई दीक्षित, फिर चौधरी, उसके बाद यशोदाबल्लभ, न जाने किस-किसके पास दारुलशफा में लोबीराम-छाप सिगरेटों की तरह पहुँचने लगी। उसका शबाब निखरता ही गया। लछमनिया की पहुँच सभी जगह थी, हर कोई उसे जानता था।

रंगीनराय जब लोबीराम के फ्लैट पर पहुँचे तो लछमनिया उनके पाँव दबा रही थी। रंगी शाम की खुराक के लिए शिवबूटी तैयार करने में लगा था। रंगीनराय को बैठक में छोड़कर लोबीराम को जैसे ही उसने खबर दी, वह बाहर आ गए। उसका धंधे का समय आ गया था। उस समय उदास मन में चिंता, सैकड़ों बिच्छुओं की तरह डंक मारने लगी। बार-बार उनकी आँखों के सामने तिजोरी नाचने लगती। आज मंत्रिमंडल बनेगा। रात आठ बजे नेता का चुनाव होगा। पाँच बजनेवाले थे, अभी तक न उत्सुकदास का फोन, न कोई संदेश। उनको इस बार मौका हाथ से निकलता दिख रहा था। इस मुसीबत से निकलने के लिए लोबीराम छटपटा रहे थे। बार-बार कोई रास्ता निकालने के लिए जोर लगाते।...उन्होंने सोचा, क्यों न रंगीनराय को नेता-पद के लिए उम्मीदवार बनाया जाए? मानेंगे? क्यों नहीं, उनकी शक्ति कौन नहीं जानता था...? अब रंगीनराय के आगमन पर घने निराशा के अँधेरे बादलों के बीच सुनहरी आशा की एक किरण जागी।

रंगी से शिवबूटी में धतूरे के बीज मिलाकर तुरंत लाने को कहकर, लोबीराम बैठक में आ गए।

''कहिए राय साब, क्या समाचार है?''

''नमस्कार, लोबीराम जी! समाचार अब क्या होगा?''

''क्यों?''

''हमारे शत्रु उत्सुकदास होंगे मुख्यमंत्री, कृष्णबल्लभ बजाएँगे ढपली, हम सब नाचेंगे।''

''नाचेंगे! गाएँगे!! वाह राय साब!''

लोबीराम आगे कुछ न बोले, मन में सिसकियाँ उठने लगीं, आँखें गीली हो गईं। दोनों हाथ ऊपर उठाकर बोले, ''राय साब, अब तो न दादा साब अंबेदकर हैं, ना महात्मा जी हैं, हम हरिजनों को कौन पूछेगा?''

''अपनी इच्छा से न कोई पूछता है, न पूजता है। जोर-जबरदस्ती करनी पड़ेगी। उत्सुकदास तो अव्वल दर्जे का हरामजादा है। अब देखिए, सालों से कामयाब सेठ से मिलकर दो करोड़ का माल ऐंठ लिया न! आप बैठकर सब देखते रहिए,'' रंगीनराय ने दाँव फेंका।

''दो करोड़? क्या आपने सच कहा? दो करोड़?'' लोबीराम की आँखों की पुतलियाँ निकलकर गिरने लगीं।

''हाँ जी! दो करोड़, सिर्फ दो करोड़!''

लोबीराम को गश आने लगा। लुढ़कनेवाले ही थे, तभी रंगी ने शिवबूटी का अनार के बराबर गोला चाँदी की तश्तरी में सामने रख दिया। वह सँभल गए, लपककर तश्तरी ले ली। फिर तकल्लुफ में रंगीनराय के आगे बढ़ाई। थोड़ी-सी हिचक के साथ रंगीनराय

ने एक गोली निकाल ली। बेहद बढ़िया किस्म की ठंडाई के दो गिलास में से एक-एक गिलास दोनों ने उठा लिया। फिर गोली निगलकर लोबीराम ठंडाई डकार गए। रंगीनराय धीरे-धीरे पीने लगे।

अब लोबीराम की चेतना करवटें बदलने लगी। बूटी का प्रभाव अभी भले ही न हुआ था, उसकी स्वाभाविक अंतरछाया व्यक्तित्व में उभरने लगी थी।

"राय साब, तो दो करोड़ आए कैसे?"

"आपने क्या अखबार नहीं देखा? संसद में ताँबाकांड पर कैसा धूम-धड़ाका मचा है। मामला प्रधानमंत्री के सामने है, फँसे हैं गुरुपदस्वामी।"

"गुरुपदस्वामी को भला कामयाब सेठ से क्या मतलब? वो तो ससुरा उत्सुकदास, कृष्णबल्लभ एंड कंपनी में आठ आने का साझीदार है।"

'अभी तक जो बातें सामने आईं, उनमें इन दोनों का नाम नहीं है।"

"नाम होगा भी कैसे, राय साब! उत्सुकदास ससुरे ने तो फाइल ही गायब करवा दी।"

"खुद माल काट लिया इन लोगों ने और गुरुपदस्वामी को फँसा दिया। इस पर उनको देखिए, इसी कमीने को मुख्यमंत्री बनवा रहे हैं।"

"यह सब जानकर भी?" लोबीराम ने आश्चर्य से कहा।

"देखिए लोबीराम जी, उत्सुकदास का नाम आगे बढ़ाने में गुरुपदस्वामी का उद्देश्य सहज यही था, भक्त होने के कारण उनके मंत्रिमंडल में हुई गड़बड़ियों को उभरने नहीं देगा," रंगीनराय ने रहस्यपूर्ण स्वर में कहा।

"कामयाब सेठ तो है उत्सुकदास का आदमी। उसी के दम पर उत्सुकदास ने पाँच लाख फर्जी सदस्य बनाए थे, पार्टी के चुनाव में।"

"सभी को पता है! लेकिन बिना सबूत के करें भी क्या? न जाने फाइल ससुरी कहाँ गायब कर दी गई। विद्युत परिषद के मुख्य अभियंता ज्ञानचंद्र मेरे पास आए थे। कहने लगे, मैं निर्दोश हूँ, सौगंध ले जो एक भी पैसा लिया हो, गंगाजल उठाने को तैयार है। बात लोबीराम जी, उस समय की है, जब उत्सुकदास उद्योग मंत्री, कृष्णबल्लभ बिजली के मंत्री थे। ज्ञानचंद्र के पास हुक्म आया, कामयाब सेठ के लिखित आवेदन पर कृष्णबल्लभ ने स्वयं बुलाकर फटकार जमाई, तुरंत केस बनाकर लाने को कहा। कई-कई बार उसने समझाने का प्रयास भी किया। कांम तो गलत ही था पर सुनता कौन है। अब ज्ञानचंद्र के सर सारा दोष मढ़कर साले अलग हो जाएँगे। माल खाया इन्होंने, गू खाए और!"

रंगीनराय ने घृणा से जमीन पर थूक दिया।

उनके मतलब की बात उठती दिखाई न दी तो लोबीराम कुछ बोर होने लगे, अब

शिवबूटी का प्रभाव आने लगा था। आँखें बंद करके विचारमग्न लोबीराम दाँव लगाने की सोचने लगे।

रंगीनराय ने ठंडाई का खाली गिलास साइड टेबल पर रख दिया। इसी बीच रंगी सुनहला सिगरेटकेस बीचवाली मेज के ऊपर रख गया था, जिसे लोबीराम ने उठा लिया। सिगरेट निकालकर सुलगाई। रंगीनराय इन सिगरेटों का प्रयोग नहीं करते। उन्होंने अपनी विल्स फिल्टर की डिबिया से एक सिगरेट निकालकर लोबीराम से माचिस माँगी। लोबीराम में उत्साह के समुंदर खुलने लगे थे, झपटकर उन्होंने सिगरेट सुलगा दी और खुद शुद्ध चरस की सिगरेट का गहरा कश खींचकर सारा धुआँ निगल लिया। एक सेकेंड को सर चकरा गया, लेकिन उसी के साथ, वह दाँव भी मिल गया, जिसकी तलाश में वह तड़प रहे थे।

"तो राय साब अब कहिए, क्या विचार है?"

"कैसा विचार?"

"भई, आज पार्टी-मीटिंग में नेता का चुनाव होगा।"

"लोबीराम जी, इसे आप चुनाव कहते हैं?"

"जालसाजी है राय साब, प्रजातंत्र के नाम से सबको चूतिया बनाया जा रहा है...", लोबीराम ने तड़पकर कहा, "हाईकमांड को हमारे ऊपर उत्सुकदास को थोपने का क्या अर्थ? पार्टी में उत्सुकदास के कितने समर्थक होंगे? यही बीस-पच्चीस, तब कैसे हम उसे नेता मान लें?"

"आप भूलते हैं, गुरुपदस्वामी का भी समर्थन उस गधे के पास है, फिर पार्टी अनुशासन के डंडे से सबको हाँका जाएगा।"

"अनुशासन किस चिड़िया का नाम है? जब नेताजी सुभाषचंद्र बोस आजादी के पहले अध्यक्ष हुए थे तब क्या इन लोगों ने अनुशासन माना था? पुरुषोत्तमदास टंडन को किसने शहीद किया? कहाँ गया था अनुशासन जब महात्मा गाँधी की इच्छा के विरुद्ध हमने आजादी हासिल की! पार्टी को भंग नहीं किया! नहीं...नहीं...राय साब, यह सब नहीं चलेगा। मुझे बहुत बुरा लग रहा है। फिर भी कहना पड़ता है, हाईकमांड की तानाशाही हम तो न सह सकेंगे। लोहिया जी ने हमको लड़ना ही सिखाया, हम लड़ेंगे, उत्सुकदास के विरुद्ध आज चुनाव लड़ेंगे, नेता पद के लिए!"

"क्या कह रहे हैं आप!" रंगीनराय भौंचक्के-से हो गए।

"हाँ राय साब, यह मेरा निर्णय है। हम हरिजनों का शताब्दियों से शोषण होता आया है। हाय बापू, तुम कहाँ हो! देखो अब। भारत के हृदय के समान सबसे विशाल प्रदेश में आज बीस वर्षों में भी किसी हरिजन को मुख्यमंत्री नहीं बनाया गया। राय साब, मेरा फैसला अब कोई नहीं बदल सकता, मुझे कुछ नहीं चाहिए। मैं सबकुछ छोड़ सकता

हूँ। मेरा जीवन ही त्याग का जीवन है। लेकिन मुझे बापू का सपना पूरा करना है। मैं बनूँ या कोई और, अब एक हरिजन ही इस प्रदेश का मुख्यमंत्री बनेगा।''

रंगीनराय को एकाएक झटका लगा, लोबीराम की बातें तीर की तरह आ रही थीं। उनमें उस समय एक तड़प, बिजली-सी तेजी और आत्मविश्वास था।

रंगीनराय जानते हैं लोबीराम का चरित्र, स्तर। उत्सुकदास से भी गिरा हुआ आदमी है। लछमनिया, चरस की सिगरेटों के किस्से तो कुछ भी नहीं, तीन-चार कोल्डस्टोरेज, कुछ पक्के गोदाम उसके अपने थे। बस्ती जिले के कोने-कोने में उसका जाल बिछा था। जिले का अनाज, आलू, वनस्पति, साबुन, किराना, सीमेंट, मोटे कपड़े का स्टाक गोदामों में भर लिया जाता। प्रदेश के बड़े-बड़े जखीरेबाज, ब्लेकमार्केटियर, मुनाफाखोर, उसके साथ थे। इन लोगों के मुनाफे में हिस्सा-बाँट करता। मिलों का उत्पादन कम करके, उत्पादन-क्षमता घटाकर बाजार में कृत्रिम कमी पैदा की जाती। दाम बढ़ते, माँग-पूर्ति का संतुलन बिगड़ने पर काले बाजार में धीरे-धीरे माल निकाला जाता। शराब बनाने के कारखानों में गेहूँ-जौ सड़ाकर सप्लाई करने का भी काम करता। देश में अकाल, भुखमरी होगी, विदेशों से अनाज की भीख माँगी जाएगी, उसकी बला से। गेहूँ-जौ सड़ाकर शराब बनाने का काम नहीं रुक सकता। लेकिन सभी साले चोर हैं, लोबीराम, कृष्णबल्लभ, उत्सुकदास सभी को गिराना था। सबसे शक्तिशाली होने के कारण, पहला शिकार उत्सुकदास को ही बनाना होगा। उत्सुकदास के नाम से उसके अंदर घृणा का उबाल आया। भ्रष्टाचार, दुराचार, अनर्थ, अन्याय का प्रतीक होने के साथ ही उनका पुराना शत्रु था, जिसके विनाश की कामना उनके हृदय में दहकती रहती। वह जानते थे, लोबीराम स्वयं मुख्यमंत्री नहीं बन सकता। गुरुपदस्वामी, हाईकमांड कोई भी उसके नेतृत्व में सरकार का गठन कभी नहीं होने देंगे। फिर भी अगर लोबीराम, आज की पार्टी मीटिंग में चुनौती दे दे! चुनाव लड़ने की घोषणा बम के विस्फोट की तरह उत्सुकदास को उड़ा देगी! उसी समय वह उत्सुकदास-कृष्णबल्लभ के ऊपर ताँबाकांड, अफीम की तस्करी का आरोप लगा देगा और तब मंत्रिमंडल बनाने का काम रुक सकता था। मीटिंग के बीच बाहर खड़े पत्रकारों को बयान दे दिया जाए, हलचल मच जाएगी। रंगीनराय किसी निष्कर्ष पर पहुँचने लगे थे, तभी लोबीराम का स्वर सुनाई दिया, ''राय साब, मैं आपका आदर करता हूँ। आपके ऊपर मेरी अनन्य श्रद्धा है। आप तो समाजवादी आंदोलन के प्राण हैं। मेरा विरोध उत्सुकदास-कृष्णबल्लभ से होगा। अगर आप चुनाव लड़ें, मैं पीछे हटकर आपको पूरा सहयोग दूँगा।''

''मैं···यह कैसे संभव होगा?'' रंगीनराय घबरा गए।

''क्यों नहीं, आपसे अधिक उपयुक्त कौन होगा? उत्सुकदास हरामजादा तो आपके चरणों की धूल भी नहीं। हाँ फरेब, जालसाजी में उसका कोई मुकाबला नहीं कर

सकता। क्यों न ऐसा करें, आप अपने यहाँ, सात बजे के करीब विधायकों को पार्टी मीटिंग से पहले बुलाएँगे। मेरे भी दल के लोग आएँगे। वहीं तय कर लिया जाए आज कि नेता कौन चुना जाएगा।"

लोबीराम को चारों ओर अपने अंदर रेलगाड़ी के इंजन-जैसी छक ··· छक ··· छक ··· छक की आवाजें आने लगीं। उनको मालूम था, थोड़ी देर में सीटियाँ बजने लगेंगी। उनके मुँह से चरस का धुआँ निकल रहा था। उन्होंने अब तय कर लिया था, इसी इंजन में अपने विधायकों को जोतकर पहले रंगीनराय, फिर उत्सुकदास जंक्शन पर रुकना चाहिए। ईंधन-पानी मिलेगा तो गाड़ी बढ़ेगी। नहीं तो इंजन पटरी पर रुका रहेगा। न कोई गाड़ी आएगी, न कोई गाड़ी जाएगी। मंत्रिमंडल घुस जाए, सरकार न बने, हमारे ठेंगे से!

लोबीराम को एकाएक लछमनिया की याद आने लगी। अब अंदर जाना चाहिए, बहुत हो चुका! मलाई, दूध-पूरी का नाश्ता भी तो करना था। उनकी बेचैनी कुछ समझकर रंगीनराय उठ खड़े हुए और हाथ जोड़कर बोले, "अच्छा लोबीराम जी, चलता हूँ, आपका विचार ठीक ही है। हम लोग अपने गुटों की मिली-जुली बैठक बुलाकर आज का कार्यक्रम तय कर लें। मैं जाकर तैयारी करता हूँ। वहीं आपसे भेंट होगी। तो सात बजे आप कष्ट करेंगे?" रंगीनराय ने कुछ उत्सुकता, कुछ भय में पूछा। क्या पता इसकी बातों का?

"वाह राय साहब! क्यों नहीं! अपना ही काम है।" लोबीराम खीसें निपोरकर बोले।

उसी समय कई-एक विधायकों ने धावा बोल दिया। लोबीराम उनको बैठाकर भागे तेजी से लछमनिया के पास दूध-मलाई ग्रहण करने!

जिस समय रंगीनराय अपने फ्लैट में घुसे, बरामदे को काटकर बनाए गए लकड़ी के घेरे में बजरबट्टू बैठा हुआ अखबार पढ़ रहा था। उसकी तनी गरदन, तिरछा चेहरा, माथे पर बल पड़ रहे थे। इन लोगों के आने पर न तो उसने उधर देखा, न कुछ बोला ही। बढ़ई दीक्षित वैसे भी बजरबट्टू के मुँह नहीं लगता। कितनी ही बार उसके इतिहास की विवेचना करते हुए, सबके सामने बखिया उधेड़ चुका था। लेकिन रंगीनराय ने भी ऐसी मुद्रा में देखकर उसे छेड़ा नहीं। थोड़ा हटकर वहीं आरामकुर्सी पर बैठ गए। उस समय वह लोबीराम के यहाँ से लौटे थे। उनके चेहरे पर हल्की-सी व्यंग्य-भरी मुसकराहट खेल रही थी। इस मुसकराहट में छिपे रहस्य को पढ़ने की कोशिश में बढ़ई दीक्षित ने उन्हें गुदगुदाया।

"तो राय साहब! लछमनिया के गुरु से मुलाकात हो गई न?"

रंगीनराय ने पान चबाते हुए, खीसें निपोरकर कुर्सी के पास रखे पीकदान की तरफ

झुकते हुए हुंकार भरी। फिर पीकदान में तंबाकू भरी पीक का फुहारा छोड़कर, आनंदपूर्ण भाव से बोले, "हाँ भई! लोबीराम ने तो ठान ली है। लगता है, आज की पार्टी-मीटिंग में बलवा होगा। हमसे सहयोग माँगने के चक्कर में था, सो हमने कह दिया अब करोगे क्या? हाईकमांड के निर्देश का क्या होगा? गुरुपदस्वामी भी तो वहाँ रहेंगे··· जानते हो बढ़ई, तब क्या बोला···?" लोबीराम की धीमे स्वर में, धीरे-धीरे बोलने की नकल उतारते हुए रंगीनराय ने आगे बताया, "गुरुपदस्वामी मेरे भी गुरु हैं··· लेकिन उत्सुकदास के कारनामे कौन नहीं जानता? केंद्रीय नेताओं की मति पर तो परदा पड़ गया है जो उस कमीने को मुख्यमंत्री बनाकर हमारे ऊपर थोपने जा रहे हैं। हमारा सबका भाग्य फूट जाएगा जो यह मुख्यमंत्री बन गया। यह सब होगा कैसे, पार्टी के अध्यक्ष और गुरुपदस्वामी के रहते कैसे होगा?" रंगीनराय ने दोनों हाथ मटकाते हुए बढ़ई दीक्षित से कहा, "लेकिन ससुरा जुटा है। बोला, 'मैं तो पार्टी-मीटिंग में अपना नाम, नेतापद के लिए प्रस्तावित करवाऊँगा। अगर गुरुपदस्वामी या पार्टी-अध्यक्ष नाम वापस लेने के लिए पीछे पड़ेंगे, तो साफ कह दूँगा—कृष्णबल्लभ के रहते यह मंत्रिमंडल नहीं बन सकता।'··· बढ़ई, कहता है, सभी हरिजन और पिछड़े वर्गों के विधायक मेरे साथ हैं··· बात तो कुछ हद तक सच है। अगर गुरुपदस्वामी निष्पक्ष हो जाएँ तो उत्सुकदास हार जाएगा। लेकिन यार, ऐसा होगा नहीं, सबकुछ जानते हुए भी उसको ही नेता···।"

एकाएक कुछ दूर किनारे पर बैठा बजरबट्टू अखबार को मोड़कर मेज पर फेंकने के बाद, उनकी बात बीच में ही काटकर बोल उठा, "राय साब···!" उसका गला रुँधा हुआ था, आँखों में नमी थी, "सुना आपने! कल रात फूलदास का खून हो गया।"

फूलदास को सभी लोग बेहद प्यार करते थे। निहायत खुले दिल का आदमी, दोस्तों का दोस्त, दुश्मनों का भी किसी हद तक दोस्त। जहाँ जाता सबको अपना बना लेता। रंगीनराय से तो उसकी पुरानी मुलाकात थी। वैसे भी, गुरुपदस्वामी का संबंधी होने के कारण पार्टी के करीब-करीब सभी पुराने लोग उसे जानते थे। सन् '42 के आंदोलन में पढ़ाई-लिखाई छोड़कर आजादी की लड़ाई में वह भी कूद पड़ा। उसकी उन्हीं सेवाओं के लिए आजादी के बाद पुलिस की नौकरी मिली थी। पुलिस फोर्स में आने के बाद भी फूलदास में देशभक्ति की भावना कम नहीं हुई थी। बुराइयों के बीच रहते हुए भी, उसकी सख्त जान हमेशा गुनाह के खिलाफ लड़ती रही। हालातों से वह समझौता क्या करता, पुलिस में रहते हुए भी उसके अंदर इंसानियत का जज्बा, मासूमियत की भोली अदाएँ विशाल व्यक्तित्व की सीमाओ में अठखेलियाँ करतीं, किसी का दुख देखकर उसका हृदय भर आता। लेकिन गुनाह में पलते हुए दरिंदों से उसे सख्त नफरत थी।

मुल्क का दुश्मन समझकर उन्हें तबाह करने में जुटा रहता।

सन् '42 के आंदोलन की कुर्बानियाँ उसने अपनी आँखों से देखी थीं। उस आग में वह खुद भी जला था। सैकड़ों, हजारों शहीदों के खून से सिंचकर पैदा हुआ आजादी का नन्हा-सा पौधा जब उसके सामने आया, जोश और जज्बे में घिरे फूलदास ने सौगंध उठाई थी उस नन्हे से पौधे की हिफाजत करने की। आजादी के बाद भी उसमें वह जोश, वह जज्बा कभी कम नहीं हुआ। जैसे किसी जेहाद के लिए उसने खाकी वर्दी पहनी हो।

बजरबट्टू से फूलदास का संबंध बहुत पुराना था। दोनों एक ही गाँव में साथ-साथ पढ़े-लिखे, खेले-कूदे। बजरबट्टू के बाप गाँव के स्कूल में मास्टर और फूलदास के बाप डाकखाने में मुंशी हुआ करते थे। बजरबट्टू तब काफी साफ-सुथरा, पढ़ने-लिखने में तेज और कुशाग्र बुद्धिवाला था। पढ़ाई-लिखाई खत्म करने के बाद वह काशी विश्वविद्यालय की लाइब्रेरी में क्लर्क हो गया। इन दिनों गुरुपदस्वामी का सितारा सातवें आसमान तक चमक रहा था। कृष्णबल्लभ विश्वविद्यालय यूनियन के अध्यक्ष चुन लिए गए थे। उन्हीं दिनों उत्सुकदास विश्वविद्यालय राजनीति की बागडोर संघियों के हाथ से छीनने में लगे हुए थे। तभी चकिया के डाकबँगले में, जाड़े की उस अँधेरी रात को प्रतिभा ने अपना सर्वस्व उत्सुकदास के हाथों सौंप दिया था।

प्रतिभा की छोटी बहन शांतिप्रणाली, उठती हुई उम्र ... जैसे अपने आपमें एक शोला थी। घुँघराले बालों के बीच दमकता हुआ नूरानी चेहरा, उसकी बड़ी-बड़ी आँखों से एक भूख चमकती रहती। मँझले कद की, जवानी, उमंग, बला की खूबसूरती बटोरे हुए जिधर से वह निकलती बिजली-सी चमक जाती। चिकने गालों पर ठुड्डी के बीचोंबीच बोलने, हँसने पर हल्के-हल्के गड्ढे पड़ते जिनके ठीक ऊपर दाहिनी तरफ गालों के बीच में छोटा-सा काला तिल उसकी खूबसूरती में और चार चाँद लगाता। पढ़ने-लिखने के लिए वह अकसर लाइब्रेरी जाया करती थी। वहीं उसकी मुलाकात बजरबट्टू से हुई।

चंद मुलाकातों में ही बजरबट्टू चुंबक की तरह, उसकी ओर खिंचने लगा। वह शांतिप्रणाली को अंदर से किताबें वगैरह ढूँढ़कर ला देता। उसके विषयों की जब भी नई किताबें आतीं, अलग निकालकर रख लेता। जब भी वह मिलती, किताबें दिखलाता, समझाया करता। शांतिप्रणाली को धीरे-धीरे बजरबट्टू की बातों में मजा आने लगा। उससे मिलकर खूब खुश होती ... हँसती रहती ... कहती, 'यार! आदमी तुम ए-वन हो!'

बजरबट्टू के आगे-पीछे कोई न था। बेसहारा-मजबूर ... बचपन से उसे प्यार न मिला। रास्ते की ठोकरों से उसने आगे बढ़ना भी अपने आप ही सीखा। किसी ने उँगली पकड़कर उसे चलना भी न सिखाया, किसी ने हाथ पकड़कर उसे कभी सड़क भी न पार कराई। उसके मन में, जीवन में कहीं खालीपन था। रात में जब सोने के लिए लेटता, उसे अहसास होता अपने अकेलेपन का। इतनी बड़ी दुनिया में कहीं भी कोई न था।

उसका खालीपन, एकाकी मन मातृत्व की भावना के लिए तड़पता। शांतिप्रणाली में उसने नारी का वासनामय रूप ही नहीं, किसी अनजाने मातृत्व को भी देखा था, जिसे वह बचपन से मन के अँधेरों में सदैव ढूँढ़ता आया था।

जिस दिन शांतिप्रणाली यशोदाबल्लभ की पत्नी बनी, बजरबट्टू फूलदास के कंधों पर फूट-फूटकर रोया। फूलदास ने उसे सहारा दिया, सँभाला। हमेशा उसका खयाल रखा। लेकिन होनी तो हो चुकी थी। बजरबट्टू के अंदर कहीं कुछ टूट चुका था। उसके बाद वह कहीं चला गया, न जाने कहाँ मुँह छिपा लिया उसने। अपने जीवन में पहली बार तब फूलदास को अहसास हुआ था, ऐसे ही कहीं हर आदमी हारता है, टूटता है। उसी दिन फूलदास ने संकल्प किया था, अगर कभी मौका आया तो बजरबट्टू का बदला लेगा।

यशोदाबल्लभ से शादी हो जाने के बाद भयंकर क्रूरता की छायाएँ शांतिप्रणाली के जीवन को डसने लगीं। दर्शन, राजनीति, अंग्रेजी साहित्य की पढ़ाई, आधुनिक रहन-सहन, बातचीत का तरीका, शहरी जिंदगी, तस्कर, डाकुओं-खूनियों के बीच रहनेवाले यशोदाबल्लभ से कहाँ मेल खाती! देखनेवाले हैरान रह जाते इन दोनों की जोड़ी देखकर। प्रोफेसर नें तो कृष्णबल्लभ को देखकर ही रिश्ते की बात कही थी। अपने जीवन के अंतिम चरण में प्रतिभा का किस्सा सुनकर उनको जो धक्का लगा, न हिम्मत बची थी, न ताकत ही। मरणासन्न अवस्था में और करते भी क्या?

विवाह के बाद शांतिप्रणाली ने जो कुछ देखा, जो कुछ पाया उसकी कल्पना से भी परे था। मान-सम्मान, धन-दौलत सभी कुछ मिला था उसे। लेकिन उड़ती हुई नाजुक तितली-सा उसका मन, अनेक-अनेक फूलों की खुशबू जो बटोर लिए था, उन्मुक्त वातायन की दूरियों तक उड़कर चले जानेवाले कल्पना के निरीह संसार में, बार-बार लौट जाना चाहता। यह सब न महज एक धक्का था, एक चोट थी, यह सब तो उसे लूट लिए जाने-जैसा, बरबाद होने, मिट जाने-जैसा लगा। जहाँ एक तरफ विश्वविद्यालय की ऊँची दीवारों से लगे ज्ञान के मीनार खड़े किए थे, वहीं झुरमुटों, बगीचों, होटल, पिकनिक, सैर और संगीत की अलग दुनिया भी उसने बसाई थी। इतनी तेज रफ्तार में उड़कर उसने अभी तक की जिंदगी गुजारी थी और अब शब्दों से गूँगा, खयालों से नंगा, धड़कनों से बेजान उसे शौहर कहलानेवाला आदमी मिला था जो बेदम लड़खड़ाता हुआ उसकी रफ्तार नापने लगा। खाने-पीने, उठने-बैठने, आने-जाने, मेल-जोल, मुलाकातों में हर बार, हर जगह उसे एक छिछोरापन, छोटापन दिखाई देने लगा। संकीर्ण, संकुचित मनोवृत्तियों, हास्यस्पद संपर्क के क्षणों में यह सब घृणित, निम्न स्तर का लगता उसे। उसकी लड़ाई यशोदाबल्लभ से नहीं, स्वयं अपने से थी।

उधर यशोदाबल्लभ हैरान था। इस अनजानी उपलब्धि को सामने देखकर वह

स्तब्ध रह गया। उसके इलाके में दूर-दूर तक कहीं ऐसी लड़की पहले कभी नहीं आई। उसका रूप, उसके गुण, पढ़ाई-लिखाई, व्यौवहार के तरीके, उसके व्यक्तित्व का अधिकारी देखकर डरे हुए जानवर की भाँति दुबका हुआ, एक गुलाम की तरह वह उसकी सेवा करता।

शांतिप्रणाली के लिए अपने से अधिक शक्तिशाली के ऊपर शासन करने का, उसकी हीनता, प्रवंचना से ऊपर उठकर ऊँचाइयों को छूने का यह एक नया सुख था, लेकिन परिवर्तन की भी अपनी सीमाएँ होतीं। वह अपने को बदलना तो चाहती, किंतु यशोदाबल्लभ के पास आते ही घृणा, वितृष्णा, निराशा के सांघातिक आक्रमण उसे दबोच लेते। कितने दिन, कितनी रातें मनोविकारों से जूझते हुए उसने अपने-आपसे संघर्ष किया था।

फिर कुछ ही दिनों में यशोदाबल्लभ का आत्मसमर्पण स्वाभाविक धूर्तता की ओर, और शांतिप्रणाली का संघर्ष स्वयं अपने से यशोदाबल्लभ की ओर बढ़ने लगा। वह भाग जाना चाहती थी। कहीं भी, कहीं दूर, संभवतः बजरबट्टू के पास। आदमी छोटा या बड़ा नहीं होता, समय की धारा में, बहते हुए शिलाखंडों की तरह, मान्यताएँ उसे महान बनाती हैं। बजरबट्टू को उसने सांसारिक वातावरण, अपने स्तर से नीचा दिखनेवाला समझकर ठुकराया था।

तभी एक दिन फूलदास उसे मिला। बजरबट्टू के साथ वह विश्वविद्यालय आया करता था। यहीं अच्छी-खासी जान-पहचान हो चुकी थी। अब इतने दिनों बाद पुरानी यादों से जुड़ा हुआ एक टुकड़ा कहीं दूर से उड़कर आया था। उसे वह अपने सीने से लगा लेना चाहती थी। उन दिनों उसे तलाश थी जीने के लिए किसी सहारे की। ऐसे में कोई न सोचता है, न समझता है। फिर उसके अंदर तो ज्वालामुखी सुलग रहे थे। शादी के इतने दिनों बाद उसे लगा, बुझी हुई राख में कोई चिंगारी अभी बाकी थी। उसे लगा, यह चिंगारी भी अगर बुझ गई तो कुछ भी न बचेगा। जिंदा लाश की तरह यशोदाबल्लभ के नर्क में सड़ती रहेगी। और थोड़े दिनों में अपनी··· खुद अपनी सड़ाँध सही न जाएगी। पुरानी यादों से जुड़ा हुआ टुकड़ा जो फूलदास के संग उड़कर आया था, वह टुकड़ा बजरबट्टू की शक्ल ले चुका था। शांतिप्रणाली में अपने जीवन के चारों ओर मँडराते भयावह वातावरण से, जो उसे पल-पल, प्रतिपल सता रहा था, घिनौनी मनोवृत्तियों से, जिन्होंने उसे साँप की तरह जकड़ रखा था, प्रतिशोध की भावना पनपने लगी। औरत जब मान्यताओं, कुंठाओं से विद्रोह करती है, नेपोलियन या हिटलर नहीं बनती, वह सीमाओं की लक्ष्मण-रेखा तोड़ देती है। वही करना चाहती थी शांतिप्रणाली। फूलदास ने उसके जीवन में बजरबट्टू की छाया का आकार बनाकर रख दिया था। अच्छा ही था जो वही आया था, नहीं तो शायद किसी और रूप में, किन्हीं और रास्तों पर उसे यह

भावनाएँ ढकेल देतीं।

उधर फूलदास जानता था, बजरबट्टू बेहद कमजोर था। उसे अपने कंधों पर उसका सुबकता हुआ निरीह, नादान चेहरा याद आ जाता।...उस दिन बजरबट्टू ऐसे रोया था जैसे एक बच्चा अपना खिलौना खो देने के बाद फफक-फफककर रोए। बजरबट्टू के उस दिन के आँसू उसके दिमाग में एक लकीर बनकर खिंच गए थे। इतने दिनों बाद अब शांतिप्रणाली की हालत देखकर खुद उसके अंदर कुछ कर डालने की तमन्ना जागने लगी। उसने बजरबट्टू से उसको मिला देने का वादा कर लिया था। बस दो-एक दिन में ही लखनऊ जाकर बजरबट्टू को यहाँ ले आना था उसे।

शांतिप्रणाली को फूलदास की मौत की खबर जरा देर से मिली। पहले तो विश्वास नहीं हुआ, फिर भयावह दृश्य की घनी छाया उसे ग्रसित करने लगी। आँखें बंद कर ऊपरवाले कमरे में लेटी वह बेहद घबराई हुई थी। उसे यह लाशों का शहर लग रहा था, जिसमें चारों ओर सिर्फ लाशें घूम रही थीं। गोल-गोल दायरों में चक्कर काटती हुई भद्दी, घिनौनी, खून से लथपथ, जिनकी सड़ी बदबू से उसका दम घुटने लगा। फूलदास, कृष्णबल्लभ, यशोदाबल्लभ, उत्सुकदास, कालीशंकर, दुर्लभ काछी—सभी बेजान मुर्दों की तरह, लाशों के शहर में नाच रहे थे, नाचते रहेंगे। इन्हें कोई रोक नहीं सकता। इनसे निकलकर आएगा सड़ाँध का बदबूदार राक्षस, जिसके बड़े-बड़े दाँत, भयानक चेहरा, प्रत्येक जीवित को मुर्दा बना देगा।

आज सात वर्षों से भग्न आशाओं के खंडहर में प्रेतात्मा की तरह भटकते-भटकते वह अब थक चुकी थी। जीवन से कुछ छीनने की आकांक्षा तो कभी की जन्म ले चुकी थी। यशोदाबल्लभ के घृणित जीवन से ऊबकर उसने जब फूलदास की बाँहों में शरण ली, उसे पता था, विनाश की ओर यह पहला कदम था। लेकिन करती भी क्या, मजबूर थी, थोड़ा कुछ भी ढूँढ़ने-पाने की जिद उसे ढकेल रही थी विनाश की किन्हीं अनजानी घाटियों की ओर, जहाँ उसे भी गिरना होगा, मिटना होगा। असहाय, मजबूर, बेबस, जैसे किन्हीं जकड़नों में बँधी शांतिप्रणाली जानती थी, अब बस एक...केवल एक आशा की किरण...दूर कहीं दूर से उसे सारे बंधन तोड़कर आने के लिए बुला रही थी। धीरे-धीरे वह किरण रंगीन, मोहक, सप्तरंगी इंद्रधनुष में खो गई। ढूँढ़ती रही, खोजती रही उन रंगों के घेरे में...और फिर उसने पहचान लिया बजरबट्टू को...जिसका आकार सप्तरंगी वितान से ऊपर उठकर उसे बुला रहा था। इसी तलाश के अंतिम दौर में जूझती हुई शांतिप्रणाली, राधिकारानी के साथ मोटर में चल दी लखनऊ की ओर, जहाँ दारुलशफा में बजरबट्टू उसका इंतजार कर रहा था, आज कितने वर्षों से।

जब बजरबट्टू ने रंगीनराय की बात काटकर फूलदास की मौत की खबर दी, बढ़ई दीक्षित एकाएक चौंक गया। कुछ ही देर पहले यह यशोदाबल्लभ के फ्लैट पर जब गया वहाँ कोई न था। बाहर का दरवाजा उढ़काकर यशोदाबल्लभ, कमलासिंह के साथ श्रीकांत पाठक से मिलने जा चुका था। दुर्लभ काछी, जालिम खाँ उनसे भी पहले तिवारी मिस्त्री के मोटरखाने में जीप खड़ी करके चले गए। यशोदाबल्लभ का नौकर सौदा-सामान लेकर अभी बाजार से लौटा नहीं था।

बढ़ई दीक्षित बैठक का दरवाजा आधा खुला देखकर भीतर गया। उसने बुशशर्ट की जेब से उत्सुकदास का पत्र निकाल लिया। कमरे में दोनों तरफ बिजली खुली हुई थी, और तेज रफ्तार से पंखा चल रहा था। अंदर के बरामदे में लगे वाशबेसन के नल से पानी गिरने की आवाज आ रही थी। कमरे में तो कोई था नहीं। पानी गिरने की आवाज की तरफ यशोदाबल्लभ को पुकारते हुए वह आगे बढ़ा। लेकिन वहाँ भी कोई न था। पास आकर वह सड़ी हुई गर्मी में बुरी तरह निकल रहे पसीने को सुखाने के लिए पंखे के नीचे खड़ा हो गया। थोड़ी देर खड़े रहने के बाद, उसने सोचा, इन लोगों की गैरहाजिरी में, इस तरह यहाँ रुकना ठीक नहीं। उस समय वह बाहरी दरवाजे की ओर मुँह किए खड़ा था। बाहर निकलने के लिए आगे बढ़ा तो उसकी निगाह बाईं ओर सामने पड़े तख्त से होती हुई दीवार से सटाकर रखे हुए स्टूल पर पड़ी। उसके बढ़ते हुए कदम एकाएक रुक गए। वहाँ दूर से, काले रंग के चमकते हुए रिवॉल्वर को देखकर वह चौंक गया।

कुछ देर पहले वहाँ तख्त पर दुर्लभ काछी लेटा था। बंडी की अंदरूनी जेब से, बार-बार गड़ने पर, उसने रिवॉल्वर निकालकर स्टूल पर रख दिया था और नाक से सीटी बजाने में लग गया था। श्रीकांत पाठक से ताँबाकांड के बारे में टेलीफोन पर बात होने के बाद फूलदास के हादसे का जिक्र छिड़ गया। तब जीप के टूटे हुए विंडस्क्रीन का भेद खुला। कमलासिंह के बिगड़ने पर दुर्लभ काछी फौरन जालिम खाँ को साथ लेकर बाहर निकल गया। कमलासिंह ने मामला, इतने सनसनीखेज तरीके से पेश किया था, दुर्लभ काछी के दिमाग से रिवॉल्वरवाली बात बिलकुल निकल गई। वह रिवॉल्वर अभी तक वैसे ही स्टूल पर पड़ा हुआ था। ताँबाकांड के चक्कर में उलझे हुए यशोदाबल्लभ ने भी उधर नहीं देखा।

उत्सुकदास का पत्र वापस बुशशर्ट की जेब में डालकर बढ़ई दीक्षित ने अगला कदम उठा ही लिया। एक बार बाहर निकलकर उसने अंदाज लगाया, किसी ने उसे देखा तो नहीं। रुककर सोचने लगा, इधर कुछ काम-धंधा ठप ही है। मंत्रिमंडल बनने के दस-बारह दिनों तक शायद ही कोई मौका मिले। फिर उसे लगा, यहाँ अब देर करने से खेल बिगड़ जाएगा। घबराहट की वजह से उसके माथे पर पसीने की बूँदें झलकने लगी थीं। इतने में बाहर गैलरी में किसी के चलने की आवाज सुनाई दी। बिना हिले-डुले वह

चुपचाप खड़ा रहा। आवाज पास आते-आते फिर दूर निकल गई। कोई आया होता भी तो उत्सुकदास का पत्र उसके पास था ही। उसने दुबारा उलझाव-फँसाव के बारे में सोचा। उसे अपने लिए कोई खतरा नहीं लगा।

बढ़ई दीक्षित दुबककर कोने में रखे स्टूल के पास पहुँच गया। अब उसके और रिवॉल्वर के बीच मुश्किल से एक-दो फीट का फासला था। फिर भी रिवॉल्वर एकदम उठा लेने की उसकी हिम्मत नहीं हुई। वहीं खड़ा-खड़ा उसे घूरता रहा। न जाने क्यों, घूरते-घूरते उसके अंदर एक प्रकार की दहशत बैठने लगी। काले रंग के रिवॉल्वर की पतली-सी नली से उबलती हुई आग धीरे-धीरे उसके दिमाग पर छाने लगी। इतने करीब से इस प्रकार शायद पहली बार उसने रिवॉल्वर देखा था। इस दहशत से बचने के लिए उसने अपनी निगाह जरा ऊपर उठाई तो सामने की अलमारी में उसे बेहद खूबसूरत टाइमपीस दिखाई दे गई। पलक झपकते बढ़ई दीक्षित ने फैसला कर लिया। फिर भी अब फूलदास के मौत की बात जानकर न जाने क्यों वही रिवॉल्वर उसकी आँखों के सामने घूम गया।

रंगीनराय को फूलदास के कत्ल की खबर सुनाकर बजरबट्टू थोड़ी देर गुमसुम बैठा रहा। फूलदास के न रहने का अहसास उसके मन में सैकड़ों सुइयों की तरह चुभने लगा था। दूर रहते हुए भी फूलदास ही उसके सबसे अधिक करीब था। वह शांतिप्रणाली के साथ उसके खुफिया रिश्ते का गवाह था। शांतिप्रणाली के खयालों में डूबता-उतराता आज भी वह उसकी तलाश में भटक रहा था। इसके अतिरिक्त जैसे उसके जीवन में और कोई उपलब्धि ही नहीं थी। अधूरी, निर्मोह, बीती हुई स्मृतियाँ आज भी उसे कुरेद-कुरेदकर रुला जातीं। कहीं से एक बार, सिर्फ एक बार वह शांतिप्रणाली से मिलकर अपना अपराध जानना चाहता था। यह सब फूलदास के बाद अब कैसे होगा? बेसहारा, बेगैरत कैद रहेगा दारुलशफा की दीवारों में, हमेशा...हमेशा के लिए।

सिर झुकाए निःशब्द, टूटा हुआ बजरबट्टू तिवारी मिस्त्री के घर की तरफ चल दिया। तिवारी मिस्त्री उन दिनों दारुलशफा के दूसरे गेट से दाहिनी तरफ जानेवाली पतली-सी सड़क पर बने हुए गैराजों की कतार में से एक में खुद रहा करता और उससे लगे हुए दूसरे गैराज में उसने मोटर, जीप आदि की मरम्मत के लिए एक छोटा-सा कारखाना खोल रखा था। बजरबट्टू सड़क के किनारे-किनारे चला जा रहा था तभी साइकिल पर पुलिस-थाने के इंचार्ज चरणजीत को देखकर उसने गुहार लगाई।

चरणजीत फूलदास का गहरा दोस्त था। फूलदास ने उसे बजरबट्टू से मिलाते हुए एक बार कहा था, 'यह आदमी हीरा है।' तब से मिलने पर हमेशा रुककर दो बातें अवश्य कर लेता, न जाने फूलदास के लिहाज़ के कारण या बजरबट्टू के अपने व्यक्तित्व

के आकर्षक तत्वों के कारण। लेकिन आज वह रुकने के मूड में नहीं था। फिर भी साइकिल एक पैर से सड़क पर रोककर बोला, "यार! आज जरा जल्दी है। अब तक तो तुम लोगों को फूलदास के मर्डर के बारे में पता लग गया होगा। कहीं खूनी साला इधर ही न आया हो?"

बजरबट्टू लगभग कूदकर बिलकुल करीब आ गया, "क्या कहा, खूनी इधर आया है! किसने खून किया है? कहाँ है वह?"

"कहाँ है वह?" मुँह चिढ़ाकर चरणजीत ने कहा, "मालूम होता तो पकड़ न लेता सालों को। शाहजहाँपुर से कुछ देर पहले वायरलेस पर खबर आई थी, दुर्लभ काछी नाम का कोई तस्कर डाकू है, उसने किसी आदमी के साथ मिलकर फूलदास का खून कर दिया। यह लोग एक जीप में लखनऊ की तरफ आते देखे गए हैं। जीप का नंबर तो चेक-पोस्ट पर नोट कर लिया गया था, लेकिन हो सकता है नंबर-प्लेट जाली हो।"

कुछ धीमी आवाज में इधर-उधर देखकर फुसफुसाते हुए चरणजीत आगे बोला, "जानते हो बजरबट्टू, हरामी का पिल्ला दुर्लभ काछी तुम्हारे यशोदाबल्लभ का आदमी है।"

"हमारा यशोदाबल्लभ? खबरदार चरणजीत, उस हरामजादे से मेरा संबंध न जोड़ना! वह तो इस धरती पर...," दारुलशफा की धरती की ओर इशारा करते बजरबट्टू ने कहा, "हमारा सबसे बड़ा दुश्मन है। अपने अजीज दोस्त के खूनी का सरपरस्त राहयोगी, मैं उसे कच्चा खा जाऊँगा।" दाँत किटकिटाते हुए, घृणा से मुँह बनाकर बजरबट्टू चिल्लाने लगा।

"अरे...अरे बजरबट्टू! यह क्या...जरा धीरे बोलो, किसी ने सुन लिया तो खैर नहीं! तुम यशोदाबल्लभ को शायद ठीक से नहीं जानते। बहुत बड़ा चालाक है। उसका भाई कृष्णबल्लभ तो उसका भी बाप है। कृष्णबल्लभ को अब मंत्री बनने में देर ही कितनी बची है। लेकिन यार, तुमको एक बात बताऊँ, फूलदास-मर्डर से सारी पुलिस-फोर्स इन लोगों के खिलाफ हो चुकी है। आई. जी. साहब का हुक्म है, किसी को छोड़ा नहीं जाएगा। दुर्लभ काछी कमीने कुत्ते को कोई बचा नहीं सकेगा।...अच्छा ...अच्छा अब मैं चलता हूँ।" कहकर चरणजीत ने साइकिल आगे बढ़ा दी।

बजरबट्टू को दुर्लभ काछी का नाम सुनकर मितली आने लगी। यशोदाबल्लभ से वह वैसे ही घृणा करता था, अब अपने अजीज दोस्त के खूनी के साथ उसका संबंध जानकर, उसके अंदर भयंकर क्रोध की चिंगारियाँ सुलगने लगीं।

तिवारी मिस्त्री के गैराजनुमा घर पर पहुँचा तो वहाँ उसका लड़का खाना बना रहा था। सारा गैराज कच्ची लकड़ी के धुएँ से भरा हुआ था। धुएँ को हाथों से आँखों के ऊपर हटाते हुए उसने लड़के से कारखानेवाले गैराज की चाबी माँगी।

ऐसा कई बार होता, बजरबट्टू कारखानेवाले गैराज में ही लेट जाया करता। आज वह बेहद थका हुआ था। उदासी-भरे मन के आँगन में दुख के बादल उमड़ रहे थे। उस समय वह अकेले में बैठकर खूब···खूब रोना चाहता था।

लड़के से चाबी लेकर उसने कारखानेवाला गैराज खोला तो सामने वही जीप थी जिसे दुर्लभ काछी वहाँ थोड़ी देर पहले खड़ी कर गया था। बजरबट्टू ने गैराज में लगे टीन के फाटक को अंदर से उढ़काकर सोचा, अब जीप की ही गद्दी निकालकर उसके ऊपर लेटा जाए। आगे की सीट जब खींचने पर भी नहीं निकली, वह बोनट के सामने से घूमकर पीछे की तरफ जाने के लिए मुड़ा तो उसकी निगाह विंडस्क्रीन पर अनायास रुक गई। कुछ अजीब-सा लगा जैसे किसी गोल चीज से सुराख किया गया हो, आसपास का शीशा दूर तक चिटक गया था। फिर घूमकर वह जीप के पिछले हिस्से पर आ गया। लोहे के फ्रेम पर रखी हुई सीट झटके के साथ अपनी ओर खींचने लगा। आधी सीट तो एक ही झटके में निकल आई, बाकी सीट भी वह बार-बार बाहर की तरफ उठा रहा था, तभी जीप में से फर्श पर एक टीन की प्लेट आकर गिरी। एक क्षण को बजरबट्टू स्तब्ध रह गया। फिर सोचा, कोई और चीज होगी। शायद टीन का फालतू टुकड़ा सीट के फ्रेम से ही टूटकर गिरा होगा। लेकिन नहीं, यह तो नंबर-प्लेट ही थी। सीधी तरफ गिरने के कारण उस पर लिखा हुआ किसी गाड़ी का नंबर सामने दिख रहा था।

नंबर प्लेट का गिरना था, बजरबट्टू की थकान, उदासी जैसे एकाएक उड़ गई। एकदम फुर्ती से आगे की ओर झुककर उसने उस प्लेट को उठाया। कुछ देर यूँ ही उलट-पलटकर देखते-देखते उसकी छोटी आँखें गोल-गोल घूमने लगीं। प्लेट के ऊपर लिखे हुए अंक कैमरा के ज़ूम की तरह कभी तेजी से आँखों के ऊपर छा जाते और कभी धीरे-धीरे छोटे होते हुए दूर चले जाते। इस मंत्रमुग्ध स्थिति में अनजाने में उसका हाथ कुर्ते की ऊपरवाली जेब की तरफ बढ़ गया। वहाँ से उसने कलम निकाली। फिर इधर-उधर कागज का टुकड़ा देखने लगा। पर दिखा नहीं तो अपनी बाईं हथेली पर असली प्लेट का नंबर और दाईं हथेली पर जीप में लगी प्लेट का नंबर लिख लिया। फिर पैरों की ठोकर से मोटरखाने का दरवाजा ढकेलकर दोनों हथेलियाँ आसमान की ओर उठाए 'हे ईश्वर! हे ईश्वर!!' चिल्लाता हुआ भागने लगा। सीट खींचने पर जैसे ही बजरबट्टू ने नंबर-प्लेट गिरती हुई देखी, उसके कानों में चरणजीत के शब्द गूँज उठे थे—'नंबर-प्लेट तो फर्जी भी हो सकती है।'

उसके मन में प्रतिशोध की आग भभकने लगी। किसी घिनौने राक्षस के रूप में यशोदाबल्लभ हमेशा उससे कुछ-न-कुछ छीनता आया है। आज एक बार फिर उसने जान से भी ज्यादा प्यारे फूलदास को छीन लिया। दारुलशफा की सड़कों पर आसमान की ओर दोनों हाथों की हथेलियाँ उठाए हुए, बजरबट्टू भागता जा रहा था।

उसका पूरा जीवन अर्थहीन था। उसने प्यार किया, नफरत की, उसने विद्रोह किया, लेकिन किसी को न तो कुछ दे ही पाया, न किसी से कुछ छीन ही सका। जितना जबरदस्त उसका प्यार था, उससे कहीं ज्यादा नफरत थी उसके अंदर। कितने ही वर्षों से प्यार, नफरत, विद्रोह—सबकुछ अपने ही में बटोरे हुए वह घुट-घुटकर जी रहा था। कभी-कभी उसके अंदर कुछ कर गुजरने की तीव्र इच्छा जागती। कुछ भी चाहे अच्छा ''' चाहे बुरा हो। लेकिन अपनी हैसियत देखकर तरस-तरसकर रह जाता।

लेकिन आज, भागते हुए बजरबट्टू सोच रहा था, पूरा ब्रह्मांड उसकी हथेलियों के ऊपर आकर टिक गया है।

दुर्लभ काछी यशोदाबल्लभ के फ्लैट से पाँच बजे के करीब निकला था। कमलासिंह के बिगड़ने पर अब बात उसकी भी समझ में आ गई। विंडस्क्रीन की वजह से जीप को यहाँ बाहर पार्क नहीं करनी थी।

जालिम खाँ के साथ जब वह दारुलशफा के मोटरखाने पर पहुँचा, तिवारी मिस्त्री उस समय वहाँ नहीं था। वहीं रुककर दोनों आगे का कार्यक्रम बनाने लगे। साँझ के समय अब सबसे पहले दारुलशफा के पीछे 'यही है अपनी मधुशाला' में जरा कसके देशी संतरा छनेगी। सात-आठ यूँ ही बज जाएँगे, उसके बाद हजरतगंज में जमकर जीमेंगे और फिर रात का सनीमा देखें या जरीना बेगम का मुजरा सुनें, इस पर दोनों में बहस होने लगी। आखिर में सनीमा की बात ही दोनों को कुछ ज्यादा माकूल लगी, क्योंकि जरीना बेगम के यहाँ जाने के लिए जीप की जरूरत होती।

करीब साढ़े पाँच बजे तिवारी मिस्त्री आया। तब यशोदाबल्लभ का लिखा हुआ कागज देखकर उसने दुर्लभ काछी से कारखानेवाले मोटरखाने में जीप रखने के लिए कह दिया। मोटरखाने के फाटक खोलकर उसने दुर्लभ काछी से फौरन जीप लाने को कहा फिर उसे वहीं दारुलशफ़ा में एक गाड़ी ठीक करनी थी। दुर्लभ काछी जिस तरफ से जीप लेकर मोटरखाने में रखने आया, वहीं दारुलशफा के गेट पर सड़क के किनारे कुछ ही देर बाद चरणजीत से बजरबट्टू बात कर रहा था।

जीप रखने के बाद दुर्लभ काछी को अपनी मूँछों पर हाथ फेरते हुए देखकर जालिम खाँ को अपनी दाढ़ी याद आने लगी। लेकिन फिलहाल मधुशाला में देशी संतरे की बोतलें और कलिया, कलेजी की प्लेटें उन्हें पुकार रही थीं। उस पतली सड़क को पीछे छोड़कर वह लोग 'ए' ब्लॉक के पिछवाड़े की तरफ घूमने ही वाले थे, तभी हाँफते हुए कमलासिंह ने आ पकड़ा। कमलासिंह, दुर्लभ काछी की बाँह पकड़कर ज़रा सड़क से किनारे ले गया तो जालिम खाँ भी साथ में आकर खड़ा हो गया। फिर साँस को दम देने के लिए कुछ पल रुककर उसने यशोदाबल्लभ की बात उन लोगों को समझानी शुरू की।

"देखो ! यहाँ खतरा है ! सादी ड्रेस में, लगता है, पुलिस लग गई है । जरा और शाम ढलते ही तुम लोगों को यहाँ से निकल जाना चाहिए । जीप कहाँ है ?" कमलासिंह ने अधीरता से पूछा ।

"उहाँ मोटरखाने मा खड़ी कर दी ।"

"अच्छा अब कहाँ जाते हो तुम लोग ?"

कुछ मुसकराते हुए दुर्लभ काछी ने जालिम खाँ की ओर देखकर आँख मारी, फिर तरन्नुम में बोला, "अपनी मधुशाला मा जाते हैं, अब जरा छान्नेंगे ।"

"तो जल्दी से थोड़ी-बहुत पी लो, बाकी बँधवाकर चल देना । उधर कमरे पर भूलकर भी न आना ।"

दुर्लभ काछी का पीने में मन नहीं लगा । इस समय चले जाने का हुक्म मिला था । खून का घूँट पीकर रह गया । न शाम का जश्न होगा, न जरीना बेगम का कोठा, सनीमा, सैर-सपाटा—कुछ नहीं । दोनों ने सलाह-मशविरा करके यहाँ से फौरन निकलना तय किया । शाम के करीब साढ़े छह का समय था । दोनों ने सोचा, आठ-सवा आठ तक हरदोई पहुँच जाएँगे, अब खाना-पीना वहीं किया जाएगा । मंत्रिमंडल का जश्न चूल्हे-भाड़ में, अपना जश्न होगा हरदोई में । रात-भर पीएँगे, गाएँगे । ढूँढ़ी जाएगी वहीं कौनौ पतुरिया, न होगा किसी को उठा लाएँगे रात-भर के लिए और फिर चैन से ऐश करेंगे । रास्ते के लिए दो-चार बोतलें, कुछ कबाब, बोटी, लेकर दोनों तिवारी मिस्त्री के मोटरखाने पर पहुँचे । जीप निकालने के लिए जब दुर्लभ काछी ने मोटरखाने का दरवाजा खोला तो सबसे पहले उसकी निगाह जीप के पिछले हिस्से पर पड़ी । वहाँ दाहिनी तरफ की सीट आधी बाहर की ओर निकली हुई थी । थोड़ा आगे बढ़ा तो फर्श पर असलीवाली नंबर-प्लेट दिखी ।

फिर भी दुर्लभ काछी घबराया नहीं । जल्दी से फर्श से नंबर-प्लेट उठाई, फिर उसने सीट ढकेलकर ठीक की । लेकिन उसके अंदर किसी आनेवाले खतरे की घंटियाँ बजने लगीं । इधर-उधर गड़ी निगाहों से देखते हुए बाकी बचे समय और आनेवाले खतरे के बीच फासले का अंदाज करने की कोशिश करते हुए जालिम खाँ से उसने फौरन गाड़ी में बैठने के लिए कहा । खुद भी करीब दौड़ते हुए आगे की सीट पर बैठ गया । बैठते ही उसने गाड़ी स्टार्ट की । साथ ही क्लच दबाकर पिछला गियर लगाया । गाड़ी रफ्तार में मोटरखाने से बाहर निकल आई । मोटरखाने से बाईं तरफ थोड़ा मोड़कर दारुलशफा के मेनगेट की तरफ से जाने के लिए अगला गियर लगा ही रहा था कि कुछ सोचकर उसने क्लच दबाया, गाड़ी का गियर तेजी से न्यूट्रल किया, पिछला गियर लगाकर गाड़ी एकदम सड़क के किनारे तक ले गया और फिर पूरा स्टीयरिंग काटकर दाहिनी ओर से सीधे लालबाग की तरफ निकल गया ।

''जिस जीप में खूनी आए हैं, उसका नंबर यही है न ?'' अपनी बाईं हथेली चरणजीत की आँखों से थोड़ी दूर पर फैलाकर हाँफते हुए बजरबट्टू बड़ी मुश्किल से कह पाया।

तिवारी मिस्त्री के मोटरखाने से दौड़कर बजरबट्टू पतली सड़क पार करके मेन गेट से बाईं तरफ 'बी' ब्लॉक के सामने पहुँच गया। उस समय दोनों हाथ आसमान की तरफ उठाए हुए वह दौड़ता चला जा रहा था। किसी तरह भागकर वह चरणजीत के पास पुलिस-थाने पहुँचना चाहता था। 'बी' ब्लॉक के बूटेदार छज्जों पर खड़े हुए, झुके हुए लोग शाम के वक्त नीचे की चहल-पहल, सामने सड़क के नजारे का जायजा ले रहे थे। बजरबट्टू को पुलिस-थाने तक की दूरी बहुत बड़ी दूरी लग रही थी। काश, उसके पंख लग जाते! काश, किसी तरह उड़कर वह चरणजीत के पास पहुँच जाता! बस इसी धुन में सारा दम लगाकर वह दौड़ता चला जा रहा था।

चरणजीत थोड़ी देर पहले ही बजरबट्टू से बातचीत करके 'ए' ब्लॉक में स्थित दारुलशफा के दफ्तर में गया। वहाँ दफ्तर के लोगों को दुर्लभ काछी का हुलिया बताकर बाहर कुछ लोगों को लगाकर फिर 'बी' ब्लॉक होते हुए जी. पी. ओ. की तरफ के मेन गेट पर खड़ा हुआ लोगों से उस समय पूछताछ कर रहा था। साथ में 'बी' ब्लॉक की बूटेदार इमारत से बार-बार घूमती हुई उसकी निगाहें सड़क पर से होते हुए दूर-दूर तक फैले हुए बरामदों और दिखनेवाले दरवाजों, खिड़कियों को देख रही थीं। एकाएक उसने देखा, दूर से एक आदमी पूरा जोर लगाकर दोनों हाथ आसमान की ओर उठाए दौड़ता हुआ चला आ रहा है। चरणजीत सतर्क हो गया। दौड़ता हुआ आदमी अब धीरे-धीरे पास आता जा रहा था। पलक झपकते ही चरणजीत ने पहचान लिया, यह बजरबट्टू है। वह किनारे से बढ़कर बीचोंबीच सड़क पर खड़ा हो गया।

बजरबट्टू उस समय दारुलशफा के पहले गेट से निकलकर पुराने जी. पी. ओ. के अंदर से निकलने के लिए बचे हुए फासले को पूरा करना चाहता था, तभी सामने की सड़क पार करने के लिए उसने जो आँखें जरा नीची कीं तो चरणजीत को सड़क के बीचोंबीच खड़े हुए अपने सामने पाया। उसकी दौड़ खत्म हो गई जैसे किसी ने रफ्तार में भागती हुई गाड़ी का स्विच ऑफ कर दिया, जैसे दूर से दौड़ता हुआ घोड़ा अपनी मंजिल पर पहुँचकर रुक जाता है। बजरबट्टू चरणजीत के ठीक सामने जाकर रुक गया। उसने पहले बायाँ हाथ, फिर दायाँ हाथ नीचे गिरा लिया।

बजरबट्टू के चेहरे की ओर से नीचे हथेली की तरफ देखते हुए चरणजीत ने शंका में पूछा, ''...खूनी ...जीप ? बजरबट्टू, कहीं तुम फूलदास के खूनी की बात तो नहीं करते हो!''

बजरबट्टू अब भी हाँफता जा रहा था। पसीने से तर-बतर, उसके मुँह से फिचकुर निकल रहा था। प्यास से सूखे गले से आवाज ही नहीं निकली। उसने बस आगे की तरफ

गरदन झुकाकर 'हाँ' का इशारा कर दिया।

उसकी हथेली की ओर देखकर चरणजीत ने अपनी ऊपरवाली जेब से लाल रंग की एक स्लिप निकाली। मुड़ी हुई स्लिप को झटककर सीधा किया। फिर बजरबट्टू की ओर देखकर बोला, ''नहीं...नहीं...उस जीप का नंबर तो 2450 था।''

''तो फिर चलिए मेरे साथ।'' दाहिनी हथेली दिखाकर बजरबट्टू ने कहा।

दारुलशफा के दूसरे मेन गेट से बाईं तरफ की पतली सड़क के पश्चिमी किनारे पर चरणजीत जब बजरबट्टू के साथ पहुँचा, तिवारी मिस्त्री मोटरखाना बंद कर चुका था।

''गैराज खोलो।'' चरणजीत ने कड़ककर कहा।

तिवारी मिस्त्री ने खाकी वर्दी में जो चरणजीत को देखा, घबराकर जल्दी-जल्दी ताला निकालकर मोटरखाना खोल दिया। बजरबट्टू जो चरणजीत के साथ न दौड़ पाने से जरा पीछे रह गया था तब तक वहाँ आ पहुँचा। मोटरखाना खुलते ही दोनों ने देखा, जीप वहाँ नहीं थी। लेकिन चक्के के ताजा निशान दूर अंदर से बाहर तक वैसे ही दिख रहे थे जैसे बजरबट्टू की दोनों हथेलियों पर बिगड़े हुए जीप के असली और नकली नंबरों की गिनतियाँ!

''देखो तिवारी, मामला खून का है, इसमें तुम फँस जाओगे। सीधे तरीके से बता दो, जीप यहाँ कौन खड़ी कर गया था? वह लोग किधर गए? जीप कहाँ है?''

चरणजीत पुलिस के खास लहजे में तौलकर तिवारी को घेर चुका था। तिवारी मिस्त्री खून का मामला सुनकर, डर के मारे थर-थर काँपने लगा। फिर उसने सहारे के लिए बजरबट्टू की ओर देखा। उसे क्या पता था, दुर्लभ काछी कोई एक खतरनाक मुजरिम होगा।

''तिवारी जी, इसमें डरने की क्या बात है, आप बताइए ना।'' बजरबट्टू ने दिलासा दी।

''देखिए...,'' बजरबट्टू की ओर उसने घूमकर कहा, ''मुझे उन लोगों के बारे में कुछ भी पता नहीं। मैंने तो उनको आज से पहले कभी देखा भी नहीं। यहाँ जीप आई जरूर थी, लेकिन भाई जी का नाम उन लोगों ने लिया था, तभी मैंने मोटरखाना खोल दिया।''

''कौन भाई जी?'' चरणजीत चीखा।

तिवारी मिस्त्री में जो आत्मविश्वास लौट रहा था फिर गायब हो गया। कायरता की मूर्ति बनकर उसने यशोदाबल्लभ का नाम बता दिया। यशोदाबल्लभ का नाम सुनते ही चरणजीत को जैसे साँप सूँघ गया।

''तुम जानते हो, जो आदमी जीप लेकर आया था, वह शाहजहाँपुर का नामी डकैत दुर्लभ काछी है? उसने कल रात खून किया है, हम सबके प्यारे दोस्त फूलदास का।''

तिवारी मिस्त्री की रूह काँप उठी। इतने में बजरबट्टू बोला, "चरणजीत, यह बेचारा निर्दोष है। मैं तो यहीं रहता हूँ इसके साथ। मुझे तो असली गुनाहगार यशोदाबल्लभ लगता है।"

तिवारी मिस्त्री ने बजरबट्टू को आगे बोलने न दिया। बीच में बात काट दी, "हाँ दारोगा जी, मैं यहाँ साढ़े पाँच के करीब आया, दोनों यहाँ मौजूद थे। उन्होंने यशोदाबल्लभ का लिखा हुआ एक कागज भी दिया था।"

"कहाँ है कागज... निकालो! जल्दी निकालो!!" चरणजीत ने आगे बढ़कर कहा।

तिवारी मिस्त्री ने अपनी जेब में हाथ डाला। पहले पैंट, फिर कमीज की सभी जेबें देख डालीं, यशोदाबल्लभ का लिखा हुआ कागज नहीं मिला। उसकी घबराहट बढ़ती जा रही थी। उधर चरणजीत कड़ी निगाहों से उसे घूर रहा था।

बजरबट्टू ने सहानुभूति प्रकट करते हुए कहा, "तिवारी जी, तुम बस वह कागज दे दो, बाकी सब हम देख लेंगे।"

तिवारी मिस्त्री मोटरखाने के अंदर गया। दो-तीन मिनट तक इधर-उधर ढूँढ़ता रहा। फिर बाहर आया तो उसके काँपते हुए हाथों में सिगरेट की डिबिया का नुचा हुआ एक टुकड़ा था। उस समय उसका जी उस टुकड़े को चूमने का हो रहा था, लेकिन घबराहट में उसे चरणजीत के हाथों सौंप दिया।

थाने लौटकर चरणजीत ने बड़ी चुस्ती से सारा काम किया। कंट्रोल-रूम से टेलीफोन पर जीप का असली नंबर, फर्जी नंबर, दुर्लभ काछी का हुलिया बताकर फौरन सर्च-पार्टी भेजने को कहा। शहर-पुलिस, ट्रैफिक पैट्रोल को एलर्ट करने के बाद वायरलेस पर रास्ते के तमाम थानों को खबर भेजी। बीस-पच्चीस मिनट के अंदर पुलिस की पाँच गाड़ियाँ कानपुर, सीतापुर, बाराबंकी, सुल्तानपुर और हरदोई रोड की तरफ दौड़ा दी गईं।

दुर्लभ काछी उस समय हरदोई रोड पर चेक पोस्ट पार कर चुका था। इधर कृष्णबल्लभ यादव, श्रीकांत पाठक और यशोदाबल्लभ, उत्सुकदास के यहाँ जानेवाले थे। रंगीनराय के यहाँ उस समय लोबीराम-गुट के विधायक पहुँच रहे थे। बढ़ई दीक्षित अपने फ्लैट में ब्लैकमेल की योजना को अंतिम रूप दे चुका था। शांतिप्रणाली की मोटर उसी समय 'बी' ब्लॉक के सामने आकर रुकी।

बजरबट्टू ने फूलदास की मौत की खबर के धमाके से रंगीनराय के धाराप्रवाह भाषण को एकदम से ब्रेक लगा दिया था। उसके संजीदा चेहरे और आँखों की नमी देखकर रंगीनराय ने कुछ और पूछा भी नहीं। कुछ ही क्षणों में बिना कहे-सुने वहाँ से बजरबट्टू चला गया। तभी थोड़ी देर के लिए बढ़ई दीक्षित की आँखों के सामने यशोदाबल्लभ के

यहाँ तिपाई पर रखा हुआ रिवॉल्वर घूम गया था। हालाँकि फूलदास के कत्ल की खबर सुनकर रंगीनराय को धक्का लगा था लेकिन इस समय उनके सर पर लोबीराम का भूत सवार था। फिर गहरी साँस लेकर वह अंदर गए। लौटकर आने पर उनके हाथों में चाय के दो प्याले थे और होंठों पर वही लोबीराम का किस्सा। बढ़ई दीक्षित ने यशोदाबल्लभ के यहाँ तिपाई पर रखी रिवॉल्वर को पीछे छोड़कर फौरन चाय का प्याला उनके हाथ से ले लिया। अपनी आरामकुर्सी पर बैठकर रंगीनराय सुड़-सुड़ की आवाज में चाय पीने लगे। चाय के हार घूँट में लोबीराम उनके पेट में पहुँचकर खलबली मचाने लगा। प्याला मेज पर रखने के बाद जब उनसे रहा नहीं गया तो बढ़ई दीक्षित की आँखों में आँखें डालकर बोले, "क्या है, बढ़ई! मेरी समझ में एक बात नहीं आती—अपना लोबीराम, कृष्णबल्लभ के इतना खिलाफ कब से हो गया? पहले तो दोनों में दाँतकाटी दोस्ती थी।"

"अरे, आपको नहीं पता···," बढ़ई दीक्षित कलई खोलने के लहजे से कुछ बड़प्पन में बोला, "ताँबे की छीजनवाले धंधे से दोनों में खटक गई। लोबीराम का सौदा सिंडीकेट के साथ पाँच-दस लाख में तय था, पर बीच में कामयाब सेठ ने लँगड़ी मार दी।"

"सब काम तो जनहित में हुआ होगा।" रंगीनराय ने हाथ पर ताली मारकर कहा।

"जनहित को मारिए गोली! अब हमें बताएँ, इस मुसीबत को गले से कैसे उतारूँ?" बढ़ई दीक्षित बुश्शर्ट से उत्सुकदास का पत्र निकालकर हाथों में उछालता रहा।

"पत्र देखकर अब करोगे भी क्या···?" रंगीनराय गूढ़ रहस्य की उलझी हुई गाँठें खोलने लगे, "कृष्णबल्लभ मंत्री बन सकेंगे? आग लगी है··· कृष्णबल्लभ··· कुछ भी हो, कृष्णबल्लभ का विरोध बढ़ता जा रहा है। आज शाहजहाँपुर, बरेली, रामपुर के पार्टी-गैरपार्टी के सभी विधायक केंद्रीय नेताओं से मिलेंगे। इधर मेरे पार्टी-अध्यक्ष बनने का समाचार अखबार में आने से कृष्णबल्लभ के विरोधी, जो पार्टी छोड़ने की सोच रहे थे, रुक गए हैं। मुझे तो लगता है, आज अगर लोबीराम ने दल की बैठक में कृष्णबल्लभ का नाम उछाल दिया, विधायक बड़ी संख्या में उसका साथ देंगे। मैं भी पीछे न रहूँगा। यह साला साँप की तरह मुझे डँसता रहा है। अब इसके दाँत तोड़ने होंगे।"

रंगीनराय थोड़ी देर विचारमग्न होकर रुके, फिर मुसकराकर बढ़ई दीक्षित से बोले, "लाओ, यह पत्र मुझे दे दो! और अब तुम जाओ। सात बजे यहाँ, लोबीराम दल-बल सहित आएँगे।"

पाँच

उत्सुकदास के पास दारुलशफा में उनके खिलाफ हो रही साजिशों की खबरें बराबर पहुँच रही थीं। लेकिन आज आनेवाली ताकत के गरूर में, उनको इन साजिशों में कोई खतरा नहीं दिखाई दिया। प्रधानमंत्री का आशीर्वाद प्राप्त करने के बाद, अब तो सिर्फ राजसिंहासन पर बैठना-भर बाकी रह गया था। दिल्ली से लखनऊ की रेलयात्रा में, गई-रात तक लोगों ने उन्हें आराम नहीं करने दिया। हर तरफ फूल मालाएँ, भीड़-भाड़, नारेबाजी थी। आज सबेरे जब स्टेशन पर वह गाड़ी से उतरे तो वहाँ उनका भव्य स्वागत हुआ। भीड़ के उस अथाह समुद्र में नारों, फूलमालाओं, जय-जयकार के बीच सबकी शुभकामनाएँ लेते हुए, बाहर निकलते समय तक उनको आनेवाला वक्त अपनी पकड़ में नजर आने लगा था। सुबह की शानदार शुरुआत के साथ, उनको मालूम था, आज के दिन पूरा शहर किसी इन्कलाबी दौर से गुजरनेवाला था। स्टेशन से घर तक सांइकिल रिक्शा, साइकिल, स्कूटर, मोटरसाईकिलें, स्कूटररिक्शा, जीप, मोटर, ट्रकों में भरे हुए हजूम के बीच खुली हुई मोटर में फूलमालाओं से लदे उत्सुकदास को लगा, कभी न खत्म होनेवाली उड़ान की ओर वह बढ़ चले हैं।

उस समय तक कानपुर, सीतापुर, हरदोई, वाराणसी, इलाहाबाद, प्रदेश के कोने-कोने से सैकड़ों बसों में भरकर हजारों लोग, दोपहर के बाद होनेवाले विशाल प्रदर्शन में शामिल होने के लिए आ चुके थे। आसपास के गाँव, दूर-दूर के इलाकों से पिछली रात से ही दर्जनों ट्रकों, ट्रैक्टर-ट्रेलर में ढो-ढोकर लोगों को जमा किया जा रहा था। पूरे शहर में, चौक-चौराहों पर बड़े-बड़े सिंहद्वार, सड़कों के एक सिरे से दूसरे तक खींचकर टाँगे गए कपड़े के बैनर, दिवालों पर चिपके हुए लाखों पोस्टर सुर्ख लफ्जों में उनकी महानता की जय-जयकार कर रहे थे।

इसी दिन के लिए तो उन्होंने अपना गिरोह बनाया था। दिल्ली में उत्सुकदास उधर तो मुख्यमंत्री बनने की पैंतरेबाजी में जुटे हुए थे, लेकिन साथ-ही-साथ प्रदेश के जिले-जिले में उनके समर्थन में बैठकें हो रही थीं, जिनमें उन्हें मुख्यमंत्री बनाने के लिए प्रस्ताव पास किए जाते। वैसे तो ज्यादातर ये बैठकें कागजी और प्रस्ताव हवाई होते, लेकिन इनकी रूपरेखा, इनका आडंबर असरदार तरीकों से जोड़-तोड़कर बनाया जाता। फसली और असली किराएदार मिल-बाँटकर सारी जिम्मेदारी उठा रखते। कभी-कभार जब जवाबी हमले की चोट देनी होती तो लाउडस्पीकर, झंडियों-झंकाड़ों के जरिए ठीक बीच चौराहे पर बैठक बुला ली जाती। इस तरह न तो दरी का भाड़ा पडता

और न ही भाड़े के टट्टू जोड़ने में खर्चा होता। बस कुछ तालियाँ बजा सकनेवाले स्वयंसेवी और कुछ दंतमंजन छाप वक्ता मिल-बाँटकर ऐसा समाँ बाँध लेते कि रास्ता चलते लोग रुकने लगते। कुछ ठलुए मक्खियों की तरह भिनभिनाने लगते। तभी खोमचे, ठेले, बीड़ी-पान की डलियावाले भी आ धमकते। इस तरह भीड़ और भीड़ का समाँ इतना काफी हो जाता तो कीमती खबरनवीस भला कहाँ पीछे हटते।

कलाबाजी, तिकड़मबाजी, बैठकबाजी, प्रस्तावबाजी, जुलूस-नारेबाजी के जरिए इस तमाम शक्ति-प्रदर्शन के बाद आत्मविश्वास के इन क्षणों में अब उत्सुकदास को कोई डर नहीं रह गया था। उनको विश्वास था, लोबीराम, रंगीनराय अब अकेले पड़ जाएँगे। यह लोग विधानमंडल पार्टी का नेता चुनने के लिए बुलाई गई मीटिंग में अगर उनके खिलाफ कोई आवाज उठाने की कोशिश भी करेंगे तो गुरुपदस्वामी, हाईकमांड के पर्यवेक्षक उनको कुचल देंगे। और फिर अब तो राष्ट्रीय पार्टी के अध्यक्ष भी वहाँ मौजूद रहेंगे। उत्सुकदास को मालूम था, पार्टी-अध्यक्ष से प्रधानमंत्री ने निर्विरोध, बिना किसी गड़बड़ के नेता का चुनाव करवाने के लिए कहा था।

वैसे तो सबकुछ ठीक ही था, पर उत्सुकदास को टेलीफोन के जरिए ताँबाकांड की खबरें मिल रही थीं जिससे उनके संतुलन में फर्क आ गया था। ताँबाकांड कितने खतरनाक मोड़ पर पहुँच चुका था, उसके बारे में उनके आदमी बराबर उनको बता रहे थे।

उत्सुकदास जब दिल्ली में थे, ताँबाकांड की चर्चा तभी कई दिनों से चल रही थी। एक हद तक, ताँबांकांड की वजह से ही गुरुपदस्वामी-गुट के लोगों ने उनको मुख्यमंत्री बनवाने में पूरा जोर लगा दिया। संसद में विरोधी दल के नेताओं ने खूब शोरगुल किया, हुल्लड़ मचाया तब भी स्पीकर ने राज्य सरकार संबंधी इस मामले को संसद में उठाने की अनुमति नहीं दी। लेकिन साम्यवादी दल के वरिष्ठ सदस्य जीरो आवर में, करीब-करीब रोजाना इस मामले को उठाते रहे। उनका कहना था, प्रदेश में, उस समय राष्ट्रपति-शासन था इसलिए ताँबाकांड का मामला संसद में न उठाने की बंदिश हटा ली जाए। इन लोगों के अनुसार, ताँबाकांड महज भ्रष्टाचार का घृणित मामला नहीं, मुल्क के साथ गद्दारी करनेवालों की साम्राज्यवादी देशों के साथ मिलकर की गई एक बहुत बड़ी साजिश थी, जिसका मुख्य उद्देश्य राष्ट्र की धन-दौलत को, चोर-रास्ते से बाहर ले जाना था। धीरे-धीरे सारे विरोधी दल साम्यवादी दल के सदस्यों के साथ कंधे-से-कंधा मिलाकर, देश की अर्थव्यवस्था को अस्त-व्यस्त करने में लगे हुए गद्दारों को गिरफ्तार करने की माँग, संसद की कार्यवाही रोककर, करने लगे। काम रोको प्रस्ताव, ध्यानाकर्षण प्रस्ताव, प्वाइंट ऑफ आर्डर, अन्य प्रश्नों के जरिए संसद में सरकार के ऊपर तूफानी हमले होते रहे। सारा समय जीरो आवर और सभी मामले ताँबाकांड बन

चुके थे। कोई भी, किसी प्रस्ताव पर बहस के लिए तैयार नहीं हो रहा था। अब पार्टी के भी कुछ सदस्यों ने ताँबाकांड की जाँच की माँग उठानी शुरू कर दी। सरकार ने जाँच की माँग ठुकरा दी तो विरोधी दल के सदस्य सदन छोड़कर बाहर चले गए।

जिस समय विरोधी दल के सदस्यों ने संसद की कार्यवाही का बहिष्कार किया, प्रधानमंत्री सदन में ही थे। उन्होंने गुरुपदस्वामी से ताँबाकांड के बारे में पूछा तो वह बताते कहाँ से, यह मामला अब तक उनकी समझ में नहीं आया। इधर संसद के गुल-गपाड़े में बार-बार कामयाब सेठ का नाम उछाला जाने लगा, तब गुरुपदस्वामी को इतना अवश्य याद आया, जब वह मुख्यमंत्री थे, उत्सुकदास और कृष्णबल्लभ ताँबा खरीदने के सिलसिले में उनके पास कामयाब सेठ को लाए थे। उनके मंत्रिमंडल में उस समय उत्सुकदास उद्योगमंत्री, कृष्णबल्लभ विद्युतमंत्री थे। कामयाब सेठ से बस वही एक मुलाकात उनके लिए आज मुसीबत का पहाड़ बनकर सामने आई। इसके पहले भी उत्सुकदास कामयाब सेठ का नाम अकसर लिया करते।

उन दिनों मुख्यमंत्री होने की वजह से गुरुपदस्वामी, प्रदेश कमेटी के खर्चों के लिए, दस हजार रुपया महीना दिया करते थे। जब कभी उन्हें समय न मिलता, वह प्रदेश पार्टी के खर्चों के लिए उत्सुकदास से रुपया भिजवाने के लिए कह दिया करते। इसी संदर्भ में और पिछली बार पार्टी के सदस्यता अभियान में, फर्जी मेंबर बनाने के लिए उत्सुकदास ने कामयाब सेठ से सहायता ली थी। उसके थोड़े ही दिन बाद ताँबाकांड के सिलसिले में, गुरुपदस्वामी से कामयाब सेठ का पहली मुलाकात में परिचय कराते हुए उत्सुकदास ने यही बात उनको बताई थी। मामला स्क्रैप का होने की वजह से, गुरुपदस्वामी कुछ समझे, कुछ न समझे। स्क्रैप भी भला मंत्रियों, अफसरों, सेठों के बात करने की चीज थी, उसे तो कबाड़ी लोग खरीदा-बेचा करते हैं।

उस समय कामयाब सेठ की पिछली जिंदगी से संबंधित किस्सों को उत्सुकदास ने न बताया, न गुरुपदस्वामी ने पूछा ही था। उनको तो कामयाब सेठ विलायती सूट-बूट में अच्छा, भला-सा आदमी नजर आया था। वैसे भी रद्दी, टीन, बोतल, लोहा-लक्कड़ देखकर गुरुपदस्वामी मुँह घुमा लिया करते। उनके घर में दस-बीस अखबार, दर्जनों पत्र-पत्रिकाएँ आतीं। इन सबसे चालिस-पचास सेर रद्दी हर महीने निकलती। काफी दिन पहले जब उनको बताया गया, घर पर रहनेवाला सेक्रेटरी सब रद्दी बेच खाता था, बहुत बिगड़े थे गुरुपदस्वामी, यह सूचना देनेवालों पर। रद्दी की बात सुनना भी गवारा नहीं था। स्क्रैप से उनको एलर्जी थी, शायद इसीलिए उनका पूरा जीवन टोटल स्क्रैप था।

जब उत्सुकदास ने मिलाते समय उनको बताया कामयाब सेठ विद्युत परिषद् का स्क्रैप खरीदेगा, गुरुपदस्वामी काफी देर तक हँसते रहे। अब प्रधानमंत्री के पूछताछ

करने पर उनको सब याद आ रहा था। काश, उस दिन वह न हँसते, तो आज प्रधानमंत्री के सामने रोनी सूरत बनाकर न बैठना पड़ता। संसद से ही प्रधानमंत्री ने अपने सचिव को नोट लिखकर भिजवा दिया, ताँबाकांड का पूरा विवरण शाम तक उनके सामने रखा जाए। उसके बाद भी संसद की लॉबी में ताँबाकांड की चर्चा होती रही। पार्टी के संसद सदस्यों में उत्तेजना व्याप्त हो चुकी थी।

स्क्रैपडीलर्स सिंडीकेट के नुमाइंदे संसद-सदस्यों के घरों पर चक्कर लगा रहे थे। गुरुपदस्वामी के विरोधियों को ताँबाकांड में, उनको नीचा दिखाने का सुनहरा मौका दिखाई दे रहा था। तभी स्पीकर ने विरोधी दल के सदस्यों के बराबर दबाव के कारण ताँबाकांड के ऊपर कुछ देर की बहस का प्रस्ताव मान लिया। बहस के बाद सरकार को बयान देना था।

इसके बाद घटनाक्रम का चक्र बड़ी तेजी से घूमने लगा। प्रदेश के बीस संसद-सदस्यों का गुट प्रधानमंत्री से मिला। संसद-सदस्यों ने प्रधानमंत्री को विस्फोटक परिस्थितियों से अवगत कराया। इधर प्रदेश के मंत्रिमंडल में उम्मीदवारों के चयन में कई एक गुटों के नाम कट गए थे। प्रधानमंत्री से मिलनेवाले कुछ संसद-सदस्य अपने-अपने उम्मीदवारों के, मंत्रिमंडल में न लिए जाने से रुष्ट थे। उनके लिए गुरुपदस्वामी, उत्सुकदास —दोनों को एक ही तीर से शिकार करने का मौका सामने था। संसद-सदस्यों के दुश्मन गुरुपदस्वामी थे, उत्सुकदास नहीं। लेकिन उत्सुकदास के मुख्यमंत्री बन जाने से, गुरुपदस्वामी के शक्तिशाली हो जाने का अंदेशा था। इन लोगों ने गुरुपदस्वामी का विरोधी होने पर भी, उत्सुकदास का समर्थन किया था, जिससे उनके उम्मीदवारों को प्रदेश मंत्रिमंडल में ले लिया जाए। अब अपने उम्मीदवारों को मंत्रिमंडल में शामिल न किए जाने पर इनके लिए उत्सुकदास, गुरुपदस्वामी के खिलाफ, राजनीति का एक मोहरा बन गए। फिर उत्सुकदास ने अभी से झूठे वादे करके मुकर जाना शुरू कर दिया तो, आगे भला क्या होगा? उनके असंतोष की दरारों में ताँबाकांड ने बारूद का काम किया।

उत्सुकदास अपने मुख्यमंत्री पद के लिए दिल्ली से चुन लिए जाने के बाद कुछ निश्चित हो गए। उसके बाद वह शपथ समारोह के दिन के स्वागत-सत्कार के विशाल प्रबंध में जुट गए। अपने मुख्यमंत्री चुने जाने के लिए उन्होंने संसद के सदस्यों से जो सौदेबाजी की थी, उसे अपनी तरफ से पूरी करने में वह कतराने लगे। कुछ यह भी था, इनकी चली नहीं। गुरुपदस्वामी ने अपने सभी आदमियों को शामिल करा लिया था। कुछ प्रधानमंत्री तथा दिल्ली के अन्य महत्त्वपूर्ण नेताओं के आदमी ले लिए गए। इसी चक्कर में यहाँ तक कि कृष्णबल्लभ का नाम भी कट गया था। फिर कृष्णबल्लभ का

नाम तो उत्सुकदास ने लड़कर शामिल करवा लिया, लेकिन कुछ महत्त्वपूर्ण संसद-सदस्यों से, इस सौदेबाजी में, किए गए वादे वह पूरे न कर पाए और चुपचाप दिल्ली से खिसक गए।

संसद-सदस्यों की प्रधानमंत्री से हुई बातचीत उस समय ताँबाकांड तक ही सीमित न रही। अफीम की तस्करी, राष्ट्र निर्माण संघ की करतूतें, बड़े पैमाने पर फर्जी सदस्य बनाने तथा अन्य घपले भी उनके सामने रखे गए। गुरुपदस्वामी के पुराने घपलों में उत्सुकदास के संबंधों की बात उठाई गई। संसद-सदस्यों ने स्पष्ट रूप से प्रदेश में होनेवाले मंत्रिमंडल के गठन को, जाँच न होने तक स्थगित कर देने की माँग की।

संसद-सदस्यों के विचार सुनकर प्रधानमंत्री ने पार्टी के अध्यक्ष, गृहमंत्री, उद्योगमंत्री तथा अन्य चोटी के नेताओं से सलाह-मशविरा किया। पहले तो सिर्फ गुरुपदस्वामी को विधानमंडल पार्टी के चुनाव को शांतिपूर्वक करवाने के लिए भेजा जा रहा था। लेकिन अब ताँबाकांड में फँस जाने की वजह से उनका प्रभाव-बल घट गया था, यह सोचकर प्रधानमंत्री ने पार्टी-अध्यक्ष को लखनऊ जाने का सुझाव दिया।

प्रदेश मंत्रिमंडल के शपथ-समारोह को स्थगित करने की माँग को फिलहाल प्रधानमंत्री ने ठुकरा दिया था। पार्टी-अध्यक्ष को बताया जा चुका था, उत्सुकदास मुख्यमंत्री बनेंगे। इसलिए विधानमंडल-पार्टी-मीटिंग में उनका चुनाव सर्वसम्मति से होना था।

प्रधानमंत्री ने अपने सचिव से ताँबाकांड का जो पूरा विवरण माँगा था, वह उनके पास अगले दिन सुबह तक पहुँच गया। इस विवरण से एक बात तो प्रधानमंत्री के सामने साफ थी, ताँबाकांड का वाकया जिस समय हुआ, कृष्णबल्लभ उस समय विद्युत-मंत्री थे।

काफी दिनों पहले की बात है, लखनऊ की सड़कों पर कामयाब सेठ 'रद्दी-टीन बोतल बेच डालो' की बुलंद आवाज में फेरी लगाया करता था। भरी जवानी में पकता हुआ गेहुआँ रंग, कटारीदार मूँछें! तिरछी गरदन के ऊपर छोटी डलिया में रखे हुए वह तराजू-बाट के भार को सिर से टेढ़ा-मेढ़ा करके सँभालते, पीठ पर बोरा लिए हुए गली-कूचे में सेर-दो सेर रद्दी की तलाश में घूमता। तब आठ-दस आने सेर का भाव चल रहा था। दस रुपए की जमापूँजी से आना-डेढ़ आना सेर यही उसका मुनाफा था। शुरू में पैदल चलकर फेरी लगानी पड़ती, फिर कुछ समय बाद किराए की साइकिल लेकर दूर-दूर तक धावा मारने लगा। इन्हीं फेरी के चक्करों में वह दारुलशफा आया जहाँ से उसे रद्दी के साथ शराब की खाली बोतलें मिलने लगीं। कई लोग सौदा रद्दी का करते, बोतल यूँ ही घाटे में दे देते। काफी तादाद में अच्छी-खासी रद्दी मिलने से दारुलशफा

कामयाब सेठ को कुछ पसंद आ गया। धंधे के साथ चटपटी बातें सुनने को मिलतीं और साथ में समाज के सरपरस्तों को इतने करीब से देखने का सुख भी। बस क्या था, फेरी के इलाकों में दारुलशफा का नाम, उसने सबसे ऊपर जमा लिया।

एक दिन 'रद्दी-टीन-बोतल बेच डालो' की बुलंद आवाज लगाते हुए, दारुलशफा के चक्कर लगाकर कामयाब सेठ लौटनेवाला था। आम चुनाव में फँसे विधायकों के वापस न लौटने से धंधा अभी मंदा चल रहा था, कल जमा दो-तीन सेर कबाड़ की छोटी-मोटी चीजें ही उसे आज मिली थीं।

उन दिनों आम चुनाव में हार जाने की वजह से उत्सुकदास जरा तंगी में चल रहें थे। चुनाव के दौरान कर्ज चढ़ गया था। कर्जदारों से मुँह छिपाए पच्चीस नंबर कमरे में पड़े रहते। लोग-बाग रुपए-पैसे की माँग, चाय-नाश्ते की फरमाइश से बचने के लिए उनको दूर से ही देखकर कतरा जाते। पिछले कई दिनों की उधारी के बाद आज उनको न उधार मिलने की आशा थी, न कोई चिल्लर बची थी। उस समय उत्सुकदास गैलरी की मुँडेर पर लटके हुए किसी शिकार की तलाश में नीचे की ओर झाँक रहे थे। अब 'रद्दी-टीन-बोतल' की पुकार सुनकर उनके जेहन में कहीं विचार आया, जिससे उनके अंदर खुशी की लहर दौड़ गई और उन्होंने कामयाब सेठ को ऊपर बुला लिया।

उत्सुकदास का उस समय भूख से बुरा हाल हो रहा था। सबेरे से एक कुल्हड़ चाय के सिवा कुछ भी नहीं लिया था। आगे दिन कैसे कटेगा, सोच-सोचकर उनका बुरा हाल था। कामयाब सेठ के आने पर उन्होंने मोलभाव करके बारह आना सेर का भाव तय किया। उसके बाद उसे अंदर बुला लिया। स्टोररूम की दुछत्ती पर तीन साल के सरकारी बजट की पाँच-पाँच प्रतियाँ पड़ी थीं, जिनका वजन दो सेर से कम न रहा होगा। साथ में नीचे ढेर में सरकारी गजट, विधानसभा की कार्यवाहियों का एजेंडा, विभिन्न प्रकार के बिल, ऐक्ट, आर्डिनेंस, कमेटियों की रिपोर्ट, नियमावलियाँ, कार्यप्रणालियों की रूपरेखा, पंचवर्षीय योजना का अनन्य प्रकार का साहित्य, कृषि-विकास, बिजली, सिंचाई, हरिजन कल्याण, स्वास्थ्य शिक्षाप्रसार. ग्राम विकास के विविध विस्तारमय कार्यक्रमों, आधारभूत नीतियों, दिशानिर्देशक सिद्धांतों का छपा-छपाया विवेचन भी था जिसे पढ़ना-समझना तो दूर, उन्होंने कभी खोलकर देखा भी नहीं था।

कामयाब सेठ का तराजू इन सबको तौल न पाया। उठाकर ढेर लगाने के बाद पचास रुपए में सौदा तय हो गया। रुपए पूरे न थे उसके पास, इसलिए बीस रुपया एडवांस देने के बाद सरकारी बजट, पंचवर्षीय योजना का साहित्य लेकर वह चल दिया। दूसरे दिन बाकी रुपया लेकर रद्दी उठाने जब वह आया तब तक उत्सुकदास ने अपनी योजना बना ली थी। तीस रुपए झटककर उन्होंने उसको समझाया। बात कामयाब सेठ की समझ में आ गई। रद्दी के काम में उसने उत्सुकदास को साझीदार बना लिया। फिर उन्होंने उसे

श्रीकांत पाठक से मिला दिया।

उन दिनों हिंदी के राजभाषा बन जाने के कारण तमाम अंग्रेजी में छपी स्टेशनरी, फार्म, विभागीय नियमावलियाँ, प्रोसीडर हैंडबुक्स, शिड्यूल्स, टैबलटेड विवरण, विश्लेषणकारी किताबें, टिप्पणियाँ, रजिस्टर आदि को फालतू घोषित करके हिंदी में छपाने का कार्यक्रम चल रहा था। श्रीकांत पाठक उस समय विधान-भवन के कुछ महत्त्वपूर्ण विभागों के सचिव की हैसियत से कार्य कर रहे थे। उनकी उत्सुकदास के साथ पुरानी उठक-बैठक गुरुपदस्वामी के कारण घनिष्ठता के स्तर पर पहुँचने लगी थी। श्रीकांत पाठक बदलते युग के राजा-महाराजाओं की सेवा-सत्कार में कोई कमी न रखते।

कामयाब सेठ का काम चल निकला। एक-दो सेर, एक-दो मन नहीं, सौ-दो सौ मन रद्दी हर महीने निकलने लगी, जिसे ठेलों, ट्रकों में उठवाकर वह बड़ी-बड़ी मिलों के गोदामों में गिरवा देता। या फिर सीधे कलकत्ता, बंबई, सहारनपुर, टीटागढ़ रेल से बुक करवा देता। काऊंसिल हाउस के फर्राश, चौकीदार, बाबू, छोटे-मोटे अफसर भी उसकी मदद करने लगे। अच्छी-अच्छी किताबें, स्टेशनरी, रिपोर्ट रद्दी बनकर कामयाब सेठ की ट्रकों में लदकर जाने लगीं। इधर हजारों मन रद्दी बेचने के बाद कामयाब सेठ ने काफी पैसा, चौकीदारों, बाबुओं, अफसरों को दस्तूरी देने के बाद भी बना लिया। दो मन की रद्दी का नीलाम एक मन करके होने लगा। मुनाफे की कोई हद न थी। दारुलशफा की सीढ़ियाँ चढकर उस दिन कामयाब सेठ उत्सुकदास के पास गया था, उसके बाद वक्त ने उसको सँभलने-ठहरने का मौका ही नहीं दिया। एक के बाद एक सीढ़ियाँ जैसे उसे ऊँचाई की ओर ढकेल रही थीं। गली-कूचे घूमकर आना-डेढ़ आना सेर रद्दी के मुनाफे पर गुजारा करनेवाला काम् कबाड़ी धीरे-धीरे लाखों के खेल खेलने लगा। उन सीढ़ियों पर चढ़कर उसने उत्सुकदास को पाया तो फिर कभी छोड़ा नहीं। बराबर उनके हाथों में मुनाफे का दसवाँ हिस्सा रख आता। तब तक खुद उत्सुकदास की गरीबी दूर हो चुकी थी। इसलिए हिसाब लेना तो उन्होंने छोड़ ही दिया था। कामयाब सेठ की भेंट तो वह बस इज्जत-आफजाई के तौर पर रख लिया करते।

कुछ ही समय बाद गुरुपदस्वामी ने उत्सुकदास को विधान-परिषद का सदस्य बनवाकर अपने मंत्रिमंडल में ले लिया। श्रीकांत पाठक की सलाह-मशविरे से सारा काम चलने लगा। श्रीकांत बड़े धाँसू किस्म के अफसर थे। पूरे विधान-भवन में उनकी तूती बोला करती। कामयाब सेठ उनसे कभी खाली हाथ मिलने नहीं जाता। फिर अपनी औकात और उनकी हैसियत के बीच के फासले को कभी तोड़ने की कोशिश नहीं की। उत्सुकदास एक बार कहते तो श्रीकांत पाठक दस बार, दो कदम आगे बढ़कर कामयाब सेठ की मदद किया करते।

बिजली विभाग में हर साल लाखों मील लंबी लाइनें खींची जातीं जिनके रिकार्डेड माइलेज की नापाई, उन दिनों शायद ही कभी होती। हर हजार मील की लाइन पर सौ मील का तार बचाकर मार दिया जाता। लाइनें खींचने-उठानेवाले सरकारी गिरोह, लाइनें काटनेवाले गिरोह से मिलकर काम करते, जहाँ दिन में लाइनें खींचने में रिकार्डेड माइलेज का ध्यान रखकर, धीमी रफ्तार से घपला किया जाता। महीनों, सालों में कहीं जाकर बड़ी तादाद में तार का जखीरा जमा हो पाता। लेकिन रात के अँधेरे में दूर-दूर तक फैली हुई लाइनों के जाल को काटकर चुने हुए गिरोहबाज सैकड़ों मील से हजारों मन तार खींच लेते। उन दिनों जड़-सहित लाइनें गायब कर देनेवाले कई एक गिरोह काम कर रहे थे। कुछ गिरोह लाइनमैन, ओवरसियर, लाइननिरीक्षकों के साथ मिलकर थोड़ी-थोड़ी तादाद में तारों का जखीरा जमा करते रहते, जिसे फर्जी बीजकों पर सरकारी गोदामों से नीलाम में खरीदे हुए ड्रमों में लपेटकर मंडलीय या केंद्रीय आदेशों की पूर्ति में भिड़ा दिया जाता। और कुछ गिरोह आधुनिक हथियारों से लैस, ट्रकों में लादकर, रातों-रात बड़ी तादाद में लाइनें काटकर तारों का जखीरा कलकत्ता, बंबई, मद्रास भेज दिया करते। इन सभी गिरोहबाजों के साथ नीचे से लेकर ऊपर तक हिस्सेबाजी होती। बड़े अधिकारी सबकुछ जानकर भी अनजान बने रहते, क्योंकि अपने जमाने में उन्होंने भी यही सब करवाया था। फिर उनकी खातिर और जरूरतें यही लोग पूरी करते।

इस तरह लाखों-करोड़ों रुपए का धंधा चल रहा था, जब कामयाब सेठ ने इससे फायदा उठाया।

इधर कामयाब सेठ ने लाइनें काटने का अपना गिरोह बना लिया। समय ने उसे सँभलने का मौका ही नहीं दिया। जोश की रफ्तार में फिसलते हुए, दौलत बटोरने की उसकी भूख बढ़ती रही। तब तक कृष्णबल्लभ को विद्युतमंत्री बनाकर गुरुपदस्वामी-मंत्रिमंडल में लिया जा चुका था। उत्सुकदास तो काफी दिनों पहले से उद्योगमंत्री थे। इन लोगों की सरपरस्ती में ज्ञानचंद्र के मुख्य-अभियंता होने से अब कामयाब सेठ, कामयाबी की नई मंजिलों की ओर बढ़ता जा रहा था।

इधर बढ़ती हुई ताँबे के तारों की चोरी से सरकार को करोड़ों रुपए का नुकसान होने के साथ, जहाँ-जहाँ लाइनें काटी जातीं वहाँ का पूरा इलाका बिजली सप्लाई बंद हो जाने से अंधकार में डूब जाता। उद्योग-धंधे रुक जाते; चोरी, डकैती, खून, जुर्म, राहजनी बढ़ने लगती।

अपनी इस आर्थिक हानि, जनता को लगातार बिजली मिलती रहने की आवश्यकता पूरी करने की जिम्मेदारी निभाने के लिए उन्हीं दिनों सरकार ने सारी ताँबे के तारों की लाइनों को एल्यूमिनियम के तारों में बदल देने का निर्णय लिया। इसके अतिरिक्त और कोई रास्ता भी नहीं था, लाखों मील के घेरावदार बिजली की लाइनों के दूर-दूर तक

जंगलों में गाँव-गाँव तक फैले होने से उनकी सुरक्षा असंभव थी। रात के अँधेरे में आधुनिक साधनों-हथियारों से लैस लाइन काटनेवाले गिरोह बिजली की सप्लाई बंद करके तार काट ले जाते। सरकारी निर्णय के अनुसार ताँबे के तार हटाकर उनकी जगह एल्यूमिनियम के तार की लाइनें बिछाई जाने लगीं। ताँबे के तार लाइनों से उठाकर मंडलीय भंडारों में जमा होने लगे। साथ-ही-साथ एल्यूमिनियम के तारों के हजारों मन के बड़े-बड़े बंडल नई लाइनों के निर्माण तथा पुरानी लाइनों में लगाने के लिए आने लगे। उनके जमा करने की समस्या खड़ी हो गई। भंडार के गोदामों में ताँबे की लाइनें गिराकर लाए गए स्क्रैप के भरने से, आनेवाले एल्यूमिनियम के तार रखने की जगह कम पड़ने लगी। इन्हीं दिनों विद्युत-निर्माण के बढ़ते हुए कार्यक्रमों के लिए बड़ी तादाद में अन्य सामान भी आने लगा। उन सामानों के रख-रखाव के लिए भंडारघरों में कहाँ से जगह उपलब्ध होगी ? थोड़ी-बहुत पूँजी मिल जाएगी, अगर ताँबे के तार जो अब बेकार हो चुके थे, बेच दिए जाएँ—ज्ञानचंद्र को अलीगढ़ सर्किल के अधीक्षण अभियंता की यह सलाह पसंद आ गई। उन्होंने ताँबे के स्क्रैप को बेचने की मंजूरी दे दी।

उन्हीं दिनों उत्सुकदास, कृष्णबल्लभ मिलकर गुरुपदस्वामी के पास कामयाब सेठ को ले गए। कामयाब सेठ कबाड़ खरीदना चाहता है, यह सुनकर गुरुपदस्वामी काफी देर हँसते रहे। फिर भी उत्सुकदास के कहने पर उन्होंने मुख्य सचिव को अपनी मौखिक स्वीकृति बताकर मामला आगे बढ़ाने के लिए कह दिया। मुख्य सचिव ने विद्युत सचिव श्रीकांत पाठक को बुलाकर इस मामले में मुख्यमंत्री के विचारों से अवगत कराया। इसी बीच कामयाब सेठ को पूरा माल देने का फैसला कर लिया गया। फिर भी स्क्रैप-डीलर्स सिंडीकेट अपने समर्थक सूत्रों के द्वारा बराबर फैसला बदलवाने के लिए दबाव डाल रहा था। विधायकों, नेताओं के डेलीगेशन कृष्णबल्लभ, गुरुपदस्वामी से मिलकर मामले की पूरी जाँच करवाने की माँग करने लगे। इन परिस्थितियों में कामयाब सेठ के टेंडर की स्वीकृति देना संभव नहीं हो पाया। उधर कमर्शियल अटैची से उत्सुकदास सौदा करवाने के लिए एडवांस ले चुके थे। उसके दिल्ली से बराबर फोन आते, जल्दी न करने से सारी योजना गड़बड़ होने का अंदेशा पैदा हो गया था। यहाँ का माल समय से बंबई पोर्ट पर न पहुँचा तो बाकी जगह का ताँबा लेकर जहाज चल देगा। उत्सुकदास के लिए प्रतिष्ठा का प्रश्न बन गया।

तभी रंगीनराय ने उद्योगनिगम की तरफ से मामला उठाया। गुरुपदस्वामी से मिलकर एक प्रतिवेदन दिया। रंगीनराय के प्रतिवेदन में सारा ताँबा उद्योगनिगम को देने की सिफारिश थी। ताँबे की बिक्री-टेंडर में कामयाब सेठ के ऊँचे दाम होने का सबसे बड़ा कारण था, कमर्शियल अटैची के साथ आगे का सौदा। उधर स्क्रैप-डीलर्स सिंडीकेट के टेंडर में बिचौलियों का हिस्सा होने से दाम नीचे थे। यह लोग एक हारी हुई

लड़ाई लड़ रहे थे। इनका प्रमुख उद्देश्य उस समय बिक्री-टेंडर को रद्द करवाना था, जिससे आगे की कार्यवाही के लिए समय मिल सके और नया टेंडर होने तक सारी योजना बना ली जाए। लोबीराम खुद चलकर गए। उन्होंने बड़े अधिकारियों, मंत्रिमंडल से सदस्यों का खुले बाजार में ताँबे के बढ़ते हुए दामों की ओर ध्यान आकर्षित करते हुए इस टेंडर को दुबारा आमंत्रित करने की सलाह दी। इन लोगों का कहना था, 'टेंडर दुबारा आमंत्रित करने से और ऊँचे दाम मिलेंगे। लेकिन ताँबे का धंधा सट्टे के उतार-चढ़ाव की तरह रोज-रोज ऊँचा-नीचा होता रहता। अगर दाम कम आए, इसकी जिम्मेदारी कोई भी लेने को तैयार नहीं था, इसलिए लोबीराम का दुबारा टेंडर आमंत्रित करने का प्रस्ताव जोर न पकड़ सका।

अब मामला हाथ से निकलता हुआ देखकर स्क्रैप-डीलर्स सिंडीकेट ने नई चाल खेली। फर्जी कोटा, लाइसेंस का धंधा उन दिनों प्रदेश में बड़े जोरों से चल रहा था। एक कारखानेवाला तीन-तीन फर्जी कारखाने खोल लेता, जिनके नाम से आवश्यक कच्चे माल का कोटा एलाट होता। इस सारे कोटे का माल बंबई, कलकत्ता के बड़े-बड़े उद्योगपतियों के पास, काले बाजार से पहुँच जाता। ताँबे के मामले में, चोरी का ताँबा खरीदनेवाले, लाइनें काटकर ताँवे के तार जमा करनेवाले और ताँबे का सरकारी कोटा काले बाजार से लेनेवाले गिरोह किसी-न-किसी तरह एक-दूसरे से जुड़े रहते। बड़े पूँजीपतियों के दल्लाल तो दौड़-भाग कर ही रहे थे। इन लोगों ने उद्योगनिगम के अधिकारियों से भी साँठ-गाँठ करनी शुरू कर दी।

रंगीनराय घपले के कामों की सिफारिश बहुत कम किया करते थे। फिर भी कभी-न-कभी तो यह सब करना ही पड़ता। तब वह जन-हित के नाम पर मामला उठाते। इस बार उन्हें स्क्रैप-डीलर्स सिंडीकेट के प्रतिनिधियों और पूँजीपतियों के दल्लालों ने घेरा। मामला चूँकि उद्योगनिगम की तरफ से उठना था, रंगीनराय राजी हो गए। उन्होंने गुरूपदस्वामी से मिलकर एक प्रतिवेदन दिया, जिसमें विद्युत परिषद में पडा सारा ताँबा, प्रदेश के उद्योग-धंधों की जरूरतों के लिए उद्योगनिगभ को बेच देने के लिए कहा गया। गुरुपदस्वामी ने इस प्रतिवेदन को उत्सुकदास तथा कृष्णबल्लभ को विचारार्थ भेजा। कृष्णबल्लभ के पास से यह प्रतिवेदन जब विद्युत-सचिव श्रीकांत पाठक के पास पहुँचा तो कामयाब सेठ की समस्याओं का हल निकल आया।

इस मामले से संबंधित उत्सुकदास की परेशानियों को श्रीकांत पाठक अच्छी तरह जानते थे। और फिर ताँबे का सारा मामला शुरू से उनकी नजर के सामने से गुजरा था। वे असल में 1600 करोड़ हैसियतवाले उद्योगपति के एक एल्यूमिनियम कारखाने से संबंध रखते थे। ज्ञानचंद्र के जरिए ताँबे के तार की लाइनें उखड़वाकर एल्यूमिनियम के तार की लाइनें लगवाने में उन्होंने काफी दिलचस्पी ली थी। अब ताँबे की लाइनों का पूरा

स्टाक कामयाब सेठ को दिलवाने के लिए जी-तोड़ कोशिश कर रहे थे। उनके हाथ मुख्यसचिव के जरिए मिले हुए मुख्यमंत्री के आदेश के कारण और मजबूत हो चुके थे।

जब रंगीनराय का प्रतिवेदन पहुँचा, उनके अफसरी दिमाग ने अपनी चालें गढ़ लीं। काफी दिनों से आधुनिक युग के राजा-महाराजाओं के संगत में रहते हुए अब उनके अंदर भी पैसे की भूख जागने लगी थी। उनके-जैसे अफसर सीधे-सादे ढंग से किसी की जेब से पैसे नहीं निकालते, बल्कि अपने दिमाग से पैदा कर लेते। आज रंगीनराय का प्रतिवेदन देखकर उनको लगा, वह सुनहरा मौका अब आ गया। इस प्रतिवेदन से उनको दस लाख रुपयों की खुशबू आने लगी।

रंगीनराय का प्रतिवेदन लेकर श्रीकांत पाठक उत्सुकदास के पास गए। उनकी योजना सुनकर उत्सुकदास वाह-वाह कर उठे। इतनी बड़ी साजिश! श्रीकांत पाठक ने उनके होश उड़ा दिए! इसको कहते हैं दिमाग! सारा मामला कितनी सफाई से तय होगा। कहीं कोई पकड़ नहीं नजर आई। कामयाब सेठ तो उनके पैरों पर गिर पड़ा। दस की जगह पंद्रह लाख देने को तैयार हो गया।

फिर सरकार ने रंगीनराय का प्रतिवेदन स्वीकार कर लिया। मामला चूँकि उद्योगनिगम और प्रदेश के उद्योगों से संबंधित था, फाइल उत्सुकदास के पास भेज दी गई। उद्योगसचिव ने, उत्सुकदास के कहने पर ताँबे के असीमित अभाव से, प्रदेश में उत्पन्न औद्योगिक संकट का जिक्र करते हुए आनेवाली छँटनी, बेरोजगारी, कैपिटल फ्लाइट का सनसनीखेज खाका खींचा, जिसके बाद विद्युत-परिषद में पड़े ताँबे के पूरे स्टाक को कच्चा माल घोषित करने के आदेश दे दिए गए।

उद्योगनिगम का प्रस्ताव, कामयाब सेठ के टेंडर से दो करोड़ कम था। इसमें विद्युतपरिषद को दो करोड़ का घाटा था। फिर भी श्रीकांत पाठक के आदेश पर विद्युतपरिषद् ने ताँबे के स्टाक का मामला सरकार के पास विचारार्थ भेज दिया। अब श्रीकांत पाठक ने अपना पासा फेंका। रंगीनराय के प्रतिवेदन पर हुई कार्यवाही की फाइल, विद्युत-परिषद की फाइल के साथ लगाकर उन्होंने उत्सुकदास के पास भेज दी। उत्सुकदास ने ताँबे के स्टाक को कच्चा माल घोषित करने के आदेश के संदर्भ में इसे उद्योगनिगम के माध्यम से छोटे उद्योगों के बीच बाँटने का सुझाव दिया। मामला चूँकि अलग-अलग विभागों से संबंधित था, उत्सुकदास ने मुख्यमंत्री गुरुपदस्वामी के पास स्वीकृति के लिए भेज दिया।

बढ़ई दीक्षित उस समय कुछ दिनों से गुरुपदस्वामी के व्यक्तिगत सहायक के रूप में काम कर रहा था। प्रदेश पार्टी के अध्यक्ष रामेश्वर दीक्षित, गुरुपदस्वामी से भी बड़े नेता थे। गुरुपदस्वामी उन्हीं की कृपा से मुख्यमंत्री बनाए गए थे। मुख्यमंत्री बनने पर उन्होंने बढ़ई दीक्षित को अस्थायी रूप से माँग लिया था। जिस दिन ताँबा बेचने की

फाइल उत्सुकदास के यहाँ से मुख्यमंत्री गुरुपदस्वामी के यहाँ पहुँची, उसी दिन बढ़ई दीक्षित का भाँडा फूट गया। रामेश्वर दीक्षित ने अपने यहाँ से उसे निकाल दिया। साथ ही गुरुपदस्वामी ने भी उसे बर्खास्त कर दिया। उस दिन शाम को दफ्तर से जो फाइलें बढ़ई दीक्षित, दूसरे दिन सबेरे गुरुपदस्वामी के घर ले जाने के लिए ले गया था, उनमें से एक फाइल ताँबे की बिक्रीवाली भी थी। रातोंरात शहर छोड़कर बढ़ई दीक्षित को भागना पड़ा। इस तरह ताँबाकांड की फाइल बढ़ई दीक्षित के कबाड़ में रखे हुए लकड़ी के संदूक के अंदर पहुँच गई।

इधर फाइल खो जाने से सारा काम रुक गया। फाइल की तलाश होने लगी। विधानभवन के एक-एक सेक्शन में फाइलों के ढेर लगा दिए गए, बाबुओं, सेक्शन अफसरों, अधीक्षकों, अंडरसेकरेट्री से लेकर बड़े अधिकारियों तक से पूछ-ताछ होने लगी। मुख्यसचिव, उद्योगसचिव, विद्युतसचिव लोगों को फटकार बताने लगे। पूरे विधानभवन में यह मामला 'ताँबे की मुसीबत' के नाम से मशहूर हो गया। चारों ओर दो-तीन दिन तक तहलका मचा हुआ था। लेकिन फाइल तो न मिलनी थी न मिली। हाँ, यह जरूर हुआ, स्क्रैप डीलर्स सिंडीकेट के आदमियों के कान तक बात पहुँच गई।

स्क्रैप डीलर्स सिंडीकेट के आदमी जो इधर निष्क्रिय-से हो गए थे, भागदौड़ करने लगे। उद्योग निगम से टेंडर ज्यादा दाम का होने की वजह से उनके प्रतिनिधियों ने मुख्य सचिव तथा अन्य बड़े अधिकारियों से मिलकर आधा माल मिलने का प्रतिवेदन दिया। साफ जाहिर था, बात चारों ओर फैल चुकी थी। अब श्रीकांत पाठक का माथा ठनका। उनकी योजना के अनुसार सारा काम चुपके-चुपके होना था। उधर बंबई के तस्करी-कोस्ट पर जहाज़ आने की तारीख पक्की हो चुकी थी, जिसके कारण कमर्शियल अटैची बराबर दबाव डाल रहा था। सबको मालूम था, पूरे प्रदेश में फैले हुए ताँबे को बटोरने में काफी समय लगेगा।

इसके बाद श्रीकांत पाठक ने बड़ी तेजी से काम करवाया। विद्युत परिषद को ताँबा केस की समरी के साथ अपने प्रस्ताव की प्रतिलिपि भेजने के लिए एक दिन का समय दिया। दूसरे दिन उन्होंने खुद नोट लिखकर, फाइल उद्योगसचिव को सिर्फ चार घंटे के लिए दी। उसके बाद फाइल मुख्यमंत्री के यहाँ पहुँचा दी। बढ़ई दीक्षित के हटने के बाद, उत्सुकदास ने वहाँ कालीशंकर को लगवा दिया था जिसे तब तक ताँबा के पूरे मामले के बारे में पता चल चुका था। कालीशंकर ने रात में, उस दिन फाइल पर गुरुपदस्वामी की स्वीकृति ले ली। तीसरे दिन कालीशंकर ने मुख्य सचिव से कहकर उसी दिन होनेवाली मंत्रिमंडल की बैठक में मामला भिजवा दिया। मंत्रिमंडल की बैठक के बाद श्रीकांत पाठक ने इंडियन इलेक्ट्रिसिटी एक्ट की धारा ... के अंतर्गत प्रदेश सरकार की ओर से

विद्युत परिषद को ताँबे का सारा स्टाक तुरंत उद्योग निगम को बेचने का लिखित निर्देश दे दिया।

इसके बाद वही हुआ, जिसकी योजना श्रीकांत पाठक के अफ़सरी दिमाग ने उत्सुकदास को पहले ही बता दी थी। कामयाब सेठ की पाँच फर्जी कंपनियों के नाम से आनेवाले ताँबे के स्टाक के लिए अर्जियों पर सारी कार्यवाही उद्योग निगम के निदेशक ने उत्सुकदास के कहने से पूरी करवा दी। सारा मामला इतनी तेजी से तय हुआ, किसी को कुछ करने का मौका नहीं मिला। रंगीनराय ने जिन उद्योगपतियों के कहने से उद्योग निगम को ताँबे का स्टाक देने का प्रतिवेदन किया था, उनको विश्वास था, उद्योगनिगम से उनको काफी कोटा मिल जाएगा। ये सब पीछे रह गए। लोबीराम ने स्क्रैप डीलर्स सिंडीकेट से लिया एडवांस वापस तो नहीं किया, आगे मिलने वाली रकम डूब गई, और कामयाब सेठ एक बार फिर कमर्शियल अटैची, उत्सुकदास, कृष्णबल्लभ की कृपा से फिर कामयाब हुआ। लेकिन इस कामयाबी के पीछे देश के साथ गद्दारी की घृणित छाया छिपकर आनेवाले तूफान की नई भूमिका तैयार कर रही थी। उद्योगनिगम ने सभी अर्जियाँ आगे मिलनेवाले स्टाक के लिए पंजीकृत करके विद्युत विभाग से मिला माल कामयाब सेठ की पाँच फर्जी कंपनियों को एलाट कर दिया। माल अभी तक विद्युत विभाग के गोदामों में ही पड़ा था। वहीं से कामयाब सेठ को ट्रकों के जरिए उठाकर बंबई ले जाना था। कच्चे माल के रूप में कोटा मिलने के कारण, कानून के मुताबिक, ऐसे माल को प्रदेश के बाहर ले जाने के लिए परमिट लेना पड़ता था। फिर भी माल तो ले ही जाना था। इसमें अपने साधनों के अतिरिक्त कामयाब सेठ ने यशोदाबल्लभ की मदद ली। राष्ट्रीय निर्माण संघ की ट्रकों के जरिए यशोदाबल्लभ अफीम की तस्करी का माल बंबई भेजता था। कामयाब सेठ से तय हुआ, उन्हीं ट्रकों में ताँबे का कुछ स्टाक, शाहजहाँपुर के इलाके के भंडारों से उठकर अफीम की पेटियों के साथ जाएगा। चार ट्रकें सीतापुर, हरदोई, शाहजहाँपुर से ताँबा लादकर बंबई की ओर रवाना होनी थीं। कार्यक्रम के अनुसार दो ट्रकों में सीतापुर, हरदोई से, दो में बरेली-रामपुर से जाकर माल उठाया जाएगा। शाहजहाँपुर के एक जंगली इलाके में चारों ट्रकों में अफीम की पेटियाँ ताँबे के तार के बीच छिपाकर रखी गईं। अफीम की पेटियाँ तो रास्ते में ही उतार ली जानेवाली थीं और उनकी जगह और कुछ सामान रख लेना था, लेकिन ताँबा आगे बंबई तक पहुँचाना था।

फूलदास काफी दिनों बाद शाहजहाँपुर के इलाके में डी. एस. पी. होकर आया था। दुर्लभ काछी, यशोदाबल्लभ से उसकी पुरानी दुश्मनी चली आ रही थी। इनकी हरकतों का पूरा पता लगाकर वह किसी मौके की प्रतीक्षा करता रहा। पिछली रात उसने दुर्लभ काछी को पकड़कर बंद कर दिया था, तभी रातों-रात उसका तबादला हो गया था। उस

अपमान को फूलदास कभी भूल नहीं पाया और प्रतिशोध की आग में सुलगता रहा। दुर्लभ काछी के बढ़ते हुए अत्याचारों से पूरे इलाके में खौफ का वातावरण बन चुका था। अफीम की तस्करी बड़े पैमाने पर चल रही थी। बंबई पुलिस ने छापे मारकर अफीम ले जानेवाली ट्रकों को पकड़कर रिपोर्ट एक्साइज विभाग को भेजी। एक्साइज विभाग के अधिकारी यशोदाबल्लभ की कृपा पर पलते थे। कुछ दुर्लभ काछी के भय से भी बोलते नहीं थे। लेकिन फूलदास, दुर्लभ काछी और यशोदाबल्लभ के गिरोह को समाप्त करने में जुट गया। पहले उसने दुर्लभ काछी पर हाथ डाला। एक मुठभेड़ में ही उसके तीन आदमी पकड़ लिए गए। उसके बाद यशोदाबल्लभ के कारिंदे को धर पकड़ा, जो अफीम की खेती का हिसाब रखता था। चुपचाप रात में साथ ले जाकर उसके घर की तलाशी ली, जिसमें यशोदाबल्लभ की बीस एकड़ जमीन, जिस पर अफीम की खेती होती थी, के कागजात जब्त कर लिए। कारिंदे को डरा-धमकाकर राष्ट्रीय निर्माण संघ के कारनामे पूछ लिए। और शाहजहाँपुर से बाहर जानेवाले सभी रास्तों पर नाकाबंदी करवा दी। अगला कदम उसका राष्ट्रीय निर्माण संघ को नष्ट करने के लिए होता, तभी एक घटना घट गई।

लखनऊ टाइम्स का पत्रकार सुमंत, शाहजहाँपुर में अफीम की खेती के ऊपर फीचर-स्टोरी लेने आया। सुमंत से फूलदास लखनऊ में मिल चुका था। दोनों में काफी अच्छे संबंध थे। शाहजहाँपुर आने के बाद सुमंत फूलदास से मिला। फूलदास ने उसे दुर्लभ काछी, यशोदाबल्लभ के विषय में बहुत कुछ बताया। राष्ट्रीय निर्माण संघ के घपलों की भी बात हुई। सुमंत ने बातों-बातों में फूलदास से विद्युत विभाग द्वारा बेचे गए ताँबे के स्टाक का जिक्र किया, जिसमें कृष्णबल्लभ, उत्सुकदास की साजिश का संदेह सभी को था। सुमंत ने लखनऊ जाकर अपने फीचर प्रकाशित करवा दिए, जिसमें यशोदाबल्लभ, कृष्णबल्लभ के ऊपर भी परोक्ष रूप से कीचड़ उछाला गया। उसी फीचर की कापी दिल्ली के अखबारों में प्रकाशित हुई, जिससे राजनैतिक क्षेत्रों में तहलका मच गया।

दुर्लभ काछी के गिरोह के तीन आदमियों को बंद करने, यशोदाबल्लभ की बीस एकड़ अफीम के खेत के कारिंदे को पकड़ने के बाद फूलदास कई महीनों तक निष्क्रिय रहा। कमलासिंह ने दुर्लभ काछी के गिरोह के आदमियों को छुड़ाने के लिए अदालत में जमानत की अर्जी दी। उधर यशोदाबल्लभ ने उसके तबादले की कोशिशों के साथ, जिलाधिकारियों, कचहरी-हाकिमों के ऊपर दबाव डाला। गुरुपदस्वामी का संबंधी होने से उसके तबादले की बात तो न सुनी गई, लेकिन बड़े हाकिमों ने उसे राष्ट्रीय निर्माण संघ के खिलाफ कोई कार्यवाही न करने का आदेश दिया। फिर दुर्लभ काछी का गिरोह काफी दिनों तक उस इलाके को करीब-करीब छोड़कर चला गया।

इसी बीच फूलदास की शांतिप्रणाली से घनिष्ठता बढ़ती रही, जिसका पता यशोदाबल्लभ को काफी बाद में लगा। मालूम हो जाने पर उसने फूलदास को खत्म करने का निश्चय कर लिया। शांतिप्रणाली से यशोदाबल्लभ डरता था, कहने-सुनने का साहस न था। फिर भी खूँखार भेड़िए की तरह अवसर की प्रतीक्षा में रुका रहा। शांतिप्रणाली की घनिष्ठता से फूलदास स्वामी की गतिविधियों में शिथिलता तो आ गई, लेकिन वह भी दुर्लभ काछी, यशोदाबल्लभ को अपने दायरे में फाँसने की प्रतीक्षा करता रहा। इसके बाद गुरुपदस्वामी को मुख्यमंत्री पद से त्यागपत्र देना पड़ा। उत्सुकदास-कृष्णबल्लभ के काले कारनामों से उनका मंत्रिमंडल बुरी तरह बदनाम हो गया था। उन दिनों उत्सुकदास शतरंज की मोहरें लगा रहे थे, जिसकी हर चाल गुप्त रूप से गुरुपदस्वामी की जड़ें काटने को चली जातीं। घपले विशेष अफसरों के माध्यम से गुरुपदस्वामी के विभागों में होते, जिनका लाभ उत्सुकदास को मिलता, बदनामी गुरुपदस्वामी को! फूलदासस्वामी की उत्सुकदास, कृष्णबल्लभ से कभी नहीं बनी। वह इन्हीं लोगों को गुरुपदस्वामी का सबसे बड़ा दुश्मन मानता।

राष्ट्रपति-शासन समाप्त होने का दिन करीब आ रहा था। 10 जून को उत्सुकदास के मुख्यमंत्री होने की खबर मिल चुकी थी। फूलदास स्वामी को मालूम था मुख्यमंत्री होते ही उसे किसी मामले में फँसाकर कृष्णबल्लभ निलंबित करवाएँगे या तुरंत किसी पहाड़ी जंगली इलाके में उसका तबादला होगा। इससे पहले वह प्रतिशोध की आग बुझाकर बजरबट्टू, गुरुपदस्वामी तथा स्वयं अपना हिसाब बराबर करना चाहता था। स्क्रैप डीलर्स सिंडीकेट को ताँबे के टेंडर में कुछ भी न मिला था। इतनी दौड़धूप, खर्चे के पश्चात् निराशा-कटुता, पराजय ही हाथ लगी। आगे आनेवाले अन्य अवसरों की भूमिका के लिए वे लोग, कामयाब सेठ, उत्सुकदास, कृष्णबल्लभ का परदाफाश करने में लगे थे। जब तक उनको पूरी कहानी का पता लगा, कामयाब सेठ की ट्रकें माल लेकर उड़ चुकी थीं। फिर भी यशोदाबल्लभ की जिम्मेदारी पर छोड़े गए इलाकों से अभी माल नहीं जा सका था। विद्युत भंडारों पर इनके आदमी तैनात थे। उद्योग निगम से फर्जी कंपनियों की बाबत पता चल ही चुका था। शाहजहाँपुर में विद्युत विभाग के एक अधिकारी ने फूलदास की कृष्णबल्लभ और उत्सुकदास से दुश्मनी की बात स्क्रैप डीलर्स सिंडीकेट के एक आदमी को बताई तो उसने फूलदास से संपर्क स्थापित किया। फर्जी कंपनियों को एलाट किए ताँबे के सबूत को एकत्रित करने के पश्चात् वे लोग लोबीराम से मिल ही चुके थे। अपने दूसरे आदमियों को उसने सबूत के साथ दिल्ली भेजा, जहाँ संसद-सदस्यों, बड़े अखबार के पत्रकारों को पूरे कांड के बारे में ब्रीफ किया गया। स्क्रैप डीलर्स सिंडीकेट की व्यूह रचना हो चुकी थी। उनकी पराजय देश के उन उद्योगपतियों की पराजय थी, जिनके संरक्षण में ताँबा खरीदने की योजना बनाई गई थी। कमर्शियल

अटैची के द्वारा की गई साजिश के भी कुछ सूत्र मिले थे, जिनके कारण राष्ट्रीय हितों की भूमिका में देशभक्ति का नारा दे दिया गया।

चार बजे के करीब कानपुर से लौटकर यशोदाबल्लभ ने अपनी फिएट कार जब दारुलशफा के 'बी' ब्लॉक के सामने रोकी थी तब यही सोचा था, कुछ देर फ्लैट में आराम करेगा, फिर नहा-धोकर, कपड़े बदलकर अपने भाई कृष्णबल्लभ के यहाँ पहुँच जाएगा। वहाँ कुछ देर रुककर कालीशंकर से मिलने जाएगा, जहाँ उसे कामयाब सेठ के मिलने की उम्मीद थी। कामयाब सेठ के मिल जाने से एक तो शाम के नशें-पानी का इंतजाम हो जाएगा, दूसरे उससे कई जरूरी बातें भी उसे करनी थीं। फिर रात शपथ-समारोह तक उसे कोई और काम भी नहीं था। कृष्णबल्लभ, उत्सुकदास, कालीशंकर, प्रतिभा, शांतिप्रणाली—यह सभी पढ़े-लिखे थे, जिनके बीच यशोदाबल्लभ ज्यादा देर तक बैठ नहीं पाता। उसका स्तर तो दुर्लभ काछी का स्तर था, पर दुर्लभ काछी के साथ उठना-बैठना इधर कई सालों से बंद ही था। फिर कामयाब सेठ तो उसी की तरह अँगूठाटेक था, इसलिए दोनों में खूब पटती।

लेकिन गाड़ी लॉक करने के बाद, यशोदाबल्लभ जैसे ही 'बी' ब्लॉक की लिफ्ट की ओर चला था, जालिम खाँ ने उसे आ पकड़ा। फ्लैट में पहुँचकर उसने देखा, दुर्लभ काछी वहाँ पहले से ही सोफे पर पड़ा था। इन लोगों से कुछ देर बात करते-करते, थोड़ी-सी झपकी आई थी, तभी कमलासिंह आ गया। इसके जरा-सी देर बाद ही श्रीकांत पाठक ने टेलीफोन पर ताँबाकांड की बात कुछ इस ढंग से बताई, यशोदाबल्लभ डर के मारे पसीना-पसीना हो गया। फिर कमलासिंह-दुर्लभ काछी की तकरार में जीप पार्क करने की समस्या खड़ी हो गई। तभी दुर्लभ काछी, जालिम खाँ को तिवारी मिस्त्री के मोटरखाने में जीप रखने को भेजकर उसने श्रीकांत पाठक को फोन मिलाया। उसे अभी कृष्णबल्लभ से मिलना था, कालीशंकर के यहाँ से कामयाब सेठ को पकड़ना था, इसलिए उसने पाठक जी को यहीं दारुलशफा में कालीशंकर के फ्लैट पर आने के लिए कहा था।

दारुलशफा के 'बी' ब्लॉक की सीढ़ियों से लगा हुआ उत्सुकदास का फ्लैट कालीशंकर के कब्जे में था। कमलासिंह के साथ वहाँ पहुँचते ही बूढ़े नौकर से यशोदाबल्लभ ने टेलीफोन लाने के लिए कहा। उसने सोचा, तब तक भाईसाहब को ताँबाकांड की बात बोल दे। कल से लेकर अभी तक इधर-उधर फँसे रहने से उनसे न मुलाकात हुई, न ही कोई बातचीत! यशोदाबल्लभ बाहरी कमरे में सोफे पर अधलेटा श्रीकांत पाठक का इंतजार करने लगा। इस समय उसको न तो धंधे की फिक्र थी और न ही मंत्रिमंडल के बन जाने के बाद आ जानेवाले सुनहरे मौके की बात थी। इस समय जहाँ

एक तरफ उसका वहशी दिमाग बार-बार बीवी की बदकारी का बदला ले सकने के अहसास में, जीती हुई बाजी के दाँव का हिसाब लगा रहा था, दूसरी तरफ ताँबाकांड की जिल्लत से बच निकलने का भी रास्ता ढूँढ़ निकालने की कोशिश में जुटा हुआ था।

कृष्णबल्लभ का टेलीफोन खराब था, इसलिए उनसे बात न हो पाई, लेकिन कालीशंकर से उसने बात कर ली थी। कालीशंकर ने उसे तब तक टेलीफोन पर कृष्णबल्लभ के नाटक के बारे में सबकुछ बता दिया था। पढ़ा-लिखा न होने पर भी अपने भाई की हरकतों पर उसे ताज्जुब हुआ था। कालीशंकर ने तभी उससे कृष्णबल्लभ और श्रीकांत पाठक को पकड़कर उत्सुकदास के पास लाने के लिए कहा था।

कमरे के अंदर यशोदाबल्लभ का दम घुटने लगा था, जिसकी वजह से वह बाहर निकलकर वहाँ बरामदे में टहलने लगा। तभी उसने देखा, एक तरफ से कमलासिंह सिगरेट का धुआँ उड़ाता हुआ आ रहा था। वह उस तरफ बढ़ा ही था, उसी समय श्रीकांत पाठक को बरामदे के दूसरी तरफ से आता हुआ देखकर रुक गया। फिर पलटकर वह पाठक जी के करीब गया।

"पाठक जी ! प्रणाम !!"

सिल्क के सूट में, लाल रंग की टाई, आँखों के ऊपर पतली कमानी का चश्मा, बड़ी नाक के ऊपर टिका हुआ, पाठक जी के भरे हुए लंबोतरे चेहरे पर खूब फब रहा था। कोट की ऊपरी जेब में बढ़िया किस्म के रूमाल का कोन बाहर निकला हुआ था। पालिश से चमकते हुए जूतों से सर के बालों तक पाठकजी बड़े अफसरी सम्मान में सजे हुए थे ! बस ! पेशानी पर थोड़ी-सी घबराहट के मारे पसीने की बूँदें उभर रही थीं।

"हाँ, खुश रहो, बेटे ! " पाठक जी ने आशीर्वाद दिया।

यशोदाबल्लभ को कालीशंकर के कमरे में छोड़कर कमलासिंह लोबीराम-छाप सिगरेट लेने के लिए दारुलशफा में भंगी चौधरी की गुमटी तक गया था। चार-चार आनेवाली चार सिगरेट लेकर उसने खाली विल्स फिल्टर की डिबिया में रखीं। साथ में लोगों को धोखा देने के लिए, असली विल्स फिल्टर का पैकेट भी ले लिया। फिर एक चरस की सिगरेट अलग से लेकर सुलगाई। पहले तो उसका मन हुआ, तिवारी मिस्त्री के मोटरखाने तक जाकर दुर्लभ काछी को देख आए, लेकिन सिगरेट का धुआँ दिमाग के कोने-कोने में घुसकर गदर मचाने लगा था। कमलासिंह वहीं, सड़क के एक किनारे से दूसरे किनारे तक टहलते हुए सिगरेट पीने लगा।

टूटे हुए खपरैल से काटने को दौड़ती हुई कोल्डवेव में जूठे बर्तन माँजती हुई घरवाली के पेट में अपने बच्चे के खयाल से जलते हुए एलीमेंट की गर्मी के बाद उसी जाड़े की बरसात में, काले ओवरकोट, घुटनों तक के बूट, पाँच हजार की मोटी रकम और जड़ाऊ

हार लेकर यशोदाबल्लभ के आने आज तक कमलासिंह गरीबी, विपदाओं से भागकर दारुलशफा के इस माहौल में आ गया था। अब उसके पास मोटर थी, बँगला था, हजारों का बैंक-बैलेंस महीने-दर-महीने बढ़ता जा रहा था।

सिगरेट का काला धुआँ गोल-गोल छल्लों में, फेफड़ों तक घुसकर उसके हृदय में गुदगुदी मचाने लगा, अब कुछ और होना चाहिए। उत्सुकदास का मंत्रिमंडल बनने जा रहा था। कृष्णबल्लभ मंत्री होंगे, जो चाहे हो सकता था। लेकिन भला चाहे भी तो क्या—कमलासिंह सोच रहा था। बड़े दिनों से सीनियर सरकारी वकील बनने की अभिलाषा उसके मन में पल रही थी। उसे मालूम था, सरकारी वकील बनकर ही वह ऊँचाइयों की ओर बढ़ सकेगा। अभिलाषा और उपलब्धि के बीच अब कितना कम फासला बचा था! चरस की सिगरेट अब खत्म हो गई तो असली विल्स फिल्टर सुलगाकर अपनी नई योजना के नशे में वह लौट चला यशोदाबल्लभ के पास, जहाँ उसका अब ठिकाना था।

तब तक कमलासिंह भी वहीं आकर खड़ा हो गया। कमलासिंह को देखते ही यशोदाबल्लभ पाठक जी की ओर मुखातिब होकर बोला, "क्या है पाठक जी! लीजिए, यह कमलासिंह, अपने वकील भी आ गए। अब यहाँ रुकना बेकार ही है। पहले सीधे, हम लोग भाईसाहब के यहाँ चलते हैं। वहीं बात होगी। और हाँ, कालीशंकर से मेरी अभी टेलीफोन पर बात हुई थी। वह कह रहा था, उत्सुकदास जी आपको याद कर रहे थे।"

"हाँ जी, उनको अब तक सारी बातें पता चल चुकी होंगी। दिल्ली से प्रधानमंत्री के सचिव ने मुख्य सचिव से ताँबाकांड का पूरा विवरण माँगा था। उधर दिल्ली में तो जैसे तूफान ही आ गया। आपको पता है यशोदा जी, कामयाब सेठ ने जो पंद्रह गाड़ियाँ, विद्युत परिषद के गोदामों से, ताँबा उठाने को भेजी थीं, उनमें से तीन गाड़ियाँ पकड़ ली गईं। खबर है उन तीन में से एक गाड़ी में चालीस किलो अफीम भी पकड़ी गई शाहजहाँपुर के पास!" पाठक जी बड़े जोश में बोले।

"ऐसा करते हैं, पाठक जी! ज़रा भाईसाहब के यहाँ होते हुए चलते हैं," फिर यशोदाबल्लभ कमलासिंह की ओर घूमकर बोला, "तुम उन मूर्तियों को ढूँढ़कर फौरन वापस भेज दो। देखो, अभी छह बज रहे हैं…जरा अँधेरा होते ही जीप निकालकर यहाँ से भाग जाएँ। रास्ते में कहीं नहीं…सीधे अड्डे पर रुकें जाकर।"

यशोदाबल्लभ श्रीकांत पाठक के साथ कृष्णबल्लभ के यहाँ पहुँचा तो कमरे के खुले दरवाजे से उसने देखा, कृष्णबल्लभ बाहर निकलने को तैयार खड़े थे।

छः

सात बजे, लोबीराम-गुट के विधायकों की बैठक होनेवाली थी, इसलिए रंगीनराय के कहने पर बढ़ई दीक्षित उनके यहाँ से चला आया। वैसे भी उसको वहाँ से अब उठना ही था। यशोदाबल्लभ के कमरे से लौटते समय ही उसने अपनी योजना बना ली थी। फिर भी विस्तार से विचार करना आवश्यक था। किसी मामूली आदमी से इस बार मुकाबला नहीं था। कृष्णबल्लभ होनेवाले मंत्री, उत्सुकदास होनेवाले मुख्यमंत्री थे, जिनके पीछे केंद्रीय गृहमंत्री गुरुपदस्वामी की शक्ति थी। एक बार तो उसकी रूह काँप उठी, लेकिन बातों की तह तक पहुँचे बिना कोई फैसला हो भी कैसे सकता?

इधर कई दिनों से, दिल्ली के अखबारों में ताँबाकांड की खबर लगातार छप रही थीं। संसद में पहले दिन तो जीरो आवर में, साम्यवादी दल के सदस्यों ने मामला उठाया। उसके बाद करीब-करीब, पूरे दिन, रोजाना साम्यवादी संसद-सदस्यों के साथ, विरोधी दल के अन्य नेता ताँबाकांड उछालते रहे। संसद की बहस में सीधा वार तो गुरुपदस्वामी के ऊपर किया जाता, लेकिन साथ में कामयाब सेठ, श्रीकांत पाठक, ज्ञानचंद्र के ऊपर भ्रष्टाचार के आरोप लगाए जाते। संसद में इन तूफानी हमलों की रिपोर्ट रोजाना अखबारों में बढ़ा-चढ़ाकर छापी जा रही थी। इधर दारुलशफा के हर कमरे में ताँबाकांड की चर्चा चल रही थी।

बढ़ई दीक्षित को धीरे-धीरे सब याद आ रहा था। उस समय मुख्यमंत्री गुरुपदस्वामी का व्यक्तिगत सहायक होने के कारण सभी फाइलें उसी के पास आया करतीं। उत्सुकदास का खेल उस समय दूसरा था। अपने मंत्रालय के विभागों में जब वह घपला करते तो गुरुपदस्वामी से हस्ताक्षर जरूर करवा लेते। कभी-कभी तो उनके प्रभाव द्वारा मंत्रिमंडल से मामलों के फैसले की मंजूरी ले ली जाती।

बढ़ई दीक्षित उस दिन काफी रात गए तक काम करता रहा। गुरुपदस्वामी के साथ अगली सुबह दौरे पर जाने के पहले तुरंत टैगवाली फाइलें निपटा देना चाहता था। उन दिनों गुरुपदस्वामी के सामने फाइलें पेश करने से पहले वह उनको संक्षेप में बताने के लिए, फाइलों का अध्ययन किया करता। कई बार बढ़ई फाइलों को गुरुपदस्वामी के निवासस्थान पर, उनको दिखाकर, देर रात में लौटने से, अपने घर ले जाता। फिर दूसरे दिन उन फाइलों को आगे की कार्यवाही के लिए दफ्तर पहुँचा देता। कभी ऐसा भी होता, विधानभवन में ही देर तक काम करने के बाद, जरूरी फाइलें लेकर अपने घर चला

जाता ! अगले दिन सबेरे सात-आठ बजे उन फाइलों को उसे गुरुपदस्वामी के निवास पर दिखाने के लिए ले जाना पड़ता।

ताँबाकांड की फाइल ज्ञानचंद्र ने विद्युत परिषद् के जरिए विद्युत सचिव श्रीकांत पाठक के पास भेजी। श्रीकांत पाठक ने विद्युत मंत्री कृष्णबल्लभ से नोट पर दस्तखत करवाकर उसे उद्योगमंत्री उत्सुकदास के पास भिजवा दी। उत्सुकदास ने अपने सचिव की टिप्पणी की संस्तुति करके फाइल को बढ़ई के पास मुख्यमंत्री की स्वीकृति के लिए भिजवा दिया। उसके बाद मामला मंत्रिमंडल में जाना था।

प्रदेश-पार्टी के अध्यक्ष रामेश्वर दीक्षित ने जिस दिन बेईमानी, चोरी, धोखेबाजी के आरोपों में बढ़ई को गुरुपदस्वामी के यहाँ से बर्खास्त करवाया, उस दिन विद्युत परिषद में ताँबे की बिक्री की फाइलें उसके घर पर थीं। गई रात तक, उस दिन गुरुपदस्वामी किसी मीटिंग से लौटकर जब नहीं आए तो अगले दिन सबेरे ही उनके यहाँ जाने के लिए बढ़ई अन्य फाइलों के साथ, ताँबाकांड की फाइल भी लेकर चला गया। वह अगला दिन आने तक उसका भाँडा फूट गया, मुँह पर कालिख पुत चुकी थी। इसके साथ ही ताँबाकांड की पहली फाइल खो गई। बढ़ई दीक्षित के हटने पर, उत्सुकदास ने वहाँ कालीशंकर को लगा दिया। कालीशंकर ने उत्सुकदास की आज्ञा से ताँबे की फाइल ढूँढ़ने की बहुत कोशिश की। लेकिन फाइल मिलती कहाँ ? वह तो बढ़ई के साथ गायब हो चुकी थी। भाँडा फूटने के बाद डर के मारे बढ़ई काफी दिनों तक इधर-उधर भागता रहा।

जिस तरह तूफान के बाद चिड़िया अपने उजड़े हुए घोंसले को, तिनका-तिनका बटोरकर फिर से बनाती है, उसी तरह बढ़ई ने अपना संसार नए सिरे से बसाना शुरू किया। लालबाग के पास उसको तीन कमरे का मकान मिल गया। उस मकान में एक दुछत्ती भी थी, जिसमें अंगड-खंगड़ डाल दिया गया। बढ़ई असल में स्वभाव से उठाईगीर था। बचपन से ही छोटी-मोटी चीजें उठाने की उसकी आदत बन चुकी थी। स्कूल-कॉलेज के दिनों में कितनी ही बार उसे इन हरकतों के लिए पीटा गया था। जहाँ भी जाता, संदेह की निगाहों से इधर-उधर देखता-जाँचता। जब भी मौका मिलता कुछ-न-कुछ उठा लाता। कलम पेन्सिल, कागज, किताबें, पेपरवेट, घड़ी, प्लेट, प्याले, गिलास तथा जरूरी सजावट के अनगिनत सामान उसके पास जमा थे। छोटी-से-छोटी चीज भी उठाने में उसे सुख मिलता। बिला खतरे के चीज उठाने का मौका देखकर उसके खून का दौरा तेज हो जाता, चारों तरफ़ के वातावरण तथा परिस्थितियों में सबकुछ भूलकर वह, उन क्षणों के लिए, सामने की चीज उठाने की क्रिया में खो जाता ? जैसे उस समय उस चीज को सफलतापूर्वक उड़ा लेने में ही उसके लिए संसार की सबसे बड़ी उपलब्धि थी। स्कूल के दिनों से आज तक, संठे की कलम से यशोदाबल्लभ के कमरे की विलायती घड़ी तक, बढ़ई की उठाईगीरवाली हरकतें चलती

रहीं। इन चीजों को वह छिपाकर अपने घर कबाड़खाने में रख दिया करता। एक-एक चीज—कील, लोहा, लकड़ी, पत्थर, पुरानी-से-पुरानी, बेकार से-बेकार चीजें उसके पास जमा थीं। कुछ भी फेंकने में उसे बड़ा कष्ट होता, भले ही कूड़ा हो।

घर जमाने के बाद बढ़ई ने अपने कारखाने की तरफ ध्यान दिया। इतने दिनों तक उसका पुराना ठेकेदार दोस्त किसी तरह काम चला रहा था। अब बढ़ई ने बड़े-बड़े उद्योगपतियों, जमाखोरों से बढ़िया किस्म के फर्नीचर का आर्डर लेना शुरू किया। काला धन रखनेवालों को तो खर्च करने का जरिया चाहिए। हाँ, जरिया भरोसे का होना चाहिए। सो तो था, बस बढ़ई का काम चल निकला।

पहले रामेश्वर दीक्षित, फिर गुरुपदस्वामी के जमाने में बढ़ई उन उद्योगपतियों, व्यापारियों वगैरह के नाम-पते, टेलीफोन नोट कर लिया करता, जो इनसे मिलने या काम करवाने आया करते। ज्यादातर ऐसे लोग मिलने पर उससे सौजन्यतावश कुछ काम वगैरह बताने के लिए कह दिया करते। इस तरह के उनके अनुरोध-वादों को बढ़ई उसी दिन की डायरी के पन्ने पर पूरे विवरण के साथ नोट कर लिया करता। इधर काम बढ़ाने के लिए उसने पुराने जान-पहचानवाले लोगों के पास दौड़-धूप करनी शुरू कर दी थी। इसी सिलसिले में उसे गोरखपुर के नेवटिया जी का पूरा नाम याद नहीं आ रहा था। गुरुपदस्वामी के यहाँ मिलने पर इतना उसे याद था, उन्होंने कोई काम बताने के लिए कहा था। कामयाब सेठ भी, उन्हीं दिनों उसके पास आया करता। यह सोचकर कि कुछ नहीं तो फर्नीचर का लंबा-चौड़ा आर्डर मिल जाएगा, वह इनका पता ढूँढ़ने लगा। कई दिनों तक इन लोगों का पूरा नाम, पता, टेलीफोन नंबर जब नहीं मिला तो बढ़ई एक दिन अपने कबाड़खाने में घुसा।

वैसे भी हफ्ते में एक बार वह अपने कबाड़खाने में जरूर जाता। वहाँ उसकी अपनी एक दुनिया थी, जहाँ पुरानी-से-पुरानी यादों के साए में कुछ अजीब-सा सकून मिलता उसे। काफी देर तक धूल-गर्दा झाड़कर, सामान ठीक-ठाक करता रहता। उसी दौरान एक-एक उपलब्धियाँ जब उसकी आँखों के सामने आतीं, तो उनसे जुड़े हुए किस्से जैसे खुद-ब-खुद बोलने लगते। खो जाता बढ़ई उनके साथ, कभी रोता, कभी हँसता। कभी-कभी उन चीजों को उठाकर वह चूमने लगता।

उसके कबाड़खाने में काफी बड़ा-सा लकड़ी का एक संदूक था। इस संदूक में पुरानी डायरियों के साथ अन्य फालतू कागजात रखे हुए थे। उस दिन जब बढ़ई कबाड़खाने में झाड़-पोंछ कर रहा था, उसे नेवटिया जी की याद आई। पहले जमाने में टेलीफोन नंबरों की बनाई हुई सूची से तो न नेवटिया जी का, न ही कामयाब सेठ का कुछ पता लगा। तब उसने टूटी-फूटी कुर्सियाँ, मेजें, पुराना तख्त, पतीला इत्यादि हटाकर लकड़ी का संदूक खोला। एक-एक करके, पिछले कई वर्षों की डामरियों के पन्ने उलटने पर भी कुछ नहीं

मिला। डायरी के बाद, बंडलों में बँधे अनगिनत विजिटिंग कार्ड, लेटरहेड, कागजों के पुर्जे खोल-खोलकर देखता रहा। थककर चूर हो जाने के बाद वह संदूक बंद ही करनेवाला था, उसे सिलेटी रंग की एक सरकारी फाइल दिखाई दी। उसके ऊपर बँधा लाल रंग का फीता अब तक सूखकर टेढ़ा-मेढ़ा हो गया था। कीड़े-मकोड़े, चूहों की गंध में सड़ी हुई कुतरनों से भरी फाइल उसके हाथ में थी। वही ताँबाकांड की फाइल, जिसे बढ़ई गुरुपदस्वामी के यहाँ से अपने अंतिम दिन लेकर आया था। उसे याद आया कामयाब सेठ, उत्सुकदास, कृष्णबल्लभ सभी उन दिनों इसी के लिए काफी बेचैन थे। उस समय उसे सिर्फ कामयाब सेठ का टेलीफोन नंबर चाहिए था। कबाड़खाने में रोशनी कम होने से, संदूक बंद करके, वह कबाड़खाने से बाहर निकल आया। बाहर आकर उसने देखा, फाइल के कई कागजात को दीमक चाट गई थी। फ़िर उसने फाइल को झाड़-पोंछकर साफ किया। फर्म के लेटरहेड पर ताँबा खरीदने के लिए उसके प्रतिवेदन की प्रतिलिपि निकालकर उसने कामयाब सेठ का टेलीफोन नंबर, दिल्ली का पता इत्यादि नोट करके फाइल ड्राइंगरूम की मेज पर रख दी।

आज पूरे दिन दारुलशफा में हर जगह ताँबाकांड की चर्चा चल रही थी। बढ़ई करीब-करीब पूरे दिन वहीं था। रंगीनराय के साथ भी वह काफी देर तक रहा। पहले तो कामयाब सेठ में रंगीनराय की दिलचस्पी उसकी समझ में नहीं आई।

सभी लोग जानते थे कामयाब सेठ उत्सुकदास का आदमी है, लेकिन इसका कोई प्रमाण न होने से ताँबाकांड की जिम्मेदारी उत्सुकदास पर नहीं लादी जा सकती, न ही कृष्णबल्लभ को फाँसा जा सकता था। एक के बाद दूसरा अखबार देखने के बाद भी कहीं कोई ऐसा सूत्र इन लोगों को नहीं मिला, जिसे आधार बनाकर कम-से-कम कृष्णबल्लभ को बाँध लिया जाए। रंगीनराय ने अपने परिचित समाचार-पत्र के संपादकों को फोन करके पूछा, समाचार-एजेंसियों तथा विद्युत परिषद में अपने दोस्तों से भी पूछताछ की, तब भी इन लोगों के खिलाफ कोई मसाला नहीं मिला। सभी ने उससे यही कहा, इस कांड में श्रीकांत पाठक और ज्ञानचंद फँसे थे। रंगीनराय लोबीराम से जब मिलने गए, तो लोबीराम ने भी असली फाइल गायब हो जाने की बात कही थी। उनका कहना था, उत्सुकदास ने फाइल ही उड़वा दी।

फैसला तो श्रीकांत पाठक के नोट पर मंत्रिमंडल में लिया गया। मंत्रिमंडल की स्वीकृति के पश्चात् ही श्रीकांत पाठक के आदेश पर ताँबे का सौदा हुआ था।

"अगर ससुरी फाइल मिल जाए तो आज...," रंगीनराय ऐसे कह रहे थे, जैसे वह कोई फाइल नहीं, लैला हो! लेकिन फाइल तो थी बढ़ई के पास। अब तक सारा मामला उसकी समझ में आ गया। आज सबेरे ही, अपने कबाड़खाने में रखे हुए लकड़ी के संदूक

से, दीमक, चूहों की कुतरन, कीड़ों-मकोड़ों से सड़ी हुई फाइल उसने कामयाब सेठ का पता हासिल करने के लिए निकाली थी। रंगीनराय की बातों को सुनकर उसकी आँखों के सामने कृष्णबल्लभ, उत्सुकदास, गुरुपदस्वामी, कामयाब सेठ की तसवीरें एक-एक करके घूमने लगीं।

रंगीनराय के फ्लैट से निकलकर बढ़ई अपने घर आया। ड्राइंगरूम का दरवाजा बंद करके, बेडरूम की कपड़ों की अलमारी से उसने रम की बोतल निकाली। फ्रिज से ठंडे पानी की बोतल निकालकर अपने गिलास में रम डालकर थोड़ा-सा पानी मिलाया। पूरा गिलास एक साँस में ही पीकर उसने मेज पर पटक दिया। फिर जेब में रखे पैकेट से सिगरेट निकालकर सुलगाई। उँगलियों के बीच मुट्ठी में सिगरेट लगाकर उसने दो-तीन गहरे कश खींचे। कभी मुँह से खींचकर थोड़ा धुआँ निगल जाता, बाकी नाक के नथुनों से धीरे-धीरे निकालता। और कभी धुएँ के गोल-गोल छल्ले बनाकर कमरे की छत की ओर उड़ाता। इस समय उसका दिमाग कंप्यूटर की तरह काम कर रहा था। कभी कृष्णबल्लभ, उत्सुकदास को साथ रखता! कभी उत्सुकदास को कामयाब सेठ के साथ! फिर गुरुपदस्वामी, उत्सुकदास, कृष्णबल्लभ को कामयाब सेठ के साथ! कोण, द्विकोण, त्रिकोण बनाते-बनाते उसे चौथा कोण मिल गया। उसने काफी देर सोचने-विचारने के बाद निश्चय किया, बात कृष्णबल्लभ से ही करनी होगी। उसके जीवन में ऐसा सुनहरा मौका अब शायद कभी नहीं आएगा। अभी, आज ही, पार्टी मीटिंग के पहले, मंत्रिमंडल बनने से पहले, उसे कृष्णबल्लभ को ब्लैकमेल करना होगा। लंबी रकम ऐंठने के बाद कुछ समय के लिए आज ही शहर छोड़कर भागना होगा। अपने निश्चय की दृढ़ता, सफलता की शत-प्रतिशत आशा से बढ़ई धीरे-धीरे हँसने लगा कृष्णबल्लभ की कातरता पर। अब देखना कौन जूतों से मारा जाएगा!

बढ़ई दीक्षित को जासूसी उपन्यास पढ़ने का शौक हमेशा से था। स्कूल-कॉलेज के दिनों में क्लास में, पीछेवाली बेंच पर बैठकर, कापी-किताबों के बीच रखी हुई जासूसी किताबें पढ़ा करता। इन किताबों को पढ़ने से उसके पूरे जीवन में खलबली मच जाती। विचारों की तारतम्यता उसे कुछ कर गुजरने के लिए ढकेलती। सनसनीखेज किस्से तो किताब के साथ खत्म हो जाते, लेकिन उसके दिलो-दिमाग पर एक छाप छोड़ जाते। इन्हीं मनःस्थितियों के संघर्ष में उसने उठाईगीरी की हरकतें शुरू की थीं। इनके लिए कई बार उसको मारा-पीटा गया था। उस मार-पीट के दौरान, उसके अंदर कभी एक प्रकार की दहशत हमेशा के लिए बस गई। इसी दहशत के दायरों में घिरा हुआ बढ़ई बेहद डरपोक किस्म का इंसान बन गया। यहाँ तक कि चमगादड़, तिलचिट्टों, चूहों को देखकर चीखें मारने लगता! फिर भी उठाईगीरी की हरकत उसने कभी न छोड़ी। समय के साथ कई अन्य प्रकार की क्रिमिनल इंसटिक्ट्स (भावनाएँ) उभरने का प्रयास करती

रहीं। बड़ी चोरी, डकैती, खून आदि करने की न तो उसके अंदर हिम्मत थी, न ही इसके लिए उसके पास साधन थे। बचपन से बसी हुई दहशत ने उसे बचा लिया। फिर घोंघे की तरह हमेशा अपने अंदर ही घुसा रहता। किसी के साथ मिल-जुलकर कुछ करने की बात उसमे कभी नहीं सोची। बस एक बार ठेकेदार की बीवी के चक्कर में आकर उसने जो फर्नीचर का कारखाना खोला, उसी में मारा गया।

उठाईगीरी की हरकतें, जिसमें वह मँज चुका था, आज तक चल रही थीं। इसमें सबकुछ अकेले ही करना पड़ता। सामान वगैरह लाकर बस कबाड़खाने में डाल देता। लेकिन तरक्कीपसंद बढ़ई को कुछ-न-कुछ तो और करना था। प्रदेश-पार्टी के अध्यक्ष रामेश्वर दीक्षित और मुख्यमंत्री गुरुपदस्वामी के यहाँ, अपने बाद के दिनों में, उसने कई एक बार छोटे स्तर की ब्लेकमेलिंग की थी। होता यूँ, काम करानेवाले या छोटे स्तर के नेता, मुख्यमंत्री के पास किसी-न-किसी मतलब के लिए आया करते। कभी-कभी जब काम करानेवाले के दूसरे पक्ष को या दूसरे पक्ष के छोटे नेताओं को, इस बात का पता लगता, तो वे ईर्ष्या या स्वार्थवश बढ़ई को पहले पक्ष की पूरी कुंडली बता देते। इन लोगों से कभी उसको कोई ऐसी बात पता लग जाती, जिसकी बिना पर काम कराने के लिए आनेवाले पक्ष का काम बिगड़ सकता था। उसी बात को सिर्फ मुख्यमंत्री के पास तक पहुँचाने से रोकने के लिए वह इन लोगों से काफी कुछ वसूल लेता। ऐसे मौकों पर उन दिनों भी उसका मन रोमांस, उत्साह से उत्तेजना में डूब जाता। ऊँची सीढ़ी पर बैठकर कुछ ले लेने में मजा ही कुछ और था। साथ में उठाईगीरीवाले काम-जैसा खतरा भी नहीं था।

आज इतने दिनों बाद उसके जीवन में रोशनी की नदियाँ बहने लगीं। उन नदियों में, डूबता-उतराता बढ़ई अनंत सुख की धारा में बह चला चिरंतन सत्य की खोज में, जिसकी प्राप्ति पर उसकी सारी समस्याएँ मिटनेवाली थीं! कृष्णबल्लभ ने आज ही उसे जूतों से मारने को कहा था···बढ़ई ने ठहाका लगाया: अब मेरे ही जूतों पर नाक रगड़ेगा···साथ में हाथ जोड़कर दक्षिणा भी देगा! नहीं तो गुरुपदस्वामी, उत्सुकदास—सभी को एक ही बार में तबाह करने का मौका आ गया था। अपने पूरे जीवन में कीड़ों-मकोड़ों से डरनेवाले बढ़ई ने अपने को इतना शक्तिशाली कभी नहीं पाया।

अँधेरा अब उजाले को निगलने लगा था। शाम के करीब सात बजनेवाले थे। रम की बोतल उठाकर बढ़ई ने मेज पर रखे हुए खाली गिलास को आधे से ऊपर तक भर लिया। एक-एक घूँट में पीने लगा। कुछ देर कमरे के बीच खड़े हुए पीता रहा। बुक-केस के ऊपर रखी हुई घड़ी टिक्···टिक् की आवाज में चल रही थी। तेज रफ्तार में भागते समय को देखकर, तभी उसने अपने को झटका दिया। उसके हाथ में अब खाली गिलास था। पता नहीं कब, नीट रम, विचारों में डूबा-डूबा वह पी गया। उसने भागती

हुई रफ्तार को पकड़ने के लिए गिलास गद्देदार सोफे के ऊपर फेंक दिया। फिर झपटकर टेलीफोन की किताब उठाई। एक हाथ में ड्राइंगरूम के कोने से टेलीफोन, एक हाथ में टेलीफोन की किताब लेकर बड़े सोफे पर टाँग के घुटने पर दूसरी टाँग रखकर लेट गया। उसने धीरे-से कृष्णबल्लभ का नंबर देखकर टेलीफोन की किताब हवा में उछाल दी। सोफे के हत्थे पर फोन पकड़े हुए उसने कृष्णबल्लभ का नंबर डायल किया।

"हलो! मैं कमलासिंह...।" आवाज सुनते ही बढ़ई ने फोन काट दिया था। कमलासिंह तो चमचा है, उससे क्या बात करूँ... बढ़ई ने यह सोचकर फोन काट दिया, फिर भी इतना तो पूछना था, कृष्णबल्लभ थे कहाँ... क्या पता, वहीं बैठे हों... सात बजनेवाले थे... आठ बजे पार्टी-मीटिंग... उसके बाद मंत्रिमंडल की शपथ... मंत्रिमंडल बनने के बाद... नहीं... तो पार्टी-मीटिंग के बाद, लेकिन मंत्रिमंडल के पहले... नहीं... पार्टी-मीटिंग का इस बार महत्त्व ही दूसरा था... ताँबाकांड का धमाका वहीं होगा... रंगीनराय के शब्द उसके कान में गूँज रहे थे। ...लेकिन अगर कृष्णबल्लभ आठ बजे तक न मिले तो?...यह कमलासिंह वहाँ कर क्या रहा है? क्या कृष्णबल्लभ का भूत उतर गया... लगता है, उन्होंने दरवाजा खोल दिया था... उत्सुकदास से उनकी बात हुई होगी या फिर रंगीनराय ने वह चिट्ठी किसी तरह पहुँचा दी होगी... उसने कृष्णबल्लभ को ताँबाकांड के लिए यह सोचकर चुना था, दुखी, टूटे हुए कृष्णबल्लभ के लिए मंत्री बनना जीवन-मरण का प्रश्न था। ... जल्दी-जल्दी में कुछ दे मरेंगे! तभी उसे यशोदाबल्लभ की याद आई... फिर उत्सुकदास का नाम आया... क्यों न उनसे बात की जाए... नहीं, पहले यशोदाबल्लभ को ट्राई करे... कृष्णबल्लभ ने तो कुछ देर पहले ही मार-पीट की धमकी दी थी... चलो, पहले यशोदाबल्लभ को फोन करें।

"हलो! आप किसे चाहते हैं?" किसी महिला की आवाज थी। बढ़ई ने सोचा, कहा जाए... आपको चाहते हैं... मिलेंगी... अब दारू सर के ऊपर चढ़ रही थी। फिर सोचा, न जाने कौन है, जवान है, या बुढ़िया, काली है या गोरी, खूसट है या खूबसूरत! चलो छोड़ो, पहले काम की बात, ऐश के लिए तो ज़िंदगी पड़ी है।

"हाँ, आप कौन बोल रही हैं?"

"मैं! ...मैं हूँ, शांतिप्रणाली!"

"अच्छा... भाभी जी, नमस्कार! मैं हूँ बढ़ई दीक्षित।"

"बढ़ई दीक्षित!" शांतिप्रणाली ने हँसकर कहा।

"क्या करें, यही नाम रख छोड़ा है लोगों ने! भाभी जी बताएँ तो, क्या यशोदाबल्लभ वहाँ हैं?"

"नहीं हैं।"

"कहाँ मिलेंगे... बता सकेंगी?"

"नहीं, मैं तो अभी शाहजहाँपुर से आई हूँ।'

"अच्छा तो, आप मेरा एक संदेश लेंगी?"

"हाँ-हाँ, बोलिए!"

"यशोदाबल्लभ से कहिएगा, फौरन, जैसे भी हो, मुझे फोन करें। ताँबाकांड की खोई हुई फाइल मेरे पास है। अगर दस मिनट के अंदर यशोदाबल्लभ लौटकर नहीं आते, तो कृपा करके पता लगाइए, वह कहाँ हैं और जहाँ भी हों तुरंत हमसे संपर्क करने को कह दें। अन्यथा कृष्णबल्लभ यादव का बड़ा नुकसान हो जाएगा। इसके बाद क्या पता वह मंत्री बनेंगे या नहीं! अगर बन भी गए तो दो-तीन दिनों में निकाल दिए जाएँगे।" बढ़ई बर्रा रहा था।

"अरे तो क्या, बात इतनी सीरियस है तो आप मुझे ही बता दें!"

"आपको? आपको भाभी जी? आपको क्या ताँबाकांड के बारे में कुछ पता है?"

"नहीं तो!"

"तब छोड़िए, आप किसी भी तरह, बस मेरा संदेश पहुँचा दें उन तक या फिर कृष्णबल्लभ के पास।"

"ओ. के.!" शांतिप्रणाली ने फोन काट दिया।

बढ़ई का अब नशा जैसे-जैसे चढ़ रहा था, उसकी बेचैनी बढ़ती जा रही थी। अब क्या होगा! उसे लगा···कुबेर के खजाने की चाभी हाथ में होने पर भी, इतने कम समय में क्या कुछ न मिल पाएगा? शाम के सात बजकर दस मिनट हो चुके थे। उसने दुबारा कृष्णबल्लभ को फोन मिलाया। उधर घंटी बजती रही। घंटी की आवाज बढ़ई की छाती पर हथौड़ों की तरह पड़ रही थी।

उसको लग रहा था···अगर कृष्णबल्लभ से फौरन बात नहीं होती, उत्सुकदास को मालूम नहीं होगा तो यह सुनहरा मौका हाथ से निकल जाएगा। बढ़ई जानता था, पैसा कृष्णबल्लभ नहीं, उत्सुकदास देंगे। लेकिन उत्सुकदास से सीधे बात करना, इस समय संभव नहीं था। इसलिए अपनी योजना के अनुसार वह कृष्णबल्लभ के जरिए से अपनी बात उत्सुकदास तक पहुँचाना चाहता था। उसका खेल, इस बार लंबा था। पाँच लाख की रकम, उसे पता था, एक-आध घंटे में जुटा लेना कृष्णबल्लभ के बूते से बाहर था। और उत्सुकदास दस मिनट में पचास लाख जुटा सकता है। इस समय उनके मुख्यमंत्री बनने में सिर्फ तीन घंटे की देरी है। उसे मालूम था, रंगीनराय के यहाँ हमले की तैयारियाँ चल रही हैं। लोबीराम ने विद्रोह का झंडा उठाने का संकल्प ले लिया है। दिल्ली से लेकर लखनऊ तक सभी जगह ताँबाकांड की चर्चा थी। असली फाइल सामने आ जाने से सारा मामला उलट जाएगा, उसके साथ ही उत्सुकदास का मंत्रिमंडल भी।

उधर कृष्णबल्लभ के यहाँ टेलीफोन की घंटी बजती जा रही थी···बढ़ई ने सोचा,

कहीं ससुरा टेलीफोन न खराब हो···लेकिन अभी तो कमलासिंह बोला था··· यशोदाबल्लभ न जाने कहाँ होगा···अब इसी से बात करे···मामला कुछ आगे तो बढ़े। तभी उधर से कमलासिंह ने फोन उठा लिया।

कुछ जोश में, हड़बड़ाए स्वर में बढ़ई बोला, ''कौन कमलासिंह ! मैं बढ़ई हूँ।''

''हाँ ! हाँ ! ! आप बढ़ई हैं। किसको नहीं मालूम आप बढ़ई हैं ?'' कुछ मखौल के स्वर में कमलासिंह ने कहा।

लेकिन बढ़ई इस समय मखौल के मूड में बिलकुल नहीं था। और कोई वक्त होता तो एक की दो सुनाता। इसके पहले वह आगे कुछ कहे, कमलासिंह बोल उठा, ''हाँ भई, सुनाओ, क्या हालचाल है ?''

''हमारे हाल तो ठीक हैं, अपने कृष्णबल्लभ के हाल तो बताओ !''

''अरे भई, उनको क्या हुआ, आज फिर मंत्री हो जाएँगे। अभी जरा गए हैं मुख्यमंत्री जी के पास, वहाँ पार्टी के अध्यक्ष दिल्ली से आए हुए हैं।''

''मुख्यमंत्री के पास ? कौन से मुख्यमंत्री ? अभी तक प्रदेश का मुख्यमंत्री कोई नहीं बना और तुमने अंग्रेजी की कहावत सुनी है–'देयर आर लॉट ऑफ स्लिप्स बिटविन कप्स एंड लिप्स !''

''अब क्या होगा, यार ! फकत तीन घंटे बाकी हैं।''

''फकत तीन घंटे ?'' कमलासिंह की नकल उतारते हुए बढ़ई बोला। नशे के साथ उसका धीरज भी कम होता जा रहा था। तीखी, व्यंग्य-भरी आवाज निकालते हुए उसने दाँव फेंका, ''ताँबाकांड पढ़ा आपने ?''

''हाँ देखा तो है, लेकिन उसमें बाबू साहब के खिलाफ तो कुछ भी नहीं।''

झुँझलाते हुए बढ़ई ने कहा, ''अभी आप बच्चे हैं ! यह मामला आप सबके लिए कितना खतरनाक हो सकता है, शाम को आठ बजे तक आपकी समझदानी में न घुस सकेगा। अगर आप आज कृष्णबल्लभ को मंत्री-पद की शपथ लेते हुए देखना चाहते हैं, तो किसी भी तरह, तुरंत उनको पकड़कर हमसे बात करवा दें···नहीं तो, न वह मंत्री हो पाएँगे और न उत्सुकदास जी···मुख्यमंत्री ! हाँ, एक बात और बता दूँ। आठ बजे रात को पार्टी-मीटिंग में रंगीनराय, लोबीराम मिलकर यही मामला उठाने जा रहे हैं। उसके बाद मुझसे मिलना बेकार होगा।''

''लेकिन आखिर बात क्या है ?'' कमलासिंह बढ़ई की बातों के लहजे से स्थिति की गंभीरता का जायजा लेने की कोशिश करने लगा।

''बात क्या है···बात बड़ी सीधी-सी है ! अभी तक ताँबाकांड में सिर्फ श्रीकांत पाठक और गुरुपदस्वामी फँसे हैं। लेकिन मेरे पास ताँबाकांड की वह असली फाइल है, जिसको देखने पर फँसेंगे, आपके प्रिय कृष्णबल्लभ और उत्सुकदास। अगर आठ बजे तक हमारी

बातें तय नहीं होतीं तो यह फाइल रंगीनराय के पास पहुँचा दी जाएगी।"

कमलासिंह के होश उड़ गए। उसने कभी सोचा भी नहीं था, बढ़ई-जैसा आदमी इतना खतरनाक साबित होगा। कुछ और पकड़ने की गरज से उसने कहा, "यार बढ़ई! तुम बोलो न, चाहते क्या हो? बाबू साब तो अभी उत्सुकदास के यहाँ गए हैं। हो सकता है, वहीं से आठ बजे की मीटिंग में, उन्हीं के साथ चले जाएँ। इतनी जल्दी हो भी क्या सकता है? थोड़ा पहले बताना था।"

"मैं चाहता क्या हूँ, आपको क्या बतलाएँ! आप तो फकत चमचे हैं! मेरी चाहत तो सिर्फ, इस समय उत्सुकदास पूरी कर सकते हैं। हमें कृष्णबल्लभ के जरिए अपनी बात उन तक पहुँचानी थी। आप अगर इन लोगों का कल्याण चाहनेवाले हैं तो दौड़िए, भागिए, कुछ भी करिए, उनको बताइए…नहीं तो…," बढ़ई की जुबान लड़खड़ाने लगी थी।

"तो फिर ठीक है! मैं उनसे फोन पर ही बात करने के बाद, आपको फोन करता हूँ। आपका नंबर?"

"मेरा नंबर फिलहाल चार सौ बीस! आपका आठ सौ चालीस! कृष्णबल्लभ यादव का नंबर है सोलह सौ अस्सी।" बढ़ई ने चीखते हुए कहा।

"नहीं…नहीं, मैं तो टेलीफोन नंबर पूछ रहा था।"

"22420" कहकर बढ़ई ने फोन काट दिया।

एकाएक उसको अपनी घरवाली की याद आने लगी जो दो बरस पहले, उसकी छिछोरी हरकतों से तंग आकर शिकोहाबाद, अपने बाप के घर चली गई थी। झगड़ा ठेकेदार की बीवी के साथ उसके इश्क से शुरू हुआ था।

बढ़ई ने उठकर कपड़ों की अलमारी से उसकी फोटो निकाली। दो बरस पहले, घरवाली के चले जाने पर उसने एक दिन उसकी फोटो कबाड़खाने के उसी लकडी के संदूक में डाल दी थी, जहाँ से ताँबाकांड की फाइल के साथ उसन आज ही बाहर निकाली। काफी दिनों तक कबाड़खाने में पड़ी रहने से, फोटो के ऊपर धूल-गर्द जमी हुई थी। आज, इतने दिनों बाद फिर स प्यार उमड़ने लगा। उसने अपने कुर्ते से धूल पोंछी। फिर कुर्ते से कुछ धूल लेकर उसने अपने माथे पर लगाई। वापस आकर ड्राइंगरूम में सोफे पर पालथी मारकर बैठ गया और अपनी घरवाली का फोटो प्यार से देखने लगा।

इसी बीच रम के अद्धे में बाकी बची रम उठाकर बढ़ई सीधे बोतल से ही घूँट ले-लेकर पीने लगा। कुछ सनसनीखेज घटनाओं की तारतम्यता के दबाव में, कुछ पाँच लाख रुपए मिलने के बाद भागकर शिकोहाबाद जाने की भूमिका में, घरवाली के लिए उमड़ते हुए अथाह स्नेह की छाया में, सोफे पर पालथी मारकर बैठा बढ़ई मन-ही-मन प्रार्थना करने लगा, 'हे भगवान! हे प्रभो आनंददाता…तुम तो एक हाथ से ज्ञान, एक

हाथ से क्षमादान देते हो ! मैंने महान अपराध किया ··· जो दो बरस पहले, उसे बाप के घर चले जाने दिया ।' फिर उसने दोनों हाथ जोड़ते हुए, सेंटर-टेबल पर, सामने ही रखी हुई फोटो की तरफ सिर झुकाकर इशारा किया, 'कबाड़खाने में लकड़ी की संदूक में डाल दी ! जहाँ सैकड़ों कीड़े-मकोड़े, तिलचट्टे, मच्छर दिन-रात रहते हैं । ··· उसने भला ऐसी कौन-सी भूल की थी ? वह तो देवी है ! सौभाग्यवती लक्ष्मी, अन्नपूर्णा का साक्षात अवतार है । ! मैं ही पापी हूँ । मैंने घोर पाप किया है, मुझे मार डालो !! हे भगवान ! उसने तो सदैव मेरा भला ही चाहा । अब देखो, रूठकर चली जाने के बाद, मैंने एक तो उसे बुलाया नहीं फिर ऊपर से उसकी एकमात्र निशानी इस चित्र को ···' दोनों हाथों को अलग-अलग करके सामने से घरवाली की फोटो उसने उठा ली ··· 'कबाड़खाने में पटक दिया ···' फिर उस फोटो को चूम-चूमकर बढ़ई कहने लगा, 'मैं कमीना हूँ, सुअर हूँ, चमार हूँ । और उसको देखो, वहाँ भी उस कबाड़खाने की संदूक की बदबू-सड़ाँध में रहकर भी मेरे ही कल्याण की कामना करती रही । यह सब उसी का कमाल है । संसद-सदस्यों के दिमाग में उसी ने ताँबाकांड उठाने की बुद्धि जगाई, फिर अखबारों के जरिए रोजाना बवाल करवाती रही । खुद वहीं संदूक में अपनी फोटो से निकलकर ताँबाकांड की फाइल के ऊपर जमकर बैठ गई । मुझे, वह बार-बार बुलाए ··· मैं ऐसा मूर्ख कुछ समझ नहीं पा रहा था । जो आज यह सुनहरा मौका चूक जाता, कबाड़खाने में लकड़ी की संदूक न खोलता ··· सोने की चिरय्या हाथ से फुर्र हो जाती' ··· बढ़ई ने फुर्र की आवाज मुँह से निकाली ।

उसने घरवाली का फोटो एक बार फिर कुर्ते से जरा प्यार से पोंछा, फिर उसे सीने से लगाकर दहाड़ मारकर रोने लगा । हमने कितना सताया तुझे ! चूल्हे में जाए ठेकेदार की बीवी ! ! अब तो तुम ही हौ हमरी सब । अब तुमका दूर नहीं रहने देंगे । काम अभी आधा हुआ है, जल्दी से उसे पूरा करवाय देव ! मेरी प्यारी घरवाली, हे अन्नपूर्णा महारानी, कुछ अब ऐसा चक्कर चलाए दो, जिसमें कृष्णबल्लभ, उत्सुकदास फँसि जाएँ ! काम बन गया तो फिर आ रहा हूँ, तुम्हारे पास वहीं शिकोहाबाद में ! मोटर होगी, बँगला होगा, सोने-चाँदी, जवाहरातों से मढ़े हुए पलँग पर बैठकर राज करोगी जिंदगी-भर । अब देर नहीं है ··· मैं आ रहा हूँ ··· बढ़ई ने चिल्लाकर कहा ।

तभी टेलीफोन की घंटी बजने लगी । बढ़ई के हाथों से घरवाली का फोटो छूटकर फर्श पर गिर गया । उसने झपटकर टेलीफोन को ऐसे पकड़ा, जैसे वही थी सोने की चिड़िया । फोन कमलासिंह का था । घरवाली को भूलकर बढ़ई ने अपना सारा ध्यान टेलीफोन से आनेवाली आवाजों पर लगा दिया । अनन्य प्रयासों का परिणाम आनेवाला था । यह सोचकर उसे थरथरी होने लगी । न जाने अब क्या होगा ? उसे अपनी पूरी योजना में समय का अभाव बुरी तरह खटकने लगा था । उधर से कमलासिंह कह रहा

था—"बाबू साब को खबर कर दी है। उत्सकदास जी से सलाह करने के बाद, बस पाँच-दस मिनट में आते ही होंगे। उनके साथ ताँबाकांड का हीरो कामयाब सेठ भी आ रहा है। आप विलंब न करें, तुरंत ही चल दें, नहीं तो पार्टी-मीटिंग का समय हो जाएगा।"

"ओ. के., मैं आता हूँ।" कामयाब सेठ का नाम सुनकर बढ़ई का दिल बल्लियों उछलने लगा। वह जानता था, पैसा देनेवाला साथ लेकर कृष्णबल्लभ दारुलशफा लौटेंगे।

काफी देर से, मुलाकात की प्रतीक्षा में बाहर खड़े हुए लोगों को अब इकट्ठा ही अंदर बुला लिया गया था।

उत्सुकदास उस समय इसी भीड़ में घिरे हुए बैठे थे। पैरों तक गाँधी आश्रम की चप्पलों को छूती हुई खद्दर की चुन्नटदार धोती, उसके ऊपर खद्दर का बुर्राक कुरता, मोटी गरदन पर पसीने में चिपचिपा रहा था। गोल चेहरे के ऊपर, चमकते हुए माथे के दाहिने कोने से, तिरछी टोपी, कनपटी के सफेद बालों को छिपाती हुई, पीछे गुद्दी तक चिपटी हुई थी। उनके संघर्षमय जीवन की सारी निशानियाँ आँखों के नीचे पड़े हुए काले धब्बों में आकर सिमट गई थीं। यूँ तो देखने में, उनका सफेद चेहरा, तरबूज की तरह रंग बदलता रहता, पर आँखों के धब्बों से लगी हुई गालों की हड्डियाँ, कुछ तिकोने आकार में, ठुड्डी तक पहुँचकर, होंठों के ऊपर किसी कुत्सित लिप्सा की कुछ छायाएँ छोड़ जातीं। मोटे-मोटे होठों को सिकोड़कर हँसते वक्त उन्हें देखकर ऐसा लगता, जैसे हँसी उन फेफड़ों से नहीं, सीधे गरदन पर उभरते हुए कौओं को पीछे ढकेलकर निकलती।

उस समय उत्सकदास, सभी लोगों की बधाइयाँ, शुभकामनाएँ, वहीं, सोफे पर, एक टाँग के ऊपर दूसरी टाँग रखे हुए, सम्मानपूर्वक हाथों को जोड़कर स्वीकार कर रहे थे। हर बार, हाथ जोड़ने के साथ उनके चेहरे पर खिलखिलाती हुई मुसकराहटें अठखेलियाँ करने लगतीं। लेकिन हाथ अलग होते ही, किसी यांत्रिक ब्रेक की तरह, मुसकराहटें गायब हो जातीं। फिर उनकी जगह, थकान की झुर्रियाँ लटकने लगतीं। कोई चरणस्पर्श करता, कोई हाथ जोड़कर, सिर झुकाए हुए सादर प्रणाम। सभी माँगों और चाहत के घेरे में, अपने-अपने दाँव लगा रहे थे। विधायकों के दल, अपने-अपने समर्थकों-चमचों के साथ, चुनाव के टिकटार्थी, पार्टी-संगठन, विधानसभा, विधान-परिषद की कमेटियों, सरकारी बोर्डों, कारपोरेशन की अध्यक्षता-सदस्यता के उम्मीदवार, रेशमी या फूलों की बड़ी-छोटी या आदमकद मालाएँ, अपनी-अपनी आकांक्षाओं के अनुसार लाए थे। उनकी मुसकराहटें, उनकी वेश-भूषा, उनके नाटक नमस्कार-प्रणाम, उसी के अनुरूप थे।

इसी दिन के लिए, पिछले पच्चीस वर्षों से उत्सुकदास निरंतर संघर्ष कर रहे थे। गाँधी आश्रम की चप्पलों में, फँसी हुई उँगलियाँ-अँगूठे से लेकर, खद्दर की माँड़ लगी टोपी में छिपे हुए सफेद बालों तक, बार-बार खुशियों की लहरें दौड़ रही थीं। सभी लोग, उनकी महान योग्यता, विशाल देशसेवा की प्रशंसा के पुल बाँधे जा रहे थे। उस समय उनका जीवन, एक राष्ट्रीय यज्ञ बन गया। उनको अपनी खद्दर की टोपी, किसी चक्रवर्ती राजा के मुकुट की तरह वैभव, सम्मान के अनंत विस्तार में उड़ाए लिए जा रही थी! भक्ति-सम्मान के नाटकीय प्रदर्शन में, कभी घुटे-घुटे, कभी मुक्त स्वरों में, यह लोग रंगीनराय, लोबीराम के प्रति अपनी-अपनी घृणा व्यक्त करना न भूलते । जानवरों की तरह घिघियाते हुए, उनके करीब झपटकर हर आदमी अपनी बात अकेले में कहने का मौका माँग रहा था। सबकी समस्याएँ गंभीर थीं, जो किन्हीं नाजुक हालात के मोड़ पर आकर रुकी हुई थीं। मंत्रिमंडल के बनने तक। जिसने जो कुछ भी कहा, मान लिया। जाने-अनजाने में, उत्सुकदास ने अनगिनत वादे कर डाले।

इसी भीड़ को चीरते हुए कृष्णबल्लभ अपने दुलारे भाई यशोदाबल्लभ और श्रीकांत पाठक के साथ आगे बढ़ने की कोशिश कर रहे थे। लेकिन कमरे में तो, फसाद का माहौल बना हुआ था। एक-एक इंच आगे बढ़ना मुश्किल हो रहा था। कब से आया हुआ कामयाब सेठ अभी तक दरवाजे के एक कोने से लगा हुआ उत्सुकदास की निगाहें पकड़ने का इंतजार कर रहा था।

जिस समय कमलासिंह का फोन आया, कालीशंकर बगल के कमरे में मंत्रिमंडल की सूचियाँ टाइप कर रहा था। कमलासिंह को, होल्ड करने को कहकर, वह कृष्णबल्लभ को देखने चल दिया।

कृष्णबल्लभ उस समय सामने के बड़े सोफे पर भीड़ में घिरे हुए उत्सुकदास के पास पहुँचने ही वाले थे, तभी अंदर के दरवाजे से निकलकर कालीशंकर ने उन्हें पकड़कर खींच लिया।

शाम के धुँधलके में उत्सुकदास, उस भीड़ से जूझे हुए थे। इतने में उनके सोफे के पीछे दीवाल पर लगी हुई घड़ी से सात बजने की आवाज आई। अब वह, बाकी बचे हुए लोगों से माफी माँगकर अंदर की ओर चल दिए। लेकिन नेतागण थोड़ी दूर तक उचक-उचककर उनके कान में कुछ-न-कुछ कहते रहे। उधर सामने के दरवाजे पर खड़ा हुआ कामयाब सेठ, जमीन पर रखे हुए ब्रीफकेस को उठाकर, भीड़ के पीछे की ओर मुड़ने से पहले ही बाहर बरामदे में निकल आया, जहाँ श्रीकांत पाठक, यशोदाबल्लभ के साथ, कृष्णबल्लभ के लौटने का इंतजार कर रहे थे।

उत्सुकदास के यहाँ चाय पीने के बाद दिल्ली से आए हुए पार्टी-अध्यक्ष अपने पर्यवेक्षकों के साथ राजकीय गेस्टहाउस को चल दिए। ऐसे तमाम विधायक, नेता, जानने-सुननेवाले जो उत्सुकदास के यहाँ उनसे मिलने न आ सके, वहाँ उनकी प्रतीक्षा कर रहे थे। प्रदेश का मुख्यमंत्री उत्सुकदास को बनाने का फैसला तो दिल्ली में हो ही चुका था, लेकिन हाईकमांड के नेताओं को कुछ गड़बड़ी होने का अंदेशा था। ताँबाकांड तथा कई अन्य मामलों की वजह से, विधायकों में बढ़ते हुए असंतोष की खबरें बराबर दिल्ली पहुँच रही थीं। उधर संसद में, ताँबाकांड के धमाके से गुरुपदस्वामी का नैतिक बल गिर चुका था।

चुनाव तो फर्जी होते। नेता कौन बनेगा, सरकार कब बनेगी, किस स्तर के कितने मंत्री होंगे, किन मंत्रियों को कौन-सा विभाग मिलेगा, यह सारी बातें हमेशा की तरह दिल्ली में तय हो चुकी थीं।

दिल्ली में पार्टी के ढाँचे में जब इस प्रकार का कोई फैसला लिया जाता तो पार्टी के अंदर विभिन्न प्रकार के छोटे-बड़े गुट अपना-अपना दबाव डालने लगते। दबाव डालने के लिए, अखबारों के जरिए, बयानबाजी, बैठकबाजी, मुलाकातबाजी के हथियार कभी सीधे-सीधे, कभी टेढ़े-मेढ़े तरीकों से इस्तेमाल किए जाते। इसके साथ में अफवाहबाजी तो चुपचाप चलती ही रहती। पहले, कोई-एक छोटा-सा बयान जारी किया जाता, जिसके विरोध में दूसरा गुट बयान जारी करता। फिर गुटों के नेता मिल-जुलकर बयान जारी करते, जो अंत तक चलते रहते। पहले एक बैठक होती तो दूसरा गुट उससे बड़ी बैठक करता, तब तीसरा गुट अपनी अलग बैठक बुलाता। पहला गुट, कभी तीसरे से, कभी दूसरे से मिलकर, जवाबी कीर्तन की तरह, धुआँधार बैठकें करता। इन बैठकों से बयानबाजी में गजब की तेजी आ जाती। आदर्श, सिद्धांत, हरिजन, पिछड़े-कमजोर वर्ग, सामान्य जनता, राष्ट्रीय हितों से संबंधित बयान इन बैठकों से गुजरते हुए, राजनैतिक संघर्ष का रूप ले लेते। फिर शुरू होता मुलाकातबाजी का दौर। एक-दो, दो-चार, पाँच-दस, नेता हर रोज अपने-अपने मंत्रिमंडल, कार्यकारिणी के सदस्यों के घरों की परिक्रमा करते। इन सबके साथ मुख्यमंत्री पद के उम्मीदवारों के बचपन से बुढ़ापे तक, बीवी-बच्चों से दूर के रिश्तेदारों, नातेदारों, साथियों, चमचों, समर्थकों की एक-एक बातों को खोद-खोदकर निकालने में, न जाने कितनी अफवाहों का जन्म होता। फिर वह अफवाहें जवान होतीं और मंत्रिमंडल के बनने तक दम तोड़ देतीं। कभी-कभी, अफवाहों का रुख कहनेवालों की ओर, नई रंगीनियों के साथ मोड़ दिया जाता।

गुटों में अदल-बदल भी खूब हुआ करती। वामपक्षी गुट, एक उम्मीदवार को पेश करता तो दक्षिणपक्षी दूसरे को! जब तक, यह दोनों गुट अपने-अपने उम्मीदवारों के लिए दंगल करते, प्रधानमंत्री के नजदीक रहनेवाला तीसरा गुट, जो जब तक उनके मन

की बात पता लगा लेता, मुख्यमंत्री पद के लिए कोई नया नाम उछाल देता। इस नए नाम के पीछे प्रधानमंत्री के व्यक्तिगत समर्थन का अंदेशा होते ही, वामपक्षी, दक्षिणपक्षी गुट जल्दी-जल्दी बैठकें करने लगते। रात-रात-भर बैठकें चलतीं, बयान बनाए जाते, फाड़े जाते, लेकिन कोई बयान जारी नहीं होता। नई पैंतरेबाज़ी शुरू होती। सभी गुट प्रधानमंत्री का रुख पता लगाने में जुट जाते। प्रधानमंत्री का रुख पता लगते ही, सारी बयानबाजी खत्म हो जाती। सभी गुट एक स्तर से प्रधानमंत्री को या तो फैसला कर देने को कहते या फिर अगर उनका रुख तब तक स्पष्ट हो जाता, उनको बधाई देकर उनके द्वारा नामांकित, उम्मीदवार के समर्थन में, एक नया··· बिलकुल नया, सधा-बँधा हुआ बयान जारी कर देते।

पार्टी के विभिन्न गुटों के उम्मीदवारों में, जहाँ व्यक्तिगत स्वार्थों, पदों की सौदेबाजी, तथा सत्ता के नियंत्रण के लिए संघर्ष हुआ करते, प्रधानमंत्री के यहाँ से निकलनेवाला सफल उम्मीदवार, राजनैतिक मुहरों की उठा-पटक के साथ, पूँजीपतियों तथा नौकरशाही के प्रभाव से चुना जाता। पार्टी के अध्यक्ष यह कठपुतली का खेल, आज कितने वर्षों से देख रहे थे। उनको मालूम था, वामपक्षी, दक्षिणपक्षी, मध्यमार्गी, लेफ्ट टू सेंटर आदि सभी गुटों की डोर प्रधानमंत्री के हाथों में थी। उनके खेल-तमाशे, उछल-कूद प्रधानमंत्री के सामने जाकर खत्म हो जाते।

प्रदेश में, राष्ट्रपति शासन खत्म करने की बात जिस दिन से उठी थी, उस दिन से ही पार्टी-अध्यक्ष को पता था, उत्सुकदास को राजगद्दी मिलेगी। इसलिए, जब उनसे राय माँगी गई, तो उन्होंने सारा मामला प्रधानमंत्री के ऊपर छोड़ने का सुझाव दिया था। पार्टी-अध्यक्ष उत्सुकदास के पुराने दुश्मन थे। कभी कोई मौका मिलने पर छोड़ेंगे नहीं, यह उत्सुकदास को मालूम था। इसलिए आज ताँबाकांड स्कैंडल के बारे में काफी देर तक पूछताछ करते रहे। कई-एक और मामलों का जिक्र भी किया। मंत्रिमंडल की सूची में उलट-फेर करने की कोशिश की तो उत्सुकदास ने कह दिया, 'सूची प्रधानमंत्री द्वारा स्वीकृत की जा चुकी थी।'

पार्टी-अध्यक्ष पहले उत्सुकदास के साथ राष्ट्रीय पार्टी के मंत्री हुआ करते थे। उनकी ईमानदारी, शराफत के विपरीत उत्सुकदास तब चालबाजी, मक्कारी, धूर्तता की चालें चला करते, जिसके कारण उत्सुकदास हर जगह दो कदम आगे रहते। फिर संगठन पर उनका ही कब्जा था। बड़े-बड़े नेताओं को घेरकर जो चाहते, करवा लिया करते। दिल्ली में पश्चिमी देशों के दूतावासों से उत्सुकदास का संपर्क उन्हीं दिनों स्थापित हुआ था।

समाजवाद पर आस्था रखनेवाले पार्टी-अध्यक्ष को वामपक्षी कहकर दुत्कार दिया जाता। बड़े नेताओं की शक्ति के बूते पर उत्सुकदास ने चारों ओर अपनी धाक जमा

रखी थी। पार्टी-अध्यक्ष उन दिनों कटी पतंग की तरह, समय की हवा में बहे जा रहे थे। उनका न तो कोई सम्मान होता, न ही उनकी कहीं गिनती थी। नगण्य, चुप, निराश वह उन दिनों उत्सुकदास को ईर्ष्या की दृष्टि से देखा करते। उस समय की साधारण-सी ईर्ष्या, धीरे-धीरे नफरत में बदलकर आज तक उनके अंदर पल रही थी। लेकिन अब तक वह खुद बड़े नेता बन चुके थे, इसलिए कुछ कह नहीं पाते। पहले भी अपनी दुर्दशा की उनको कभी इतनी चिंता नहीं थी। दुख तो होता नीतियों पर। उत्सुकदास के कार्यकलाप पार्टी के निर्धारित कार्यक्रम के अनुसार न होकर विदेशी दूतावासों के इशारों पर हुआ करते। बड़ी सफाई से वह बड़े नेताओं को फँसाकर पार्टी के कार्यक्रम की दिशा मोड़ दिया करते। पार्टी-अध्यक्ष खुले आम उत्सुकदास को दक्षिणपक्षी प्रतिक्रियावादियों का एजेंट कहा करते। उधर, उत्सुकदास उनको, साम्यवादी देशों का एजेंट कहते। पार्टी-अध्यक्ष की आवाज, उस समय नक्कारखाने में तूती की आवाज थी।

वह जमाना उत्सुकदास का था। उनका प्रभाव सातवें आसमान तक निरंतर फैल रहा था। गुरुपदस्वामी, पार्टी के पुराने प्रतिष्ठित नेता थे, जो उनको अपने लड़के के समान मानते, उधर उत्सुकदास की महत्त्वाकांक्षाओं की कोई सीमा नहीं थी। भाग-दौड़, तिकड़म से उस समय वह अपना गिरोह बनाने में संलग्न थे। उनको गुरुपदस्वामी में वह सीढ़ी दिखाई दी, जिस पर चढ़कर सफलता की नई मंजिल तलाश की जा सकती थी। मंजिल पर पहुँचने के पश्चात, गुरुपदस्वामी को समाप्त करने के लिए, सिर्फ उस सीढ़ी को अंतिम सिरे से पकड़कर खींचना था।

पार्टी-अध्यक्ष को उस समय का अपना अपमान कभी नहीं भूला, जब उत्सुकदास ने उनके बारे में कहा था, "उस चूतिए की क्या हैसियत! मेरी कार का दरवाजा खोलता था।" आज हवाई अड्डे पर उतरकर उन्होंने देखा, उत्सुकदास अपने गिरोह के साथ उनकी प्रतीक्षा कर रहे थे। बाहर आने पर स्वयं उत्सुकदास ने फूलमाला पहनाकर उनका स्वागत किया। अपने साथियों के साथ उनकी जय-जयकार की, 'समाजवाद जिंदाबाद' के नारे लगाए। उत्सुकदास जानते थे, पार्टी-अध्यक्ष, अपनी जयकार से अधिक समाजवाद की जयकार सुनकर खुश होते। टर्मिनल के पास खड़ी हुई गाड़ी में, जब उत्सुकदास ने कार का दरवाजा खोलकर उन्हें बैठने के लिए कहा तो वह एक क्षण को रुके। उस समय उनको वही पुरानी बात याद आई। फिर मुसकराकर कार के अंदर बैठ गए। उत्सुकदास को उनसे अधिक कौन जानता था? इस सम्मान, नम्रता, आदर के धोखे में वह कैसे आ जाते?

आज उत्सुकदास का भाग्य उनकी मुट्ठी में बंद था। चलते समय प्रधानमंत्री ने स्पष्ट रूप से कह दिया था, मीटिंग में फैसला होने से पहले विधायकों का रुख देखकर उनसे टेलीफोन पर बात कर लें। अध्यक्ष जानते थे, पार्टी में उत्सुकदास का विरोध, केवल

गुरुपदस्वामी के मेरुदंड से दबा हुआ था। लेकिन इधर ताँबाकांड के कारण गुरुपदस्वामी का नैतिक बल गिर चुका था। तभी तो, प्रधानमंत्री के यहाँ वह रोनी सूरत बनाकर बैठे थे। फिर भी वह उत्सुकदास को मुख्यमंत्री बनवाने के लिए जी-जान से कोशिश करेंगे। पार्टी-अध्यक्ष ने दिल्ली में यह भी सुना था, कुछ महत्त्वपूर्ण आई. सी. एस. अफसर ताँबाकांड की वजह से उत्सुकदास के खिलाफ हो चुके थे। इनमें से एक आई. सी. एस. प्रधानमंत्री का विशेष राजनैतिक सलाहकार भी था। उनको पता था, ये उत्सुकदास को नष्ट कर देंगे। फिर भी इसमें समय लगेगा। आज, अभी, ये लोग कुछ नहीं कर सकते।

हवाई अड्डे से आते वक्त, रास्ते-भर, पार्टी-अध्यक्ष की मोटर में उत्सुकदास चापलूसी में लगे रहे। उनकी न जाने कितनी प्रशंसा की, पार्टी के कार्यक्रमों को सख्ती के साथ लागू करते हुए समाजवाद की ओर कदम आगे बढ़ाने के लिए अपने दृढ़-संकल्पों की चर्चा की। विरोधी दलों की बढ़ती हुई शक्ति को बाँधने की अपनी योजनाएँ उन्हें बतलाते रहे। उस समय पार्टी-अध्यक्ष कुछ और ही सोचते रहे। उनकी तीव्र आकांक्षा, उत्सुकदास को गिराने की थी।

आदर्शों के हिमालय रोज नहीं उठा करते, वह जानते थे। उत्सुकदास कभी उस हिमालय पर नहीं गया जो उनकी पार्टी ने उठाया था। वह तो विदेशी सूत्रों के संपर्क से, उस हिमालय की तलहटी में, बारूद की नहर खोद रहा था, समाजवाद के हिमालय को उड़ाने के लिए। इस देश में, कितने ही उत्सुकदास, कृष्णबल्लभ, ऐसी कितनी ही बारूद की नहरें बनाने में लगे थे। पार्टी-अध्यक्ष अपने व्यक्तिगत विरोध को भूल सकते थे। समष्टिगत आदर्शों को, व्यक्तिगत स्वार्थों से ऊपर ही रखना उन्होंने सीखा था। राजनीति उनके लिए व्यापार नहीं थी, राष्ट्रसेवा को उन्होंने अपना मूल-मंत्र बनाया था तभी अपमान, निराशा उनके विश्वास को कभी डिगा न सकी। उनकी सत्यता, अपनी सीमाओं में बँधकर, व्यक्तित्व में कुछ लकीरें खींच गई थी, जो उनके लिए लक्ष्मण-रेखाएँ थीं।

उत्सुकदास इन सबसे दूर, किसी कुत्सित लिप्सा में लीन, निहित स्वार्थों की निष्ठा के लिए, मुख्यमंत्री बनना चाहता है। उधर पार्टी-अध्यक्ष समाजवाद के आदर्शों की पूर्ति के लिए संघर्षरत अपने जीवन का भी बलिदान करने में नहीं हिचकते। उनको पूर्ण विश्वास था, उत्सुकदास का मंत्रिमंडल पूँजीपतियों, जमाखोरों, कालाधंधा करनेवालों को संरक्षण देगा। केंद्र सरकार, केंद्रीय-दल का संगठन समाजवाद की नीतियाँ निर्धारित करता रहे, उनका प्रयोग होगा, इन्हीं विरोधी तत्त्वों को, अधिक-से-अधिक लूटमार करने में सहायता देने के लिए।

आज अपने जीवन में, पहली बार, पार्टी-अध्यक्ष की आत्मा काँप उठी। उत्सुकदास

में मंत्रिमंडल की कल्पना करके. उनके रोंगटे खड़े हो गए! अपने को शक्तिहीन अनुभव करते हुए, क्षोभ, क्रोध के वातायन में, उनका मन भटकने लगा।

मुख्यमंत्री पद के लिए किसी आदर्श मूर्ति की बात उनके मन में नहीं थी। वह जानते थे, प्रजातंत्र की संसदीय प्रणाली में भ्रष्टाचार कभी नहीं रोका जा सकेगा। गड़बड़ियाँ तो बनी रहेंगी। तब भी कुछ लक्ष्मण-रेखाएँ तो थीं, जिनके बाहर जाना, राजनैतिक अपराध ही नहीं, राष्ट के साथ गद्दारी थी। शासनतंत्र चलता रहेगा। निहित स्वार्थों के संघर्ष में उसका संतुलन तो बना रहेगा, लेकिन व्यवस्था तोड़ने के लिए उत्सुकदास का मुख्यमंत्री बनाया जाए, यह बात उनकी समझ में नहीं आ रही थी। पार्टी-अध्यक्ष न, हाईकमांड के निर्णय पर कुछ कहा-सुना तो नहीं, लेकिन अब स्वयं उनको भेजा गया, पार्टी के सदस्यों को अनुशासन में बाँधकर उत्सुकदास को नेता बनाने के लिए, तो उनका मन उचाट होकर उनका साथ नहीं दे रहा था।

उत्सुकदास को मुख्यमंत्री बनवाने में सक्रिय स्वार्थों के विषय में, उन्हें अब तक सबकुछ मालूम हो चुका था। भारत का सबसे बड़ा प्रदेश होने के कारण, दिल्ली में स्थित पश्चिमी देशों के दूतावास, यहाँ के मामलों में काफी दिलचस्पी रखा करते। समाजवाद का आंदोलन जो यहाँ जोर पकड़ गया तो आग की तरह पूरे देश में फैल जाएगा। इनके लिए समाजवाद का नाम लेना भी गुनाह था। उनको पूर्ण विश्वास था, एक सधे हुए खिलाड़ी की तरह, उत्सुकदास उन तत्त्वों को कुचल देगा जो समाजवाद की नींव से उठकर खड़े होंगे। इधर पार्टी-अध्यक्ष के मन में, समाजवाद की आस्था गुलाब के फूल की तरह थी, जिसकी सुगंध उनकी आत्मा के रोम-रोम में बस चुकी थी। किंतु आज उन्हें वह फूल मसलकर उस घूरे पर फेंकना होगा, जहाँ उत्सुकदास के साथ समाज के शत्रुओं का डेरा होगा। यह सब खुद उनको अपने हाथों से करना होगा।

दिल्ली में पश्चिमी देशों के दूतावासों ने बड़ी नौकरशाही के जरिए, बड़े उद्योगपतियों ने चुनाव में खरीदे हुए नेताओं के जरिए, गुरुपदस्वामी ने राजनैतिक प्रभाव और खुद उत्सुकदास ने अपनी तिकड़म से प्रधानमंत्री के चारों ओर ऐसा समाँ बाँधा था, पार्टी-अध्यक्ष से पूछा तक नहीं गया। यहाँ आने से पहले उन्होंने दो पर्यवेक्षक भेजे थे जिनकी अभी-अभी मिली रिपोर्टों में, ऐसा कुछ भी नहीं था जिसके आधार पर उत्सुकदास को, आज मुख्यमंत्री बनने से रोका जा सके। पर्यवेक्षकों के दारुलशफा पहुँचते ही उत्सुकदास के आदमियों ने उन्हें घेर लिया। दारू के नशे में उनके निर्देश बह गए। मुजरा, ताश, सैर-सपाटा, बाजार-हाट में पर्यवेक्षक ऐसे फँसे, उनको उत्सुकदास का विरोध कहीं दिखाई न दिया। चारों ओर अजब माहौल था। उत्सुकदास की पकड़ इतनी दूर तक जाती, भला उसके शिकंजे से यह लोग कहाँ बचते! पर्यवेक्षक कितने विधायकों से मिले? उनको मिलाया ही गया उन लोगों से, जिनका उत्सुकदास को

समर्थन प्राप्त था। रंगीनराय, लोबीराम का नाम, उनकी रिपोर्ट में लिखा गया लाल स्याही से, खतरे की घंटी बजानेवालों में।

प्रशंसकों, समर्थकों और चमचों से छुट्टी पाकर, उत्सुकदास अपने बेडरूम में चले आए। सात-सवा सात का समय हो चुका था। उनकी आकांक्षाओं का स्वर्ग बनने में कुल जमा तीन घंटे बाकी थे! उल्लास में डूबे हुए धीरे-धीरे, एक फिल्मी गीत 'न जाओ सैयाँ, छुड़ाके बैयाँ कसम तुम्हारी···' गुनगुनाते हुए, उन्होंने दाढ़ी बनाने का सामान उठाकर ड्रेसिंग टेबल पर रखा। सबेरे को नाई आकर बाल ठीक कर गया, दाढ़ी बना गया था लेकिन फिर भी शपथ-समारोह, और हाँ, प्रतिभा के लिए, एक बार पुनः शेव कर लेना चाहिए···उन्होंने सोचा।

ड्रेसिंग टेबल के तीन हिस्सोंवाले शीशे के सामने बैठकर, उत्सुकदास ने अपने गालों पर ब्रश से पानी लगाया। फिर ब्रश पर क्रीम रखकर रगड़ने लगा। क्रीम का फेनीला साबुन जमकर उनके गालों पर बैठने लगा। सेफ्टीरेजर में विलायती ब्लेड लगाते समय उनको प्रतिभा की याद आई। सेफ्टीरेजर के साथ शेविंग सेट, प्रतिभा ने उनकी वर्षगाँठ पर उपहार में दिया था।

उत्सुकदास को प्रतिभा के वह शब्द कभी न भूले, जो उसने शेविंग सेट देते समय की बातचीत में कहे थे।

'बस हमें यही वर्षगाँठ का उपहार दोगी?' उत्सुकदास ने कहा था।

प्रतिभा ने भावुकतापूर्ण उत्तर दिया था, 'आपको! बस यही! ···हाँ यही! अब है ही क्या और कुछ देने के लिए? चकिया के डाकबँगले में, उस अँधेरी शाम, आपने सबकुछ तो लूट लिया था। ···अपने समर्पण को मैंने पतन नहीं समझा था, इसीलिए जीवित हूँ! आपकी देन राहुल को सीने से लगाए!'

सात वर्ष पूर्व, उत्सुकदास ने प्रतिभा को निर्वस्त्र किया था। काँच की गुलाब-भरी शीशी जो तोड़ी तो उसका एक टुकड़ा टूटकर कहीं चुभ गया। उसके बाद हर दिन शाम को, इसी समय उनको प्रतिभा की याद आती। कहीं भी हो, दूर-से-दूर तक, हर शाम वह उन्हें तड़पा जाती। जैसे काँच का वह टुकड़ा, रेत के असंख्य दानों की तरह, शिराओं में दौड़ते हुए खून में घुल-मिल गया। किसी अनजाने बोझ की पीड़ा उनकी साँसों के ऊपर बोझ बनकर बैठ जाती। असहाय, निरीह प्राण बंधनों के दायरे में सिमटने लगते।

उत्सुकदास प्यार में प्रतिभा को 'रानी' कहा करते। जिस दिन दिल्ली में उनके मुख्यमंत्री बनने की घोषणा हुई, उसी दिन उन्होंने अपनी रानी को फोन पर, सबसे पहले शुभ समाचार सुनाया। प्रतिभा उस समय भोपाल में थी। उन्होंने उससे राहुल को लेकर

लखनऊ पहुँचने के लिए जब कहा तो प्रतिभा ने तीखी टोन में उत्तर दिया, ''इस जन्म में तुम उससे तो न मिल पाओगे!''

टेलीफोन पर उत्सुकदास गिड़गिड़ाने लगे, ''रानी! प्लीज, मेरी बात तो सुनो! क्या तुम्हें मालूम है, आज सात वर्षों से, तरस-तरसकर जी रहा हूँ। तुम्हारी सौगंध उठाई थी, इसीलिए कभी कुछ कहा नहीं। लेकिन अब, रानी! सहा नहीं जाता। कोई भी सजा दे दो, मुझे मंजूर है। बस, एक बार मुझे अपने वंश के उत्तराधिकारी से मिल लेने दो।''

''दूसरों के नाम से अपना वंश चलाओगे?'' प्रतिभा ने व्यंग्य से कहा था।

''अब तुम्हीं बोलो, क्या मेरा इकलौता लड़का मुझे मुख्यमंत्री की शपथ लेते हुए न देख पाएगा? जब लड़का बड़ा होगा, उसे क्या जवाब दोगी?'' उनकी आँखों में आँसू भर आए, गला रुँध गया, आगे बोल न निकल सके। अब बोलने की जरूरत भी नहीं थी। उधर प्रतिभा, भोपाल में, रिसीवर रख चुकी थी।

आज उत्सुकदास अपनी रानी का ही नहीं, अपने इकलौते बेटे राहुल का भी इंतजार बड़ी बेचैनी से कर रहे थे। ड्रेसिंग टेबल के शीशे में, शेविंग क्रीम से पुते हुए चेहरे के ऊपर, उनको कहीं किसी लड़के के चेहरे में राहुल-जैसी छाया दिखाई दी! हाथ में, सेफ्टीरेजर रुक गया⋯कहीं, क्रीम काटने से बेटे की छाया, कट न जाए⋯यह सोचकर उत्सुकदास डर गए। उनकी आँखें बंद हो गईं।

राहुल की छाया, रानी की भेंट की हुई शेविंग क्रीम से ऊपर! मेरे गालों से चिपटकर, पड़ी हुई⋯ममता के उफान में, उनका हृदय जागते हुए शोलों-सा धधकने लगा।⋯यहाँ राजनीति की लड़ाई में, भूखे भेड़ियों के बीच, मैं भी किसी जानवर से कम नहीं।⋯आस्था; विश्वास के संकल्प धीरे-धीरे पीछे छूटते जा रहे थे।⋯कभी-कभी लगता, सबकुछ छोड़कर चला जाऊँ⋯लेकिन कहाँ जाऊँगा?⋯किधर है मेरा ठिकाना!⋯किस कगार पर मेरी नाव लगेगी? कोई भी तो नहीं है मेरा!⋯रानी, कालीशंकर को छोड़ नहीं सकती, राहुल रानी से दूर नहीं जाएगा।⋯मैं, इसी नरक में सड़ता रहूँगा!⋯मेरे पापों का शायद यही प्रायश्चित है।⋯इस विशाल धरती में, मेरे लिए कोई जगह नहीं।⋯किसके कंधे पर सिर रखकर, मन की शांति तलाश करूँ?⋯हे भगवान! मैं कहाँ जाऊँ, क्या करूँ? मेरी लिप्सा, कुत्सित आकांक्षाओं के घेरों की जकड़न, भला छोड़ेगी!⋯नहीं, अब भागना असंभव है⋯इन्हीं घेरों के दायरों में भटकना होगा। यही मेरा अंत है।⋯आज नहीं आया तो राहुल कभी नहीं आएगा। हृदय में उठती टीस से आँखों में आँसू भर आए। उत्सुकदास ने सेफ्टीरेजर ड्रेसिंग टेबल के ऊपर रख दिया। दोनों हाथ जोड़कर आँखें बंद कर ईश्वर से प्रार्थना करने लगे।⋯सारा सुख, सारा ऐश्वर्य ले लो।⋯राहुल, सिर्फ राहुल मुझे दे दो।⋯उसका नाम मुझे मिल जाए।⋯हृदय की प्रत्येक धड़कन में राहुल का नाम धड़कने लगा। आँसुओं की धारा

बहने लगी। आँसुओं की धारा में धीरे-धीरे, चेहरे पर अब तक सूख गई, शेविंग क्रीम पिघलकर उनकी गरदन तक टपकने लगी।

राहुल के सपनों में उत्सुकदास खोए ही रहते, तभी टेलीफोन की घंटी बजने लगी। आँखें खोलीं तो ड्रेसिंग टेबल के शीशे में अपना चेहरा दिखाई दिया। आँखों से टपकते हुए आँसू शेविंग क्रीम में सने हुए गालों पर कीचड़ बनकर लिपट रहे थे। उत्सुकदास को उस समय शीशे में एक परछाईं दिखाई दी, जैसे उनकी रानी, राहुल के साथ वहीं बैठी हो। अपने भ्रम से जूझकर अंतर में उमड़ते पीड़ा के तूफान को रोकने की कोशिश करते हुए लगातार बजती हुई टेलीफोन की घंटी बेमन से टूटे हुए, पराजित उत्सुकदास सुनने के लिए पीछे घूमे तो सामने सोफा पर प्रतिभा राहुल के साथ बैठी हँस रही थी।

कालीशंकर ने टाइपराइटर से मंत्रिमंडल की सूची निकालकर सेट बनाए, फिर स्ट्रैपलर की पट्टियों के बीच उन्हें लगाकर दबाता गया। स्ट्रैपलर करने के बाद गुलाबी रंग की प्लास्टिक की फाइल में, छोटे-से कैच को हटाकर उसने सूचियाँ लगा दीं। पार्टी-मीटिंग का एजेंडा पहले ही टाइप करके रख दिया था।

उत्सुकदास का बूढ़ा नौकर चाय लेकर आया तो उसने प्रतिभा के आने की बात पूछी।

कालीशंकर को तब याद आया, अभी स्टेशन जाना होगा उसे लेने के लिए।

टाइपराइटर की बेजान टिक-टिक से उसके कान पक गए थे। कौन कहता, टाइप मशीन निर्जीव होती है। टाइप करते समय एक मैसेज, टाइपराइटर कीज़ को रफ्तार में दबाते समय पैदा होती। कालीशंकर को कई बार लगा... वह मैसेज थी... "दैट यू आर वेस्टिंग टाइम, इट इज डिसेप्सन।" इसे सोचते समय वह अक्सर हँसने लगता। अपने साथ बैठे हुए लोगों को बताता, "दैट यू आर वेस्टिंग टाइम, इट इज डिसेप्सन, दिस इज चीटिंग।"

कालीशंकर के पास किसी चीज की कमी नहीं थी। उत्सुकदास उसका बहुत खयाल रखते। उसका खयाल उत्सुकदास कोई आज से नहीं रखते, जब से उसने होश सँभाला, उन्हीं की कृपा पर जी रहा था। उसने पहले भी अपने बाबा से सुना था, अपने ऊपर उनके खानदानी अहसान थे।

उसके बाबा कहा करते, 'हम उनका कर्ज सात जन्म न चुका सकेंगे। अगर यह लोग न होते, हम सब तबाह हो जाते। नामो-निशान मिट जाता।'

कालीशंकर ने बाप को तो कभी देखा ही नहीं था। हाँ! बाबा की याद उसे आज भी

आती। बाबा की बूढ़ी आँखों में कालीशंकर ने सदैव कहीं एक आहत स्वाभिमान की झलक देखी थी। तब उसे उतनी समझ ही कहाँ थी जो उन व्यथित नयनों की भाषा पढ़ सकता।

छुट्टियों में वह घर जाता तो बाबा कहते, 'जब तू बड़ा हो जाएगा, समझने-बूझने लगेगा, तुझे बतलाऊँगा, यह दुनिया क्या है?'

कालीशंकर अपने बाबा से अनगिनत प्रश्न किया करता—बाप, अपनी माँ, अपने खानदान, बचपने के विषय में। बाबा सदैव चुप रह जाते। कुछ बताते तो नहीं; हाँ, उनके नयनों में कहीं, वही आहत स्वाभिमान झलक उठता। कालीशंकर उस दिन की प्रतीक्षा में जी रहा था, जब पढ़ाई-लिखाई समाप्त करने के पश्चात, बाबा अपना वादा पूरा करेंगे, जब उसके अनगिनत प्रश्नों का उत्तर मिलेगा।

काशी विश्वविद्यालय में पढ़ाई के अंतिम वर्ष में कुछ ही महीनों की बात रह गई थी, जब एक दिन उत्सुकदास ने उसे बुलाकर प्रतिभा से विवाह करने की बात कही। कालीशंकर के आश्चर्य की सीमा न रही। प्रतिभा से परिचय यूनियन के कार्य-कलापों से संबंधित था। स्वप्न में भी कभी उसने सोचा नहीं था प्रतिभा से विवाह करने का। स्वप्न का भी आधार होता है। उसका न तो कोई स्वप्न था, न ही आधार। उत्सुकदास के टुकड़ों पर पलनेवाला वह भला उन्हें इनकार भी कैसे करता? आर्यसमाजी परंपरा से प्रतिभा से उसका विवाह हो गया। उसी दिन उसके बाबा ने पलकों में आहत स्वाभिमान की झलक छिपाए हुए आँखें मूँद लीं। कालीशंकर तड़पकर रह गया। उसे अपने अनगिनत प्रश्नों का उत्तर न मिल सका। अब तो एक और प्रश्न उनमें जुड़ गया था। उत्सुकदास ने प्रतिभा से उसका विवाह करीब-करीब उसे मजबूर करके क्यों करवाया? उन रहस्यों की गुत्थियाँ उलझकर और उलझ जातीं। उसके अंदर संदेह की तीव्र आँधी उठती जिसे वह उत्सुकदास के प्रति अपने विश्वास, अपनी आस्था से दबा दिया करता।

जब संदेह की आँधी उसके जीवन के किनारों-किनारों पर धूल-गर्द बिखराकर चली जाती, प्रतिभा के उत्तेजक, मोहक रूप की मादकता, तरुणाई के ज्वार में कालीशंकर हिचकोले खाता रहता। विवाह के कुछ ही दिनों बाद प्रतिभा जे. जे. स्कूल ऑफ आर्ट्स में चित्रकला का कोर्स करने चली गई। कालीशंकर को उत्सुकदास ने सेक्रेटेरियल प्रैक्टिस सीखने दिल्ली भिजवा दिया। कई महीनों तक यूँ ही भटकता रहा। तब उत्सुकदास ने उसे अपना सेक्रेट्री बनाकर रख लिया। प्रतिभा के पत्रों से उसे पता लगता रहता, उत्सुकदास अकसर बंबई में उससे मिलने जाया करते। जे. जे. स्कूल ऑफ आर्ट्स में कोर्स पूरा न हो सका। बीच में ही राहुल का जन्म हो चुका था। कालीशंकर उसे लेने जब बंबई गया, तीन महीने वहीं उसके साथ रहा। राहुल के जन्म के समय के दिनों की मधुर कल्पना में, आज भी उसे रोमांच हो आता। उत्सुकदास ने कोलाबा में रहने का

प्रबंध कर दिया। घूमने-फिरने के लिए गाड़ी भी मिल गई थी। जूहू-बीच, कोलाबा में समुद्र का किनारा, मेरिन ड्राइव की सैर! क्या दिन थे! प्रतिभा में उन दिनों उसने स्वर्ग देखा था। जैसे आकाश के चाँद-सितारे, संसार का सारा वैभव सिमटकर उसमें बस गया था। बंबई से प्रतिभा लौटकर बस कुछ ही दिनों के लिए आई। उसके बाद भोपाल अपनी भाभी के पास चली गई। वहाँ से लौटकर आई तो राहुल उसके साथ नहीं था।

उत्सुकदास तब तक राष्ट्रीय पार्टी के महामंत्री बन चुके थे। अपना गिरोह बनाने, संगठन के ऊपर अधिकार करने में उस समय वह जुटे हुए थे। कालीशंकर वहीं उनका प्राइवेट सेक्रेट्री बना रहा। उधर प्रतिभा को भी उत्सुकदास ने दफ्तर के टेलीफोन वगैरह देखने-सुनने के लिए लगा लिया। अब कालीशंकर के ऊपर जिम्मेदारियों का पहाड़ गिर पड़ा। उसको महीने में पंद्रह दिन पार्टी के काम से केरल, मद्रास, बंबई, अहमदाबाद जाना पड़ता। प्रतिभा उन दिनों उत्सुकदास के घर में रह जाती।

कालीशंकर के मन में छिपी हुई दरार उस समय से उभरने लगी थी। रात के अँधेरों में लंबी यात्राओं के पश्चात वह प्रतिभा के सुनहले बदन से लिपटकर अपने प्रश्नों का उत्तर ढूँढ़ने की कोशिश करता। लेकिन उत्तर कहाँ मिलता? स्वयं प्रश्नचिह्नों ने कभी उत्तर दिया है? अपनी आत्मा पर, इन्हीं गुरुतर प्रश्नों का बोझ उठाकर भी वह जीवन की गति में बहा चला जा रहा था। एक ओर, उत्सुकदास के प्रति सम्मान, श्रद्धा, परोपकार उस ऊँचाई तक पहुँचने से रोकती जहाँ नकाब ओढ़कर कोई निरंतर उसके जीवन का सत्व लूट रहा था, दूसरी ओर प्रतिभा की मोहक मुसकान, मादक यौवन की छाया उसके मन की दरार को रेत की तरह बिखेर जाती! फिर भी, बाबा की आँखों में झलकता आहत स्वाभिमान किसी अनचाहे स्वप्न की तरह पीछा करते-करते दूर कहीं रेगिस्तान की घाटियों में उसे ढकेल देता। प्रतिभा को देखते-देखते वह उन घाटियों में जलते हुए तूफानों से घिर जाता। मस्तिष्क की शिराओं की जकड़न, विचारों का टकराव, अनजाने भय की अँधेरी छाया, श्वास की तारतम्यता में घुल-मिल जाती। ऐसी तड़पन, व्यथा के बोझ में अनगिनत प्रश्नों के अंबार उसे जोड़ते-तोड़ते। राहुल बीच की कड़ी था! प्रतिभा, उत्सुकदास—जागती-सोती तंद्रा के दो किनारे!

दिल्ली की एक अँधेरी शाम को, जब उत्सुकदास शहर से बाहर चले गए, प्रतिभा राहुल के पास भोपाल में थी, कालीशंकर अपने कमरे के बिस्तर पर बेचैन तड़प रहा था। तब उसके बूढ़े नौकर ने उससे कहा, "बेटा, अपने को सँभालो, तुम्हारे खानदान पर पागलपन का शाप है।"

कालीशंकर स्तब्ध, निरीह नयनों से उसे देखता रहा। उसी दिन बूढ़े नौकर ने उसे बताया, बहुत साल पहले उसका बाप पागल होकर कहीं गायब हो गया, माँ जन्म देकर

मर गई थी। बूढ़ा नौकर पुराने दिनों में उत्सुकदास की हवेली में काम किया करता, वहीं उसी गाँव में कालीशंकर के बाबा रहा करते थे।

चाय का प्याला हाथ में लिए, कालीशंकर स्मृतियों के अँधेरे में थोड़ी देर के लिए भटक गया था। चाय कुछ घूँट ही पी थी, तभी ड्राइंगरूम से सुमंत आकर मंत्रिमंडल की लिस्ट माँगने लगा। सुमंत टॉप सीक्रेट खबरों को उड़ाने में माहिर था। कालीशंकर लिस्ट कैसे दे देता? सुमंत बिना लिस्ट लिए जाना नहीं चाहता था। उसने वादा किया''कसमें खाई—पार्टी-मीटिंग के पहले लिस्ट प्रेस में नहीं दी जाएगी। फिर भी डाक एडीशन में मंत्रिमंडल की खबर तो देनी होगी। लेकिन कालीशंकर बराबर इनकार करता रहा। दोनों में बहस होने लगी।

कालीशंकर इस समय प्रतिभा को स्टेशन लेने जाने के लिए निकलना चाहता था। स्टेशन जाने से पहले कुछ सामान भी खरीदना था। चाय का प्याला टाइपराइटरवाली मेज पर रखकर उसने प्लास्टिक की फाइल उठाई, जिसमें मंत्रिमंडल की लिस्ट टाइप करके रख दी थी। सुमंत की आँखों के सामने घुमाते हुए फाइल को बगल में दबाकर वह उत्सुकदास को दिखाने के लिए चल दिया।

सुमंत वहीं रुक गया। उसे विश्वास था, अंदर से लौटकर वह लिस्ट उसे दे देगा।

कालीशंकर मंत्रियों की लिस्ट, पार्टी-मीटिंग का एजेंडा लेकर उत्सुकदास के बेडरूम के दरवाजे के पास पहुँचा तो अंदर से उसे प्रतिभा की आवाज सुनाई दी। आश्चर्यमिश्रित उल्लास से, कमरे में घुसनेवाला ही था तभी प्रतिभा के शब्द उसके कान में जलते हुए अंगारे-जैसे आकर गिरे।

''सात वर्षों से इस रहस्य को मैंने अपने सीने में छिपाया था कालीशंकर के लिए! आप स्वयं देखिए,राहुल की सूरत आपसे कितनी मिलती है!''

कालीशंकर के पाँव रुक गए। उत्सुकदास कह रहे थे, ''रानी! मेरी रानी! आज जीवन-भर की साध पूरी हो गई।''

उत्सुकदास उसी समय राहुल को प्यार से लिपटाकर चूमने के लिए आगे बढ़े। राहुल तो छिटककर अलग हो गया और उसके पीछे खड़ी हुई प्रतिभा उनकी बाँहों में आ गई। उत्सुकदास के जो होंठ, राहुल के लिए बढ़े थे, प्रतिभा के होंठों से जा मिले।

उधर बाहरी कमरे के परदों के पीछे खड़ा हुआ कालीशंकर जैसे बिजली के नंगे तार से छू गया। अविश्वास, आश्चर्य, भय की मिश्रित प्रतिक्रियाओं में भी उसे आज पिछले सात वर्षों से अपने अंदर दहकते हुए प्रश्नों का उत्तर मिल गया था।

उत्सुकदास के यहाँ से लौटकर यशोदाबल्लभ के साथ कृष्णबल्लभ सीधे अपने फ्लैट में आ गए। श्रीकांत पाठक, उत्सुकदास के यहाँ से कामयाब सेठ के साथ घर चले गए। उस समय कमलासिंह वहीं बाहरवाले कमरे में बैठा हुआ लोबीराम-छाप सिगरेट फूँक रहा था। कृष्णबल्लभ के आते ही उसने बढ़ई की पूरी बातचीत उनको बताई। यशोदाबल्लभ सुनते ही गालियाँ बकने लगा, "इस हरामजादे की यह मजाल...!" कृष्णबल्लभ ने उसे रोका।

"देखो यशोदा, मंत्रिमंडल बनने में फकत तीन घंटे बाकी हैं। तुझे क्या मालूम, ताँबाकांड कितना खतरनाक मामला है! अभी तक तो श्रीकांत पाठक, ज्ञानचंद्र ही फँसे थे, लेकिन अगर असली फाइल की नकल भी बढ़ई के पास होगी तो पूरा मंत्रिमंडल रसातल में घुस जाएगा। हम सब मारे जाएँगे। तब तो उत्सुकदास भी नहीं बच सकते। किसी तरह यह तीन घंटे निकल जाएँ, फिर हम निपट लेंगे एक-एक से। अभी तो इस मामले में कलैक्टर भी हमारी नहीं सुनेगा।"

"भाई जी, आपने सुना! फूलदास की हत्या से, सारी पुलिस-फोर्स बगावत पर उतर आई है," कमलासिंह बोला।

"भैया, इस बढ़ई को मारकर फेंक दिया जाए, सारा बवेला खत्म हो जाएगा। न रहेगा बाँस, न बजेगी बाँसुरी! अब पछता रहा हूँ, दुर्लभ काछी का बकार भज दिया। कमीने बढ़ई के सौ टुकड़े करके गोमती में फाइल के साथ बहा देता।"

यशोदाबल्लभ की आखिरी बात सुनकर बाहर की खिड़की के पास खड़ा बढ़ई काँप उठा। कृष्णबल्लभ को उसने दूर से ही आते देख लिया था। धीरे-धीरे कुछ फासला रखकर जब तक वह फ्लैट के दरवाजे पर पहुँचा, इन लोगों की बातचीत शुरू हो चुकी थी। यशोदाबल्लभ की तो आदत जोर-जोर से चिल्लाकर बोलने की थी। उसे ऐसा लगा, उन लोगों में आपस में झगड़ा हो रहा था। भीतर जाने से पहले उसने स्थिति का जायजा लेना ठीक समझा। तभी वह बाहर बैठकवाली खिड़की के पास खड़ा होकर अंदर की बातचीत सुन रहा था। जब उसने यशोदाबल्लभ को क्रोध में चीखते हुए सुना, ताँबाकांड की फाइल उसके पैंट में बनयाइन के नीचे दबी हुई थी। वह सोच रहा था, अंदर जाए या लौट चले? तभी कृष्णबल्लभ की आवाज सुनाई दी, "तुम लोग बात-बात में खून-खराबा करने पर आमादा रहते हो। अभी फूलदास का खून करके आए हो, अब एक और! क्या तुम्हें मालूम है, आठ बजेवाली पार्टी-मीटिंग, पार्टी-अध्यक्ष की देखरेख में होगी? उधर बाबू साब को उलटने के लिए लोबीराम, रंगीनराय साजिश करने में लगे हैं। किसी तरह भी ताँबाकांड की फाइल इन लोगों के हाथों अगर पड़ गई, सब बंटाधार हो जाएगा। कैसे भी उस ससुरे को दो-तीन घंटे के लिए रोको।"

"तो भैया, हम ऐसा करते हैं; उसको यहाँ आने दो, हाथ-पैर बाँधकर पीछेवाले

कमरे में डाल देंगे, मुँह में कपड़ा और ठूँस दिया जाए। उसके बाद उसके घर जाकर उस फाइल को उड़ा दिया जाए। क्यों, कमलासिंह!"

बाहर खड़ा बढ़ई एकदम से भागा। भागने की आवाज सुनकर तेजी से कमलासिंह बाहर आया। उसने देखा, गैलरी में पूरी ताकत से बढ़ई भागा जा रहा था। वहीं से उसने चिल्लाकर यशोदाबल्लभ से कहा—

"अरे जल्दी आवो, पकड़ो! साले ने लगता है, हमारी बातें सुन लीं।"

आगे-आगे बढ़ई, उसके पीछे कमलासिंह, कमलासिंह के पीछे यशोदाबल्लभ, दारुलशफा की गैलरी में दौड़ते चले जा रहे थे। यशोदाबल्लभ के पीछे कुछ दूर कृष्णबल्लभ भी अनायास दौड़ चले। फिर उन्हें खयाल आया, वह तो मंत्री होनेवाले थे। वापस रुककर वहाँ से देखने लगे। बढ़ई उन लोगों से काफी आगे, यशोदाबल्लभ, कमलासिंह के काफी पीछे था। कमलासिंह के ऊपर लोबीराम की चरसवाली सिगरेट असर करने लगी थी। कुछ ही दूर दौड़ने के बाद, उसका सिर चकराने लगा। ठोकर खाकर वह तो गिर पड़ा। गिरने पर उठना बेकार था, बढ़ई काफी दूर निकल चुका था। यशोदाबल्लभ अब तक कमलासिंह के पास आ गया, वहीं से वह चीखने लगा, "पकड़ो-पकड़ो, पकड़ लो साले को! भागने न दो, मंत्री जी की फाइल चुराकर भागा है।" गैलरी में धड़ाधड़ दरवाजे खुल गए। लोग-बाग बाहर निकलकर तमाशा देखने लगे। तभी कुछ लोग बढ़ई को पकड़ने के लिए दौड़ पड़े। उनके साथ यशोदाबल्लभ भी भागने लगा। कमलासिंह उठकर खड़ा तो हो गया, लेकिन दौड़ने के काबिल नहीं था, चरस चढ़ चुकी थी। बढ़ई फूलती साँस को दम देने के लिए एक क्षण को रुका ही था, उसने यशोदाबल्लभ के चीखने के साथ कई लोगों को पूरी ताकत से अपनी ओर भागते देखा। फाइल बनयाइन के नीचे दबाए हुए इस बार और तेजी से वह भागा। उसके कानों में यशोदाबल्लभ के शब्द अभी तक गूँज रहे थे, पकड़े जाने पर क्या अंजाम होगा, इसकी कल्पना से उसके रोंगटे खड़े हो गए। लेकिन भागकर जाए कहाँ, कब तक दौड़ पाएगा, यह लोग उसे पकड़ ही लेंगे, उसके बाद यशोदाबल्लभ काटकर गोमती में फेंक देगा। फूलदास का खून इसी ने करवाया है, बाप रे बाप! भागो! बढ़ई ने तेजी से छलाँगें लगाकर बीच की सड़क पार की। एक बार मुड़कर उसने फिर देखा, किसी क्षण भी ये लोग उसे धर पकड़ेंगे। नियति-चक्र से प्रकाश की किरणें उठीं, एकाएक भागते-भागते उसे कृष्णबल्लभ के शब्द याद आए, 'रंगीनराय, लोबीराम, साजिश!' पहली मंजिल की सीढ़ियाँ सामने थीं, बढ़ई कूदकर चढ़ने लगा, दो-दो सीढ़ियों को लंबे पैरों से पार कर रंगीनराय के घर के सामनेवाली गैलरी की ओर दौड़ा ही था, क़िसी ने उसके कुरते के नीचेवाला हिस्सा पकड़ लिया। कई और लोगों के सीढ़ियाँ चढ़ने की आवाज तेजी से पास

आ रही थी। बढ़ई पीछे मुड़कर पूरे जोर से उस आदमी को ढकेलकर रंगीनराय की बैठक में घुस गया।

रंगीनराय के यहाँ उस समय उत्सुकदास को गिराने के लिए लोबीराम-गुट के मख्य अभिनायकों की मीटिंग चल रही थी। अंदर आते ही, हाँफते हुए, बदहवास हालत में बढ़ई गिरकर बेहोश हो गया। गिरने से पहले उसने बस इतना ही कहा, "रायसाहब, मुझे बचाइए, नहीं तो ये लोग मार डालेंगे।"

सात

दारुलशफा में इधर चोरियाँ बढ़ चली थीं। चोरियों की तादाद अब इतनी ज्यादा हो चुकी थी कि हर वक्त लोगों को डर बना रहता, न जाने कब क्या हो जाए। अब तो, गजब का हाल था, दिन-दहाड़े बिना सेंध लगाए, बिना ताला तोड़े, चोर सामने के दरवाजे से घुसकर हल्के-फुल्के सारे सामान उठा ले जाता। कहीं कोई निशान, सबूत कुछ भी तो नहीं था, उस चोर को पकड़ने का। बस हवा के झोंके की तरह बंद खिड़की, दरवाजे, रोशनदान की झीरियों से अनजाने परिंदे की तरह जैसे जादुई अँगूठी से निकलकर, खुद तो सबको देखता रहता, लेकिन उसे कोई न देख पाता। हैरानी तो इस बात पर होती, उसे न जाने कैसे मालूम हो जाता, किस कमरे में माल था, कहाँ दौलत थी।

उन दिनों, दारुलशफा में दौलत का अपार भंडार था। लेकिन यह दौलत चलती-फिरती. अभी आती, अभी चली जाती। न इसे कोई आते हुए देख पाता. न जाते हुए। इस दौलत में रुपया-पैसा, गहने-नगीने, सोने के बिस्कुट, हीरे-जवाहरात. महँगी विलायती चीजें, साज-सजावट के सामान, कपड़ों के थान, सिल्क की चद्दरें, जमीन-जायदाद के पट्टे, कंपनियों के शेयर, अलग-अलग हैसियतवालों के लिए, अलग-अलग तरीकों से आया करते। जैसा काम, वैसा दाम!

और अकसर इन चीजों की चोरी होने लगी थी। दारुलशफा का चोर कौन था, यह पता चलना कठिन हो गया था। पर इतना जरूर था कि चोर जो भी था, उसे दारुलशफा के भीतरी हिस्सों की पूरी जानकारी थी।

दारुलशफा!

कितना विचित्र इतिहास है इस दारुलशफा का भी!

दारुलशफा के पचास डिग्री दक्षिण, पचास डिग्री पश्चिम, बेलदारी लाइन पर मेडू

खाँ की सराय हुआ करती थी। अब तो दारुलशफा के पीछे बेलदारी लेन पर मेडू खाँ की सराय का पुराने जमाने की लखैरी ईंट-मसाले से बना, गुंबद-द्वार फाटक ही बचा है, पर उन दिनों इसी फाटक के अंदर टूटी-फूटी लंबी कोठरियाँ, कहीं आधी, कहीं बिना छत के बरामदे, सामने से घूमकर पीछे तक गईं कटावदार दालानें थीं। 'ए' ब्लॉक के पश्चिमी सिरे पर जहाँ अब नौकरों के क्वार्टर्स बने हैं वहाँ पहले जंगल था जिसके अंदर से लोग दारुलशफ़ा, रेल के दफ्तर और पुराने जी. पी. ओ. से खास हजरतगंज तक जा सकते थे। पश्चिमी सिरे से दक्षिणपूर्व तक की दीवाल और मेडू खाँ की सराय के खंडहरों के बीच की सड़क के बाद जरा दाहिने हटकर छोटा-सा मंदिर, जिसके पास बहुत पुराना इमली का पेड़ था।

1945 में जब दारुलशफा बनाने की बात सोची गई, वहाँ अंग्रेजों के रहने के लिए दस-बारह पुराने बँगले, गोलाई के दायरे में बने हुए थे। इन्हीं बँगलों के बीच से एक सड़क निकलकर विधान भवन के सामने जाती थी। पूर्वी छोर पर टेनिसग्राउंड और दक्षिण छोर पर घोड़ों के अस्तबल हुआ करते थे। अब जहाँ दारुलशफा का 'ए' ब्लॉक है, वहाँ तक पहले गोमती नदी, बाढ़ के दिनों में फैलकर आ जाया करती। पाँच एकड़ के इस इलाके में पुराने बँगलों को गिराकर, गोमती नदी के फैलाव को बंद करके सन् 44 तक 'ए' ब्लॉक के चौदह कमरे बनाए गए थे। सन् 52-53 तक 'ए' ब्लॉक के एक सौ निन्यानवें कमरे, 'बी' ब्लॉक के निन्यानवें कमरे बन चुके थे। कहते हैं, पुराने जमाने में जब दारुलशफा की इमारत बन रही थी, वहाँ भी एक इमली का पेड़ था जिसे गिराने की वजह से एक के बाद एक करके तीन ठेकेदारों की जानें चली गईं। कोई कहता, उस इमली के पेड़ पर प्रेतात्माएँ रहती थीं, कोई कहता कब्र का भूत! आखिर में इमली का पेड़ गिरा तो दिया गया, लेकिन जिस ठेकेदार ने उसे गिराया, उसने उस पेड़ की लकड़ी वहीं पर जला दी। लोगों के कहने के अनुसार उधर की कब्र से उठकर आत्माएँ मेडू खाँ की सराय की तरफवाले इमली के पेड़ पर बस गईं।

इमली के पेड़ के नीचे से मेडू खाँ की सराय की टूटी-फूटी दालानों तक, मुहल्ले-भर के शोहदे उन दिनों इकट्ठा हुआ करते। गाँजा, चरस, भाँग, ठर्रा की क्या महफिलें वहाँ जमा करतीं। सामने सड़क से लगी हुई, देशी ठर्रे की दुकान में कभी-कभी जब तिल-भर जगह बाकी न बचती, पीने-छाननेवाले पकौड़ी-कलेजी-कलिया के साथ मिट्टी की कुज्जियाँ और बोतलें ले-लेकर इमली के पेड़ के नीचे बैठ जाते। सुलफी की चिलम, ठर्रे की कुज्जियाँ, सिल-बट्टे से निकलते हुए भाँग के गोलों की अलग-अलग मंडली बैठती। जैसी महफिल होती वैसा ही रंग! सारा माहौल खुले आसमान, दबी हुई धूप-छाँव में, किसी क्लब से कम न होता। महफिल के बाद चिलम-कुज्जियाँ, वहीं इमली के पेड़ के खोहों में रख दी जातीं। पास के दालान में, नशे में धुत होने के बाद लोग-बाग, कट पत्ता,

तीन पत्ता, कौड़ी, लूडो, सनफुत्तल खेला करते। धीरे-धीरे जानकार लोगों के हाथ, वहाँ भी लोबीराम-छाप सिगरेटें पहुँचने लगीं। फिर तो माहौल बदलने लगा, महफिलों में इन्कलाब आ गया। लोगों ने सुलफी की चिलम, ठरे की कुज्जियाँ फोड़ डालीं। आदतन मजबूरी में जो लोग फिर भी अगर ठर्रा पीते तो एक हाथ में बोतल होती, एक हाथ में लोबीराम-छाप सिगरेट!

बिरजू ने बड़े धक्के खाए थे। अलीगढ़ के रहीम भाई करीम भाई, तालेवाले सन् '47 के दंगे में नन्हें-से, बिलखते हुए बिरजू को उठा लाए थे। उसके बाद बिरजू वहीं पला-पुसा; बड़ा हुआ। करीम भाई के बाप रहीम भाई ने सन् '20 के आसपास तालाकंपनी बनाई थी। हुनर, कारीगरी, ईमानदारी, लगन की वजह से उनका नाम दूर-दूर तक बड़े फख्र और प्यार से लिया जाता। उनकी कंपनी के तालों की बड़ी साख थी। उनके यहाँ एक से बढ़कर एक हुनरमंद कारीगर थे जिनके हाथों में जादू था। बिरजू ने बस उन्हीं के कंधों पर बैठकर, उनके साथ खेल-कूदकर उम्र पाई। बचपन से ताले का हुनर उनकी रगों में घुसकर बैठ गया। कहाँ का ईमान, कहाँ का धरम, बस ताला ही उसका ईमान था, ताला ही उसका धरम। तालों के कल-पुर्जों से खेलता हुआ बिरजू धीरे-धीरे रहीम भाई करीम भाई तालेवालों के यहाँ बड़ा हुआ। तब तक वह एक अच्छा-खासा कारीगर बन चुका था। करीम भाई ने बिरजू के हुनर को ताड़ लिया। बहुत दिनों से उनके अंदर खास किस्म की, नंबरोंवाली तिजोरियाँ बनाने की तमन्ना थी। उन्होंने अपनी जान-पहचानवालों से कहकर, बंबई की एक तिजोरियाँ-ताले बनानेवाली मशहूर कंपनी में बिरजू को लगवा दिया। उनका इरादा था, जब दो-तीन साल में बिरजू वहाँ काम-काज सीख जाएगा, उसे वापस अलीगढ़ बुला लेंगे। तब रहीम भाई करीम भाई तालेवाले, नंबरवाली तिजोरियाँ भी बनाया करेंगे। करीम भाई को बिरजू से बड़ा प्यार था। अब बिरजू के साथ एक सपना, नंबरवाली तिजोरियाँ बनाने का सपना और जुड़ चुका था। इसीलिए अलीगढ़ स्टेशन पर उसको बिदा करते समय, उनकी आँखें भर आई थीं।

बंबई पहुँचकर बिरजू बड़ी लगन से काम सीखने लगा। करीम भाई के दोस्त, भिंडी बाजार के करीब रहा करते। वहीं बिरजू को भी ठिकाना मिल गया। करीम भाई का सपना अब उसका सपना बन गया। दिन-भर काम करने के बाद, जब वह थककर रात में सोता, नींद-भरी आँखों के सामने नंबरवाली तिजोरियाँ नाचने लगतीं। लिवर और खटकों का खेल तो बचपन से ही उसने सीख रखा था। उसकी जादुई उँगलियों ने नंबरों को पकड़ लिया। जितने नंबर होते, उतने खटके और लिवर का कंबिनेशन खाँचों के जरिए बनाकर फँसा दिया जाता। इल्म की मशीनों के साथ जोड़-तोड़ में बिरजू अपने फन का उस्ताद बन गया।

लेकिन बिरजू-जैसे वहाँ कितने ही उस्ताद थे, जिनकी दोस्ती-संगत में उसे मजा आने लगा। नई उमर में उठती हुई जवानी की तरंगें करवटें बदलने लगीं। बंबई की रंगीनियों में अलीगढ़ की मुहब्बत, करीम भाई के नंबरवाली तिजोरियों के सपने धीरे-धीरे उसकी पकड़ से पीछे छूटने लगे। जुम्मनबाई के कोठे, ताश-जुआ के अड्डे, कच्ची-पक्की शराब की बोतलों में बिरजू डूबता जा रहा था। पहले तो करीब-करीब रोजाना करीम भाई के पास उसकी चिट्ठियाँ आतीं, हर चार-छह महीने बाद वह अलीगढ़ जाया करता, फिर जुम्मनबाई के कोठे, ताश के अड्डों की वजह से चिट्ठियों की तादाद कम होते हुए बंद-सी हो गई। रात-बिरात देर से आने की वजह से करीम भाई के भिंडी बाजारवाले दोस्त का मकान भी छूट गया। कुछ दिन तो वह अपने उस्ताद-दोस्तों के साथ रहा, फिर वहीं जुम्मनबाई के कोठे पर रहने लगा। वहाँ रोज नई लौंडियाँ आतीं, जिनकी जवानी के नशे, तबले-घुँघरू की झनकार ने उसे जकड़ लिया था। यह तो किस्मत की बात थी, जो बिरजू जुम्मनबाई के कोठे में बंद हो गया, वरना दूर-दूर तक, विशाल बंबई शहर में, समुद्र का किनारा, ऊँची-ऊँची इमारतें, वह पहले नंबरवाली तिजोरियों में, अपने करीम भाई के साथ बंद करने का ख्वाब देखा करता।

इसी तरह दो-तीन की जगह पाँच-छह साल गुजर गए। पिछले दो-तीन साल से उसने अलीगढ़ जाना ही छोड़ दिया था। अलीगढ़ उसे अब गाँव लगता, जहाँ बंबई से दूर जाकर एक दिन भी गुजरना मुश्किल हो जाता। इसी बीच करीम भाई बीमार पड़ गए। उनके दिलो-दिमाग पर बिरजू छाया हुआ था। हर वक्त बस, उसे ही याद करते। उनके खुद के दो आवारा किस्म के लड़के थे जिनसे उन्हें कभी खुशी हासिल नहीं हुई। इसीलिए वह मरने से पहले लड़कों के गुजारे का इंतजाम करके अपनी तालेवाली कंपनी बिरजू के हाथों सौंपना चाहते थे। लेकिन बिरजू का कहीं पता हो तब!

उधर बिरजू के ऊपर मुसीबतों का पहाड़ टूट पड़ा। तिजोरी-तालेवाली जिस कंपनी में वह काम करता था, वहाँ लंबी हड़ताल, मार-पीट, दंगा-फसाद के बाद ताला पड़ गया। बिरजू बेकार हो गया। उधर बुरी आदतों की वजह से उसके ऊपर बेहद कर्ज चढ़ गया। जुम्मनबाई के कोठे पर उधारी की रोटी तोड़ते-तोड़ते काफी समय गुजर चुका था। अब तो नौबत यहाँ तक आ पहुँची, किसी दिन भी उसे वहाँ से धक्के मारकर निकाल दिया जाता।

तभी जुम्मनबाई के कोठे पर चमकी नाम की एक लड़का आई। चमकी को देखकर बिरजू उसके ऊपर फिदा हो गया। उसका दिल हाय-हाय करने लगा, कहीं जुम्मनबाई औरों की तरह चमकी को भी न चढ़ा दे! चमकी से मिलने का उसे एक ही मौका मिला। पहली मुलाकात में चमकी भी उसे दिल दे बैठी। उसकी छाती पर बड़ी-बड़ी आँखों से सुबक-सुबककर रोते हुए चमकी ने उससे पनाह माँगी। फिर क्या था, बिरजू आसमान

में कुलाँचें भरने लगा। पैरों में पंख लग गए, दिल इश्क की गहराइयों में डूबने लगा। चमकी, उसकी बेकार-बेजार जिंदगी में बहार बनकर आई, हर वक्त उसी का खयाल, उसी की इबादत!

नंबरवाली तिजोरी बनाने का सपना तो करीम भाई का सपना था, जिसे मन में सँजोकर वह बंबई गया था। लेकिन इतने साल बाद, जब बंबई की सड़कों से कच्ची-पक्की शराब की बोतलों, जुम्मनबाई के कोठे तक न जाने कहाँ वह सपना बिखर चुका था, बहुत पीछे, गर्द और गुब्बार में छूट चुका था। बिरजू को चमकी खालिस अपना, एक नाजुक-सा, प्यारा-सा सपना लगी। उसे हासिल करने के लिए, वह सबकुछ करने को तैयार था, फिर भी बात इतनी आसान नहीं थी। चमकी कोठे पर आई थी। जुम्मनबाई के कोठे पर! वहाँ भला कैसा इश्क! कैसी मोहब्बत!

कुछ ही दिनों में चमकी की 'नथ-उतरवाई' की तैयारियाँ होने लगीं। बड़े सेठ, पेशेवर रंडीबाज, उसे देखकर दाम लगाने लगे। फिर एक दिन वह भी आया, जब चमकी की नथ उतरवाई का सौदा तीन हजार में तय हो गया। बिरजू ने सुना तो उसके होश उड़ गएं। उसने चमकी को वचन दिया था, इज्जत बचाने का। बिरजू की, जवानी के दिनों में, यह पहली मोहब्बत थी। उसने अपनी जान बाजी पर लगा दी। बाजी लगी थी, चमकी की नथ कौन उतारेगा? बिरजू ने बात आगे बढ़ाई तो जुम्मनबाई ने झटक दिया, कहने लगी, चमकी का सौदा हो गया, उसे भूल जाओ। बिरजू के लिए चमकी को भूलना नामुमकिन था। वह दीवानों की तरह कई दिनों तक भाग-दौड़ करता रहा, तब कहीं जाकर दोस्तों, जाननेवालों, पुराने ग्राहकों के कहने-सुनने से, जुम्मनबाई ने उसे दस दिन का समय दिया। चमकी का सौदा बिरजू के साथ हो गया छह हजार रुपयों में। तीन हजार नथ उतरबाई के, तीन हजार खर्चे-पानी के जो तय हुए थे, उसे दस दिन के अंदर जुम्मनबाई को देने थे। बिरजू के पास तो छह रुपए भी नहीं थे। तब उसे अलीगढ़ का खयाल आया, करीम भाई याद आए! लेकिन वहाँ किस मुँह से जाता? इतने दिनों से आना-जाना खतो-किताबत बंद थी। इधर भिंडी बाजार से करीम भाई के सख्त बीमार होने की भी खबर आई, तब भी वह न तो वहाँ गया, न ही उसने खत लिखा। फिर चमकी को यहाँ अकेले छोड़कर अलीगढ़ जाता भी तो कैसे! जब सब रास्ते बंद हो जाते हैं तो ऊपरवाला कोई-न-कोई रास्ता सुझा देता है। यही हुआ बिरजू के साथ। तिजोरी तालेबाली कंपनी, जहाँ बिरजू काम करता था, अभी तक नहीं खुली थी। उसके साथ के कई अच्छे कारीगर काफी दिनों से बेकार थे। पेट की भूख बड़ी चीज है जिसकी मार बड़ों-बड़ों का ईमान-धर्म बिगाड़कर रख देती है। भूख से बिलखते बच्चों का चीत्कार, घर के बूढ़े माँ-बाप की, अन्न के एक-एक दाने को तरसती हुई निगाहें, और खुद अपनी कभी न खत्म होनेवाली तकलीफों का मंजर कितना दर्दनाक था, कोई बिरजू के साथियों

से पूछता। बिरजू इन लोगों से बराबर मिलता रहता। वह इनकी हालत से वाकिफ था, और उधर वह लोग, बिरजू की इन्कलाबी मोहब्बत के बारे में जानते थे। हुनरमंद कारीगर थे, कुछ करना चाहते, लेकिन किसी के पास रुकने के लिए न तो वक्त था, न हिम्मत बाकी बची थी और न ही किसी के पास पूँजी थी। उधर नौकरी ढूँढ़-ढूँढ़कर सभी हार गए थे। वह लोग हुनरमंद कारीगर थे, उनके लायक नौकरी सिर्फ ताले-तिजोरी के बड़े कारखानों में ही मिल सकती। ऐसे कारखाने उस समय दो-तीन थे, जिनमें से एक में तालाबंदी हो जाने की वजह से, काफी लोग बेकार हो गए। दूसरे कारखाने छोटे-मोटे थे, जहाँ इन कारीगरों के लायक जगह नहीं थी। नौकरी के अलावा, मरम्मत का काम था, जिसके लिए दुकान या गुमटी चाहिए थी। फिर मरम्मत के पेशे में पहले से लोग-बाग लगे हुए थे।

काफी दिनों तक, बेरोजगारी की मुसीबतों से ये लोग तंग आ चुके थे, उधर बिरजू को चमकी की नथ-उतरवाई का अल्टीमेटम मिल चुका था। आखिर एक दिन बिरजू के साथ दो लोगों ने मिलकर अपने-अपने हुनर का इस्तेमाल, रात के अँधेरे में करने का फैसला ले लिया। अनाड़ी तो थे ही, इनकी यह पहली चोरी थी। सबके-सब पकड़े गए। बिरजू को भी छह महीने की कैद हो गई।

जेल की सख्त मेहनत के बाद बिरजू को होश आया। उसका मन उचाट हो गया था। बंबई में अब उसके लिए बचा ही क्या था ? न नौकरी थी, न जुम्मनबाई का कोठा। चमकी का क्या पता ? भला, अब कहाँ होगी—यह सोचकर बाहर निकलने पर वह सीधा अलीगढ़ गया।

अलीगढ़ में भी अब बिरजू के लिए कुछ भी न था। करीम भाई को उसकी हरकतों के बारे में सब पता लग चुका था। अपने जिन बेटों को वह नालायक समझते थे, अब तक वह बिरजू के सामने उन्हें फरिश्ते दिखने लगे। उनके बेटे बदचलन तो थे, लेकिन चोर नहीं। बिरजू वहाँ दो-तीन दिन से ज्यादा न रुक सका। हर वक्त वहाँ उसे चोर की नजरों से देखा जाता। करीम भाई के साथ, उसके ऊपर से सबका यकीन उठ चुका था। जिस घर में हमेशा वह करीम भाई के खुद के बेटों से ऊपर, बेताज बादशाह की तरह रहा, अब वहाँ उससे सबकी निगाहों से गिरकर रुका न गया।

अलीगढ़ से भागने के बाद, बिरजू कई-एक शहरों में भटकता रहा। कुछ दिन मथुरा, कुछ दिन आगरा, फिर कानपुर आना पड़ा। कानपुर में उसने फिर चोरियाँ शुरू कर दीं। अब तक उसे काफी तजुर्बा हो चुका था। अपने हर शिकार को काफी दिनों तक देखता-समझता, जाने-भागने के रास्तों के नक्शे बनाकर, तब कहीं हाथ डालता। सधे हुए खिलाड़ी की तरह एक शहर में दो-तीन चोरियाँ करने के बाद भाग खड़ा होता।

इधर काफी दिनों से, बिरजू लखनऊ आया हुआ था। रहने के लिए उसने भेड़ीमंडी

में एक खोली ले रखी थी। पहले तो वहीं खोली में तालों की मरम्मत किया करता। फिर वह फेरी लगाने लगा। फेरी लगाने के पीछे एक मकसद था, एक वजह थी। असल में वह अपनी चोरियों की तैयारियों में जुटा हुआ था। बिरजू के पास हुनर था और दिमाग भी। वह अपना शिकार तय करते समय तीन बातों का खास ध्यान रखता। पहले तो जिस घर पर हमला हो, वहाँ ज्यादा लोग न रहते हों। दूसरे, वहाँ से विपरीत दिशा में भागने का रास्ता हो, एक-दो गलियारे हों और आस-पास कोई भीड़-भाड़वाली जगह हो जैसे सिनेमाघर, सब्जीमंडी, भीड़वाले बाजार, ताड़ीखाना। तीसरे, अपनी खोली से जगह दो-तीन मील दूर, दो मील के दायरे में हो।

लखनऊ में बिरजू को वह इलाका, जहाँ बँगले एक-दूसरे से अलग थे, पहली बार में पसंद आ गया था। एक बँगला प्रागनरायन रोड पर, एक जार्पलिंग रोड पर, एक शाहनजफ रोड, अशोक मार्ग, क्लाइव रोड के बीच में उसने चुना था। फिर वह इन बँगलों के चारों ओर मँडराने लगा। बारीकी से हालातों को समझने-बूझने की कोशिश में उसके सामने दो खतरनाक बातें आईं। एक तो, इन बँगलों में खतरनाक किस्म के कुत्तों के साथ कोठरियों में नौकर, माली, ड्राइवर या चौकीदार रहते; दूसरे, घरे जाने पर, भागने के लिए, दूर-दूर तक खत्म न होनेवाली सड़कें थीं, अमीनाबाद की तरफ, भागने से दो पुलिस-थाने पड़ते, हुसैनगंज की तरफ भागने पर भी दो थाने, एक पुलिस-चौकी पड़ती। फिर सड़कों पर मच्छरों की तरह ट्रैफिक पुलिस, खाकी वर्दीवाली पुलिस, मंत्रियों, अफसरों की चौकीदारी से लौटते हुए पी. ए. सी. के सिपाही या फिर दफ्तर के चौकीदार मौजूद रहते। क़िसी भी समय कुछ भी हो सकता था। फिर इस इलाके में स्कूटर, मोटर-साइकिल, कार, जीप हर वक्त सड़क पर जैसे चिपकी रहतीं। वह तो पैदल या बहुत हुआ तो साइकिल से दौड़ेगा। लेकिन अगर किसी ने स्कूटर या मोटर से उसे दौड़ाया तो मारा जाएगा। खतरा कुछ ज्यादा जानकर, बिरजू ने यह इलाका अपने दिमाग से निकाल दिया।

बिरजू को लखनऊ आए हुए तीन महीने से ऊपर हो चुके थे। अभी तक उसने कहीं भी हाथ साफ नहीं किया था। इसकी एक खास वजह थी, एक तजुर्बेकार चोर की हैसियत से बिरजू दावे के साथ कह सकता है, लखनऊ का माहौल चोरी के खिलाफ था। यह बात वह अच्छी तरह जानता है। कुछ शहर माहौल से चोर होते हैं, कुछ टिकियाचोर। लखनऊ आते ही वह समझ गया था, यहाँ चोरी की बास नहीं थी। यहाँ भोली अदाओं, नाजुक हालातों में बेहोश आदमी के अंदाज, सबको अपना बना लेते। मुखौटे तो सभी ने पहिन रखे थे, लेकिन इन मुखौटों के नीचे चोर नहीं था, और कुछ भी हो। एक बार तो उसने सोचा, अगर चमकी साथ होती तो यहीं बस जाता। चोरी-चकारी छोड़कर, मस्तीभरी जिंदगी कितनी सुनहरी होती, कितनी प्यारी!

चमकी से बिछड़े हुए बिरजू को करीब एक साल हो चुका था। भेड़ीमंडी की अपनी खोली में हर दिन दीवाल पर कोयले से एक लकीर खींच देता। किसी के देखने पर, सफेद दीवाल पर कोयले से खींची हुई ये लकीरें शायद ही कोई मतलब रखतीं। लेकिन बिरजू के लिए, हर काली लकीर चमकी की, उसके बिना गुजारी गई एक रात थी। इन रातों के हिसाब में, बिरजू घुट-घुटकर जी रहा था। चमकी उसके लिए कोई अजूबी लड़की नहीं थी। वह उसके लिए विश्वास, संकल्प की एक नंबरदार तिजोरी थी, जिसके कंबिनेशन लॉक का नंबर, वह पिछले सोलह महीनों से ढूँढ़ रहा था। चमकी के लिए उसने भिंडी बाजार का ठिकाना छोड़ा, तालेवाली कारखाने की शानदार नौकरी खोई, चोरी के इल्जाम में जेल गया, आखिर में पचास हजार की हैसियतवाले करीम भाई तालेवाले की विरासत भी उसने चमकी के ऊपर लुटा दी। इतनी दूर आकर वापस लौटना, उसे भूलना नामुमकिन था। लेकिन उसे मालूम था, चमकी उसे नहीं मिल सकती। चमकी को पाने के लिए, अब उसे दस हजार की नहीं, साठ हजार की दौलत चाहिए थी।

बिरजू कभी-कभी हिसाब लगाता, दीवाल पर काली लकीरें कितनी हो गई होंगी? काली लकीरें सिर्फ काली रातों का हिसाब नहीं थीं, उनके साथ चमकी के जिस्म को लूटनेवाला हिसाब भी जुड़ा था। महीने के तीस दिन में से, चार-पाँच दिन हर औरत के अपने होते हैं, बाकी दिनों को जरा कंजूसी से जोड़ता हुआ, वह उन ग्राहकों का हिसाब लगाता जिन्होंने चमकी के साथ एक बिस्तर पर रात गुजारी होगी। बचे हुए सत्ताईस दिनों में से वह तीन दिन सन्नाटे के, तीन दिन चमकी की तबीयत के निकाल देता। इसके बाद तीन दिन वह ऐसे ग्राहकों के निकाल देता जो बूढ़े या बेजान होते, जो आते तो जरूर, लेकिन कुछ कर नहीं पाते। इकत्तीस दिनवाले महीनों को वह एक दिन वैसे ही छोड़ देता। बाकी बचे सत्तरह दिनों को ठीक हिसाब के लिए, पंद्रह दिन करके जोड़ लेता। फरवरी महीने के उसने अट्ठाईस की जगह पच्चीस ही जोड़े। इस तरह, उसने हिसाब लगाकर एक सौ पिचहत्तर लकीरें, उन एक सौ पिचहत्तर अनजाने ग्राहकों के नाम से, अपनी भेड़ीमंडी की खोली की सफेद दीवार पर खींची थीं, जिन्होंने इन एक सौ पिचहत्तर काली रातों में चमकी के जिस्म को लूटा होगा। अब यह सब बिरजू के लिए बरदाश्त के बाहर था। कोयले की लकीरें हजार-हजार नश्तर बनकर उसके मन में चुभ रही थीं। लेकिन साठ हजार रुपए चाहिए थे, चमकी को पाने के लिए। उसे मालूम था, जुम्मनबाई के कोठे से चमकी को पैसे के जोर से ही निकाला जा सकता है। असल में, वह पूरी तैयारी के साथ बंबई जाना चाहता था। फकत छह हजार रुपयों के लिए चमकी उससे छीन ली गई थी। अब किसी भी तरह पैसे से वह कमजोर नहीं पड़ना चाहता।

बाजार, मध्यवर्गीय आयवालों, गंदी बस्ती आदि के इलाकों को छोड़कर उसने पश्चिमी लखनऊ में राजाबाजार, आगामीर की ड्योढ़ी, चौक के सर्राफे के पीछे

गलियोंवाला इलाका चोरी के लिए छाँटा था। इधर दक्षिण में लखनऊ फौजी कैंट से जुड़ा हुआ था, और उत्तर में उधर गोमती के पास या फिर पुराने लखनऊ के कुछ हिस्से थे, जिन्हें वह पहले ही छोड़ चुका था, स्टेशन से लेकर आलमबाग तक शरणार्थियों का इलाका भी उसके काम का नहीं था। इसी बीच, जब वह पश्चिमी लखनऊ में गलियों का भूगोल समझने की कोशिश कर रहा था, कभी-कभी इधर पूरब में हजरतगंज तक चक्कर लगा दिया करता। हजरतगंज के पास के इलाकों को उसने एक बार फिर बारीकी से देखना शुरू किया। नरही बाजार से बनारसी बाग के बीच एक-दो जगहों को छोड़कर उसे ज्यादा माल की गुंजाइश नजर नहीं आई।

बिरजू पढ़ा-लिखा होने से अखबार वगैरह तो पढ़ता ही, साथ में मुल्क के बदलते हुए हालातों की भी उसे जानकारी थी। बिरजू असल में प्रगतिशील चोर था, जो एक मकसद के लिए चोरी करता था। ऐसे ही जद्दोजहद के समय, जब कोयले की लकीरें नश्तर बनकर चुभ रही थीं, एक दिन उसकी आँखों के सामने दारुलशफा की तीन मंजिली इमारत नाच गई। कई दिनों तक वह दारुलशफा के चक्कर लगाता रहा। फिर उसने मेडू खाँ की सराय के खँडहर और उनसे लगा हुआ इमली का पेड़ ढूँढ़ निकाला। अब वहीं उसका अड्डा बन गया।

•

लछमनिया गोरी नहीं थी, फिर भी बादामी रंग के उसके चेहरे पर हमेशा नूर चमकता रहता। चौडे माथे पर घुँघराली लटें अठखेलियाँ करतीं, जिनकी छाया में बड़ी-बड़ी प्यारी-सी आँखों से वह जिसको देख लेती, वह उसका दीवाना हो जाता। बुड्ढा हो या जवान, सभी उसको चाहनेवाले थे। दारुलशफा में उसकी बढ़ती हुई जवानी की चर्चा हर जगह हुआ करती। जिधर से वह निकल जाती, लोग कलेजे पर हाथ रखकर आहें भरने लगते।

दारुलशफा में आने के पहले लछमनिया अपने बाप के साथ पान-बीड़ी की दुकान पर बैठा करती। वहाँ कभी-कभी उसे अकेले भी बैठना पड़ता। हरे या लाल रंग की किनारेदार एकलाई, गाढ़ा, मर्दानी धोती माथे तक ओढ़कर ग्राहकों को पान के जोड़े, बीड़ी के बंडल बेचा करती। उस समय लछमनिया पंद्रह-सोलह के बीच की रही होगी। तब तक उसे न तो मर्द-औरत का भेद पता था, न ही किसी ने उसे प्यार किया था। इसलिए सबकी आँखों में आँखें डालकर बेधड़क बात करती। हँसी-मजाक में अक्सर लोग उसे छेड़ दिया करते. छींटा-कशी करते, तब भी वह हँसती रहती। लोगों की निगाहों में खोट के बारे में लालबाग बीड़ीवाला उसे समझाया करता। लेकिन लछमनिया को भला समझ कहाँ थी? वह तो और लोगों की निगाहों में ताक-झाँककर खोट ढूँढ़ने की कोशिश करती।

'ए', 'बी' ब्लॉक के बीचवाली सड़क, 'सी' ब्लॉक के बारह कमरों के बाहरी मैदान को छूती हुई लालबाग बीड़ीवाले की गुमटी थी। गुमटी के ही नीचे पाँच फुट लंबी, छह-सात फुट चौड़ी थोड़ी-सी जगह थी जिसमें लकड़ी के पटरों से, ईंट-पत्थर की थोड़ी-सी दीवाल उठाकर, कोठरी बना ली गई। इसी कोठरी में पान की ढोलियाँ, बीड़ी के बंडल, बाल्टी, पानी वगैरह रखा जाता। इसी कोठरीनुमा जगह में, मौका पाकर लछमनिया घुसकर पान की ढोलियाँ खोलकर ठीक-ठाक किया करती। कोई-कोई दिन, जब उसे देखकर गुमटी के पास लफंगे, शोहदे कुछ ज्यादा तादात में जमा होने लगते, उसका बाप डाँटकर उसे नीचे कोठरी में चले जाने के लिए कहता।

यूँ तो लछमनिया हर वक्त शोहदों, लफंगों से घिरी रहती, पर दारुलशफा में उसके आशिक बड़ी तादाद में पैदा होने लगे थे। मौका ढूँढ़-ढूँढ़कर विधायक, नेतागण, चमचे उसकी दुकान पर आते रहते। जो लोग खुद नहीं आ पाते, अपने आदमियों को भेजकर पान मँगवाया करते, साथ में 'पान उन्होंने मँगवाए हैं', यह बात लछमनिया को बता देने के लिए, इस बहाने कहला दिया करते जिससे किसी के पान में चूना कम हो, किसी के में कत्था ज्यादा। अब धीरे-धीरे लछमनिया भी लोगों से खुलने लगी थी। बातचीत का उसका तरीका भी जरा पेशेवर होता जा रहा था। अब वह ज्यादातर मूड में रहती। कैसा पान चाहिए, यह पता करने का उसका अंदाज निराला था। लछमनिया ने पान की दो किस्में कर रखी थीं, मर्दाना और जनाना! लेकिन दारुलशफा के कुछ शोहदों ने, जब से एक किस्म—आशिकाना पान और जोड़ दी, उसके यहाँ तीन प्रकार के पान मिलने लगे। मर्दाना पान में चूना ज्यादा, कत्था कम, किमाम की गोलियाँ, चिकनी सुपारी, जाफरानी पत्ती के साथ में थोड़ी-सी बनारसी सादी पत्ती रहती। जनाने पान में चूना, कत्था बराबर के, साथ में सिर्फ इलायची, सुपारी डाली जाती। नये किस्म का आशिकाना पान असल में मीठा पान कहलाता। लछमनिया ने इस किस्म को भी मान लिया था। इसमें कत्था, चूना बराबर का, फिर गरी, लाल रंग की मीठी सुपारी, गुड़-राब-जैसे शक्ल की सुपारीनुमा कुछ और मिठाइयाँ मिलाई जातीं।

आनेवाले ग्राहकों से बड़े तपाक से लछमनिया पूछा करती—'मर्दाना, जनाना या आशिकाना?' आशिकाना लफ्ज, वह जरा अटपटे ढंग से, कुछ जल्दी में ऐसे ढंग से कहती, नए सुननेवाले समझ नहीं पाते, लेकिन पुराने लोगों को लगता, वह शरमाकर कह रही थी। और उसे खुश करने के लिए सादा पान खानेवाले ज्यादातर आशिकाना पान माँगते, क्योंकि जनाना लफ्ज कहने में झेंप लगती। लेकिन सही में लछमनिया आशिकाना पान का नाम सुनकर भी मुँह बिचकाती। उसे तो मर्दाना पान बनाने में मजा आता। उसका यह राज पुराने लोग जान गए थे। यह लोग आकर खुद ही मर्दाने पान की फर्माइश कर देते।

इधर लोगों की छेड़छाड़ काफी बढ़ने लगी थी। ताक-झाँक करनेवाले शोहदों में से एक दिन एक, शाम के धुँधलके में नीचेवाली कोठरी में, जहाँ लछमनिया काम कर रही थी, घुस गया। फुसलाकर-बहलाकर, प्यार-भरी बातों में फँसाकर उसने वहीं, दिन-दहाड़े, लछमनिया के ब्लाउज के बटन खोल दिए। ऊपर गुमटी में उसका बाप बैठा था, इस डर से वह कुछ बोल न पाई। जल्दी-जल्दी, जब तक उस शोहदे को उसने बाहर भगाया, उसके बदन में तो आग जग चुकी थी। मर्द का पहला हाथ जवान होते हुए उसके अंगों के कटाव-उभार में जब लगा तो मर्दाना पान की तरह माथे पर चढ़कर बोलने लगा था। अब लछमनिया बदलने लगी। उसका यह परिवर्तन लाल बाग बीड़ीवाले की खुर्राट निगाहों से छुप न सका। उसने लछमनिया को दुकान से अब हटा लेना ही ठीक समझा। उन दिनों दारुलशफा में लोबीराम के यहाँ कोई नौकर नहीं था। लोबीराम पचास के करीब होंगे, उनसे भला लछमनिया को क्या खतरा होगा, यह सोचकर लालबाग बीड़ीवाले ने उसे वहाँ लगा दिया।

शोहदों, लफंगों की हरकतों से तंग आकर लालबाग बीड़ीवाला जब लछमनिया को छोड़ने आया था, लोबीराम बैठक के तख्त पर, गावतकिया की टेक लगाए बैठे थे। दिन-रात वहीं रहने की, ठीक से लोबीराम की सेवा करने की हिदायत देकर उसने लछमनिया को अंदर जाने के लिए कहा। उस समय ठुमककर जिस प्रकार लछमनिया घर के अंदर गई थी, उसे देखकर तख्त पर बैठे हुए लोबीराम को तभी झुनझुनी होने लगी थी। उसके बाद लछमनिया वहीं रहने लगी, लोबीराम ने उसे अपना लिया।

उन दिनों शोहदों, लफंगों की क्रूर भाव-भंगिमाएँ देखकर लछमनिया को बड़ा डर लगता था, लेकिन लोबीराम से उसका वही पुराना अठन्नीवाला रिश्ता था। यह रिश्ता उस वक्त बना था, जब लछमनिया लोबीराम के लिए पान ले जाया करती थी। लछमनिया जब भी पान लेकर जाती लोबीराम अगर उस समय अकेले होते तो उसे अपने पास बिठा लेते और उसकी पीठ पर, माथे पर हाथ फेरते। लालबाग बीड़ीवाला पान के जोड़ों का पैसा उनसे कभी नहीं लेता, यह जानकर भी, जब लछमनिया पान लेकर आती, लोबीराम हमेशा चवन्नी की जगह अठन्नी उसके हाथों पर रख ही देते। कभी-कभी तो प्यार में अठन्नी वह लछमनिया के ब्लाउज के अंदर हाथ डालकर छोड़ दिया करते। बुर्जुग थे, इसलिए लछमनिया को उनकी छेड़छाड़ बुरी नहीं लगती। दोनों के बीच तभी से एक रिश्ता बन गया था। लोबीराम ने भी जल्दबाजी से काम नहीं लिया। फिर भी उनके हाथ, धीरे-धीरे ब्लाउज के अंदर जरा देर तक रहने लगे। अब वहीं अठन्नी की जगह रुपए जाने लगे, जिसकी वजह से लछमनिया का स्नेह भी बढ़ता गया। फिर कभी जब भाँग का गोला चढ़ जाता तो बिस्तर पर तड़पते हुए लोबीराम, लछमनिया से पैर दबाने के लिए कहते। लछमनिया से पैर दबवाते हुए हाथों को, लोबीराम दिन-पर-दिन

जरा-जरा ऊपर की तरफ खिसकाने के लिए कहते। इस तरह लछमनिया की भी हालत खराब होती। फिर एक दिन उसका भी सब्र टूट गया, तब लोबीराम ने पैरों से उठाकर उसे सीने से लगा लिया। पहले दिन ही, जिस तरह ठुमककर लछमनिया घर के अंदर आई, उसकी वही अदा लोबीराम को भा गई थी, उसी ठुमक से वह हमेशा-हमेशा के लिए चिपककर रह गए।

उधर लछमनिया को जवानी का तूफान उड़ाए लिए जा रहा था। अब अच्छे-बुरे की सुध न रही। लोबीराम को भी लगता, वह उनके हाथों से फिसल-फिसल जाती है। उसे रोकने की उन्होंने बड़ी कोशिशें कीं। अपना दिल उसके सामने खोलकर रख दिया। उसे खुश करने के लिए बिलायती बॉडिस, पापलीन का साया, अच्छी-अच्छी धोतियाँ, बढ़िया किस्म के साबुन, इत्र, खुशबूदार तेल बालों में लगाने, सजने-सँवरने के प्रसाधन, बिंदी, चूड़ियाँ दीं, पैरों के पाजेब बनवा दिए। लछमनियां लोबीराम के यहाँ रानी बनकर रहने लगी। अब उसे घर का काम-काज भी नहीं करना पड़ता। लोबीराम ने घर के काम करने के लिए अलग से नौकर रख लिया। लछमनिया दिन-रात उनसे सिर्फ ऐश करती, हुक्म चलाया करती। दारुलशफा के बरामदों, गैलरी के कोने-किनारों से, सर पर अच्छे किस्म की धोती का पल्ला खींचे हुए, माथे पर लाल रंग की गोल बिंदियाँ लगाकर, बिलायती बॉडिस, पापलीन का साया पहनकर, इत्र-खुशबू में नहाई हुई लछमनिया निकला करती तो वहाँ रहनेवालों के कलेजे पर साँप लोट जाता। असल में लछमनिया पटाका थी, जिसे देखकर बड़ों-बड़ों का धीरज टूट जाता। अब उसे भी अपनी हैसियत का अहसास होने लगा, जिसकी वजह से वह कुछ नखरे भी दिखाती। पहले तो लोग छेड़छाड़, बातचीत, फिकरेबाजी ही किया करते, फिर उसके नखरे, खुशबू, फैशन और छातियों के उठाव ज्यादा तरसाने लगे तो सन्नाटे में जब लछमनिया उधर से निकलती, मौका देखकर, कमरों में रहनेवाले उसका हाथ पकड़कर अंदर खींच लेते।

इस सबसे औरों को क्या मिलता, यह तो लछमनिया को नहीं मालूम था, लेकिन उसके अंदर जैसे आग की लपटें उठने लगतीं। इससे तो भली लालबाग की गुमटी के नीचेवाली कोठरी थी जहाँ लफंगे, शोहदे कभी-कभी छेड़-छाड़ करते। यहाँ दारुलशफा में हर कमरे में उसे लफंगों, शोहदों को भुगतना पड़ता। वह दारुलशफा के लंबे-लंबे बरामदों से ठुमकती हुई, पाजेबों की झनकार के बीच निकलती तो हर दरवाजे, हर खिड़की से उसे एक हाथ अंदर खींच लेने के लिए निकलता हुआ दिखाई देता। हजार-हजार बूढ़ी-अधेड़ निगाहें जैसे खाने के लिए, निगल जाने के लिए, उसके पीछे दौड़ने लगतीं।

अब लछमनिया को बाहर निकलने में डर लगता। उसको डर छेड़-छाड़,

धींगामस्ती से नहीं लगता, इसकी तो वह आदी हो चुकी थी। डर तो उसे लगता आग की उन लपटों से जो उसके अंदर, इस सबके बाद उठतीं। बूढ़े, अधेड़ शोहदे अपनी तो भूख मिटा लेते, लेकिन उसे तड़पता हुआ छोड़ देते। लोबीराम से भी उसे बस, तड़पने के लिए, ऐसी ही आग की लपटें मिलतीं। फिर भी जलालत से बचने के लिए लछमनिया सज-धजकर बाहर न जाती। वहीं लोबीराम के पलँग पर पड़ी रहती। दिन-रात, उन दिनों वह किसी ऐसे मर्द का ख्वाब देखा करती जो अपनी मजबूत बाँहों में दबोचकर, उसके अंदर से सारी आग की लपटों को निकाल दे, जो दारुलशफा के बूढ़े-अधेड़ शोहदों ने उसके अंदर लगा रखी थी।

जून के महीने की तेरह तारीख थी, जिस दिन ऐसी हालत में लछमनिया लोबीराम के पलँग पर लेटी हुई थी। शाम के आठ-नौ बजे का वक्त होगा। लोबीराम किसी दावत से अभी तक लौटे नहीं थे। दावत में जाने से पहले अपने भाँग के गोलेसे थोड़ी-सी लछमनिया को भी खिलाकर वह गए थे, जिसका पुर-जोर असर उसके ऊपर हो चुका था। एक तो बेहद गर्मी, पसीने से तर-बतर उसका बदन, दूसरे अंदर से उठती हुई आग की लपटों से जल रहा था। घर में और कोई था नहीं। उधर तपन बढ़ती जा रही थी। ठंडाई-भाँग के नशे में उसका सर चक्कर खा रहा था। लाल-लाल आँखों में कुछ नशे, कुछ जवानी के गुलाबी डोरे जैसे हृदय से उठती हुई चीख को अपने अंदर लपेट रहे थे। पाँव के तलवों से लेकर माथे की बिंदिया तक लछमनिया के अंदर एक लंबी कतार में छोटी-छोटी चीटियाँ-जैसी रेंग रही थीं। परेशान होकर लछमनिया ने शनील का काला ब्लाउज, लाल रंग की धोती उतारकर पलँग के नीचे डाल दी। फिर भी चैन नहीं आया तो लोबीराम की दी हुई बिलायती बॉडिस निकालकर कमरे की छत की ओर उछाल दी, जो सामने के दरवाजे के बीचोबीच जाकर गिरी। उसके बाद अंदर का पेटीकोट भी जब गड़ता रहा तो उसने खींचकर उसे भी फेंक दिया। अब लछमनिया के बदन पर कोई कपड़ा नहीं था। वह लोबीराम के पलँग पर पड़ी हुई तड़प रही थी। कभी डनलप का तकिया सीने में दबोचकर दबाती, कभी गावतकिए के ऊपर पेट के बल लेटकर, आँखें बंद किए पड़ी रहती।

बिरजू को दारुलशफा आए हुए दस दिन के करीब हो चुके थे। पहले दिन, पहली बार से ही उसे, दारुलशफा से मोहब्बत हो गई। त्रिलोकनाथ रोड से घुसते ही बाईं तरफ के फाटक के अंदर वह 'बी' ब्लॉक के, सड़क के किनारेवाले सिरे से सीधे जाकर बरामदे-बरामदे होता हुआ दाहिनी तरफ के फाटक के करीब बनी सीढ़ियों तक गया। फिर वापस कैंटीन से लगी ऊपर जानेवाली सीढ़ियों से होता हुआ दूसरी, तीसरी मंजिलों को देखता रहा। 'बी' ब्लॉक तो नाम था लेकिन सचमुच अंग्रेजी के पहले एलफाबेट 'ए'

की शक्ल-जैसा बना था। एलफाबेट 'ए' की और दारुलशफ़ा के 'बी' ब्लॉक की शक्ल में फर्क पेट का था। एलफाबेट 'ए' का पेट छोटा, हाथ बड़े होते, जबकि 'बी' ब्लॉक का पेट बड़ा था, हाथ छोटे थे। तीसरी मंजिल के बीच से सीधे, सीढ़ियों से उतरता हुआ, बिरजू 'ए' ब्लॉक के पिछवाड़े, 'बी' ब्लॉक के सामनेवाली सड़क पर आ गया। शाम के वक्त चारों ओर चहल-पहल थी। सामने से सड़क के किनारे-किनारे ठेलेवाले, खोमचेवाले खड़े थे। उनके ऊपर मक्खियों की तरह भिनभिनाते हुए नेतागण फल की चाट, फुलके, टिकिया, छोले-भटूरे पर हाथ साफ कर रहे थे। बिरजू ने देखा, इस सड़क का एक सिरा तो विधान भवन के सामने जाकर निकलता, लेकिन दूसरा सिरा 'सी' ब्लॉक की चारदीवारी को छूता हुआ लालबाग चौराहे की तरफ जाता था।

काफी देर तक बिरजू वहीं 'बी' ब्लॉक की सीढ़ियों पर बैठा हुआ माहौल को समझने की कोशिश करता रहा। असल में तीन मंजिल चढ़ने-उतरने, 'बी' ब्लॉक के पेट और दोनों हाथों को अपने पैरों से नापने में उसका दम निकलने लगा। फिर अभी तो इससे भी बड़ी एक सौ निन्यानवें कमरोंवाली, 'ए' ब्लॉक नाम की, लेकिन अंग्रेजी एलफाबेट 'डी' की शक्ल की तरह की इमारत सामने थी। उसने 'ए'-'सी' ब्लॉक के बीच की जगह से एक पतली-सी गली, इमारत की गोलाई को छूकर जाती हुई देखी। उसी गली के कोने पर, छप्पर के घेरे में गुमटीदार ठेला खड़ा था। चढ़ाई के बाद बिरजू की हँफनी अब तक कम हो गई। उसे काफी जोर से सिगरेट की तलब महसूस हुई। 'बी' ब्लॉक की सीढ़ियों से उठकर वह लालबाग की तरफ सिगरेट लेने के लिए जाने लगा, तभी उसने देखा, गली के कोने पर गुमटीदार ठेले से लोग-बाग सिगरेट लेकर पी रहे थे।

वहाँ पहुँचते ही सिगरेट के धुएँ से गाँजा-चरस की बदबू निकलकर उसके दिमाग में बड़ी तेजी से घुसी। बिरजू ने चैन की साँस ली। एक तो सिगरेट लेने आगे नहीं जाना होगा, दूसरे सिगरेट अपनी पसंद की मिलेगी। और फिर साफ-सुथरे माहौल में जब तक कुछ गंदगी न हो, काम करने का उसका मूड नहीं बनता। 'बी' ब्लॉक के तीन मंजिलों तक फैले हुए साफ-सुथरे लंबे पेट, छोटे हाथोंवाले बरामदे कुछ उसकी पकड़ में आए नहीं। लोबीराम-छाप सिगरेटों से अपनी पहली भेंट में बिरजू समझ गया था, यही उसका ठिकाना होगा। चार आने की एक सिगरेट ली, फिर वह सामने नीम के पेड़ के नीचे बैठ गया। सिगरेट का धुआँ धीरे-धीरे उसकी तीन मंजिलवाली हँफनी को मारकर नाक, कान, आँख की कनपटी तक दौड़ रहा था। वहीं नीम के पेड़ के नीचे से, बिरजू ने देखा गुमटीवाले ठेले, छप्पर के घेरे के ऊपर 'ए' ब्लॉक के दाहिनी गोलाईदार कोने पर किसी कमरे की खिड़की खुली हुई थी। उस खिड़की पर खड़ी हुई लछमनिया झाँक रही थी। बस एक पल को उससे आँखें मिलीं, बिरजू की रग-रग झनझना उठी। बंबई से आने के बाद पहली बार किसी लड़की को देखकर उसके अंदर कुछ हुआ।

लोबीराम-छाप सिगरेट खत्म हो चुकी थी, साथ में सामनेवाली खिड़की से लछमनिया भी जा चुकी थी। बिरजू वहाँ से उठकर पतले गलियारे के कोने-कोने होता हुआ पीछे की ओर थोड़ी दूर जाकर वापस लौट आया। फिर सामने की सड़क से 'ए' ब्लॉक के अंदर दाखिल हुआ। दाहिनी तरफ ऊपर को जाने की सीढ़ियाँ थीं, बाईं तरफ दारुलशफा का दफ्तर था। दफ्तर के बाहर लकड़ी के बोर्ड पर चौकोर खानेदार खाँचों में कागज की पर्चियों पर, कमरे के नंबर के नीचे, रहनेवाले विधायकों के नाम लिखे हुए थे। वहाँ रुककर बिरजू काफी देर तक उन पर्चियों को पढ़ता रहा, बीच-बीच में तिरछी निगाहों से दफ्तर में आने-जानेवालों को भी देखता जा रहा था। कुछ देर तक खड़ा रहने के बाद वह सामनेवाली प्रवेश-गैलरी की ओर चल दिया। गैलरी के अंतिम छोर तक बाईं तरफ के बरामदे से दाएँ कमरों को बाहर से देखता हुआ आखिरी छोर पर सीढ़ी से ऊपर जाकर उसने 'बी' ब्लॉक की तरह तीनों मंजिलों का पूरा चक्कर लगाया। तीसरी मंजिल से नीचे आने के लिए उसने 'ए' ब्लॉक के दफ्तर के सामने आनेवाली सीढ़ी चुनी, जहाँ से निचली मंजिल पर बाकी कमरों के सामने से चक्कर लगाता हुआ बिरजू 'डी' शक्ल की इमारत के बीचोबीच लगे हुए लोहे के फाटक के सामने पहुँच गया। यहाँ से सामने ताड़ीखानेवाली सड़क का फाटक दिख रहा था। अब तक वह बेहद थक चुका था। पाँच एकड़ के इलाके पर बनी हुई तीन-तीन मंजिलों की दो इमारतों के पूरे-पूरे चक्कर लगाने से उसकी साँस बुरी तरह फूल रही थी। पैरों के जोड़ों में बेहद दर्द था। किसी तरह बाहर निकलकर बिरजू भागा भेड़ीमंडी की अपनी खोली की ओर।

उस दिन के बाद बिरजू नियम से रोजाना दारुलशफा आने लगा। उसने अपने तीन अड्डे बनाए—एक तो 'बी' ब्लॉक की सीढ़ियों के दाहिनी ओर कैंटीन, दूसरा लोबीराम-छाप सिगरेट की गुमटीनुमा ठेले के सामने नीम का पेड़, तीसरा ताड़ीखानेवाली सड़क और 'ए' ब्लॉक के पिछवाड़ेवाले फाटक के पास के इमली के पेड़ के नीचे, जहाँ लोग चिलम, कुज्जियाँ, सिलबट्टा लेकर बैठते, जहाँ जुए, ताश की महफिलें जमा करतीं। बिरजू दिन-भर इन्हीं अड्डों पर बैठा रहता। बीच-बीच में उठकर बारी-बारी से 'बी' ब्लॉक, 'ए' ब्लॉक के बरामदों में चक्कर लगाया करता। कभी-कभी 'ए' ब्लॉक के दफ्तर के सामने खड़े होकर नाम की पर्चियाँ पढ़ने के बहाने दफ्तर के अंदर होनेवाली गतिविधियाँ ताड़ता रहता। पिछले दस दिनों में बिरजू दारुलशफा के कोने-कोने से परिचित हो चुका था। 'ए' और 'बी' ब्लॉक की सीढ़ियाँ चढ़कर तीन मंजिल में इधर, तीन मंजिल में उधर, एक-एक गैलरी, बरामदे में चक्कर लगाने से न तो अब उसे थकान आती, न ही साँस धौंकती। इन दस दिनों में, उसने दारुलशफा के मोड़, किनारों, कमरों में रहनेवाले ज्यादा-से-ज्यादा लोगों के बारे में जानकारी हासिल करने की कोशिश की। धीरे-धीरे, अब तक वह यहाँ के रसूख,

तौर-तरीके—सभी कुछ जान-सीख गया था। जान-पहचान करने के लिए यहाँ सिर्फ लोगों के नाम मालूम होने चाहिए। कमरों में बैठने के लिए सिर्फ कोई काम चाहिए। नाम तो नीचे टँगे हुए बोर्ड से देख लेता या फिर किसी से पहचान करने के लिए पूछ लेता, और काम वह अपने दिमाग से पैदा कर लेता। लेकिन समझदारी से ज्यादा किसी के पूछने-ताछने पर ही वह काम बताता, वरना चुपचाप दारुलशफा में घूमता रहता, नेताओं के पीछे लगी हुई भीड़ में टँगा रहता। बड़ी तादाद में, हर जगह पाए जानेवाले चमचे, चिलगोजे, चकरबंध को तो वह ऐसे पहचानता जैसे पुरानी मुलाकात हो। अब तो वह विल्स फिल्टर, कैप्सटन वगैरा की खाली डिब्बियों में लोबीराम-छाप सिगरेट भी रखने लगा था। हर किसी को चाय, हल्का-फुल्का नाश्ता, पान वगैरह पिलाने-खिलाने को तैयार रहता। जरा भी मौका मिलने पर जेब से डिबिया निकालकर सिगरेट पेश कर देता।

इन तमाम चक्करबाजियों के बाद, बिरजू को अपने ऊपर बड़ा इत्मीनान होता जा रहा था। अभ्यास के लिए उसने देखा, दारुलशफा के एक सिरे से दूसरे सिरे तक आँख बंद कर वह जा सकता है। इसकी खास वजह थी, सबेरे से शाम के अँधेरे तक तो वह दारुलशफा में घूमता रहता, फिर रात को दिन-भर की बातें, नक्शे बिठाकर बनाता-मिटाता रहता। असल में बिरजू ने तय कर लिया था, चोरियाँ अब वह दारुलशफा में ही करेगा। लखनऊ-पश्चिम के राजाबाजार, आगामीर ड्योढ़ी, चौक सर्राफे की गलियाँ उसने बस एक छोटी-सी चोरी के बाद छोड़ दी थीं, क्योंकि गलियों, मकानों का भूगोल समझने के लिए वक्त चाहिए था। फिर एक-दो साथी होते तो अच्छी तरह काम चलता। अपनी पेशेवर बुद्धि से उसने हिसाब लगाया था, इस इलाके की बेशुमार दौलत बटोरने में अकेले सब कुछकरने के लिए, कम-से-कम छह-सात महीने चाहिए। इतना वक्त उसके पास कहाँ था? न ही इतनी दौलत अभी उसे चाहिए थी। उधर बंबई में चमकी आज भी उसका इंतजार कर रही होगी। बिरजू ने तय किया था, चमकी को पाने के बाद, अपने बंबई-जेल में साथ रहे हुए साथियों को लेकर फिर कभी आएगा, तब निपटेगा, बख्तियार खिलजी के जमाने से बसे हुए इन हिंदुस्तानी यहूदियों से, जो पिछली कई शताब्दियों से दूर-दूर तक गाँव-गाँव में भोले-भाले किसानों, मजदूरों को लूटते आ रहे थे।

बिरजू को लखनऊ की सड़कों, गलियों, मुहल्लों की दौलत की पकड़ पाने में तीन महीने से ऊपर लग गए थे। भेड़ीमंडी में उसकी खोली की सफेद दीवार पर कोयले से खींची हुई लकीरें, दिन-पर-दिन बढ़ती जा रही थीं। उसके सब्र का घड़ा भर चुका था, उसे जल्दी थी। लेकिन जल्दी में अब वह कोई काम नहीं करना चाहता था, क्योंकि पकड़े जाने से जेल जाना होगा, चमकी से और दूर होकर तब तक शायद दीवार पर काली लकीरें इतनी हो जाएँ, वापस बंबई जाना बेकार हो। इसीलिए अपनी दारुलशफा की

खोज के बाद उसने इधर-उधर धक्के खाना छोड़-सा दिया था। बस कभी-कभी हजरतगंज तक चक्कर लगा लेता। बाकी सारा वक्त, अपनी जिंदगी का हर लमहा वह दारुलशफा में, या फिर भेड़ीमंडी की खोली में दारुलशफा के साथ गुजारता।

लखनऊ आते ही जिस बात से पहले बिरजू घबराता था, वह थी यहाँ के माहौल, यहाँ की हवा में चोरी की बू का न होना। लेकिन दारुलशफा की खोज के बाद, उसकी यह मुसीबत भी दूर हो गई थी।"दारुलशफ़ा में उसने देख लिया था, बड़ी-बड़ी चोरियाँ होती हैं। यहाँ हर प्रकार के सफेद-पोश चोर सधे-सधाए खिलाड़ियों की तरह चमचों, चिलगोजों और चकरबंधों, दलालों, बिचकुलियों के जरिए बेफिक्री से दौलत बटोरने में लगे थे। बस कमी अगर कहीं थी तो उसके-जैसे एक चोर की, जो इनकी लूट से, अपना हिस्सा ले सके।

अपने अभियान के आखिरी दौर में, बिरजू ने 'बी' ब्लॉक को छोड़ दिया। उस काम के लिए 'ए' ब्लॉक 'बी' ब्लॉक से ज्यादा उपयुक्त था। 'बी' ब्लॉक उधर बाहर की तरफ था, जहाँ से भागने के लिए उसे बीच की सड़क पार करनी पड़ती। फिर बाहर-बाहर 'ए' ब्लॉक की गोलाई में भागने पर एक तो भीड़-भाड़ में दौड़ाए जाने का खतरा था, दूसरे दाहिनी ओर की पतली गली, आगे जाकर इतनी सँकरी हो जाती, जहाँ अगर उस तरफ से एक आदमी भी आ जाए तो भागना मुश्किल होता। उधर बाईं ओर पीछे से भागकर ताड़ीखानेवाली सड़क पर पहुँचने के लिए, रास्ते में दारुलशफा के कर्मचारियों, चौकीदार, माली, ड्राइवर इत्यादि के क्वार्टर्स पड़ते, जिसकी वजह से कहीं भी घिर जाने का खतरा था। जबकि 'ए' ब्लॉक बड़े कायदे में, उसके मकसद के लिए, पूरी तरह ठीक था। अंदर-ही-अंदर भागने के कई रास्ते थे। मुसीबत आने पर वहाँ अंदर ही छुपने की कई जगहें उसने ढूँढ़ निकाली थीं। 'ए' ब्लॉक से भागने के लिए उसे बाहर सड़क पर आने की जरूरत नहीं थी। पीछे के फाटक या फिर बाईं तरफ चार कदम पर ताड़ीखानेवाली सड़क थी। उसके बाद तो बस लखनऊ की गहराइयों में बीच की गलियों से वह भेड़ीमंडी पहुँच सकता था।

अब मौके की फिराक में बिरजू ने लोगों का पीछा करना शुरू किया। साथ में गतिविधियों के सिर्फ 'ए' ब्लॉक तक सीमित हो जाने से, उसका काम आसान हो गया। 'ए' ब्लॉक के भूगोल को खूब बारीकी से समझने के बाद, उसने हर कमरे में बंद होनेवाले तालों को देखना-समझना शुरू कर दिया। ताले तो उसके लिए खिलौना थे, जिन्हें बचपन से ही उसने पकड़ना, खोलना सीख लिया था। लेकिन बिला किसी आवाज के, स्वाभाविक तरीके से, ताली डालकर ताला खोलने के लिए उसे दो-तीन मास्टर कीज बनानी थीं। इसके लिए उसे कोई बड़ी तैयारी नहीं करनी थी। उसे तो यह देखना था, कमरों में ताला किस प्रकार का बंद किया जाता है। दूसरी बात उसे यह देखनी थी, कमरों

में क्या रोजाना ताला एक ही प्रकार का बंद किया जाता या दिन के साथ ताले भी बदल दिए जाते ? कई दिनों की मेहनत के बाद बिरजू ने करीब-करीब सभी कमरों में बंद किए जानेवाले तालों की पूरी जानकारी ले ली थी। उसने यह भी देख लिया, पिचयानवें फीसदी कमरों से रोजाना एक ही तरह का ताला बंद किया जाता। लीवर और खटकों के कांबिनेशन बनाकर उसने अपनी भेड़ीमंडी की खोली में मास्टर तालियाँ तैयार कीं—एक बड़े काँटेदार, एक छोटे काँटेदार, एक छोटी चिपटी सिरे पर खटका लगी, एक बड़ी चिपटी सिरे पर खटका लगी हुई। इन तालियों से उसने पहले तो अपनी खोली में सोलह प्रकार के तालों को आसानी से खोलने-बंद करने का अभ्यास किया। फिर उसके बाद, नमूने के तौर पर सन्नाटा देखकर 'ए' ब्लॉक के क़रीब तीस-चालीस कमरों में लगे हुए तालों को खोलकर बंद करने का प्रयोग किया। उसकी बनाई हुई तालियाँ लाजवाब थीं। उनसे सभी ताले ऐसे खुलते जैसे उन तालों की ही चाबियाँ हों।

बिरजू ने शुरुआत तीसरी मंजिल से की। पहले दिन उसने चार कमरों के ताले खोले, एक कमरा तो बिल्कुल खाली था। सिवा चारपाई, बरतन, गंदे-बदबूदार बिस्तर के अलावा वहाँ चार पैसे भी उसे न मिले। दूसरे कमरे से भी पैसे तो कुछ न मिले, लेकिन दो घड़ियाँ, एक छोटा-सा ट्रांजिस्टर उसके हाथ लगा। तीसरे कमरे से करीब चार सौ रुपए, दो सोने की अँगूठियाँ, एक जड़ाऊ हार उसे मिला। चौथा कमरा, उसने दूसरी मंजिल पर चुना था, वहाँ का माहौल देखकर बिरजू डर गया। वह कमरा करीब-करीब खाली था। घर बनाकर रहने-जैसा वहाँ कुछ भी नहीं था। तीन-चार बेंत की कुर्सियाँ, एक तख्त बाहर के कमरे में, फिर अंदर के कमरे में एक तख्त और एक कुर्सी थी। अंदर के कमरे में तख्त के नीचे जब उसने झाँककर देखा तो कतार में रखे हुए दर्जनों सूटकेस दिखाई दिए। पहले तो उसने सोचा, उसके हाथों कोई खजाना लग गया। लेकिन जब उसने सूटकेस निकालकर खोलना शुरू किया तो उनमें एक में बंदूक की गोलियाँ निकलीं और बाकी में पोलिथीन के थैलों में भरी हुई अफीम रखी थी। बिरजू फौरन बाहर निकल आया। कुछ डरा हुआ, जल्दी-जल्दी उसने अंदर के कमरे का फिर बाहर के खास दरवाजे में ताला लगाया और करीब दौड़कर पीछे की सीढ़ियों से नीचे की ओर उतर गया। दूसरे और तीसरे दिन फिर बिरजू ने तीसरी मंजिल के दाहिनी तरफ के कोने पर एक कमरा, दूसरी मंजिल पर पीछे की तरफ का एक दरवाजा खोला। इन दोनों कमरों से सोने के बिस्कुट, विलायती सेंट, फैशनश्रृंगार की चीजें, महँगे कपड़ों के थान, घड़ियाँ, टेपरिकार्डर, सिगरेटकेस, लाइटर मिले, जिन्हें वह अपने साथ लाए एअर-बैग में भरकर, चुपचाप पीछे के रास्ते से मेडू खाँ की सराय के भीतर से निकल गया। उस रात भेड़ीमंडी की खोली में बिरजू ने हिसाब लगाया तो तीन दिन की खतरनाक किस्म की लूट कुल मिलाकर सात-आठ हजार रुपए तक की हो पाई थी। अब तक वह लखनऊ में क़ुल

मिलाकर सात चोरियाँ कर चुका था। अपने नियम के अनुसार अब उसे शहर छोड़कर चला जाना चाहिए था। एक शहर में उसका चार चोरियों का हिसाब अभी तक था। लेकिन इस बार, बिरजू का इरादा कुछ और था। वह अपनी जरूरत के साठ हजार रुपए जमा करके बंबई जाना चाहता था। समय तेजी से भाग रहा था, बिरजू को जल्दी थी अपनी महबूबा के पास पहुँचने की। नए शहर में फिर शुरू से सारा काम जमाना पड़ता। फिर हर जगह इतनी आसानी से दौलत बटोरना आसान बात नहीं थी। वह बात बिरजू अच्छी तरह जानता था। अपने अंदर से निकलती आवाज़ से उसे अहसास हो रहा था, अब यहीं लखनऊ में, इसी दारुलशफा में उसकी तमन्ना पूरी होगी।

तीन दिन तक लगातार दस कमरों में चोरियाँ करने के बाद बिरजू ने सात-आठ हजार रुपए की कीमत की जो दौलत जमा की थी, उसके लिए बहुत कम थी। यह तो महज इत्तफाक था, जो तीसरे दिन कहीं जाकर सोने के बिस्कुट मिल गए, वरना कुल दौलत ढाई-तीन हजार की होती। बिरजू को पता था, इस तरह कुछ नहीं होगा। लोग अब सतर्क रहने लगे थे। कभी-कभी पूछताछ हो जाती। इतने खतरों के बाद, इस तरह उसे कम-से-कम अभी तीस-चालीस कमरे खोलकर घुसना होगा, तब कहीं जाकर उसका काम बनेगा। वह यह भी जानता था, अब कुछ दिनों तक, कम-से-कम एक महीने तक रुकना होगा। लेकिन अगली चोरी के लिए एक महीना रुकना उसके लिए संभव नहीं था।

सोने के बिस्कुटवाली चोरी के बाद फिर तीन दिन तक, बिरजू दारुलशफा नहीं गया। उसके बाद, उसने अपना तरीका और समय—दोनों बदल दिए। अब वह एकाएक कमरों के ताले खोलकर नहीं दाखिल होता। बस चुपचाप दूसरी-तीसरी मंजिलों पर घूमता रहता। कभी-कभी कुछ पुराने दोस्तों के साथ, वहाँ कमरों के अंदर बैठा रहता या फिर तीसरी मंजिल की मुँडेर से, दूसरी मंजिल के कमरों की ताक-झाँक करता। उसकी निगाह हमेशा ऐसे कमरों की तलाश में रहती, जहाँ से ताला बंद करके निकलते हुए आदमी को वह पहचान सके। मकसद उसका सिर्फ यह जानने का होता कि कमरे में ताला बंद करके जानेवाला अगर उस कमरे में रहनेवाला खुद ही है तो वह कुछ देर बाद लौटेगा। लेकिन अगर ताला बंद करनेवाला कोई दूसरा आदमी है, और अगर वह 'ए' ब्लॉक में बने हुए दफ्तर में कमरे की चाभी नहीं जमा करता तो इसका मतलब यह भी हो सकता है, उस कमरे में बंद ताले की अतिरिक्त चाभी है। ऐसे कमरे में जाने में खतरा था। जो कहीं अतिरिक्त चाभीवाला आदमी आ जाए, तो वह दरवाजा खोलकर भाग भी नहीं सकता। इसलिए कमरों में ताला बंद करके निकलते हुए लोगों का वह पीछा करता। जहाँ तक भी यह लोग पैदल जाते, थोड़े फ़ासले पर, बीच-बीच आड़ में छुपता हुआ, बिरजू उनके पीछे-पीछे चलता रहता। दफ्तर में जब इन लोगों को चाभी

देनी होती तो उनके पीछे, बिलकुल साए की तरह वह लगा रहता। लिफ्ट के पास या फिर नामवाले बोर्डों के पास खड़ा होकर जब तक वह अपनी आँखों से चाभी दफ्तरवाले बाबू को लेते हुए और फिर चाभी देनेवाले से कमरे का नंबर कागज में लिखकर, लिखे हुए कागज में चाभी लपेटकर, बाबू को ड्राअर में रखते हुए खुद न देख लेता, बिरजू वहाँ से नहीं टलता। दफ्तर में कागज के पर्चे में कमरे का नंबर लिखवाकर चाभी जमा करवानेवाले के साथ किसी दूसरे आदमी के आकर चाभी लेने का अंदेशा भी होता। वह दफ्तर से उस कमरे तक के फासले को, चाभी लेने के कमरे के मोड़ से दिखनेवाली गैलरी तक पहुँचने के समय के बीच के अंतर का अंदाज लगा लेता। ऐसे मामलों में यह अंदाज दस-पंद्रह मिनट के बीच का होता, जिसके अंदर ही उसे सारा काम खत्म करना होता। जबकि खुद ताला बंद करके चाभी दफ्तर में न देनेवालों के लिए वह कम-से-कम चालीस मिनट का समय रखता। वह भी तब जब उनके पीछे जाकर वह उन्हें दारुलशफा के बाहर तक पैदल या रिक्शे, मोटरों से चले जाते हुए देख लेता। इतनी सावधानी के बाद बिरजू ने तीन-तीन दिन के अंतर में एक-एक कमरे पहली-दूसरी और तीसरी मंजिल पर खोले जिनसे उसे दस हजार रुपए नगदी और सामान मिलाकर मिले।

इसी तरह से क़रीब पंद्रह दिन की मेहनत से उसने अठारह हजार रुपए नगदी, सामान मिलाकर बटोर लिए। तभी एक दिन उसे एक और ब्रेक मिला। आखिरी चोरी के बाद दो दिन तक अब उसे दारुलशफा नहीं जाना था, इसलिए वह हजरतगंज की सड़कों पर बिना किसी मकसद के घूम रहा था। ऐसे दिनों में वह अकसर कॉफी-हाउस में घंटों बैठा रहता। बीच-बीच में कॉफी, दोसा वगैरह मँगवा लिया करता। अब तक उसे दारुलशफ़ा और कॉफी-हाउस के बीच के रिश्ते मालूम हो चुके थे। कॉफी-हाउस की इन नेताओं की भीड़ में, बिना जान-पहचान के, वह कभी घुसकर बैठ जाता और इन लोगों की गर्मागर्म बातचीत सुनता रहता। वहाँ तो मुफ्तखोरों की वैसे भी भीड़ लगी रहती, उससे भला कौन पूछता? तीसरे दिन कॉफी-हाउस में वह एक दिन ऐसी टेबल पर फँस गया जहाँ कुछ देर बैठने के बाद, दारुलशफा के उसी कमरे का मालिक भी आ गया, जिसके यहाँ उसने चोरी की थी। वहीं उसके सामने, दारुलशफा में हुई चोरी की चर्चा हो रही थी। वह नेता गरिया रहा था, दारुलशफा के दफ्तरवालों को। उसकी राय में वह भरोसे की चोरी थी जो दफ्तरवालों ने करवाई थी, क्योंकि कुछ चुनाव-क्षेत्र से आनेवालों की उम्मीद में, कमरा बंद कर चाभी वहीं दफ्तर में उसने जमा करवाई थी। घंटे-आध घंटे में लौटकर आने पर उसने दफ्तर से ही चाभी ली। तब तक जिन लोगों के आने की उम्मीद थी, वे भी नहीं आए थे। कमरे में ताला बंद था, जैसे किसी ने छुआ भी न हो, लेकिन अंदर से सामान गायब था। उस नेता के साथ बैठे हुए चमचे दारुलशफा के दफ्तरवालों को गंदी-गंदी गालियाँ बकने लगे। वहाँ बैठे हुए, मुफ्त की कॉफी पीनेवाले

और लोग भी इनकी विवेचना से पूरी तरह सहमत थे। नेता जी चिल्लाए जा रहे थे, बिरजू वहीं बैठकर चुपचाप यह सब सुनता रहा। थोड़ी देर बाद स्वाभाविक रूप से जब एक-आध लोग उठे तो वह भी उठकर चल दिया, हजरतगंज की ओर। उसे एक बात की उस समय खुशी थी, उसके ऊपर क्या, अभी तक किसी भी चोर के ऊपर इन लोगों को शक नहीं था!

उस समय कॉफी-हाउस से उठने का बिरजू का एक मकसद और था। जिस टेबल पर वह बैठा था, उसके सामनेवाली टेबल पर एक मोटा-सा आदमी, उसकी ओर पीठ किए हुए बैठा था। बिरजू के उठने के कुछ ही देर पहले, जब बैरा बिल लेकर आया, तो पहले तो खादी की बुश्शर्ट की जेब से उसने दस का नोट निकाला, फिर शायद यह देखकर छुट्टे इसके बाद उसके पास नहीं बचेंगे, उसने अपना ब्रीफकेस खोला। ब्रीफकेस से सौ-सौ के नोटों की गड्डी से उसने एक सौ रुपए का नोट बैरा को बिल के साथ दे दिया। सौ के नोट का छुट्टा कॉफी-हाउस के कैश काउंटर पर शायद था नहीं, इसलिए बैरा नोट बाहर से तुड़वाने के लिए चला गया। ब्रीफकेस खोलने, बंद करने के बाद ही बिरजू ने पीछे से जरा स्वाभाविक रूप में झुककर देख लिया था, उस काले रंग के ब्रीफकेस में नोटों की कई और गड्डियाँ थीं। बिरजू जानता था, बैरा छुट्टा लेकर आएगा, तभी मोटा आदमी उठकर बाहर जाएगा। कुछ सोचकर वह अंदर से उठकर बाहर चला आया।

कॉफी-हाउस से बाहर निकलकर बिरजू ने बरामदे में बैठे हुए पनवाड़ी से एक सिगरेट खरीदी। फिर उसे सुलगाकर, वहीं सड़क पर गुजरती हुई मोटर-कार, स्कूटर, साइकिल, रिक्शा पर दफ्तरों में काम के बाद लौटती हुई भीड़ को देखने लगा। आगे के कार्यक्रम के बारे में उसने अभी कोई फैसला नहीं किया। शाम के आठ बजे तक उसे कोई काम नहीं था। आठ-नौ के बीच उसे गुमटीवाले ठेले के ऊपरवाले फ्लैट में जहाँ खिड़की से उसने पहले दिन लछमनिया को झाँकते हुए देखा था, घुसना था। पिछले पंद्रह दिनों के दौरान और उससे पहले भी बिरजू बराबर लोबीराम के फ्लैट के ऊपर नजर रखे हुए था। वह अकसर गुमटी से चरस की सिगरेट लेकर, वहीं नीम के पेड़ के नीचे बैठकर सिगरेट पीता हुआ, सामनेवाली खिड़की के अंदर का हाल लेने की कोशिश किया करता। उसने दफ्तर के सामने लगे हुए बोर्डों में से उस कमरे के मालिक का नाम पता लगा लिया। फिर उसे यह भी मालूम हो गया था, गुमटी में बिकनेवाली सिगरेट को क्यों लोबीराम-छाप सिगरेट कहते हैं। 'बी' ब्लॉक की कैंटीन, ठेलेवाली गुमटी, मेडू खाँ की सरायवाले अड्डे, दारुलशफा, कॉफी-हाउस के अपने दोस्तों से उसने गुमटी के ऊपर खिड़की से लगे हुए कमरे के मालिक लोबीराम और उनके तिजोरी-प्रेम की बाबत जान लिया था। कुछ लोगों ने लछमनिया के भी किस्से उसे बताने चाहे थे, लेकिन चमकी के

प्रति वफादार रहने के अपने संकल्प के कारण, उस तरफ उसने ध्यान ही नहीं दिया। उसका ध्यान तो उस कमरे की दीवाल में लगी तिजोरी पर था, जिसमें उसने सुन रखा था, अपार दौलत का भंडार रहता। पूरे दारुलशफा में 'बी' ब्लॉक के निन्यानवे और 'ए' ब्लॉक के एक सौ निन्यानवे कमरों में से सिर्फ लोबीराम का ही एक कमरा ऐसा था, जहाँ तिजोरी थी। जाहिर था, जहाँ तिजोरी होगी वहाँ माल भी होगा। लेकिन कुछ दिक्कतें थीं। एक तो भंगी चौधरी, लोबीराम का नौकर रंगी और कभी-कभी लालबाग बीड़ीवाला, उस कमरे से लगी हुई खिड़की के नीचे से, गुमटीवाले ठेले या फिर उससे लगे हुए छप्पर के घेरे में जमे रहते। दूसरे, उस कमरे में बाहर से ताला बंद नहीं होता, बल्कि गुमटी पर रहनेवाले लोग दिन-भर वहाँ आते-जाते रहते। तीसरे, करीब-करीब हमेशा ही, वहाँ सामने की खिड़की में झाँकनेवाली लड़की रहती। इन्हीं कारणों से बिरजू अभी तक उस कमरे की तिजोरी पर हाथ नहीं साफ कर पाया।

इधर कई दिनों पहले उसे पता लग गया, भंगी चौधरी बीमार होकर अस्पताल में भर्ती था। उसके पहले, लोबीराम का नौकर रंगी अपने गाँव छुट्टी पर गया था। अब गुमटीवाले ठेले पर सिर्फ लालबाग बीड़ीवाला थोड़ी देर के लिए बैठा करता। आठ बजे के करीब इधर रोजाना वहाँ सन्नाटा हो जाया करता था। तब तक लालबाग बीड़ीवाला गुमटी बढ़ाकर, छप्पर के घेरे में रखकर अपनी लालबागवाली दुकान पर चला जाता। खिड़की से झाँकनेवाली लड़की तो अंदर ही रहती, लेकिन अब बाहर ताला लगा हुआ दिखता। कभी-कभी उसने देखा था, ताला लगा रहने पर भी बगल का दरवाजा खोलकर लछमनिया थोड़ी देर के लिए या तो खिड़की के नीचे, गुमटी पर या फिर लालबाग की दुकान पर अपने बाप से मिलने जाया करती। बिरजू को उस कमरे में तभी घुसना था जब बाहर ताला लगा हुआ हो, लेकिन अगर लछमनिया अंदर होगी तब क्या करेगा, यह उसने अभी तक नहीं सोचा था।

बिरजू ने, बगल की बैंक से सौ रुपए का छुट्टा लेकर बैरा को कॉफी-हाउस के अंदर जाते हुए देखा। इसी के साथ, बाकी बची सिगरेट वहीं फेंककर वह बरामदे के आखिरी कोने पर जाकर खड़ा हो गया। वहाँ से वापस कॉफी-हाउस के बाहर निकलते हुए लोगों को देखते रहने से पहले उसने हजरतगंज के चौराहे के चारों तरफ निगाह दौड़ाई। वह कॉफी-हाउस की तरफ मुँह करके खड़ा होने के लिए, घूमकर खड़ा ही होनेवाला था, तभी चौराहे पर सामने जाने के लिए लालबत्ती होने के कारण, एक जीप एकदम से ब्रेक लगाकर रुक गई। ब्रेक लगाने की आवाज से जो बिरजू का ध्यान ऊपर गया तो सीधे उसकी नजर, जीप की अगली सीट पर बैठे हुए लोबीराम पर जा पड़ी। उस जीप में कई लोग लदे हुए थे। लोबीराम को देखकर, बिरजू जो मुड़ने के लिए आधा घूम चुका था, इधर ही देखते हुए रुक गया। लोबीराम को अब तक वह पहचान चुका था। इस समय

वह सिर्फ यह देखना चाहता था, जीप किधर जा रही थी। अगर जीप चौराहे से दाहिनी तरफ मुड़कर दारुलशफ़ा की ओर जाती तो, पचास फीसदी संभावना इस बात की थी, उसे आज आठ-नौ बजे के बीच, लोबीराम के कमरे में घुसने का इरादा छोड़ना पड़ता। तभी हरी बत्ती हो गई और उसने देखा, जीप सीधे होकर कालिदास मार्ग की ओर चली गई। इसी बीच, काला ब्रीफकेस लिए हुए, मोटा आदमी कॉफी-हाउस से निकलकर, सामने से उसके करीब आ गया था। बिरजू ने सोचा, इस जीप के चक्कर में अगर कहीं मोटा आदमी, कॉफी-हाउस से निकलकर, उधर बाईं तरफ से निकल जाता, तो इस बार वह चूक गया था। पलक झपकते ही, बिरजू नीचे फुटपाथ पर उतरकर, हनुमान मंदिर की ओर चल दिया। मंदिर के सामने पहुँचकर वह फिर रुक गया। वहाँ से पीछे मुड़कर उसने देखा, वह मोटा आदमी दो अन्य लोगों के साथ हजरतगंज की सड़क पार कर रहा था।

मोटा आदमी, हाथों में ब्रीफकेस मजबूती से पकड़े हुए, अपने साथियों से धीरे-धीरे बात करता हुआ, सड़क पार करने के बाद हजरतगंज के सामनेवाले फुटपाथ पर पहुँच गया। वहाँ से फिर वह दाहिनी ओर मुड़ा। थोड़ी दूर जाकर वह एक मिठाई की दुकान में घुस गया। उसके दो साथी, वहीं, मिठाई की दुकान के बाहर, फुटपाथ के ऊपर खड़े होकर बातचीत करने लगे।

''अमा यार! सुनते हैं, दो-चार दिन बाद राष्ट्रपति-शासन खत्म होनेवाला है?''

''हाँ! हाँ! यह मोटा भी, उसी चक्कर में आया है।''

''क्या मतलब?''

''मतलब तो साफ है, यह मोटा बड़ा दूरदर्शी है। मिठाई की दुकान से यह चार डिब्बे बँधवाएगा। फिर दारुलशफा जाकर एक डिब्बा तो देगा कृष्णबल्लभ यादव को, एक डिब्बा लोबीराम को, एक कालीशंकर और एक दरोगा द्विवेदी को।''

''साला यह खुद भी तो डिब्बा है।''

''सो तो है, लेकिन घुटा हुआ है।''

''अमा, अभी किसका नाम लिया था तुमने, दरोगा···?''

''हाँ हाँ, दरोगा द्विवेदी।''

''यह कौन हैं?''

''वही रामप्रताप द्विवेदी! रंगीनराय के खासुलखास!''

''तो उनको दरोगा द्विवेदी कहते हैं! कोई खास वजह ?''

''तुम भी साले, बिलकुल कुल्हड़ हो। बैठते हो कॉफी-हाउस में, और दरोगा द्विवेदी को नहीं जानते!''

''कुल्हड़ होगे तुम, बके जा रहे हो, पूछने पर बताते भी नहीं।''

अब पहले आदमी को ज्ञान बखारने का जो मौका मिला, तो मुँह में दबाई हुई मैनपुरी का पीक, फुटपाथ पर थूकते हुए वह बोला, "बड़ी पुरानी बात है, रामप्रताप द्विवेदी अपने बड़े भाई कांस्टेबल भरतप्रताप द्विवेदी की जब तरक्की दरोगा की पोस्ट पर, भरपूर कोशिशों के बाद भी न करवा पाए तो वह पार्टी छोड़कर किसान दल में शामिल हो गए। कुछ ही दिनों बाद, किसान-दल की साझे की सरकार बनी तो रामप्रताप द्विवेदी के भाई भरतप्रताप द्विवेदी दरोगा बना दिए गए। भाई के दरोगा बनते ही, अपने रामप्रताप द्विवेदी अपनी पुरानी पार्टी में लौटकर आ गए।"

दोनों इस बात पर तालियाँ पीटकर ही-ही करके हँसने लगे। तभी मिठाई की दुकान से मोटा आदमी एक हाथ में ब्रीफकेस पकड़े हुए, दूसरे हाथ से मिठाई के दो डिब्बे सीने से सटाए हुए बाहर आ गया। कुछ दूर और मोटे आदमी के साथ, कॉफी-हाउस के दोनों मुफ्तखोर चले। फिर फुटपाथ के कोने पर पहुँचकर दोनों बेनबोज में घुस गए और मोटा आदमी पैदल ही दारुलशफा की ओर चल दिया।

मोटा आदमी त्रिलोकनाथ रोड की तरफ से दारुलशफा में घुसा। सड़क पार करके 'बी' ब्लॉक के बीच से वह 'ए' ब्लॉक के सामने पहुँच गया। 'ए' ब्लॉक के दफ्तर में जाकर उसने वहाँ बैठे आदमियों से कुछ बातचीत की। फिर वहाँ से किसी कमरे की चाभी लेकर वह सीढ़ियों से दूसरी मंजिल पर गया। दूसरी मंजिल के कमरे को, नीचे दफ्तर से ली हुई चाभी से खोलकर वह अंदर गया। अंदर जाकर उसने दरवाजा बंद कर लिया। करीब दस मिनट बाद जब मोटा आदमी कमरे से निकला तो उसके हाथ खाली थे। उसने कमरे का दरवाजा बंद करके कुंडी लगाई, फिर कुंडी में ताला बंद किया और सीटी बजाता हुआ, खेल में ताली को बार-बार उछालकर हाथों में गोचता हुआ, वह नीचे की ओर चल दिया। नीचे पहुँचकर, उसने चाभी वापस दफ्तर में बैठे हुए बाबू को देकर, कुछ कहा। दफ्तर के बाबू ने कागज की पर्ची में, दुबारा कमरे का नंबर लिखकर उसमें चाभी लपेट दी। उसके बाद मोटा आदमी 'ए' ब्लॉक की प्रवेश-गैलरी से बाहर निकल आया। वहाँ खड़े हुए रिक्शवालों में से एक रिक्शेवाला तब तक उसके पास आ गया था। मोटा आदमी रिक्शे में बैठकर लालबाग की तरफ चल दिया।

बिरजू मोटे आदमी से कुछ फासले पर धीरे-धीरे चल रहा था। मंदिर से ज़ब उसने मोटे आदमी को पान की दुकान पर पान खाने के बाद, फुटपाथ के दाहिनी ओर मुड़कर चलते हुए देखा था तो कुछ देर के लिए वह निराश हो गया। कॉफी-हाउस में पहली बार उसे देखकर उसने अंदाज लगाया, शायद मोटा आदमी दारुलशफा जाए। यही सोचकर वह पीछे लग गया था। उसके दिमाग में, तब तक कोई योजना नहीं थी। फिर भी क्या पता, कब मौका मिल जाए! यह तो उसे इत्मीनान था ही, ब्रीफकेस के अंदर सौ-सौ के नोटों की गड्डियाँ थीं। बस इन्हीं गड्डियों की खुशबू बिरजू को उसके पीछे खींचकर ला

रही थी। मोटे आदमी को मिठाई की दुकान में घुसते हुए देखकर बिरजू ने जल्दी में सड़क पार की। फिर उलटी तरफ से, उसी फुटपाथ पर स्वीटहाउस के सामने, उसके दो साथियों के बगल में जाकर खड़ा हुआ। बिरजू को जब उनकी बातों से यह पता लगा, मोटा आदमी मिठाई लेने के बाद दारुलशफा जाएगा, अनायास ही उसके अंदर खुशियों की लहरें दौड़ने लगीं। उसे लगा, सगुन अच्छा था। तभी उसने देखा, मोटे आदमी ने ब्रीफकेस खोलकर मिठाई के दो डिब्बे उसके अंदर रख दिए और दो डिब्बे हाथ में लेकर बाहर निकल आया।

मोटे आदमी को रिक्शे में बैठकर जाते हुए देखकर बिरजू ने एक गहरी साँस लेकर चैन मिल जाने-जैसी मुद्रा में साँस बाहर की ओर छोड़ी। तुरंत पीछे घूमकर बिना जल्दबाजी किए हुए बिरजू चुपचाप, दबे पाँव सीढ़ियों से दूसरी मंजिल की ओर चल दिया। दूसरी मंजिल पर इधर-उधर देखते हुए, बिरजू ने पहले तो सामने की गैलरी तक का पूरा चक्कर लगाया। फिर दो मिनट तक सामनेवाली गैलरी की मुँडेर से नीचे की ओर झाँकता रहा, साथ में ऊपर के बरामदों से जाते हुए दो-चार आदमियों को ध्यान से देखता रहा। पिछले तजुर्बे की बिना पर उसे मालूम था, अभी भी पाँच-सात मिनट का समय, जो मोटे आदमी के चले जाने और किसी नए आदमी के दफ्तर से चाभी लेकर ऊपर कमरे तक आने में बाकी था। बिरजू ने मोटे आदमी को कमरा खोलकर अंदर जाते हुए फिर ब्रीफकेस, मिठाई के डिब्बे अंदर छोड़कर खाली हाथ कमरे में ताला बंद करके नीचे उतरते हुए, सामने की मुँडेर पर इसी तरह खड़े होकर, कुछ देर पहले देखा। उस समय, उसने यह भी देखा था, अगल-बगल के कमरों से कुछ लोग निकले, कुछ और लोग इधर-उधर से बरामदे से निकलकर भी गए थे, लेकिन किसी ने उस मोटे आदमी से बात नहीं की, न ही किसी से उसकी दुआ-सलाम हुई। जाहिर था, उसी मोटे आदमी की तरह अब, उसे कमरे का ताला खोलकर अंदर घुसने पर किसी को शक नहीं होगा।

यह महज इत्तफाक नहीं था जो बिरजू की जीन की पैंट में, उसकी मास्टर-कीज पड़ी थीं। लेकिन यह इत्तफाक जरूर था, इन चाभियों के इस्तेमाल की जरूरत इस समय पड़ी थी। वैसे तो ग्यारह बजे के करीब भेड़ीमंडी से निकलते समय, उसने चाभियाँ वगैरह जेब में रख ली थीं, क्योंकि शाम को आठ-नौ बजे के बीच उसे लोबीराम के कमरे में घुसना था। कॉफी-हाउस से उठकर वह मोटे आदमी के पीछे, बिना किसी योजना के पड़ गया था। यह भी महज इत्तफाक था, मोटा आदमी कॉफी-हाउस से उठकर दारुलशफा आया था। अगर वह मोटा आदमी कॉफी-हाउस से उठकर, उस समय दारुलशफा न जाकर कहीं और चला जाता, या अगर दारुलशफा जाकर भी वह इतने कम समय के लिए कमरे में नहीं जाता और फिर कमरे से निकलकर अगर वह चाभी वापस 'ए' ब्लॉक के दफ्तर में जमा नहीं करता तो कमरे में लगे ताले की दो तालियाँ होंगी, यह समझकर

बिरजू शायद अगला कदम नहीं उठाता। लेकिन इतने सारे इत्तफाकी हालात का बराबर होना, पेशेवर बिरजू के लिए, अगला कदम उठाने का फैसला करने में काफी मदद कर रहा था।

अब तक के इत्तफाकी हालात के विवेचन से बिरजू ने फैसला किया, यह मौका उसी के लिए कॉफी-हाउस में तभी पैदा हो गया था, जब उसने मोटे आदमी को ब्रीफकेस के नोटों की गड्डी से सौ का नोट निकालकर देते हुए देखा था। अब उसके पास पूरी सुरक्षावाले, सिर्फ पाँच मिनट बचे थे। सामने की मुँडेर से अलग होकर, स्वाभाविक रूप में धीरे-धीरे चलते हुए वह उस कमरे के सामने पहुँच गया। ताला देखकर ही वह समझ गया, कौन-सी चाभी लगेगी। उसने जेब से चिपटीवाली चाभी निकालकर ताले में लगाई, फिर जरा-सा जोर लगाकर चाभी को दाहिनी तरफ घुमाया तो खुट की आवाज करके ताला खुल गया। ताला निकालकर उसने कुंडी खींची और दरवाजे को धक्का देकर अंदर चला गया। अंदर से उसके दरवाजा बंद कर लिया। अंदर बिरजू को सिर्फ तीन मिनट लगे। बाहर जब वह निकला तो उसके हाथ में वही काला ब्रीफकेस था।

तेरह तारीख थी, जून का महीना, शाम के आठ बजे थे। बिरजू उस समय भेड़ीमंडी की खोली से निकल चुका था। काला ब्रीफकेस, उसने अपनी खोली में रख दिया था। मिठाई के चार डिब्बों में से दो डिब्बे तो ब्रीफकेस के अंदर बंद थे। बाहर दो डिब्बे जो उस कमरे से, ब्रीफकेस उठाते समय उसे दिखे थे, उन्हें भी खोलकर देख लेना उसने ठीक समझा था। वहाँ पर जब उसने डिब्बा खोला तो उसे पहली नजर में ही डिब्बे के अंदर कुछ गड़बड़ नजर आया। मिठाइयाँ कुछ तरतीब से बिगड़ी हुई तो थीं, लेकिन देखने से पूरी लग रही थीं। मिठाइयों की ऊँचाई डिब्बे के ढक्कन तक को छू रही थी। चूँकि समय उसके पास कम था, इसलिए उसने मिठाइयाँ बिना छुए हुए डिब्बे के ढक्कन में गिरा दीं। तभी मिठाइयाँ ढक्कन पर गिरीं तो उनके साथ डिब्बे के जमीन के ऊपर रखा हुआ कागज भी बाहर की ओर कुछ तेजी से आ गया। उस कागज के साथ ही सौ-सौ रुपए के तीस-चालीस नोट भी गिर पड़े। बिरजू ने फौरन नोट बटोरकर पैंट की जेब में ठूस लिए और डिब्बे के नीचेवाले कागज को जमाकर उसके ऊपर मिठाइयाँ जमा दीं। फिर डिब्बे के ऊपरवाला ढक्कन बंद करके, उसे पहले जैसे डोरे से बाँध दिया। अब तो दूसरा मिठाई का डिब्बा देखना जरूरी हो गया था। बिरजू को अंदाज था, उसके बाहर निकलने का वक्त आ गया। करीब-करीब झपटकर उसने मिठाई का दूसरा डिब्बा उठाया। पैनी उँगलियों के नाखून से, एक सेकेंड में उसने डोरे की गाँठ खोल ली। जल्दी से उसने ऊपर का ढक्कन, ऊपर का कागज हटाया। ढक्कन कागज सहित पास की मेज पर रखने के बाद, उसने डिब्बे के नीचेवाला हिस्सा भी मेज पर रख दिया। इस तरह उसे सारी मिठाइयाँ अलग नहीं करनी पड़ीं। उसने बस मिठाइयों के नीचेवाला कागज उठाकर देख

लिया, वहाँ नोट नहीं थे। डिब्बे को पहली-जैसी हालत में बाँधने के बाद बिरजू बाहर निकल आया। अपनी खोली पहुँचने पर बिरजू ने ब्रीफकेस दो कारणों से खोलकर नहीं देखा। एक तो उसे उस तरह का ताला खोलने के लिए एक प्रकार का तार बनाना था। दूसरे, उसने सोचा अगर ब्रीफकेस से लंबी रकम निकली तो भी, और अगर कुछ भी रकम न निकली तब भी उसका संतुलन बिगड़ सकता है। बिरजू में सबसे बड़ी बात थी, खोज करने के बाद बनाए हुए कार्यक्रम की योजना को, कुछ भी हो जाने पर भी वह टालता नहीं था। उसके पूर्व निर्धारित कार्यक्रम के अनुसार उसे आज लोबीराम के यहाँ हमला करना था। फिर कॉफी-हाउस से निकलने के बाद, हजरतगंज के चौराहे से, उसने लोबीराम को, कालीदास मार्ग की तरफ जाते हुए भी देख लिया था। उसने पहले से पता लगा रखा था, लोबीराम को कहीं रात के खाने पर जाना था।

भेड़ीमंडी से चलते समय उसने तीन तालियों के अलावा, एक लोहे का मुड़ा हुआ तार, एक पेनटार्च, एक हथेलियों जितना लंबा पेंचकस ले लिया। यह सामान लोबीराम की तिजोरी खोलने के लिए, जरूरी समझकर उसने रख लिया था। गुमटीवाला ठेला दारुलशफा में अब नहीं होगा, यह सोचकर उसने एक चीज और ली, वह थी लोबीराम-छाप सिगरेट की डिब्बी।

बिरजू का जोड़-जोड़ इस समय टूट रहा था। असल में वह चोरी, चोरों की तरह नहीं, एक सधे हुए तकनीकी जानकार की तरह मन, शरीर, आत्मा की गहराइयों में डूबकर किया करता। जिस दिन उसे चोरी करनी होती, वह अपनी योजना में पूरे दिन, कभी-कभी तो पिछली रात में ही, खोया रहता। एक-एक बारीकी को, अपने तजुर्बे और दिमाग की वेवलैंथ से तौल-तौलकर देखता। फिर नतीजों को हालात के साथ बिठाकर, घटाकर, काट-छाँटकर, बचने-निकलने के रास्तों के चक्कर अपने जहन में रख लेता। उसका चोरी करने का तरीका अब तक एक विज्ञान बन चुका था, जिसके तमाम फार्मूले पलक झाँपते ही उसके सामने आ जाते। लेकिन उसकी हरकतों के पीछे एक मकसद था। वह मकसद था, चमकी को पाना। इस मकसद के पीछे एक गुरुत्व आकर्षण (मोटिव फोर्स) था, जो उसे इन दिनों आगे की ओर ढकेल रहा था। आकर्षण की वह शक्ति छिपी हुई थी, कोयले से खींची हुई उन काली लकीरों में, जो आज भी भेड़ीमंडी की उसकी खोली की दीवार पर रोजाना की तरह बढ़ रही थीं। इसीलिए उसके विज्ञान, मकसद, मोटिव फोर्स की मिली-जुली प्रतिक्रियाएँ मन, शरीर, आत्मा से, कभी-कभी उसे थका देतीं। ऐसी ही थकान आज उसे महसूस हो रही थी।

लछमनिया का आज जी बहुत खराब हो रहा था। वह लोबीराम के बिस्तर पर लेटी काफी देर से, अंदर से उठती हुई लपटों की ज्वाला में जल रही थी। बेचैनी, तपन में सारे

बदन के उतार-चढ़ाव, अंगों का कोना-कोना छटपटा रहा था। शनील का काला ब्लाउज, लाल रंग की सूती धोती वहीं पलँग के पास जमीन पर पड़ी हुई थी। करवटें बदलकर पीठ के बल, पेट के नीचे तकिया रखकर, हर तरह से लेटने के बाद भी उसे जरा भी चैन नहीं आया। उस समय उसका मन हो रहा था, इसी तरह नंगे बदन वह कमरे के बाहर निकल जाए, दारुलशफा के बरामदों में दौड़ती हुई, जहाँ खिड़कियों-दरवाजों से हाथ निकाले हुए लोग उसे अंदर खींच लेने को बेकरार थे। उस समय तक, लछमनिया अपने शरीर की रग-रग में दौड़ती हुई असंख्य चींटियों की चुभन से लड़ते-लड़ते थक चुकी थी। उसकी साँस बड़े जोर से फूलकर फेफड़ों के दबाव में निकलती रही, जिसकी वजह से सीने पर की गोलाइयाँ उठतीं, गिरतीं। पैरों से कमर तक बार-बार कँपकँपी छूट रही थी। उसके खुले हुए बाल, सिर के नीचे रखे हुए तकिए पर बिखरे पड़े थे। बिखरी हुई लटों के घेरे में चमकता हुआ उसका नूरानी चेहरा, कमरे के किनारे लैंप के शेड से दबी रोशनी में आसमान में चमकते हुए चाँद की तरह लग रहा था। लछमनिया तरस-तरसकर किसी मर्द का इंतजार कर रही थी, जो यहाँ पास आकर उसके अंगों की जलन बुझा दे, उसे अपनी बाँहों में जकड़ ले हमेशा-हमेशा के लिए। उसे डर था, अगर कुछ देर में कोई नहीं आया तो उसकी जान निकल जाएगी।

लोबीराम का कमरा 'ए' ब्लॉक के पश्चिमी किनारे पर था। कमरे में घुसने के खास दरवाजे पर ताला लटक रहा था। लेकिन उस दरवाजे से, जरा हटकर अंदर जाने का एक और दरवाजा था। बिरजू ने वहाँ पहुँचकर पेशेवर तरीके से ताला खोला फिर अंदर जाकर खास दरवाजे से अलग दूसरा दरवाजा खोलकर वह बाहर आ गया। बाहर निकलकर उसने पहले तो खास दरवाजे में, वही ताला जो उसने अभी खोला था, लगा दिया, फिर दूसरे दरवाजे से, जिससे निकलकर वह बाहर आया था, वापस अंदर चला गया। अंदर जाकर, उसने दरवाजे की सिटकनी लगाई। अब बिरजू बैठक में था, जहाँ अँधेरा था, लेकिन उसके बाद के कमरे से हल्की-हल्की रोशनी इधर तक आ रही थी।

बिरजू का दिमाग तो इस समय बिलकुल साफ था, लेकिन बेलदारी लाइन के ताड़ी-खाने में अद्धा पीने के साथ उसने लोबीराम-छाप सिगरेट भी ली थी जिसकी वजह से उसका दिल कभी-कभी गहराइयों तक डूब जाता। तब भी उसका जमीर उससे कह रहा था, आज उसके जीवन का सुनहरा दिन था। पहले शाम को महज इत्तफाक की वजह से, मोटे आदमी का काला ब्रीफकेस बिना किसी मुसीबत के वह उड़ा चुका था और अब लोबीराम की तिजोरी साफ करने आया हुआ था। उसे लग रहा था, उसका काम अब पूरा हो जाएगा। फिर कल सुबह ही झाँसी-मेल से वह सीधा बंबई, अपनी चमकी के पास पहुँचने के लिए चल देगा। लेकिन उसके सामने एक समस्या थी, जिससे निपटने के लिए, लोबीराम के फ्लैट की बैठक में घुस आने तक, कोई तरीका उसने नहीं सोचा था।

वह समस्या थी लछमनिया ! बिरजू चोर जरूर था, लेकिन उसने खून-खराबा कभी नहीं किया। बंबई से आने के बाद उसने जितनी चोरियाँ की थीं, उनमें कहीं भी उसने किसी के ऊपर हाथ भी नहीं उठाया। वह हमेशा चोरी, काफी खोजबीन के बाद, अपने लिहाज से सही मौका ढूँढ़कर करता। कभी-कभी सही मौके की तलाश में वह काफी दिनों तक रुका रहता और कभी-कभी सही मौका मिलते हुए न देखकर, जब उसे विश्वास हो जाता, बिना खून-खराबे के सफलता नहीं हासिल कर सकेगा, उस शिकार को छोड़कर किसी दूसरे की तलाश, खोज-बीन में जुट जाता। आज तक बिरजू ने अपनी योजनाओं में कभी ऐसी कड़ी नहीं छोड़ी थी, जिससे निपटने का हल उसने पहले न सोचा हो। लेकिन आज ऐसा नहीं था। आज लोबीराम की बैठक में पहुँचने के बाद भी उसे नहीं मालूम था, अगर वहाँ खिडकी से झाँकनेवाली लछमनिया होगी तो वह उससे कैसे निपटेगा ? बस वह मन-ही-मन प्रार्थना कर रहा था, काश, आज यहाँ वह लड़की न हो ! फिर भी न जाने क्यों, अच्छे सगुन उसे विश्वास दिला रहे थे, उसके काम में आज कोई बाधा नहीं आने की।

दब पाँव, धीरे-धीरे बिरजू उसी कमरे की ओर बढ़ चला, जहाँ से कमरे के किनारे रखे हुए टेबल लैंप से दबी-दबी रोशनी बैठक तक आ रही थी। उसका इरादा पहले कमरे में झाँककर अंदर देखने का था। दरवाजे के ऊपर एक नीले रंग का परदा लटक रहा था, जिसे थोड़ा-बहुत हटाए बिना अंदर का माहौल देख पाना असंभव था। बिरजू ने दीवार के सहारे सटकर परदा जरा-सा हटाया, तो सामने की दीवार पर लगी हुई उसे लोहे की वह तिजोरी दिखी, जिसके चक्कर में वह यहाँ आया था। बैठक और कमरे के दरवाजे के बीच में चार फुट चौड़ी गैलरीनुमा जगह छूटी हुई थी। गैलरी की चौड़ाई के खत्म होते ही बैठक की दीवार के अंतिम सिरे के सामने, उस कमरे का दरवाजा था। दरवाजे के दाहिनी तरफ तो मुश्किल से तीन-चार फुट कमरे की चौड़ाई थी जिसकी वजह से कमरे की उतनी ही गहराई वहाँ से दिख रही थी। कमरे की बाकी गहराई उसी तरफ थी, जिधर बिरजू खड़ा हुआ था। दूसरी तरफ घूमकर जाने में एक खतरा तो यह था, चलने से होनेवाली परछाईं या फिर परदे के हिलने से बाहर आती हुई रोशनी में रुकावट होने से, अंदर कुछ प्रतिक्रिया हो सकती। दूसरा खतरा, परदा उठाकर देखने पर सीधे, अंदर होनेवाले से नजर मिल जाने का था।

एक-दो मिनट बिरजू वहाँ ऐसे ही खड़ा हुआ अपने अगले कदम के बारे में सोचता रहा। तभी अंदर से तेज रफ्तार से आती-जाती हुई साँसों की हल्की-हल्की सिहरन महसूस हुई। फिर धीरे-धीरे अस्पष्ट शब्दों में कराहने की आवाज आई। साथ में एक जनानी खुशबू उसके अंदर आने लगी। वह इस खुशबू को खूब अच्छी तरह पहचानता था। यह खुशबू उसने उस समय महसूस की थी, जब बंबई में उसके सीने से लिपटकर

चमकी ने उससे जीवनदान माँगा था। तब से बंबई की सड़कों, जेल की दीवारों से लेकर, अलीगढ़ से यहाँ आने तक उस खुशबू की पकड़ उसने नहीं छोड़ी थी। आज इतने दिनों बाद फिर उसने वही खुशबू अपने अंदर आते हुए पाई। भीनी-भीनी इस खुशबू ने बिरजू को पागल-सा बना दिया। बेलदारी लाइन का ठर्रा, फिर उसके ऊपर की लोबीराम-छाप सिगरेट का असर उसके अंदर नशे की लहर बनकर दौड़ रहा था। उसमें डूबकर यह खुशबू अब उसके सर पर चढ़कर बोलने लगी।

बिरजू से अब रुका न गया। उसके सर पर भूत सवार था। वह अपने पेशे के सारे उसूल भूलकर परदे के आगे, लेकिन कमरे के दरवाजे के पीछे तक आ गया। इसके पहले वह थोड़ा और आगे बढ़कर उस खुशबू के पास बढ़ता उसके पैरों में किरमिच के जूतों से कोई चीज छू गई। एक सेकेंड के सौंवे हिस्से में बिरजू ने फौरन नीचे की ओर देखा तो उसके किरमिची जूतों से सटी हुई, लछमनिया की बिलायती बॉडिस पड़ी हुई थी, बॉडिस के स्ट्रैप छिपे हुए थे। उसका खाली हिस्सा नीचे की तरफ था। उसे तो सिर्फ बॉडिस की दो ऊँची-नुकीली बूटेदार गोलाइयाँ दिखीं। अब बिरजू का संतुलन बिगड़ने लगा। सामने की दीवार में लगी हुई तिजोरी उसकी आँखों के सामने से ओझल हो चुकी थी। उसकी जगह बॉडिस की बूटेदार गोलाइयों की नीचे रहनेवाले जिस्म की कल्पना ने ले ली थी। खुशबू अब भी वैसे ही उसके करीब आकर, हल्की-हल्की साँसों की सिहरन के साथ, उसके बदन से लिपटती जा रही थी।

दूसरे क्षण ही बिरजू कमरे के अंदर था। बाईं दीवार से सटे हुए पलँग पर, आँखें बंद किए हुए, लंबी-लंबी साँसें भरती हुई, बेदाग संगमरमर में जैसे तराशी हुई लछमनिया तड़प रही थी। फटी-फटी आँखों से बिरजू, कुछ पल, बस उसे देखता ही रहा। खुली-खुली, उलझने के अंदाज में बिखरी हुई काली लटों के बीच लछमनिया के चेहरे की चमक, कमरे की रोशनी को फीका बना रही थी। बिरजू की निगाहें चेहरे से फिसलकर जरा नीचे आईं, तो गरदन के नीचे के गोल-गोल उभार देखकर उसकी रगों ने विद्रोह करना शुरू कर दिया। उसी समय, घुटनों तक टाँगें मोड़े हुए लेटी लछमनिया के पूरे प्रोफाइल पर उसकी नजर पड़ी। साथ ही उसे लाल रंग की सूती धोती और पापलीन का पेटीकोट पलँग के नीचे दिखा।

यह माहौल, यह नजारा हकीकत थी या सपना, एक क्षण तो बिरजू कुछ समझ ही नहीं पाया। अपनी अभी तक की जिंदगी में, उसे लगा, यहाँ आकर समय ठहर गया। उसके अंदर बेचैनी बढ़ती जा रही थी। एक अजीब तरह का पागलपन या जनून उसके ऊपर सवार हो गया। उस समय अगर दस तोपें भी पीछे से दाग दी जातीं, तब भी उसे कुछ भी सुनाई नहीं देता। कुछ नशे के प्रभाव में, कुछ खुशबू के असर में, उसके माथे से पैरों तक, मादकता और तरुणाई की तमाम-तमाम तरंगें उठने लगीं।

वहीं पर खड़े हुए बिरजू का हाथ अपने आप जीन की पैंटं के बटन खोलने लगा। बटन खुल जाने के बाद, पैंट खिसककर किरमिच के जूतों पर गिर पड़ी। बिरजू ने पहले एक, फिर दूसरा पैर पैंट की मोहरी से निकाला, फिर पैर मोड़कर जूते उतार दिए। उसके बाद लछमनिया को भूखी आँखों से देखते हुए उसने बुश्शर्ट हाथों से खींचकर अलग कर दी। तभी वह तिजोरी के करीब, कमरे के दरवाजे के दाहिनी ओर रखे टेबल-लैंप की ओर बढा। एक क्षण में टेबल-लैंप का स्विच ऑफ करते ही, बिरजू सामने की तरफ से पलँग के ऊपर चढ़कर लछमनिया के पास पहुँच गया। फिर तो अँधेरे कमरे में सिर्फ दोनों की घुटी-घुटी आवाजें थीं और उनके साथ लंबी-लंबी साँसों की सिहरन। बड़ी देर बाद लछमनिया बोली, "ई तो बता दो, तुम हौ कौन ?"

वहाँ उस समय बिरजू नहीं था, लछमनिया नहीं थी। हजारों साल पहले के आदम और हव्वा थे, जिन्होंने मिलकर पहले प्यार का सेब खाया था, अंदर की गहराइयों से उठते हुए प्यार के बोल महसूस किए थे। बिरजू उस समय पेशेवर चोर नहीं था, तभी तो सामने की दीवार में लगी हुई तिजोरी को छोड़कर वह लछमनिया के पास पहुँच गया। लछमनिया उस समय लालबाग बीड़ीवाले की लड़की नहीं थी, जिसे दारुलशफा में बूढ़ी-अधेड़ आँखें कितने दिनों से घूर रही थीं, जिसे लोबीराम ने शुरू-शुरू में अठन्नी देकर फुसलाना चाहा था। तभी तो उन क्षणों में, आत्मीयता के आकर्षण में बँधकर, बिरजू तिजोरी की दौलत छोड़कर उसके पास आ गया। बिरजू और लछमनिया, अपने-अपने व्यक्तित्व से ऊपर उठकर, उस समय आदम और हव्वा की तरह, एक-दूसरे में पूरी तरह लीन हो गए। उनके मिलन की यह मादक बेला कितनी मधुर थी जब वातावरण में संदिग्धता नहीं थी, किनारों में जड़ता नहीं थी ! भूख, लिप्सा, ईर्ष्या, कमीनेपन से भरी हुई, इतनी बड़ी दुनिया में शायद बिरजू और लछमनिया की ऐसी ही स्थितियों के अनेक कोण बाकी थे। शायद इसी के लिए, ऐसे ही भोले निश्छल क्षणों के लिए. आज तक आदम और हव्वा जिंदा थे। बिरजू के लिए. उस समय लछमनिया, चमकी की पूजा का मूर्त रूप बन गई। उधर लछमनिया के लिए बिरजू वह मर्द बन गया, जिसका उसे कितने दिनों से इंतजार था।

न जाने, कितनी देर तक एक-दूसरे की बाँहों में लिपटे हुए, दोनों अनंत सुख की धारा में बहते जाते। लेकिन बिरजू के अंदर किसी आनेवाले खतरे की घंटियाँ बजने लगीं। उसकी तंद्राएँ जागने लगीं। तभी बैठक के बाहरवाले कमरे से ताला खोलने की आवाज आई। पलक झपकते ही बिरजू ने पलँग से नीचे कूदकर, हाथों के फासले से, अपनी पैंट, बुश्शर्ट, जूतों के साथ पड़ी हुई लछमनिया की बॉडिस उठा ली। कपड़े पहनकर बाहर निकल भागने का समय अब नहीं था। बाहर का ताला खोलकर बैठक में दरवाजा अंदर की तरफ से बंद करने की खटर-पटर की आवाजें आ रही थीं। कमरे में अँधेरा था, फिर

भी अहसास के जरिए तब तक लछमनिया भी पलँग से नीचे उतरकर बिरजू के करीब आकर खड़ी हो गई। बिरजू इतनी देर में पहली बार फुसफुसाकर लछमनिया से बोला, "किधर जाएँ?" तभी बाहर की बैठक की बत्ती जलने से कुछ रोशनी फैलकर अंदर के कमरे तक आ गई। कमरे से बाहर जाने का और कोई रास्ता तो था नहीं, इसलिए बिरजू को वहीं कमरे में रुकना पड़ा। अगले क्षण एक हाथ से कपड़े सँभाले हुए, एक हाथ से लछमनिया को साथ में खींचकर बिरजू लोबीराम के पलँग के नीचे घुस गया। पलँग के नीचे पहुँचते ही, नीचे पड़ा हुआ लछमनिया का पेटीकोट, लाल रंग की सूती धोती भी, उसने उठाकर अंदर ले ली।

इतनी देर में लोबीराम कमरे के अंदर आ गए। रात के करीब ग्यारह बजनेवाले थे, उनको अब नींद आ रही थी। कमरे के अंदर आकर उन्होंने बैठक से जानेवाला दरवाजा भेड़ दिया। बैठक में आती हुई रोशनी में वह तिजोरी के पास रखे हुए लैंप के पास गए। लैंप का स्विच दबाते ही पूरे कमरे में दबी-दबी रोशनी फैल गई। तिजोरी और लैंप से जरा हटकर छोटी-सी तिपाई रखी हुई थी। उस तिपाई के ऊपर दीवार पर कपड़े टाँगने की खूँटियाँ लगी थीं। वहीं, खिड़की के पास खड़े होकर अँगड़ाई लेने के बाद, लोबीराम धोती उतारने लगे।

दम साधे, पलँग के नीचे बिरजू, लछमनिया, गरदन टेढ़ी किए लोबीराम की हरकतें देख रहे थे। लोबीराम को धोती उतारते हुए देखकर दोनों ने एक-दूसरे की ओर देखा। बिरजू की तरफ देखते ही सबकुछ मिल जाने की शांति में, अपनेपन का राजदार बन जाने-जैसी मुसकराहट लछमनिया के चेहरे पर खिल उठी। बिरजू भी बड़े प्यार से उसे देखने लगा। अभी कुछ देर पहले दोनों के जिस्म एक हुए थे, अब मन एक हो गए। फिर बिरजू को अपनी और लछमनिया की हालत याद आई। वह एकाएक उसकी ओर देखकर हँस पड़ा। उसकी हँसी का मतलब समझकर लछमनिया शरमा गई। उसने बिरजू की ओर पीठ करके धीरे-धीरे बॉडिस पहनना शुरू किया तो कलाइयों में पड़ी चूड़ियाँ खनक उठीं, जिसकी वजह से उसकी पीठ पर हाथ रखकर बिरजू ने उसे कपड़े पहिनने को मना कर दिया। इसी बीच वह खुद पैरों को सीधा करके पैंट को ऊपर कर चुका था। पैंट के बटन बंद करने के बाद उसने बुशशर्ट पहन ली। फिर पैरों में जूते डाल लिए।

धोती उतारने के बाद लोबीराम ने खद्दर का कुरता, गरदन के ऊपर से बाहर को खींच लिया। कुरता हाथ में लिए हुए दीवार की खूँटी पर टाँग दिया। फिर जमीन से धोती उठाकर तिपाई के पास रखी हुई कुर्सी पर डाल दी। सिर की गांधी टोपी तो कमरे में घुसते ही लैंप चालू करने के बाद खूँटी पर हिफाजत से फँसा चुके थे। अब लोबीराम तिपाई के ऊपर दीवार पर लगे हुए पेट तक दिखनेवाले शीशे के सामने खड़े थे। बनियाइन तो

कुरते के साथ ही निकल आई थी। अब उनके बदन पर लट्ठे की धारियों वाला सिर्फ जाँघिया था। आबनूस-सा काला रंग, मोटा स्थूल शरीर, कमर पर बँधा पतला-सा जाँघिया उनकी भयानक तोंद के भार को सँभालने में मुड़कर तोंद की तलहटी में पहुँचकर चिपका हुआ था। जाँघिए के बाद घुटनों से टेढ़ी-मेढ़ी टाँगें जैसे उनके बदन के भार को सँभालने में टूटी जा रही थीं। काले रंग की तिरछी मुड़ी हुई, खुरपे-जैसे पैरों की उँगलियाँ ही जैसे उस बोझ को सँभाले हुए थीं, जो टेढ़ी टाँगों के बस का नहीं था। दीवार पर लगे शीशे के सामने अपने मुखौटे को तौलने के बाद लोबीराम जाँघिए के नाड़े से बँधी हुई चाभी से तिजोरी खोलकर वहाँ सामने की जमीन पर तिजोरी के सामने बैठ गए।

तिजोरी का पल्ला पलँग की तरफ था, इसलिए वहाँ से तिजोरी के अंदर का हाल कुछ भी नहीं दिख रहा था। तिजोरी के पल्ले से लगे हुए लोबीराम देर तक बैठे-बैठे उसमें रखी हुई संपदा को निहारते रहे। एकाएक उनके चेहरे पर संतोष की छाया सिमटने लगी। यह संतोष की छाया, तिजोरी में रखी हुई संपदा के कारण नहीं थी। यह संतोष की छाया तो उस संपदा के बारे में थी जो अगले तीन दिनों में तिजोरी के अंदर आनेवाली थी। लोबीराम को पता था, तीन दिन बाद, सोलह तारीख को, प्रदेश में सरकार बननेवाली थी, जिसके लिए पार्टी-विधायक मुख्यमंत्री के पद के लिए, पार्टी का नेता चुनेंगे। यही तो सुनहरा मौका होगा, जब उनकी तिजोरी में संपदा आएगी। जिसको भी नेता बनना होगा, उनका सहयोग लेगा। उनकी सेवाओं की जो भी कीमत उन्हें मिला करती, इसी तिजोरी में बंद कर देते। यह तिजोरी उन्हें जान से भी ज्यादा प्यारी थी।

मोटे पंजों के बल लोबीराम तिजोरी का पल्ला भेड़ते हुए उठे। फिर पीछे हटकर तिजोरी बंद कर दी। नींद से बोझिल काली-काली मांस की फुंदियों-सी उभड़ी हुई पलकों के नीचे, कमानीदार चश्मे के अंदर छोटी, गोल-गोल आँखें मिचमिचा रही थीं। अलसाए बदन की जमहाइयाँ बराबर उनको मुँह फाड़ने को मजबूर कर देतीं। लोबीराम वापस दीवार पर लगे शीशे के सामने पहुँच गए। अपनी गुद्दी और कनपटी से नोंचकर नकली बालों का विग उतारकर, सोने के पलँग के ठीक सामने, कमरे के दरवाजे की दाहिनी ओर की दीवाल से सटाकर रखी हुई आरामकुर्सी पर डाल दिया। वह कुछ देर सिर की फफूँदी-भरी तलहटी को हथेली से रगड़ते रहे। फिर कनपटी पर कान के सहारे टिकी हुई कमानियाँ जरा आगे की ओर झुकाकर उन्होंने मोटे शीशेवाला चश्मा उतारकर आरामकुर्सी पर रखे हुए विग के बगल में रख दिया। कनपटी से चश्मे की कमानियाँ हटाते समय, उनको बाईं तरफ कुछ गड़बड़ी महसूस हुई। खद्दर का कुरता उतारते समय झटके में या पहले कहीं और 'हियरिंग एड' का संबंध कुरते की ऊपरी जेब में रखी हुई मशीन से टूट चुका था। तभी शायद लछमनिया की चूड़ियों की खनक और बिरजू की साँसों में उसकी मिलती हुई साँसों की सुरसुराहट उनको सुनाई नहीं दी। उनके

बाएँ कान के खोल के अंदर 'हियरिंग एड' का हिस्सा लगा हुआ था। लोबीराम उसे हाथ में निकालकर देखने लगे।

हियरिंग एड का बाकी हिस्सा खादी के कुरते के ऊपरवाली जेब में था। कुरता दीवार पर खूँटी में लटक रहा था। लोबीराम आरामकुर्सी से दीवार की तरफ हाथ फैलाकर बढ़े। उस समय आँखों से देखनेवाला मोटा चश्मा वह उतार चुके थे। फिर चूने से पुती दीवार पर हाथ फेरते हुए उन्होंने कुरता पा ही लिया। कुरते को टटोलते हुए ऊपर की जेब में रखी हुई हियरिंग एड का बाकी हिस्सा वहाँ रखा हुआ जान, उन्होंने संतोष कर लिया।

लोबीराम को ऊब आ रही थी। उधर आँखों से देखनेवाला चश्मा हटते ही नींद का बड़ी जोरों से हमला हुआ था। आरामकुर्सी से जरा हटकर वह पलँग की ओर चले, फिर उन्हें कुछ याद आया तो रुक गए। बिना किसी भूमिका के उन्होंने जरा तिरछा करते हुए अपना मुँह पूरा फाड़ लिया। फिर मुँह के अंदर उँगलियाँ तीन बार डालकर दाँतों के तीन टुकड़ोंवाली बत्तीसी निकाल ली। हाथों में बत्तीसी पकड़े-पकड़े लोबीराम, महज अंदाज से, पलँग की ओर लुढ़क चले. पलँग पर बैठकर उन्होंने चैन की साँस ली। फिर तीन टुकड़ोंवाली बत्तीसी सिरहाने पर तकिया के नीचे रखकर वह लेट गए। अब पूरे ब्रह्मांड से पूरी तरह उनका संबंध कट चुका था। दो-चार मिनट के बाद उनके, बिना बत्तीसी के आधा खुले हुए पोपले मुँह से, जोर-जोर के खर्राटे निकलने लगे।

लोबीराम का यह रूप लछमनिया ने भी आज पहली बार देखा था। अपने पुराने दिनों की उनके साथ गुजारी हुई रातों की याद करके उसे बड़े जोर की मितली आ रही थी। फिर भी अपने को सँभालती हुई वह पलँग के बाहर निकलकर पायलों की झनकार, चूड़ियों की खनक के साथ खड़ी हो गई। जल्दी-जल्दी उसने बॉडिस, पेटीकोट, ब्लाउज, पहनकर धोती लपेट ली। तब तक पलँग के नीचे से निकलकर बिरजू बाहर आ गया। बिरजू उस समय पलँग पर बिना विग के, बड़ी-बड़ी फफूँदीवाले सिर की तलहटी, बिना बत्तीसी के पोपले मुँह, देखनेवाले चश्मे के बिना आँखों, बिना हियरिंग एडवाले कान और सिकुड़कर नीचे खिसके हुए जाँघिए के ऊपर, साँसों के उतार-चढ़ाव में, उठती-गिरती तोंदवाले इस इंसान कहलानेवाले जानवर को देख रहा था, जो पिछले पच्चीस वर्षों से प्रदेश सरकार का बड़ा मिनिस्टर रह चुका था।

औरों की तरह बिरजू को भी मालूम था, आज आठ बजे शाम को पार्टी-मीटिंग होगी। पार्टी-मीटिंग के बाद राजभवन में मंत्रिमंडल का शपथ-समारोह भी होना था। यह दो मौके ऐसे थे जब दारुलशफा के कमरों में लोग नहीं होंगे। उस दिन लोबीराम के कमरे में बिरजू तिजोरी खोलने के इरादे से घुसा था, लेकिन वहाँ जिस हालत में पहले लछमनिया उसे मिली, उसके बाद लोबीराम आ गए जिसकी वजह से वह अपने मकसद

में कामयाब न हो सका। फिर बाद में कपड़े पहनकर निकलते समय लछमनिया ने जिन प्यार-भरी नजरों से उसे देखा था, एक तरह से उसे उन नजरों से तिजोरी के अंदर बंद दौलत से भी ज्यादा कीमती चीज मिल चुकी थी।

अब बिरजू अकेला नहीं था. लछमनिया भी उसके साथ थी। दोनों बेलदारी लाइन पर मेड़ू खाँ की सराय के पुराने खँडहरों में मिलने लगे। वहीं इमली के पेड़ के नीचे बैठकर अगले दिनों में बिरजू और लछमनिया आनेवाला स्वर्ग बटोरकर अपनी पलकों में, अपने खयालों के दरीचों में सजाने लगे।

हालाँकि लछमनिया पूरी तरह मन, शरीर और आत्मा से बिरजू की हो चुकी थी, बिरजू ने अभी पूरी तरह चमकी को नहीं छोड़ा था। भेड़ीमंडी की उसकी खोली की दीवार पर कोयले से खींची तीन लकीरें और बढ़ चुकी थीं, लेकिन उसके नीचे लाल खड़िया से इधर पाँच नई लकीरें पैदा हो गईं। यह लाल रंग की पाँच लकीरें उसके और लछमनिया के बीच के खुफिया रिश्ते की खामोश गवाह थीं। उसको फैसला तो करना था, लेकिन उसने फिलहाल अपना आखिरी फैसला आनेवाले हालात पर छोड़ दिया। फिर भी उसे लग रहा था, अब उससे लछमनिया छूटेगी नहीं।

बिरजू ने इतनी दुनिया देख ली थी, उसे इस बात का पक्का यकीन था, पैसे के बिना इश्क नहीं चलने का। चाहे चमकी हो या लछमनिया, पैसा तो चाहिए ही। जो दौलत उसने दारुलशफा के कमरों से इकट्ठा की थी, वह उसकी निगाहों में कम थी। अपना ध्येय पूरा करने के लिए उसे एक-दो लंबे हाथ मारने होंगे। फिर उसके बाद, उसने सोच रखा था, कभी चोरी नहीं करेगा।

पिछले दिनों की लगातार मोहब्बत से बिरजू का लछमनिया के ऊपर पूरी तरह ज़ादू चढ़ चुका था। लेकिन बिरजू की नजर तो अब भी लोबीराम की तिजोरी पर थी। उस दिन वह लछमनिया की वजह से जो तिजोरी पर हाथ न साफ कर सका तो फिर उसने लछमनिया के जरिए ही अपनी योजना बनानी शुरू की। उसने लछमनिया को अपना पिछला लेखा-जोखा तो बताया नहीं, लेकिन उसको नर्म बाँहों और सीने की गोलाइयों में बाँधकर एक बार इतना जरूर बताया, शहर छोड़कर, बस बहुत जल्दी उसे बंबई जाना होगा। साथ चलने के लिए लछमनिया तड़प उठी। जिस बेकरारी से, जिन भोली अदाओं से, किन्हीं मोहक इशारों में उसने जब अकेला छोड़कर न जाने की विनती की, बिरजू से मना न किया गया।

फिर बिरजू के कहने से लछमनिया तैयार हो गई। लोबीराम की तिजोरी को अब अकेले बिरजू की ही नहीं, लछमनिया की निगाहें भी छुप-छुपकर ताड़ने लगीं। कई दिनों की मेहनत के बाद बिरजू और लछमनिया में सौदा हो गया। आठ बजे पार्टी-मीटिंग के लिए लोबीराम जाएँ, तभी तिजोरी पर हमला हो। तिजोरी का सारा माल लेकर दोनों को

शहर छोड़कर भागना था। तय हुआ था, जब आठ-नौ बजे के बीच में बिरजू काम करेगा, लछमनिया वहीं होगी। लोबीराम तो होंगे नहीं और किसी के आने पर दरवाजा वह खोलेगी नहीं। फिर रात में बिरजू के साथ वह भेड़ीमंडी की खोली में सो रहेगी। और सबेरे सात बजकर पच्चीस मिनट पर झाँसी-मेल से दोनों बंबई की ओर चल देंगे।

इस समय मेडू खाँ की सराय की एक पुरानी दीवार के कोने में बैठा बिरजू लछमनिया का इंतजार कर रहा था। लोबीराम-छाप सिगरेटों के दो दौर हो चुके थे। शाम का वक्त था, कुंजी और चिलमची लेकर ताश पत्तेवाले धीरे-धीरे खिसक रहे थे। चारों तरफ करीब-करीब सन्नाटा ही था। बस दूर पर बनी झोंपड़ियों से चूल्हा-अँगीठी सुलगाने से धुआँ उठने लगा था। कभी-कभी छोटे बच्चों के चीखने-चिल्लाने की आवाजें आ रही थीं। लेकिन बिरजू ने अभी भी चमकी और लछमनिया के बीच का फैसला तय नहीं किया था। लछमनिया उसे छोड़ने को राजी नहीं थी और चमकी को, जिसके लिए बंबई की जेल से लेकर अलीगढ़, कानपुर और लखनऊ तक उसने जो संघर्ष किया था, एकदम निकाल फेंकना नामुमकिन था।

फिर भी एक बात थी जिससे बिरजू को लग रहा था, वह फैसला अब उसकी पकड़ में आ चुका है ! वह बात थी, उन काली लकीरों की तादाद जो उसकी खोली की दीवार पर बढ़ती-बढ़ती इतनी ज़्यादा हो गई थीं। बिरजू को कभी-कभी चमकी के पास वापस जाने से डर लगता। आज वह सोच रहा था, अब बंबई लौटने पर इस तमाम दौलत के सहारे जो उसने इन दिनों दारुलशफा से इकट्ठा की थी, अगर चमकी न मिली, या मिली भी तो फटी हुई गुदड़ी की तरह तब वह क्या करेगा ? उस वक्त अगर लछमनिया उसके पास नहीं होगी, तो वह जीएगा कैसे ? इस दौलत का आखिर करेगा क्या ? फिर काली लकीरों के नीचे लाल खड़िया की लकीरें जो उसके और लछमनिया के पवित्र मिलन की निशानियाँ थीं, उसके मन में मीठी-मीठी चुभन उठाने लगीं। उस चुभन के दायरे इतने घने होते जा रहे थे, जैसे बस कुछ देर और होने से साँसों का आना-जाना रुकने लगेगा। कहाँ चमकी की काली रातों की घिनौनी काली लकीरें, कहाँ लछमनिया के असीम प्यार की लाल लकीरें ! जो कुछ मिला उसे, वह इतना मादक, इतना मधुर था जिसे पीछे छोड़कर भागना कितना मुश्किल लग रहा था ! एक डर और था बिरजू को—लछमनिया उसे जान गई है, पहचान गई है। वह बंबई जाएगा, यह भी लछमनिया को पता था। अब उसे छोड़कर जाने का मतलब अपने गुनाहों का एक बड़ा सबूत पीछे छोड़कर जाना था। उसके चले जाने पर जाहिर था, लछमनिया को एक गहरा धक्का लगेगा और उस सदमे में अगर उसने भाँड़ा फोड़ दिया ! अगर उसे धोखेबाज समझकर उसने सब कबूल दिया ! तो वहाँ बंबई में चमकी अगर मिल भी गई तो शायद पुलिस के लंबे हाथ उसे पकड़कर वापस खींच लाएँगे। फिर से वह जेल में होगा और चमकी कोठे पर !

बिरजू का जवान दिमाग जो तजुर्बे की आग में तपकर खरा हो चुका था, इस समय लोबीराम-छाप सिगरेट के धुएँ में बड़ी तेजी से चल रहा था। उसको अपना भविष्य अब साफ-साफ लोबीराम की लछमनिया और लोबीराम की तिजोरी से जुड़ा हुआ नजर आ रहा था। उसने फैसला कर लिया था, वह अगली सुबह लछमनिया को साथ ही लेकर बंबई जाएगा। बंबई में पुराने दोस्तों की मौजूदगी में उससे शादी करेगा। फिर वह चमकी से मिलेगा। अगर चमकी ठीक-ठाक होगी तो उसे भी अपनी रखैल बनाकर रख लेगा। काली लकीरों की सियाही से लिपटी हुई चमकी को पत्नी के रूप में पा लेना, अपनी आगे आनेवाली नस्ल को हमेशा के लिए बरबाद करना होगा, क्योंकि वह नस्ल असल में चमकी की उस कोख से निकलेगी जहाँ से अब तक न जाने कितने हमल गिर चुके होंगे।

अपनी ही साफगोई से निकले हुए इस महान फैसले की उपलब्धि में बिरजू खुशी में दुहरा-तिहरा हुआ जा रहा था, तभी उसने देखा, सराय के गिराऊ फाटक से ठुमकती हुई लछमनिया चली आ रही थी। इस वक्त अपने फैसले के तुरंत बाद उसके आने पर बिरजू को लगा, फैसला सही था। वह दूर से आती हुई लछमनिया को एक नए रूप में बस एकटक देखता रहा। यह नया रूप उसकी होनेवाली दुल्हन का था। तो आखिर में उसे भी ठिकाना मिल ही गया।

लछमनिया के आने पर बिरजू से रहा नहीं गया। उसने उठकर वहीं पेड़ की ओट में उसे खींच लिया। फिर बड़े ज़ोर से अपनी बाँहों में दबोचकर उसे प्यार से चूमने लगा। अब उसे रोकनेवाला कौन था? लछमनिया उसकी होनेवाली बीवी थी!

लेकिन लछमनिया ने उसे रोक दिया। उसे जल्दी थी। इस सबके लिए तो भेड़ीमंडी की खोली में पूरी रात पड़ी थी। वह तो सिर्फ इसलिए आई थी, उसका बिरजू इंतजार की बेकरारी में उसे कहीं झूठा न समझ बैठे! वह यह बताने आई थी, लोबीराम मीटिंग में आठ बजे नहीं, सात बजे ही जानेवाले थे!

आठ

आज रंगीनराय के जीवन का सबसे महत्वपूर्ण दिन था, जिसकी छाया में उभरती हुई उनकी आकांक्षाओं, सपनों के साकार होने की संभावना उसी प्रकार प्रकट हो रही थी, जैसे उत्सुकदास की आकांक्षाओं, सपनों के विलुप्त होने की। लोबीराम की लगाई चिंगारी, आग लगाने के लिए हल्ला बोल चुकी थी। अब रंगीनराय को उसे उभारकर

जलती हुई लपटों में बदलना था, जिसमें उत्सुकदास, कृष्णबल्लभ, यशोदाबल्लभ सब भस्म हो जाएँ। लेकिन समस्या तो आग की लपटों को उभारने की थी। रंगीनराय जानते थे, ऐसे कुछ नहीं होगा। कोई धमाका होना चाहिए। ऐसा कुछ जिससे सारा दारुलशफा हिल जाए, लोगों की आत्मा काँप उठे, उनकी नफरत, डर और संकोच के चोले छोड़कर कुछ कर गुजरने के लिए सामने आ जाए। फिर धमाके के साथ जैसे ही उत्सुकदास का विरोध चरमसीमा पर पहुँचे, पार्टी-मीटिंग तोड़-फोड़, नारेबाजी, हुल्लड़ में खत्म कर दी जाए। लेकिन इसके लिए जहाँ एक तरफ तोड़-फोड़ करनेवाले विधायकों को तैयार करना था, दूसरी तरफ गुरुपदस्वामी के जवाब में किसी केंद्रीय नेता को अपनी तरफ मिलाना।

बढ़ई के चले जाने के बाद, रंगीनराय ने अपने चारों ओर मँडरानेवाले खुराकी चमचों, चिलगोजों को इकट्ठा किया। फिर उनकी मदद से फ्लैट के सामने के लकड़ी के घेरे से मेज, कुरसियाँ वगैरह निकलवाकर बाहर बरामदे में रखवा दीं। लकड़ी के घेरे और फ्लैट की बैठक के बीच में लगा हुआ परदा भी हटा दिया गया। देखते-देखते बैठक और बाहरी जगह को मिलाकर खुराकी चमचों के जरिए लाई हुई बड़ी दरियाँ बिछा दी गईं। दरियों के ऊपर चाँदनी, चाँदनी के ऊपर दीवार के सहारे टेक लगाकर बैठने के लिए तरतीबवार अनेक गावतकिये रखवाए। बैठक और बाहरी जगह के बीच में, बड़े गावतकिये के सामने संदूकचीनुमा छोटी-सी मेज रखी थी, जिसके ऊपर लिहाफ का कपड़ा बिछाकर क्लिप में कुछ कागज फँसाकर रखे थे। कागजों के साथ बयानों तथा प्रस्तावों की रूपरेखा बनाने के लिए कलम और स्याही की दावात भी थी। कुछ बैठक से लगे कमरे में मीटिंग में आनेवाले नेताओं के नाश्ता-पानी के इंतजाम में जुटे हुए थे, तो कुछ खुराकियों को रंगीनराय केदारुलशफा के एक-एक कमरे में जाकर विधायकों को अपनी बैठक में समझा-बुझाकर लाने के लिए भेज दिया था। उधर रामप्रताप द्विवेदी, जिन्हें अपने यहाँ लौटते समय ही वह विधायकों को जमा करने को कहआए थे, अपने गुट के विधायकों का शिष्टमंडल बनाकर एक नए सिरे से दारुलशफा का चक्कर लगा रहे थे।

नहा-धोकर खद्दर के पाजामे के ऊपर खद्दर का कुरता पहिने हुए इस वक्त रंगीनराय अपने फ्लैट की बालकनी में आरामकुर्सी के सामने रखी हुई तिपाई पर पैर फैलाए बैठे थे। समय का अभाव रंगीनराय को भी खटक रहा था। शुरू से उनके मन में यह बात साफ थी, उत्सुकदास प्रदेश के मुख्यमंत्री नहीं बन सकेंगे। इसीलिए दिन-पर-दिन उत्सुकदास के मुख्यमंत्री पद के लिए चुने जाने की गर्माती हुई खबरों को उन्होंने तीन दिन पहले तक कोई महत्व नहीं दिया। वैसे भी रंगीनराय असंतुष्ट गुट के नेता के रूप में ही अधिक प्रभावशाली रहते।

रंगीनराय जन्म से असंतुष्ट गुट के नेता थे। धीमी रफ्तार में सधी-सधाई लड़ाई आदर्शों के धरातल पर वह खड़ी करते। पार्टी-संगठन की नस-नस से वह वाकिफ थे। केंद्रीय नेताओं, शक्ति के केंद्रबिंदुओं के चारों ओर घूमती हुई उनकी राजनीति की चालें दारुलशफा में मशहूर थीं। उनके दाँव, उनका हर कदम, एक कहानी बनकर रह जाता। सत्ताधारी गुट से उनकी कभी नहीं बनी। उस वातावरण में दो दिन में ही उनका दम घुटने लगता।

कोई आज से नहीं, हमेशा से वह ऐसे ही थे। स्कूल-कॉलेज के दिनों में रंगीनराय क्लास के मानीटर के साथ रहनेवाले लड़कों को उसी प्रकार मारा-पीटा करते जैसे टीचरों के पिछलग्गू लड़कों को। घर में भी बीच का होने की वजह से उनकी कभी नहीं बनी। अकसर माँ-बाप की चमचागिरी करनेवाले अपने भाई-बहन से उनकी झड़प हो जाती। रंगीनराय असल में स्वभाव से एस्टेबलिशमेंट के विरोधी थे। उनकी आदतें, हाव-भाव, व्यवहार, बातचीत, सोचने के तरीके—सभी कुछ असंतोष के इसी ढाँचे में बँध चुके थे। खाने के लिए ज़रा मोटी बन जानेवाली रोटी से लेकर घर के लोगों के बोलने के तरीकों, बाहर के वातावरण, समाज की कुंठाओं, सत्ता की लोलुपता तक रंगीनराय असंतोष के दायरों में फँसे थे।

लेकिन इस बार रंगीनराय चूक गए। उनका हिसाब, दाँव-पेंच, जोड़-तोड़ के उनके दाँव धरे ही रह गए और उनका सबसे बड़ा दुश्मन उत्सुकदास, उनकी छाती पर मूँग दलने जा रहा था। असंतोष-भरे उनके जीवन के इतिहास में ऐसा नाज़ुक समय कभी नहीं आया। अभी तक के उनके असंतोष छोटी-बड़ी ऐसी तमाम बातों को लेकर उत्पन्न हुआ करते, जिनका प्रत्यक्ष स्वयं उनके जीवन से कोई संबंध नहीं होता। लेकिन आज उत्सुकदास ने उनके जीवन में एक महान संकट लाकर खड़ा कर दिया। आज शायद पहली बार उन्हें अपने असंतोष के पीछे एक बहुत बड़ा मकसद दिखाई दे रहा था। आज पहली बार उनका असंतोष सनक की परिधि से बाहर दिखाई दे रहा था। आज पहली बार वह कुछ महत्वपूर्ण सिद्धांतों, आदर्शों के धरातल पर खड़ा था।

अपने फ्लैट की बालकनी से लगी हुई आरामकुर्सी पर बैठे हुए रंगीनराय उस समय उँचाइयों की ओर उड़े जा रहे थे। हमेशा की तरह आज भी उनकी आँखों में किसी आनेवाले संघर्ष की आशाएँ जागने लगी थीं, जो खास उद्देश्य से प्रेरित होकर आंदोलन-विद्रोह की भूमिकाएँ तैयार कर रही थीं। आज उनको अपना, अपनी राजनीति, अपने आदर्शों का अस्तित्व खतरे में दिखाई दे रहा था। पिछले सात वर्षों से लगातार वह जिन मूल्यों के लिए संघर्ष कर रहे थे, आज उत्सुकदास के मुख्यमंत्री हो जाने के बाद उनका कोई भी तो महत्त्व नहीं रहेगा। लोगबाग उनकी खिल्ली उड़ाएँगे। वे मानसिक गुत्थियों में उलझे जैसे किसी सुरंग की तलाश में थे। एक ऐसी सुरंग जो

खामोशी में उनके फ्लैट से दारुलशफा के कॉमनहॉल तक, जहाँ नेता के चुनाव के लिए पार्टी की मीटिंग होनी थी, बन रही थी। रंगीनराय को इस सुरंग के तिरछे-टेढ़े-मेढ़े रास्तों को जोड़कर उसमें बारूद भरनी थी। इसीलिए वह उसी बारूद का मसाला जमाने-जुटाने में लगे थे। यह सुरंग दारुलशफा के 'ए' और 'बी' ब्लॉक के बरामदों, गलियारों से लगे हुए कमरों में, पार्टी के विधायकों के मन और दिमाग के अंदर विस्फोट पैदा करने के लिए थी। उनको इस बात का पता था, उत्सुकदास के साथ मर-मिटनेवाले बीस-पच्चीस विधायक होंगे। उनको यह भी मालूम था यद्यपि गुरुपदस्वामी-गुट का पूरा समर्थन उत्सुकदास को मिलेगा, फिर भी उसमें फूट की दरारें उभरने लगी थीं।

इन दरारों को अपनी सुरंग से जोड़ना था, जिससे गुरुपदस्वामी-गुट की फूट बनी रहे।

रामप्रताप द्विवेदी उर्फ दरोगा द्विवेदी उस समय बहुत दुखी थे, जब रंगीनराय ने उनसे लोबीराम-गुट के साथ अपने यहाँ होनेवाली विधायकों की बैठक की बात कही थी। मंझनपुर विधानसभा चुनाव-क्षेत्र से वह तीसरी बार चुने गए थे। पार्टी-स्तर पर पिछले कई वर्षों से वह गुरुपदस्वामी-गुट की खिलाफत करते आ रहे थे।

पहले तो दरोगा द्विवेदी, गुरुपदस्वामी की जात का होने के कारण उनके बहुत करीब थे, चरण स्पर्श करते, जरा भी बुराई सुनने पर खून-खराबे पर उतर आते। उनका नाम भी याद आने पर मन में उत्साह की लहरें उठने लगतीं। गुरुपदस्वामी का सम्मान-पूजा उनके जीवन का मूल मंत्र था। उन दिनों संसार का सारा वैभव, जीवन की सारी खुशियाँ देकर भी कोई अगर चाहता कि वे गुरुपदस्वामी के विरुद्ध एक शब्द बोल दें तो यह असंभव था। गुरुपदस्वामी के लिए उनके मन में अंधी श्रद्धा-भक्ति थी और इसमें कोई लोभ या स्वार्थ नहीं था। गुरुपदस्वामी उनके लिए महात्मा थे, एक महान आत्मा थे, जिनकी पूजा में दरोगा द्विवेदी को गर्व का अहसास होता।

इलाहाबाद विश्वविद्यालय-यूनियन का अध्यक्ष होने की हैसियत से दरोगा द्विवेदी स्वाभाविक रूप से प्रदेश-पार्टी की राजनीति में हिस्सा लेने लगे थे। गुरुपदस्वामी का भक्त होने के कारण विधानसभा-चुनाव में पार्टी का टिकट उनको हमेशा मिलता रहा। विद्यार्थी-जीवन से ही राजनीति के दाँव-पेंच की पकड़ उनको थी, जिसकी वजह से और पार्टी के परंपरागत समर्थक वोट मिल जाने की वजह से चुनाव जीतने में भी उनको कभी परेशानी नहीं हुई। गुरुपदस्वामी-गुट में दरोगा द्विवेदी तब अंदर तक घुसे थे। इस गुट की कमजोरियों की बावत उनको सबकुछ पता था। पुराने आदमी थे। गुट की समय के साथ बढ़ती हुई ताकत को उन्होंने खुद देखा था। विधायकों की अधकचरी राजनीति में एक-एक की कमजोर नसों को वह खूब पहचानते। विश्वास और सत्ता के खेल उन्होंने

खुद भी खेले थे। उत्सुकदास के गुरुपदस्वामी के ऊपर हावी होने से पहले, दरोगा द्विवेदी ही उनके गुट की सबसे महत्त्वपूर्ण कड़ी हुआ करते।

दरोगा द्विवेदी और उनके बड़े भाई भरतप्रताप द्विवेदी में गहरा प्रेम था। उम्र में फर्क होने के कारण दरोगा द्विवेदी अपने बड़े भाई का बड़ा लिहाज करते थे। वैसे भी भरतप्रताप द्विवेदी ने बचपन से ही दरोगा द्विवेदी को पाल-पोसकर बड़ा किया था। बाप-माँ दोनों का प्यार दिया था। नन्हे बच्चे की कच्ची उम्र भाई के सीने की प्यार-भरी गर्माहट से पककर जब तक जवान हुई, दरोगा द्विवेदी भाई की मोहब्बत में कैद हो चुके थे। भाई के सीने की गर्माहट, भाई के कंधे की ऊँचाई, भाई के दिलो-दिमाग का साया हमेशा किसी भुतहे हिस्से की तरह उनका पीछा करता रहा। दरोगा द्विवेदी के लिए असल में उनके भाई भरतप्रताप द्विवेदी किसी भगवान से कम नहीं थे। उनके हृदय की गहराइयों में, उनकी धड़कनों में, उनके अहसास के हर क्षण में बस एक ही नाम था—उनके भाई का नाम, जिससे अलग होने की कभी कल्पना भी वे नहीं कर सकते थे। भाई के प्रति अंधे प्रेम की उनकी भावनाएँ, माँ-बाप, परिवार के सामान्य संबंधों से मिली-जुली, एक सीधी प्रतिक्रिया थी जो अलग-अलग न बँटकर सिर्फ भाई के लिए बिंदु-धरातल पर अनेक-अनेक परतों में जमती रही। अगर साक्षात ईश्वर भी धरती पर उनके सामने आकर खड़ा हो जाता, दरोगा द्विवेदी उसको भी ठुकराकर अपने भाई भरतप्रताप द्विवेदी के ही चरणों पर गिरते।

तभी एक दिन दरोगा द्विवेदी के जीवन में एक बहुत बड़ा तूफान आया। यह तूफान एक महान आत्मा, गुरु से भी बढ़कर पूजनीय प्रदेश के मुख्यमंत्री गुरुपदस्वामी और ईश्वर से भी बढ़कर श्रद्धेय प्रदेश पुलिस के कांस्टेबल भरतप्रताप द्विवेदी के बीच टकराव से उनके अंदर पैदा हुआ था। इस तूफान ने उनके जीवन की सारी मान्यताएँ तोड़ डालीं। उनके विश्वास को छिन्न-भिन्न कर दिया। हुआ यूँ, दरोगा द्विवेदी ने पिछले दस वर्षों से गुरुपदस्वामी की सेवा के बदले अपने घूसखोर भाई की कांस्टेबल से दरोगा के पद पर तरक्की की प्रार्थना की। गुरुपदस्वामी बड़े नेता थे, उन्होंने दरोगा द्विवेदी की साधारण-सी बात को विशेष महत्त्व नहीं दिया। इधर दरोगा द्विवेदी गुरुपदस्वामी से सिर्फ एक बार कहने पर अपना काम हो जाने की आशा रखते थे। वह दुबारा गए नहीं, उनके भाई दरोगा न हो पाए।

बस यही उनके मन में काँटा चुभ गया। कभी-कभी जिस तरह कोई छोटी-सी बात खरोंच से नासूर बनकर मन, शरीर, आत्मा को तड़पाती, बहती हुई नदी की धारा जिस तरह घनी मिट्टी की दीवारों को काट न पाने के वजह से मुड़ जाती, जिस तरह बरगद के पेड़ की जड़ें जमीन से निकलकर अपने ही पेड़ की ऊँचाई से फिर वापस जमीन की तरफ आतीं, उसी तरह दरोगा द्विवेदी इस छोटी-सी खरोंच से गुरुपदस्वामी से अलग हो गए।

उनको बहुत गहरी चोट लगी थी । जिस आदमी की दस साल एक पैर पर खड़े होकर सेवा की, जिसे एक महान आत्मा की तरह पूजा, उनकी एक जरा-सी मामूली बात को उसने ठुकरा दिया । उसका सर चकरा गया । उस समय उनको अपने जीवन के दस वर्ष किसी कूड़े के ढेर पर पड़े हुए दिखाई देने लगे ।

दरोगा द्विवेदी के सर पर तो जनून सवार था । भीतर नफरत का तूफान उमड़ा था और अपनी जिंदगी अँधेरे में ठोकर खाती-सी लगती थी उन्हें । फिर भी अपने विश्वास को उसने नहीं छोड़ा और उसी के सहारे वह आज भी जिंदा था । समय की प्रतीक्षा कर रहा था । दरोगा द्विवेदी गुरुपदस्वामी के गुट के साथ पार्टी को छोड़कर किसान-दल की साझे की सरकार में कुछ समय के लिए शामिल हो गए । तब जाकर उनके जीवन का पहला मकसद पूरा हुआ, कांस्टेबल भरतप्रताप द्विवेदी दरोगा बन गए । साझे की सरकार से अपने कीमती एक वोट के बदले में उन्होंने सिर्फ यही माँगा था । जिस दिन भरतप्रताप दरोगा बने, दोनों भाई उसी तरह गले मिले जैसे चौदह वर्ष के बनवास के बाद अयोध्या लौटने पर भरत से राम गले मिले थे । फर्क सिर्फ इतना था, दरोगा द्विवेदी छोटे भाई, भरतप्रताप बड़े भाई थे । पिछले कुछ दिन दरोगा द्विवेदी के लिए किसी वनवास से कम न थे । गुरुपदस्वामी से अलग होकर वह इन दिनों, अपने भाई को भी मुँह दिखाने के काबिल न होने से अलग हो गए थे । अब भाई के दरोगा बन जाने पर वह घर लौटे, भाई के पैर छुए, गले मिले । फिर रोशनी, बैंडबाजे के साथ उन्होंने एक बहुत बड़ी दावत कर डाली । इस दावत में पुलिस महकमे के आला अफसर, साझेदारी सरकार के मंत्रिमंडल के सदस्यों के साथ उन्होंने गुरुपदस्वामी को बुलाया । और लोग तो आए, लेकिन गुरुपदस्वामी किसी वजह से इस बार भी चूक गए । अब दरोगा द्विवेदी को पूरा इत्मीनान हो गया, गुरुपदस्वामी कूड़ा थे, गोबर के चोथ थे ! पार्टी से अलग होकर साझे की सरकार में शामिल होते समय उनको पिछले दस वर्षों की अपनी तपस्या इस कूड़े के ढेर पर पड़ी दिखी थी ।

भाई के दरोगा बन जाने के बाद दरोगा द्विवेदी के जीवन का पहला मकसद पूरा हो चुका था । अब तो जान हथेली पर रखकर वह निकल चुके थे । उनके जीवन का दूसरा मकसद था, गुरुपदस्वामी को नष्ट करना । यह काम साझे की सरकार में रहकर कहाँ पूरा होता ? इसलिए दरोगा द्विवेदी साझे की सरकार के ऐशो-आराम छोड़कर अपनी पुरानी पार्टी में, महज गुरुपदस्वामी से बदला लेने के लिए वापस आ गए । तभी से गुरुपदस्वामी के भूतपूर्व भक्त रामप्रताप द्विवेदी का नाम लोगों ने दरोगा द्विवेदी रख दिया ।

उसके बाद दिन-रात दरोगा द्विवेदी गुरुपदस्वामी को नष्ट करने में लग गए । पहले तो इस महान यज्ञ में उनको असफलताएँ ही हाथ लगीं । साझे की सरकार टूटी तो

गुरुपदस्वामी मुख्यमंत्री बन गए। वह उनके लिए बड़ा कठिन समय था। चारों ओर अराजकता, महँगाई, विद्रोह की आग भड़कने लगी थी। दरोगा द्विवेदी ने अपनी हरकतों से उस आग को भड़काने की हर कोशिश की। अंदर से उत्सुकदास और बाहर से दरोगा द्विवेदी गुरुपदस्वामी की जड़ें खोद रहे थे। उन दिनों सरकारी कर्मचारियों के कई खतरनाक विद्रोह हुए जिनसे गुरुपदस्वामी का सिंहासन हिल उठा। लोग कहते हैं, इन विद्रोहों के पीछे दरोगा द्विवेदी का हाथ था।

दरोगा द्विवेदी अब तक एक खतरनाक आदमी बन चुके थे। गुरुपदस्वामी के, प्रदेश-पार्टी की सरकार के, पतन के बाद भी दरोगा द्विवेदी ने उनका पीछा नहीं छोड़ा। इधर उत्सुकदास ने दरोगा द्विवेदी की हरकतों से तंग आकर उनके भाई भरतप्रताप द्विवेदी को मुअत्तल करवा दिया। असल में दरोगा बनने के बाद भी भरतप्रताप ने अपनी घूसखोरी की हरकतें जारी रखीं। कांस्टेबल से एकाएक दरोगा बन जाने पर भी भरतप्रताप घूसखोरी कांस्टेबल की तरह ही से करते। यह उनको कौन समझाता, दरोगा और कांस्टेबल के घूस लेने के तरीकों में कैसे फर्क होता है? इसी नासमझी में उन्होंने गलतियाँ कीं, जिसकी बदौलत वह मारे गए। अब तो यहाँ तक नौबत आ गई, दरोगा भरतप्रताप को फिर से कांस्टेबल बनाया जा रहा था। उधर हालात ने ऐसे मोड़ पर दरोगा द्विवेदी को लाकर खड़ा कर दिया, जहाँ एक बार फिर उनके लिए जीवन-मरण का प्रश्न सामने आ गया था। उनको पूरा विश्वास था, अगर उत्सुकदास प्रदेश सरकार के मुख्यमंत्री बने तो उनके भाई भरतप्रताप को फिर से कांस्टेबल बना दिया जाएगा।

जब रंगीनराय लोबीराम के गुट की बैठक के लिए विधायकों को जुटाने के मकसद से दरोगा द्विवेदी के यहाँ पहुँचे थे, वह उस समय इसी दुख में डूबे थे। वक्त ने उन्हें दोबारा फिर उसी मोड़ पर लाकर खड़ा कर दिया था, जिसे वह तीन वर्ष पहले पीछे छोड़ आए थे। उनके लिए यह मौत से बदतर परिस्थिति थी जब ईश्वर-सरीखा पूजनीय उनका भाई मुअत्तल हो जाए, फिर से कांस्टेबल बना दिया जाए और वह कुछ न कर पाएँ! इस विडंबना से निकलने के लिए वह छटपटा रहे थे। वह अपनी निष्क्रियता से और भी ज्यादा दुखी थे। हाथ-पर-हाथ धरे बैठे रहने से उनका मन बेचैनी की करवटें बदल रहा था। रंगीनराय की बात उन्हें उस समय की हालत में किसी वरदान से कम न लगी। दुखी मन को दूर कहीं आशा की किरण दिखाई दी, जिसे पकड़ने के लिए वह फौरन उचककर बैठ गए। उनको विश्वास था, रंगीनराय उनकी मजबूरियों का खयाल करेंगे और अगर कहीं उत्सुकदास को मुख्यमंत्री बनने से पहले ही गिरा दिया जाए, फिर तो उनके भाई की नौकरी बहाल ही न होगी, आगे की तरक्की भी हो सकेगी।

दरोगा द्विवेदी पुराने आदमी थे। गुरुपदस्वामी-गुट के विधायकों से उनके ताल्लुकात आज भी बने हुए थे। दारुलशफा के चक्कर में कई-एक विधायकों को

रंगीनराय की बैठक में आने के लिए उन्होंने राजी कर लिया। अन्य विधायकों से बातचीत के दौरान उनके दिमाग में एक फ्लैश आया। तभी उनको लगा, हालात अब पकड़ में आने लगेंगे अगर आगे की योजना रंगीनराय मान जाएँ। इसी मकसद से वह वापस रंगीनराय के कमरे की ओर चल दिए।

प्रदेश-पार्टी के अध्यक्ष बलदेव चौधरी तौलकर राजनीति किया करते। उनके तराजू के पलड़े में एक तरफ पद, प्रतिष्ठा, आगे बढ़ने के मौके होते और दूसरी तरफ उनकी वर्षों की पुण्य तपस्या! वैसे तो पुण्य तपस्यावाले पार्टी के सैकड़ों नेता थे, लेकिन उनकी बात ही और थी। लंबा कद, गहुँआ रंग, तिकोने, भरे हुए चेहरे पर हिटलरी मूँछों की आभा झलकती। महीन लकीरों से भरा, आगे की तरफ चिपका हुआ उनका छोटे कद का माथा, हवाई अड्डे की पेटी की तरह, सन-जैसे सफेद बालोंवाले सिर के एक तरफ से दूसरी तरफ तक, जैसे उनके पूरे व्यक्तित्व से अलग होकर पड़ा था। बिना रोएँवाली भौंहों के नीचे, चुंधी-जैसी आँखों के बीच मोटी-सी नाक गोभी के छोटे फूल की तरह चारों ओर भागने को हर वक्त तैयार रहती। पतली गरदन और एक तरफ को झुके हुए कंधों के साथ उनका मातमी सीना पिटा हुआ जितना अंदर को घुसा हुआ था, उनका पेट उतना बाहर की तरफ गोल घड़े की तरह लटका रहता। सब मिलकर बलदेव चौधरी हृष्ट-पुष्ट, खाए-पिए, अच्छे आदमी, अच्छे-खासे नेता लगते।

बलदेव चौधरी, इधर कई वर्षों से मुख्यमंत्री पद के उम्मीदवार थे। वहाँ पार्टी में उनके-जैसे कितने दिग्गज घुसे थे। फिर भी बढ़ती हुई उम्र की बेल का फैलाव देखकर वह अधिक प्रतीक्षा करने की स्थिति में नहीं थे। उनके जीवन का समय बड़ी रफ्तार से भाग रहा था। समय की रफ्तार उनको अपनी पकड़ से बाहर भागती हुई लग रही थी। मंत्रिमंडल में साधारण मंत्री बनकर रहना अब उनको गवारा नहीं था। वैसे भी अपनी मान्यताओं के स्तर के अनुसार उनको प्रदेश का मुख्यमंत्री पाँच वर्ष पहले बन जाना चाहिए था। लेकिन राजनैतिक दादागीरी, केंद्रीय नेताओं के हस्तक्षेप के कारण वह अभी तक न तो मुख्यमंत्री बन पाए, न ही आगे के बारे में कोई विश्वास या आश्वासन उन्हें मिला। उत्सुकदास के नेतृत्व में बननेवाले मंत्रिमंडल में एक बात तो तय थी, वह हर बार की तरह वरिष्ठ मंत्री होंगे। फिर भी इस बार उनको अपनी प्रतिष्ठा खतरे में दिखाई दे रही थी।

पार्टी-उत्तराधिकार की परंपरा में बलदेव चौधरी उत्सुकदास से बहुत आगे थे। उनका हक तो तभी बनता था जब गुरुपदस्वामी मुख्यमंत्री बने थे। उस समय तो वह मन मारकर बैठ गए, क्योंकि गुरुपदस्वामी उनके बराबर के थे। कुछ माने में गुरुपदस्वामी उनसे बड़े नेता थे। और फिर पार्टी में उनका समर्थन भी ज्यादा था।

उससे पहले पुरानी पीढ़ी के हाथों में सत्ता की बागडोर थी। वह पीढ़ी आजादी की लड़ाई के दिनों से अधिकारों, स्वार्थों के समझौते करती आ रही थी। उस पीढ़ी ने सत्ता का सुख भोगना शुरू करा, तो बस उससे चिपककर रह गई। जितनी तेजी से उत्पादन, समृद्धि, साधन बढ़ने की योजनाएँ बनतीं, उतनी ही तेजी से पुरानी पीढ़ी खुराकियों, मददगारों, गुटबाजों से घिरी जा रही थी। शासनतंत्र से बड़ा गुरु कौन होगा? कुर्सी सबकुछ सिखा देती है। फिर शासनतंत्र हाथ से निकलने, कुर्सी नीचे से खिसक जाने के डर से कोई भी उस धरातल पर नहीं जाना चाहता जहाँ बलिदानों की समाधि थी। लेकिन बलदेव चौधरी की आँखों में कुछ धूमिल सपने आज भी झिलमिला रहे थे। सन् '42, जाड़े की अँधेरी रातों, गर्मी के लंबे दिन, जेल के सींखचों के अंदर जो उन्होंने पथरीली जमीन पर काटे थे, उनको याद थे। उस दौरान वह अकसर देश के बारे में सोचा करते। तभी से वह तरक्की की योजनाएँ बनाते आ रहे थे। उनकी योजनाएँ उनके अपने सामाजिक, आर्थिक चिंतन का परिणाम थीं, जो जेल की दीवारों के भीतर तपस्या के समय हृदय की गहराइयों से निकली थीं। कृषि-उत्पादन, जमीन की उपज से लेकर औद्योगिक प्रगति, बेरोजगारी और विश्व-राजनीति तक के अनन्य क्षेत्रों में उनके विचार लंबी अवधि की वैज्ञानिक खोजों के निश्चित परिणाम की तरह महान उपलब्धियों के रूप में उनके चारों ओर व्याप्त रहते। बलदेव चौधरी उन्हीं विचारों की दुनिया में रहा करते। धीरे-धीरे, जैसे-जैसे समय गुजरता गया, उनके विचार, उनकी योजनाएँ जीवन में इतने गहरे पैठ गए, उनसे अलग होना किसी प्रकार संभव नहीं था। कुर्सी की तिकड़म, सत्ता की गुटबाजी में तो वह चूक गए, लेकिन पार्टी के अंदर एक ईमानदार नेता के रूप में उन्होंने अपना एक स्थान बना लिया। इसीलिए दक्षिणी जिलों के प्रतिनिधित्व के लिए प्रदेश में बननेवाले हर मंत्रिमंडल में उनका नाम अवश्य लिया जाता।

इधर कुछ वर्षों पहले कृषि-उत्पादन, सहकारिता और भूमिगत सुधारों के क्षेत्र में उन्होंने कुछ नई खोज की थी जिसको लागू करने के लिए वह हर बार संघर्ष कर रहे थे। जहाँ एक तरफ उनकी खोज, विचार, उनकी योजनाएँ करीब-करीब सभी विभागों से संबंधित होतीं, काम करने के लिए उनको सिर्फ एक-दो विभागों का ही मंत्री बनाया जाता। मंत्रिमंडल में अन्य मंत्रियों को वह बड़ी घिन से देखा करते। पार्टी के अधिवेशन होते तो खुलकर हर मौके पर वह अपनी योजनाएँ सामने रखते। पार्टी के अधिवेशन में पार्टी-अध्यक्ष, बड़े नेताओं, मुख्यमंत्री, प्रधानमंत्री—सभी को समय-समय पर अपने विचार-दर्शन से उन्होंने अवगत करा रखा था। फिर भी पार्टी के कार्यक्रम, पंचवर्षीय योजनाएँ बलदेव चौधरी से पूछकर नहीं बनाई जाती थीं। परिणामस्वरूप अन्य विभागों में क्या, स्वयं अपने मंत्रिमंडलीय विभागों में उनको अपनी योजनाएँ लागू करने में बड़ी कठिनाई हो रही थी।

हर आम चुनाव में वह दो-चार लोगों को चुनाव का टिकट दिलवा दिया करते, जिसकी वजह से पार्टी के अंदर करीब ग्यारह विधायक उनके महान समर्थक थे जो हर समय उन्हीं का गुणगान किया करते। बलदेव चौधरी की योग्यता, ईमानदारी, लगन की पार्टी में बड़ी धाक थी। लेकिन उनको मालूम था, पार्टी की गुटबंदी, केंद्रीय नेताओं की नाराजगी और स्वयं अपनी जाति के कारण वह मुख्यमंत्री स्वाभाविक रूप से नहीं बन सकेंगे। गुरुपदस्वामी-मंत्रिमंडल के गिरने के बाद जब उन्हें प्रदेश-पार्टी का अध्यक्ष बनाया गया, तब उनके मन में एक बार आशा बँधी थी। तभी उन्होंने पार्टी-अध्यक्ष से अपना जेल का पुराना संबंध बढ़ाया। अपने विचारों, योजनाओं को विस्तारपूर्वक उनके सामने बेनकाब किया। एक तरह से वह पहली बार खुलेआम मुख्यमंत्री पद के लिए अपना हक माँग रहे थे। राजनीति के दाँव-पेंच उनको आते नहीं थे, लेकिन पार्टी-अध्यक्ष को उन्होंने करीब-करीब तोड़ ही लिया। उनको उस समय विश्वास था, अखिल भारतीय पार्टी-अध्यक्ष अगर मान जाएँ तो स्वाभाविक रूप से उनके-जैसे वरिष्ठ नेता और प्रदेश-पार्टी-अध्यक्ष के लिए मुख्यमंत्री बनना बड़ा मुश्किल काम नहीं था। उधर पार्टी-अध्यक्ष कट्टर समाजवादी थे, जबकि बलदेव चौधरी घोर गाँधीवादी। दोनों के विचार कहाँ मिलते ? फिर भी पार्टी-अध्यक्ष को उनकी ईमानदारी, योग्यता पर पूरा भरोसा था। वह खुद तो उनके हक के माफिक थे, लेकिन भला वह उनको कैसे समझाते, प्रदेश के मुख्यमंत्री के लिए उनसे पूछा तक नहीं जाएगा ? मुख्यमंत्री पार्टी-अध्यक्ष, कार्यकारिणी, संसदीय बोर्ड या विधायकों की गिनती से नहीं, राजनीति की तिकड़म से बना करता है। बलदेव चौधरी बस वहीं लटके रह गए और उत्सुकदास का मुख्यमंत्री-पद के लिए नाम घोषित कर दिया गया। असल में उन्होंने मुख्यमंत्री बनने की अपनी आकांक्षा पार्टी-अध्यक्ष के अतिरिक्त और किसी को बताई भी नहीं थी। उन दिनों वह दिल्ली के तमाम केंद्रीय नेताओं के घरों की परिक्रमा करते रहे, प्रधानमंत्री से भी इस आशा से कई बार मिले, कोई उनसे मुख्यमंत्री बनने का प्रस्ताव कर दे। स्वयं अपना मुँह खोलकर वह कहना नहीं चाहते थे। उधर किसी भी केंद्रीय नेता या प्रधानमंत्री ने उनसे इस बारे में कुछ भी नहीं कहा। गुरुपदस्वामी का मंत्रिमंडल भ्रष्ट आचरण के आरोपों के कारण हटाया गया था। उस समय ईमानदार, योग्य मंत्री होने की प्रतिष्ठा उनके हक में थी। उत्सुकदास का नाम तब तक नहीं चला था। उस समय बलदेव चौधरी अगर साफ-साफ अपनी इच्छा जाहिर कर देते तो शायद एक बार उनका नाम जोर पकड़ लेता। लेकिन वह तो संकोच में मारे गए। जब केंद्रीय नेताओं, प्रधानमंत्री से वह मिल चुके और किसी ने उनसे मुख्यमंत्री बन जाने का प्रस्ताव नहीं किया तो वह पार्टी-अध्यक्ष के यहाँ तंबू तानकर बैठ गए। जिस संकोच में बलदेव चौधरी ने केंद्रीय नेताओं से स्पष्ट बात नहीं कही थी, कुछ उसी प्रकार के संकोच में पार्टी-अध्यक्ष भी उनसे मुख्यमंत्री के

मसले में अपनी सही हैसियत खुलासा कह न सके। पार्टी-अध्यक्ष ने कई बार इशारे से उनसे प्रधानमंत्री के चमचों तथा अन्य केंद्रीय नेताओं से मिलने के लिए कहा तो वह चुप ही रहे। उस समय उनके अंदर खुशी की लहर दौड़ जाती, क्योंकि वह मिलने-जुलने का काम, भले ही अपने तरीके से हो, वह पहले ही कर चुके थे। उधर केंद्रीय नेताओं को उनकी परिक्रमा के पीछे मंत्रिमंडल में अपना पद सुरक्षित रखने का प्रयास दिखाई दिया। मंत्रिमंडल में उनके लिए पद तो सुरक्षित हो गया।

आखिर में बलदेव चौधरी गच्चा खा गए तो उनको होश आया। तब उनको पार्टी-अध्यक्ष ने अपने बचाव के लिए किसी तरह उत्सुकदास का नाम मुख्यमंत्री के लिए तय हुआ, बताया। पार्टी-अध्यक्ष की जुबानी, अंदर की बातें जानकर बलदेव चौधरी का मन दुखी हो गया। वह समझ गए, यह सब धोखा था। सब-के-सब उनको बना रहे थे। तब उनको अपनी खुद की बेवकूफियों पर आश्चर्य हुआ, लेकिन इसके साथ ही एक बात उनके सामने साफ थी—इस तरह वह कभी मुख्यमंत्री नहीं बन सकेंगे। वह अपने को कुछ माने में मुख्यमंत्री-पद के लिए अनुपयुक्त समझने लगे। इतनी तिकड़म, इतनी लंबी राजनीति कितने धोखे-धड़ी के रास्तों से गुजरकर वहाँ पहुँचती जहाँ से उन्होंने अपनी योजनाओं, अपने आर्थिक दर्शन, सिद्धांतों को लागू करने का सपना देखा था।

बलदेव चौधरी की निराशा ने उनको वहशी बना दिया। अपने छत्तीस साल के राजनैतिक जीवन में अपने को उन्होंने कभी इतना अकेला नहीं जाना। उनको अपना जीवन कभी भी इतना अर्थहीन, सतही, बेकार नहीं महसूस हुआ। उनका क्षोभ असफलताओं के कारण नहीं था, वह तो हालात, रास्तों के बारे में अपनी अज्ञानता पर आश्चर्यचकित थे। फिर भी बलदेव चौधरी लगन के पक्के थे। सबकुछ होते हुए भी जहाँ एक तरफ वह मुख्यमंत्री बनने की आकांक्षा को छोड़ने को तैयार नहीं थे, दूसरी तरफ किसी कीमत पर उत्सुकदास को विधानसभा-दल का नेता मानने को वह तैयार नहीं थे। सही माने में फिलहाल उनकी समस्या उससे भी बड़ी थी। उत्सुकदास के मुख्यमंत्री बनने पर मंत्रिमंडल की सदस्यता उनको ठुकरानी होगी ? इस प्रकार उनके सामने अनेक प्रश्न चक्कर काट रहे थे। प्रदेश-पार्टी-अध्यक्ष के पद से उन्होंने पहले ही इस्तीफा मंत्रिमंडल के लिए दे रखा था। उन्होंने प्रदेश-पार्टी-अध्यक्ष पद से इस्तीफा देते समय सोचा था, इससे शायद मुख्यमंत्री बन जाने में सहायता मिलेगी या फिर हमेशा की तरह मंत्रिमंडल के सदस्य तो हो ही जाएँगे। लेकिन वहाँ तो लोग तैयार बैठे थे। उनका इस्तीफा तो मंजूर हो गया, लेकिन उनको नया अध्यक्ष नियुक्त होने तक काम चलाने के लिए कहा गया। उधर उत्सुकदास के मुख्यमंत्री बनने से मंत्रिमंडल में भी शामिल न हो सकेंगे। आज जीवन में पहली बार बलदेव चौधरी को अपना भविष्य बेकार लग रहा था। आज पहली बार उनकी तराजू में बहुत बड़ा झोल आ चुका था। पुण्य की

तरफवाला उनके तराजू का पलड़ा जमीन पर होगा और पद-प्रतिष्ठावाला पलड़ा खाली… बिलकुल खाली ! लेकिन वह कर भी क्या सकते हैं ! गुटबंदी उनको आती नहीं। अपनी निष्क्रियता, अर्थहीन अंधकारमय भविष्य और तराजू के झोल के लिए वह बेहद बेचैन होकर बरामदे में इधर-उधर टहल रहे थे, जब दरोगा द्विवेदी ने उनको आ पकड़ा।

दरोगा द्विवेदी को सूत्र मिल चुका था। बलदेव चौधरी से मुलाकात के बाद हालात ने नया मोड़ ले लिया। अब उनके प्रयासों का रुख नई दिशा की ओर बढ़ने लगा था। कुछ लोग अभी बाकी थे, लेकिन दरोगा द्विवेदी सबकुछ छोड़कर रंगीनराय से अपने दिमागी फ्लैश के बारे में सलाह-मशविरा करने चल दिए।

रंगीनराय ने आरामकुर्सी के सामने रखी हुई तिपाई से पैरों को हटाकर बालकनी की मुँडेर पर रख लिया था। उस समय वह मासूम निगाहों से वहाँ होनेवाली बैठक के अस्तित्व को तौल रहे थे। सफेद चाँदनी पर रखे हुए गावतकिये बार-बार उन्हें किसी सन्नाटे की तरफ घसीटे लिए जा रहे थे। उनको मालूम था, कुछ लोग आएँगे जरूर ! फिर लोबीराम के भी तो विधायक थे। लेकिन उससे होगा क्या—वह सोच रहे थे। अब हो भी क्या सकता था ? कहीं ऐसा तो नहीं—यह सब कोई ऐसी राजनैतिक भूल हो, जिसका परिणाम उनको भविष्य में भुगतना पड़े। अब वह थोड़ा-सा डरने लगे थे। उनको थोड़ा डर इस बात का लग रहा था, प्रदेश-पार्टी-अध्यक्ष के लिए उनका नाम जो करीब-करीब तय था अब कहीं कट न जाए। एक तरह से अगर उत्सुकदास का मुख्यमंत्री बनना टाला नहीं जा सकता तो उनके प्रदेश-पार्टी-अध्यक्ष बन जाने से आगे के विरोध की राजनीति को बड़ा सहारा मिलेगा। प्रदेश-पार्टी के अध्यक्ष होने के बाद उत्सुकदास को नष्ट करने का अभियान सही समय पर प्रभावशाली ढंग से चलाया जा सकता है। फिर उत्सुकदास के ऊपर इतना बड़ा अंकुश रहने से वह अधिक कुछ गड़बड़ नहीं कर सकेंगे। इस समय के अपने विश्लेषण के अनुसार उनको ऐसा महसूस हो रहा था, आगे आनेवाले समय की राजनैतिक व्यूह-रचना के लिए इस समय उनको शांत ही रहना चाहिए था। पहले पार्टी-अध्यक्ष बन जाएँ तब बैठकबाजी होनी चाहिए थी। लेकिन कहीं अगर इस समय रुक गए, उत्सुकदास मुख्यमंत्री बन गया और पार्टी-अध्यक्ष कोई और हो गया—तब ! किसे मालूम था, तब क्या होगा ? हाँ, तब तो उत्सुकदास को सँभलने का समय मिल जाएगा। रंगीनराय राजनीति के दाँव-पेंच खेलने में नए तो थे नहीं। मुख्यमंत्री-पद के लिए उत्सुकदास के नाम की घोषणा हो जाने के बाद भी जब प्रदेश-पार्टी-अध्यक्ष के लिए उनके नाम की घोषणा नहीं हुई, तभी उनको दाल में कुछ काला लगा था। अपने निकटवर्ती सूत्रों से प्रदेश-पार्टी-अध्यक्ष के नाम की घोषणा उत्सुकदास द्वारा रुकवाने की

खबर उनको मिली थी। अब मुख्यमंत्री बन जाने के बाद उत्सुकदास किसी भी कीमत पर उनको अध्यक्ष तो बनने नहीं देगा। ऊपर से ऐसे हालात पैदा करने की कोशिश करेगा, जिसमें अपने गुट के साथ उनको पार्टी तक छोड़नी पड़ सकती है। फिर भी इन स्वार्थों से ऊपर उत्सुकदास के प्रति उनकी घृणा, उनका आक्रोश, बराबर उनको उकसा रहा था। अपने विचारों के मंथन से भी वह कोई रास्ता ढूँढ़ न पाए। लेकिन तभी दरोगा द्विवेदी ने आकर उनको झकझोर दिया।

"अरे वाह राय साहब! आप तो महफिल सजाए बैठे हैं।" दरोगा द्विवेदी ने रंगीनराय के फ्लैट में दाखिल होकर वहाँ होनेवाली बैठक का इंतजाम देखकर कहा।

दरोगा द्विवेदी को देखते ही रंगीनराय उचककर बैठ गए। यह हँसी-मजाक का समय नहीं था। इस समय जिंदगी और मौत में बाजी लगी हुई थी। उनके चेहरे पर धुआँ-सा फैलकर गाढ़ा होता जा रहा था। उन्होंने दरोगा द्विवेदी की ओर देखकर आशाजनित विश्वास से पूछा, "दरोगा भाई! कितने लोग मिले?"

"पहले चक्कर में बीस, दूसरे चक्कर में बारह। सब मिलाकर बत्तीस।"

"क्या सब आएँगे?"

"इसका तो क्या कहें? इन लोगों का क्या आना, क्या नहीं आना!"

"तो दरोगा! बत्तीस तो तुमने लिए, पाँच-छह हमें टेलीफोन पर मिल गए, कुछ पड़ोसी हैं। यह पड़ोसी तीन हैं। दस मान लो। बत्तीस दस बयालीस! फिर खुराकी भी दौड़ रहे हैं, कुछ तो वह भी खींच लाएँगे।"

"राय साहब! इन खुराकियों को कम न समझिए। कभी-कभी दस एम. एल. ए. तक ये ले आते हैं।"

"लेकिन साले, सही बात कभी न बताएँगे। उनके यहाँ जाएँगे तो उनकी-जैसी, यहाँ आएँगे तो यहाँ-जैसी। कुछ तुमने भी भेजे?"

"हाँ, तीन लोग हमने भी दौड़ाए।"

"फिर तसल्ली के लिए दस इनके ले लो। अब कित्ते भए?"

"बावन! यह बावन क्या, पचास कर लें?"

"नहीं...नहीं, कम न करो।"

"तो फिर पचपन ले लें।"

"साठ! अच्छा, दरोगा बताओ तो भला, लोबीराम के कित्ते लोग होंगे?"

"लोबीराम के पच्चीस से कम क्या होंगे?"

"बस पच्चीस! तब क्या खाक मीटिंग होगी! अमाँ! पचपन-साठ तो आपने जोड़े हैं।"

"तो क्या सब आ जाएँगे?" दरोगा ने व्यंग्य से कहा।

"तो फिर कित्ते आएँगे।"

"अपने?"

"हाँ।"

"आधे कर लो, तीस।"

"फिर भी, अपने तीस होंगे तो क्या लोबीराम के सिर्फ पच्चीस? इसका मतलब हुआ, हम लोबीराम से बड़े नेता हैं।"

"आप रायसाहब, लोबीराम से बड़े नेता तो हैं, लेकिन इस अर्थ में नहीं। लोबीराम के पास तीन चीजें आपसे ज्यादा हैं," दरोगा द्विवेदी ने बदमाशी के स्वर में कहा।

"कौन तीन चीजें?"

"एक तो पैसा; दूसरे हरिजन, पिछड़े वर्ग के सब मिलाकर साठ विधायक तो होंगे।"

"अभी तो कह रहे थे, पच्चीस!"

"सो तो अपनी बैठक में आनेवाले। फिर उसने न तो हरकारे दौड़ाए, न किसी से कहा। इत्ते तो सिर्फ हवा सूँघकर पहुँचेंगे।"

"अच्छा हाँ, वह तीसरी चीज तो रह गई?"

"कौन तीसरी?"

"वही, लोबीराम की तीसरी।"

"अरे वो! छोड़ो भी राय साहब, इस वक्त तुम्हारा मूड नहीं है।"

"मेरा मूड नहीं है, भला किस बात का?"

"वही तीसरी बात का।"

"चल बे, बता जल्दी। अभी बहुतेरे काम धरे हैं।"

"लोबीराम की तीसरी बात तो लछमनियाँ है।"

मुसीबत और परेशानी के इन लमहों में भी रंगीनराय को हँसी आ गई। कुछ हँसी रोकने की कोशिश करते हुए वह बोला, "तो यह बात है!"

कुछ शर्माते हुए दरोगा द्विवेदी ने कहा, "और कुछ नहीं, बस, लछमनिया को समझाय दिया जो लोग वहाँ लोबीराम को पूछें, उन्हें बस यहाँ भेज दे।"

"तो लछमनिया के कहने से लोग इधर आ जाएँगे?"

"राय साहब, बात हमरी या लछमनिया या खुराकियों के कहने-सुनने की तो है नहीं। इस वक्त तो सारा हमला बस ज्यादा-से-ज्यादा लोगों को जमा करने का है।"

"तो कुल कित्ते आएँगे?" रंगीनराय घूमकर फिर वहीं पहुँच गए, जहाँ से बात शुरू हुई थी।

"साफ-साफ कहता हूँ, बुरा न मानना! ज्यादा लोगों के आने की उम्मीद कम है।"

"काहे?"

"एक तो पार्टी-मीटिंग के लिए लोग सजते-सँवरते होंगे, कुछ उत्सुकदास की पूँछ बन पड़े होंगे और फिर पार्टी-अध्यक्ष भी तो आए हैं।"

"तब क्या किया जाए? बैठक में साठ-सत्तर भी न भए तो सब बेकार!"

"एक आइडिया तो आता है!"

"बोल...दरोगा...बोल, इस समय आइडिया की बड़ी सख्त जरूरत है।"

"क्या है राय साब, यह सारा हिसाब पच्चीस उनके, तीस अपने—सब हवा में हैं! सच में इससे होगा क्या? लोग यहाँ बैठक में आ भी जाएँ तो भी वक्त कहाँ है, उनको भाषण पिलाने का! फिर हमरे खयाल में बहुत कम लोग आ पाएँगे, क्योंकि उनको इस बैठक के पीछे हमारी साजिश के बारे में कुछ पता है, कुछ नहीं पता। जिनको पता है, वह केंद्रीय नेताओं के डर से नहीं आएँगे। जिनको नहीं पता है, वह वक्त की कमी या उत्सुकदास और पार्टी-अध्यक्ष के यहाँ हो रहे बड़े तमाशों की वजह से टाल जाएँगे।"

"लोबीराम के लोग?"

"वहाँ भी ऐसा ही कुछ है। वह तो जो मिलेंगे, उन्हें साथ ले आएँगे।"

"तो सब नष्ट है!"

"नहीं...मेरा यह मतलब नहीं, मेरी बात तो सुनें।"

"तो ठीक है, कहो, तुम्हारी विचारधारा ठीक ही लगती है।"

"मैंने कहा न, एक आइडिया मिला है हमें बलदेव चौधरी के यहाँ।"

"बलदेव चौधरी कहाँ मिलि गए?"

"बस ये जा रहे थे, पार्टी-अध्यक्ष के यहाँ। बड़े दुखी हैं! प्रदेश-पार्टी-अध्यक्ष-पद से उनका इस्तीफा कब का मंजूर है, अब उत्सुकदास मंत्रिमंडल में शामिल होने को उनका जी नहीं मानता।"

"यह सब तो पता है।"

"का तुमको या भी पता है, दिल्ली से पार्टी-अध्यक्ष आए हैं?"

"हाँ! या भी पता हैं!"

"तब तौ या भी पता होगा, पार्टी-अध्यक्ष उत्सुकदास का जानी दुश्मन है।"

"हौव!"

"बलदेव चौधरी खार खाए बैठल हैं।"

"हौव!"

"गुरुपदस्वामी का डर है, बस लोगन का यही कारन...।"

"बस दरोगा! समझि गए! गुरुपदस्वामी का जवाब है अई पार्टी-अध्यक्ष!"

"और बलदेव चौधरी, ग्यारह तो हैं उनके साथ!"

"धत तेरे की! ग्यारह नहीं, एक सौ ग्यारह कहा। बलदेव चौधरी जो खड़े हुइ जाएँ

तौ पूरे दारूलशफा मा तहलका मचि जाई !"

"सो तो है ! इत्ते बड़े नेता !"

"तुमने उनकी टोह तौ ली होगी ।"

'बोला ना, तपे बैठे हैं । उत्सुकदास का मंत्रिमंडल उनके लिए वैसे भी बेकार ही है । उस मा वह शामिल होनेवाले नहीं ।"

"इसलिए ! उसे न बनने देने में वह सहयोग दे सकते हैं ।" दरोगा के स्वर में स्वर मिलाकर रंगीनराय ने कहा । दरोगा के फर्टाइल दिमाग का यह आइडिया बेहद नमकीन था । इनके मुँह का जायका बदलने लगा, साथ में दिमाग पर छाई हुई धुंध भी साफ होने लगी । तभी आरामकुर्सी के बगल, मसनद लगाकर बैठे हुए दरोगा द्विवेदी को ललकारते हुए वह आगे बोले, "तो पार्टी-अध्यक्ष को तोड़ना है ।"

"वह तो टूटे ही पड़े हैं, असल में अब उनको अपनी तरफ जोड़ना है ।"

"हाँ, यह ठीक कहा ! और बलदेव चौधरी ?"

"राय साब ! आज उत्सुकदास को गिराना है । तो बलदेव चौधरी का नाम आगे बढ़ा दो !"

"पार्टी-मीटिंग में, नेतापद के लिए ?"

"और क्या !"

"और लोबीराम ?"

"वह तो अंधे की बटेर है । किसको मिली, किसको नहीं मिली । फिर उस पर भरोसा भी न करना । आखिरी वक्त पर भी अगर दाम लग गए, टूट जाएगा ।"

"सो तो है, लेकिन उसे छोड़ा भी तो नहीं जा सकता । साठ विधायकों का जोर है उसके साथ । उधर बलदेव चौधरी के ग्यारह हैं ।"

"लेकिन ग्यारह के साथ हवा जो बनेगी । अभी खुद ही कह रहे थे ।"

"कह तो रहा था ! लेकिन यार, वक्त कितना कम है ।"

"इस कम वक्त का एक फायदा भी है ।"

"वह क्या है ?"

"अगर इतने समय में हम अपनी व्यूह-रचना कर ले जाएँ, जब तक वहाँ उत्सुकदास के यहाँ दीवाली मनती रहे । अगर किसी तरह, इतने ही वक्त में बलदेव चौधरी को मिला लें और लोबीराम को उत्सुकदास के दलालों से बचा ले जाएँ तो··· ।"

"तो, किला फतह !" दरोगा द्विवेदी की बात में अपनी बात जोड़कर रंगीनराय बहुत खुश हुए । उनको लगा, निराशा की शून्य स्थिति से कितने महत्त्वपूर्ण मुकाम पर आ पहुँचे । फिर भी इस सबकी शुरुआत कैसे होगी ? पहला ढेला कौन फेंकेगा ? अभी तक तो बिना बात की बात थी । अब एक धरातल बन रहा था । डरते-डरते उन्होंने दरोगा

द्विवेदी से अगला सवाल किया, जिसके जवाब पर आगे की कार्यवाही निर्भर थी। उनको मालूम था, अगर यहाँ दरोगा चूक गया तो अब तक की सारी बातें खयाली पुलाव की तरह धरी रह जाएँगी।

''हाँ दरोगा, फिर जरा मामला सुलझ जाए। ज़रा ध्यान से सुनना…!''

उधर दरोगा मसनद पर अधलेटे, आँखें बंद किए हुए उन्हीं सवालों के बारे में सोच रहे थे जो रंगीनराय के मन में भी उठ रहे थे—सवाल थे, शुरुआत कैसे होगी, पहला ढेला कौन मारेगा? बैठक की आधारशिला कैसे बनेगी? इतने कम समय में पार्टी-अध्यक्ष को यहाँ कैसे लाया जाएगा? इन तमाम सवालों का हल उनको इस तरह मिलनेवाला नहीं था। इस समय उनका दिमाग सवालों की हल्दीघाटी से गुजर रहा था। चारों ओर उनको प्रश्नचिह्नों के अंबार दिखाई दे रहे थे, जिनके ऊपर, एक सिरे से दूसरे सिरे तक, एक काफी बड़ा-सा प्रश्नचिह्न लगातार चक्कर लगा रहा था। यह प्रश्नचिह्न था उनके ईश्वर समान पूजनीय बड़े भाई के भविष्य का। उनको अपना पूरा जीवन इन्हीं प्रश्नचिह्नों के बीच घिरा-सा दिख रहा था। आज सिर्फ एक प्रश्न का उत्तर चाहिए था। एक प्रश्न दरोगा द्विवेदी का बड़े भाई के भविष्य का था, उधर एक प्रश्न रंगीनराय की बैठक के भविष्य का था। बड़े भाई के भविष्य के प्रश्न का ही उत्तर ढूँढ़ने के लिए, दरोगा द्विवेदी रंगीनराय के प्रश्नों में इतना उलझे थे। दरोगा द्विवेदी को खुजलाने की आदत थी। कभी नाक, कभी बगलों में, कभी जाँघिए के अंदर हाथ की उँगलियों से खुजलाकर वह उँगलियों को नाक के नथुने पर ले जाकर सूँघ लिया करते। न जाने कौन-सी खुशबू थी जो उनको इतनी पसंद थी। खासकर जब उनका दिमाग शून्यगत परिस्थितियों में उलझा रहता, उस समय उनकी यह हरकतें बढ़ जातीं। ऐसे वक्त एक तरफ के कान या कंधे के नीचे की बगलों की खुजलाने में स्वाभाविक रूप से वह मुँह दूसरी तरफ घुमा लिया करते। कुछ इसी प्रकार की शून्यगत परिस्थितियों में, जब उनका दाहिना हाथ, शरीर के विभिन्न स्थानों से खुशबू बटोरने में लगा हुआ था, जब उनकी निगाहें मुँह के साथ रंगीनराय के चेहरे से अलग हटकर बैठक की सफेद चाँदनी, गावतकिये से होते हुए अंदर तक बिना किसी मकसद के भटक रही थीं, तभी बैठक के अंदरवाले कमरे से चाय के प्लेट-प्यालों के खनकने की आवाज आने लगी। कुछ अँगीठी का धुआँ, कुछ खुराकियों, चमचों का बार-बार अंदर से बाहर की ओर, और बाहर से अंदर की ओर आना-जाना देखकर, उनका हाथ जो बदन की खुशबू बटोरकर नाक के नथुने में घुसड़ चुका था, वापस न लौट सका। लेकिन दरोगा इन कुछ क्षणों के बाद ही रंगीनराय के और पास खिसक लिए। दोनों हाथों की हथेलियों को दो-तीन बार रगड़-रगड़कर उन्होंने साफ किया, फिर बोले, ''हाँ राय साब, क्या कहा आपने?''

''क्या कहा…हमने तो यही कहा…जरा ध्यान से सुनना। फिर तुम्हें कहीं और

जानकर हम चुप रह गए।"

"कहीं और नहीं, हम यहीं थे।...एक बात बताएँ राय साब, यह सब का होइ रहा है?" अंदर के कमरे से धुआँ, चाय, नाश्ते की प्लेटें-प्यालियाँ वगैरह लाते-ले जाते खुराकियों की ओर इशारा करके दरोगा ने पूछा।

"यह सब बैठक की चाय-पार्टी...।"

"चाय-पार्टी!...राय साब जिंदाबाद...! चाय-पार्टी जिंदाबाद...!" आँखें मिचकाकर दोनों हाथ ऊपर की ओर उठाकर, दरोगा द्विवेदी खड़े हो गए।

"अब यह कौन नाटक है?" रंगीनराय ने पूछा।

"यह बैठक के नाटक का पहला भाग है।"

"मैंने तो इसे आखिर में रखा था।"

"नहीं, वर्तमान परिस्थितियों में इस चाय-पार्टी ने नया मोड़ ले लिया है।"

एक क्षण रंगीनराय, दरोगा के चाय-पार्टी संबंधी दाँव को समझने की कोशिश में चुप रहे। दरोगा भी चाय-पार्टी में पार्टी-अध्यक्ष को बुलाने की बात कहे, इतने में बाहर से शोरगुल, चीखने-चिल्लाने की आवाजें आने लगीं। रंगीनराय बालकनी के पास, सामने दरवाजे की तरफ मुँह किए बैठे थे तो पहले उन्होंने देखा, पाँच-सात लोग नारे लगाते हुए, सामने के बरामदे से उन्हीं की तरफ बढ़ रहे थे। इतने में दरोगा द्विवेदी ने मसनद छोड़ दी और उठकर रंगीनराय से जरा आगे बढ़कर खड़े हो गए। तभी अंदर-बाहर खड़े-पड़े खुराकी और चमचे, जिन्हें आपस की गुप्त गंभीर बातचीत की वजह से रंगीनराय ने अलग बैठा दिया था, झपटकर आ गए। उन लोगों ने रंगीनराय को सुरक्षात्मक घेरे में ले लिया।

पाँच-सात लोगों का वह जुलूस अब पास आ गया था। इनकी नारेबाजी रंगीनराय और दरोगा द्विवेदी को अब साफ-साफ सुनाई दे रही थी।

"बलदेव चौधरी जिंदाबाद!"

"तानाशाही नहीं चलेगी!"

"पार्टी एकता जिंदाबाद!"

"फर्जी चुनाव बंद करो!"

दरोगा द्विवेदी की बाँछें खिल गईं। उसने देखा, इस जुलूस में बलदेव चौधरी के दो खास विधायक मनोहरलाल और मूलचंद सबसे आगे थे। उधर रंगीनराय दोनों हाथ फैलाकर आगे बढ़े। मनोहरलाल ने उनको देखकर अपने भी दोनों हाथ फैला दिए। फिर मनोहरलाल, रंगीनराय के और मूलचंद, दरोगा द्विवेदी के गले मिल रहे थे। तभी मनोहरलाल के पीछे खड़े हुए लोगों ने 'रंगीनराय जिंदाबाद' के नारे लगाने शुरू कर दिए। इधर रंगीनराय के यहाँ जमा खुराकी भी उनके साथ मिलकर पहले तो 'रंगीनराय

जिंदाबाद' फिर 'बलदेव चौधरी जिंदाबाद' के दमतोड़ नारे लगाने लगे। इन लोगों की चीख-पुकार सुनकर आस-पड़ोस के विधायक और उनके साथ के चिलगोजे, चक्करबंध, चमचे जमा हो लिए। लेकिन इस जमा होती भीड़ को देखकर दरोगा द्विवेदी सनके, उन्होंने कुछ भीड़ की वजह से, कुछ मूलचंद के मुँह से निकल रही पायरिया की झारदार बदबू की वजह से अपने को अलग किया और मूलचंद, मनोहरलाल को अंदर की ओर आने के लिए कहा। उसी समय रंगीनराय अपने यहाँ की भीड़ को, मूलचंद, मनोहरलाल के साथ आए लोगों को, वहीं बाहर रुकने के लिए कहकर दरोगा द्विवेदी के साथ अंदर की ओर चल दिए।

"आइए। मनोहरलाल जी! आइए मूलचंद जी, यहाँ बैठें।" अंदर की बैठक में रखे हुए बड़े गद्दे के पास इन लोगों को बैठने के लिए कहते हुए रंगीनराय भी बैठने लगे। लेकिन तभी मनोहरलाल की तेज आवाज गूँज उठी, "राय साब, हम यहाँ बैठने नहीं, आपको लेने आए हैं।"

रंगीनराय ने दरोगा द्विवेदी की ओर सहारे के लिए देखा तो दरोगा ने कहा, "अरे भय्या! अब इन्हें कहाँ ले जाओगे? इहाँ तो बैठक होनेवाली है।"

"सो तो हम देखते हैं। लेकिन अभी तक एक बार इनका जाना जरूरी है।" मनोहरलाल ने कहा।

"लेकिन कहाँ गुरु?"

"स्टेट-गेस्ट-हाउस तक, जहाँ पार्टी-अध्यक्ष ठहरे हैं।"

"और चौधरी साब कहाँ हैं?"

"वो भी वहीं हैं।"

"तब तो ठीक है।" फिर राय साब की ओर घूमकर दरोगा ने कहा, "यही तो हम तुमसे कहे जाय रहे थे, तब तक ई लोग आइ गए।"

"लेकिन इस वक्त पार्टी-अध्यक्ष से बात हुइ पाएगी?" रंगीनराय सकुचा रहे थे।

"बातें खूब होएँगी, आप चलो न!" मूलचंद फटे हुए गुब्बारे की तरह बोल उठे।

"लेकिन कार्यक्रम का है?" दरोगा ने पूछा।

"लेव, इनका देखो! अब्बौ कार्यक्रम बतावै का परी! जैसे उत्सुकदास का एकसूत्री कार्यक्रम है मुख्यमंत्री बनना, हमारा एक सूत्री कार्यक्रम है उसका मुख्यमंत्री न बनने देना।" मनोहरलाल के स्वर में किसी लुटे हुए जुआरी की तरह सबकुछ दाँव पर लगा देने की जिद थी।

"हाँ राय साब, यह ठीक कहता है, आप जल्दी जाओ! पार्टी-अध्यक्ष आपका मानते हैं," मनोहरलाल से दरोगा ने कहा, "लेकिन भई, तनिक ध्यान से सुनौ! वहाँ बैठ न जाना। कौनौ तरह, बस चाय पीने के बहाने, पार्टी-अध्यक्ष और चौधरी साब का इहाँ

बुला लादा। इस बीच हम पूरे दारुलशफा भरे मा, खबर उड़ाय देंगे।"

"का खबर भई, का खबर?" मूलचंद शंका में भर्राया।

"अरे यही खबर, पार्टी-अध्यक्ष और चौधरी साब यहाँ होनेवाली बैठक में आ रहे हैं।"

"बस!" मनोहरलाल ने दुख में पूछा।

"नहीं यार, तू घबड़ाओ नहीं। यह तो खबर का पहिला हिस्सा हब!"

"तो दूसरा भी तो बताओ।"

"दूसरा···दूसरा होएगा बलदेव चौधरी, आज के नेता!" इतना कहकर दरोगा रंगीनराय, मनोहरलाल, मूलचंद को बाहर की ओर निकालने लगे। बाहर पहुँचते ही, अब तक काफी-कुछ जमा हो गई भीड़, इन लोगों को देखकर बारी-बारी से महात्मा गाँधी, जवाहरलाल नेहरू, फिर पार्टी-अध्यक्ष, बलदेव चौधरी और रंगीनराय की जय-जयकार करने लगी। इसी बीच किसी ने धीरे-से 'उत्सुकदास मुर्दाबाद' का नारा लगा दिया।

जब तक यह लोग ऊपर से उतरकर नीचे खड़ी हुई अंबेस्डर गाड़ी में आकर बैठे, कुछ चिलगोजे, चक्करबंध आगे दौड़कर कार का दरवाजा खोलने के लिए पहुँच गए। जहाँ कहीं जब भी शक्ति और सत्ता का केंद्रीकरण आरंभ होता, इन लोगों में सरगर्मी वैसे बढ़ जाती। सुस्ती के दिनों तो ये बस पड़े रहते। हाथ-पैर हिलाने-डुलाने का भी जी नहीं करता।

पार्टी-अध्यक्ष उस समय स्टेट-गेस्ट-हाउस में बलदेव चौधरी के साथ दूर-दूर से आए हुए प्रदेश, जिला, कस्बे की इकाइयों की कार्यकारिणी के सदस्य, पिछले कई बार के मंत्रिमंडल के वरिष्ठ, छोटे-बीच के स्तरवाले मंत्री, नए बननेवाले मंत्रिमंडल के उम्मीदवार, भाँति-भाँति प्रकार के नेता, समाजसेवी, सांस्कृतिक संस्थाओं के प्रतिनिधि, अखिल भारतीय स्तर के धंधेबाज-गुटबाजों से घिरे हुए बैठे थे। बाहर लॉन में चमकते हुए खद्दर की धोती-कुरता, गाँधी टोपी, जवाहर जैकेट में सजी हुई जैसे एक फौज हमला करने के लिए जमा हो रही थी। दो-चार-पाँच-आठ के हिस्से में बँटी हुई भीड़ अपने में होते हुए भी, अलग-अलग थी। खबरों का बाजार गर्म था। इतिहास की सुर्खियों में बढ़ा-चढ़ाकर, आनेवाले खबरों, वर्तमान की अनिश्चितता में लिप्सा और स्वार्थ की टोलियाँ अपने-अपने खेल, खेल रही थीं। यहाँ न कोई उत्सुकदास था, न कोई पार्टी-अध्यक्ष या बलदेव चौधरी, यहाँ तो सबकी टोपी के नीचे एक ऐसा दिमाग था, जिसकी सेल्स सिर्फ अर्थ और मोह के लिए जीवित थी। इन सबके खद्दर के कुरते के नीचे एक आम आदमी की तरह की स्वाभाविक प्रतिक्रियाएँ थीं, सबकुछ पा लेने के लिए! सबकुछ जी लेने के लिए!

रंगीनराय अभी मोटर से उतरे नहीं थे, मनोहरलाल और मूलचंद दौड़कर पार्टी-अध्यक्ष के पास बैठे हुए बलदेव चौधरी के पास पहुँच गए। बलदेव चौधरी ने उन्हें पास बुलाकर पहले अपने कान दिए, फिर उनके कान में फुसफुसाकर रंगीनराय को पीछेवाले कमरे में बैठाने के लिए कहा। उधर रंगीनराय मोटर से उतरकर पार्टी-अध्यक्ष के करीब पहुँचने ही वाले थे, मनोहरलाल ने उन्हें रोक लिया। अभी यह लोग कमरे में बैठे भी नहीं थे, अंदर की तरफ के रास्ते से बलदेव चौधरी भी वहाँ पहुँच गए। बलदेव चौधरी को देखते ही रंगीनराय ने उनकी तरफ आदर से बढ़कर कहा, "प्रणाम चौधरी साब!"

"प्रणाम भई! बैठो···बैठो!"

"आप कहते हैं तो बैठ जाता हूँ, वैसे अब बैठने का समय है नहीं।"

"फिर भी···!"

इसी बीच मनोहरलाल ने, जो तब तक चौधरी साहब के साथ, सोफे की दाईं तरफ बैठ गए थे, टोककर कहा, "क्या है चौधरी साब, अभी हम राय साब के यहाँ गए थे तौन इनका हम ही लेकर यहाँ आए हैं। हम लोगों ने फैसला किया है, राय साब के यहाँ होनेवाली चाय-पार्टी में आपको भी आना होगा।"

"काहे की चाय-पार्टी?"

"पार्टी-अध्यक्ष जो आए हैं।"

"उनसे बात कही?"

"उसके लिए तो आपके पास आए!"

"अच्छा तो तुम लोग इधर आवो।" बलदेव चौधरी अंदर की ओर पार्टी-अध्यक्ष के पास पहुँचने के लिए चल दिए। उनके पीछे-पीछे मनोहरलाल, मूलचंद, रंगीनराय भी थे। पार्टी-अध्यक्ष उस समय कुछ पत्रकारों से पार्टी के कार्यक्रमों के बारे में बात कर रहे थे। बलदेव चौधरी ने उनको जरा-सा अलग बुलाकर रंगीनराय से मिलाते हुए कहा, "राय साब को तो आप जानते होंगे?"

"हाँ···हाँ, खूब अच्छी तरह, कहिए?"

"प्रणाम! आप अच्छे हैं?"

"बस ठीक ही है।"

"अध्यक्ष जी, यह अपने राय साब हैं न! इन्होंने आपके सम्मान में एक छोटी-सी चाय-पार्टी रख ली है। मैंने ही कह दिया था, आप थोड़ी देर के लिए आ जाएँगे।"

"वाह चौधरी साब! आपने मुझसे बिना पूछे ही हाँ कर दी।" पार्टी-अध्यक्ष ने हँसते हुए कहा।

"वो क्या था, आठ बजे तो आपको पार्टी-मीटिंग में जाना ही था इसी···।"

"अरे हाँ, मुझे तो पार्टी-मीटिंग में जाना था। राय साब इस बार तो माफ करें...।"

"इन्हें कुछ बातें भी करनी थीं," बलदेव चौधरी बोले।

"तो आइए, अंदर के कमरे में चलें।" पार्टी-अध्यक्ष बोले। और पास ही रुके त्रकारों से माफी माँग अंदर की ओर चल दिए। अंदर जाते-जाते रास्ते में बलदेव चौधरी ने इशारे से मूलचंद, मनोहरलाल को बाहर ही रुकने को कह दिया। अंदर के कमरे में बड़ेवाले सोफे पर पार्टी-अध्यक्ष, उनके दाहिनी ओर बलदेव चौधरी और बाईं ओर रंगीनराय बैठ गए। कुछ पल कमरे में सन्नाटा छाया रहा। सवाल था, बात कौन शुरू करे! बलदेव चौधरी का व्यक्तिगत मामला था, उनके ग्यारह आदमी उनके साथ थे, वह कैसे बोलते? पार्टी-अध्यक्ष तो फिर पार्टी-अध्यक्ष थे, उनके ऊपर राष्ट्रीय पार्टी की जिम्मेदारी थी। यह उनकी शान, प्रतिष्ठा के खिलाफ था, वह असंतुष्ट नेताओं से बातचीत में पहल करते। हाँ, कोई कुछ कहे तो सुन लेने में इन्हें भला क्या एतराज हो सकता है? हालाँकि पार्टी-अध्यक्ष हृदय से उत्सुकदास को गिराना चाहते थे, लेकिन अभी तक उनको कोई सूत्र नहीं मिला था। इन मूर्तियों की रहस्यपूर्ण ढंग से आकर पहले बलदेव चौधरी से गुप्त वार्ता, फिर उनसे चाय-पार्टी में आने का निमंत्रण! पार्टी-अध्यक्ष को साफ-साफ इस निमंत्रण में कोई चाल दिखाई दे रही थी। इसीलिए वह टाल गए थे। फिर भी चाय-पार्टी में जाने से, बिना फँसे, अगर उत्सुकदास के खिलाफ कोई जेहाद उठ सके तो उन्हें वहाँ जाने में खुशी ही होनी चाहिए थी। उनका प्रधानमंत्री से, टेलीफोन पर बात करने का समय भी अब पास आ रहा था। जो कुछ भी अगर था, उसे प्रधानमंत्री से बात करने से पहले ही होना था। अपने तजुर्बे की पैनी निगाहों से उन्होंने पहचान लिया, यह लोग शरमा रहे हैं! और कोई वक्त होता तो पार्टी-अध्यक्ष लंबा खेल खेलते, लेकिन इस समय थोड़ा भी रुक सकने की स्थिति में वह नहीं थे। उधर रंगीनराय यह सोच रहे थे, आखिर दाँव फेंका कैसे जाए, पार्टी-अध्यक्ष ने तो पहले ही झटक दिया था। इनके अब चाय-पार्टी में न आने से सब गुड़-गोबर हो जाएगा। वहाँ दरोगा ने खबर फैला दी होगी। उनको पता था, इस समय दारुलशफा के हर कमरे से निकलकर लोग उनके कमरे की ओर जा रहे होंगे। अच्छा-खासा माहौल बन गया होगा तो ये दगा देंगे! रंगीनराय उन अनमोल पलों में परिस्थिति को तौल रहे थे। ...उन्होंने सोचा, आज अभी पार्टी-अध्यक्ष अगर बैठक में नहीं आते तो उनकी उपयोगिता, अभी की राजनीति में जीरो हो जाएगी। यहाँ उनके साथ, बंद कमरे में, बात करके कुछ कर गुजरने का समय निकल चुका था। यह वक्त तो हमले का था। हमले के लिए यहाँ बंद कमरे में नहीं, खुले आम दारुलशफा में एक इन्कलाबी माहौल पैदा करना था। उस इन्कलाबी माहौल को पैदा करने के लिए ही पार्टी-अध्यक्ष और बलदेव चौधरी की जरूरत थी। अगर पार्टी-अध्यक्ष नहीं चलते तो खाली बलदेव चौधरी से काम चलाना होगा। बलदेव चौधरी भी तब खुलेआम सामने

आएँगे ? उधर पार्टी-अध्यक्ष के न आने से दारुलशफा के विधायकों के अंदर बसा हुआ गरुपदस्वामी का खौफ भी बाहर न जा पाएगा। ...जब तक खौफ बाहर नहीं जाएगा. इतने कम समय में इन्कलाबी माहौल पैदा करना नाममकिन था। शतरंज की बाजी तैयार थी और तब अपने हाथों से उसे निकल जाते देखकर रंगीनराय बेहद बेचैन हो रहे थे। उन्होंने तय किया, कुछ भी हो, भले ही पार्टी-अध्यक्ष नाराज हो जाएँ, इस समय हमला यहीं से, सीधे उनको माध्यम बनाकर पार्टी-हाईकमांड पर करना होगा, जिससे गुलगपाड़ा मचने पर यह कुछ कह न सकें, हमें नहीं बताया।

रंगीनराय नाप-तौल में फँसे ही थे, तभी पार्टी-अध्यक्ष ने बलदेव चौधरी की ओर अर्थपूर्ण दृष्टि से देखा तो बलदेव चौधरी ने ही बात शुरू कर दी, "हाँ तो, राय साब कहाँ खो गए ?"

"मैं जरा-सी देर के लिए दारुलशफा में हो रहे उस हाहाकार में खो गया था जिसे हमारी राष्ट्रीय पार्टी के अध्यक्ष सुनने तक को तैयार नहीं।"

"राय साब, यह आप क्या कह रहे हैं ?" बलदेव चौधरी ने पार्टी-अध्यक्ष का बचाव किया।

लेकिन पार्टी-अध्यक्ष ने हाथ उठाकर उनको आगे कुछ कहने से रोक दिया और रंगीनराय से बोले, "रायसाब, आप निःसंकोच जो कुछ कहना चाहें, कह सकते हैं। मुझे तो यहाँ भेजा ही इसीलिए गया। लेकिन यहाँ आकर मुझे तो कोई हाहाकार दिखा ही नहीं।"

"हाँ, आपको दिखता भी कैसे ? आपके पर्यवेक्षकों ने रिपोर्ट दी होगी।"

"वह तो है ही और आज हवाई अड्डे से लेकर यहाँ गेस्ट-हाउस तक जितने विधायक हमसे मिले उन्होंने पार्टी-अनुशासन में पूरी निष्ठा प्रकट की। जो कुछ आज होने जा रहा है, उससे न तो कहीं अंसतोष लगा, न ही कोई हाहाकार। अब तो मुझे लगता है, यहाँ मेरे आने की आवश्यकता ही क्या थी !" पार्टी-अध्यक्ष ने क्षोभ में कहा।

यही मौका है इन्हें तोड़ने का, रंगीनराय ने सोचा। बलदेव चौधरी की ओर सहारे के लिए देखते हुए, अपनी समस्त ताकत बटोरकर उन्होंने वार किया, "कमाल है, मान्यवर ! यहाँ आग लगी है और किसी को कुछ दिखता ही नहीं। अंसतोष कहाँ है, आप पूछते हैं ? एक-एक विधायक के मन में असंतोष की जो काली छाया निराशा के बादलों की तरह छा गई, उसे अगर अभी अप्रजातांत्रिक तरीके से कुचल दिया तो किसी अन्य घातक रूप में उभरकर सामने आएगी। कोई मन में झाँककर देखे तो पता लगे। कोई बुलाकर खौफ के अँधेरों से बाहर, हमसे करीब आकर बात करे तब तो मालूम होगा।"

"कैसा खौफ ?"

"गुरुपदस्वामी का खौफ, उत्सुकदास की शैतान हरकतों का खौफ ! और अब

पार्टी-मीटिंग में हमें मुख्यमंत्री चुनना होगा आपके डर से।"

"मेरे डर से? नहीं... नहीं, आप लोगों को कम-से-कम मुझसे डरने की कोई जरूरत न होगी।"

"मान्यवर! आप मानें या न मानें, पूरे दारुलशफा में सबको मालूम है, उत्सुकदास की आपके ऊपर कितनी निष्ठा है! फिर भी जब से आप यहाँ आए, आपने भी करीब-करीब सारा समय उन्हीं के लोगों से घिरकर ही गुजारा। आप बड़े नेता हैं, फिर भी जब तक आप हमारे बीच नहीं आएँगे, आपको सही बात भला मालूम भी कैसे होगी? हमारी लड़ाई सिद्धांतों की लड़ाई है। एक तरफ धोखाधड़ी और फरेब के तीन-तिकड़म से सत्ता हथियाने की साजिश चल रही है—अब साजिश चल क्या रही, पूरी ही समझिए! इस खतरनाक खेल का अर्थ भला आज आप लोगों को कैसे समझ आएगा? उधर दूसरी तरफ, हम लोग पार्टी के समाजवाद के आदर्श के लिए, हथेली पर जान लेकर उन राक्षसी शक्तियों से भिड़ने जा रहे हैं, जिनकी निरंकुश सत्ता न सिर्फ पार्टी की जड़ें खोखली कर देगी, प्रदेश की भोली-भाली जनता को धंधेबाजों के हाथों सौंप देगी, सरेआम नोचने-खसोटने के लिए!"

"राय साब! मैं आपकी बातें समझता हूँ लेकिन मैं तो मजबूर हूँ।"

"पार्टी-अध्यक्ष मजबूर हैं! सच्चाई न देखने के लिए?"

"नहीं... नहीं, यह बात नहीं, मेरा मतलब क्या है, उत्सुकदास का नाम तो प्रधानमंत्री ने स्वीकृत कर दिया है। फिर भी पार्टी-मीटिंग तो होगी ही।" पार्टी-अध्यक्ष ने इशारा किया।

"इसे आप पार्टी-मीटिंग कहेंगे! विधायकों का गला दबाकर, उनकी आत्मा की आवाज कुचलकर जब उनके ऊपर अनुशासन की नंगी तलवार लटकी होगी, उन्हें हाईकमांड का निर्देश मानना होगा।"

"ऐसा तो नहीं कहा मैंने। पार्टी-मीटिंग का मकसद है नेता का चुनाव। लेकिन चुनाव तो तभी होगा जब एक से ज्यादा उम्मीदवार होंगे?"

"हमारा तो यही कहना है, आज नेता का चुनाव जो हाईकमांड ने किया है वह गलत है। उत्सुकदास के ऊपर भ्रष्टाचार के गंभीर आरोप हैं जिससे पूरी पार्टी में भीषण असंतोष की ज्वाला धधक रही है। आप दारुलशफा आकर देखें तभी तो मालूम होगा।"

बात लंबी होती जा रही थी और बलदेव चौधरी का धीरज छूटता जा रहा था। इधर रंगीनराय को भी अब यहाँ रुकना बेकार ही लग रहा था। तभी पार्टी-अध्यक्ष ने कहा, "आखिर आप लोग मुझसे चाहते क्या हैं?"

अब बलदेव चौधरी से रहा नहीं गया, "मैं भी यही कह रहा था, आप राय साब की

चाय-पार्टी का निमंत्रण मान ही लें। दस-पंद्रह मिनट के लिए हम लोग वहाँ हो ही लें।''

''लेकिन मुझे पार्टी-मीटिंग से पहले दिल्ली बात जो करनी है?'' पार्टी-अध्यक्ष के मुँह से इन शब्दों के निकलते ही रंगीनराय उठकर खड़े हो गए।

''तो फिर आप दिल्ली बात करें, हम चलते हैं। जब हमारी बात तक कोई सुनने को तैयार नहीं है तो फिर हम जो ठीक समझेंगे, वही करेंगे।''

रंगीनराय को उठते हुए देखकर बलदेव चौधरी भी उठ पड़े और उनके साथ पार्टी-अध्यक्ष भी। पार्टी-अध्यक्ष को उसी समय लगा, अब काफी हो गया। कुछ कहना चाहिए जिससे आगे का रास्ता खुला रहे। इधर रंगीनराय ने दोनों हाथ जोड़कर प्रणाम किया और बाहर की ओर चलने लगे। वह कमरे के बाहरी दरवाजे तक पहुँचे होंगे, उन्हें पार्टी-अध्यक्ष की आवाज सुनाई दी, ''राय साब! क्या आपको याद है, सन् '42 में हम और आप एक साथ जेल में थे?''

रंगीनराय ने आश्चर्य से वापस घूमकर पार्टी-अध्यक्ष को देखा, ''हाँ मान्यवर, खूब याद है। तब हम लोगों में समाजवाद पर गोष्ठियाँ हुआ करती थीं, और उन गोष्ठियों में आपके आदर्शवादी भाषण हुआ करते थे। जब जेल में सब लोग गहरी नींद में सोए रहते, हम लोग रात-रात-भर जागकर देश के गरीब मजदूरों-किसानों के लिए क्रांतिकारी योजनाएँ बनाया करते थे।''

''हाँ, ...हाँ, ठीक कहा आपने, हम लोगों के संबंधों की नींव कितनी पुरानी है। फिर तो अब लखनऊ आने पर क्या हम आपके यहाँ चाय भी नहीं पी सकते?'' पार्टी-अध्यक्ष ने मुसकराकर कहा।

पार्टी-अध्यक्ष के ये शब्द किसी तोप के धमाके से कम न थे। रंगीनराय तो क्षोभ-घृणा में कुछ और ही सोच रहे थे। अब एकाएक खुशी की लहर आई और दौड़कर वह उनके पास आए, अपना माथा झुकाकर दोनों हाथ जोड़कर श्रद्धापूर्वक उन्होंने पार्टी-अध्यक्ष को एक बार फिर प्रणाम किया।

''लेकिन राय साब, एक विनती है।''

'हाँ, बोलिए।''

''जब तक मैं वहाँ रहूँ, कोई ऐसी बात न हो जिससे प्रधानमंत्री के सामने मुझे शर्मिंदगी उठानी पड़े।''

''यह मेरी जिम्मेदारी होगी,'' बलदेव चौधरी ने जोश में आकर आगे बढ़ते हुए कहा। फिर राय साब से उन्होंने पूछा, ''कितनी देर में आना है?''

''सात बजे के करीब!''

गुरुपदस्वामी भी पार्टी-अध्यक्ष के साथ ही दिल्ली से आज आए थे। हवाई-अड्डे पर

जब जरूरतमंद उत्सुकदास ने हमेशा की तरह उनके पैर छुए तो उन्होंने खुद को छोड़कर पार्टी-अध्यक्ष के पीछे लग जाने का इशारा किया। वहीं से वह, अलग दूसरी मोटर में बैठकर चले आए। हमेशा सागर की तरह गुरु-गंभीर रहनेवाले गुरुपदस्वामी आज बड़े विचलित थे। दिल्ली में ताँबाकांड के तूफान ने उन्हें हिला दिया था। वैसे तो उनका पूरा जीवन अनेक प्रकार के कांडों से भरा था जिनके एक-से-एक किस्से आज वर्षों से पार्टी प्रदेश से लेकर दिल्ली तक बराबर चलते रहे। लेकिन ताँबाकांड ऐसे वक्त उठा, जब वह प्रधानमंत्री के करीब थे। कुछ ही दिन हुए उन्हें केंद्रीय सरकार का गृहमंत्री बनाया गया, पार्टी की राष्ट्रीय कार्यकारिणी का सदस्य बनाया गया। इन जिम्मेदारियों और दिल्ली के नए माहौल में अभी वह पूरी तरह घुल-मिल भी नहीं पाए थे, ताँबाकांड उठ खड़ा हुआ। ऐसा शर्मनाक मामला उनके जीवन में उठेगा, ऐसा उन्होंने कभी सोचा भी नहीं था। उनके पिछले जीवन से संबंधित जितने घपले थे, वे सब उन्होंने जान-बूझकर अपने माने-बेमाने बेटों की बीवियों के रिश्तेदारों, भाई की लड़की-लड़कों की खातिर झेले थे। उस सबकी जिम्मेदारी वह अपने ऊपर ओढ़ लिया करते। सबकुछ होते हुए इन घपलों से उनके खानदानी रिश्तेदारों, भाई-भतीजों के दोस्तों को किसी-न-किसी रूप में फायदा ही पहुँचा था। कुछ घपले उन्होंने पार्टी के लिए भी किए थे। लेकिन ससुरा ताँबाकांड भी अजीब मामला था। करोड़ों की बात, इतना हल्ला ! और उनको कुछ पता भी नहीं था।

यह उनके बड़े सुख के दिन थे। तेईस साल तक प्रदेश की राजनीति में जूझे रहने के बाद अब उनको भारत के गृहमंत्री का पद मिला था। उनकी प्रतिष्ठा, उनका सम्मान आकाश की ऊँचाइयों को छूने लगा था। इतने महत्त्वपूर्ण पद पर पहुँचने के बाद उन्होंने मन-ही-मन सौगंध उठाई, घपले न करने की। खानदानी रिश्तेदारों, नातेदारों, भाई-भतीजों के धंधेबाज़ पिछलग्गू दोस्तों को उन्होंने बड़ी सौजन्यता से काट रखा था। जिले, प्रदेश की राजनीति में घपलों की बात और थी, लेकिन यहाँ तो पूरे राष्ट्र की प्रतिष्ठा उनके साथ बँध गई। सच्चे मन से, आत्मिक निष्ठा में, पूरे अनुष्ठान सहित उन्होंने अपना यह नया जीवन शुरू किया था। नियतिचक्र निष्ठा और अनुष्ठान में कहाँ बँधता ! लोगों का कहना ठीक था, जहाँ गुरुपदस्वामी जाएँगे, उनसे दो कदम आगे घपले उनसे पहले ही पहुँचे होंगे।

आज गुरुपदस्वामी जैसे अंगारों पर लोट रहे थे। उनके जीवन में ऐसा धर्म-संकट कभी नहीं आया। आज पैंसठ वर्ष की अपनी उम्र में उनका अपने ऊपर से विश्वास उठने लगा। ताँबाकांड एक घपला था जो अभी सामने आया। ऐसे न जाने कितने घपले और होंगे जो अनजाने में उनसे करवाए गए होंगे ! जब इसी तरह सब चलना है तो कभी भी कुछ भी हो जाएगा। कौन जाने कब कौन-सा संकट कालदूत की तरह उठ खड़ा हो !

इसी डर की वजह से पिछले कुछ दिनों में उत्सुकदास को मुख्यमंत्री बनाने के लिए उन्होंने पूरा जोर लगा दिया। हालाँकि इधर कुछ समय से खानदानी रिश्तेदार, पुराने श्रद्धालु लगातार उनको उत्सुकदास के खिलाफ भड़काते, तरह-तरह की बातें कहते, चुगली करते, पर चिकने घड़े की तरह वह जानकर भी अनजान बने रहे। सच बात तो थी, उत्सुकदास जैसा और उनके पास कोई था भी नहीं। ताँबाकांड ने उनकी आँखें खोल दीं। ऐसे न जाने और कितने मामले निकलेंगे, अगर उनका कोई कट्टर विरोधी मुख्यमंत्री बन गया। डर, शंका के अँधेरे में उनको सिर्फ उत्सुकदास का ही सहारा दिखा। उत्सुकदास का मुख्यमंत्री बनना उनके जीवन और मरण का प्रश्न था। शाम का वक्त था। राजभवन में गुरुपदस्वामी प्रदेश के आला दर्जे के अफसरों के बीच बैठे थे। मुख्य सचिव, गृह सचिव, बड़े पुलिस-अधिकारी अलग-अलग अंदाज में अपनी-अपनी बात करते। यह लोग क्या कह रहे थे, उन्हें कुछ समझ नहीं आ रहा था। इस समय उनका मन बड़ा विचलित था। कुछ ही देर पहले उनकी मुलाकात राज्यपाल से हुई थी। राज्यपाल को आज राष्ट्रपति-शासन समाप्त करने के लिए एक बयान जारी करना था। इस बयान के साथ ही पार्टी-मीटिंग के बाद, उत्सुकदास को सरकार बनाने के लिए आमंत्रित करना था।

राज्यपाल बड़े गुरुघंटाल थे, यह तो गुरुपदस्वामी को पता था। आज तो कमाल कर दिया। कहने लगे, "वैसे तो सबकुछ ठीक था, लेकिन राष्ट्रपति-शासन समाप्त करने का आज्ञापत्र जारी करना या नहीं, इस विषय में दिल्ली से टेलीफोन आनेवाला था। यही थी वह बात जिसने गुरुपदस्वामी को विचलित कर दिया। जाहिर था, ताँबाकांड से संबंधित हल्ले की वजह से ऐसा निर्देश प्रधानमंत्री के यहाँ से आया होगा। गुरुपदस्वामी को बड़ी खीझ आ रही थी। जब वह खुद मुख्यमंत्री बने थे, ऐसा तो कुछ नहीं था। शांति से सम्मानपूर्वक डंके की चोट पर स्वाभाविक रूप से उन्हें मुख्यमंत्री नियुक्त किया गया। कहीं न तो कोई विद्रोह, न ही कोई कांड. सबकुछ नियति की बँधी धारा में बिना किसी अड़चन में हुआ था। पर उत्सुकदास को मुख्यमंत्री बनवाने में उनको लोहे के चने चबाने पड़ रहे थे। गुरुपदस्वामी को राज्यपाल की बातों पर विश्वास नहीं हुआ। वह खुद प्रधानमंत्री से मिलकर आए थे। इतने दिनों की उठा-पटक के बाद उत्सुकदास को ही मुख्यमंत्री बनाने के निश्चित निर्देश जारी कर दिए गए। लेकिन अब राज्यपाल की बातों से पता लगा, मामला सौ फीसदी तय नहीं था। इसमें टाल-मटोल करने से उनकी प्रतिष्ठा तो गिरनी थी; आगे क्या होगा, किसे पता ? इसी राज्यपाल ने उनके जमाने में अपने पद का सम्मान छोड़कर खुलेआम अफसरों, नेताओं से साँठ-गाँठ करके उनको गिराने में कोई कसर नहीं छोड़ी। राज्यपाल होकर अफसरों को बुलाकर प्रशासनिक मामलों में हस्तक्षेप किया करते। उन दिनों राजभवन उनके विरोधी गुट का मुख्य अड्डा

था, जहाँ उखाड़-पछाड़ की योजनाएँ बना करतीं। आज वही राज्यपाल एक बार फिर उनके उत्सुकदास के मुख्यमंत्री बनने में शायद अड़चनें डालने की कोशिश कर रहे थे। वह केंद्र सरकार के गृहमंत्री थे। स्वयं उनकी उपस्थिति में केंद्रीय मंत्रिमंडल ने इन्हीं की सिफारिश पर राष्ट्रपति-शासन समाप्त करने का फैसला लिया था। दिल्ली से चलने के पहले केंद्रीय मंत्रिमंडल की सिफारिश राष्ट्रपति को आज सबेरे ही भेज दी गई थी। यद्यपि राष्ट्रपति-शासन समाप्त होने की अधिकृत घोषणा अभी नहीं हुई थी, अखबार के जरिए, दारुलशफा से गली-कूचों तक सबको प्रजातांत्रिक सरकार के गठन के बारे में पता था। पार्टी-अध्यक्ष, केंद्रीय पर्यवेक्षक और वह खुद भी दिल्ली से उत्सुकदास को नेता बनवाने के बाद मंत्रिमंडल के शपथ-समारोह में शामिल होने के लिए ही आए हुए थे। लेकिन राज्यपाल महोदय के अनुसार अभी तक राष्ट्रपति-शासन समाप्त होने के घोषणा-पत्र पर राष्ट्रपति ने दस्तखत भी नहीं किए। राज्यपाल ने ऐसा क्यों कहा? इसी के संदर्भ में उन्हें पार्टी-अध्यक्ष के साथ हवाईजहाज में आते समय की बातचीत याद आई। लखनऊ में उनके कार्यक्रम को जानते समय पार्टी-अध्यक्ष ने इशारे से कहा था, 'पार्टी-मीटिंग से पहले उनको दिल्ली बात करनी होगी।' उस समय तो गुरुपदस्वामी ने कोई महत्व नहीं दिया, लेकिन राज्यपाल से मिलने के बाद, हवाई यात्रा के दौरान पार्टी-अध्यक्ष की कही हुई छोटी-सी बात राज्यपाल की कही कुछ वैसी ही बात से मिलकर उनके मन में खुजली मचाने लगी। उनको लगा, उनसे कुछ छुपाया गया था। उनकी पीठ के पीछे कोई और खेल खेला जा रहा था। इस अनुभूति से, जहाँ एक तरफ उनके अंदर क्रोध की तीव्र लहर उठी, दूसरी तरफ वही लहर पेट में जाकर ठंडी मरोड़-सी बन गई। एक क्षण को लगा, उन्हें धोखा दिया जा रहा था। गुरुपदस्वामी परेशानी की हालत में, तथ्यों को तरतीबवार सजाकर उस गुप्त खेल को पकड़ने की कोशिश में लगे, जो उनकी पीठ के पीछे खेला जा रहा था।

राजभवन में होनेवाले शपथ-समारोह के लिए अभी भी दोनों प्रक्रियाएँ बाकी थीं। पहली प्रक्रिया राष्ट्रपति-शासन के समाप्त होने की घोषणा, दूसरी उत्सुकदास को सरकार बनाने का निमंत्रण था। उत्सुकदास को सरकार बनाने का निमंत्रण राज्यपाल तभी देंगे, जब पार्टी-मीटिंग में नेता का चुनाव हो जाएगा। नेता का चुनाव करवाने के लिए पहले तो गुरुपदस्वामी को अकेले ही आना था, लेकिन अब पार्टी-अध्यक्ष भी भेजे गए। ⋯पार्टी-अध्यक्ष ने क्या कहा⋯ पार्टी-मीटिंग से पहले दिल्ली बात करनी⋯ दिल्ली बात करने का अर्थ, प्रधानमंत्री या पी. एम. हाउस से बात करनी⋯ उधर राज्यपाल ने क्या कहा, राष्ट्रपति-शासन समाप्त करने की घोषणा अभी तक अधिकृत रूप से नहीं हुई। लेकिन घोषणा का प्रारूप तो सबेरे ही उनके यहाँ आने से पहले ही चला गया⋯ तो अब क्या⋯ घोषणा राष्ट्रपति की मेज पर रखी होगी⋯ इधर राज्यपाल की अधिकृत

घोषणा के बाद प्रजातांत्रिक सरकार बनने का बयान...उत्सुकदास के नाम सरकार बनाने का आमंत्रण...शपथ-समारोह की कार्यकारी सूचियाँ वगैरह सब टाइप होकर राज्यपाल की टेबल पर दस्तखत होने के लिए रखी थीं। उन्होंने देखा था, राजभवन के घुसने के दरवाजे से शपथ-समारोह के लिए सजाए गए दरबार-हॉल तक चारों तरफ एक बड़े समारोह-जैसा होनेवाला सारा इंतजाम पक्की तरह पूरा हो चुका था तो अब यह ...यों...क्यों...भला क्यों?

गुरुपदस्वामी के चाँद की तरह जगमगाते चेहरे पर तो कोई शिकन नहीं आई। हाँ, पूजा के तिलक से शोभित सफेद बालों के नीचे उनके विशाल माथे पर चिंता की रेखाएँ उभर आईं। वह सोच रहे थे, इंतजाम तो पूरा था। अपने तजुर्बे से उन्होंने अंदाज लगाया, दिल्ली के राष्ट्रपति-भवन से लेकर लखनऊ के राजभवन तक की सारी प्रक्रियाओं में सिर्फ दस मिनट लगने थे। पी. एम. हाउस से एक टेलीफोन राष्ट्रपति-भवन : दो मिनट; राष्ट्रपति भवन से राजभवन तक एक लाइटनिंग काल : तीन मिनट; राजभवन से कागजों पर राज्यपाल के दस्तखत, फिर पत्रकारों को बयान, अधिकृत घोषणा बताने में : पाँच मिनट! उनको अहसास था, उधर राष्ट्रपति-भवन में, इधर राजभवन में सबकुछ बना-जमा पड़ा था। लेकिन, आखिर यह समय कहाँ आकर रुक गया? तभी गुरुपदस्वामी ने अपनी जाँघ पर मुक्का मारा और उनको वह बिंदुकोण मिल गया। वह बिंदुकोण था पी. एम. हाउस! जैसे इन तमाम गतिविधियों में लगे-जुटे हजारों लोगों की तमाम तैयारियों का नियंत्रण सिर्फ एक जगह केंद्रित था। पी. एम. हाउस में प्रधानमंत्री के कमरे में इंटरकॉम का एक बटन दबेगा, जिसके साथ एक या दो शब्द निकलेंगे। बस फिर सैकड़ों रुके हुए हाथ, हजारों रुके हुए पाँव चलने-दौड़ने लगेंगे, भारत के सबसे विशाल प्रदेश की सबसे ऊँची सत्ता बनाने का काम करने के लिए।

उसी समय गुरुपदस्वामी को कुछ फुसफुसाहट, कुछ सुरसुराहट की आवाजें आईं। राजभवन के विशाल कमरे में उन्होंने देखा, अधिकारियों का समूह उनकी विचारमग्न मुद्रा देखकर उनके सामने से हटकर दरवाजे के पास खड़ा था। वहीं बाहर से मुलाकाती उचक-उचककर अंदर की ओर झाँकने की कोशिश कर रहे थे। बड़े स्वाभाविक रूप से उन्होंने सोफे के बगल की छोटी मेज पर रखा हुआ पान का डिब्बा उठाया। उसे खोलकर चार पान मुँह में ठूँस लिए। फिर हल्की-सी तंबाकू चुटकी में लेकर मुँह में डाली और सींक से थोड़ा किमाम चाट लिया। तब मुख्य सचिव को अपने पास बुलाकर कहा—

"आपने ताँबाकांड पर रिपोर्ट भेज दी?"

"ताँबाकांड की रिपोर्ट तो पी. एम. हाउस तीन बजे तक पहुँच गई होगी।"

"क्या मैं उसे देख सकता हूँ?"

"हाँ ! हाँ ! हम उसकी कापी मँगवा लें ।"

"तो फिर ऐसा करिए, उसे लेकर आप करीब बीस मिनट के बाद आइए । तब तक जरा मुलाकात कर लें ।"

"हाँ सर ! बाहर लोगों का हल्ला मचा है ।"

उनको प्रणाम करके मुख्य सचिव बाहर की ओर जाने लगे तो गुरुपदस्वामी ने उनको रोककर कहा, "देखिए ! बाहर मेरा पी. ए. होगा तो उससे कह दीजिएगा पी. एम. हाउस लगाकर टेलीफोन यहाँ ले आए ।"

"अच्छा, सर ! "

मुख्य सचिव के बाहर जाते ही मुलाकातियों का सिलसिला शुरू हो गया। गुरुपदस्वामी अपने मधुर स्वभाव के लिए मशहूर थे । उनके यहाँ भले ही मुलाकातियों को इंतजार करना पड़ता, लेकिन देर-सबेर वह सबसे मिल लिया करते । इसीलिए हमेशा की तरह मुलाकातियों की भीड़ धक्कामुक्की कर रही थी । हर आदमी पहले जाना चाहता था । जिन लोगों ने अपना-अपना सूत्र बनाकर चपरासियों और व्यक्तिगत स्टाफ की मुट्ठियाँ गर्म कर रखी थीं उनको तो मौका मिल गया । इसी तरह के चार मुलाकातियों की नौकरी, कोटा, परमिट, नहर का पानी, बिजली से लेकर बीवी भाग जाने तक की समस्याओं को उन्होंने एक-एक करके सुना तो जरूर, लेकिन मन उनका कहीं और था जिसकी वजह से आदतन ऐसे लोगों से हँसी-मजाक करने की अपनी पुरानी प्रथा वह निभा न सके । चौथे मुलाकाती के आने तक उनका धीरज टूटने लगा । "परसों रात मेरी बीवी को एक गुंडा भगा…," चौथा मुलाकाती कह ही रहा था कि गुरुपदस्वामी ने चिल्लाकर कहा, "कोई है ?" फौरन दरवाजे के पास, बाहर खड़ा हुआ चपरासी हाजिर हो गया । गुरुपदस्वामी ने उससे अपने पी. ए. को बुलाने के लिए कहा । लेकिन पी. ए. को बुलाने की जरूरत नहीं पड़ी, वह खुद ही टेलीफोन का लंबा तार उनकी ओर बटोरते हुए बढ़ रहा था । पी. ए. के हाथ से गुरुपदस्वामी ने टेलीफोन का रिसीवर अपने कान में लगाया ही था, उनकी निगाह चौथे मुलाकाती पर पड़ी जो बीवी के भाग जाने के गम में, फटी-फटी आँखों से उनको देख रहा था। उन्होंने माउथपीस को हथेली से ढककर पी. ए. से कहा, "देखो, इनको ले जाओ ! इनकी बात अच्छी तरह समझकर उचित कार्यवाही कर देना ।"

यह सुनते ही चौथा मुलाकाती उनके पैरों पर गिरकर रोने लगा । और कोई वक्त होता तो वह टेलीफोन को तो अलग रख देते और उस मुलाकाती को गले लगाकर पूरा किस्सा ध्यान से सुनते । एक तो भाग जानेवाली बीवी का किस्सा, ऊपर से पैरों पर पड़ा हुआ मुलाकाती, यह सब उनको हिला देने के लिए काफी था । लेकिन इस समय उनके ऊपर राजनीति की नंगी तलवार लटक रही थी, उनके पास टेलीफोन रखा था जिसका

रिसीवर उनके एक हाथ में और दूसरे हाथ से वह माउथपीस को ढके हुए थे। फिर टेलीफोन का संबंध पी. एम. हाउस से लगा हुआ था। उन्होंने माउथपीस को ढकनेवाला हाथ उठाकर उस मुलाकाती के कंधों पर फेरा और उसे पी. ए. के साथ चले जाने के लिए इशारा किया। फिर उन्होंने पी. ए. को रोककर मुलाकात के लिए आए हुए विधायकों को अंदर भेज देने को कहा।

चौथा मुलाकाती जैसे ही उनके पी. ए. के साथ बाहरी दरवाजे पर पहुँचा गुरुपदस्वामी ने टेलीफोन पर बात करना शुरू कर दिया।

''हलो, मैं गृहमंत्री बोल रहा हूँ।''

''हाँ जी!'' पी. एम. हाउस की तरफ से कहा गया।

''क्या प्रधानमंत्री जी हैं?''

''हैं तो, लेकिन अभी मीटिंग में हैं।''

''लेकिन मेरी बात जरूरी है।''

''तो आप बात बता दें, हम उनसे पूछकर आपको फोन करेंगे।''

''हूँ...!'' गुरुपदस्वामी ने सोचा, शुरुआत तो गलत है, फिर भी अब कहना ही होगा।

''यहाँ, अभी कुछ देर पहले, राज्यपाल कह रहे थे, राष्ट्रपति-शासन समाप्त होने के घोषणा-पत्र पर राष्ट्रपति के अभी तक दस्तखत नहीं हो पाए।''

''जी हाँ।''

''जब तक घोषणा-पत्र की सूचना राज्यपाल को नहीं मिलेगी, आगे का काम कैसे होगा?''

''जी हाँ।''

गुरुपदस्वामी ने समझ लिया, बिना प्रधानमंत्री से पूछे यह लोग कुछ कहेंगे नहीं। फिर भी प्रधानमंत्री तक अपनी बात तो पहुँचानी ही थी।

''मेरा कहने का मतलब था, इस मामले में प्रधानमंत्री को तुरंत निर्देश जारी करना चाहिए, क्योंकि पार्टी-मीटिंग भी तो होनी है।''

''जी हाँ!''

''वैसे आपने, इस विषय में कुछ सुना तो होगा!''

''जी नहीं।''

रूखी ही थी पी. एम. हाउस की बात। गुरुपदस्वामी ने पूछा, ''मंत्रिमंडल की सूची में कुछ उलट-फेर तो नहीं होगा?''

''क्या पता! ऐसा करते हैं, हम प्रधानमंत्री से बात करके आपको अभी हाल फोन करेंगे।''

''ठीक है,'' कहकर उन्होंने फोन काट दिया। फिर टेलीफोन-रिसीवर पर झुका हुआ चेहरा जो उन्होंने ऊपर उठाया तो तीन लोग दाहिनी तरफ बैठे थे। उनका ध्यान अपनी ओर पाकर वह लोग उठ खड़े हुए, प्रणाम करने के लिए।

''बैठिए···बैठिए!'' कहते ही उनके बाईं तरफ से आवाज आई।

''हम भी हैं, गुरु जी,'' कहते हुए बलराम शास्त्री ने आगे बढ़कर उनका चरणस्पर्श किया।

दाहिनी तरफ बैठे हुए तीनों लोग गुरुपदस्वामी गुट के खास विधायकों में थे। बाईं ओर बलराम शास्त्री भी विधायक थे, पर साथ में उन दिनों उन्हें गुरुपदस्वामी की अंतरदृष्टि कहा जाता था। गुरुपदस्वामी को उनके ऊपर बड़ा भरोसा था। यहाँ तक कि उनकी प्रदेश की राजनीति से लेकर ज़मीन, जायदाद, घरेलू मामलों तक का इंतजाम एक तरह से बलराम शास्त्री ही देखते। दाहिनी ओर बैठे बाकी तीनों विधायक बलराम शास्त्री को मंत्रिमंडल में ले लिए जाने पर उनको बधाई देने के बहाने चले आए। बलराम शास्त्री पैर छूकर पास ही सोफे पर बैठ गए।

''अरे बलराम, तोहार नाम तो है ही!'' गुरुपदस्वामी ने कहा।

''हाँ गुरु जी···!''

तभी तीनों विधायक एक साथ चिल्लाने लगे, ''बधाई हो! बधाई हो!!''

''सो तो ठीक है···लेकिन तुम लोग जरा चुप बैठो!'' बलराम शास्त्री ने डाँटा।

''वाह बलराम, इन लोगों को बधाई भी न देने दोगे!'' गुरुपदस्वामी ने धिक्कारा।

''विभाग बड़ा अधकचरा मिलि रहा है, तौने खातिर ई गुस्साए हैं।'' एक विधायक बोला।

''विभागों का अभी बँटवारा कहाँ हुआ?''

''उत्सुंकदास ने तो लिस्ट बना ली!'' दूसरे ने कहा।

''अरे ऊ ससुरा बदमाश है!''

''हमरे बलराम, कौनो माने मा कृष्णबल्लभ से कम नहीं। फिर भी सुना है उनको सिंचाई विभाग मिलेगा और बलराम भय्या को लघु सिंचाई!'' तीसरे विधायक ने दाँव फेंका।

''तुम साले, बकवास बंद करो, मुझे गुरु जी से जरूरी बात करनी है,'' बलराम गुर्राया।

''देखो···अब इनका देखो, जिनके लिए जान दे दें, वही गरियावत है।'' विधायक बड़े दुख से बोला।

''बड़े आए हैं जान देनेवाले, तनिक देर चुपाय जाओ न!''

''अरे बलराम, का बात है, काहे रिसआत हौ?'' गुरुपदस्वामी ने बलराम से पूछा।

''गुरु जी ! क्या नाम, आपका पता है, लोबीराम टूट गया ?''

''क्या कहा ! लोबीराम टूट गवा ?''

''सबेरे तक तो सब ठीक रहा। ओई जो गंडधारी रंगीनराय है ना, वही संझा का कौनो पट्टी पढ़ाइन हैं।''

''रंगीनराय ?'' गुरुपदस्वामी को आश्चर्य हुआ, ''लेकिन उनका नाम तो बलदेव चौधरी की जगह पार्टी-अध्यक्ष के लिए चला था।''

''अरे गुरु जी, बलदेव चौधरी कम हरामी है। वही तो भुकुरे बैठे हैं।''

''काहे रे, चौधरी तो मंत्रिमंडल में नंबर दो पर होंगे। गृहमंत्रालय या वित्त-विभाग मिलेगा उनका।''

''इस पर भी उनकी छाती ठंडी न होगी। वह तो मुख्यमंत्री बनने के चक्कर में हैं।''

''बलदेव चौधरी और मुख्यमंत्री ? पगलाय गएव हौ का, बलराम ?''

''पगलाय हम नहीं, उइ गए हैं।''

''ई कैसी बात ?'' उन दिनों वह दिल्ली कई बार आए थे। हमसे भी मिले, लेकिन यह बात तो उसने कही नहीं।''

''कहिते कैसे ? शर्मात हैं ना !''

''चौधरी का छोड़ौ, मति मारी गई जो कुछ करेंगे मंत्रिमंडल में मिली जगह भी छिनेगी।''

''उसका लिए वे तैयार हैं।''

''क्या मतलब ?''

''मतलब साफ है गुरु जी, चौधरी विद्रोह पर उतारू हैं। मनोहरलाल और मूलचंद कहि रहे थे, वह उत्सुकदास के नीचे काम न करेंगे।''

''अच्छा।''

''हाँ गुरु जी, खुद तो पार्टी-अध्यक्ष के पीछे लगे हैं और मनोहरलाल, मूलचंद पूरे दारुलशफा में घूम-घूमकर 'बलदेव चौधरी जिंदाबाद' के नारे लगा रहे हैं। ताजा खबर है, चौधरी के लोग रंगीनराय से मिल गए। उधर लोबीराम का पहिले ही राय फुसलाइन है।''

''तो यह लोग अब आखिर करेंगे क्या ?''

''बवेला गुरु जी ! पक्का बवेला ! ! सात बजे के बाद, पार्टी-मीटिंग से पहले, राय की बैठक मा इन लोगों की गुटबंदी हुएगी।''

एक क्षण परिस्थितियों को तौलने के बाद गुरुपदस्वामी बोले, ''का है बलराम, चौधरी और राय तो गुड़गोबर हैं। इनके बस का तो कुछ है नहीं। लेकिन ऊ ससुरा लोबीराम जो इनके साथ मिलि गया तब बंटाधार समझो।''

"हाँ गुरु जी, तब ही हम भागकर यहाँ आए।"

"काहे, उत्सुकदास को नहीं बताया?"

"उनको पहले बताया तो उलटा हम्हें धमकाने लगे। फिर आज उनका फुरसत नहीं हैगी।"

"हम तो उनका दिल्ली में कहा थां, लोबीराम से जरूर मिलि लेना।"

"मिले होते तो यह नौबत आती?"

"वाह खूब! ऐसा ही मुख्यमंत्री बने?"

"और का! जब से आए हैं बस घिरे बैठे हैं, उनका न जाने काहे इत्ता इतमीनान है।"

"इतमीनान सब घुस जाएगा। उसका बुलाव यहाँ। लोबीराम के काटे का कौनो मंतर नहीं है, बलराम!" अपना मुँह घुमाते हुए गुरुपदस्वामी ने कहा, "फिर टेलीफोन लगाओ।"

बलराम शास्त्री ने टेलीफोन उठाने के लिए हाथ बढ़ाया, तभी फोन की घंटी बजने लगी।

"हलो! किससे बात करनी है?"

"गृहमंत्री।" उधर से कोई बोला।

"आप कहाँ से?"

"पी. एम. हाउस।"

"बाप रे बाप! गुरुजी, पी. एम. हाउस!"

गुरुपदस्वामी ने झपटकर रिसीवर ले लिया, "मैं गृहमंत्री बोल रहा हूँ।"

"हाँ गृहमंत्री जी, पी. एम. से बात हो गई।"

"क्या कहा उन्होंने?"

"उन्होंने कहा है पार्टी-अध्यक्ष और आप एक बार स्थिति का जायजा लेने के बाद फोन करें।

"अभी स्थिति का जायजा लेना होगा?" गुरुपदस्वामी को जैसे साँप सूँघ गया हो, बड़ी मुश्किल से आवाज निकली।

"उनका कहना है, कार्यक्रम में तो कोई परिवर्तन नहीं है। फिर भी दिल्ली से चलते समय पार्टी-अध्यक्ष से पार्टी-मीटिंग से पहले बात कर लेने को कहा गया था। यहाँ हम लोग उन्हीं के फोन का इंतजार कर रहे थे। उनका जैसे ही फोन आएगा, घोषणापत्र पर राष्ट्रपति के दस्तखत हो जाएँगे।"

गुरुपदस्वामी को कुछ भी समझ नहीं आ रहा था। विचारतंद्रा उलझकर कहीं फँस गई थी। इधर बलराम शास्त्री सहित तीनों विधायक फटी-फटी निगाहों से टेलीफोन को

घूर रहे थे, जैसे वहाँ से कोई बहुत खतरनाक किस्म की गैस निकल रही हो।

"तो आप, गृहमंत्री जी, पार्टी-अध्यक्ष से यहाँ फोन करवा दें, पी. एम. ने कहा है।"

"ठीक है।" कहकर गुरुपदस्वामी ने रिसीवर पटक दिया। फिर उनके कहने से बलराम शास्त्री ने पार्टी-अध्यक्ष से बात करने के लिए स्टेट-गेस्ट-हाउस मिलाया तो पता लगा, पार्टी-अध्यक्ष बलदेव चौधरी के साथ अभी-अभी कहीं चले गए। इसके बाद गुरुपदस्वामी का चेहरा देखने लायक था। हजार-हजार गर्द-गुबार उनके चेहरे पर पहुँचने लगे। होंठ सूख गए, उनके रुँधे हुए गले से आवाज ही नहीं निकल रही थी। वह बार-बार हाथ की हथेलियों को जान लाने के लिए रगड़ते।

गुरुपदस्वामी को उस समय अपने हाथों से प्रदेश की राजनीति के साथ ही अपनी सत्ता निकलती हुई दीख रही थी। उनको मालूम था, अगर किसी वजह से आज मंत्रिमंडल न बन सका तो आगे क्या होगा, नहीं कहा जा सकता। फिर कम-से-कम उत्सुकदास का मुख्यमंत्री बनना नामुमकिन हो जाएगा। उसके बाद कब सरकार बनेगी, कौन मुख्यमंत्री होगा? अगर उत्सुकदास के अतिरिक्त कोई और मुख्यमंत्री होगा तो वह खुद दिल्ली में और कितने दिन रह सकेंगे? उनके-जैसे इतने बड़े नेता के लिए, जो केंद्र का गृहमंत्री था, जो कुछ भी आज हो रहा था, कितना शर्मनाक था! सरासर बेइज्जत करके, पीठ-पीछे जो खेल आज खेला जा रहा था, उससे उनकी प्रतिष्ठा को कितना धक्का लगा होगा! उन्हें मालूम था यह सब ताँबाकांड की वजह से ही हो रहा था।

हमेशा की तरह आज एक बार फिर ताँबाकांड ने उनकी जड़ें हिला दी थीं। उनके जीवन में इस तरह के कांडों ने हमेशा ही उनको जलील किया था। वक्त कितना भी बदल गया, वह कितने बड़े नेता हो गए, इतने ऊँचे पद पर थे, फिर भी उनके जीवन का रवैया वैसा ही था। इन घपलों ने उनका पीछा कभी नहीं छोड़ा। हर बार उनको दूसरों की गलतियों के लिए शहीद होना पड़ता। कभी-कभी तो उनको लगता, यह अनगिनत घपले, जो लोग-बाग उनकी सिधाई और शराफत का फायदा उठाकर उनके पीठ-पीछे उन्हीं की छत्रछाया में उनका आशीर्वाद लेकर किया करते, एक बार उनकी जान लेकर ही छोड़ेंगे। इन घपलों ने उनका जीना दूभर कर दिया था। अब तो बड़ी ऊब लगने लगती। घपले करनेवाले चाहे उनके अपने घर के भाई-भतीजे हों या राजनैतिक जीवन के उनके सहयोगी, मंत्रिमंडल, पार्टी-कार्यकारिणी के सदस्य, वे अंत में उनके ऊपर ही लाद दिए जाते। जैसे पूरे मुल्क में साजिश चल रही थी, हर घपले से गुरुपदस्वामी का संबंध जरूर होता। घपले और कांड एक प्रकार से उनके जीवन का अंग बन चुके थे। मजे की बात थी, इन घपलों से कभी भी, कसम खाने को भी जो एक पैसे का फायदा हुआ। चोकरकांड, धनियाकांड, पट्टीकांड, चनाकांड, सड़क, पुल और बाँध के घपले,

फर्जी परमिट, लोहा, सीमेंट, स्कूल और कॉलेज के घपले, अफसरों, ठेकेदारों, विधायकों, धंधेबाजों के तमाम घपले बस घुमा-फिराकर उनके सिर मढ़ दिए जाते। अपने विशाल जीवन में उनको दूर-दूर तक कभी खत्म न होनेवाले घपलों के पहाड़ दिखाई देते।

इतना सब होने पर भी वह बचे हुए थे। इसका मुख्य कारण आजादी की लड़ाई मे उनके त्याग और बलिदान की कहानियाँ थीं। और आजादी के बाद अपनी शराफत की सीधी-सीधी राजनीति से, आदमियत के उसूलों की स्वाभाविक व्यवहार-कुशलता के जरिए, वह बराबर पद और प्रतिष्ठा में ऊपर ही बढ़ते रहे। ऐसा नहीं था, उन्होंने कभी खुद घपले नहीं किए। लेकिन जो घपले वह खुद करते वह बड़े स्वाभाविक, सादगीपूर्ण और निश्छल होते, जिनसे किसी का नुकसान न होता। उनके ऐसे घपले आज तक कभी खुले नहीं, जिसकी वजह से न हल्ला हुआ, न कांड।

आज एक बार फिर एक नया घपला ताँबाकांड की शक्ल में उनके ऊपर थोपा जा रहा था। ताँबाकांड के बारे में उनको कुछ भी नहीं पता था। इससे उनको एक पैसे का भी फायदा नहीं हुआ। इस बार न ही उनके किसी भाई-भतीजे को ही कुछ मिला। हमेशा की तरह उनको तो इस बात की भी जानकारी नहीं थी, आखिर किन परिस्थितियों में ताँबाकांड का जन्म हुआ! क्या तीन-तिकड़म किए गए! इतना बड़ा मामला उनकी आँख के नीचे से निकल गया, लेकिन तब उनको कुछ भी नजर नहीं आया। ताँबाकांड ने एक बार फिर उनको ऐसे मोड़ पर लाकर खड़ा कर दिया, जहाँ उनकी शराफत या कुछ हद तक राजनैतिक जीवन का लुच्चापन उनके ऊपर कोड़े बरसा रहा था। लोग पत्थर फेंक रहे थे, कीचड़ उछाल रहे थे। उनकी सादगी, उनके भोलेपन ने एक बार फिर तिकड़मबाजों के सामने उनको जलील करके खड़ा कर दिया।

पी. एम. हाउस से गुरुपदस्वामी की बात सुनकर, बलराम शास्त्री सहित तीनों विधायक सन्नाए बैठे थे। किसी को कुछ कहने की हिम्मत नहीं थी। उधर गुरुपदस्वामी हथेलियाँ रगड़ते हुए ब्रह्मांड की नश्वरता के विषय में सोच रहे थे। तभी बलराम शास्त्री ने हिम्मत करके पूछा, "तो गुरु जी, उत्सुकदास को लगाएँ?"

फटी-फटी निगाहों से गुरुपदस्वामी ने कुछ देर देखने के बाद धीरे-से कहा, "अब देर न करें बलराम!"

बलराम ने झपटकर फोन उठाया ही था, गुरुपदस्वामी का पी. ए. करीब-करीब दौड़ता हुआ अंदर आया। दरवाजे के बाहर भी हड़बड़ी में 'हटो... हटो... रास्ता दो...' की चिल्लाने की आवाजें आ रही थीं। पी. ए. ने आश्चर्यमिश्रित उल्लास में कहा, "बाई जी आई हैं।"

गुरुपदस्वामी ने अपने पी. ए. को देखा, जैसे उसने अनायास ही कोई बड़ी मूर्खतापूर्ण बात कह दी हो।

"क्या?"

"हाँ सर! बाई जी आई हैं!"

"इस समय यहाँ ...।"

तभी गुरुपदस्वामी ने देखा, सामने के दरवाजे से हरे किनारे की सफेद धोती में, धवल, स्नेहयुक्त आभा बिखेरती हुई, सम्मान, सौंदर्य की संगमरमर की तराशी हुई प्रतिमा-जैसी वह स्त्री चली आ रही थी। जिसके साथ उनका संबंध बड़ा गहरा, बहुत पुराना था।

बाई जी और कोई नहीं, गुरुपदस्वामी के छोटे भाई की दूसरी पत्नी थी। आज बिना किसी पूर्वसूचना के अनायास उनके यहाँ आ जाने से गुरुपदस्वामी जहाँ एक तरफ आश्चर्यचकित थे, दूसरी तरफ उनके अंदर की प्रतिक्रियाएँ उल्लासमय मनःस्थितियों में उलझी हुई थीं। पी. एम. हाउस से बात करने के बाद पार्टी-अध्यक्ष के बलदेव चौधरी के साथ कहीं चले जाने की खबर सुनकर क्षोभ पीड़ा का जो झटका उन्हें लगा था, वह बाई जी के आने से हर्ष-उन्माद की अनुभूतियों के गर्त में खो गया।

गुरुपदस्वामी पिछले सोलह वर्षों से विधुर थे। उनकी धर्मपत्नी तो कब से उन्हें अकेला छोड़कर चली गईं। जब तक वह जिंदा रहीं, गुरुपदस्वामी आजादी की लड़ाई में जूझते रहे। जेल की दीवारों के अंदर, उनकी जवानी के गुबार राष्ट्रसेवा के धरातल पर टूटते और बाहर आकर जुलूस, मीटिंग, धरना शुरू हो जाता। घर का सुख, पत्नी का सुख उनके लिए अनजाना ही था। पत्नी से उनका रिश्ता बस उन चंद रातों का ही था जो जुलूस, मीटिंग, धरना के बाद कभी-कभी उनको बच रहता। इस भाग-दौड़ के तूफान में चंद रातों के यह संबंध सिर्फ बच्चा पैदा करने-भर को ही हो पाए। जितने दिन वह जेल में रहते, उनकी धर्मपत्नी अंदर जाने से पहले दिए गए बच्चे को जन्म देने में लगा देतीं। बाहर आने पर फिर वही सिलसिला बन जाता। अंदर-बाहर के इस दौरान गुरुपदस्वामी की धर्मपत्नी ने आठ बच्चों को जन्म दिया। आठवाँ बच्चा होते ही वह चल बसीं और गुरुपदस्वामी हमेशा-हमेशा के लिए अकेले हो गए। अब तो न जुलूस थे, न धरना, न ही सख्त जेल की दीवारें, जिनमें मन मसोसकर वह लंबी सर्द रातें गुजार लिया करते।

इसी बीच गुरुपदस्वामी के छोटे भाई ने दूसरी शादी कर ली। उनका छोटा भाई उम्र में उनसे काफी छोटा था। असल में छोटे भाई की दूसरी शादी करवाने में गुरुपदस्वामी ने काफी दिलचस्पी ली। तब तक गुरुपदस्वामी खुद भी विधुर हो चुके थे। घर में और कोई औरत थी नहीं इसलिए काफी जोर-जबरदस्ती करके उन्होंने अपने छोटे भाई का रिश्ता बाई जी से करवा दिया। उसके बाद उनके यहाँ मौत की आँधी आई। दो बरस में पहले एक-एक करके उनके अपने चार बच्चे मर गए और फिर बिना बताए एक दिन अचानक

उनका छोटा भाई भी ईश्वर को प्यारा हो गया।

ये दिन गुरुपदस्वामी के लिए बड़े संकट के दिन थे। मरघट में चिता जलाने से तेरहीं तक के चार बच्चों के संस्कार में, बावन दिन तो ऐसे ही गुजर गए। छोटे भाई की मौत के संस्कार तो उसके लड़के ने ही किए, लेकिन यह सब उनकी आँखों के सामने, वहीं उनके घर में ही हुआ था। यह पैंसठ दिन और फिर हर मौत के बाद दस दिन तक कम-से-कम मनहूसियत छाई रहती। इस तरह एक सौ पाँच या कुल एक सौ पच्चीस दिन, एक सौ पच्चीस रातें, गुरुपदस्वामी ने बड़ी तपस्या में, भीषण मानसिक पीड़ा और संताप में गुजारे। मानसिक पीड़ा, संताप के इन क्षणों में साथ देने के लिए उनकी हवेली में सिर्फ बाई जी थीं।

बाई जी जब विधवा हुईं तो वह उन्नीस-बीस के करीब होंगी। लंबा कद, भरा हुआ बदन, बड़ी-बड़ी आँखों में जैसे शराब के समंदर लहराते। गुलाबी महीन रसीले होंठ हर वक्त किसी से कुछ कहने को आतुर रहते। नाक-नक्श अजंता की गुफाओं की मूर्तियों सरीखे, सूरज की तपन और चाँद की शीतलता से मिले-जुले जैसे रोशनी में नहाए थे। अंगों के कटाव, सफेद साड़ी से कितना ही ढकने पर उभरकर सामने आ जाते। उन दिनों बाई जी की सारी जवानी उनके सीने के उभार पर सिमटकर आ गई थी। ब्लाउज में नीचे मांस की गोलाइयाँ जैसे कंचुकी को तोड़कर दूध में सने हुए दो कबूतरों की तरह उड़ जाने को बेताब रहतीं। बाई जी सिर्फ सुंदर ही नहीं थीं, उनकी सुंदरता में मादकता के साथ व्यक्तित्व और सम्मान की उन दिनों भी आभा झलकती। इन गोलाइयों के नीचे के कटाव में जैसे किसी कलाकार की तराशों से भरे हुए अनेक-अनेक रंगों के सैलाब और मांसपेशियों के उतार-चढ़ाव सबकुछ अपने अंदर समेट लेना चाहते। उनका एक-एक अंग किसी अप्सरा की तरह मनुष्य के पुरुषार्थ का मर्दन करता, चुनौती देता। बाई जी जिधर से निकल जातीं, लोग समय की नश्वरता, स्वर्ग की मोहकता, स्वार्थ, ईर्ष्या-द्वेष—सबकुछ भूलकर बस एकटक उनको देखा करते। वह स्वयं में एक संपूर्ण संसार थीं जिसके करीब आने पर हवा भी महकने लगती, चारों तरफ का वातावरण मादक तरंगों में झूमने लगता।

यह सब, इतना सौंदर्य, इतना आकर्षण, गुरुपदस्वामी के लिए बहुत था। नारी को उन्होंने सिर्फ रात के अँधेरे में आरामबिस्तर पर सोने से पहले आंतों की जकड़न समाप्त करने का ही साधन समझा था। जेल से बाहर आकर वह जब भी अपनी घरवाली से मिलते, बस इतने ही सुख के लिए, बस इतना ही पाने के लिए। बाद के दिनों में तो उनको यह भी अच्छा नहीं लगता, क्योंकि हर वक्त एक और बच्चा आने के लिए तैयार रहता। आठ बच्चों के बाद औरत उनके लिए एक खौफनाक, घिनौनी चीज बन चुकी थी। फिर राजनीति क्या किसी औरत से कम थी! उन्होंने अपना मन उधर ही लगा लिया था।

धर्मपत्नी की मौत के बाद तक औरत उनके लिए एक फरेब, एक धोखा, एक डरावना सपना बन चुकी थी, जिसके करीब जाने से बच्चे पैदा हो जाने के भय से उनके रोंगटे खड़े हो जाते। फिर छोटे भाई की पत्नी को बुरी नजर से देखने का प्रश्न ही नहीं उठता। वह घर की शोभा थी। संस्कारों में बँधे हुए गुरुपदस्वामी के लिए तब बाई जी घर के अन्य बच्चों की तरह ही थीं। लेकिन नियति के खेल भी अजीब हैं। चार बच्चों, फिर छोटे भाई की मौत ने उनको भीतर से तोड़ दिया। असहाय, मजबूर उन दिनों वह किसी खोए हुए सहारे के लिए तरस रहे थे। वैसे तो हमेशा से उनका व्यक्तित्व अपने में ही समाया रहता। लेकिन अब उनके पास, अंदर ही वह ताकत नहीं थी जिसके भरोसे अखंड शिला की तरह उन्होंने सारे तूफान अपनी बाँहों में झेले थे।

बाई जी को वह पिछले कई वर्षों से एक सुहागिन गुड़िया के रूप में देखते आ रहे थे। छोटे भाई की मौत के बाद सफेद कपड़ों में, सूने हाथ, नंगी माँग, सूना माथा देखकर उनके कलेजे पर साँप लोट जाता। बड़ी स्वाभाविक प्रतिक्रियाओं से शुरुआत हुई। सबकुछ जानते, चाहते हुए भी फिर वह अपने को रोक नहीं पाए। तब जाकर, छोटे भाई की विधवा को महज सहानुभूति में देखते-देखते, उनके ऊपर कोई मोहक जादू छाने लगा। सुहागिन कपड़ों में लिपटी हुई यह वही नारी थी जो यहीं, इसी घर में, उनके साथ इतने वर्षों से रहती, लेकिन कभी किसी प्रकार की ऐसी-वैसी प्रतिक्रिया नहीं हुई। उनका दैन्य कुछ इस भावना के तहत था—उन्होंने ही जोर-जबरदस्ती से छोटे भाई का विवाह न करवाया होता तो यह परिणाम सामने न होता।

इधर बाई जी के मन में गुरुपदस्वामी के लिए अनन्य श्रद्धा थी। घर से बाहर तो वह पूजे ही जाते, घर में हमेशा से उनका बड़ा सम्मान होता। स्वाभाविक रूप से बाई जी के अंदर उनके लिए एक खास जगह पहले से बनी हुई थी। जब बाई जी के पति का स्वर्गवास हुआ तो अपना संसार लुट जाने का उनको इतना दुख नहीं था। बस गुरुपदस्वामी, चार बच्चों की मौत के बाद यह धक्का कैसे सह पाएँगे, इसकी चिंता उनको थी। चार दिनों में ही पति की मौत का दुख अपनी गहराइयों में छुपाकर वह गुरुपदस्वामी को सँभालने में जुट गईं। इतना बड़ा आदमी, जिसका जीवन त्याग और बलिदान की ऊँचाइयों को दूर-दूर तक छू लेता, ऐसे ही टूट जाए, बिखर जाए, यह उनके नारी-हृदय से देखा न गया। फिर पति के बाद अब और उनका था भी कौन!

बाई जी का करीब आना था, बस गुरुपदस्वामी का ब्रह्मचर्य टूटने लगा। एक तो विधुर होने के बाद किसी औरत को उन्होंने छुआ भी नहीं था, फिर बाई जी कोई मामूली औरत तो थीं नहीं। दुख के दिनों में जरा-सी सहानुभूति बड़ी होती, फिर बाई जी तो हर समय बस उनका ही खयाल किया करतीं। छोटे भाई की विधवा को, कुछ अपनी भूलों के परिणाम में, दुख और दैन्य की स्वाभाविक भावनाओं में साधारण रूप से देखते-देखते

गुरुपदस्वामी को महान सौंदर्य की मादकता का अहसास होने लगा। कुछ ही दिनों में बाई जी के सिर्फ जरा-सा पास आने से गुरुपदस्वामी की जाँघों में सुरसुरी होने लगती जैसे वहाँ की कोई नस बड़े जोरों से फड़कने लगी हो।

इसके बाद गुरुपदस्वामी ने बाई जी से भागने की बड़ी कोशिशें कीं। मुँह-अँधेरे घर से निकल जाते और रात को देर से घर आते। बस उनके सामने न पड़ जाने के चक्कर में जो कुछ भी हो सकता, वह करते। असल में उनका अपने ऊपर से विश्वास उठ चुका था। अब पिछले तमाम गुजरे हुए वर्षों की अनबुझी प्यास तड़पा रही थी और वह रेगिस्तान की तपती हुई घाटियों में भटक रहे थे। कभी-कभी वह सोचते, 'हे ईश्वर! यह कैसी पीड़ा है... यह कैसा संघर्ष!' लेकिन होनी से कौन भाग सका है? भला गुरुपदस्वामी करते भी क्या, भागकर कहाँ जाते? उसके सिवा अब रास्ता भी क्या था? यह घर से भागे रहने का सिलसिला ज़्यादा दिन तक नहीं चला। उनके इंतजार में बाई जी जागती रहतीं। दिन में नहीं आते तो वह भी खाना नहीं खातीं। रात में देर से लौटकर जब वह खाना नहीं खाते तो बाई जी भी ऐसे ही सो जातीं। इस तरह बाई जी का खयाल करके जब वह रात में खाना खाने लगे तो वह खुद उनको खाना परोसतीं, पानी देतीं। खाने के बाद उनके हाथ धुलातीं। हाथ पोंछने के लिए गमछा देतीं। फिर कमरे में जाकर उनका बिस्तर ठीक करके रात में पीने का दूध रख दिया करतीं। यह सब देखकर, महसूस करके, बदन में आग लग जाती। शायद मन के संस्कार ही उनको रोके हुए थे।

ऐसे ही दिनों में तभी एक बार गुरुपदस्वामी रात बड़ी देर से लौटे। सावन की अँधेरी रात थी, चारों तरफ मूसलाधार बरसात हो रही थी। पानी से तर-बतर वह जब घर पहुँचे तो वहाँ बिजली न होने की वजह से अँधेरा छाया हुआ था। बस बाई जी के कमरे से दीये की हल्की-हल्की रोशनी आ रही थी। रेगिस्तान के अंधड़ में फँसे हुए गुरुपदस्वामी जैसे अंधी जवानी की गिरफ्त में आ चुके थे। सबकुछ कर गुजरने पर भी संस्कारों की लड़ाई उनके हाथों से निकल गई। बाई जी के यौवन की मादकता, सावन की अँधेरी रात के सन्नाटे, दीये की हल्की-हल्की रोशनी, पानी में तर-बतर उनका ठिठुरता हुआ सारा बदन जैसे आज उन झूठे संस्कारों को कुचल डालने में लग गया।

उधर बाई जी सारे संसार से अलग अपने कमरे में पलँग पर पड़ी थीं। उनके सारे बदन में आग लगी थी। कुछ नींद के झोंके में, कुछ अलसाए बदन की अँगड़ाइयों से उनका आँचल सीने से खिसक गया। साँसों के तेजी से आने-जाने से सीने की गोलाइयों के जोर से ब्लाउज की जकड़नें टूटने लगी थीं। न कोई खयाल था, न अच्छे-बुरे की समझ। सब कपड़े पहने हुए भी वह उस समय नंगी ही थीं। मासूमियत में पाने और खोने की पहचान अब कहाँ थी? आस्था और विश्वास की गहराइयों तक डूबे हुए गुरुपदस्वामी को उस समय कौन रोकता? सच में अगर गुरुपदस्वामी न होते, अगर उनके प्रति असीम

श्रद्धा, पूजा की हद तक बढ़ी हुई श्रद्धा न होती, अगर बीस साल की उमर, जब जवानी आग की तरह फैलकर रोम-रोम में समा जाती है, न होती, अगर वह सावन की अँधेरी रात न होती, अगर गुरुपदस्वामी के चार बच्चों के ऊपर छोटा भाई मरा न होता और अगर भागने के लिए वह मुँह अँधेरे घर से निकलकर गई रात तक न लौटते, तो शायद बाई जी से उस रात उनका मिलन नहीं होता। बाई जी के कमरे में टिमटिमाता दीया एक फूँक में बुझ गया। पानी से नहाया हुआ गुरुपदस्वामी का बदन जब अंगारों पर लोटते हुए बाई जी के निश्चल बदन से समर्पण माँगने पहुँचा, तो ऐसा हुआ, पानी में आग लग गई। उस दिन गुरुपदस्वामी को सबकुछ मिल गया। बाई जी के लिए श्रद्धा, पूजा का यह एक मार्ग था!

बाई जी उसके बाद गुरुपदस्वामी के जीवन का संपूर्ण अंग बन गई। सबकुछ जो टूटा हुआ था, बिखरा हुआ था, वहीं आकर जुड़ गया। ऐसे जुड़ गया कि फिर कभी टूटा नहीं। घर में, बाहर, पार्टी में, सरकार में, हर कदम पर बाई जी उनके साथ रहतीं। जो वह चाहतीं, वही होता। गुरुपदस्वामी की चाहत, आकांक्षाएँ, अभिलाषाएँ, सम्मान-सत्कार उनसे अलग अर्थहीन, कुछ भी नहीं था। बाई जी की बात सबसे बड़ी बात थी, उनका हुक्म सबसे बड़ा हुक्म था। गुरुपदस्वामी की महानता, जानने-सुनने की सारी शक्ति बस बाई जी के सामने आकर बिखर जाती। एक छोटे अबोध बालक की तरह, अपनी ही मान्यताओं के घेरे में, झूठी-सच्ची माँगों के लिए वह हमेशा-हमेशा के लिए बाई जी से बँध गए। आत्मा पवित्र थी, मन की गहराइयों तक डूबा हुआ उनका निश्छल संबंध स्वाभाविक मानवीय प्रवृत्तियों से जन्मा था। लेकिन यह सब वह लोगों को कैसे समझाते? किसको-किसको सफाई देते? फिर लोगों में इस स्तर की समझ ही कहाँ थी? अपने-गैर, सभी पहले दबी जुबान से फिर खुलेआम उनके ऊपर कीचड़ उछालने लगे। यहीं से, दस बरस पहले गुरुपदस्वामी के जीवन में घपलों की, कांडों की शुरुआत हुई थी। यह घपला तो उनका अपना था जिसकी सफाई में उनको न तो कुछ कहना था, न ही किसी सहारे की जरूरत थी। लेकिन इसके बाद का सिलसिला जो उनके ऊपर थोपा गया, वह लोगों की घिनौनी हरकतों से पैदा हुआ।

उधर बाई जी को अब अपने वैधव्य से कोई शिकायत न रही। गुरुपदस्वामी पहले से ही उनके लिए परमेश्वर थे, अब खुद उनके लिए एक ऊँची जगह मिल चुकी थी। घर में और कोई औलाद थी नहीं, इसलिए बाई जी ने दूर के रिश्तेदार के एक लड़के फूलदास को एक तरीके से गोद ले लिया था। फूलदास को बाई जी ने अपने कोख के जन्मे लड़के से कभी कम नहीं समझा। फूलदास भी बाई जी को बेहद मान देता। दुख और पीड़ा के पिछले कई वर्षों बाद अपना भरा-पूरा संसार पाकर बाई जी ने संतोष कर लिया। मन में सबकुछ साफ था, धुला हुआ था, फिर भी दबी जुबान से लोग कहा करते, "कोई स्त्री

विधवा न हो, और अगर जन्मलिखी से विधवा हो तो बाई जी की तरह हो।"

फिर न जाने इतने साल कैसे गुजर गए! गुरुपदस्वामी गृहमंत्री होकर दिल्ली चल गए, लेकिन बाई जी ने अपना ठिकाना नहीं छोड़ा। वैसे कभी-कभी फूलदास के पास और कभी-कभी दिल्ली भी हो आया करतीं। इसी बीच फूलदास की उन्होंने शादी करवाई। अपने मधुर स्वभाव से फूलदास की बहू को बेटी-जैसा प्यार दिया। फूलदास के बच्चों को पालने-पोसने में बहू की मदद करने लगीं। लेकिन समय की धारा तो निश्चल नहीं होती। गति में भी तूफान छिपे होते हैं, टकराव जागते हैं। जो गुजर जाए वो ही अच्छा...। बाई जी ने सोचा था, जितना दुख मिलना था, उन्हें मिल चुका। सुख के सपने तो उन्होंने कभी देखे नहीं, फिर भी काफी दिनों से दुख की काली छाया से वह बहुत दूर आ चुकी थीं। एक प्रकार से दुख कैसा होता है, यह उन्हें याद नहीं था। तभी एक धमाका हुआ और मन, आत्मा शरीर के चारों ओर बनाई शांति और सुख की दीवारें ढह गईं। फूलदास का खून हो चुका था। लेकिन बाई जी अब पहले जैसी कमजोर औरत नहीं थीं जो इतनी बड़ी मुसीबत को बस यूँ ही सह जातीं। अब उनके पास ताकत थी। लड़ने की ताकत, दुख झेलने की ताकत। इसीलिए उनको राजभवन आना पड़ा।

बाई जी सामने के दरवाजे से अंदर आकर गुरुपदस्वामी के सामने रुक गईं। उनकी निगाहें जो आपस में मिलीं, गुरुपदस्वामी के मन में खुशियों की लहरें दौड़ने लगीं। सत्ता के संघर्ष में घिरे होने पर भी बाई जी का आना उनको बहुत अच्छा लगा। बाई जी उनके लिए एक महकता हुआ फूल थीं, जिसकी खुशबू इस उम्र में भी उनको कुछ पलों के लिए दीवाना बना देती। लेकिन आज बाई जी की गहरी, भूरी आँखों में तरलता देखकर गुरुपदस्वामी क्षणिक सुख के बाद विचलित हो उठे।

"तो, मैं बैठ जाऊँ?" बाई जी ने पूछा।

गुरुपदस्वामी हड़बड़ाकर सोफे पर सीधा हो गए, "हाँ, हाँ, क्यों नहीं, बैठो!"

बाई जी को बैठते हुए देखकर बलराम शास्त्री ने हाथ का टेलीफोन पी. ए. को दे दिया। फिर तीनों विधायक, बलराम शास्त्री और पी. ए. बाहर की ओर चल दिए।

अब बाई जी और गुरुपदस्वामी अकेले थे। और कोई वक्त होता तो गुरुपदस्वामी इन क्षणों की मोहकता नापने-तौलने में लग जाते। लेकिन बाई जी के शोकातुर चेहरे पर आँखों की तरलता ने उन्हें डरा दिया। बाई जी का ऐसा रूप उन्होंने बड़े दिनों बाद देखा था। फिर भी कुछ समझ नहीं आ रहा था, बात कैसे शुरू करें! तभी बाई जी खुद बोल उठीं, "आज मैं आपसे कुछ माँगने आई हूँ।"

"माँगने? अब यह क्या? सबकुछ तुम्हारा ही तो है।"

"मेरे बेटे का खून कर दिया गया, क्या आपको पता है?" सुबकते हुए बाई जी ने कहा।

लंबी साँस खींचकर गुरुपदस्वामी ने कहा, ''यहाँ आकर मुझे पता लगा। पार्टी-मीटिंग के बाद वहाँ जाऊँगा तो! यह पुलिस की नौकरी...।''

''पुलिस की नौकरी की बात नहीं है,'' आँसू पोंछकर बाई जी ने जरा सख्ती से कहा।

''फिर?''

''कोई बहुत बड़ी साजिश है। सब मेरे बेटे के पीछे पड़े हुए थे। उसका जीना हराम कर दिया उन लोगों ने और फिर उसे मार डाला,'' बाई जी फिर से रोने लगीं।

बाई जी को इस तरह रोते हुए गुरुपदस्वामी ने कभी नहीं देखा था। आज उनके नारी-हृदय की ममता दुख का सागर बनकर सामने आई थी। उनका मन हुआ, आगे बढ़कर आँसू पोंछें, दिलासा दें, लेकिन यह राजभवन था, और फिर सामने का दरवाजा खुला हुआ था।

''वैसे तो मैं अभी चलता, लेकिन यहाँ जरा गड़बड़ी चल रही थी।''

''आप चले चलें तो अच्छा है, लेकिन उससे पहले मुझे मेरे बेटे का कातिल चाहिए।''

बाई जी के इन शब्दों ने गुरुपदस्वामी के सिर पर एक हथौड़े की चोट का काम किया। ...उनको लगा... यह कैसी विडंबना है! इतने विशाल राष्ट्र के गृहमंत्री के भतीजे का खून हो जाए और कातिल पकड़ा न जाए! और फिर उनकी अपनी मालकिन बाई जी को उनके सामने आँचल फैलाकर कातिल के पकड़े जाने की भीख माँगनी पड़े! गुरुपदस्वामी के हलक में बोल फँस गए, उनके मुँह में मितली आने-सा स्वाद पैदा हो गया। तभी सोफे के बगल में तिपाई पर रखी घंटी पर उन्होंने बड़े जोर से हाथ मारा, जिसके साथ ही राजभवन का एक चोबदार हाजिर हो गया।

''चीफ सेक्रेटरी और गृह सचिव को फौरन बुलाओ!'' गुरुपदस्वामी ने कड़कती आवाज में कहा। फिर नर्मी से बाई जी की ओर घूमकर उन्होंने धीमी आवाज में पूछा, ''इस विषय में तुमको कुछ पता है?''

''हाँ!''

''तो बताओ न!''

''सुन सकेंगे आप?''

गुरुपदस्वामी चुपचाप उनकी तरफ देखते रहे।

''मेरे बेटे के खून के पीछे मामूली डाकू नहीं थे।'' बाई जी ने बड़े गहरे, बड़े गंभीर स्वर में बोलना शुरू किया, ''इसके पीछे एक गिरोह था, वह गिरोह जो अफीम की तस्करी करता है, इधर-उधर हथियार, गोला-बारूद पहुँचाता है और डकैती के खौफनाक कारनामों का तो कोई हिसाब ही नहीं है। अभी कुछ दिन पहले से ही झगड़ा बढ़ गया था। अफीम की खेती का गिरोह और दुर्लभ काछी को कुचलने के लिए उसने

जरा सख्ती से काम लिया। फिर लोग कहते हैं, यशोदाबल्लभ की बीवी शांतिप्रणाली के साथ उसका मामला चल रहा था।"

"क्या, शांतिप्रणाली के साथ?"

"हाँ, लेकिन कुछ दिन पहले, राष्ट्रीय निर्माण संघ का भंडाफोड़ किया था उसने। वो कामयाब सेठ है ना, उत्सुकदास का दलाल, कृष्णबल्लभ का दोस्त, उसकी कुछ ट्रकों को उसने पकड़ा था।"

"ट्रकों को पकड़ा था? क्यों, आखिर क्यों?"

"उसमें ताँबा था, अफीम की पेटियाँ और ताँबे के बंडल।"

"कैसा ताँबा?"

"वही जिसका बवेला मचा है, ताँबाकांड के नाम से!"

"क्या कह रही हैं बाई जी, किसने बताया आपको यह सब?"

"वह मेरा बेटा था," गरूर से बाई जी ने कहा, "मुझे नहीं मालूम होगा? फिर मेरी बहू, मेरी बेटी, उसके दोस्त—सभी तो यह कह रहे हैं। यह कोई आज का किस्सा है, कितने दिनों से चल रहा था!" बाई जी फिर रोने लगीं।

"लेकिन मुझे तो कभी नहीं बताया!"

"वह कहता था, आप कुछ न सुनेंगे, उत्सुकदास के जादू ने बाँध रखा था आपको!"

"उत्सुकदास!"

"हाँ, कृष्णबल्लभ और उत्सुकदास!"

"हे ईश्वर!"

"मेरे बेटे का खून यशोदाबल्लभ ने करवाया है!" कहकर बाई जी न सहे जानेवाले दुख में सुबक-सुबककर रो पड़ीं। इतने में मुख्य सचिव ने आकर कहा, "सर!" उनके साथ गृह सचिव भी थे।

गुरुपदस्वामी ने आग्नेय नेत्रों से उनको देखा। तब तक मुख्य सचिव सोफे पर बैठ चुके थे, लेकिन गृह सचिव अभी तक खड़े थे। गुरुपदस्वामी कुछ पलों तक उनको यूँ ही देखते रहे, शायद बाई जी की बातों के असर से अपने को सँभालने की कोशिश कर रहे थे। तभी उनकी तेज आवाज राजभवन के उस कमरे में गूँज उठी—

"क्या आपको पता है, फूलदास का खून कर दिया गया?"

"हाँ सर! खूनियों की तलाश जारी है।" फिर गृह सचिव ने धीरे-से कहा, "आपसे उनका संबंध मालूम है, हम बड़ी सरगर्मी से···"

"एक रिश्ता और था आपका उससे! वह आपकी पुलिस-फोर्स का अफसर था। कितनी शर्म की बात है, एक पुलिस अफसर को गोली मार दी गई और अभी तक खूनी पकड़े नहीं गए?"

''सर, आपको कुछ कहने की जरूरत नहीं है, आई. जी. से लेकर नीचे तक सारी पुलिस-फोर्स के लोग इस शर्मनाक वाकये से बुरी तरह झल्लाए हैं। फूलदास से सभी प्यार करते थे, सबके ऊपर मुसीबत का पहाड़ टूट पड़ा है।''

''यह सब मैं नहीं जानता, आप अभी सख्त हुक्म जारी कर दें, कातिलों को फौरन धर-पकड़ने की युद्ध-स्तर पर कोशिश की जाए। मुझे आज रात तक गिरफ्तारी की खबर चाहिए। ओ. के.!''

''ओ. के. सर!''

''आप अब जा सकते हैं। और हाँ, देखिए, कोई भी हो, छोड़ा नहीं जाएगा।''

''ठीक है सर, और यह ताँबाकांड की रिपोर्ट की कापी आ गई, सर!''

''उसे रख दीजिए।''

बाई जी अब तक सँभल चुकी थीं। आँखों में तरलता तो थी, लेकिन आँसुओं की धारा नहीं थी। गुरुपदस्वामी के सामने रो लेने से उनका जी हल्का हो गया। वह चलने के लिए उठीं तो गुरुपदस्वामी भी उठ खड़े हुए। फिर उनकी ओर देखकर बोले. ''चलो, तुम्हें छोड़ आएँ।''

''मिट्टी में नहीं आएँगे?'' बाई जी की आवाज में दर्द था।

गुरुपदस्वामी ने बाई जी की ओर देखा। उनकी नजर पड़ते ही बाई जी ने तो सिर झुका लिया, लेकिन वह कुछ देर सोचते रहे, फिर बोले, ''अच्छा, मिट्टी कहाँ लानी थी?''

''बनारस!''

''तो ऐसा करते हैं, तुम चलकर उन लोगों को रोके रहना, हम यहाँ से निपटकर आते हैं। फिर जो कुछ तुमने बताया, उसको भी देखना था।''

तभी उनका पी. ए. हाथ में टेलीफोन का रिसीवर लिए हुए सामने दरवाजे पर आकर खड़ा हो गया। गुरुपदस्वामी ने पी. ए. की ओर देखा, उसे अंदर आ जाने का इशारा किया। फिर बाई जी से बोले, ''चाहे तनिक देर रुक जाओ, किसी को इंतजाम देखने के लिए साथ भेज दें।''

''इंतजाम तो पुलिसवाले खुद ही करते होंगे।''

''तो कुछ चाय-पानी कर लो।''

''नहीं...इस वक्त कुछ नहीं।''

तब तक पी. ए. टेलीफोन लेकर उनके करीब आ गया। रिसीवर लेने के लिए उन्होंने हाथ बढ़ाया लेकिन तभी जैसे उन्हें कुछ याद आ गया।

''ऐसा है बाई जी, अब तुम्हारा अकेले जाना ठीक नहीं। अगर तुम कुछ देर रुक जाओगी तो हम भी यहाँ से निकल चलेंगे, वरना न जाने किस वक्त मुक्ति मिले!''

''लेकिन बहू! वह तो अकेली होगी?''

"क्यों ? क्या और लोग नहीं आए ?" गुरुपदस्वामी पास आ गई बाई जी को किसी कीमत पर छोड़ना नहीं चाहते।

"वो तो आए हैं।" बाई जी का विरोध ढीला पड़ता जा रहा था।

"तो ऐसा करो," बगल के अपने सोने के कमरे की ओर इशारा करते हुए बोले, "उधर जाकर कुछ देर आराम कर लो, तब तक मैं इन लोगों को निपटा दूँ।" टेलीफोन का रिसीवर उठाए हुए पी. ए. से दरवाजे पर खड़े दर्जनों मुलाकातियों तक को देखते-देखते उन्होंने कहा, "और हाँ, जिस किसी चीज की जरूरत हो तो मँगा लेना या फिर हमें बता देना। मैं इस बीच बनारस से पता लगवाता हूँ, उसकी मिट्टी कित्ते बजे उठाने का प्रबंध है। अभी तो मुझे लगता है, आज क्रियाक्रर्म शायद ही हो।"

"क्यों भला ?"

"खून के मामले में, पोस्टमार्टम वगैरह भी तो होता है।"

"ओह ! फिर भी आप जरा जल्दी करें। बहू के पास मेरा रहना जरूरी है।" कहकर बाई जी बगल के कमरे की ओर चल दीं।

गुरुपदस्वामी एक क्षण तो बाई जी को जाते हुए देखते रहे, फिर पी. ए. की मौजूदगी का विचार कर वह उधर घूम पड़े।

"अरे भई, किसका फोन है, ये तो बताओ।"

"पार्टी-अध्यक्ष का !"

"पार्टी-अध्यक्ष ? अरे पहले नहीं बताया। लाओ जल्दी।"

गुरुपदस्वामी को पार्टी-अध्यक्ष का फोन आ जाने से कुछ आशा बँधी, "हलो !"

"गृहमंत्री जी, आपने फोन करवाया था।"

"हाँ भई, मैं यह जानना चाहता था, आज का कार्यक्रम क्या है ?" कहने को तो वह कह गए, लेकिन सही उनको याद नहीं आया, भला उन्होंने फोन क्यों करवाया था। कुछ बाई जी की बातें और फिर फूलदास की दर्दनाक मौत, सब मिलकर अंदर-ही-अंदर उनको कचोट रहे थे।

"अभी मैं जरा दारुलशफा जाऊँगा, फिर... आप वहीं रहेंगे ?"

जरा ध्यान देने से गुरुपदस्वामी को पी. एम. हाउस की बातचीत एक झटके में याद आ गई।

"रुकिए अध्यक्ष जी, पी. एम. हाउस मैंने फोन किया था।"

"पी. एम. हाउस ?"

"हाँ, क्या है, राज्यपाल ने मुझे बताया, अभी तक राष्ट्रपति शासन समाप्त होने का घोषणा-पत्र दिल्ली में जारी नहीं हुआ, इसीलिए फिर मैंने दिल्ली फोन मिलाया।"

"अभी तक ?"

"हाँ भई, फिर मेरे पास प्रधानमंत्री का संदेश आया, आपके फोन का वहां इंतजार किया जा रहा है, उसी के बाद आगे की कार्यवाही होनी थी। आखिर यह सब है क्या ?"

"आपको जितना बताया, उतना ही मुझे भी मालूम है।"

"तो, आपकी राय क्या है ?"

"फिलहाल वही, जो आपकी।"

"तो फिर आप दिल्ली बात करें न !"

पार्टी-अध्यक्ष एक क्षण रुके फिर बोले, "ऐसा है, दारुलशफा होकर मैं राजभवन आता हूँ। फिर वहीं से बात कर लेंगे। आप रहेंगे तो ?"

"मैं तो यहीं हूँ, लेकिन मुझे जाना था।"

"पार्टी-मीटिंग में साथ ही चलेंगे।"

"नहीं जी, आपको शायद पता हो, फूलदास को किसी ने मार डाला।"

"वही आपका संबंधी जो पुलिस में था ?"

"हाँ···हाँ !"

"प्लेन में जिकर तो आया था न, क्या कुछ पता लगा ? कौन लोग हैं ? किसी को पकड़ा क्या ?"

"कई बातें हैं, अब फोन पर क्या कहें, आप आएँगे तो···।"

"हाँ···हाँ, मैं आता हूँ, बस दारुलशफा होकर।"

"तो ठीक है।"

इसी बीच न जाने कब बलराम शास्त्री, चुपचाप, दबे पाँव आकर खड़े हो गए। इस बार वह अकेले थे। तीनों विधायकों को बाहर ही छोड़ आए। उनकी समस्या अभी भी अधूरी थी। उनका गुट संकट के बड़े नाजुक दौर से गुजर रहा था। उन्हें मालूम था, लोबीराम के टूट जाने से एक विस्फोटक परिस्थिति पैदा हो गई है, जिसका सामना कर सकना उत्सुकदास के बस में नहीं था। उधर पार्टी-अध्यक्ष से बात करने के बाद गुरुपदस्वामी का मनोबल बढ़ा। बाई जी बगल के कमरे में उनका इंतजार कर रही थीं। वहाँ भी पहुँचना था, तभी उनको बनारस का खयाल आया। अपने पी. ए. की ओर देखा तो बलराम शास्त्री पर भी निगाह पड़ी।

"देखो भई ! जरा बनारस पुलिस एस. पी. से बात करो, फूलदास का अंतिम संस्कार कब होना है और उसकी अर्थी इस समय कहाँ है ?"

"अच्छा सर !" कहकर पी. ए. चला गया।

अब रास्ता साफ देखकर बलराम ने कहा, "गुरु जी, कुछ करिए न !"

"क्या करें ?" गुरुपदस्वामी ने रूखे स्वर में कहा।

"लोबीराम टूट गया जो ! और अब तो खबर आई है, बलदेव चौधरी और रंगीनराय

मिल गए। ऊपर से उनके साथ लोबीराम है।"

"क्या?"

"हाँ गुरु जी, इन लोगों ने पार्टी-मीटिंग से पहले एक मिनी मीटिंग बुलाई है।"

"कहाँ?"

"रंगीनराय के कमरे में। और फिर सुना है, बलदेव चौधरी ने पार्टी-अध्यक्ष को इस मिनी मीटिंग में जाने के लिए राजी कर लिया है।"

"पार्टी-अध्यक्ष इन लोगों के साथ हैं?"

"नहीं, यह इन लोगों की चाल है। पार्टी-अध्यक्ष को अपने यहाँ बैठक में यह लोग बुला रहे हैं, चाय-पार्टी के बहाने! जबकि पूरे दारुलशफा में सारे विधायकों को इस मीटिंग का मकसद पता है।"

"क्या है मकसद?"

"उत्सुकदास के विरोध की साजिश। चाल, गुरु जी, इसमें बड़े दूर की खेल गए ये लोग। पार्टी-अध्यक्ष के वहाँ आ जाने से उन तमाम विधायकों का, जो अंदर से उत्सुकदास के खिलाफ हैं, मनोबल बढ़ेगा।"

"फिर?"

"पहले वहाँ रिहर्सल होगा।"

"फिर?"

"फिर पार्टी में विद्रोह!"

"अरे! यह क्या…!"

"हाँ गुरु जी, मैं सच्ची कहता हूँ, आप मेरा विश्वास तो करें।"

"विश्वास करें और एक नई मुसीबत मोल लें?"

"क्यों…क्यों, गुरु जी?"

"और नहीं तो क्या, अब इत्ती देर में वह लोग क्या खाक कुछ करेंगे?"

"गुरु जी, न चाहते हुए, न जानते हुए भी उनकी गतिविधियाँ समय की रफ्तार से जुड़ गईं तो?"

"क्या मतलब?"

"क्षमा कीजिए, कहते हुए बुरा लगता है, फिर भी अभी आपने पी. एम. हाउस से बात की न।"

"हाँ तो!"

"राष्ट्रपति-शासन कहाँ समाप्त हुआ?"

गुरुपदस्वामी चुप रहे।

"आपको पता है, वहाँ दिल्ली में राष्ट्रपति-शासन समाप्त होने की घोषणा तभी होगी

जब पार्टी-अध्यक्ष फोन करेंगे। और पार्टी-अध्यक्ष रंगीनराय के यहाँ होनेवाली मिनी मीटिंग के बाद फोन करेंगे।''

''या फिर पार्टी-मीटिंग के बाद ?''

''पार्टी-मीटिंग होगी ?''

''क्या ? भला क्यों नहीं होगी ?''

''अगर मिनी मीटिंग में पार्टी-अध्यक्ष के पहुँचने की खबर से, कगार पर बैठे विधायकों को वह लोग बहका ले गए, अगर लोबीराम उनकी तरफ मिले रहे, अगर पार्टी-अध्यक्ष ने प्रधानमंत्री से मिनी मीटिंग की सफलता के बारे में कह दिया…'' फिर कुछ देर राजभवन के कमरे की दीवार पर निगाह गड़ाए रहने के बाद बलराम ने कहा, ''अगर उन लोगों ने पार्टी-मीटिंग में बावेला मचा दिया ?''

''बावेला ? किस इशू पर, मामला क्या होगा ?''

''कृष्णबल्लभ, ताँबाकांड, कामयाब सेठ, फिर उत्सुकदास खुद कितने बड़े इशू हैं ! इशूज की कमी है, गुरु जी !''

''कृष्णबल्लभ, यहाँ भी ?''

''कृष्णबल्लभ का हर जगह बोलबाला है, गुरु जी… अफीम की खेती, राष्ट्र निर्माण संघ के घपले, डकैती की कमाई और फिर फूलदास का खून।''

''फूलदास… !'' गुरुपदस्वामी को बाई जी का कहना याद आया।

''एक पुलिस-इंस्पेक्टर कह रहा था, कत्ल दुर्लभ काछी डकैत ने किया था। और यह सबको मालूम है, कृष्णबल्लभ का सगा भाई यशोदाबल्लभ, दुर्लभ काछी का लँगोटिया यार है।''

''शिव… शिव…'' गुरुपदस्वामी बुदबुदाए।

''लोबीराम की शक्ति, बलदेव चौधरी का नाम, रंगीनराय के तिकड़म और ऊ ससुरा दरोगा फिर पलटी हवा बनाने के लिए रहेंगे। हम तो कहते हैं, गुरु जी, साजिश पक्की है। अब ई कुछ करि ना पाएँ तो इनकी किस्मत !''

''अच्छा तो दरोगा भी जुटा है ?''

''हाँ, ई उत्सुकदास की करामात है, उनके भाई का मुअत्तल करवाय दिया। इधर दिल्ली में न जाने वह क्या कर आए हैं, संसद-सदस्यों के टेलीफोन आ रहे हैं, विधायकों के पास, उनका विरोध करने के लिए।''

''संसद-सदस्य कौन ?''

''एक तो वही ठाकुर-गुट के नेता, झब्बरसिंह, झाँसीवाले मुरली और गोरखपुर के शत्रुघन।'' बलराम शास्त्री ने आँकड़े गिनाना शुरू कर दिया, ''फिर सुनते हैं, यह लोग

प्रधानमंत्री से मिले थे।''

''प्रधानमंत्री से ?''

''हाँ, पार्टी-मीटिंग टालने के लिए। उत्सुकदास ने भी तो किसी को छोड़ा नहीं। तब तो जिनने जो कहा हाँ करि दिया, अब निभाने की हैसियत बची न थी।''

''अच्छा बलराम, एक बात बताओ। हम यह कैसे मान लें, ई सब चल रहा है और उत्सुकदास को पता नहीं ?''

''क्या है, गुरु जी, यह सब चल नहीं रहा था, पक रहा था। बड़े धीमे-धीमे, मद्धम-मद्धम, एक खास तरीके से, कुछ पुरानी कुंठाओं, कुछ उत्सुकदास की करनी से कई चीजें, कई बातें, इकट्ठी होती गईं। इनको पंक्तिबद्ध होते तो अभी देखा, बस घंटे-दो घंटे पहले। मैं उत्सुकदास के पास गया था लेकिन क्या हालत थी, मुलाकातियों का क्या हजूम था, यहाँ आना था, सो चला आया। फिर इस वक्त हमरी बात वह सुनेंगे ?''

कुछ देर गुरुपदस्वामी स्थिति की गंभीरता को तौलते-नापते रहे। पहले दिल्ली में ताँबाकांड के हंगामे, फिर पी. एम. हाउस से कुछ देर पहले मिला झटका, उनको उत्सुकदास के साथ अपना भाग्य एक महीन धागे से बँधा हुआ नजर आने लगा। लेकिन बाई जी से बातचीत के बाद और अभी बलराम की बातों से फूलदास के कत्ल संबंधी कई रहस्य जो खुले तो उनका संकल्प हिलने लगा था। फिर भी वह जानते थे, उत्सुकदास वह जहरीला निवाला था जिसे निगलने में विनाश था, लेकिन उसे थूका भी नहीं जा सकता क्योंकि उसमें खुद उनका अपना भी सत्व था।

''तो बलराम, मेरी समझ में तो एक ही बात आई।''

''हाँ गुरु जी !'' बलराम जरा ठसककर बैठ गए।

''इस सारा साजश में शक्ति है तो लोबीराम की।''

''हाँ गुरु जी !''

''और उनका हथियार...।''

''कृष्णबल्लभ। गुरु जी, हमला उत्सुकदास पर नहीं, कृष्णबल्लभ पर होगा।''

''कैसे ?''

''ताँबाकांड जब हुआ तो कृष्णबल्लभ विद्युतमंत्री थे।''

''लेकिन ताँबाकांड में तो मुझे फाँसा गया था।''

''वो तो दिल्ली में; यहाँ सब लोगों को मालूम है, जिन ट्रकों में ताँबा प्रदेश के बाहर ले जाया गया, वो ट्रकें राष्ट्रीय निर्माण संघ की थीं। उन ट्रकों को फूलदास ने पकड़कर नाजायज ताँबा और अफीम बरामद की। उसी के बाद फूलदास का खून किया डकैत दुर्लभ काछी ने !''

बलराम शास्त्री ने गुरुपदस्वामी की आँखों में अर्थपूर्ण दृष्टि में समर्थन के लिए देखा। उनका चेहरा क्रोध में तमतमा गया था, आँखों में घृणा की लपटें उठ रही थीं। वह समर्थन या विरोध प्रकट करने की स्थिति में नहीं थे।

"और दुर्लभ काछी किसका आदमी था? यशोदाबल्लभ-कृष्णबल्लभ का। उसकी डकैती की कमाई से ही इन्होंने राजनीति शुरू की थी। फिर राष्ट्रीय निर्माण संघ, जिसकी ट्रकों में अफीम और ताँबा मिला, किसका था? यशोदाबल्लभ-कृष्णबल्लभ का!" बलराम शास्त्री असल में लघु सिंचाई-जैसे अधकचरा मंत्रालय मिलने की खबर से भी दुखी थे। उनके मुकाबले छोटा नेता होने पर भी कृष्णबल्लभ को सिंचाई विभाग मिलनेवाला था। उनको कुछ यह अहसास हो रहा था, अगर कृष्णबल्लभ को कटवा दिया जाए तो सिंचाई विभाग पूरा-का-पूरा उनको मिलेगा।

इधर गुरुपदस्वामी ने भी अपने क्रोध पर नियंत्रण पाने में कुछ फैसला कर लिया—"फिर बलराम, जाहिर है अगर लोबीराम को तोड़ लिया जाए और कृष्णबल्लभ को काट लिया जाए तो…!"

बलराम सोफे से उठकर गुरुपदस्वामी के कदमों पर गिर पड़ा, "वाह गुरु जी…वाह! क्या मीमांसा है! कृष्णबल्लभ को काटा जाए तब, असंतुष्ट गुट की तरफ से जब हमला पूरे जोर पर, पार्टी-मीटिंग में बावेला मचाने के लिए हो! इससे एकदम चारों खाने चित होएँगे और सबकी हवा खिसक जाएगी।"

"तो फिर ठीक है, उत्सुकदास को फोन लगाओ, मैं कह देता हूँ लोबीराम को तोड़ने की खातिर!"

"उनकी सुनेगा?"

"भैया, अब वह सुनेगा किसी की? इस वक्त तो सिर्फ पैसा ही तोड़ेगा उसको।"

इसके बाद गुरुपदस्वामी ने उत्सुकदास को टेलीफोन पर फौरन लोबीराम से मिलने की सलाह दी। यह भी कहा, बलराम को भेजते हैं, वह पूरी बात समझा देगा। बलराम तो पहले ही पूरी बात समझ चुके थे। इसलिए भागते समय को पकड़ने के लिए और फिर कृष्णबल्लभ को मंत्रिमंडल से कटवा देने की सफलता के नशे में वह जल्दी-जल्दी उत्सुकदास से मिलने को चल दिए। इस वक्त की गुरुपदस्वामी से भरी-पूरी बातचीत ने उनके मन में बड़ा उत्साह पैदा कर दिया था। अब जी-जान से उनको कोशिश करनी थी, टूटते हुए मंत्रिमंडल को बचाने की जिसके ऊपर ही उनका भविष्य निर्भर था।

बलराम शास्त्री के चले जाने के बाद गुरुपदस्वामी कुछ देर अकेले ही बैठे रहे। राजभवन के विशाल कमरे की ऊँची छत जैसे शाम के अँधेरे में डूबकर, फर्श पर पड़े ईरानी कालीन, एंब्रायड्रीदार सोफे, पेंचदार चमकती मेजें, कुछ ताजे फूलों से सजे फूलदान, किनारे-किनारे से गोल होती हुई दीवारों के मोड़ पर रुकी थी। बहुत दिन पहले

जब गुरुपदस्वामी कुछ भी नहीं थे, किसी समारोह में यहाँ आने पर तब पहली बार राजभवन की विशालकाय काया से उनको कितनी दहशत हुई थी। हर कदम के साथ बस यही डर बना रहता, कोई रोक देगा, कोई टोक देगा। जहाँ एक ओर अर्ध-शताब्दियों से प्रदेश की सत्ता के मुख्य केंद्र को अंदर से देख लेने की खुशी हुई, दूसरी ओर तब उनके अंदर खुफिया तरीके से एक चाह बस गई, ऐसी किसी विशाल राजभवन में रहने और जीने की। उस समय उनको अपनी चाहत पर हँसी आई थी, उन्होंने कभी सोचा भी नहीं था, इतने अधिकार से यहाँ बैठकर वह कभी दहशत और संकोच से ऊपर उठकर लोगों से बातचीत करेंगे, हुक्म देंगे, उनका हर शब्द ध्यान से सुना जाएगा।

गुरुपदस्वामी के चुप अकेले बैठने के पीछे, उनके अंदर की गूँज से उठने वाला संघर्ष था। एक तरफ वह खुद थे, जिससे जुड़ी थीं बाई जी; दूसरी तरफ उनका राजनैतिक जीवन था, जिससे जुड़े थे उत्सुकदास ! गुरुपदस्वामी ने बिन माँगे जो कुछ पाया वह ही इतना काफी था, उन्हें किसी से कुछ माँगने की जरूरत नहीं थी। लेकिन आज उनका मन हाथ फैलाकर माँगने का था ईश्वर से, प्रधानमंत्री से या फिर उत्सुकदास तक से। बाई जी का दुख उनसे देखा नहीं जा रहा था। बाई जी जितना कह सकीं, वह उनको हिला देने के लिए बहुत था, क्योंकि वह कभी कुछ कहती नहीं। वैसे तो उन्होंने घरेलू बातों को राजनीति से कभी घुलने-मिलने नहीं दिया। तभी तो घरवालों के हजार-हजार कहने से भी उत्सुकदास पर भरोसा करना उन्होंने नहीं छोड़ा। घरवाले क्या सभी कहा करते, उत्सुकदास उनके साथ दगाबाजी करेंगे। लेकिन आज इन सब लोगों से ऊपर अलग बाई जी ने भी कृष्णबल्लभ-उत्सुकदास की हरकतों का जिस तरह परदाफाश किया, उनको अपने राजनैतिक जीवन की तलहटी से लिपटी हुई लपटें दिखाई दे गईं।

कुछ दिन पहले दिल्ली में उन्होंने सुना था, अगले केंद्रीय मंत्रिमंडल की अदल-बदल में उनको हटा देने की संभावना थी। तभी उन्होंने यह भी सुना, उनको किसी प्रदेश का राज्यपाल बनाकर भेजा जाएगा। उनकी पुरानी-से-पुरानी यादों के तहत किन्हीं अनजानी यादों में मोड़, कटाव आने लगा। सोफे से उठकर गुरुपदस्वामी राजभवन के कमरे को देखते-देखते किनारे की खिड़की पर आकर खड़े हो गए। जिस प्रदेश में उनको जाना होगा, वहाँ का राजभवन क्या ऐसा ही विशाल, ऐसा ही गुरुतर होगा। खिड़की से बाहर दूर-दूर तक फैले हुए बगीचे के हर कोने से अनेक-अनेक पेड़-पौधों की डालियों पर गुलदस्तों-जैसी सजी-सजाई फूल-पत्तियों की सजावट, देखते-देखते उनके अंदर मोहक लहरें उठने लगीं।

भूली-बिसरी यादों के घेरे में भटक जाने के बाद, गुरुपदस्वामी का कवि-हृदय राजभवन के बगीचे की रंगीनियों में न राहत पा सका, न ही ठहर सका। ऐसे ही किसी राजभवन में आनेवाले, शक्तिहीन, सत्ताविहीन अलसाए जीवन की कल्पना मात्र से

उनको रोमांच हो आया। इतने वर्षों से खेलते-खेलते सत्ता का खेल उनकी रंगों में इतने अंदर तक घुस चुका था, अब वह सब छिन जाने से वह कैसे जीएँगे और इसके लिए जिम्मेदार कौन होगा ? रद्दी की टोकरी से उठाकर हृदय से लगा लेनेवाला उत्सुकदास जो उनके आशीर्वाद, उनकी कृपा से आज इतनी ऊँचाई पर पहुँच गया। बाई जी की बातों से साफ जाहिर था, ताँबाकांड से कृष्णबल्लभ का सीधा संबंध था। फिर कामयाब सेठ ! गुरुपदस्वामी के होंठों पर कुत्सित घृणा की परछाइयाँ सिकुड़ने लगीं, उत्सुकदास का ही आदमी था। तो फिर यह सारी साजिश उत्सुकदास ने खुद उनको अँधेरे में रखकर, कृष्णबल्लभ के साथ की।

तभी उनको मुख्य सचिव द्वारा प्रधानमंत्री को भेजी गई ताँबाकांड की रिपोर्ट की याद आई। बाहर का मोहक नजारा एक खास किस्म की खामोशी में डूबा हुआ था। साँझ का धुँधलका गोल-गोल दायरों में, किसी बवंडर के उठने की दस्तक दे रहा था। गुरुपदस्वामी को ऊँचे-ऊँचे यूक्लिपटस की महीन डालों पर लगा उत्सुकदास एक नट की तरह कूदते-फाँदते, उनको अँगूठा दिखाकर चिढ़ा रहा था। बाहर फुहारों की पतली-पतली पानी की अनगिनत लकीरों के बीच-बीच उनको कहीं-कहीं आग की लपटें दिख रही थीं, जिन्हें जगाकर उत्सकदास भागा चला जा रहा था। अजीबो-गरीब मानसिक उठा-पटक में उनका मन हुआ, वह राजभवन की खिड़की से कूद जाएँ, दौड़कर या फुहारों से उड़ते ठंडे पानी की लहरों के बीच आग की लपटों को बुझा दें या फिर यूक्लिपटस की टहनियों पर से पकड़कर उत्सुकदास को उन्हीं लपटों में झोंक दें। फिर उनको अपनी पकती उम्र का खयाल आया। इस तरह उत्सुकदास को पकड़ना नामुमकिन था। एक लंबी साँस छोड़कर वह खिड़की से वापस लौट चले। सोफे के सामने काफी बड़ी शीशे के टॉपवाली गोल मेज पर लाल फीते से बँधी हुई फाइल उन्होंने खोलकर ताँबाकांड की रिपोर्ट देखनी शुरू की। उसमें ऐसा कुछ भी नहीं था जो उनको मालूम न हो। फिर भी रिपोर्ट का एक-एक शब्द पढ़ते-पढ़ते एक अजीब प्रकार की कमजोरी उनके पैरों में पैदा होने लगी। फिर सोफे पर बैठकर आगे की रिपोर्ट पढ़ने से पहले प्रदेश पुलिस के आई. जी. आकर खड़े हो गए।

आई. जी. पुलिस की गुरुपदस्वामी से पुरानी जान-पहचान थी। जब वह आई. जी. नहीं थे, महज एक मामूली एस. पी. थे, वह भी गुरुपदस्वामी की तरह घपलों में फँस जाया करते। फर्क सिर्फ इतना था, वह घपले खुद करते और निपटाना पड़ता उनके बाप को! उनके बाप बड़े आला ओहदे पर थे। अंग्रेजी जमाने के आई. सी. एस., ऊपर से बेशुमार खानदानी दौलत, बस दूर-दूर तक उनकी तूती बोला करती। बड़े उसूल के आदमी थे। मंत्रियों, नेताओं को तो वह घास भी नहीं डालते। उन्होंने वह जमाना देखा था जब आज के मंत्री या पार्टी के नेता उनके एक इशारे पर पीटे जाया करते, जेलों में ठूँस

दिए जाते। अपनी इज्जत, ओहदे और दौलत के गरूर में उन्होंने इन पार्टी के नेताओं से कभी सीधे मुँह बात तक नहीं की।

अपने बेटे की आवारगी से वह हमेशा से ही दुखी थे, लेकिन जब उसने पुलिस की नौकरी कर ली तो उन्होंने उसके सारे गुनाह माफ कर दिए और उसकी तरफ से निसाखातिर हो रहे। एक तरह से उनके बेदाग जीवन की सफेद चादर पर मँडराते बदनामी, बदरंगी के बादल गुजर गए। तब उन्होंने चैन की साँस ली और पूरे जोर से पार्टी के नेताओं, मंत्रियों को गरियाने में लग गए। अपने बेटे की तरफ से खतरा जो नहीं रहा तो उन्होंने बेलगाम घोड़े की तरह सरपट दौड़ना शुरू कर दिया। पार्टी के बड़े-बड़े नेताओं को वह अपनी पीठ पर हाथ भी नहीं रखने देते।

उन्हीं दिनों गुरुपदस्वामी एक घपले में फँस गए। हुआ यूँ, बाई जी के कोई दूर-दराज के भाई थे। उनके नाम उन्होंने किसी बाँध का ठेका सिंचाई विभाग में दिलवा दिया। बाई जी के भाई सीमेंट में बालू की तादाद बढ़ाते गए, क्योंकि उन दिनों सीमेंट का जबरदस्त ब्लैक चल रहा था। बाँध बनते ही ढह गया। फिर क्या था, चारों ओर हाहाकार मच गया। विरोधी दलों के साथ मिलकर पार्टी के अंदर दुश्मनों ने हल्ला बोल दिया। गुरुपदस्वामी सिंचाई-मंत्री थे। उनके और बाई जी के किस्से, तब सबकी जुबान पर थे। बाई जी से ठेकेकार भाई का रिश्ता पता लगाकर लोगों ने काफी दिनों तक उनके ऊपर हमला जारी रखा। प्रदेश सरकार ने बाँध गिरने से संबंधित जाँच के लिए एक उच्चस्तरीय आयोग नियुक्त किया। इस आयोग के अध्यक्ष बनाए गए आई. जी. के आई. सी. एस. बाप, जिनकी सख्तमिजाजी की वजह से बाँधकांड का हल्ला तो खत्म हो गया, लेकिन जाँच शुरू हो गई।

उधर आई. जी. पुलिस की औरतबाजी के किस्से दबी जुबान से फिर चालू हो गए। दिन-दहाड़े लड़कियाँ, औरतें मोटर-जीप में उठा ली जाया करतीं। पुलिस महकमे का अफसर, फिर आई. सी. एस. बाप का बेटा, भला बोलता कौन? लेकिन तभी एक बार शहर के नामी-गरामी, बड़े आदमी की बेहद खूबसूरत लड़की उठा ली गई जिसके साथ आई. जी. पुलिस ने, जो तब मामूली एस. पी. थे, पास के जंगल में बलात्कार किया। लोगों ने तो यहाँ तक कहा, उनके तीन साथियों ने भी बलात्कार किया। यह सब करने के बाद बेहोशी की हालत में लड़की घर पहुँचा दी गई। फिर क्या था! दूसरे दिन से ऐसा बावेला चालू हो गया जैसे कोई जलजला, कोई तूफान आ गया हो! अखबारों में, विधान-सभा, विधान-परिषद से लेकर गली-गली, कूचे-कूचे में एक बेहद खूबसूरत और पवित्र लड़की के साथ पुलिस-अफसरों द्वारा बलात्कार करने की सनसनीखेज बातें फैल गईं। इन अफसरों को मुअत्तल करने और गिरफ्तार करके मुकदमा चलाने की माँग इतना जोर पकड़ गई, सरकार को मामले की जाँच करवानी पड़ी।

आई. जी. के बाप ने तब तक बाँधकांड की अपनी जाँच करीब-करीब पूरी कर ली थी। उसमें गुरुपदस्वामी बुरी तरह फँसे हुए थे। साथ में बाई जी के भाई को तो जेल जाने की बारी आनेवाली थी। जाहिर था, बाँधकांड की रिपोर्ट आने पर गुरुपदस्वामी को मंत्रिमंडल से इस्तीफा देना पड़ता। उनका राजनैतिक जीवन बदनामी की अँधेरी घाटियों में हमेशा-हमेशा के लिए खो जानेवाला था।

उधर आई. जी. के बलात्कार की कहानी शुरू की जाँच से सही निकलने लगी। उनके आई. सी. एस. बाप के ऊपर मुसीबत का पहाड़ टूट पड़ा। उनका बेटा बलात्कार के मामले में पुलिस की नौकरी से निकाल दिया जाए, यह इतने गैरत की बात थी, जो उनके खानदानी गरूर को तोड़ देने के लिए काफी थी। फिर उनको किसी प्रदेश का राज्यपाल बन जाने की उम्मीद बनी हुई थी जिसके लिए भी इस मामले का कोई इज्जतदार हल निकालना जरूरी था।

इसी बीच गुरुपदस्वामी प्रदेश सरकार के गृहमंत्री बना दिए गए। उन्होंने महज बदले की भावना से बलात्कार के मामले की जाँच में और तेजी पैदा कर दी। इसी सिलसिले में उन्होंने विधान-सभा में कुछ सनसनीखेज बयान भी दिए, जिसमें आई. सी. एस. बाप की सख्तमिजाजी ढीली पड़ गई। और तब दो जरूरतमंद इंसानों में, हमेशा की तरह, एक सौदा हुआ। पहले बाँधकांड की रिपोर्ट में बड़ी सफाई से, गुरुपदस्वामी और बाई जी के भाई तमाम घपलों से मुक्त कर दिए गए। बाँध टूटने की सारी जिम्मेदारी सिंचाई-विभाग के कुछ अभियंताओं पर डाल दी गई। इसके बाद बलात्कार कांड की जाँच भी सबूत न मिलने की वजह से खटाई में पड़ गई।

आज राजभवन में आई. जी. पुलिस को देखकर गुरुपदस्वामी को वह पुरानी बातें याद हो आईं। लेकिन उन बातों के बाद न तो कोई कटुता, न ही किसी प्रकार का विरोध बाकी रहा था। आई. जी. पुलिस तब तक उनके खास आदमी बन गए थे। फिर उन्होंने ही एस. पी. से उनको डी. आई. जी. बनवाया। और जब वह खुद मुख्यमंत्री हुए तो उनको फौरन आई. जी. पुलिस बना दिया। आई. जी. पुलिस की वफादारी और व्यवहार-कुशलता की वजह से गुरुपदस्वामी को फिर कभी उनसे शिकायत का मौका नहीं मिला। इसीलिए आज की मनःस्थिति में आई. जी. का आना उनको अच्छा लगा।

हाथ में पकड़ी हुई ताँबाकांड की रिपोर्ट वापस शीशे की गोल मेज पर रखकर गुरुपदस्वामी ने आई. जी. पुलिस को बैठने के लिए कहा। बैठते ही आई. जी. पुलिस घरेलू लहजे में उनके पैर छूकर बोले, "सर, कैसे हैं आप ?"

"क्यों, मुझे क्या हुआ, मैं तो ठीक ही हूँ !" गुरुपदस्वामी ने व्यंग्य से कहा, "आप कैसे हैं ? हमारी याद कैसे आ गई आपको ?"

"मैं तो, जैसे ही पता लगा, फौरन आया। पिछले दिनों एक बार दिल्ली जाना हुआ

था, तो आप थे नहीं।"

"और सब तो ठीक है, घर में लोग कैसे हैं?"

"सब आपकी कृपा है, सर!"

"आपके डैडी के स्वर्गवास से सबको बड़ा धक्का लगा था। वहाँ दिल्ली में उनको राज्यपाल बनाने का प्रस्ताव करीब-करीब तय हो गया था।"

"अच्छा, सर!"

"हाँ भई, मैंने खुद प्रधानमंत्री को सुझाव दिया था।"

"कितना अच्छा होता सर, उनकी भी यही आखिरी तमन्ना थी।"

"ईश्वर की इच्छा शायद कुछ और थी।"

"हाँ सर! नियति कौन टाल सका?"

"फिर भी दुख तो होता ही है।"

"हाँ सर!"

इसके बाद एकदम लहजा बदलकर गुरुपदस्वामी ने पूछा, "यह ताँबाकांड के बारे में सुना है आपने?"

"ताँबाकांड की तो बड़े जोरों से जाँच चल रही है।"

"कहाँ?"

"आज भी एस. पी. विजिलेन्स के मातहत एक पार्टी कानपुर में, दूसरी पार्टी शाहजहाँपुर, बरेली, बदायूँ आदि इलाकों में गई हुई है। उधर विद्युत परिषद को, जिन भंडारघरों से ताँबा उठा लिया गया, उनकी पूरी सूचना देने को कहा गया। आज ही सुना, अब मामला सी. बी. आई. को दिया जा चुका है।"

आई. जी. की आखिरी बात सुनकर गुरुपदस्वामी को एक जबरदस्त धक्का लगा। वह राष्ट्र के गृहमंत्री थे और उनको यह मालूम ही नहीं था, ताँबाकांड सी. बी. आई. को सौंपा जा चुका था। लेकिन उन्होंने अपनी प्रतिक्रिया को दबाते हुए कहा, "आखिर कुछ पता भी लगा?"

"हाँ सर! अभी तक जो बातें पता लगीं उनके अनुसार तो यही लगता है, कोई बहुत बड़ा गिरोह काम कर रहा था।"

"वो कैसे?"

"इतनी जल्दी उतना सारा ताँबा जो गायब हो गया।"

"ताँबा गायब हो गया?"

"हाँ सर, विद्युत परिषद के गोदामों मे रातों-रात इतनी बड़ी तादाद में ताँबा उठाने के बाद स्टेट के बाहर कहीं पहुँचा दिया गया। यह सब गैरकानूनी ढंग से यह सोचकर किया गया था, किसी को पता तो लगेगा नहीं या फिर मामला दबा दिया जाएगा।"

"गैरकानूनी ढंग का क्या मतलब ?"

"मतलब साफ है सर, स्टेट के बाहर ताँबा ले जाने का परमिट कहाँ था ? जो तीन ट्रकें पकड़ी गईं, उनको इसी बात की वजह से रोका गया।"

"अच्छा !"

"औद्योगिक निगम के कोटा-लाइसेंस पूरे ताँबे के स्टाक के लिए जिन चार-पाँच पार्टियों के नाम जारी हुए उनके सबके पीछे एक ही आदमी था, कामयाब सेठ !"

"कामयाब सेठ ?"

"हाँ, वही कामयाब सेठ, जिसने पहले तो कोटा-लाइसेंस पर खुद ही माल उठाया और फिर अपनी ही दिल्ली की फर्म को बढ़े दामों पर बेच दिया। सारा मामला फर्जी था। ऐसा दिमागी जालबट्टा तो कभी सुना नहीं।"

"जो ट्रकें पकड़ी गईं, वह कहाँ हैं ?"

"पुलिस की हिरासत में !"

"किसकी थीं ट्रकें ?"

"दो ट्रकें तो राष्ट्रीय निर्माण संघ के नाम रजिस्टर्ड हैं, एक किराए की थी।"

"राष्ट्रीय निर्माण संघ, वही कृष्णबल्लभवाला ?"

"हाँ साब ! पिछले काफी दिनों से इनके भाई यशोदाबल्लभ की हरकतों की रिपोर्ट पुलिस हैडक्वार्टर्स में बराबर आ रही थी। उस इलाके में अफीम की खेती कोई आज से तो होती नहीं। इसलिए किसी ने कुछ कहा नहीं। ऊपर से कृष्णबल्लभ जी का दबाव लगता रहा। लेकिन इधर डकैत दुर्लभ काछी के गिरोह ने बड़ा उत्पात मचा रखा था, तभी···" कहते-कहते आई. जी. पुलिस रुक गए।

"हाँ कहिए···।"

"मेरी ही गलती है सर, माफ करें, लेकिन तब हमको भी नहीं पता था, दुर्लभ काछी और यशोदाबल्लभ एक ही थैली के चट्टे-बट्टे थे।"

"आपकी गलती ?"

"दुर्लभ काछी के आतंक के घिनौने किस्से दिन-पर-दिन बढ़ते जा रहे थे। दिल्ली से भी लिखकर आया था। तभी वह हमसे आकर मिला। हमें···हमें क्या सभी को उसकी काबलियत पर बड़ा भरोसा था। हाई लेवल कमेटी में उसका ही नाम सुझाया गया था। हमें क्या मालूम था···वह भी तैयार होकर आया था···बस हमने भी उसे आग में झोंक दिया। बाद में सभी ने उसकी शाहजहाँपुर की पोस्टिंग पर संतोष दिखाया। यहाँ तो दुर्लभ काछी के गिरोह के सफाये को बस कुछ ही दिनों की बात समझ लिया गया। लेकिन होनी तो···।" आगे आई. जी. पुलिस से बोला न गया। उनकी आँखें भर आईं। गला रुँध गया।

गुरुपदस्वामी बस फटी-फटी आँखों से उनको देखते रहे। वह समझ गए थे, आई. जी. फूलदास के बारे में कह रहे थे। तभी उनको बगल के कमरे में बाई जी के होने का खयाल आया। उसके साथ ही बाई जी के, उनसे भीख-जैसी माँगी गई बात के शब्द याद आए, 'मुझे मेरे बेटे का कातिल चाहिए।' इसी के साथ आई. जी. पुलिस के बोल उनके कान में पड़े।

''गृहसचिव ने मुझे फोन किया था? मैं तो वैसे भी आ रहा था। फिर जरा देर जान-बूझकर कर दी थी। सोचा, आपसे मिलने से पहले फूलदास के कातिल गिरफ्तार हो जाएँ तो आपके सामने आँखें उठा सकूँगा।''

गुरुपदस्वामी अब आई. जी. को सिर्फ घूर रहे थे। एक पल रुककर हाथों से मुँह और आँखें पोंछने के बाद आई. जी. ने कहा, ''सर, फूलदास के कातिल दुर्लभ काछी और जालिम खाँ, अभी-अभी खबर आई थी, हरदोई-रोड पर जीप से भागते हुए पकड़ लिए गए।''

गुरुपदस्वामी जैसे किसी लंबी नींद से जागे। उनके मुँह से अनायास ही निकला, ''क्या?'' जिसके जवाब में आई. जी. पुलिस ने सिर हिलाकर हामी भरते हुए अपनी गर्दन नीचे की ओर झुका दी। बिना आगे कुछ पूछे या कहे, गुरुपदस्वामी चुपचाप सोफे से उठकर बाई जी के कमरे की ओर चल दिए।

नौ

कालीशंकर उत्सुकदास के कमरे के अंदर मंत्रिमंडल की लिस्ट लेकर तो गया नहीं। बस वहीं बाहर से उलटे पाँव लौट आया। फिर अखबारवालों से बचने के लिए वह पीछे के रास्ते से बैठक में होता हुआ चुपचाप अपने कमरे में पहुँचा, जहाँ हाथ की फाइल उसने मेज पर छोड़ दी। उस समय उसका जी बहुत खराब हो रहा था। एक धरातल जिस पर आज कितने दिनों से वह रुका हुआ था, वह जमीन जिस पर शायद जन्म की यादों तक से जुड़ा था, टिका था, आज अचानक पैरों के नीचे से निकल गई और आधाररहित, अलग, बिना किसी गुरुत्व के जैसे त्रिशंकु की तरह वातायन के खालीपन में झूलता हुआ कालीशंकर उत्सुकदास के घर से निकल गया।

वह न तो वक्त की मार थी, न ही कोई सीधा-सादा धोखा। यह तो जीते-जी मार डालने-जैसी बात थी। कालीशंकर जो कुछ देर पहले तक जोश के सैलाबों में बहा चला

जा रहा था, एकाएक अनजानी गहराइयों में डूब चला। आसपास सहारा पकड़ने के लिए कुछ भी न था और दूर-दूर तक कभी खत्म न होनेवाली अँधेरी ढलानें उसे खींच रही थीं। फिर भी अब कहीं भी न पहुँच पाने की जिद ने जैसे उसके मन और उलझी हुई मानसिक शिराओं को बिना जरूरत, बिना माँग के तन-बदन से बाँध रखा था। वह इस बंधन को तोड़ना चाहता था, बस किसी भी तरह अँधेरी ढलानों के किसी अंतिम छोर पर पहुँच जाना चाहता था।

लेकिन आज कालीशंकर ने जो कुछ देखा था, जो कुछ सुना था, वह सब उसकी कल्पना से परे नहीं था। बल्कि वह तो अंदर-अंदर इसी सच के सहारे जी रहा था। उसकी ब्याहता औरत प्रतिभा, अपना कहलानेवाला बेटा राहुल, तमाम रिश्तों-नातों की तह से जुड़े उत्सुकदास और जो कुछ भी तब तक उसके सामने था। वह झूठ था ऐसा उसे मालूम तो नहीं था, फिर भी मन के अनेक किनारों-कोनों में, मानसिक प्रक्रियाओं के कितने ही जोड़-घटाव हमेशा उसने किए थे। वह सब उसे बेचैन किए रहते। लेकिन इनके सहारे उसने न जाने हुए सच की एक बुनियाद तो बना ही ली थी। आज सबकुछ जो सामने था जब झूठा बन गया, सामने आई हकीकत उसके अंदर की उसी बुनियाद से जाकर जुड़ गई जिसमें हर मौके-बेमौके उसने कुछ जमा किया था, मिलाया था। इसलिए, इस सबके बाद भी, शायद इसीलिए, वह बचा हुआ था, एकदम टूट नहीं गया।

उत्सुकदास के घर से निकलते वक्त तक कालीशंकर ने आगे का कुछ भी सोचा नहीं था। लेकिन प्रतिभा और राहुल, जो इतने दिन बाद लखनऊ आए थे, से एक बार मिले बिना बाहर चले आना खुद अपने-आप में ही एक तरह का फैसला था। उसके बाद कुछ देर बस यूँ ही सुनसान सड़कों पर वह भटकता रहा। जाहिर था, उसकी गैरमौजूदगी में उसे ढूँढ़ा जाएगा। और फिर प्रतिभा के आ जाने से खोज जरा सरगर्मी से होगी। अब यह सब जान लेने के बाद उत्सुकदास के यहाँ वापस जाने का सवाल नहीं था। दारुलशफा के कमरे में भी रुके रहना, उत्सुकदास के पास वापस पहुँच जाने-जैसा ही था।

आज जीवन में पहली बार कालीशंकर को लगा, वह कितना अकेला था। आदमी के कम-से-कम दो ठिकाने होते हैं। जब घर में चोट लगती है तो बाहर मुँह छिपा लेता है, जब बाहर अहं पराजित होता है तो घर पहुँचकर माँ, बहन, बीवी, बच्चों के साये में व्यक्तित्व की कमी रुकी नहीं रहती है। लेकिन उसका क्या हो, जिसका सबकुछ छिन गया हो—बस एक झटके में जैसे बकरा हलाल हो जाए। फिर भी न तो क्रोध हो, न ही सिर पे खून सवार हो और उलटे बर्फीली ठंड-सी खून के कतरे-कतरे में घुसकर बैठ जाए। ऐसे में उसके पास कुछ करने या न करने के तर्क तक नहीं थे। इसीलिए वह आज अभी, इसी वक्त बस इन सबसे दूर—बहुत दूर चला जाना चाहता था।

सड़कों के सन्नाटों से जरा हटकर कालीशंकर रायल होटलवाले चौराहे की तरफ से

बेलदारी लेन होता हुआ मेडू खाँ की सराय के पास तक पहुँच गया। दारुलशफा में घुसने से पहले उसे लगा, अब खतरा सामने है। किसी क्षण कोई भी रोककर उससे मंत्रिमंडल की जानदार खबरों को जानने के लिए फूहड़ सवाल कर सकता था। इतने सालों तक सत्ता की राजनीति की धुरी मे जुड़ा रहने पर भी आज इस सबसे उसे बेहद घिन आ रही थी। लेकिन एक बार अपने कमरे तक तो जाना ही था। उसने सोचा, काश! यहाँ से लेकर कमरे तक जाने के लिए कोई खुफिया सुरंग होती। लेकिन सुरंग तो थी नहीं; उसे बस यूँ ही छुट्टा, सरेआम जाना होगा। मर्द न होता तो मुँह ढाँक लेता। फिर करे भी तो क्या? उसके अंदर रुलाई का सैलाब-जैसा आ गया। तभी उसको पार्टी-मीटिंग का खयाल आया और पार्टी-मीटिंग के बाद होनेवाले शपथ-समारोह तक लोग-बाग शायद बाहर होंगे नहीं। उसी बीच एक बार कमरे तक हो लेगा। तब तक मेडू खाँ की सराय के खँडहरों के किसी कोने में बैठकर ज़रा देर तक बस रुलाई के सैलाब को भी निकल जाने दे। कालीशंकर वहीं से मेडू खाँ की सराय के अंदर हो लिया।

''आएगी! आएगी!! वह आएगी!!!'' बड़े जोर से चीखकर उसने फिर कहा, ''वह आएगी!''

आसपास से गुजरते हुए लोग रुक गए। कुछ अजब तमाशा, दारुलशफ़ा के 'ए' और 'बी' ब्लॉक के बीच की सड़क के दाहिने किनारे पर एक अजब माहौल था, जहाँ बूढ़े-से एक आदमी को घेरे हुए कई एक लड़के चिढ़ा रहे थे, हँस रहे थे।

''कौन आएगी?'' किसी ने पूछा।

''कहाँ गई, दोस्त?'' दूसरे ने पूछा, ''चली क्यों गई?''

वह जवाब क्या देता! वह तो चुप था, खामोश था कितने-कितने सालों से! कोई और बोला, ''अमाँ, यार, बीवी मायके गई होएगी। पीछे-पीछे ये भी वहाँ पहुँचे। बस उसने फटकारा होगा जरा कसके। पता नहीं, तुमको, कित्ती जबरदस्त होई थी ये फटकार, तभी तुलसीदास गोसाईं बने''' महाकवि बने। ये झेल न पाए तो मारे-मारे भटक रहे।'' बस इतना कहना था, छोटे-बड़ों की घेरे खड़ी भीड़ से हँसी के ठहाके उठे और तालियाँ बजने लगीं।

पर उसे इन बातों की जरा भी फिकर न थी। रामधुन की तरह बस रटता रहता, 'वह आएगी, वह आएगी।' कोई कुछ भी कहे, लोगों की हर बात का उसके पास बस एक ही जवाब था, 'वह आएगी।' ऐसा था जैसे उसकी पूरी पहाड़-सी जिंदगी की सारी बातें, अनादि नाद की तरह इन दो शब्दों में सिमट गई हों। कहते-कहते उसकी मुट्ठी बँध जाती, मुँह लाल पड़ जाता और पूरी ताकत से चिल्लाकर कहता, ' वह आएगी। '

उसके एक हाथ में कुल्हड़ था जिसमें जूठी दाल लगी थी, दूसरे हाथ की बंद

होती-खुलती मुट्ठी में कुछ चिल्लर दबाए रखने की कोशिश करता। फटी हुई छींटदार कमीज, टुकड़ों-टुकड़ों में खाकी पैंट के साथ उसकी सूखी हुई हड्डियों को छिपा सकने में नाकाम हो रही थी।

दारुलशफा के कई छोटे-मोटे नेता उससे जलते थे। कई-कई सालों तक सबकुछ कर लेने पर भी उनको उसके जितनी नामवारी हासिल न हो सकी। लखनऊ शहर के कोने-कोने में उसका नाम था, हर जगह उसकी बात होती। वह जिधर भी जाता, लोग-बाग उसे पहचान लेते, पूछते, 'कहो दोस्त, आई?'

हो-हल्ला-हुल्लड़ मचाती हुई लड़कों की टोली उसके पीछे-पीछे उन दिनों चला करती। परेशान, थके हाल इनसे बचने के लिए वह भागता तो लड़के उसे दौड़ाया करते, उसक ऊपर ईंट-पत्थर फेंका करते। 'पागल... पागल... पागल है,' का नारा लगाती हुई भीड़ उसे बुरी तरह चिढ़ा देती। लेकिन वह चुपचाप, सबकुछ सह लिया करता। भीड़ के नारे, लड़कों के हुल्लड़, लोगों के ताने जब उसे बेहद सता देते, तो बस मुट्ठी बाँधकर जोर-जोर से चीखने लगता, 'वह आएगी... वह आएगी!'

उसकी बड़ी-बड़ी आँखें, सिर पर लंबे-सूखे उलझे-खिचड़ी बाल, माथे पर मोटी लकीरें जैसे सारी कहानी कह देते। चिल्लाने पर उसका गला फूलकर लटक जाता और मोटी-मोटी नसें जैसे फटकर आगे गिरने को हो जातीं। चेहरे पर आधी सफेद, आधी कलौटी दाढ़ी बेतरतीब इधर-उधर बढ़ आई थी। दाएँ पैर में उसके एक लंबा-सा किसी पुराने घाव का निशान था।

किसी को पता नहीं, वह कहाँ से आ गया। हाँ, यह तो सभी कहते, 'यहाँ का था नहीं। कहीं दूर... बड़ी दूर से चलता-चलता बस एकाएक, कुछ ही दिनों पहले, आएगी... आएगी... वह आएगी', चिल्लाता हुआ सड़क पर चला जा रहा था। अब तो कई शौकीन-मिजाज हस्तियों ने उसे खिलाना-पिलाना शुरू कर दिया था। कई हसीन मोटी औरतें तो उसे रख लेने को तैयार थीं। उसके यह दो शब्द बस तीर की तरह हर जानने-समझनेवाले के मन में पैठ जाते और हमदर्दी का सहारा पैदा कर लेते। उधर आगे और कुछ कह न पाने की वजह से लोग इसके हजार-हजार मतलब निकालते। उसको कई जगह सहारा मिल सकता था, लेकिन वह तो था, जो कहीं टिकता ही नहीं था।

लेकिन, दारुलशफा में देखनेवाले आज कह रहे थे—बेहद चुप था वह। घंटों से लोग चिढ़ा-चिढ़ाकर थक गए पर एक बार भी उसने नहीं कहा तो नहीं कहा—'वह आएगी।' न जाने क्या हो रहा था उसे! बड़ा बीमार-सा, थका हुआ, बेहद टूटा हुआ जैसे आज बिसरा पड़ा हुआ था। जब जरा ज्यादा शोर-गुल मचता तो बस एक बार फटी-फटी आँखों से देख लेता और फिर बिना हिले-डुले गरदन झुका लेता।

अब धीरे-धीरे उसकी खामोशी से बोर होकर लोग-बाग छँटने लगे थे। तभी ज़रा पीछे की तरफ खड़ा हुआ उत्सुकदास का बूढ़ा नौकर जगह हो जाने से आगे बढ़ आया। कुछ हँसी-मजाक, कुछ अपनी उम्र के आदमी को जरा और नजदीक से देख लेने के लिए ही वह क़रीब आया था। उत्सुकदास का बूढ़ा नौकर असल में प्रतिभा और राहुल के ठहरने के लिए कालीशंकर के कमरे में सामान-असबाब जमाने-जुटाने आया था। फिर कुछ सौदा लेने के लिए जब वह लालबाग की तरफ जाने लगा तो बीचवाली सड़क पर हुल्लड़वाली भीड़ देखकर रुक गया था।

भीड़ कम हो जाने पर भी काफी लड़के, शोहदे, हर मौसम सदा-बहार जीने-जागनेवाले दारुलशफा-मार्का चमचे और चकरबंध जमे थे। 'वह आएगी' कहनेवाला आदमी जिसे पागल-पागल कहकर लोग इतनी देर से चिढ़ा रहे थे, अब उसके सामने था ... बिलकुल सामने। वहीं सड़क से लगी दीवार पर टेक लगाए वह बैठा था। बस पहली ही नजर में उसे देखकर बूढ़ा नौकर जैसे दहल गया। कुछ अजीब-सी ममता, एक अनजाना अपनापन, खोया हुआ मिल पाने-जैसी कुछ मीठी-मीठी पहचान-सी सुरसुरी उठने-उमड़ने लगी।

बूढ़े नौकर ने बस एक पल उसे देखकर ही आगे बढ़ जाने का इरादा किया था। लेकिन देख लेने के बाद उसके कदम जकड़कर वहीं रुक गए। क़ाफी देर तक खड़ा-खड़ा बस उस पागल को देखता रहा। फिर वहीं जरा हटकर बैठ लिया। वह मीठी-मीठी पहचान को अपनी याददाश्त के झरोखे पर बिठाकर ऐसा जान पाने की कोशिश में था, जिसे उसने पहले कहीं पाया, माना था। बड़ी कोशिशों के बाद भी उसकी कुछ भी तो समझ नहीं आया। लेकिन उठकर वह वहाँ से जा भी न सका, बस बँधा बैठा रहा।

इतने में जो लोग अब भी खड़े थे, उनमें से किसी ने कहा, "मारो साले को!" फिर क्या था, लड़कों-शोहदों ने उठाकर ढेला फेंकना शुरू कर दिया। तभी एक ने वजनी ढेला उसके ऊपर दे मारा। नुकीला ढेला सीधे उस पागल के सिर पर जाकर लगा और वहाँ से खून की धार निकल पड़ी। जैसे अनेक-अनेक मासूम सवालों में, दर्द से छटपटाते हुए बची हुई साँस का हिसाब देने के लिए, उस पागल ने झुकी हुई गरदन उठाकर ढेला फेकनेवाली भीड़ की तरफ देखा। उसकी निगाहों में न बचाव की भीख थी, न उठकर चले जाने की कोशिश!

उत्सुकदास के बूढ़े नौकर से अब रहा नहीं गया। वह फिर से उठकर खड़ा हो गया और लगा चीखने-चिल्लाने! उसके अंदर आदमियत की शक्ल में जज्बातों का सैलाब आया जो गालियों की लफ्फाजी बनकर निकल रहा था। ढेला फेंकनेवालों में से एक का हाथ पकड़कर उसने ढेला छीन लिया और एक वजनी गाली दी। फिर औरों की तरफ देखते हुए कहा, "एक-एक को बँधवा दैएँगे। हमका जानत नहीं हौ तुम लोग, हम

मुख्यमंत्री कै घरलू नौकर हंय ! " बूढ़े नौकर की आदमियत-भरी बातों, वजनदार गालियों और आखिर में उत्सुकदास के जिक्र ने सबके हाथ से ढेले तो फेंकवा दिए, फिर भी एक ढीठ प्रकार का चक्करबंध बोल ही दिया, "कौन लगता है ये तेरा ?"

बस इतना सुनना था, बूढ़े नौकर ने घूमकर पागल की ओर देखा। सिर से बह रहे खून की धारा से सीने की कमीज तक लथपथ होने लगी थी। माथे के नीचे दाईं तरफ की कनपटी पर भी बड़ा-सा गुम्मा उभर आया था। तभी आँखें उस पागल की आँखों से मिल गईं। एक पल को बूढ़े नौकर की नजर वहाँ से हटकर नीचे खिसकती हुई उसके पैरों पर पड़ गए पुराने घाव के निशान पर टिकी और फिर वापस आकर उन्हीं आँखों से जुड़ गईं।

इस बार पागल ने न तो गरदन झुकाई, न ही बूढ़े नौकर से मिल रही अपनी नजरों का हटाकर कहीं और ही किया। उधर बूढ़े नौकर के हाथ से छीना हुआ ढेला छूटकर नीचे गिर गया, लेकिन हथेली खुली की खुली रह गई। हाँ, बाएँ हाथ की उँगलियाँ जरूर अपने गंजे सिर को धीरे-धीरे खुजलाने लगीं। इतने में उसके अंदर बिना आवाज, बिना आँसू की सूखी रुलाई जैसे ठुमकियाँ ले-लेकर उठने लगीं। इसके साथ होंठों के अलग-अलग हो जाने की वजह से आश्चर्य, क्षोभ, पीड़ा में खुला हुआ उसका मुँह फिर से बंद होने लगा। और तभी सूखी रुलाई की ठुमकन को दबाकर बड़ी मुश्किल से, बेचैन कशमकश के बीच उस पागल की आँखों की गहराइयों में झाँकते हुए कहा, "अरे ! बनवारी, तुम !! "

गोविंदपुर महराज की रियासत के खजांची के यहाँ पहले जमाने में बनवारी नाम का एक कारिंदा था। उसे उन दिनों उगाही के लिए दूर-दूर रियासत के कोने-कोने में जाना पड़ा करता। नया खून था, बड़ी ईमानदारी, बड़ी लगन से काम करता। खजांची को माई-बाप और रियासत के मालिकों को भगवान समझकर उनकी पूजा में मरने-मिटने को हमेशा तैयार रहता।

उसका छोटा-सा अपना संसार था, जिसकी उमंग में जीते-जागते वह जी रहा था। उसके अपने संसार की बुनियाद, उसके खयालों, उसके तसव्वुर का फैलाव बस सिमटकर उसकी प्यारी-प्यारी दुल्हन मंतन में समा जाता। मंतन का, बनवारी न सिर्फ दुल्हन सरीखा मान करता, वह तो उसे जान से भी ज्यादा प्यारी थी। उधर मंतन भी बनवारी पर वारी-वारी रहती। दोनों के जिस्म तो दो थे, लेकिन जान एक।

मंतन असल में बड़ी नखरेवाली थी। उसका लाजवाब हुस्न, उसकी हसीन अदाएँ हर देखनेवाले को दीवाना बना देतीं। चेहरे-मोहरे, नाक-नक्श से बेहद खूबसूरत उसका बदन बस गुलाबी दूध में नहाया हुआ-सा लगता। और दूर-दूर तक के गाँव में उसके-जैसा कोई न था। हर औरत से मंतन अलग-जैसी थी। इसकी खास वजह थी,

उसके सीने पर की गोलाइयाँ जो न बदन में समातीं और न ही कपड़ों में छिप पातीं; वे तो बस जैसे बार-बार उछलकर अलग गिर जाने-सी हरकतें करतीं। इन गोलाइयों को देख-भर पाने, छू लेने को कितने-कितने लोग दिन-रात तड़पते।

लोगों की तड़प, भूखी-नंगी, नापाक निगाहों के बारे में मंतन बेखबर तो थी नहीं। लेकिन मन से उसके अंदर बनवारी के लिए बेहद मोहब्बत थी। और फिर बनवारी भी बड़े मन से उसे प्यार करता। अपनी मजबूत बाँहों में भर-भर कर वह अपनी महबूबा के तन-बदन, उसके अंग-अंग के हर कोने से उठती हुई जवानी की अँगड़ाइयों को खींच लेता। कुछ भी उधार न छोड़ता, कुछ भी बाकी न रखता।

उसके बाद मंतन को इधर-उधर ताक-झाँक करने की जरूरत ही कहाँ थी! वह तो बस इसी तरह बनवारी के साथ-साथ जीते रहना चाहती। लेकिन जवानी की आग जब खुद को जला न पाए तो बाहर की ओर फैलती है। ऐसे में बस उसे यही लगता, कहाँ छिपे, कहाँ भागे! अकेले सुनसान रास्तों, यहाँ तक कि खाली घर की दीवारों तक से उसे डर बना रहता।

उधर बनवारी को मंतन के ऊपर बड़ा भरोसा था। उसकी चाहत, उसकी तमन्नाओं का स्वर्ग उसके पास था। और उसे भला चाहिए ही क्या था? इसीलिए उस स्वर्ग को बनाए रखने के लिए वह दिन-रात गोविंदपुर महाराज की रियासत के खजांची की सेवा करता। जब कभी उसे दूर-दूर उगाही के लिए जाना पड़ता तो उसका जी भारी हो जाता। ज्यादा दिन उससे रहा न जाता। मंतन के बिना उससे निबाला निगला नहीं जाता, पानी का घूँट तक जैसे हलक तक उतरकर ऊपर-ऊपर धरा रहता। जल्दी-जल्दी घर लौट आता वह उन दिनों। लेकिन उस बार बनवारी को देर हो गई। गर्मी के दिन थे। घर के लोग छत पर सोए थे। लेकिन मंतन नीचे आँगन में लेटी थी। बस अगले दिन सबेरे ही बनवारी को आना था।

खजांची का छोटा भाई उस इलाके का नामी बदमाश था। लोग तो यहाँ तक कहते थे, गोविंदपुर राजमहल में उसका अच्छा-खासा आना-जाना था। महल के कुछ और लोग भी उसके साथ मिले हुए थे। काफी दिनों से सबकी नजर मंतन के ऊपर तो थी ही। उस दिन उन लोगों ने ठान ली। रात के अँधेरे में दबे-दबे पाँव पाँच-सात लोग दीवार फाँदकर घर में घुस आए। उन लोगों ने मंतन को उसी चारपाई में, जिस पर वह लेटी थी, बाँध दिया और मय चारपाई के उठा ले गए। वहीं गाँव के बाहर एक नहर थी। उसी नहर के पास के वीराने में चारपाई जाकर उतारी। और फिर एक-एक करके सात आदमी उसके ऊपर उतरे थे, उस रोज। कहते हैं, बेहोशी की हालत में उसकी छीछालेदर कर डाली उन हत्यारों ने। उसके बाद मंतन कहीं भाग गई।

फिर सबेरा होने पर, दूसरे दिन लौटने पर बनवारी को जब मंतन नहीं मिली तो वह

कई महीने तक उसे ढूँढ़ता रहा। इन कई महीनों में धीरे-धीरे उसकी रगों में सबकुछ जहर बनकर उबलता रहा। हसीन रंगीनियों में सदा जीनेवाला बनवारी भी दर-दर की ठोकरें खाता रहा। दिल और दिमाग पर बस एक ही जुनून सवार था, एक ही उम्मीद, पर शायद वह अपनी साँसों की तारतम्यता रोके हुए था—'मंतन आएगी''' वह आएगी!'

जब काफी दिन गुजर गए, मंतन नहीं आई तो बनवारी पागल हो गया। फिर अकेले वह भी गाँव छोड़कर चला गया। उधर बनवारी और मंतन की अकेली औलाद धीरे-धीरे बड़ी होने लगी।

बनवारी के बाप तब जिंदा थे। उन्होंने ही अपने बेटे की औलाद को कलेजे से लगाकर खिलाया, जिआया। मंतन के लौट आने की तो किसी को उम्मीद नहीं थी; हाँ, बनवारी का सभी काफी दिनों तक इंतजार करते रहे। लेकिन वह भी नहीं आया और बीस साल तड़प-तड़पकर जी लेने के बाद उसके बाप ने जब आँखें मूँद ली थीं तब बनवारी की औलाद बाइस-तेइस की रही होगी।

'अरे बनवारी तुम!! बनवारी तुम!!' जैसे बड़ी दूर से, किसी ऊँचे पहाड़ी टीले पर खड़े होकर कोई कह रहा था, 'बनवारी तुम! अरे बनवारी तुम!!' यह वादियों की फुसफुसाहट थी या तनाव की दूरियों की कोई झन्नाटेदार आवाज! आज कितने-कितने सालों के बाद कोई दिलो-दिमाग में सो गए उस नाम को जगा रहा था जिससे अब उसका न तो कोई वास्ता था, न ही जिससे जुड़ी हुई यादों की परछाइयाँ! उसका वुजूद, उस नाम का वुजूद, उन यादों की हस्ती कब की ढेर हो चुकी थी। वह तो अनजाने शहर के गुमनाम इलाके में बस साँसों का बोझ ढोता हुआ, 'वह आएगी' इन दो शब्दों के सहारे, जो सारी ज़िंदगी की यादों की सबसे आखिरी कड़ी से निकले हुए थे, जीने जैसा कर्ज चुका रहा था।

आज करीब तीस-बत्तीस साल बाद अचानक, एकदम से, बनवारी के जहन में उसका नाम नींद की अंधी ढलानों से उठकर बैठ गया। लेकिन अपने नाम का अहसास उसे जब हुआ तो ऐसे जैसे कोई जहर से बुझा तीर, तेज—बड़ी तेज रफ्तार में, हवा के संग वातायन की दूरियों को लाँघकर चुभ गया। एक पल को तो लगा, सबकुछ झूठ था, सच तो था बस इन्हीं दो शब्दों की उम्र, जो तीस साल-सी लंबी थी। लेकिन वह दस्तक, वह फुसफुसाहट, झन्नाटेदार आवाज, फिर वातायन की दूरियों में रफ्तार पकड़ता हुआ कोई नुकीला तीर!

बनवारी का हाथ अपने माथे की ओर बढ़ चला और माथे के नीचे दाहिनी तरफ उभरे हुए गुम्मे पर टिक गया। अब ऊपर से टपकता हुआ खून उसके हाथ पर गिर रहा था। बड़ी कोशिशों के बाद भी उससे सँभलकर बैठा नहीं गया। नाम के अहसास के लौटने लगने के साथ, अपने वुजूद, अपनी हस्ती का टूटा-फूटा धरातल भी उभरकर

ऊपर आने लगा था। लेकिन यह सब जितनी जल्दी में, समय के जिन टुकड़ों में हो रहा था, उसको चक्कर आने लगा और फिर कुछ ही पलों में बैठे रहने से वह लुढ़ककर वहीं ढेर हो गया।

उत्सुकदास के बूढ़े नौकर ने गिरते हुए बनवारी को आगे बढ़कर सँभालने की कोशिश तो की, लेकिन वह तो पहले ही लुढ़क गया था। उसने जल्दी से उसका सिर उठाकर अपनी गोद में ले लिया। इतना ही होना था, बस वहाँ खड़े लोगों में हलचल-सी मच गई। किसी ने आगे बढ़कर रूमाल से उसका खून पोंछना शुरू कर दिया। और लोग भी कुछ-न-कुछ कर पाने के लिए कहने लगे। तब बूढ़े नौकर ने औरों की मदद से बनवारी को उठाकर बिठाया और उसे फिर कई आदमियों के सहारे से कालीशंकर के कमरे की ओर लेकर चल दिया!

मेडू खाँ की सराय के खँडहरों में बैठे-बैठे, कालीशंकर ने इतनी देर में फैसला कर लिया था। अब यहाँ किसी को उसकी न तो जरूरत थी, न ही उसके अहं, उसके जज्बातों की कोई भी कद्र करनेवाला था। वह एक बड़ी मशीन का बेकार-सा पुर्जा था जिसके अलग हट जाने पर कोई और उस जगह पर लग जाएगा। किसी मामूली-से आदमी का भी जो कुछ अपना, सिर्फ अपना कह लेने-भर का होता, वह सब भी तो उसका अधूरा-टूटा हुआ था। अब तो उसे लग रहा था, वह सब अधूरा, टूटा ही नहीं, बेकार और फर्जी था। सच में तो यहाँ उसका कुछ भी नहीं था। सिर्फ कुछ ढकोसलों की अनगिनत पर्त पर चढ़कर बैठा भरम था, जो एक झटके में घिनौनी हकीकत बनकर सामने आ गया था।

कालीशंकर को इस सारे माहौल से घिन आने लगी थी। और कोई दिन होता या इस दिन भी उत्सुकदास के यहाँ वह सब उसने देखा न होता, सुना न होता या प्रतिभा उसकी ब्याहता न होती या फिर उत्सुकदास इतने बड़े माई-बाप न रहे होते तो वह सत्ता-राजनीति की गहरी पैठ में डूबा हुआ समय की ऐसी इकाइयों से जुड़ा होता जो सबके लिए मुमकिन नहीं हो पाता। लेकिन यह न होता, वह न होता, यहाँ नहीं, वहाँ नहीं, ऐसा नहीं, वैसा नहीं—इस सबसे होना क्या था? उसके लिए तो जो भोगा था वही सामने था।

फिर भी, पिछले तमाम दिनों की आस्था आज अब टूट गई तो रुके रहने से क्या होना था? और जो प्रतिभा नापाक हकीकत की शक्ल में मंत्रिमंडल का समारोह देखने आई थी, राहुल को साथ लेकर, उस तक रुकना वाहियात-सा लगा उसको। पार्टी-मीटिंग भी तो उसी जशन का एक हिस्सा थी। तब तक भी आखिर क्यों रहे वह! इतनी देर में उसने कमरे तक पहुँचने के बीच की परिस्थितियों के लिए अपने को तैयार कर लिया था। एक बार... बस आखिरी बार, थोड़ी देर के लिए उसे एक मुखौटा लगाना था। और उसके

बाद हमेशा-हमेशा के लिए वह यहाँ से दूर... बहुत दूर जाने के लिए चल देगा।

कमरे में उसको जाना था कुछ पैसे, कपड़े तथा कुछ जरूरी सामान लेने के लिए। कालीशंकर उठकर खड़ा हो गया। इतनी देर तक वहाँ यूँ ही बैठे-बैठे अनजान म लकीरों के जो गड़मड़ उसने बना डाले थे, उनको जूते के तल्ले से रगड़-रगड़कर उसने बिगाड़ डाला। और फिर बेजान-से बदन को हल्का-सा झटका देकर वह मेडू खाँ की सराय से बाहर की ओर निकल जाने के लिए चल दिया।

बेलदारी लेन को पार करके 'बी' ब्लॉक पिछवाड़े की तरफ से होते हुए दूर-दूर तक ताक-झाँक करते हुए कालीशंकर 'ए' और 'बी' ब्लॉक के बीच की सड़क से न जाकर 'ए' ब्लॉक के भी पीछे से घूमकर सामनेवाले फाटक से लगे हुए किनारे पर जा पहुँचा। वहाँ से उसने बरामदे तक का फासला करीब-करीब दौड़कर पूरा किया। फिर बरामदे में पहुँचकर वह कुछ पलों के लिए सीढ़ी के निचले हिस्से के पीछे छिपा रहा। कुछ लोग सामने से आ रहे थे, जिनके निकल जाने तक वह वहीं रुक गया।

कालीशंकर एकदम से अपने कमरे में घुसना नहीं चाह रहा था। क्या पता, उस वक्त वहाँ कोई हो! इसीलिए सीढ़ियों के पीछे से निकलकर बरामदे का बाकी हिस्सा पार करके वह अपने कमरे की खिड़की के करीब जब पहुँचा तो वहाँ तो उसे काफी भीड़ दिखाई दी। तभी उसने देखा, भीड़ को हटाकर उत्सुकदास का बूढ़ा नौकर बाहर आया। उसके हाथ में डॉक्टरी बैग था। फिर एक डॉक्टर भी बाहर निकला, जिसने बूढ़े नौकर के हाथ से अपना बैग ले लिया। और फिर कुछ कहने के बाद डॉक्टर तो बरामदे से बाहर की ओर निकल गया। और बूढ़ा नौकर बार-बार लोगों से चले जाने के लिए कहने लगा था। कुछ तो समझकर चल दिए, लेकिन दो-चार जमे रहे। तब बूढ़े नौकर ने अंदर घुसकर दरवाजा बंद कर लिया।

अपने कमरे की जिस खिड़की के पास खड़ा हुआ कालीशंकर यह सब देख रहा था, वहाँ उसे और लोग नहीं देख सके। लेकिन उसने खुद जो यह भीड़, उत्सुकदास के बूढ़े नौकर और वहाँ से निकलकर जाते हुए डॉक्टर को देखा तो उसे न जाने क्यों ऐसा लगा, जैसे अंदर कुछ ऐसा-वैसा हो रहा था, जिससे उसका भी संबंध हो। वैसे तो जो कुछ भी हो रहा था वह सब उसके अपने कमरे में ही था, जिसमें स्वाभाविक था उसके जाननेवाले ही थे। पर बूढ़े नौकर के तेवर, उसका जोश और फिर उसका जोर से दरवाजा बंद कर लेना, कालीशंकर के अंदर एक अजीब दहशत उभरकर उठने लगी।

वह सोच रहा था, कुछ भी हो, कोई लंबा चक्कर न फँस जाए। अगर लंबा चक्कर भी हो तो बस प्रतिभा या राहुल से संबंधित न हो। लेकिन उसने हिसाब लगाया, ये लोग अभी शायद यहाँ न आ सके होंगे। उसे तो सिर्फ एक बार कमरे के अंदर दसेक मिनट के लिए जाना था। लेकिन कमरे के अंदर जाने से पहले उसे यह जानना जरूरी लगा,

आखिर वहाँ हुआ क्या ? बाहर यह भीड़ कैसी ? डॉक्टर क्या करने आया था ?

जाहिर था, कुछ भी जानने के लिए कालीशंकर को दरवाजा तो खुलवाना पड़ेगा। लेकिन उसने देखा, दरवाजा बंद होने के बाद भीड़ भी कम हो चली थी। हालाँकि इक्का-दुक्का लोग अभी भी मँडरा रहे थे, लेकिन उनमें उसे कोई जाना-पहचाना तो नजर नहीं आया। अब खिड़की के पास और ज्यादा देर रुके रहना ठीक न था, इसीलिए वह वहाँ से जरा आगे ही बढ़ा था तभी खुद-ब-खुद कमरे के सामने इतनी देर से रुके हुए लोगों में से ही एक आदमी उसी की तरफ बढ़ चला।

अपनी ओर बढ़ते हुए आदमी को पल-भर देखकर जब उसको न जानने का इत्मीनान हो गया तो इससे पहले वह आगे बढ़ जाए, कालीशंकर ने आखिर उसे रोक ही लिया, ''क्यों भाई साब ! क्या ''' क्या बात है ?'' अपने कमरे के सामने ही होते हुए भी एक गुजरते हुए आदमी की तरह कालीशंकर ने पूछा।

''जी ?''

''मैं पूछ रहा था, वहाँ उस कमरे के सामने भीड़ क्यों थी ?''

''ओ ! वहाँ ? वहाँ तो एक पागल है।''

''क्या ?''

''जी हाँ, लगता क्या है, एक पागल दूसरे पागल से बहुत दिनों बाद मिला है।''

''पागल ? एक पागल ''' दूसरा पागल ?''

''जी हाँ, साब ''' मानें तो मानें ! मैं तो शुरू से था ''' मैंने सब देखा।'' उस आदमी ने काफी जोश में कहा।

''क्या देखा आपने ?'' कालीशंकर की अजीब हालत हो रही थी।

''आपको शायद पता नहीं। इधर काफी दिनों से लखनऊ की सड़कों पर 'वह आएगी ''' वह आएगी' बकता हुआ एक पागल घूमता था। आज वह न जाने कहाँ से यहाँ आया हुआ था, तो इस कमरे में मुख्यमंत्रीवाले हैं कोई, वे उसे उठा लाए। शायद उनका ही कोई पुराना साथी रहा होगा।''

इस बातचीत में कालीशंकर यह तो भूल ही गया कि वह अपने ही कमरे के सामने खड़ा था। बातचीत की आवाज से या यूँ ही किसी और जरूरत के लिए तभी कमरे का दरवाजा खुला और वहाँ से उत्सुकदास के बूढ़े नौकर ने खड़े होकर, जो जरा हटकर खड़े कालीशंकर को देखा तो दहाड़ मारकर रोने लगा।

बजरबट्टू उस दिन यूँ ही थका-हारा जब तिवारी मिस्त्री के मोटरखाने में घुसा था, उसे न आनेवाले वक्त की संजीदगी का ही पता था और न ही उससे जुड़नेवाली अहमियत का अहसास। फिर वह दुर्लभ काछी की जीप की फटी हुई विंडस्क्रीन का नक्शा और जीप के

फर्जी और असली नंबरों को अलग-अलग दोनों हथेलियों पर लिखकर दारुलशफा के 'ए' ब्लॉक के सामनेवाली सड़क पर, दोनों हाथ आसमान की तरफ उठाए हुए भागा था। बजरबट्टू की वह दौड़ कोई खास दौड़ नहीं थी। उसे तो बस दारुलशफा के दाहिनी मेन गेट तक ही दौड़ना पड़ा था, जहाँ उसे फूलदास का दोस्त चरणजीत मिल गया था।

चरणजीत ने फिर तिवारी मिस्त्री को हिरासत में ले लिया था और थाने में उससे पूछताछ के दौरान बजरबट्टू वहाँ मौजूद था। तभी जब तिवारी मिस्त्री ने जीप खड़ी करनेवाले का हुलिया बताया तो बजरबट्टू के सामने घुटनों तक कुर्ता, खद्दर की धोती, कीचड़-धूल में सनी चप्पल में छह फुट के, बड़ी-बड़ी मूँछ और लाल-लाल दहकती आँखोंवाले दुर्लभ काछी का चेहरा घूम गया। यही चेहरा उसने आज ही चार-साढ़े चार बजे 'ए' ब्लॉक की सीढ़ियों पर कमलासिंह के चेहरे से, कुछ पलों के लिए, जुड़ते देखा था।

मामला चूँकि उसके दोस्त फूलदास के कत्ल का था, बजरबट्टू से कुछ भी छिपाया नहीं गया। उलटा उसने तो खोद-खोदकर चार बजे की कमलासिंह, रंगीनराय, बढ़ई के साथ की अपनी नोक-झोंक चरणजीत को बता दी। उसके बाद बजरबट्टू वहीं चरणजीत के पास बैठा-बैठा आनेवाली बाजियों का हिसाब लगाता रहा। हर बात की पेचीदगियों-बारीकियों को तौलने के बाद चरणजीत और बजरबट्टू के सामने यशोदाबल्लभ और कमलासिंह की दुर्लभ काछी से साँठ-गाँठ साफ-साफ नजर आ रही थी। लेकिन चरणजीत तो सिर्फ दुर्लभ काछी के पकड़े जाने का इंतजार कर रहा था। उधर बजरबट्टू भी दारुलशफा लौटने के पहले दुर्लभ काछी की आखिरी तक खबर जान लेना चाहता था।

आज बनने जानेवाले मंत्रिमंडल के खासुलखास कृष्णबल्लभ के सगे भाई यशोदाबल्लभ और इनके वकील दोस्त कमलासिंह के खिलाफ चरणजीत कुछ भी करने को तैयार नहीं था। उधर दुर्लभ काछी के पकड़े जाने की खबर आने में देर लग रही थी। इसलिए इस बीच खाली हाथ पर हाथ धरे रखकर बैठे रहना बजरबट्टू को अच्छा नहीं लग रहा था। फिर अब तक तो रंगीनराय के यहाँ की बैठक भी गर्मा रही होगी। यह सोचकर बजरबट्टू चरणजीत से इजाजत माँगकर वहाँ से चला आया।

बजरबट्टू अब तक बिलकुल खाली हो चुका था। तिवारी मिस्त्री के गैराज के हादसे से चरणजीत के साथ की संगीन वारदातों और सनसनीखेज बातों ने जैसे उसके अंदर का वह सारा सत्त निकाल लिया था, जिसके सहारे वह पिछले दो घंटों से लंबी उड़ान में झूल रहा था। उसकी नसों का तनाव ढलता जा रहा था। मोटी गरदन पर झूलती हुई गुत्थियाँ और भद्दे फ्रेम के चश्मे के पीछे गोल-गोल घूमती हुई आँखों में एक ठंडापन घुसता जा रहा था। कुछ दौड़-भाग, कुछ उधार हालात के नक्श-नक्श तक ढीले पड़ जाने से उसे

नई खुराक चाहिए थी। वह भला चुप बैठनेवाला कहाँ था ? हर पल, हर क्षण जीने के लिए उसे कुछ चाहिए था, भले ही ऐसा भी कुछ जो सीधा अपना न भी हो।

वैसे भी कहने के लिए भी तो बजरबट्टू का सीधा अपना कुछ भी तो नहीं था। इधर-उधर भटकते-भटकते आज कितने वर्षों से वह दारुलशफा की बेजान दीवारों और उन दीवारों से जुड़े बेजान या मोटी खालवाले इंसान कहला सकनेवाले लोगों के बीच रुका था, न जाने किस उम्मीद में, किस मिल सकनेवाली चाह में! जैसे हर तरफ जा-जाकर, कभी-कभी आदमी एक ऐसी जगह ठहर जाए जिसके बाद, जिसके आगे कोई और ठिकाना न हो। जीने और मरने के लिए यूँ हजार बहाने हों, पर बजरबट्टू को बस एक ही था। वह बहाना उसके लिए बस दूर रेगिस्तान में किसी रेत की अनगिनत पर्तों की तह में छिपी एक प्यास की तरह था जो बस मन-ही-मन कभी-कभी कोई हल्की-हल्की, मीठी-मीठी चुभन उठा जाती थी। उसका बहाना, उसकी मीठी-मीठी चुभन शांतिप्रणाली की बदनाम याद के साथ जुड़ी थी।

आज इस खालीपन के अँधेरेपन में बजरबट्टू के अंदर वही बदनाम याद उभरने लगी, जिससे दूर भागने के लिए ही वह रंगीनराय की बैठक में चले जाना चाहता था या फिर कमलासिंह और यशोदाबल्लभ की फिराक में। लेकिन उससे पहले उसे धतूरे के बीज का नशा भी करना था। इसीलिए वह धीरे-धीरे वहीं 'बी' ब्लॉक के पीछेवाली नौकरों की लाइन की तरफ चल दिया, जहाँ उसके चाहनेवाले रोजाना की खुराक तैयार करते।

धतूरे के बीज की खुराक उसके लिए वैसी ही थी, जैसें लोग खैनी या मैनपुरी तंबाकू लेते। फिर भी वह नशे को गले के ऊपर तक कभी भी चढ़ने नहीं देता। लेकिन आज बजरबट्टू का मन हो रहा था, सारे धतूरे खा ले, एक बार में ही निगल डाले और फिर हमेशा-हमेशा के लिए सभी चक्करों-घनचक्करों से मुक्ति मिल जाए उसे!

शांतिप्रणाली को दारुलशफा आए हुए अब तक काफी देर हो चुकी थी। इस बीच उसकी न तो यशोदाबल्लभ से मुलाकात ही हुई और न ही उसने किसी से यशोदाबल्लभ को ढूँढ़ने की कोशिश ही करवाई थी। आज सबेरे जब उसे फूलदास के कत्ल की खबर मिली तो उसके अंदर एक खौफ, एक दहशत किसी जहरीले नाग की तरह फन उठाकर खड़ी हो गई। और वह करती भी क्या ? उसे तो बस यही लगा था, फूलदास की मौत खुद उसके ऊपर एक कातिलाना हमला था, जिसका मकसद उसके वुजूद, उसकी हैसियत को मिटा डालना था।

इसीलिए वह शाहजहाँपुर के सड़े माहौल से भागकर लखनऊ आई थी। लेकिन यहाँ आकर उसे लग रहा था, उसने गलती की! गलती का अहसास उसे हो रहा था जब वह यहाँ पहुँच चुकी थी। अंदर की दहशत बार-बार उसके बीचो-बीच उठकर खड़ी हो

जाती और उसे चैन से बैठने न देती ! अपने घर के लोगों के मामले में भी उसकी कोई खास दिलचस्पी थी नहीं । फिर कृष्णबल्लभ और यशोदाबल्लभ के हुड़दंग उसे हमेशा से ही बेहद उबाया करते । वह तो इस वक्त अपने अकेलेपन में डूब-डूबकर कोई छोटा-सा तिनका पकड़ लेने की फिराक में थी, जिसके सहारे वह शायद कुछ देर और जी सके ।

शांतिप्रणाली जिन स्वाभाविक अनुभूतियों को पकड़ लेने की फिराक में थी वे वैसे तो उसे कभी मिलीं नहीं । फिर भी इतने तमाम दिनों की कोशिशों में एक बात उसके अंदर पैदा हो चुकी थी । वह बात थी उसकी दिलेरी—यशोदाबल्लभ की शख्सियत के खिलाफ अपनी शख्सियत को पकड़ रखने की जिद ! लेकिन आज उसे लग रहा था, यह सब झूठ था, धोखा था । वह अनजाने में अपने को धोखा दे रही थी । आज जो खौफ बार-बार उठकर उसकी धड़कनों पर डंक मारे जा रहा था, उससे घबराकर उसे लगा, किन्हीं शातिर बदमाशों के चंगुल में वह फँसी हुई थी ।

अंदर के कमरे में लेटे-लेटे वह उकता गई थी । तभी बढ़ई दीक्षित का फोन आया था और उसकी बेहूदी बातों को वह फोन रखते ही करीब-करीब भूल गयी । फोन रख देने के बाद वह वापस अंदर के कमरे में तो गई नहीं, वहीं बैठक के सोफे पर लुढ़ककर ढेर हो गई । कुछ और कर सकने की इच्छा भी अब बाकी नहीं बची थी । हाँ, कुछ पुराने घाव जो पूरे सूख नहीं पाए थे अब फिर कच्चे-पक्के टाँकों को तोड़कर उभरने लग गए । और उनकी मीठी-मीठी सिहरन खौफ, दहशत के डंक की चुभन से मिलकर एक अजीब जहरीला असर छोड़े जा रही थी ।

शांतिप्रणाली को दारुलशफा के उस बंद कमरे में किसी मासूम फरिश्ते का इंतजार था जो उसकी भोली, नादान तमन्नाओं को दुलरा सके और थोड़ा-सा प्यार दे । एक अजीब बात थी कि इस वक्त, हमेशा की तरह उसे मर्द की कड़क जवानी नहीं चाहिए थी, इस वक्त तो उसे कोई नादान सहारा चाहिए था । उसे मालूम था, यह नादान सहारा उसे यशोदाबल्लभ सहित तमाम अपने कहलानेवालों से कतई-कतई नहीं मिलनेवाला था । हाँ, शाहजहाँपुर से चलते समय बजरबट्टू का खयाल जरूर आया था । बजरबट्टू का खयाल वैसे तो बस फूलदास के सिलसिले में ही आया था, वह बजरबट्टू और फूलदास के रिश्तों से वाकिफ तो थी ही । बस यूँ ही किसी जमाने के अपने से जो फूलदास का भी अपना था, वह पल-दो पल दुख बाँटना चाहती थी जो उसे बेहद डरा गया था ।

दुख तो उसने कभी भोगा ही नहीं था । जब अपने स्तर से बहुत-बहुत नीचे गिरकर उसने यशोदाबल्लभ को पाया था, तब भी उसे दुख नहीं, एक गंदी किस्म की वितृष्णा ही हुई थी।

लेकिन आज... आज शांतिप्रणाली ने पहली बार दुख पाया था। और कोई

ऐसा-वैसा नहीं, वैधव्य-जैसा दुख ही पाया था। सच में तो यशोदाबल्लभ की इतने वर्षों तक ब्याहता होते हुए भी पुरुष का पूर्ण सुख उसे कहाँ मिला था ? वह तो काफी कुछ दिन पहले ही उसे बजरबट्टू की बाँहों में सिमट-सिमटकर मिला था। उन दिनों उसकी मस्त जवानी को, उसके गदराए बदन को, उसके अंगों की मोहकता-भरी खुशबू को एक बड़ा प्यारा-सा ठिकाना मिल गया था।

तभी तो जब कालचक्र के हाथों ने उस ठिकाने को छीन लिया और जब उसे इसका पता लगा तो वही खौफ, दहशत की डंक-भरी चुभन अनेक-अनेक दायरों में घूम-घूमकर उसके अंदर, उसके ऊपर, उसके नीचे, उसके चारों ओर मँडराने लगी थी।

बजरबट्टू ने जब धतूरे के बीज खा लिए तब कहीं जाकर उसकी दिमागी मशीन ने फुर्तीली हरकतें करना शुरू किया। एक बार उसका चरणजीत के यहाँ लौटकर दुर्लभ काछी की खबर लेने का बड़े जोरों से मन हो रहा था। लेकिन रंगीनरार्य की बैठक की हलचल भी गर्माने लगी होगी। उधर कमलासिंह के पीछे पड़ रहने का भी वादा वह चरणजीत से कर आया था। और मंत्रिमंडल बनने में अब देर ही कितनी बची थी ? पार्टी-मीटिंग का क्या होगा ? क्या वह सब उसके बिना, उसकी गैर-मौजूदगी में हो जाएगा ?

ऊपर से तिवारी मिस्त्री के घरवालों को भी समझाना था और उनकी जरूरतों का खयाल रखना था। वह किधर जाए, क्या करे, कुछ भी समझ में नहीं आ रहा था। हर जगह उसको अपनी जरूरत का अहसास हो रहा था, हर जगह उसका पहुँच जाना जरूरी था। यह कैसा फासला था, जिसे इतने कम समय में पूरा कर लेना मुमकिन नहीं था ! उसे लग रहा था, काश, वह एक नहीं अनेक बजरबट्टू होता, हर जगह पहुँच पाता !

बचे हुए वक्त में, पहले वह कहाँ जाए, जब इस बात का फैसला बजरबट्टू काफी देर तक न कर पाया और धतूरे के बीज का नशा उसके खून के दौरा को बड़ी तेजी से उड़ाए लिए जाने लगा, तो बस यूँ ही वह उठकर चल दिया। बेमन, बिना किसी इरादे के उसने लंबी सड़क पार की। फिर 'ए' ब्लॉक के बरामदे से धीरे-धीरे निकलता हुआ वह वहीं बाहर की सड़क पर आ गया। अब उसे फैसला करना ही था। दाहिनी ओर घूमकर सीढ़ियाँ थीं, जिन पर चढ़कर वह ऊपर यशोदाबल्लभ के कमरे में कमलासिंह की फिराक में जा सकता था। दाहिनी ओर मुड़ जाने पर सामने से ही रंगीनराय का छज्जा दिख रहा था। और सामने था दारुलशफा का फाटक जिससे बाहर निकलकर वह चरणजीत के पास जा सकता था। और वहीं से बाईं तरफ की पतली सड़क पर तिवारी मिस्त्री का मोटर-गैरेज था।

लेकिन वह जाए कहाँ, किधर जाए, इस बात का फैसला वह अभी तक नहीं कर पाया

था। इसीलिए वह बस वहीं बीचों-बीच सड़क पर खड़ा होकर इधर-उधर देखता रहा ...कुछ देख पाने, कुछ जान लेने के लिए रुका रहा। ऐसे में कोई छोटा-सा इशारा, कोई हल्की-सी आवाज, कहीं से कोई गुहार लगा दे, कहीं कुछ होने लगे, बस उसे उधर ही चल देना था।

पाँच मिनट, फिर दस मिनट हो गए और कहीं कुछ भी न हुआ और बजरबट्टू खड़े-खड़े थकने लगा तो सड़क के बीच से हटकर 'ए' ब्लॉक के बरामदेवाले जीने पर बैठ गया। फिर उसने जेब से खैनी की डिबिया निकाली। डिबिया के एक तरफ से तंबाकू की पत्तियाँ लेकर, दूसरी तरफ से जरा-सा चूना उखाड़ लिया। डिबिया वापस जेब में रखकर हथेली पर चूने के जोर से खैनी का मिक्सचर तैयार करने लगा। जैसे-जैसे खैनी का चूरन बनता जा रहा था, वैसे-वैसे बजरबट्टू की चैतन्यता लौटने लगी थी। इस समय सबकुछ हो पाने पर भी उसका खालीपन वहीं-का-वहीं था और बहुत सारी भड़ास उसके अंदर जमा हो रही थी।

बजरबट्टू ने इस बीच हिसाब लगा लिया, पहले चरणजीत के यहाँ एक बार हो लेने पर वह गई-रात के लिए छुट्टी पा जाएगा। उसने खैनी को दो-तीन बार हथेली पर रखकर पीटा और उसे एक हथेली से दूसरी हथेली पर गिराकर साफ किया। फिर वह उठकर खड़ा हो गया और चुटकी में खैनी भरकर मुँह में दबानेवाला था, तभी उसने अपने पीछे बड़े जोर से दौड़ने और शोरगुल की आवाजें सुनीं।

शोरगुल की आवाजों के बीच जैसे बजरबट्टू ने मुड़कर देखा तो उसने कई लोगों को भागकर एक आदमी के पीछे जाते हुए देखा। यह सारे लोग 'ए' ब्लॉक के बरामदे में किसी आदमी के पीछे दौड़ते हुए चले जा रहे थे। तभी उसने हाँफते हुए यशोदाबल्लभ को देखा। सबसे आगे का आदमी, जिसके पीछे यह सारे लोग दौड़-भाग रहे थे, बाहरी बरामदे को पार करके दाहिनी ओर मुड़ा, फिर कुछ देर बाद बाईं ओर मुड़कर पहली मंजिल की सीढ़ियों पर चढ़ गया। उस भागते हुए आदमी की एक झलक सीढ़ियों पर उछलकर चढ़ने पर जो आई तो बजरबट्टू को लगा, वह तो बढ़ई था।

खैनी की चुटकी, जो अब तक हवा में लटकी हुई थी, जल्दी से उसने अपने होंठों के बीच में जमाई और हाथ कुरते के पिछले हिस्से में पोंछकर वह भी आगे बढ़ चला। जरा दूर जाने पर ही उसने पहली मंजिल के बरामदे में बढ़ई दीक्षित को रंगीनराय के कमरे की ओर कूदकर पहुँचते हुए देखा। और लोग भी वहीं पास ही लग रहे थे। अब बजरबट्टू से रुका नहीं गया और वह भी रंगीनराय के कमरे की ओर कुछ दौड़ते हुए चल दिया।

उधर रंगीनराय के यहाँ फसाद का माहौल बना हुआ था। बढ़ई दीक्षित के अंदर आकर गिरते ही उसके पीछे आ रहे लोगों से निपटने के लिए खुद रंगीनराय और उनके कितने ही चमचे, चकरबंध और खुराकी सीना तानकर खड़े हो गए। बस फिर क्या था,

दूर से यशोदाबल्लभ और उनके साथी दबे पाँव लौट गए। लेकिन जिन लोगों ने महज हल्ला-गुहार पर वजह जाने बिना दौड़ लगाई थी, वे फिर भी वहीं आकर खड़े हो रहे। बजरबट्टू जब तक वहाँ पहुँचा, बढ़ई को हिफाजत से टाँगकर भीतर ले लिया गया था।

बजरबट्टू के लिए वह काफी बड़ी खुराक थी। चरणजीत के यहाँ से लौटकर उसने सोचा था, उसका आज का कोटा करीब-करीब पूरा था। उसके बाद आगे जो कुछ भी होना था, वह बस दुर्लभ काछी की गिरफ्तारी या उससे संबंधित चटपटी कुछ खबरें ही होंगी। बहुत हुआ तो मंत्रिमंडल की उठापटक क कुछ नए आयाम! लेकिन अब अचानक यह सब देखकर स्वाभाविक रूप से उसके अंदर का मर्द जागने लगा था।

रंगीनराय की बैठक में उस समय होनेवाली मिनी पार्टी-मीटिंग की तैयारियाँ जोरों पर थीं। इतनी ही देर में थोड़ा-बहुत जान लेने पर बस अलग-अलग खुफिया तौर पर खुसर-फुसर चलने लगी। रंगीनराय खुद इस नाटक में उलझना नहीं चाह रहे थे, इसालए बजरबट्टू के आ जाने से उनको कुछ सहारा मिला। कुछ मामूली-सी बात के बाद उन्होंने बजरबट्टू को अंदर जाकर बढ़ई के पास रुके रहने के लिए कहा। जाहिर था, बजरबट्टू के अंदर जाकर बढ़ई के सँभल जाने के बाद ही सारी बात पता चल सकती थी।

बजरबट्टू अंदर जाकर काफी देर तक बढ़ई के पास बैठा रहा। जरा देर बाद कुछ पानी की छींटों से ही बढ़ई को होश आने लगा। लेकिन बेहद कमजोरी और दहशत की वजह से वह अब भी कुछ कह सकने की स्थिति में नहीं था। तब बजरबट्टू ने उसके लिए नीचे से मौसमी के रस का एक गिलास मँगवाया और हथेलियाँ रगड़ता रहा, उसके सर पर हाथ फेरकर धीरे-धीरे उसकी दहशत को दूर भगाता रहा।

फिर बढ़ई की दिमागी हालत ठीक होने लगी और अपने को खतरे से बाहर, रंगीनराय की सुरक्षा में, बजरबट्टू की दिलासा को तौलकर नापने के बड़ी देर बाद उसने सर उठाया।

"राय साब को बुलाओ!" बढ़ई ने कमजोर आवाज में कहा।

बजरबट्टू ने कमरे में मौजूद कुछ खुराकियों को बाहर जाने के लिए कहा और फिर उठकर कमरे का दरवाजा बंद कर दिया और वापस आकर समझदारी की आवाज बनाते हुए वह बढ़ई से बोला, "यार बढ़ई! अब डरने की क्या जरूरत है? राय साब तो बाहर हैं ही, जब कहो बुलाय लेंगे लेकिन इस समय जरा मामला संगीन है। बाहर बैठक में अभी हाल पार्टी-अध्यक्ष बलदेव चौधरी के साथ पार्टी के नेताओं की मीटिंग चलनेवाली है। सो, इसीलिए, उन्होंने ही हमें यहाँ बिठाया है, तुमसे सारी बात समझ लेने के लिए!"

"लेकिन कुछ बात है, जो हम उनको ही बताएँगे।"

"ठीक है—ठीक है... उनको बुलाता हूँ। फिर भी कुछ तो बोलो, यार!"

"अरे बजरबट्टू, आज हम बड़ी मुसीबत में फँस गए थे। बस समझ लो, राय साब की कृपा से बच निकले नहीं तो वो हत्यारे मार ही डालते!"

"हत्यारे! हत्यारे कौन, बढ़ई?"

"नहीं जानते⋯तुम नहीं जानते!"

"जानता हूँ, दारुलशफा में बहुतेरे हैं, लेकिन तुमने किसकी बात कही?"

एक क्षण को बढ़ई सोच में पड़ गया—कहे, न कहे। कितना भी हो, बजरबट्टू क्या कम फसादी है! लेकिन सबने देखा जो है। सारे दारुलशफा में फैल जाएगा, बढ़ई भागा था—मंत्री जी की फाइल लेकर भागा था! किस-किसको सफाई देगा? फिर उसकी सफाई सब मानेंगे? हाँ, लोगों के पूछने से पहले अगर कोई अच्छी-सी कहानी चल जाए तो आगे आसानी रहेगी। और अगर कोई कहानी चलवानी हो तो बजरबट्टू क्या बुरा था? यह खुद ससुरा कृष्णबल्लभ को गरियाता है। फिर भी रंगीनराय को बुलवा ही लें⋯मिनी-मीटिंग के लिए मसाला जो देना था! कुछ देर यूँ ही बढ़ई कई-कई बार हर बात को तौलता-नापता रहा, फिर बोला, "क्या है, बजरबट्टू, बात बड़ी संगीन है। हमें सबकुछ कह देना है। क्या पता, कब का होय जाए? काट डालें सारे, मार डालें वो हत्यारे, हरामी की औलाद! लेकिन अभी अगर राय साब से नहीं कहा, तो कलेजे पर से बड़े पत्थर-सा बोझ नहीं हटेगा। फिर मेरे पास एक राकेट है जो राय साब के बड़े काम आएगा!"

"राकेट, कैसा राकेट?"

"वह है जिसके लिए सभी बेहाल हैं। राय साब खुद सबेरे से उसी की तलाश में दुखी हैं। उनकी युद्ध-रचना उस सबके बिना फटेहाल रहेगी।"

"यार पहेली न बनाओ, अब कुछ बताओ भी।"

"जाओ बजरबट्टू, जल्दी राय साब को बुला लो। उनसे कहना, ताँबाकांड की असली फाइल मिल गई।"

यह सुनते ही बजरबट्टू कुर्सी से उछलकर खड़ा हो गया, कुछ ताँबाकांड की फाइल का जिकर, कुछ नए रहस्य की सनसनी के कारण। जाहिरी तौर पर बढ़ई की बातों में दम था।

"ताँबाकांड? क्या कहा ताँबाकांड की फाइल मिल गई?"

बढ़ई ने डरी-डरी आँखों में मासूमियत लटकाते हुए गरदन झुकाकर 'हाँ' करने का इशारा किया, जिसे देखते ही बजरबट्टू ने लपककर कमरे का दरवाजा खोल दिया।

फिर रंगीनराय के बढ़ई के पास आ जाने में जरा भी देर नहीं लगी। रंगीनराय के आते ही कमरे का दरवाजा अंदर से बजरबट्टू ने बंद कर लिया।

"क्यों बढ़ई, कैसी तबीयत है?"

''तबीयत तो ठीक है। राय साब, आज आपने बचा लिया वरना आज बस अंत था अपना तो।''

''क्या कह रहे हो, बढ़ई?'' राय साब ने आश्चर्य से कहा।

''हाँ रायसाब, हाँ! मुझे तो आज पता लगा, यशोदाबल्लभ और कमलासिंह कितने खतरनाक किस्म के जानवर हैं!''

''देखो बढ़ई, इस वक्त एक-एक क्षण कीमती है। बाहर सब लोग आ चुके हैं, बस मीटिंग शुरू समझो। बजरबट्टू ने अगर ताँबाकांड का जिकर न किया होता तो मैं अभी नहीं, रात को ही तुमसे बात कर पाता...''

''नहीं राय साब, मैं आपका ज्यादा समय नहीं लूँगा।'' अब बढ़ई ने थोड़े में ही, बिना भूमिका बाँधे सबकुछ कह डालने का निश्चय कर लिया।

''हाँ राय साब, ताँबाकांड की फाइल मिल गई... मैं जानता था, आपको उसकी बड़ी जरूरत थी... इसीलिए शाम को अपने घर जाकर मैंने तलाश किया और मिल गई।''

रंगीनराय को लगा, बढ़ई ने पूरी बात बताई नहीं। फिर भी वह चुप रहे, बस इतना ही पूछा, ''लेकिन यशोदा ने दौड़ाया क्यों? उसी फाइल के लिए?''

बढ़ई के लिए बड़ी मुश्किल हो गई। वह साफ- साफ कहना नहीं चाहता था, वहाँ ब्लैकमेलिंग के लिए वह गया था। वह तो साफ-साफ बच निकलना चाहता था। उसे यह तो सूझा ही नहीं था, कोई पूछेगा, वहाँ गए क्यों तो क्या कहेगा? अब रंगीनराय के सीधे सवाल का कोई जवाब उसके पास नहीं था। फिर भी जवाब तो देना ही था।

''वो लोग, राय साब, हमें ढूँढ़ रहे थे। उनको शक था, फाइल मेरे पास रही होगी। घर थोड़ी देर रुककर मैं दारुलशफा लौटा तो उधर चला गया। सोचा देख लें, कृष्णबल्लभ का ड्रामा खत्म हुआ कि नहीं।''

''फिर?'' बढ़ई की बनाई बात जम रही थी।

''कृष्णबल्लभ के कमरे के पास पहुँचने पर जो दरवाजा खुला दिखा तो हम अंदर जानेवाले थे, तभी अंदर से यशोदाबल्लभ के चिल्लाने की आवाज सुनाई दी तो फिर मैं अंदर नहीं गया। वहीं खिड़की पर रुककर उसकी बातें सुनने लगा। राय साब बातें क्या थीं, बस यह समझिए, वहाँ तो मुझे मारने-काटने की साजिश चल रही थी।''

''क्यों... आखिर क्यों?'' रंगीनराय का धीरज टूटने लगा था।

''उनको शक था, ताँबाकांड का चश्मदीद गवाह मेरे सिवा कोई और है नहीं। यह सुनते ही मैं तो भागा, उन लोगों ने दौड़ा दिया। उनको मेरे पर चुपके से दुर्लभ काछी वाली बात सुन लेने का शक था।''

''दुर्लभ काछी?'' थोड़ी दूर बैठे बजरबट्टू ने चीखकर कहा, जैसे कोई अंगारा उसकी छाती पर गिर पड़ा।

"हाँ···हाँ, दुर्लभ काछी···यही नाम था। कह रहे थे, उसे बेकार भेज दिया नहीं तो आज ही मेरा सफाया करवा देते।"

"कौन है यह दुर्लभ काछी ?" रंगीनराय ने बजरबट्टू की ओर घूमकर उससे जानना चाहा।

"राय साब, दुर्लभ काछी···दुर्लभ काछी डकैत···जिसने फूलदास को मार डाला, जिसकी तलाश में पूरी पुलिस-फोर्स बौखलाई है।"

"हाँ···हाँ, फूलदास के खून की बात भी वे कहते थे," बढ़ई बोला।

"छोड़ो भी तुम लोग—यह सब तो कल के दाँव हैं," कहते हुए रंगीनराय जाने के लिए उठ खड़े हुए। बढ़ई को आखिरी बार जैसे चुनौती दी, "देखो बढ़ई, इन बातों को फिर रात में या कल बैठकर हम लोग मथ लेंगे। अभी ताँबाकांड पर कुछ हो तो जल्दी बोलो।"

बढ़ई ने समझ लिया, अब राय साब रुकनेवाले नहीं थे। और राय साब के चले जाने से कृष्णबल्लभ, यशोदाबल्लभ से वह बदला कैसे लेगा ? बहुत पहले ब्लैकमेलिंग का बुनियादी उसूल किसी जासूसी किताब में उसने पढ़ रखा था। अगर माँग पूरी न हो तो ब्लैकमेलर को बंधक हलाल कर देना चाहिए। जाहिर था, यशोदाबल्लभ ने उसके साथ दोगलापन किया, जिसकी वजह से ताँबाकांड का भंडाफोड़ हो जाए तभी उनको अपनी बेवकूफी का मजा मिल पाएगा। उसने सोचा, भंडाफोड़ के बाद तो कोई फायदा होना नहीं और उसके पहले कुछ मिलता नजर नहीं आ रहा था। फिर भी फाइल दिखा भले दे, हाथ से निकल जाने नहीं देनी थी। वक्त की दौड़ थी, नहीं तो राय साब से कोई आगे का सौदा कर लेता।

कुछ और तौल न पाने पर वह जिस चारपाई पर लेटा था वहाँ से उठकर खड़ा हो गया। उसके उठकर खड़ा होते ही दरवाजा खोलने को रंगीनराय का बढ़ा हाथ रुक गया। और वह घूमकर खड़े हो गए। तब बढ़ई ने चमकती हुई आँखों में लालच की बू घोलते हुए कहा, "राय साब, अब मैं अपने को आपके हाथों सौंपता हूँ, जो कुछ हो सके करवा दीजिएगा।"

"ठीक है, बढ़ई, तुम्हारा पूरा खयाल रखा जाएगा।"

राय साब के इतना कह लेने से बढ़ई को आसरा मिला और उसने बुश्शर्ट का निचला हिस्सा एक झटके से पैंट से निकाल दिया। पैंट से बुश्शर्ट का निकलना था, ऊपरी हिस्से से बनयान के अंदर दबी हुई फाइल जरा-सा झाड़ने से निकलकर नीचे गिर पड़ी। बढ़ई ने फाइल के गिरते ही उठा लिया और उसे हाथ में सँभालकर उसने ऐलान किया, "ये रही, रा···साब, यही है ताँबाकांड की असली फाइल!"

पहले की हरकतों और बढ़ई के ऐलान ने बजरबट्टू को हिला दिया। राय साब

अमोघ अस्त्र पा लेने-जैसी हालत में घुरघुराने लगे। लेकिन फाइल पढ़ पाने का वक्त तो था नहीं। वह अब और रुक सकने की स्थिति में थे नहीं। बाहर दरवाजा पीट-पीटकर लोग चिल्ला रहे थे। इससे पहले कि उनको दरवाजा खोलकर मिनी मीटिंग में होनेवाले युद्ध में जूझना पड़े, वह इस हथियार को ले लेना चाहते थे।

"गुड···बढ़ई!···वेरी-वेरी गुड! अच्छा यह तो बताओ, तुमने यह फाइल देखी है?"

"हाँ।"

"इसमें उत्सुकदास और कृष्णबल्लभ के दस्तखत हैं?"

"दस्तखत! राय साब इसमें तो कामयाब सेठ की सिफारिश में दोनों ने वजनदार नोट लिखा था।"

"कोई और बात?"

"हाँ, आपकी और लोबीराम की चिट्ठियाँ भी हैं इसमें!"

यह सुनते ही रंगीनराय को पल-भर में सबकुछ याद आ गया और अनजाने में उनके होंठों से हल्की-सी सीटी बज गई। पर तुरंत सँभलकर उन्होंने कहा, "ठीक है, फाइल यहीं रखो। मैं दरोगा को भेजता हूँ, वह पढ़ेगा।"

इतना कहकर रंगीनराय दरवाजा खोलकर बाहर निकल गए। उनके निकलते ही इससे पहले दरवाजे से सटे हुए लोग अंदर आ जाएँ, बजरबट्टू ने फिर दरवाजा बंद कर लिया। अब तक फाइल को बढ़ई तकिए के नीचे रख चुका था और उसने बजरबट्टू को फाइल न दिखाने का भी फैसला कर लिया था।

लेकिन बजरबट्टू को तो फाइल देखनी नहीं थी, उसको तो दुर्लभ काछी का पीछा करना था। फूलदास के कत्ल के बारे में पूछना था। उसे लग रहा था, बढ़ई को कई बातें पता थीं जो न तो उसको, न ही चरणजीत को मालूम थीं।

बढ़ई फिर से तकिये के ऊपर कोहनी जमाकर अधलेटा हो गया तब बजरबट्टू ने छेड़ा, "हाँ यार! तो दुलभ काछी का नाम तुमने खूब लिया, वही साला फूलदास का कातिल है। चरणजीत उसे छोड़ेगा नहीं। दारुलशफा से वो साले भागे तो पर उससे पहले हम उनके पीछे लग गए थे!"

डकैत दुर्लभ काछी···खूनी दुर्लभ काछी—यह नाम एक ठंडी दहशत की तरह बढ़ई की रीढ़ में जाकर चिपक गया।···'बेकार दुर्लभ काछी को भेज दिया नहीं तो साले को काटकर गोमती में फेंक देता···' यशोदाबल्लभ के शब्द नामी खूनी डकैत के साथ जुड़े हुए उसके कलेजे में फिर से कँपकँपी उठाने लगे। बाहर से भागकर आया था तो बस बढ़ई अपने अंदर ही कुछ ढूँढ़ने लगा···कोई ऐसा खयाल, कोई हिम्मतवाला ऐसा दिमागी संबल जो दारुलशफा के माहौल में उसे सहारा दिला दे। मन की अंदरूनी ताकत टूट चुकी थी, रीढ़ में दुर्लभ काछी का नाम चिपचिपा रहा था! उसके कलेजे की कँपकँपी

सिहरन बनकर नस-नस में, रोएँ-रोएँ तक में घुस गई। ऐसे में छटपटा रहा था बढ़ई! तभी शाम को यशोदाबल्लभ के कमरे में दिखा रिवॉल्वर एक भयानक शक्ल में याद आकर जैसे उसके सीने पर टिक गया। उसके साथ ही बढ़ई के मुँह से दर्दभरी चीख निकल गई।

चीख सुनते ही बजरबट्टू उसके और करीब आ गया। वह बढ़ई के सिर पर हाथ फेरता रहा और फिर फुसफुसाते हुए धीमी, मुलायम लेकिन सख्त आवाज में बोला, ''बढ़ई, बोल न! कह डाल! नहीं तो तू सह न सकेगा।''

बजरबट्टू की आवाज बढ़ई की मोटी चमड़ी को छीलकर दहशत को पकड़ लेने लगी थी और फिर हाथ की मुट्ठियाँ भींचकर उसने कह दिया, ''रिवॉल्वर, खूनी रिवॉल्वर…बजरबट्टू!''

''कहाँ है…बताओ बढ़ई, बताओ,'' इतना कहकर बजरबट्टू ने देखा, बढ़ई की आँखों की पुतलियाँ उलट चली थीं। उसने जल्दी से उठकर पास ही स्टूल पर रखे हुए गिलास का सारा पानी उसके मुँह पर उँड़ेल दिया। बजरबट्टू खुद डर गया था। अगर बढ़ई बेहोश हो गया तो खूनी रिवॉल्वर का रहस्य काफी देर के लिए दफन हो जाएगा। फिर बाद में पता नहीं, साला बताए या नहीं। और फिर लग रहा था, रिवॉल्वर की याद से ही ज्यादा परेशान था।

पानी के गिरते ही, बढ़ई झटके के साथ सिहरकर जैसे फिर से जी उठा! उसके साथ ही बजरबट्टू ने वहीं से गमछा उठाकर पानी पोंछना शुरू कर दिया, फिर कुछ पल रुककर उसने पूछा, ''कहाँ है रे बढ़ई, कहाँ है दुर्लभकाछी का रिवॉल्वर?''

अब तो बढ़ई ने कहना था, इसलिए वह थकी-थकी, डरी-डरी आवाज में बजरबट्टू के पास अपना मुँह ले जाकर बोला, ''यशोदाबल्लभ के कमरे में पड़ा है!''

''क्या…यशोदाबल्लभ के कमरे में?''

''हाँ…हाँ, मैंने देखा था।''

''तुमने…तुमने कैसे देखा?''

''मैं वहाँ कृष्णबल्लभ की चिट्ठी देने गया था।''

''ओह!'' तभी बजरबट्टू को भी याद आया। शाम के वक्त रंगीनराय, बढ़ई और कमलासिंह के साथ 'ए' ब्लॉक की सीढ़ियों से वह लोग उतरकर नीचे आ रहे थे। वहीं…वहीं तो सीढ़ियों के निचले हिस्से पर घुटने तक के कुरते, कीचड़-धूल में सनी चप्पलों में, दहकती हुई लाल-लाल आँखों, जंगली किस्म की मूँछोंवाला एक खतरनाक किस्म का आदमी मिला था, जिसे देखते ही कमलासिंह घबराकर रुक गया था। दोनों धीरे-धीरे बोल रहे थे, फिर भी भनक तो लगी ही थी। पहले कमलासिंह ने गरियाया था, लेकिन उस खतरनाक आदमी के गर्राने पर भीगी बिल्ली की तरह दुबककर कमलासिंह

नीचे उतर आया था। फिर बाद में चरणजीत के साथ तिवारी मिस्त्री से जीप ले जानेवाले आदमी का हुलिया जानते वक्त भी बजरबट्टू की आँखों के सामने यही चेहरा घूम रहा था। अब यशोदाबल्लभ का जिकर आते ही फिर कमलासिंह याद आया। कमलासिंह यशोदाबल्लभ के ही कमरे में टिकता था, यह तो सबको मालूम ही था। फिर उस खतरनाक आदमी, जो एलानिया दुर्लभ काछी था, से कमलासिंह की बातचीत से उसने यही मतलब निकाला, शाम वहाँ सीढ़ी के निचले हिस्से पर मिल लेने के बाद, अलग-अलग दोनों यशोदाबल्लभ के कमरे में गए होंगे। और अब बढ़ई कह रहा था, वहाँ उसने रिवॉल्वर देखा था। कहीं...दुर्लभ काछी का खूनी रिवॉल्वर यशोदा के कमरे...। बजरबट्टू ने चमककर अपने को झटका दिया और आगे बिना और कोई बात कहे, दरवाजा खोलकर बाहर निकल गया।

खौफ और दहशत के बीच घिरी-घिरी शांतिप्रणाली ने उस दिन कुछ कर गुजरने की जिद पकड़ ली थी। लेकिन करे तो क्या करे! एक कमजोर औरत, जिसका अब अपना तक कह लेनेवाला कोई नहीं था। कुछ अपना कहला लेनेवालों को वह जिंदगी के सफर में बहुत पीछे छोड़ आई थी। कुछ जो अभी मिले थे, वक्त ने उनको छीन लिया था। और उसे अब तो लग रहा था, वक्त उसे, खुद उसे भी मिटा देने के लिए बढ़ आया था। सिर्फ चंद साँसें, कुछ पा लेने, जी लेने की चाह से रहित जैसे ऊपर-नीचे हो रही थीं।

वह जवानी और मस्ती का दरिया जो हमेशा से शांतिप्रणाली की रग-रग में उन्माद की तरंगें उठाया करता था, आज जैसे उसके टूटे हुए मन के साथ सूख गया था। और कोई वक्त होता तो खाली बंद कमरे में अब तक उसने अपने सारे कपड़े उतार डाले होते और नंगे बदन खाली बिस्तर पर किसी आ गए या आनेवाले मर्द के साथ तसव्वुर में झूल-झूलकर जीती-जागती रहती। सबकुछ बटोर लेने की, मन से सबकुछ पा लेने की, और तन की एक अजीब हवस हमेशा-हमेशा उसके अंदर रही थी। लेकिन आज न तो तन की हवस थी, न उन्माद की तरंगें और न ही कुछ पाने की तमन्ना।

बैठक के सोफे के हत्थे पर सिर रखकर लेटे रहने से उसकी गरदन दुखने लगी थी। इसीलिए वह उठकर बैठ गई। चारों तरफ उसने किसी सहारे के लिए देखा। आधी बैठक तक पहुँचकर उसकी निगाह रुक गई। एक अजीब-सी उबाई आने लगी थी। खाने-पीने, चलने-फिरने, उठने-बैठने, लेटने—कुछ भी कर लेने का उसका मन नहीं हो रहा था। रास्ते की थकान तो उतर चुकी थी, लेकिन कोई और थकान थी जो उसके सुनहरे बदन को हिस्से-हिस्से में तोड़ रही थी।

पहले मन हुआ, बाहर निकल ले, फिर उसका मूड बना नहीं। अंदर बने रहने पर

उसे डर था कि कभी भी किंसी वक्त कोई आ सकता था। किसी के भी आ सकने की बात से उसको याद आया, अभी नहीं तो थोड़ी देर बाद, शायद चंद घंटों बाद उसी फूहड़ जंगली यशोदाबल्लभ को झेलना पड़ेगा। आज हर हालत में वह यशोदाबल्लभ से दूर बने रहना चाहती थी। फिर उसे अपनी दीदी प्रतिभा का खयाल आया, वो भी आज के दिन यहीं होगी। लेकिन न ज़ाने क्यों, प्रतिभा के खयाल से उसे और घिन आई। यह सब उनका ही तो कराया था। बाबू जी तो मर रहे थे। इनको खुद समझना चाहिए था।

जब कमरे से बाहर निकलकर किसी के पास कहीं भी जाने या कुछ भी करने का उसका मन नहीं हुआ, कमरे के अंदर यशोदाबल्लभ के आ जाने का डर बना रहा और बैठे भी न रहा गया तो शांतिप्रणाली उठकर खड़ी हो गई। वह उस समय कोई बिंदु, कोई कोण, किसी वजह या बात का सहारा ढूँढ़ रही थी, जिससे अंदर-बाहर उसके चारों ओर हर चीज जो ठहरी हुई थी, कुछ बढ़े, बढ़ चले। यह ठहराव जैसे कसा-कसा मन को जकड़ने लगा और इस जकड़न में उसका दम घुटा जा रहा था। शांतिप्रणाली बैठकवाले कमरे के सोफे से उठकर दो कदम आगे चली, फिर बेमन-सी घसीटती हुई वह बैठक के दूसरे छोर पर पड़े तख्त पर फिर से ढेर हो जाने को आगे बढ़ी। तख्त क पास पहुँचते ही उसकी निगाह के सामने बगल के स्टूल पर रखा हुआ रिवॉल्वर, जो शाम दुर्लभ काछी वहाँ भूल से छोड़ गया था, आ गया। फटी-फटी आँखों से काले रंग के ठंडे लोहे को वह बस देखती रही।

ऐसे माहौल में घुटन और जकड़न की अजीब मन:स्थिति में शांतिप्रणाली ने बड़ी-बड़ी प्यारी आँखों से रिवॉल्वर को तौलते हुए हाथ बढ़ाकर उठा लिया। रिवॉल्वर के हाथ आ जाने पर न जाने कहाँ से अनेक-अनेक तूफान जाग उठे! एक बार तो नुकीली सूइयों-सी चुभन जाँघों के बीच उठकर हलक तक जा पहुँची, फिर इतनी देर का जैसे कुछ भी हो जाने का ठहराव टूट गया।

सबकुछ छोड़कर चले जाने-सा खयाल, अनजानी, अनचाही-जैसी एक विरक्ति और इतने दिन-जैसा जी लेने और आगे जो कुछ रहनेवाला था उससे न बच निकल पाने का अहसास अब उसे वजनदार पथरीले दबाव में ले लेने लगा था। फूलदास कुछ नहीं, बजरबट्टू कहीं नहीं था, टूटी हुई शख्सियत का हिसाब भी नहीं था। थी अगर तो एक तन्हाई, एक बेबस अकेलापन जिसमें अब डूबे रह पाना उसके लिए मुमकिन नहीं हो पा रहा था।

शांतिप्रणाली इस समय ऐसे मकाम पर पहुँची हुई थी जहाँ वे सारी बातें, जो भूली हुई थीं, ठहराव के किन्हीं मोड़ पर खोई हुई थीं, एक हलचल बनकर उभर आई। फिर तमाम-तमाम जज्बातों का मंजर, घुटी-घुटी पनाह माँगती भोली बिनमोल चाह और बुझी हुई जिंदगी की उड़ती हुई खाक आँखों के सामने अपने हाथ के रिवॉल्वर पर

उतरकर बैठने लगी, जिसके साथ कोई डर नहीं; एक हिम्मत, एक ताकत सिर उठाकर खड़ी हो रही थी।

वैसे उसके लिए जीना और मरना बेमानी था। जीने पर यशोदाबल्लभ का खयाल उसे खुद मार डालने-जैसा था। और मरना किसी मकसद के लिए नहीं था, इसीलिए वह कोई फैसला नहीं कर पा रही थी। क्या वे सब चैन-खुशी में जीते रहेंगे, जिन्होंने पल-पल उसे तबाही के अँधेरों में भटकने को मजबूर किया था ? क्या यूँ ही भाग जाना मुमकिन था ? इस सबसे क्या उसे अब कुछ न लेना था, न देना था ? कहीं भी किसी को क्या उसकी जरूरत नहीं थी ? क्या वह किसी से खुद कुछ भी न छीन सकेगी—वैसे ही जैसे सबने उससे सबकुछ छीना था, नोंचा-घसीटा था ?

तभी कितनी ही पर्त-दर-पर्त नीचे दबा हुआ एक छोटा-सा हसीन खयाल उभरकर उसके मन में आ गया। एक ऐसी याद, जिसके आ जाने से न जाने क्यों शांतिप्रणाली को लगा, शायद उसे बची हुई साँसों का हिसाब देना था। लेकिन क्या यह मुमकिन था ? फिर फूलदास की मौत के बाद अब वह अपनी वजह से किसी और की मौत का कारण नहीं बनना चाहती थी। अगर वह इस तरह बिना बाकी बची साँसों का हिसाब दिए मरना नहीं चाहती थी तो शायद यह सब दुबारा कर लेने या पा लेने की हिम्मत भी उसमें नहीं बची थी। फिर भी वह याद जो बजरबट्टू की थी और उसे कर पाने या न कर पाने का फैसला उसका था जो उसे इतनी देर तक रोके रहा।

उधर बजरबट्टू बढ़ई के पास से जो बाहर निकला तो एक बार फिर जैसे तेज रफ्तार से भागते हुए घोंड़े पर उड़ा चला जाने लगा। अभी शाम ही तो उसने फूलदास के कातिल को पकड़वाया था। अब उसी सिलसिले में एक और खोज की कड़ी उसके हाथ में थी। मामला फूलदास का नहीं होता तो वह इस वक्त रंगीनराय के यहाँ से टलनेवाला नहीं था। मिनी मीटिंग, ऊपर से मंत्रिमंडल की हलचल—यही सब तो उसे अपनी अंदरूनी खाक में छिपे हुए चंद अंगारों और उन अंगारों से निकले फफोलों की कुढ़न से अलग रखता।

बढ़ई जिस कमरे के अंदर था उसके बाहर से लेकर बाहरी बैठक के बरामदे तक कहीं तिल-भर पैर भी उस समय रख लेना मुमकिन नहीं था। फिर भी सीधी गरदन ताने हुए वह काटकर-फाँदकर बाहर निकल आया। कई लोगों ने इस बीच उसे पुकारा जरूर था, लेकिन रुकने की कौन कहे, उसने उन लोगों की बात का जवाब तक नहीं दिया। वह तो उस वक्त किसी भी तरह यशोदाबल्लभ के कमरे पर पहुँचकर बढ़ई की बताई हुई रिवॉल्वर पकड़ लेना चाहता था। क्या पता, उसी रिवॉल्वर से फूलदास का खून किया गया हो ! वैसे तो बजरबट्टू को मालूम था, दारुलशफा में बंदूक-रिवॉल्वर तो न जाने कितनों के पास थीं। लेकिन जब बढ़ई की बात के साथ शाम दुर्लभ काछी और

कमलासिह की घुसर-पुसर उसे याद आई तो उसके जेहन में कहीं वहाँ रखी हुई रिवॉल्वर का खुफिया रिश्ता फूलदास की मौत से जुड़-सा गया था।

रंगीनराय के घर से बाहर बरामदे तक का हिस्सा निकाल लेने के बाद बजरबट्टू बाएँ, यशोदाबल्लभ के कमरे तक का लंबा फासला पार कर लेने के लिए मुड़ जानेवाला ही था, तभी उसे चरणजीत की याद आई। एक तो चरणजीत से दुर्लभ काछी की खबर लेनी थी, दूसरे रिवॉल्वर की बात भी बतानी थी। लेकिन चलकर उसके पास तक चले जाने का सवाल नहीं था। फिर अगर जिस रिवॉल्वर को वह उठाने जा रहा था, वही क़त्ले-अस्लाह थी और अगर अब तक चरणजीत ने दुर्लभ काछी को धर-पकड़ा था तो उस पर हाथ डालने से पहले चरणजीत को बता तो देना ही था। ऐसे में उसके पास एक ही जरिया था, टेलीफोन। हालाँकि टेलीफोन से यह सब कहना-सुनना उसे ठीक नहीं लग रहा था। मगर और कोई जरिया नहीं था। इसीलिए उसने सोचा, कुछ इशारे में कहकर चरणजीत को यहीं बुला लेगा।

चरणजीत को फोन करने का फैसला तो बजरबट्टू ने कर लिया था, लेकिन फोन करे तो करे कहाँ से? हर एक जगह से तो बात की नहीं जा सकती थी। ऊपर से इधर-उधर भटककर वह किसी भी तरह अपना कीमती वक्त बरबाद नहीं कर देना चाहता था। इसीलिए वह वापस रंगीनराय के कमरे पर टेलीफोन कर लेने के लिए लौट चला। टेलीफोन तो बैठक में नहीं, अंदर था। फिर अंदर जाकर एक कोने में थोड़ी-सी जगह बनाकर उसने चरणजीत को फोन मिलाया तो वह मिला नहीं। थाने के मुंसरिम से तब बजरबट्टू ने फुसफुसाती हुई आवाज में क़त्ले-अस्लाह मिलने-जैसी उम्मीद के बारे में बतलाकर किसी भी तरह दारुलशफा में यशोदाबल्लभ के ठिकाने पर चरणजीत को अभी हाल भेजने को कहा, और फिर बाहर निकल आया।

इतना कर लेने के बाद बजरबट्टू को अब सिर्फ यशोदाबल्लभ के यहाँ पहुँच जाना-भर रह गया था। फिर भी वहाँ पहुँच जाने पर उसको एक नाटक तो करना ही था। वहाँ अंदर घुसकर उसे फटाक रिवॉल्वर तो उठा लेना नहीं था। इतना तो उसे इत्मीनान था, यशोदाबल्लभ इस वक्त पार्टी-मीटिंग और उसके बाद के समारोह के इंतजाम में जुटा होगा। दुर्लभ काछी चूंकि दारुलशफा से भागकर चला जा चुका था, कमलासिंह भी शायद ही वहाँ हो। लेकिन किसी का भी वहाँ न होना भी उसकी स्कीम में उलटा बैठ रहा था। अगर कहीं ताला बंद होगा तो वह अंदर घुस ही नहीं पाएगा। ताला तोड़कर तो चरणजीत भी शायद ही अंदर घुसेगा।

फिर न जाने क्यों, उसको इत्मीनान था, आज के माहौल में जब दूर-दूर से हर नेता के चाहनेवाले उमड़ने लगे थे, यशोदाबल्लभ के कमरे में ताला तो नहीं बंद होने का। धीरे-धीरे पहली मंजिल के बरामदों की बूटेदार बालकनी से लगा-लगा बजरबट्टू वहाँ

पहुँचने पर पहले तो अंदर पसरकर बैठ लेने का निश्चय कर चुका था। उसके बाद उसे बैठक का मुआयना दबी-तिरछी निगाहों से करना था और अगर जहाँ बढ़ई ने रिवॉल्वर होने की बात कही थी, रिवॉल्वर होगी तो उसे ताक लगाकर चरणजीत के आ जाने तक इंतजार करना था।

बजरबट्टू ने यशोदाबल्लभ के कमरे के सामनेवाली बालकनी पर आ जाने पर कुछ देर वहीं रुके रहना ठीक समझा। कमरे का दरवाजा तो बंद था लेकिन बाहर से ताला नहीं लगा था, यह देखकर उसने चैन की साँस ली। वहाँ सामने न रुककर वह जरा आगे बढ़ चला। बैठक के कमरे की खिड़की तो बंद थी, लेकिन पंखा चलने-जैसी आवाज तो आ ही रही थी। जाहिर था, अंदर कोई था। फिर वापस लौटकर वह सामने के दरवाजे पर खड़ा हो गया।

लेकिन दरवाजा खटखटाने से पहले एक बार फिर बालकनी से दारुलशफा के दोनों मेन गेट और उनके सामने सड़क पर आते-जाते लोगों को कुछ पहचान लेने के इरादे से देखा। जब आखिरी बार चरणजीत या उसके किसी साथी के वहीं आ जाने का उसे इत्मीनान हो गया तो बालकनी से हटकर उसने मजबूती के साथ यशोदाबल्लभ के कमरे पर थापें मारना शुरू कर दिया।

एक...दो...तीन थापों के बाद भी अंदर से कोई जवाब नहीं आ रहा था। कुछ क्षण रुकने के बाद बजरबट्टू ने फिर से दस्तक देने के बाद, कुंडी खड़खड़ानी शुरू कर दी। फिर भी जवाब नहीं आया तो हाथ की मुट्ठी बनाकर वह दरवाजा पीटने लगा। इतने में अंदर से किसी की घिसटकर आने-जैसी आवाज आई, जिसके साथ ही जैसे बड़ी मजबूरी में लंबी नींद से जागकर उठे हुए किन्हीं मजबूर हाथों ने अंदर से हौले-हौले सिटकनी गिराना शुरू किया।

बजरबट्टू ने तब तक दरवाजा खुलते ही अंदर घुस लेने का फैसला कर लिया था। दरवाजा कोई भी खोले, आगे की बात उसने अंदर जाकर ही करनी थी। लेकिन वह ऐसा नहीं कर सका। दरवाजा खुलते ही उसके सामने खुले हुए रेशमी बालों के बीच वही हसीन चेहरा था, जिसकी याद में वह कितने-कितने दिनों से गुमनाम दर्द की घाटियों में भटक रहा था।

वहाँ उस समय शांतिप्रणाली को देखकर बजरबट्टू के होश उड़ गए। अपने वहाँ आने का उसे मकसद भला क्या याद रहता, उसे तो तब यह भी याद नहीं रहा, वह कहाँ था! जैसे ही उसकी निगाह शांतिप्रणाली की बड़ी-बड़ी हिरनी-जैसी प्यारी आँखों से उठकर खड़े हो गए बेचैन सवालों से जाकर मिली तो वह खुद बेबाक, मजबूर, बड़े दिन से बीमार इंसान की तरह अंदर-ही-अंदर कराह उठा।

वह तो यहाँ फूलदास के कातिल को पकड़ लेने के बाद उस कातिल के हथियार को

उठाने के लिए आया था। सात समंदर पार तक भी उसे कहीं सपने में भी शांतिप्रणाली का खयाल नहीं आया था। जब वह किस-किसके यहाँ होने पर नाटक करने की स्कीमें बना रहा था तब भी उसे इतनी मामूली-सी बात नहीं सूझी थी, आज के दिन वह शांति, जो उसकी अपनी थी कभी, यहाँ हो सकती थी।

एक क्षण तो बजरबट्टू स्तब्ध, बिना हिले-डुले खड़ा रहा, फिर दूसरे पल ही उसके अंदर नफरत का सैलाब उमड़ पड़ा। यह अपनी प्यारी शांति नहीं, यह तो वह नागिन थी जिसने उसका सबकुछ छीन ही लिया था, पर साथ में जहर-बुझे कुछ घाव भी छोड़े थे, जो आज भी रिस-रिसकर उसे मारे डाल रहे थे। यही था वह मुकाम जहाँ आने के बाद हमेशा-हमेशा बर्रानेवाला बजरबट्टू चुपचाप खामोश खड़ा था।

लेकिन उसे वहाँ रुके रहना तो था नहीं। एक ही चक्कर में अभी तक की सारी बातें उसके दिमाग से गायब हो गईं जैसे वे वहाँ थीं ही नहीं और तेजी से बजरबट्टू वापस लौट चलने के लिए मुड़नेवाला था, तभी शायद इसका अहसास होते ही शांतिप्रणाली के मुँह से चीख-सी निकल गइ–

"नहीं... नहीं... मुझे ऐसे छोड़कर न जाओ!"

बस इतना ही कहकर शांतिप्रणाली वहीं उसके सामने ढेर हो गई। उसके गिरते ही बजरबट्टू रुका और आगे उसे सहारा देने के लिए बढ़ा तो उसकी निगाह उस रिवॉल्वर पर पड़ी जो इस समय शांतिप्रणाली के हाथ में था।

बजरबट्टू ने हड़बड़ाकर रिवॉल्वर ले लिया। उसने फिर शांतिप्रणाली को खींचकर अंदर किया और कमरे का दरवाजा बंद कर लिया। धीमी आवाज में चीख लेने के बाद बुदबुदाती हुई शांतिप्रणाली जैसे तमाम दर्द की तड़प में, घुटन में बजरबट्टू के कंधे पर छटपटाती रही।

कालीशंकर को दारुलशफा से, अपनी कहलानेवाली बीवी प्रतिभा और राहुल और उत्सुकदास से, उस सारे माहौल से जिसमें वह इतने दिनों तक जी रहा था, भागकर दूर कहीं चले जाने की योजना में विघ्न आन पड़ा था। वह तो अपने कमरे पर कुल दस मिनट के लिए कुछ रुपया-पैसा, स्कूल, कॉलेज-यूनिवर्सिटी की डिग्री वगैरह ले जाने के लिए आया था। उसने उस वक्त कसम खा रखी थी, कोई भी वजह उसे रोक नहीं सकेगी, कोई मोह, जाना-अनजाना छलावा उसके चले जाने के लिए उठ पड़े पाँव नहीं रोक पाएगा।

लेकिन अपने ही कमरे से पहले डॉक्टर को, फिर बैग उठाए हुए उत्सुकदास के नौकर को जब उसने निकलकर जाते हुए देखा, तभी उसका माथा ठनक गया। हालात को सूँघकर कुछ जान लेने की पुरानी आदत के सहारे ही उसी समय उसे कुछ गड़बड़ी

लगी थी। फिर वहाँ की बच गई भीड़ से निकलकर जाते हुए एक आदमी को रोककर उसने जब गड़बड़ की वजह जाननी चाही थी, तभी जरा-सी बातचीत के दौरान ही उसके कमरे का दरवाजा दुबारा खुला था और वहाँ से निकलकर उत्सुकदास का बूढ़ा नौकर दहाड़ मारकर रोने लगा था।

अब तो आगे बढ़कर बूढ़े नौकर को सँभालने के सिवा और चारा नहीं था। लेकिन उससे पहले वहाँ बच गए एक-आध लोगों को भगाना था। काफी देर से चल रहे नाटक में अब लोगों को वैसे भी कोई खास दिलचस्पी बची नहीं थी। इसीलिए एक हाथ से बूढ़े नौकर को पकड़कर, उन लोगों से चिल्लाकर फौरन दफा हो जाने को कहा तो बच गए लोग भी जल्दी-जल्दी खिसक गए। फिर तो कालीशंकर फौरन बूढ़े नौकर के साथ अंदर गया और कमरे का बाहरी दरवाजा बंद कर दिया। दरवाजा बंद करने के बाद कालीशंकर जो मुड़ा तो बैठक में पड़े दीवान पर उसे रूखे-सूखे बाल, फटी कमीज-पैंट, लंबी-उलझी हुई दाढ़ी में बेहद गंदा एक भिखारी लेटा हुआ दिखा। उसके माथे पर डॉक्टर की बँधी हुई ताजी पट्टी थी, जिस पर हल्के-हल्के खून का दाग़ रिस आया था।

इधर बूढ़ा नौकर फूट-फूटकर रोए चला जा रहा था। अजीब उलझन में कुछ भी न समझ पाने की स्थिति ने जब कालीशंकर को तंग किया और यहाँ से तुरंत भागकर चले जाने का खयाल उसे परेशान करने लगा तो थोड़ा खीझकर उसने बूढ़े नौकर से पूछा, "काका ! यह सब है क्या ?"

"बेटा··· काली बेटा, यह बनवारी है··· बनवारी !" बूढ़ा नौकर, जो जरा सँभला था फिर से रोने लगा।

"बनवारी··· कौन बनवारी ?" कुछ डरते हुए कालीशंकर ने सवाल किया।

"तुम्हारा बाप है यह बनवारी।" आँसू पोंछकर अनजानी चुनौती को झेल लेने-जैसी मन:स्थिति में बूढ़े नौकर ने कहना शुरू किया, "जब तू बड़ा छोटा-सा था, तेरी माँ मंतन और बनवारी पूरे गोबिंदपुर रियासत के कोने-कोने तक अपनी मोहब्बत के लिए जाने जाते थे। बिल्कुल तेरे-जैसा था यह हट्टा-कट्टा, गठीले बदन और गोरे रंगवाला। तब बड़ी शान थी इसकी। और तेरी माँ, मंतन बहुत··· बहुत सुंदर थी, यही था शायद उसका सबसे बड़ा कसूर !" फिर जैसे बूढ़े नौकर को कुछ और याद आया, "अरे तुझे भी तो याद होगी अपने बाबा की ! मुझसे कहता था न, बाबा मर गए, तेरे से कुछ कहना चाहते थे, बता नहीं पाए। कालीशंकर, तेरे बाबा इसी बनवारी के बारे में तुझसे कहना चाहते थे। यह बनवारी हम सबको छोड़कर चला गया था। पहले तो छठे-छमाहे एक-दो दिन के लिए गाँव का चक्कर लगा लिया करता था। लेकिन जब मंतन फिर भी नहीं मिलती और ऊपर से लोग खिल्ली उड़ाने लगे तो इसने वहाँ भी आना छोड़ दिया था।"

''क्या, क्या हुआ था मेरी माँ को ?'' जैसे किसी नींद में खोए रहने पर भी यह शब्द कालीशंकर ने कह दिए। यही था वह सवाल जिसका जवाब बूढ़ा नौकर देना नहीं चाहता था, पर जवाब तो उसे देना ही था। बाप को आज जीवन में पहली बार देखकर जब माँ का जिकर आ ही गया हो तो कैसे खामोश रहा जा सकता था ?

''का करिओगे वह सब जानकर!'' कहने को तो बूढ़ा नौकर कह गया, लेकिन उसको मालूम था, जवाब उसे देना होगा और बनवारी अगर जाग गया तो शायद वह जवाब दे भी न पाए। इसीलिए दोनों हाथ माथे पर रखकर वह बैठ गया और धीमी-धीमी आवाज में उसने कालीशंकर को बिना देखे हुए कहा, ''बेटा काली, धीरज रखो! यह बनवारी तो अब आया है न! मैंने तो तुझे अपने बेटे से कभी कम नहीं माना। नहीं चाहता था वह सब कहना जो जिंदा रहते तुम्हारे बाबा भी न कह पाए। फिर सोचता हूँ, अब न बताया और जो बनवारी आ ही गया तो तेरे मन में कैसे पैठ पाएगा। मैंने कहा था न, तेरी माँ मंतन बड़ी सुंदरी थी। अरे वैसी लड़कियाँ तो अब देखने मा ही नहीं आतीं। बस यही उसका कसूर था। ऊ सारे महराज के चट्टे-बट्टे थे, उनमें खजांची का बदमाश भाई भी रहा। सबने मिलकर उसे मार डाला, बेटा! मार डाला था! तेरी माँ मंतन को यह बनवारी बहुत चाहता था। उस दिन यह रहा नहीं। बस लौटकर जब इसे मंतन नहीं मिली तो यह पागल हो गया। इतने दिन बाद यह मिला है। हमें शायद भगवान इसी दिन के लिए जिआए थे। हम न होते तो इसे भी आज इहाँ के लोग मारे डालि रहे थे। अब इसे गले लगा ले, कालीशंकर! बड़े दुख उठाए हैं इसने। गले लगा ले इसको, यह तेरा बाप है, बनवारी तेरा बाप है...!'' बस इतना कह लेने के बाद बूढ़े नौकर को जो कुकुर खाँसी का दौरा पड़ा तो वह आगे और कुछ न बोल पाया।

लेकिन बूढ़े नौकर के शब्द 'बड़े दुख उठाए हैं इसने... यह तेरा बाप है... बनवारी तेरा बाप है' कालीशंकर के दिलो-दिमाग पर तेज नशे की तरह असर कर चुके थे। उसके अंदर का अपना भी सारा दुख जैसे आज उबलकर बाहर निकलना चाह रहा था। कैसे बताता वह बूढ़े नौकर को, वह भला बनवारी को क्या गले लगाए, उसे खुद ही आज सहारे की जरूरत थी... हाँ आज, जब वह अंदर से बुरी तरह टूटा हुआ था, बेहद अकेला था। खुद अपने कलेजे पर पहाड़ उठाए वह तो यहाँ से चले जाने के लिए आया था। उसके बाप बनवारी के पास मंतन का सहारा तो था भले ही दो शब्दों का, मंतन के आ जाने के इंतजार का नादान सहारा हो, उसकी बुनियाद तो मजबूत थी। लेकिन उसके अपने पास तो अब कोई धरातल न था और अपनी बनाई बुनियाद चूर-चूर हो चुकी थी। अब तो वह टूटे-फूटे खँडहरों जैसा था जिसके ऊपर कोई भी साबुत छत नहीं थी और जिसकी बुनियाद भी खोखली थी।

फिर भी कालीशंकर के पास वक्त तो था नहीं, जो वहाँ बस खड़ा-खड़ा यूँ ही अपने

पागल बाप को घूरता रहता । जब सब सहारा छिन गया तो उसे अपने दिमाग से सहारा मिलने लगा । चूँकि वह अभी बाहर से आकर खड़ा था, इसलिए वह अपने मकसद से बहुत दूर नहीं जा सका था । इससे पहले बूढ़े नौकर की कुकुर खाँसी पूरी तरह रुक जाए और वह आगे कुछ सवाल-जवाब करे और इससे पहले उसका बाप बनवारी नींद से जागे, कालीशंकर ने तो फैसला कर लिया । अपने अंदर उबलते हुए तूफान को दबाकर उसने बूढ़े नौकर से कहा, ''अरे काका ! हम आज अभी यहाँ से जाय रहे । कुछ जरूरी सामान जमा करते हैं, इतने में तुम रिक्शा मा बैठकर एक टैक्सी बुला लो ।''

''और बन···वारी ?'' खाँसी दबाकर बूढ़ा नौकर बोला ।

''और क्या ? इनकी वजह से तो अब और ही जल्दी जाना है । यह हमरे साथ जाएँगे । टैक्सी लै आओ काका, वरना वो आ गई तो बड़ी खराबी हो जाएगी ।''

दस

लोबीराम के कुछ उसूल थे और इन उसूलों का वह बड़ी सख्ती से पालन किया करते । तभी तो हजार कमजोरियों के बावजूद भी दिनों-दिन राजनीति पर उनकी पकड़ मजबूत होती जा रही थी । उनके खास उसूलों में एक था, दुश्मन को आखिर तक मौका देने का । दिए हुए मौके तक अगर उनकी इच्छा नहीं पूरी हो तो फिर वह सीधा हमला करते । और दूसरा उसूल था, हमला कर देने के बाद वह पीछे नहीं हटते और न ही फिर किसी प्रकार का समझौता करते । क्योंकि उनके तीसरे उसूल के अनुसार, ऐसा करने में ख़तरा होता जिसके तहत फँस जाने की अधिक संभावना रहती । और इसलिए हमेशा वह नई परिस्थितियों से ही आगे का कोई रास्ता निकाला करते । पीछे मुड़कर उन्होंने कभी नहीं देखा । करीब दो घंटे पहले रंगीनराय जब उनके यहाँ आए थे तब उन्होंने बिखरी हुई शक्ति-सत्ता की कड़ियों को जोड़ने-गाँठने के मकसद से असंतुष्ट विधायकों की मीटिंग बुलाने का सुझाव तो दिया था । फिर भी आनेवाले दो घंटों तक, उत्सुकदास का कोई आदमी नहीं आएगा, उस समय उनको इस बात का कभी यकीन नहीं था । मीटिंग कर लेने का रंगीनराय को दिया गया उनका सुझाव उस समय एक शोशा छोड़ देने-जैसी बात थी जिसे अगर जरूरत पड़ ही जाए तो फिर पकड़कर उभारा जा सके । हालाँकि ऐसा करते समय खुद उनको यह सब बेकार-सा ही लगा था । लेकिन एक तो रंगीनराय खुद चलकर आए थे; दूसरे, उत्सुकदास के यहाँ से कोई आया नहीं था; तीसरे, मौका

अपने अंतिम चरण पर था। अब सबकुछ उनके सामने साफ-साफ था। और अपने खुराकी दिमाग की वह बार-बार दाद दे रहे थे जिसके साथ-ही-साथ उत्सुकदास की कब्र खोदने को वह चल दिए।

लोबीराम अपने घर से जरा देर करके ही निकले थे। देर उन्होंने जान-बूझकर की थी। वह उत्सुकदास को आखिर तक मौका देना चाहते थे। वैसे भी उत्सुकदास के लिए उनका निकाला हुआ मसौदा बड़ा सीधा-सादा और सुलझा हुआ था। अपनी साफगोई पर वह खुश ही थे। लेकिन उनको हैरत इस बात पर हो रही थी, करीब दो घंटे पहले उड़ाई खबर उत्सुकदास-जैसा खिलाड़ी कैसे पकड़ नहीं पाया। उन्होंने तो अपने कमरे में इस बीच आए हुए हर आदमी से हाल खुलासा कर दिया था। कुछ उत्सुकदास के यहाँ के मिलने-मिलानेवाले भी थे, जिन्हें और बढ़ा-चढ़ाकर डराया था। गुरुपदस्वामी के यहाँ होते हुए भी उनकी बातें दबा दी जाएँगी, उनका जी यह मानने को तैयार नहीं था। उनको मालूम था, ये बातें तो जान लेनेवाला हर कोई दौड़-दौड़कर उन्हें बताएगा। फिर उनकी पूरी ताकत से कौन वाकिफ नहीं था। फिर भी जब काफी देर तक कोई नहीं आया और उधर रंगीनराय के यहाँ से गर्माती हुई खबरों ने उछाल मारनी शुरू कर दी, तो बड़े मजबूर होकर लोबीराम को कमरे से बाहर निकल आना पड़ा। उस समय उनकी हालत साँप-छछूँदर-जैसी हो रही थी। जहाँ एक तरफ एक अंतिम कोशिश वह और कर लेना चाहते थे, दूसरी तरफ उनको डर था, रंगीनराय के यहाँ, मौके पर मौजूद न रहने से अगर कमजोरी पैदा हो गई तो खेल बिगड़ जाएगा।

रंगीनराय की बैठक की ओर बढ़नेवाला एक-एक कदम, उनको मालूम था, आनेवाली एक लंबी लड़ाई की शुरुआत थी। फिर भी जब तक रंगीनराय के कमरे पर पहुँच वह बैठक के अंदर घुसकर बैठ नहीं जाते तब तक उन्हें बराबर उत्सुकदास का प्रस्ताव मंजूर कर लेने का अधिकार था। इसमें उसूलों का भी बंधन नहीं था। लेकिन प्रस्ताव कोई हो तब न? कोई ले आनेवाला नजर आए तब न? इसीलिए बार-बार लोबीराम पीछे मुड़कर देख लेते। एक बार तो बैठक के दरवाजे तक आ जाने के बाद, वह वापस लौटकर अपने कमरे तक महज पूछ लेने-भर को लौट आए थे। रास्ते में फिर कई-एक बार रुके खड़े रहे... और बार-बार उनकी निगाह मोटे चश्मे को भेदकर इधर-उधर ताक रही थी। और मन की शंका दूर-दूर तक की हर होनेवाली बात से, अपने असर-भर के लिए, कुछ निकाल सकने की प्रक्रिया में भिड़ी हुई थी।

फिर भी जब इन तमाम हरकतों के बावजूद, उत्सुकदास का कोई आदमी न आया, न ही किसी आनेवाले की खबर आई और न ही किसी प्रस्ताव का संकेत, और उधर दरोगा के भेजे हुए चमचे बार-बार उन्हें घेरने लगे, तो आखिर में हारकर वह रंगीनराय की बैठक में घुसकर बैठ गए थे। उसके बाद उनके दिमाग में उत्सुकदास का जब-जब

खयाल आया तो एक मक्खी मसल डालने-जैसा ही खयाल आया था। तब उनका दिमाग किसी और बड़े खेल की तैयारी में लगने लगा था। उनको मालूम था, यहाँ आ जाने के बाद दुनिया की कोई ताकत, पैसे का बड़े-से-बड़ा लालच, उनसे उत्सुकदास का समर्थन नहीं करवा सकता था। उनको यह भी मालूम था, अब खुद अपने पुरुषार्थ से, वह बहुत बड़ी ताकत, बहुत बड़ा पैसा पैदा करनेवाले थे और यह तभी मुमकिन था जब उत्सुकदास खत्म हो जाए, नष्ट हो जाए।

लोबीराम उत्सुकदास का मजा चखाने की कसम उठाकर निकले थे। बस दो सवाल थे जिनका जवाब उनको ढूँढ़ लेना था। पहले तो पार्टी-मीटिंग में खुल्लमखुल्ला विद्रोह करने के बाद उनको क्या करना होगा? आगे का खेल अगली चाल जाने बिना इतना खतरनाक कदम उठा लेना ठीक था। दूसरे, अब वह जिद-भरी नफरत में सुलगते हुए बात को इतने आगे तक ले जाना चाहते थे, जहाँ से अगली चाल सुलभ हो जाने पर लौट आने का रास्ता भी बंद हो जाए! उनका मन रह-रहकर उत्सुकदास को तोड़ देने के लिए बेताब था। हमेशा नशे की गहराइयों में खोए रहनेवाले लोबीराम आज नशे के ऊपर चढ़ने लगे थे। उनके रोम-रोम में अंगारों-सी तपन उभरकर बार-बार अंदर-बाहर; पैर के अँगूठे से लेकर सिर के बालों तक क्रोध की लहरें जगा रही थीं। हमेशा शांत दिखनेवाले लोबीराम आज बड़े बेचैन थे, बेताब थे। एक बार अपने को परख लेने के लिए उन्होंने अंतिम क्षणों में उत्सुकदास के यहाँ से कुछ पहुँच जाने की संभावना को सोचा था, लेकिन फिर क्रोध की गहराइयों ने झटक दिया था, इस पलायनवादी भटकाव को। अब वह किसी और खेल की भूमिका बनाने लगे थे।

रंगीनराय के यहाँ आने पर लोबीराम को बलदेव चौधरी की बाबत सबकुछ पता लग चुका था। पार्टी-अध्यक्ष की पेशकश पर उन्होंने कोई उम्मीद तो लगाई नहीं, फिर भी इससे माहौल बनाने में आसानी हो जाएगी, यह उनको भी पता था। ऊपर से मिनी मीटिंग का अंदाज बड़ा जहरीला था। वहाँ हर आदमी किसी जबरदस्त ताकत के भरोसे पार्टी-नेतृत्व का उल्लंघन करने को भिड़ा हुआ था। सिर पे कफन बाँधकर निकले हुए विधायकों के गोल, हाथ नचा-नचाकर मुँह से आग उगल रहे थे। जो भी मंत्री नहीं बननेवाले थे, जिनके-जिनके करीब के गाँव-जिला-इलाके से किसी के मंत्रिमंडल में होने की उम्मीद तक नहीं थी या फिर जिनके गाँव-जिले-इलाके से मंत्री तो कोई हो रहा था लेकिन जो उनकी पटरीवाला नहीं था, जिससे उन लोगों की बात बननेवाली नहीं थी, वे सब-के-सब हल्ला बोले हुए थे। रंगीनराय की मिनी मीटिंग इन सबके लिए अपनी-अपनी भड़ास निकाल लेने का मौका था।

लोबीराम को अच्छा लग रहा था, न सिर्फ इसलिए यह उनकी योजना का प्रारूप था, इसलिए और यह सब उनका ही छोड़ा हुआ था। दो-ढाई घंटे में इतनी बड़ी साजिश

खड़ी कर देना कोई हँसी-ठट्ठा तो था नहीं। न तो रंगीनराय को और न ही खुद उनको अपनी धूतरे की सनक के इतनी गहरी पैठ जाने का अदशा था। यह था तो महज इत्तफाक, लेकिन सधी-सधाई चाल खेलने-जैसा लग रहा था। यह सब तो ठीक चल रहा था। तजुर्बे के बिना पर लोबीराम को पता था, अगर वह थोड़ा जोर और लगा दें तो पार्टी-मीटिंग टल जाएगी। लेकिन उसके साथ तिजोरी भर लेने का मौका भी हाथ से निकलनेवाला था। यही सोच-सोचकर उनको बार-बार गुस्सा आ रहा था। उत्सुकदास जैसा खिलाड़ी इतनी मामूली-सी बात नहीं पकड़ पाएगा और फिर पिछले दो घंटों से दारुलशफा में जो गदर चला हुआ था उसकी खबर तक उनको नहीं मिलेगी, और खबर मिल जाने के बाद भी घुट्टी मार के चुप बैठे रहेंगे, लोबीराम की ताकत जानते हुए भी—बस यह बात किसी भी तरह उनके गले से उतरनेवाली नहीं थी। इधर उनके दिमाग में धतूरे के बीज, चरस का धुआँ बार-बार उछाल मार रहा था, उधर आनेवाले वक्त में कुछ बड़ा मिल पाने की चाह ने साँसों के संग, बार-बार गुदगुदी मचा रखी थी। दूर कहीं, बड़ी दूर से उनको पैसों की खुशबू आने लगी थी। हालाँकि इसमें कोई खास बात नहीं थी। अकसर उनको, जब भी मौके पर दाँव लगा रखा हो, ऐसा होता रहता। फिर भी आज मौका था, साथ में माहौल, ऊपर से रह-रह अपनी ताकत के भरोसे मौका हासिल कर पाने का अहसास भी था।

लोबीराम थे तो धुन के पक्के, जो चाहते हासिल कर लेते, पर इस बार दिक्कत कुछ ज्यादा ही होने लगी थी। इतना लंबा खींचना उनको कभी अच्छा नहीं लगता, इसीलिए रंगीनराय के यहाँ उनको उलझन तो हो ही रही थी। लेकिन आज लग रहा था, एक बार उनको अपनी ताकत का प्रदर्शन करना ही होगा। अब आखिरी मुकाम के करीब पहुँचने ही वाले थे। वैसे ही वहाँ लोग-बाग चिल्ला रहे थे, चीख रहे थे, रह-रहकर वजनी गालियों की ड्रेसिंग से उत्सुकदास, कृष्णबल्लभ और गुरुपदस्वासी तक को गरिया रहे थे, लेकिन पार्टी-अध्यक्ष और बलदव चौधरी के आने में अभी भी थोड़ी देर थी, जिसके बाद ही मिनी मीटिंग का असली स्वरूप सामने आना था।

इतनी देर की उठा-बैठक के बाद लोबीराम ने अपने दिलो-दिमाग में खुरेच रहे दोनों सवालों के हसीन जवाब तैयार कर लिए थे, जिससे एक खास तरह का सुकून उनमें घर कर चुका था। अगली चाल के तौर में उन्होंने पार्टी छोड़ देने की धमकी को ईजाद कर लिया था। जहाँ तक असली चाल के सुलभ हो जाने का सवाल था, उनकी ताकत के भरोसे पार्टी में या विरोधी दलों में कोई भी सरकार बना लेने के लिए खुलकर उनको सर-आँखों पर उठा लेगा। अगर बलदेव चौधरी सौदा नहीं करते तो और कोई करेगा और अगर पार्टी में कोई भी उनसे सौदा करनेवाला नहीं था तो ऐसी पार्टी में अब खुद उनका ज्यादा दिनों तक टिके रहना बेमानी ही था।

भीड़ बढ़ती जा रही थी जिसकी वजह से रंगीनराय को लगा, तंबू तनवा लिया गया होता तो ठीक रहता। लेकिन तब किसको पता था, इत्ते आ जाएँगे। दरोगा द्विवेदी के साथ लोबीराम से जरा हटकर बैठे हुए वह अब आखिरी हिसाब लगाने में लगे हुए थे।

''क्यों···रा···साब, कहाँ खो गए ?'' दरोगा ने आवाज लगाई।

पहले एक बार दरोगा की कही बात पर उसकी तरफ देखा उन्होंने जरूर, फिर तीन वर्ष तक लगातार गाजर खाते रहने से चमकती आँखें अपनी पूरी बैठक में गडमड बैठे हुए तमाम लोगों को देख लेने के लिए चक्कर लगाती रहीं। सबकुछ तौल चुकने के बाद उन्होंने जवाब दिया, ''दरोगा ! सब ठीक है न ?'' उनकी बात में संतोष था।

''ठीक तो है, लेकिन अभी दो रेले और आने हैं।''

''वह कैसे ?''

''एक रेला तो पार्टी-अध्यक्ष के साथ आएगा···।''

''जिसमें बलदेव चौधरी भी होवेंगे। और दूसरा ?''

''दूसरा पार्टी-अध्यक्ष के आने के बाद आएगा।'' पुराने और सधे हुए खिलाड़ी की तरह दरोगा ने सामने के बरामदों की बालकनी पर लटकी हुई तमाम भीड़ को इशारा करते हुए कहा, ''वो देख रहे हैं, ये सब बस ताक में हैं, दूर से झाँक रहे हैं। इन सबको बस पार्टी-अध्यक्ष के ही आ जाने का इंतजार है। फिर कुछ लोग अभी तौल रहे हैं, नाप रहे हैं।''

''अच्छा दरोगा, क्या पार्टी-अध्यक्ष आएँगे ?''

''क्यों भला, आएँगे क्यों नहीं ?''

''वो सब नाटक बताया तो था लौटकर ?''

''वे आएँगे राय साब, जरूर आएँगे। फिर चौधरी भी तो घेर कै लावेंगे ! यहाँ उनको नेता बना लेने की बात जो हमने कह दी थी।''

''सो तो है, लेकिन चौधरी पे कोई खास असर तो तब हुआ नहीं था। वो तो इशारों···इशारों हमने पार्टी-मीटिंग में, खुल्ला विद्रोह कर देने की बात कही, उसे वे पार्टी छोड़ देने-जैसी समझे तो पुराना, सन् 42 का वास्ता याद आया !''

''कुछ भी कहौ, पार्टी-अध्यक्ष बड़े गुरु-घंटाल हैं। अंदर-ही-अंदर वे उत्सुकदास से तपे बैठे हैं। बस पी. एम. का डर न हो तो दो मिनट मा उखाड़-पछाड़ करके चल दें।''

''फिर हमसे तो उनने इहाँ आने पर हल्ला न बोलने को कहा था,'' रंगीनराय ने आतंक में कहा।

''कहा तो था,'' दरोगा को ही रास्ता सुझाना था, ''लेकिन आप किस-किसका मुँह रोकेंगे ? सब आपके गुलाम तो हैं नहीं ?''

''फिर भी जिम्मेदारी तो अपनी है ही।''

"अरे रा···साब, कभी-कभी आपको का होय जात है! बिलकुल गड़बड़ाय जात हौ।"

"काहे भला, काहे?"

"अरे यह वक्त जिम्मेदारी निभाने का तो है नहीं। अपनी राजनीति तो देखो! पार्टी-अध्यक्ष भला क्या खाकर बुरा मानेंगे? इधर उत्सुकदास के बन जाने पर जो उनकी पराजय होएगी, उसका हिसाब तो करेंगे या नहीं?"

"लेकिन मैंने वायदा कर लिया था।"

"मैंने तो नहीं किया? और भी तो हैं जिनने गंगाजली नहीं उठाई।"

"ओह!"

"लेकिन आप बस घुमाकर जरा जड़ देना! बाकी हम देख लेंगे।"

"मतलब?"

"मतलब सीधा-सादा है," दरोगा ने अपना बायाँ हाथ उठाकर वहाँ पर बैठे हुए विधायकों की ओर इशारा करते हुए कहा, "ये सब···ये लोग यहाँ क्या चाय पीने आए हैं···या फिर आपके दर्शन करने? ये सब जले-भुने हैं, बर्रा रहे हैं कैसे, यह तो आपने देखी होगी। इनकी आग भड़काओ, इनको मजबूत करो।"

रंगीनराय की आँखों में उभरने को आता हुआ डर भागने लगा और चेहरे पर आती हुई कायरता भी दब चली। दरोगा ने एक झटके में उनकी तमाम शंकाओं को भगा दिया था और फिर साफ-साफ लफ्जों में दरोगा उनसे बोलने के लिए, भाषण देने के लिए कह रहा था। जाहिर था उनको भाषण तुरंत शुरू कर देना होगा और जब तक पार्टी-अध्यक्ष आए वहाँ, विधायकों को ऐसी दिमागी हालत में डाल देना होगा जिससे उनके आ जाने के बाद अगर संतुलित बात हो भी तो सब-के-सब खुद सर पै बला उठाकर भिड़ें, आवाजें कसें, हमला करें और आगे आनेवालों को खुद ही जोश के सैलाब में बहा ले जाएँ। इससे एक फायदा था, पार्टी-अध्यक्ष को दिया हुआ उनका वादा टूटेगा नहीं और काम भी हो जाएगा। फिर रंगीनराय कोई ऐसे-वैसे तो थे नहीं जो उनकी शक्तियों का असर अभी का अभी खत्म हो जाए। वह तो चढ़ेगा, चढ़कर रहेगा और बड़ी···बड़ी खींचतान के बाद उतर सकेगा।

दरोगा ने इस बीच आस-पास बैठे लोगों से इशारों में सब समझा दिया था और जब रंगीनराय ने शुरू होने के लिए देखा तो उनको हाथ सीने तक ले जाकर फिर आगे फैलाकर सिगनल दिया और तभी उठकर खड़े होते हुए राय साब का हाथ पकड़कर दरोगा ने धीरे-से 'लोबीराम' का नाम लिया, जिसका मतलब समझते हुए रंगीनराय ने सिर हिलाकर हुंकारी भर दी।

अपने विशालकाय शरीर पर कुरते की सलवटें ठीक करते हुए रंगीनराय कुछ पल

भिनभिनाती हुई आवाजों के शांत हो जाने का इंतजार करते रहे और तब भी जो लोग चुप नहीं हुए तो दो-तीन वजनी तालियाँ बजाकर उन्होंने सबका ध्यान अपनी ओर खींच लिया। फिर तेज आवाज में उन्होंने अपना भाषण शुरू कर दिया—

"आदरणीय लोबीराम जी और दोस्तो! आज के दिन आप सबने यहाँ आने में न सिर्फ मेरे ऊपर उपकार किया है, अपनी पार्टी, प्रदेश और देश के उन आदर्शों, उन मूल्यों को मजबूत किया है, जिनकी खातिर हमने इन तमाम सालों संघर्ष किया। ये मूल्य, ये आदर्श कोई हमने तो ईजाद किए नहीं, यह तो पचास सालों की एक लंबी लड़ाई से पैदा हुए हैं। उस लड़ाई से पैदा हुए जिसके लिए कितने ही शहीदों ने सिर कटा दिया और उन अनगिनत कुर्बानियों का न तो कोई हिसाब है, जो न गिनी जा सकेंगी और जिनको न ही कोई भुला सकेगा। हम लोग भी सिर पर कफन बाँधकर निकले थे। सनसनाती हुई गोलियों की बौछार के बीच, हथेली पर जान लेकर जब हमने सड़कों की धूल फाँकी, जेल की दीवारों के अंदर महीनों-सालों तक सड़ते रहे, तब हमारी पलकों में बसा एक ही सपना था, वह सपना था, आजादी का सपना! उस आजादी का सपना जिसे छू-भर पाने के लिए हमने तरस-तरसकर दिन गुजारे, तड़प-तड़पकर रातें काटीं। गाँधी जी की आवाज पर हजारों, लाखों लोगों ने पढ़ाई-लिखाई, बीवी-बच्चों को त्यागकर, माँ-बाप, भाई-बहन के प्यार से भागकर अपने देश को सबकुछ दे डाला··· सबकुछ! उस समय दोस्तो! हमने, लोबीराम जी ने, अपने दरोगा द्विवेदी या आप सबने कुछ पा लेने का हिसाब करने को कौन कहे, खयालों तक मे सोचा तक नहीं था। हमारा बलिदान, हमारा त्याग एक पूजा था, एक इबादत था, हम सब अपने स्वर्ग को मिल-बाँटकर धरती पर उतार लाने के लिए जी-जान से जुटे थे! उस आजादी की लड़ाई में हिमालय की विशाल चोटियों से लेकर कन्याकुमारी तक, गंगा की उत्ताल तरंगों की तरह जोश का सैलाब आया था जिसमें बह जानेवाले तो शहीद हो गए, जो बच गए उन्होंने अपने मुल्क की सेवा में अपना जीवनदान कर दिया और ऐसे लोगों को भी शहीद ही कहना होगा, क्योंकि उन्होंने अपने जीवन की तमाम खुशियाँ आनेवाले राष्ट्रीय यज्ञ में होम कर डालीं। दोस्तो! उस वक्त तो हमने कभी इस बात की कल्पना तक नहीं की थी कि आजादी के बाद ऐसा भी होगा जब हमारी आत्मा हमसे अपनी पवित्रता का हिसाब माँगने लगेगी। हमें अपने मूल्यों, अपने आदर्शों को बचाने के लिए संघर्ष करना होगा! क्यों, आखिर क्यों? मैं आपसे पूछता हूँ, आखिर क्यों? शायद इसलिए कि दरिंदे जो आजादी के समय से ही धंधा कर रहे थे, हाँ, मैं चीख-चीखकर कहूँगा उस समय भी वे धंधा ही कर रहे थे, वे जुलूस में रहते तो लाठी बचाकर, आंदोलन करते तो गोलियों की बौछार से भागकर, वे जेल जाते तो मजबूरी में या फिर बाहर की मुसीबतों से बचने के लिए, वे लोग, मैं तो कहता हूँ, आजादी की लड़ाई के सिपाही नहीं थे··· कभी नहीं थे, वे तो उस समय भी

धंधेवाज, बड़े फंदेबाज थे और आज भी हैं और कल भी रहेंगे।"

पुराने लोग समझ गए, इशारा उत्सुकदास की तरफ था। बड़े जोर की तालियाँ बजीं, कुछ लोग 'शर्म करो⋯शर्म करो⋯!' कहने लगे, लेकिन उनको रंगीनराय ने रोका और आगे अपनी बात जारी रखी–

"तो मैं कह रहा था, इन धंधेबाजों ने आजादी के बाद सत्ता हथियाने की पूरी कोशिश की, लेकिन पंडित जवाहरलाल नेहरू और पहली पंक्ति के अन्य नेताओं की वजह से ये कामयाब न हो सके। फिर भी यह खामोश नहीं बैठे, ये चुप नहीं रहे, देश के, प्रदेश के पूँजीपतियों, कालाबाजारियों के साथ मिलकर नई चालें चलते रहे, नई तरकीबों को ईज़ाद करते रहे। ये चंद लोग, यह मुट्ठी-भर लोग, पूरे देश की अखंड पवित्रता को अपनी काली करतूतों से बेबुनियाद बना देना चाहते थे। इनकी कोशिशें तब भी चल रही थीं, आज भी चल रही हैं और शायद हमेशा⋯हमेशा चलती रहेंगी। इनका उद्देश्य बस सिर्फ मुल्क की जड़ें खोखली करना है, ये देश के दुश्मन हैं, ये गद्दार हैं। इन्होंने पार्टी को बदनाम किया है। इनके कितने किस्से हैं जिनको सुनकर आपके रोंगटे खड़े हो जाएँगे, ये खतरनाक, जहरीले साँप की तरह अपना शिकंजा सत्ता के ऊपर कड़ा करते जाते हैं। इनका⋯इन पार्टी के, देश के दुश्मनों का कोई नाम नहीं, लेकिन हमेशा की तरह ये सत्ता से चिपके हुए⋯राजगद्दी हथियाना चाहते हैं। राजगद्दी हथियाने के पीछे कोई सेवा⋯किसी प्रकार की जनसेवा की भावना नहीं, ये तो अपने निहित स्वार्थों के लिए चक्कर लगाते रहते हैं।

"दोस्तो! आज एक बार फिर संकट आया है। तिलक, गोखले, गाँधी और नेहरू की पार्टी पर संकट आया है। राम, कृष्ण, भरत और बुद्ध के देश पर संकट आया है। मुझे दिखाई दे रहा है⋯दूर से आता हुआ एक काला अंधड़ जो बस एक झटके में हमारे आदर्शों, हमारे मूल्यों, हमारे इतिहास के रंगीन धरातल को तोड़ देगा, सबकी आशाओं पर, विश्वास पर पानी फेर देगा, मिटा देगा! अब हमारे सामने एक विनाश की ओर जानेवाला रास्ता है और दूसरा रास्ता आदर्शों और मूल्यों का रास्ता है जिनके लिए हम पार्टी में हैं, जिनके लिए पार्टी है, सरकार है। मैं आपको चुनौती देता हूँ⋯हाँ, अपनी ही किसी निहित कमजोरी से अगर हमको, आपको, पार्टी को आज अन्याय, अनाचार, सत्ता के दुर्विचारों के सामने झुकना पड़ गया तो आनेवाला समय, आनेवाली पीढ़ी हमें कभी माफ करनेवाली नहीं। इतिहास के पन्नों में इन सत्ता के दुराचारियों का नाम तो काले धब्बों में लिखा ही जाएगा, लेकिन अपने नाम, अपनी असलियत पर भी अच्छी तरह कालिख पुत जाएगी।"

इस पर दरोगा ने बड़े जोर से तालियाँ बजवा दीं। तालियों की गड़गड़ाहट के साथ वे अपने धाराप्रवाह भाषण का संजीदा असर तौलने लगे। जाहिराना तौर पर असर अच्छा

था। दरोगा ने भी आँख के इशारे से संतोष प्रकट किया। तालियों की आवाज धीमी पड़ने लगी थी जिसके साथ रंगीनराय ने फैसला किया, लोबीराम को फँसाने का वक्त आ गया था। लोबीराम की कमजोरियों से रंगीनराय अच्छी तरह वाकिफ थे। जरा भी छुट्टा छोड़ देने से लोबीराम के भटक जाने का अंदेशा था, जिसकी काट के लिए दरोगा ने अपनी योजना पहले ही उनको बता रखी थी।

"...तो दोस्तो! मेरे इस अहसास में शामिल हैं प्रदेश के जाने-माने नेता और आजादी की लड़ाई के पुराने नेता लोबीराम जी। मैं तो यहाँ तक कहूँगा, आज का यह सारा कार्यक्रम उन्हीं के आशीर्वाद और प्रेरणा का परिणाम है और इसलिए क्योंकि लोबीराम जी हम सबसे बड़े हैं, हमारे पूजनीय नेता हैं, इसलिए मैं इस बात का प्रस्ताव करता हूँ, आज की इस मीटिंग की अध्यक्षता लोबीराम जी ही करें।"

रंगीनराय की इस घोषणा के साथ ही एक बार फिर तालियाँ बजीं। लेकिन इस बार की तालियों में लोबीराम का दिल डूबने लगा। इतनी देर की खोज-बीन के बाद उन्होंने अपनी जो योजना बनाई थी, उसके अनुसार उनको यहाँ पूरी तरह किसी खूँटे से बँधना ही नहीं था। मीटिंग की सदारत का मतलब पूरी तरह अपने को रंगीनराय के हाथों में सौंप देना था। उसके साथ पार्टी-मीटिंग में खुल्लमखुल्ला विद्रोह कर लेने के बाद इनसे ही जुड़े रहना होगा। शायद अब इसके बाद वह कहीं आ-जा तक नहीं सकेंगे। सीधे सब-के-सब यहाँ से उठकर पार्टी-मीटिंग में जाएँगे, जहाँ उनके कंधे पर से उत्सुकदास पर तीर चलाए जाएँगे। वह घिर जाएँगे, फँस जाएँगे। बाहर निकलने का न तो कोई रास्ता होगा और न ही निकल सकना मुमकिन होगा। उनके हाथ-पाँव फूलने लग गए। रास्ता तो खुला रखना ही होगा—लोबीराम ने सोचा। हाँ, अगर पार्टी-मीटिंग हो जाने तक कोई और विरोधी दल का आफर नहीं आया तो सीधे-सीधे इनके संग मिलकर विद्रोह करने के अलावा कोई रास्ता ही नहीं होगा। फिर भी तब तक उनको रंगीनराय से बचे रहना होगा। लेकिन अब रंगीनराय के उनका नाम बढ़ा देने और दरोगा को उठते हुए देखकर उनके सामने अँधेरा छा जाने लगा। उनको लगा, आज तो अपने को बचा लेना मुमकिन नहीं होनेवाला था।

लोबीराम हमेशा से मुकद्दर के धनी थे और ऐसी मुसीबत आ जाने पर एक बार फिर तकदीर ने उनका साथ दिया। इससे पहले कि उठकर खड़े हो गए दरोगा द्विवेदी रंगीनराय के प्रस्ताव का अनुमोदन करते, बैठक के बाहरी कोने से लोग चिल्लाने लगे—"पार्टी-अध्यक्ष आ गए," "बलदेव चौधरी आ गए।" उसके साथ ही लोग उठकर बाहर की ओर पार्टी-अध्यक्ष का स्वागत कर लेने के लिए निकलने लगे। कुछ और ने नारेबाजी शुरू कर दी।

सन् '42 में विमलादेवी पंद्रह-सोलह के बीच रही होंगी। चुन्नीदेवी की मेहरबानी या माहौल का तकाजा था, वह आजादी की लड़ाई में कमर कसके कूद पड़ीं। पहले जुलूस की तमाम यादें उनको कभी भूली नहीं। उस वक्त जुलूस में तो कम, चुन्नीदेवी को कुछ कर दिखाने की जिद ज्यादा थी। चुन्नीदेवी असल में आजादी की राजनीति में पहले से ही थीं। उनके कितने चाहनेवाले थे, सब लोग उनकी कितनी खातिर करते—यह देखकर विमलादेवी को बड़ा रश्क होता। चुन्नीदेवी के चारों ओर सबेरे से गई रात तक मँडराते हुए हुजूम को विमलादेवी के नए बेदाग दिमाग ने, कच्ची उम्र में ऐसा आत्मसात किया कि बस हमेशा···हमेशा के लिए कुछ ऐसा ही पा लेने की तमन्ना घर कर गई।

अपने पहले जुलूस में ही विमलादेवी ने अच्छे-खासे जौहर दिखाए थे। पर्चे फेंके, नारे लगाए, पुलिस के घेरे को तोड़कर अंदर घुस गई। कइयों का मन हुआ था, उठा ले जाएँ, लेकिन मुमकिन नहीं हुआ तो उनको जेल में डाल दिया गया। वहाँ जेल में भी उन्होंने बड़े ऊधम मचाए। उनकी बचकानी बातें सभी को अच्छी लगा करतीं। जेल से बाहर आने पर धीरे-धीरे चुन्नीदेवी के गोल में फिर वह फँसी तो लोगों ने हाथ फेरना शुरू कर दिया। एक-दो बार तो चुन्नीदेवी से शिकायत भी की, पर उनके 'सब चला करता है', कह देने पर, उन्होंने हल्ला करना भी छोड़ दिया।

लेकिन विमलादेवी को जवानी का अहसास बड़े दिनों बाद हुआ। सबकुछ होने पर भी किसी ने बदन के खुफिया रास्तों का अहसास तो कराया नहीं था और जिस उम्र में जवानी आए, जिस उम्र में गुलाबी डोरों से पलकों में रंगीनी जागे, जब दिल और दिमाग में आदमियत की बू बार-बार नस-नस छेड़ दे···गुदगुदी करे, गदर मचाए, वो सारी उम्र तो उन्होंने जुलूस, जेल और आंदोलन में गुजार डाली थी। उन दिनों तो एक-न-एक मुसंडों के बीच घिरे रहने पर, उनके इधर-उधर हाथ लगा देने पर भी, सुरसुरी तक नहीं हुआ करती थी।

जब तक विमलादेवी को जवानी की रंगीनियों में जाने का मौका मिला, उम्र ढलने लगी था। तब तक एक तरह से वह कुँआरी थीं। फिर शादी की तमन्ना छोड़ देने के बाद भी वह अपने कौमार्य को किसी ऐसे मर्द से जोड़ना चाहती थीं जो आनेवाले वक्त में किसी-न-किसी तरह उनको सहारा देता रहे। आजादी की लड़ाई और बड़ी डिग्रियों के बाद यही तो उनके पास बचा था, जिसकी बिना पर वह उन दिनों कोई बड़ा सौदा करना चाहती थीं।

आखिर में विमलादेवी ने यह सौदा उत्सुकदास के साथ कर लिया था। वैसे तो जब उन्होंने सौदा किया था, उत्सुकदास की कोई खास हस्ती नहीं थी, लेकिन आज उनको अपनी पसंद पर नाज हो रहा था, तब से लेकर आज तक दैहिक संबंध भले ही सिर्फ उत्सुकदास से न रहा, लेकिन हमेशा-हमेशा वह उनके ही इर्द-गिर्द घूमती रहीं। काफी

दिनों तक विमलादेवी को यह भ्रम रहा कि उत्सुकदास सिर्फ उनके हैं। पर जी भर जाने के बाद उत्सुकदास ने छिपना-छिपाना छोड़ दिया था, जिससे उनकी इधर-उधर मुँह डालने की आदतों से वह वाकिफ़ हो चुकी थीं।

और उन्हीं दिनों से उनको सौतिया डाह सताने लगी थी। ऐसी-वैसी औरतों से तो विमलादेवी ने भी खतरा महसूस किया नहीं। वहाँ से तो घूमकर उत्सुकदास उनके पास लौट ही आते। लेकिन काफी दिनों बाद जब उनको प्रतिभा की असलियत पता लगी, बड़ी देर हो चुकी थी। वह एक तरह से उत्सुकदास को खो चुकी थीं। लेकिन तब तक विमलादेवी खुद भी चलने लगी थीं और पार्टी में उन्होंने साख जमा ली थी। इस सबके बाद भी उन्होंने उत्सुकदास का पीछा कभी नहीं छोड़ा। जब-तब उन्हें फिर से हथियाने की कोशिश में लगी रहतीं। हालाँकि उत्सुकदास के एक इशारे, एक हुक्म पर वह सबकुछ कर डालने को हमेशा तैयार रहतीं, इतने वर्षों के बाद भी उनके अंदर सौतिया डाह फन उठाए हुए थी।

दिल्ली की राजनीति और मंत्रिमंडल की गतिविधियों में इन दिनों, विमलादेवी, बराबर एक बार पहले की तरह, उत्सुकदास के साथ रहीं। पिछले वक्त का क्षोभ, अपमान, यहाँ तक अपने सौतिया डाह को भूलकर लगे मन से उन्होंने सेवा की। एक बार छोड़ी हुई को अपना लिए जाने-जैसा गौरव उनको महसूस होने लगा। और यह सब हो रहा था, जब उत्सुकदास मुख्यमंत्री होने जा रहे थे। उनको लग रहा था, मुख्यमंत्री बन जाने तक सिर्फ वह ही रहेंगी। और तब तक उनकी पकड़ मजबूत हो चुकेगी। लेकिन जरा देर के लिए पार्टी-अध्यक्ष के यहाँ तक हो आने में ही सबकुछ बिगड़ गया। लौटकर उन्होंने देखा, उनका संसार उजड़ चुका था। प्रतिभा उत्सुकदास के बेडरूम में मौजूद थी। सातवें आसमान तक की उड़ानें भरती हुई विमलादेवी एक धमाके के साथ जमीन पर आ गिरीं। अपनी इस पराजय से उनका जोड़-जोड़ दुखने लगा था। और वह उत्सुकदास के बगीचे में अकेले बैठकर अपनी बरबादी का तमाशा देख रही थीं।

उत्सुकदास के कमरे में पाँच मिनट के अंतर पर बार-बार टेलीफोन की घंटी बजती रही, लेकिन उन्होंने तुरंत फोन उठाया नहीं था। वैसे ड्रेसिंग-टेबल के सामने दाढ़ी बनाते समय वह अपनी प्रतिभा से जुड़ी हुई पुरानी यादों में पूरी तरह जब खो गए थे और कई बार टेलीफोन की घंटी सुन लेने के बाद उठे तब सपनों की रंगीनियों से निकलकर वहीं कमरे में सामने सोफे पर बेटे राहुल के साथ प्रतिभा खुद-ब-खुद बैठी हुई नजर आ गई।

वह लम्हा एक बार तो उत्सुकदास की रग-रग को झन्ना गया। सारा वैभव, आनेवाले वक्त की शानदार ऊँचाइयों तक अकेले-अकेले पहुँचने में उनको कुछ खास मजा आ नहीं रहा था। बस एक मशीनी रफ्तार में पुर्जों के जोड़-घटाव से वह बढ़ते जा

रहे थे। यूँ तो इतने तमाम दिनों की लंबी लड़ाई के बाद मनचाही मिल जाने की संतुष्टि थी, फिर भी सबकुछ बेगाना-सा, अलग-अलग लग रहा था उनको। और एक ऊब, एक थकान उनकी शिराओं को घेरने लग गई। जैसे धर्मयुद्ध में उनसे बहुत-कुछ छीना जा चुका था। इसके ऊपर, चेहरे पर फेनिल साबुन की तह से उठकर प्रतिभा और राहुल ने अलग उनकी दुखती रग छेड़ रखी थी। लेकिन पल-भर में, बस ड्रेसिंग-टेबल से घूम लेने तक में सबकुछ बदल गया। और तभी राहुल को प्यार कर पाने के लिए वह आगे बढ़े तो उनके होंठ प्रतिभा से जा टकराए थे।

यह सबकुछ मिल जाने-जैसी बात थी। उपलब्धियों का स्वर्ग उत्सुकदास के सामने था और उसे भोगने के लिए उनके पास वक्त नहीं था। ऊपर से बार-बार टेलीफोन की घंटी तंग कर रही थी। बस, टेलीफोन का चोंगा उठाकर अलग रख देने के लिए उन्होंने हाथ लगाया था। पर रख देने से पहले कान तक ले जाने में उनको गृहमंत्री का नाम सुनाई दिया, जिसके बाद बिना बात किए फोन रख देना मुमकिन नहीं था।

गुरुपदस्वामी ने फोन पर बलराम शास्त्री का जिक्र कर दिया था, पर अंदर की बात तो बताई नहीं थी। ऐसा नहीं था, उत्सुकदास ने उनकी बात को कोई बड़ा वजन दिया, लेकिन गृहमंत्री को किसी तरह टाल देना भी तो संभव नहीं था। इसके बाद बाकी बातों को बाद के वक्त पर छोड़कर, बस एक बार राहुल को कलेजे से लगाकर उत्सुकदास ने उन लोगों को बगल के कमरे में जाकर शपथ-समारोह के लिए तैयार हो जाने के लिए भेज दिया। फिर जल्दी-जल्दी एक बार ड्रेसिंग-टेबल के सामने लौटकर पानी के छींटों से सूख गए साबुन को जरा गीला करके उन्होंने सेफ्टीरेजर से खींच डाला और फिर मुँह धोकर नए धुले हुए कपड़े पहन लेने में जुट गए।

वैसे तो बलराम शास्त्री को रोक-टोक करनेवाला कोई नहीं था, लेकिन उत्सुकदास के बेडरूम में, आज के दिन कहलाकर ही जाना उन्होंने ठीक समझा। उत्सुकदास खुद भी जरा जल्दी में थे। बिना बुलाए मेहमान की तरह बलराम शास्त्री का आना कोई अच्छा तो लगा नहीं था। वह तो किसी तरह भी उनको निपटाकर पार्टी-मीटिंग में जाने के पहले प्रतिभा और राहुल से कुछ देर के लिए मिल लेना चाहते थे। ताजे-नए कपड़े तो वह पहिन ही चुके थे। बस फौरन निपट लेने के लिए उन्होंने बलराम शास्त्री को बुला ही लिया।

उत्सुकदास की पुरानी आदत थी, हर जगह पहला हमला उनका होता। वैसे तो यहाँ हमले-जैसी कोई बात नहीं थी, बलराम शास्त्री भले ही वह गुरुपदस्वामी के कुछ ज्यादा ही नजदीक रहे हों, थे तो अपने ही गुट के, उस गुरुपदस्वामी-गुट के, जो खुद अपना अस्तित्व बचा लेने के लिए जी-जान से जुटा था।

"मुझे मेरे दोस्तों से बचाओ! हाय... हाय, बचाओ!" बलराम के कमरे में घुस आने

र उत्सुकदास चिल्लाए।

"वाह गुरु जी, अब इसके का मानी !" बलराम ने इधर काफी दिनों बाद 'जी' लफ्ज जोड़ा था जिसकी काफी अच्छी प्रतिक्रिया होने लगी थी।

"तुम जानते हो बलराम, मैं अपने दुश्मनों को कभी बख्शता नहीं। सबका टाइमटेबल है ! फिर इनसे मैं डरता भी नहीं ! इनको तो जानते हैं सब।"

"फिर ?"

"फिर ? इधर कुछ दिनों से मुझे खासकर दोस्तों से डर लगने लगा था।"

"दोस्तों से ?"

"हाँ ! बस, देखो अब तुम ही दोस्त हो ना !"

"क्या ? भला क्यों नहीं ?"

"क्या पड़ी थी, आज के दिन तुमको भला वहाँ जाकर भड़काने की ?"

"भड़काने की ?"

"हाँ, कह रहे थे न ! जब बहुत थोड़ी-सी देर हैगी, कहने लगे खतरा होनेवाला है !···वह भी लोबीराम-जैसे चूतिए से।"

"चूतिए अंधे होते हैं, चूतिए बहरे होते हैं, लेकिन चूतिए गधे नहीं होते। सो तो अब आप भी मानेंगे गुरु जी, लोबीराम गधा नहीं है, वह हरामी है ! हरामी ! !" बलराम ने इतनी जल्दी बात साफ की थी, उत्सकदास गच्चा खा गए। लेकिन उसकी निहायत साफगोई से बात का हल्कापन फौरन भाग गया।

"हाँ बलराम, कितने दिन बाद आज अक्ल की बात क़ी है तुमने ! लोबीराम न सिर्फ हरामी है, दोगला भी है ! साले का इतिहास तो नहीं बताना होगा।"

"न···न वह तो इतिहास बनाने में लगा हुआ है !"

"अच्छा तो बोलो, अब करना क्या होगा ? क्या गृहमंत्री के हाथ काँप गए ?"

"उनको दोष काहे देते हैं ? पार्टी-अध्यक्ष भी तो हैं !"

"वो, वो तो गोबर के चोथ हैं !"

"हाँ, हाँ, लोबीराम चूतिया है, पार्टी-अध्यक्ष गोबर के चोथ हैं और रंगीनराय, दरोगा द्विवेदी की हैसियत भी क्या है ?"

"सो तो है, उनकी हैसियत क्या है ?" उत्सुकदास ने कसके उछाला।

"और चौधरी···बलदेव चौधरी···?"

"अरे क्या वे भी···?"

बलराम ने धीरे-से सिर हिला दिया।

"ओह तो बलदेव चौधरी···रंगीनराय···पार्टी-अध्यक्ष···द···रो···गा, इनके साथ लोबीराम !" उत्सुकदास का दिमाग बड़ी तेजी से हिसाब लगा रहा था, "तुम ठीक कहते

हो बलराम, ये सब चोर हैं। बला की मुसीबत और इस वक्त, हे राम!"

"अब और क्या कहें···गृहमंत्री को खुद पता है, दिल्ली से अभी तक ग्रीन सिगनल नहीं आया।"

"मतलब?"

"राज्यपाल के कहने पर उन्होंने मेरे सामने पी. एम. हाउस फोन किया था।"

"पी. एम. हाउस?"

"पी. एम. ने बात नहीं की और कहला दिया, राष्ट्रपति-शासन समाप्त होने के घोषणापत्र पर दस्तखत पार्टी-मीटिंग के बाद होंगे।"

"हैं!" इतनी बड़ी साजिश! और मुझे पता तक नहीं?"

"और मैं आया जो!"

"लेकिन हमने जो छोड़ रखे थे?"

"वे जश्न मनाते होंगे!"

"स्साले···हरामखोर! बस पाल रखे हैं। फिर एक बात बताओ, ये पी. एम. हाउस में क्या गड़बड़···?"

"नहीं···नहीं, गड़बड़-जैसा कुछ खास नहीं है। लेकिन तमाम संसद-सदस्यों का, सुना था, दबाव बढ़ रहा है ताँबाकांड में···।"

"अरे ताँबाकांड! वो सब तो पता है। उसे पकने में समय लगेगा। फिर भी गृहमंत्री ने कहा और तुम भी कहते हो तो घपला सेट करना होगा। अब जल्दी बोलो, करना क्या है?"

"लोबीराम को ठीक करना होगा।"

"लेकिन और लोग···पार्टी-अध्यक्ष···!"

"यह सत्ता की लड़ाई है, ताकत से फैसला होगा! अगर हम लोबीराम को तोड़ लें तो खतरा टल जाएगा।"

"फिर करना क्या होगा, है कोई योजना?"

"योजना? योजना या बातचीत से काम चलनेवाला नहीं। इतने थोड़े वक्त में बस सीधा हमला करना होगा।"

"कैसे···भला कैसे?" उत्सुकदास ने चौकन्ने होकर पूछा।

"पैसे देने होंगे।"

"पैसे?···लोबीराम को?"

"हाँ···!" बलराम ने कुछ जोर देकर कहा।

एक लंबी साँस भरकर उत्सुकदास ने सहमति में सिर हिलाया और हथेली खुजलाते हुए बोले, "ठीक···बिलकुल ठीक! और सब तो देख-सुन लिया होगा।"

''अब और क्या देखना ! सबकुछ पार्टी-मीटिंग से पहले करना होगा।'' मामले को साफ-साफ पेश करने के लहजे में बलराम ने बात आगे बढ़ाई, ''समस्या पहले तो लोबीराम को पकड़ने की होगी, ससुरा ऐसे-वैसे हाथ भी तो नहीं धरने देगा।''

''और दूसरी ?''

''पैसे जमा करने की। और जो भी जाए, पैसे सामने रखकर तब बात करे।''

''वो सब हो जाएगा।''

''जी हाँ ! इत्ता आसान तो है नहीं। मालूम है, वो होगा कहाँ ?''

''कहाँ भला ?''

''रंगीनराय की मिनी मीटिंग में।''

''मिनी मीटिंग !'' उत्सुकदास ने मुँह चिढ़ाया, ''या रंडी का नाच ?''

बलराम ने कुछ नहीं कहा, वह खामोशी से उत्सुकदास को देखते रहे।

''बस जरा देर के लिए उसको बाहर बुला लेना। फिर एक झलक नोट की…लेकिन नोट आएँगे कहाँ से ? कोई है बाहर ?''

''वो तो आप जानो ! फिर मेरे जाने से कुछ होनेवाला नहीं।''

''क्यों भला ?''

''जानते नहीं आप ? वो चिढ़ता है हम लोगों से।''

''ओह ! तो फिर पैसे कितने देने होंगे ?''

''इसका भी तो तजुर्बा आपको ही ज्यादा होगा।''

''धत तेरे की ! यह सब अभी होना था। तो फिर ऐसा करें, कित्ते हैं उसके पास ? तीस-चालीस ?''

''तीस-चालीस ! नहीं गुरु जी, साठ से कम क्या होंगे ?''

''साठ ! बाप रे बाप !! तो क्या रेट है आजकल ?'' सवाल तो उत्सुकदास ने खुद पूछा और खुद ही जवाब देने लगे, ''पाँच तो राज्य के चुनाव में दिए गए थे, इसमें मंत्रिमंडल न मिलने के लिए एक-दो और चाहेगा साला !''

''तो साठ पर सात लगाएँ और बीस पर बीस और फिर दो बीस और ! इत्ते हजार होवेंगे।''

''माने चार सौ बीस,'' कहकर उत्सुकदास ने ठहाका जमाया, ''चलो, अस्सी ढेरी के मिलाकर पूरे पाँच लाख बनते हैं। वैसे तो साले को दो में लटका देता, लेकिन इस सबका वक्त कहाँ है !''

''बस जल्दी करो, गुरु जी !''

इतने बीच में राजनीति के हर दाँव में माहिर उत्सुकदास ने हालात को अच्छी तरह तौल लिया था, ''और हाँ, वो लोबीराम को बाहर तक बुलाने के लिए…,'' एक पल

रुककर उत्सुकदास ने कहा, "विमलादेवी जाएँगी, लेकिन पैसे तुम्हारे पास होंगे।"

"क्यों, पैसे भी विमला ही दें! मुझसे तो लेगा नहीं।"

"फिर भी वहाँ आप भी रहेंगे!"

विमलादेवी बगीचे में बैठे-बैठे उकता गई थीं जब उत्सुकदास का बुलावा आया। पहले तो उनको ताज्जुब ही हुआ था, आज अब सौतन प्रतिभा के आ जाने पर उनको बुलाया ही कैसे गया, लेकिन फिर उनको अपनी अहमियत का, अपने राजनैतिक महत्त्व का खयाल आया तो यकीन हो चला, उनके बिना मुख्यमंत्री का काम चलनेवाला नहीं था। फिर भी एहतियातन उन्होंने कुछ नखरे दिखाए थे। नखरे दिखा लेने पर भी उनको बुला ले जाने के लिए आया आदमी जब नहीं टला तो उन्होंने समझ लिया था, जरूरतमंद उत्सुकदास ने बुलाया है।

उत्सुकदास की जरूरत विमलादेवी की अपनी जरूरत थी। उत्सुकदास के लिए वह कुछ कर बैठना चाहती थीं। उनको लग रहा था, जरूर उनकी अपनी ही तपस्या में कोई कमी रह गई होगी, तभी पिछले दिनों प्रतिभा ने उनकी जगह छीन रखी थी। हालाँकि विमलादेवी जानती थीं, प्रतिभा को नष्ट करने में चुटकी-भर की देर लगनी थी। बस, कालीशंकर को भड़का देने से काम हो जाना था। फिर भी अभी तक उनको कालीशंकर पर पूरा इत्मीनान नहीं था। और फिर अगर कालीशंकर ने उनकी बात सच न मानकर प्रतिभा को बाँध नहीं लिया और ऊपर से उत्सुकदास को उनकी चाल का पता चल गया, तो शायद वह कहीं···कहीं की नहीं रहनेवाली थी। इसीलिए बगीचे में बैठकर वह कोई ऐसा मौका पा लेने के लिए बेताब होकर तड़प रही थीं, जिसके आने पर वह चुपचाप उत्सुकदास की बगल छीनकर वापस ले लें। इसके लिए वह कुछ भी कर गुजरने को तैयार थीं। वह तो उत्सुकदास की बगल पा लेने के लिए अपनी जान की बाजी भी लगा देने को हर तरह से तैयार थीं।

कोई सवाल ही नहीं था, इनकार का! उत्सुकदास ने बुलाया था। और इस वक्त जब उनकी बगल में प्रतिभा मौजूद थी। जाहिर था, उनकी अपनी उपयोगिता थी, अपना एक महत्त्व था। एक पल को वह खुद को प्रतिभा से ऊँचा···बहुत ऊँचा समझने लगीं। क्योंकि प्रतिभा के पास आखिर था क्या? जो भी प्रतिभा के पास था वह उसके पास अगर उससे अच्छा नहीं···तो उससे कम अच्छा भी नहीं था। ऊपर से अब तक उनका एक राजनैतिक महत्त्व भी तो हो चुका था, जिसकी कोर-कसर भी प्रतिभा सात जन्म तक छू लेनेवाली नहीं थी। इसलिए बस थोड़ा-सा ही नखरा दिखा लेने पर वह खरामा-खरामा उत्सुकदास के कमरे की ओर चलीं। उस समय उनका मन बस एक ही दुआ माँग रहा था, एक ही तमन्ना थी उनके मन में—कोई···कोई भी उत्सुकदास के कमरे में न हो, जिससे एक बार तो अपने महबूब को छू लें।

''पार्टी-अध्यक्ष की जय,'' ''समाजवाद की जय,'' ''इंकलाब जिंदाबाद,'' ''बलदेव चौधरी जिंदाबाद,'' ''समाजवाद जिंदाबाद'' के दमदार नारों से दारुलशफा का कोना-कोना गूँज उठा था। पार्टी-अध्यक्ष के इधर आते ही दरोगा के पूर्व-निर्धारित षड्यंत्र के तहत 'ए', 'बी' ब्लॉक के दो-दो किनारों से तीन-तीन विधायक, दस-दस चमचों और चिलगोजों की जुलूसनुमा भीड़ लिए हुए निकल पड़े। इनको पूरे दारुलशफा का चक्कर लगाकर रंगीनराय के मुकाम पर मिल जाना था। ये सब-के-सब पार्टी के छोटे-बड़े झंडे लिए हुए तिलक, गोखले, गाँधी, नेहरू और सरदार पटेल की जय-जयकार कर रहे थे। बीच-बीच में बलदेव चौधरी, लोबीराम और रंगीनराय के जिंदाबाद के नारे लगाते जा रहे थे।

दारुलशफा में तो भगदड़ मच गई। जहाँ एक तरफ पार्टी-अध्यक्ष के रंगीनराय के यहाँ आ-भर जाने से बड़ों-बड़ों के हौसले टूटने लगे, दूसरी तरफ 'ए' और 'बी' ब्लॉक के पूरब से पश्चिमी किनारों तक जो दस-पंद्रह के जुलूस घूमने लगे तो बहुतेरे तो यूँ ही साथ हो गए। फिर पार्टी-अध्यक्ष के आ जाने की खबर को दरोगा की क्रैक बटालियन ने ऐसा जमकर उछाला कि सब पनाह माँगने लग गए। सब-के-सब भीतर-भीतर उत्सुकदास से चिढ़े थे, जले-भुने थे, अब अपनी-अपनी खोह से निकलकर बाहर आने लगे। कुछ लोगों को, जिन्हें हमेशा की तरह, हवा का रुख, बड़े नेताओं के तेवर देखकर शामिल होना था, अब एक नई चाल परखने का मौका मिलनेवाला था।

फिर यह सब, दरोगा ने इतनी अच्छी तरह पूर्ण नियोजित ढंग से, दारुलशफा के कोने-किनारों में, नया राग ही छेड़ देने-जैसा करिश्मा दिखाया था। इधर, इस प्रक्रिया के प्रारंभ होने के कुछ देर पहले से ही स्वयंसेवक, चकरबंध दौड़ा दिए गए थे। जिन्होंने कमरे-कमरे जाकर, पी. एम. से गुरुपदस्वामी की बात करने की नाकाम कोशिश, राष्ट्रपति-शासन समाप्त होने के घोषणापत्र पर राष्ट्रपति के अभी तक दस्तखत न होने और राज्यपाल की पी. एम. हाउस से ग्रीन सिगनल तक न मिलने से आगे की कार्यवाही रोक दिए जाने की खबरों को खींच-खींचकर बढ़ा-चढ़ाकर उड़ाया था।

लोग सकते में थे। विधायकों के अंदर, गलत साइड में रह जाने के खतरे का अहसास पैदा होने लगा था। कुछ भी फैसला करने से पहले अब तो वह सभी एक बार सही नाप-तौल कर लेना चाहते थे। ऊपर से बड़े-बड़े नेताओं के नाम जुड़ने लगे थे। जहाँ एक तरफ हरिजन और पिछड़े वर्गों के लोबीराम थे, दूसरी तरफ हलवाहों, गूजर और दक्षिण-पश्चिमी जिलों के नेता बलदेव चौधरी। पूर्वी तरफ के रंगीनराय और दरोगा तो थे ही। इनके अलावा और दिग्गजों के टूट जाने की खबर उड़ाने लगी थी। जो भी कमरे से निकलकर उधर चला उसको बस इस सबसे जोड़ दिया गया। भले ही वह तमाशा देख लेने को चल दिया हो। इस सबसे और कुछ हो-न-हो, कम-से-कम एक इन्कलाबी

दौर पैदा हो गया था। लोग उछल रहे थे, कूद रहे थे, गला फाड़कर चीखते हुए चिल्ला रहे थे।

दस-बारह की जोड़ी की चार टुकड़ियाँ जब तक रंगीनराय की बैठक के सामने पहुँचीं, इनकी ताकत बढ़ चुकी थी। बारह की जगह इनमें बीस-पच्चीस तो विधायक मिल चुके थे। और तमाशबीनों को भला कौन रोकता ? ऊपर से हर विधायक के साथ कम-से-कम चार-चार चमचों, समर्थकों और खुराकियों के हिसाब से करीब सौ, सवा सौ और लग चुके थे। यह दो-तीन सौ लोगों की भीड़ रंगीनराय की बैठक के सँकरे बरामदे में हजार-दो हजार से कम नहीं लग रही थी। फिर सब-के-सब तरन्नुम में नारे लगा रहे थे। अब तो खुलेआम उत्सुकदास के खिलाफ नारे लगाने के लिए, बीच-बीच में लोग हल्ला मचा देते। बलदेव चौधरी ने इशारों-इशारों में पार्टी-अध्यक्ष को सबकुछ समझा दिया। दरोगा की इस गहरी चाल का पार्टी-अध्यक्ष पर अच्छा-खासा असर होने लगा था। वे उत्तरप्रदेश के सभी विधायकों को पहचानते तो थे नहीं, भीड़वाले जुलूस में बीच-बीच में विधायक ऐसे बिखरे हुए थे, जहाँ निगाह जाए, लग रहा था बस वे ही उखड़े-पिछड़े उमड़ पड़े हैं। फिर दरोगा की आचारसंहिता से, पार्टी-अध्यक्ष की जय-जयकार मची हुई थी। यह सबकुछ देख-देखकर पार्टी-अध्यक्ष के भी तेवर करवटें बदलने लगे। अभी तक मन-ही-मन उन्होंने रंगीनराय और बलदेव चौधरी की हरकतों को गंभीरता से लिया नहीं था। लेकिन पहले तो बैठक का माहौल देखकर, फिर बाहर से अपने-आप बिन बुलाए हुए अचानक आ गई इस विशाल भीड़ को देखकर वह काफी हद तक प्रभावित हो गए। अब उनको सिर्फ इन सबकी गहराइयों का अंदाज लगाना ही बाकी रह गया था।

पार्टी-अध्यक्ष को रंगीनराय के यहाँ आए हुए मुश्किल से पंद्रह-बीस मिनट हुए होंगे जब विधायकों, चमचों और खुराकियों का जुलूस आ पहुँचा। दरोगा के सामने एक धर्म-संकट खड़ा हो गया था। जगह की कमी की वजह से सारे लोग अंदर तो बुलाए नहीं जा सकते थे। और फिर सिर्फ विधायकों को ही अंदर बुला लेने से बाकी लोगों के विधायक न होने की बात पैदा हो जाती। ऐसा करने से अपनी ताकत के साफ खुलासा हो जाने का भी खतरा था। जबकि वह सबकुछ ऐसे ढंग से पेश करना चाहते थे जिससे न तो पूरी बात झूठ मालूम हो और न ही सही स्थिति का किसी को पता लग सके। और जानने और न जान लेने की मन:स्थितियों में जहाँ तक हो सके अपना-अपना मतलब निकालने की सबको छूट मिली रहे।

इससे पहले कि पार्टी-अध्यक्ष बैठक से निकलकर बाहर आते और एक-एक विधायक से अपना परिचय प्राप्त कर लेने की इच्छा प्रकट करते, दरोगा ने खुद आगे बढ़कर अपना दाँव खेल दिया। अभी-अभी आए लोगों से वहीं बैठक से लगकर बैठ जाने

की प्रार्थना करते-करते दरियाँ, कालीनें और चद्दरें बिछाई जाने लगीं। अब मीटिंग बड़ी होने लगी थीं। फिर भी इस समय न तो उठकर कहीं और चले जाने का वक्त था और न ही सबको अंदर बुला लेना ही मुमकिन था। फिर कुछ खासुलखास विधायकों को हाथ पकड़-पकड़कर अंदर ले आने के साथ ही और लोगों को खुद दरोगा और रंगीनराय भाग-भागकर बिठाने-जमाने में लग गए।

अब हल्ला शांत होने का सवाल नहीं था। चारों ओर से भिनभिनाती हुई आवाजें, झिक-झिक करती हुई फब्तियाँ उठती जा रही थीं। अंदर की बैठक में, पहले से जमे हुए विधायक, अपनी-अपनी तकदीर को धन्य मानकर, हिलने-डुलने से भी रुकने लगे थे। सबको अब पार्टी-अध्यक्ष के बोलने का इंतजार था। लेकिन पार्टी-अध्यक्ष अभी भी भीड़ में घूम-घूमकर लोगों का परिचय प्राप्त कर लेने में जुटे हुए थे। कुछ देर के लिए घिसे हुए पुराने नेताओं को पार्टी-अध्यक्ष की हरकतें छिछोरी लगने लगीं। फिर शायद पी. एम. का निर्देश समझकर सब-के-सब बदलती हुई राजनीति के नए आयाम नाप लेने में लग गए।

इस सारी भीड़ से बने हुए माहौल का लोबीराम के ऊपर काफी अच्छा असर पड़ा था। जहाँ एक तरफ वह अपने गुट के विधायकों को गिन लेने के चक्कर में थे, दूसरी तरफ बार-बार उनकी निगाहें बस पार्टी-अध्यक्ष की तरफ उठ जातीं। वह सिर्फ उनके तेवर का अंदाज लगा लेने में मशगूल थे। लोबीराम उस वक्त एक तरह का हिसाब लगाने में लगे हुए थे। उनके हिसाब में निश्चित रूप से पार्टी-अध्यक्ष की महत्त्वपूर्ण भूमिका थी। इस भूमिका से जुड़ा हुआ एक और सवाल था जिसका जवाब उनको ढूँढ़ लेना था। यह सवाल था खुद अपनी अहमियत का, पार्टी की राजनीति में केंद्रीय धुरी में अपने प्रभावों को तौल लेने का।

लोबीराम की पार्टी-राजनीति में बस एक ही कमजोरी थी। यह कमजोरी थी उनकी केंद्रीय नेताओं से सत्ता-नियंत्रण के संतुलन से संबंधित मुद्दों की। पार्टी की केंद्रीय शाखाओं में लोबीराम का असर कुछ था ही नहीं। असल में वह हमेशा अपने-आप में घुसे रहते। दूर की राजनीति कर लेने-भर का दिमाग ही उनके पास नहीं था। वह तो अभी-अभी मिल सकनेवाले फायदे की बात सोचकर ही कोई चाल चला करते, जिसकी वजह से जिले और प्रदेश स्तर पर तो उनकी राजनीति ठीक रहती, लेकिन राष्ट्रीय स्तर के वह नेता कभी न बन सके।

उधर पार्टी की राष्ट्रीय कार्यकारिणी में हरिजन तथा पिछड़े वर्गों के जो नेता थे, उनको लोबीराम ने कभी घास तक नहीं डाली। जहाँ एक तरफ लोबीराम कभी भी राष्ट्रीय राजनीति में कोई बड़ी ताकत न बटोर सके, वहीं प्रदेश स्तर पर वह हरिजनों और पिछड़े वर्गों के बड़े, काफी बड़े नेता बने रहे। यहाँ तक कि केंद्रीय स्तर के हरिजन नेताअ।

को वह समय-समय पर चुनौती दिया करते। अपने-आप में, अपने स्तर के दायरों में, घुसे रहने में उनका एक खास मतलब होता था। वह अपना स्तर और अपने चाहनेवालों तथा अपने समर्थकों का स्तर अच्छी तरह... खूब अच्छी तरह से जानते थे। उनको मालूम था, एक मेहतर या एक पासी या एक कसाई कभी भी राष्ट्रीय स्तर की राजनीति नहीं समझ सकता। वह तो खुद चाहते थे, यह लोग कभी हिम्मतवाले या अक्लवाले हों ही न। तभी तो जब भंगी चौधरी अपने इलाके के मेहतरों की आमदनी में कमती हो जाने से दारुलशफा आया तो उन्होंने उसके लिए कुछ और करने की जगह उसके जरिए चरस की सिगरेटें बिकवाना शुरू कर दिया था।

वैसे लोबीराम बड़ी सख्त जान थे। शर्मो-हया से दूर राजनीति की उनकी हर चाल अपने स्वार्थों के दायरों में घूमा करती। लेकिन आज और रास्ते बंद हो जाने के बाद, वह ऐसे मुकाम पर पहुँच चुके थे, जहाँ उनके जेहन में नई रंगीनियाँ, नए मोड़ उभरने लग गए। तभी तो एक झटके में असंतोष की आँधी खुद अपने कंधे पर उठाकर वह आगे बढ़ आए थे। अब तो उनको लग रहा था, यह दाँव महज चंद नगदी रकम तक सीमित नहीं रहनेवाला था। अब तो सत्ता की ताकत में उनका हिस्सा होनेवाला था। अधकचरे पार्टी-अध्यक्ष, ताँबाकांड से पीड़ित गुरुपदस्वामी के सँभाले कुछ भी सँभलनेवाला नहीं था। और फिर जैसा साफ-साफ नजर आ रहा था, अगर पार्टी-अध्यक्ष ने सीधे-सीधे ढंग से उत्सुकदास के खिलाफ बोल दिए गए जेहाद को बढ़ावा दे ही दिया, तो मंत्रिमंडल की रचना खतरे में तो होने ही वाली थी।

लोबीराम इतना तो जानते ही थे, नई राजनीति के नए खेल खेलने के लिए समय चाहिए। अभी तक विरोधी दल से कोई संपर्क-सूत्र तो बना नहीं था, इसलिए जो कुछ करना था, वह पार्टी के अंदर ही करना था। पार्टी के अंदर आज कुछ कर लेने के लिए काफी बड़ी तादाद में, बलदेव चौधरी, रंगीनराय और दरोगा के आदमी आ गए थे। अब पार्टी में, नेता के चुनाव की माँग करते ही, गदर मच जाएगा, जिसके साथ ही इतनी जल्दी में और कुछ मुमकिन न होने पर, विधानमंडल-दल के नेता का चुनाव टाल दिया जाएगा। लोबीराम के खैराती दिमाग पर कुटिल चक्र की छाप घर कर लेने लगी थी। उनका अंदाज था, हाईकमांड के नेता आज चुनाव के लिए तैयार होकर नहीं आए थे। इस तैयारी के न होने का अहसास बार-बार उनके अंदर नई ताकत बनाता जा रहा था।

नेता के चुनाव के टाल-भर पाते ही, लोबीराम की कीमत दुगुनी होनेवाली थी। फिर सत्ता में साझेदारी मिलने की उम्मीद अलग से थी। अब जाकर उनके मन में एक नई तरह की खुशियाँ उछाल लेने लगीं। यह अच्छा ही हुआ था जो इस बीच उत्सुकदास का कोई आदमी आया नहीं। नगद कीमत बढ़ने के साथ, सत्ता की साझेदारी कामधेनु की तरह आनेवाले तमाम दिनों तक बराबर लगातार आमदनी करवाती रहेगी। दौलत और

वैभव का अपार भंडार बनने लगेगा। संपदा की कोई सीमा तो होगी नहीं। और तब उनको एक नहीं, कई-एक नई तिजोरियाँ बनवानी पड़ेंगी। यह सोचते ही लोबीराम का मन फिर से उछल-कूद मचाने का होने लगा और वह हसरत-भरी निगाहों से चारों ओर की भीड़ को निहारने लग गए।

इन तमाम खयालों की उठा-पटक के बीच लोबीराम के अंदर एक और तरंग आई। अगर कहीं चलते-चलते उत्सुकदास ने जोर-जबरदस्ती में एक लंबी रकम तिजोरी तक भेज ही दी, तब वह क्या करेंगे? इस खयाल की महज तरंग ने ही उनको धीरे-से गुदगुदाया जरूर, लेकिन मन मजबूत करके उन्होंने उसको कुचल डाला। तब वह अपनी दूरदर्शिता की ऊँचाइयों तक पहुँच चुके थे और एक बार अपनी सोती हुई ताकत जगाकर, न सिर्फ उत्सुकदास को बल्कि पूरी पार्टी के दिग्गजों को झटका देने की योजना के नशे में डूब चले। इस नए आयाम की रोशनी उनके व्यक्तित्व में बार-बार नई दृढ़ता जगा रही थी। और तभी उन्होंने फैसला कर लिया, कोई भी आए, भले उत्सुकदास खुद अब सिर के बल चलकर आए, उनके कदम जो आगे बढ़ चुके थे, पीछे हटनेवाले नहीं थे। और फिर इन परिस्थितियों में उनको एक नहीं, कई-एक तिजोरियों के सपने झुलाने लगे।

उधर इससे पहले पार्टी-अध्यक्ष कुछ और देखें, रंगीनराय और दरोगा उनको घेरकर वापस अंदर की तरफ लाने लगे। लोबीराम भी जो अब तक एक किनारे पर, अपनी नाप-तौल में लगे थे, आगे बढ़ आए। उनके पास आ जाने से रंगीनराय को जोश आ गया। तब सबने मिलकर, पार्टी-अध्यक्ष को मसनद के सहारे बैठा दिया। और खुद रंगीनराय जरा हटकर, बलदेव चौधरी, दरोगा, मूलचंद, मनोहरलाल के गोल में घुस गए। फिर लोबीराम को वहीं पीछे झुकने से रोककर उन्होंने, पार्टी-अध्यक्ष के ठीक बगल में उनके लिए जगह बना दी। हालाँकि लोबीराम इस वक्त बलदेव चौधरी से बातें करने के मूड में थे, फिर भी पार्टी-अध्यक्ष के पास ही रुक जाने पर उनको कोई खास एतराज नहीं था।

लेकिन लोबीराम को, लोगों ने पार्टी-अध्यक्ष के पास ज्यादा देर तक रुक लेने नहीं दिया। पैर छू लेने के चक्कर में, विधायकों की टोली जो भी वहाँ तक आ जाती, तो वहीं फिर उनसे दो-दो बातें कर लेने में रुकी रहती। इस तरह एक के ऊपर एक लदे हुए थे सब! और लोबीराम को बार-बार खिसकना पड़ रहा था। इन हालातों से तंग आकर, अपने और बलदेव चौधरी के बीच के दो-एक लोगों को ढकेलकर उन्होंने वहाँ हो रही बातों में अपने कान लगा दिए।

लोबीराम को मौका मिला था, इसलिए वह दिल लगाकर बलदेव चौधरी और रंगीनराय की बातें सुनने लग गए थे। ऐसा नहीं था, करीब आ जाने पर, इन लोगों ने

उनकी तरफ कोई ध्यान नहीं दिया। यह तो हो जाना भी मुमकिन नहीं था। लोबीराम खुद इन लोगों की सारी योजना की वह निर्णायक कड़ी थे, जिसके ऊपर ही उनकी सारी खुद्दारी का दारोमदार तय होना था। लोबीराम के पास खिसककर आते ही रंगीनराय और बलदेव चौधरी ने उनको अपने अंदर समेट लेने की अदा तो दिखाई थी। फिर भी उनकी बातों का सिलसिला तो रुकनेवाला नहीं था। वे तो असल में, जितनी देर में पार्टी-अध्यक्ष उत्साही नेताओं की अधकचरी बातें सुन रहे थे, अपनी व्यूह-रचना पूरी कर लेना चाहते थे।

बलदेव चौधरी अब तक प्रदेश-पार्टी-अध्यक्ष के चोचले छोड़कर साफ-साफ सबकुछ कह लेने को बेताब हुए जा रहे थे, "तो राय साहब, क्या सोचा है आपने ?"

"अरे चौधरी साब, सोचने-समझने का वक्त रहा नहीं, अब तो बस भिड़ना है...हमला...सीधा हमला, और कुछ नहीं !"

"लेकिन आपने उत्सुकदास की जगह...उसके खिलाफ अब किसी को बढ़ाने का तय किया होगा ?" बलदेव चौधरी न सिर्फ रंगीनराय को टटोल रहे थे, वह तो लोबीराम के दाँव को भी सही-सही पकड़ लेने की कोशिश कर रहे थे। विद्रोह की साजिश, यह मिनी मीटिंग, यह सारी उछल-कूद उनके लिए बेमानी थी, अगर खुद उनको ये लोग नेता बना लेने को तैयार नहीं होते। वह तो कोई मामूली नहीं, एक बड़े मंत्री का पद, प्रदेश-पार्टी के अध्यक्ष की प्रतिष्ठा ठुकराकर यहाँ इनके साथ बैठे हुए हाईकमांड के निर्देश की साफ-साफ अवहेलना करने लगे थे।

रंगीनराय के पास कोई जवाब था ही नहीं तो वह बोलते भी क्या ? अगर वह बलदेव चौधरी की बात का जवाब दे देते तो लोबीराम पर क्या गुजरनेवाली थी, यह उनको मालूम ही था। वह तो इस समय न लोबीराम को छोड़ सकने की स्थिति में थे और न ही बलदेव चौधरी को ! फिर भी उनको इतना मालूम था, बलदेव चौधरी के साथ आने से हवा बननी थी और लोबीराम के बने रहने से उत्सुकदास को उलट देना मुमकिन हो जानेवाला था। लेकिन बदलेव चौधरी ने सवाल तो पूछा ही था और उसका जवाब भी देना था। बस कुछ ही पल की और देर जवाब देने में हो जाने से उनको मालूम था, चौधरी को शक होने लगेगा, इसलिए बिना किसी स्पष्ट प्रतिक्रिया के उन्होंने कहा, "अरे हाँ, हमने इस सवाल पर तो गौर किया ही नहीं ! वैसे भी चौधरी साब ! यह बेमानी है। अभी तो उत्सुकदास को सिर्फ गिराना है।"

"वाह राय साहब, वाह ! क्या खूब कहते हैं आप ! भला ऐसा भी कहीं होता है ? वहाँ पार्टी-मीटिंग में अगर फटाक चुनाव हो गया तब ?"

"सो तो है।" कहते हुए रंगीनराय ने लोबीराम की ओर सहारे के लिए देखा।

लोबीराम को साफ-साफ बाजी अपने हाथ से निकलते हुए लग रही थी। ऊपर से

उनको पता था, वह मुख्यमंत्री बनवा तो सकते थे, लेकिन खुद बन जाना संभव हो सकनेवाला नहीं था। इस अहसास के हो जाने से लोबीराम ने मन मार लिया और उनके चुप रहने को बलदेव चौधरी कहीं गलत न समझ बैठें, इसलिए गहरी साँस छोड़कर उन्होंने कहा, ''क्या है चौधरी साब, हमारे नेता तो आप ही होनेवाले हैं। बस कहने-सुनने का मतलब ही क्या है ! फिर भी मेरी कुछ शर्तें हैं जिनके साथ मेरे कुछ सवाल भी हैं।''

''हाँ...हाँ, कहिए न ?'' चौधरी तर हो गए थे।

''आप अगर मुख्यमंत्री होवेंगे तो तीन मंत्री हमारे होवेंगे और उनका विभाग हमारी राय से तय होगा।''

बलदेव चौधरी ने बड़े जोर से नाक सिकोड़ी, पर दूसरे ही क्षण अपने को सँभाल लिया, ''हाँ, हाँ, क्यों नहीं ?''

लोबीराम की सौदेबाजी शुरू होगी, यह रंगीनराय ने भाँप लिया था। वह चौधरी की हाँ-में-हाँ मिलाते हुए बोले, ''और आपके सवाल क्या हैं ?''

''मेरा पहला सवाल है,'' लोबीराम को जोश आ रहा था, ''अगर हाईकमांड ने हमारी बात न सुनी तो ?'' फिर रायसाब और चौधरी को खामोश देखकर उन्होंने सवाल आगे बढ़ाया, ''मैं पूछता हूँ, तो हम क्या पार्टी छोड़ देंगे ?''

बड़े जोर की बिजली गिरी थी, लोबीराम की सनक से उपजे इतने अहम सवाल के अचानक उठ आने से ! चौधरी और राय साब के प्राण काँप गए। चालीस साल पुरानी पार्टी छोड़ देना कोई हँसी-खेल नहीं था। फिर भी लोबीराम अपनी जगह सही थे। यह दोनों को मालूम था, इस सवाल से बचा नहीं जा सकेगा।

''वैसे आप लोग कुछ करें या नहीं, हमने तो पार्टी छोड़ने का फैसला कर लिया है !''

''क्या ?'' राय साब और चौधरी एक साथ दहशत खाकर बोले। लोबीराम असल में दाँव छोड़ना चाहते थे। तीन मंत्रियों और चार विभागों के अलावा एक तरीका था, जिसके तहत वह मुख्यमंत्री भी बन सकते थे। हाँ ! इसके लिए पार्टी छोड़ देनी थी। लेकिन वह बलदेव चौधरी को साथ लेकर पार्टी छोड़ देने के मूड में नहीं थे, भले ही रंगीनराय साथ हो लेते। इसकी खास वजह थी बलदेव चौधरी के वहाँ भी उनके ऊपर ही बैठे रहने की हद, जो तब भी वह फाँद नहीं सकते। फिर भी अब समय आ गया था, जब उनको अपनी घोषणा कर देनी थी, जिससे और कुछ नहीं तो उत्सुकदास को उखाड़ने में तेजी लाई जा सके, ''हाँ चौधरी साब, आज तो हम कफ़न बाँधकर निकले हैं। उत्सुकदास तो बरदाश्त से बाहर हो गया है।''

रंगीनराय को प्वाइंट मिला था, ''तो चौधरी साब, अब तो पार्टी-अध्यक्ष को असंतोष दिखेगा ?''

''बताओ न, उनको बता दो !''

''न···न, अब आप ही कहौ।''

''मैं ?''

''और क्या ? हमारे कहने की मानेंगे ?''

''क्यों नहीं ? ये लो, हमारे कहने का तो उलटा मतलब न निकाल लें ?''

''अरे चौधरी साब, खुलकर सामने आवो ! यों छुपे-छुपे रहने से कुछ होनेवाला नहीं है !''

''या फिर लोबीराम जी खुद कर दें।''

''मैंने उन लोगों से कुछ कहना नहीं है, अब तो बस भुगतवा देंगे सबको।'' लोबीराम भुकरे हुए थे।

''ठीक है···ठीक है, अभी कहना-सुनना उचित नहीं होगा। पहले चाय-पानी हो ले, फिर चलन लगें, तो जरा अलग बुलाकर उनसे बतिया लेंगे।''

उधर पार्टी-अध्यक्ष को लोगों ने घेर रखा था। पुराने तो अपनी-अपनी यादों के साए में से खोद-खोदकर पार्टी-अध्यक्ष से जुड़े हुए किस्से निकालकर पेश कर रहे थे। नए नेता, जिनसे पार्टी-अध्यक्ष का किसी प्रकार ताल्लुक नहीं रहा था, अपनी जयगाथा खुद कहने में लगे थे। हाँ, उनके साथ सधे-सधाए पेशेवर बीच में टोककर कुछ टिप्पणियाँ जरूर करते जा रहे थे। नेताओं के ऊपर जैसे जुनून सवार होने लगा था। सबके-सब मिलकर पार्टी-अध्यक्ष का दिमाग सारा-समूचा खा जाने में लगे हुए थे। पार्टी-अध्यक्ष तो भला क्या बोलते, वह तो अपनी महत्ता को ही बड़ी-बड़ी आँखों से बस देखते रहे। जब कोई पुरानी यादों की समझी-भुगती, बात सामने आती तो वह जरूर कुछ कह देते या हाथ, मुँह, आँख हिलाकर अपनी सहमति जाहिर कर देते।

तभी रंगीनराय ने लोबीराम, बलदेव चौधरी से निपटकर पार्टी-अध्यक्ष की ओर देखा तो उनकी त्रसित काया को टूटने से बचा लेने के लिए उठकर आगे को उनकी तरफ तेजी से बढ़ चले। बलदेव चौधरी को भी उठकर खड़े होते हुए देखकर लोबीराम भी वहाँ पहुँच गए। इन लोगों के आगे बढ़ आने से, दरोगा, मूलचंद और मनोहरलाल ने मिलकर विधायकों और फसली नेताओं को नर्मी से पीछे हटाना शुरू कर दिया।

सबको सामने खड़े हुए देखकर अब पार्टी-अध्यक्ष से भी बैठे न रहा गया। वह भी उठने की मुद्रा में हुए तो रंगीनराय ने उन्हें रोककर कहा, ''अब आप यहीं से कुछ संदेश दें।''

''मैं तो यहाँ सिर्फ आपकी चाय के लिए आया था।''

''सो तो है, फिर भी आपकी यहाँ उपस्थिति से हमारा फायदा उठा लेने को जी ललचा रहा है, कुछ तो कहें आप !''

"नहीं राय साब, अब यह सब तो पार्टी-मीटिंग में ही होगा।" इतना कहकर पार्टी-अध्यक्ष ने जरा उचककर रंगीनराय को अपनी तरफ झुकाया, "अरे सुनो भी, यह सब राग यहाँ न फैलाओ ! तुम्हें अच्छी तरह मालूम है, मेरी गति क्या होनेवाली है। अब बस इत्ता-सा बाकी था," चुटकी-भर का इशारा करते हुए उन्होंने कहा, "वो भी भाषण से पूरा हो जाएगा !...नहीं, यह सब नहीं। चाय पिलाना हो तो पिला दो।"

"हाँ...क्यों नहीं, फिर भी लोबीराम जी आपको धन्यवाद तो देंगे ही।"

उत्सुकदास ने विमलादेवी को ही लोबीराम को परकाने के लिए चुना था, इसकी खास वजह थी वह खुफिया रिश्ता जो विमलादेवी ने काफी दिनों पहले से लोबीराम के साथ बनाए रखना था। तरुणाई की करवटों में किसी अँधेरी रात को, उत्सुकदास के आगोश में तड़पते हुए, विमलादेवी ने अपने सारे गुनाह कबूले थे और आगे से सिर्फ उन्हीं के बने रहने का इकरार किया था। लेकिन खुद उत्सुकदास को पता था, उस इकरार के बाद भी धंधे की उलझनें सुलझा लेने के लिए कभी-कभार लोबीराम से वह मिलती रहती। फिर भी उनको यकीन था कोई मौका आ ही जाए तो विमलादेवी लोबीराम को ठुकराकर उनके लिए, सिर्फ उनके लिए शहीद हो जाने को, बड़ी-से-बड़ी कुर्बानी दे सकने की जिद करतीं। इसी विश्वास की पकड़ के सहारे उत्सुकदास ने, संकट की इस बेला में विमलादेवी को बुलाया था।

उधर विमलादेवी के आने में जितनी देर हुई, उस बीच उत्सुकदास ने दो-तीन जगह टेलीफोन पर बातचीत करके पैसे मँगवा लेने का जुगाड़ किया। फिर भी पाँच लाख आ सकने तक एक-दो घंटे लग सकते थे। और बलराम शास्त्री बार-बार उछल-फाँद कर रहे थे। एक-दो घंटे रुक सकने की हालत नहीं थी। घड़ी की सुई बड़ी तेजी से खिसकती जा रही थी और खुद उत्सुकदास बेताब होकर हर पल लोबीराम के और दूर चले जाने का हिसाब लगा रहे थे। एक बार तो लोबीराम के काफी दूर तक निकल जाने के अहसास-भर से वह दहल गए थे। फिर भी उनको यकीन था, जिन तीन जगहों पर उन्होंने टेलीफोन करवाया था, उनमें से अगर कोई एक कुछ भी रकम लेकर आ गया तो बाकी का काम विमला करवा लेगी।

यकीन से अधिक भरोसा उत्सुकदास को अपने मुकद्दर पर था। वह कुछ सोच नहीं पा रहे थे, उनकी समझ में कुछ नहीं आ रहा था और ऊपर से बलराम के बार-बार हल्ला मचाने से उनके भी हौलदली होने लगी थी। फिर भी न जाने क्यों उनके अंदर से बार-बार कोई आवाज उठ रही थी—कुछ होगा, कुछ भी हो जानेवाला था। हमेशा-हमेशा की तरह तमाम बंद रास्तों के बीच से, जमीन फोड़कर, आसमान की ऊँचाइयों से टपककर, खुद-ब-खुद कोई रास्ता, कोई तरीका, जैसे जादुई चिराग से

निकेलकर, सामने आ जाएगा। अब सत्ता ···पूर्ण सत्ता के इतने करीब आकर, उनको लौट जाना नहीं होगा, वह मुख्यमंत्री बनेंगे और अपने तमाम दुश्मनों को सदैव की तरह पटकनिया दे डालेंगे।

लेकिन जब पंद्रह-बीस मिनट गुजरने लगे और तीनों जगहों से कोई भी नहीं आया और बलराम भी उठकर चले जाने लगे, तो उत्सुकदास कमरे से निकलकर बाहर आ गए। यह संकट की घड़ी थी, एक-एक पल भारी हो रहा था। एक तरफ अंदर के कमरे में, प्रतिभा और उनका बेटा राहुल बार-बार जी को खींचने लगा था और दूसरी तरफ बलराम शास्त्री बला की मुसीबत लेकर सिर पर सवार थे। इसलिए विमलादेवी के आने पर भी उन्होंने न तो कोई छेड़छाड़, न ही कोई चुलबुली, हरकती इशारे या फिर चुटकी बजा देने तक की कोशिश ही की थी। बस उनको अंदर चलकर बैठने को कह दिया था।

अब बलराम शास्त्री का और देर रुके रहना मुमकिन नहीं था। ऊपर से वह दौड़कर गुरुपदस्वामी को उत्सुकदास के यहाँ की खबरें भी सुना देना चाहते थे। वैसे तो उत्सुकदास बलराम शास्त्री को बाहर तक छोड़ने कभी आते नहीं, लेकिन आज उदासी और हल्की-सी पराजय की कुंठा में घिरे-घिरे गैलरी के दरवाजे तक निकल आए। वह चल तो बलराम शास्त्री के साथ रहे थे, लेकिन उनकी निगाहें बस लगातार सामने के मैदान और उससे लगी पगडंडी से लेकर फाटक तक के इलाके में जूझी हुई थीं। दो-तीन मिनट तक खामोशी की आक्रांत मनःस्थितियों के बीच उत्सुकदास खड़े रहकर वापस लौट आनेवाले ही थे, तभी न जाने किस कोने में छुपकर खड़ा हुआ कामयाब सेठ सामने निकलकर आ गया। उसके हाथ में काला ब्रीफकेस था।

कामयाब सेठ कुछ देर पहले ही श्रीकांत पाठक को छोड़कर वापस लौटा था। असल में श्रीकांत पाठक ने उसे डरा दिया था। किसी वक्त भी उसके पकड़ लिए जाने का अंदेशा था। इसलिए वह उत्सुकदास के पास ही छिप लेने को आया था। बाहर-बाहर मँडराते हुए वह तो बलराम शास्त्री के चले जाने का इंतजार कर रहा था। लेकिन साथ में उसे डर भी था, कहीं बलराम के चले जाते ही उत्सुकदास फिर कमरे में घुस न जाएँ जहाँ प्रतिभा और विमलादेवी के होने का भी उसको पता था। वह तो सिर्फ दो क्षण के लिए उनको अपनी हालत बता देना चाहता था, जिससे आज-भर के लिए वह उसे पकड़ लिए जाने से बचा देने का कोई पक्का इंतजाम करवा दें।

जितनी देर उत्सुकदास बलराम शास्त्री और फिर कामयाब सेठ के साथ रहे, उसी बीच विमलादेवी ने कमरे में घुसकर शृंगार कर लिया था। उनके पर्स के ऊपरी हिस्से में रूमाल वगैरह के साथ खादी के गीत या रामधुन के गुटके रहते, लेकिन पर्स की निचली पाकेट में केक-पाउडर और हल्के रंग की लिपस्टिक के साथ हथेली-भर की कंघी रक्खी थी। उत्सुकदास की ड्रेसिंग टेबल के सामने बैठकर बड़ी फुर्ती से उन्होंने पाउडर,

लिपस्टिक की कई-एक परतें लगा डालीं। फिर कंघी से उलझ गई लटों को सुलझाने लगीं। बालों को ठीक करते समय उनको अपने बुलाए जाने के सबब का बिलकुल पता नहीं था। वह तो उत्सुकदास के लिए ही सजने लगी थीं। हाँ, ड्रेसिंग टेबल के शीशे से एक बार जब पीछे पड़े हुए पलँग दिखे तो पल-भर के लिए उनको वह रात याद आ गई, जब उत्सुकदास उनके साथ बत्ती जलाकर सोए थे। तैयार हो जाने के बाद विमलादेवी को, वहाँ रुककर आ गई याद को आगे तक बढ़ा लेने का मौका नहा ामल सका। इतने में ही उत्सुकदास अंदर आ गए थे। लेकिन वह अकेले नहीं थे। उनके साथ कामयाब सेठ और बलराम शास्त्री भी थे।

कामयाब सेठ तो कमरे में अंदर आते ही बिलकुल किनारे पर; खिड़की के करीब रखी हुई मेज पर अपने ब्रीफकेस को ठीक करने में लग गया। इस बीच उत्सकदास ने ाविमलादेवी को बलराम शास्त्री के साथ कर ादिया। साफ-साफ लफ्जों में उनको सौंपा जा रहा था, इसका जानकारी तो नहीं दी। हाँ, सबकुछ खुलासा बता देने की जिम्मेदारी बलराम पर ही डाल दी थी। विमलादेवी ने एक-आध बार उत्सुकदास का ध्यान अपनी ओर खींचने की कोशिश जरूर की, पर अगले क्षण माहौल को तौल लेने पर उन्होंने राजनैतिक मुखौटा लगा लिया।

उत्सुकदास के कमरे से बाहर निकलते समय विमलादेवी के हाथ में कामयाब सेठवाला ब्रीफकेस था और साथ में बलराम शास्त्री भी। उत्सुकदास तो यही चाहते थे, काला ब्रीफकेस बलराम शास्त्री ले जाएँ, लेकिन उनके मना कर देने पर उन्होंने उसे विमलादेवी के हाथों में सौंप दिया था। पहले तो वह विमलादेवी को दारुलशफा छोड़कर तनिक देर के लिए राजभवन जाना चाहते थे, फिर उन्होंने वहीं रुके रहना ही ठीक समझा। रास्ते में बलराम शास्त्री ने विमलादेवी को सारी बातें समझा दीं। बिना कोई खबर लिए गुरुपदस्वामी के पास चले जाना अर्थहीन ही लगा उनको। वह दारुलशफा रुक तो गए थे। लेकिन विमलादेवी के साथ ऊपर नहीं गए। लोबीराम के फ्लैट से थोड़ी दूर, झुरमुट के पास ही गाड़ी रुकवाई थी उन्होंने। वहा गाड़ी में बैठे-बैठे उनको विमलादेवी के लौट आने का इंतजार था।

बलराम शास्त्री को अपने गुरुपदस्वामी पर बड़ा भरोसा था। वह उनकी गहरी पैठ के कायल थे। तभी तो उठते हुए तूफान के अंदेशे से दुखी होकर वह गुरुपदस्वामी के पास गए। बस पलक झपकते ही गुरुपदस्वामी ने रंगीनराय के यहाँ हो रही साजिश को तोड़ देने का संजीवनी उपाय बता दिया था। बलराम को लघु सिंचाई विभाग मिलना था और इससे वे दुखी थे। इसके बदले में वह सिंचाई विभाग पा लेना चाहते थे, लेकिन किसी कीमत पर मंत्रिमंडल के टूट जाने का खतरा पैदा नहीं होने देना चाहते थे। ऐसी हालत में तो कोई भी विभाग उनके हाथ न आता। उन्होंने तो पूरा हिसाब लगा रखा था,

भाई, भतीजे, दूरदराज के रिश्तेदारों और तमाम समर्थकों तक से उसने कितने ही वादे कर डाले थे। सबके काम पूरा करने के वादे! कैबिनेट-स्तर के मंत्री बन जाने का सपना, गूलर के फूल की तरह—कई-कई बार उनकी आँखों से, उनके हाथों से गुजर चुका था। इसलिए अब खुद-ब-खुद मन-ही-मन उत्सुकदास से जलते हुए भी, जागी हुई हसरतों के महल उठाए, हर पैदा होनेवाले संकट से वह लड़ रहे थे।

इससे पहले बलराम शास्त्री आनेवाले सुनहरे वक्त के ख्वाबों में खोने लगते, विमलादेवी लौट आईं। उन्होंने आशा-भरी नजर से विमलादेवी को देखा। लोबीराम के पास पैसे की गंध गई थी। न मानने का तो सवाल ही नहीं था। लेकिन विमलादेवी के चेहरे पर हवाइयाँ उड़ रही थीं। कुछ चलने-फिरने, कुछ तेजी से निकल रहे पसीने से, सस्ते पाउडर का पफ बह निकला था। बालों की लट बार-बार हल्की हवा के झोंकों में उड़कर, उन्हें लगा, उनको चिढ़ा रही थी। जब हक्के-बक्के, भौंचक बलराम शास्त्री ने कुछ नहीं पूछा तो विमलादेवी ने साड़ी का पल्लू सँभालते हुए खुद ही कह दिया, "वे तो नहीं मानते हैं। हमें तो भगाय दिया। कहने लगे⋯सबको मजा चखाएँगे⋯अब क्या आए हो!"

बलराम शास्त्री तो फौरन गुरुपदस्वामी से आगे के दिशा-निर्देश लेने चल दिए, लेकिन विमलादेवी को उनके साथ न जाना था और न ही वह गईं। बलराम शास्त्री चले गए, पर ब्रीफकेस विमलादेवी के हाथ में ही लटका रहा। उसे उस वक्त इसका खयाल ही कहाँ था! उनके मन में उस वक्त रुलाई के बड़े उबाल उमड़ चले थे। लोबीराम का ठुकरा देना इतना मायने नहीं रखता, जितना अपने महबूब के किसी काम न आ सकने का अहसास! विमलादेवी की सारी आकांक्षाएँ, सारी पूँजी, पूरी जिंदगी की कमाई उत्सुकदास ही थे। उधर प्रतिभा ने खतरों के बड़े-बड़े दरवाजे खोल रखे थे। उनका फख्र सिर्फ अपनी राजनैतिक उपयोगिता का ही था। और चीजों में उनका प्रतिभा से बाजी जीत लेना, किसी तरह मुमकिन होनेवाला नहीं था। और आज लोबीराम वह धरातल, वह जमीन ही उनके नीचे से ले उड़ा था, जिसके ऊपर उन्होंने आनेवाले वक्त के सुनहरे सपने बुन रखे थे, उम्मीदों की बड़ी-बड़ी कनातें उठा रखी थीं।

आज विमलादेवी को अपना अस्तित्व ही खतरे में नजर आने लगा था। क्या मुँह लेकर, कैसे⋯कैसे आखिर कैसे, वह नाकाम, रुसवा, अपमानित, फटी-उधड़ी हस्ती लिए उत्सुकदास के सामने जाएँ? उनके सामने सवाल लोबीराम का नहीं था, आज बननेवाले मंत्रिमंडल का नहीं था, उनके सामने तो सवाल अपने मालिक को खुश कर सकने का था। उस वक्त बेबाक, तेज रफ्तार हवा में, वह अपना रास्ता ढूँढ़ रही थीं। एक पराजय, एक कुंठा, हद दर्जे की एक शर्मिंदगी में घिरी हुई विमलादेवी कुछ भी कर

गुजरने को तैयार थीं। लेकिन उनके सामने बार-बार एक ही सवाल घूम जाता, करें भी तो करें क्या ?

यह होने-न-होने की हद थी, जहाँ अब कहीं न तो भाग जाना मुमकिन था और न ही चैन से जी पाना। बेहद सदमे में, उदास···उदास, लुटी···लुटी, विमलादेवी बेजान कदमों से उठकर चलीं तो उनको यही लगा अगर कच्ची उम्र में उन्होंने शादी कर ली होती तो शायद, आज इस तरह धक्के नहीं खाने पड़ते। लेकिन फिर भी शादी हो जाने से उत्सुकदास के न मिल सकने की बात सोचकर, वह फफक···फफककर रो पड़ीं। दिल, दिमाग और बीच के हिस्से से बार-बार कचोट···कचोटकर कोई दर्द उठता जो उनके पोर-पोर हिला रहा था। और फिर शादी न कर लेने पर, उत्सुकदास के मिल जाने के बाद, अब जरा-से लोबीराम तक को जीत न सकने पर खुद उत्सुकदास को या अपने वजूद की बुलंदियों तक खो देने की संभावना से बड़े जोर की कसक उठी जो उनकी कोख की पसलियों को मरोड़···मरोड़कर निचोड़-सी लेने लगी।

रंगीनराय ने लोबीराम का नाम उछाल दिया तो पार्टी-अध्यक्ष सकते में आ गए और इसके पहले असर कम हो जाने लगे, वह उठकर खड़े हो गए। इस बार पार्टी-अध्यक्ष की मौजूदगी से वातावरण में आई हुई संजीदगी के लिहाज में या किसी बड़े धमाके के हो जाने की उम्मीद पर सब-के-सब खामोश हो गए थे जैसे उनको साँप सूँघ गया। उधर मौके का फायदा उठाने की गरज से रंगीनराय ने बोलना शुरू कर दिया, "···दोस्तो ! आज का दिन हमारे जीवन का सौभाग्यशाली दिन है। आज यहाँ हमारी महान पार्टी के महान अध्यक्ष हमारे बीच आए हुए हैं। वैसे तो पार्टी-अध्यक्ष की आस्था, निष्ठा और त्याग से आप सभी परिचित हैं, मैं खुद अपना एक खुफिया रिश्ता निकाल लाया हूँ। आज उनको यहाँ देखकर मेरा जीवन, मेरी यह छोटी-सी कुटिया धन्य हो उठी। हम दोनों के जीवन में राजनीति के अनेक मोड़ आए, जब मैंने इनके कंधे-से-कंधा मिलाकर राष्ट्रीय हितों की भूमिका तैयार कर सकने का काम किया था। हमने कुर्बानियाँ दी थीं, ईमानदारी से देश के भूखे-नंगे तमाम बाशिंदों को गरीबी, दुख और आपदाओं के घेरे से निकालकर, हिम्मत, लगन और संघर्ष से बनाए हुए स्वर्ग का सपना दिखाया था। मेरे दोस्तो, यह सपना पार्टी-अध्यक्ष का सपना था, इनकी देन थी, इनके आदर्शों की ऊँचाइयाँ देखकर तब भी लोगों के हौसले पस्त हो जाया करते थे। लेकिन उस समय मैंने इन्हीं के चरणों में बैठकर ज्ञान पाया था। उसके बाद के तूफानी दौर में हमारा दुर्भाग्य था, हम इनसे अलग हो गए, टूट गए, बिखरकर दूर भटक गए। लेकिन अब कितने दिन बाद इतनी बड़ी प्रतिष्ठा के सिंहासन पर बैठे रहने पर भी इन्होंने मुझे पहचान लिया, जेल के एक ही सींखचों के पीछे हुई वह भूली-बिसरी बातें इनको याद आईं तो आज यहाँ आकर मेरे ऊपर महान उपकार किया।

"दोस्तो ! यहाँ, इनके सामने किसी प्रकार के राजनैतिक विवाद मैं उठाना नहीं चाहता और आपसे भी यह प्रार्थना करूँगा कि पार्टी-अध्यक्ष की यहाँ पर मौजूदगी का आप भी किसी प्रकार दुरुपयोग न करें। लेकिन इसके साथ, मैं आपको इस बात का भी विश्वास दिला देना चाहूँगा, हमारी बैठक श्रद्धेय पार्टी-अध्यक्ष के जाने के बाद भी चलेगी, जिसमें आज खुलकर हमें राष्ट्रीय हितों की भूमिका में, अपनी महान पार्टी के आदर्शों की रक्षा के लिए कुछ-न-कुछ करना होगा। और मैं आपको यह भी बता देना चाहूँगा, पार्टी-अध्यक्ष हमारी बातों पर, समय से, पूरा···पूरा ध्यान देंगे। लेकिन यहाँ···अभी···।"

रंगीनराय के धाराप्रवाह भाषण के बीच लोबीराम को जरा ऊँघ-सी आने लगी थी। लेकिन जब उनके कान में खुद अपना नाम सुनाई दिया तो वह सतर्क हो गए। रंगीनराय उनसे उठकर पार्टी-अध्यक्ष को धन्यवाद देने को कह रहे थे। अब उनको कुछ तो कहना ही था, लेकिन कुछ कह सकने की स्थिति में वे थे नहीं। फिर भी उनका नाम तो आ ही गया था।

"साथियो ! मैं अपने मित्र रंगीनराय जी का आभारी हूँ। उन्होंने मुझे इस लायक समझा जो मैं पार्टी-अध्यक्ष-जैसे महान नेता को यहाँ आ जाने के लिए धन्यवाद दूँ। मैं अपनी तरफ से, आप सब लोगों की तरफ से और चौधरी साहब की तरफ से अध्यक्ष जी के यहाँ आने के लिए धन्यवाद देता हूँ। वैसे तो यहाँ किसी भी राजनैतिक विवाद के उठाने की मनाही कर दी गई है, फिर भी मैं अध्यक्ष जी से इस बात की प्रार्थना कर सकने से कतरानेवाला नहीं हूँ कि वह जो यहा लखनऊ आए हैं, पार्टी-मीटिंग करवाने के लिए तो अगर और कुछ नहीं तो हमारे प्रजातांत्रिक अधिकारों को सुरक्षित रख सकने में हमारी मदद करें। हमारे ऊपर मुसीबतों के बादल मँडरा रहे हैं, हमारा दिल भरा हुआ है। इसलिए मैं उनसे प्रार्थना करूँगा, वह हम सबके दुख को समझें, हमारी मजबूरियों को जानें और पार्टी के आदर्शों को ऊँचाइयों तक ले जाने में हमें रास्ता दिखाएँ। हम तो अँधेरों में भटक रहे हैं और दूर···बड़ी दूर कहीं अगर रोशनी की कोई झलक है तो वह स्वयं अध्यक्ष जी के व्यक्तित्व से फूटकर निकलती हुई किरणों से बनती नजर आ रही है। अब मैं कुछ और न कहकर एक बार फिर पार्टी-अध्यक्ष जी को सम्मानपूर्वक धन्यवाद देता हूँ।"

रंगीनराय का दाँव पूरा उतरा। साँप मर गया और लाठी भी नहीं टूटी थी। तालियों और शोरगुल में दरोगा, मूलचंद, मनोहरलाल के साथ अन्य लोग लोबीराम को घेरकर प्रशंसा करने लगे। फिर कुछ लोग जब उनको कंधों पर उठा लेने के लिए आगे बढ़े तो रंगीनराय ने मना कर दिया। उसी वक्त पार्टी-अध्यक्ष को नाश्ते की मेज की तरफ चलने का अनुरोध करते हुए वह बलदेव चौधरी के साथ हो लिए।

यही मौका था, जब विमलादेवी के दूत ने लोबीराम को आ पकड़ा। बड़ी चिरौरी-विनती करने पर वह भीड़ को पार कर बाहर बरामदे के दूसरे कोने की सीढ़ियों से लगी दालान पर विमलादेवी से मिल लेने के लिए आ तो गए थे, लेकिन वहाँ वह रुके नहीं। विमलादेवी ने गलती की थी जो उनके आते ही अपना मकसद बता दिया। अभी अंदर की बैठक में काफी देर पहले चल रहे द्वंद्व और फिर अपनी राजनीति के नशे में जूझे हुए लोबीराम को अब उत्सुकदास का संदेशा आ जाने से जहाँ एक तरफ भँड़ास निकालने का मौका मिला भी, दूसरी तरफ अपनी ताकत का अहसास और पक्का हो गया। अब लगा उनको, फैसला ठीक ही था। जब उत्सुकदास खुद तैयार है, तो और लोग तो दुगनी कीमत देंगे और साथ में सत्ता की साझेदारी भी।

विमलादेवी को भगा देने के बाद लोबीराम अंदर बैठक की ओर चल देने के लिए बरामदे की बालकनी तक पहुँचे तो लोग-बाग उन्हें घेरकर सवालों की बौछार करने लग गए। एक-एक कदम आगे बढ़ाना मुश्किल हो रहा था। चारों तरफ जैसे भूचाल आ गया। बस एक ही धमाके में, बिना साफ-साफ कुछ कहे हुए भी उन्होंने इशारे... इशारे में सबकुछ कह डाला था। कुछ ही पलों में... चमचे, चिलगोजे और चकरबंध घुट्टी मारकर बैठे हुए विधायकों को जगाने में लग गए थे। पीछे न छूट जाने के डर से विधायकों का हुजूम उमड़ चला। और लोगों की आँखें, इस हैरतअंगेज कारनामे के पीछे, पार्टी-अध्यक्ष के होने से हैरान थीं। उधर लोबीराम बड़े संतोष, बड़े गर्व से यह सब अपना ही किया हुआ जानकर, आनेवाली सुनहरी घडी के लिए तैयार होने लगे थे।

जब किसी भी तरह भीड़ को चीर सकने में वह नाकाम रहे और अंदर तो चाय-पानी में सबके व्यस्त होने का उनको इत्मीनान हो गया, तो लोबीराम, धतूरे के बीज, चरस की सिगरेट और मलाईपान की डोज से ऊब और थकान मिटा देने के लिए वापस मुड़ चले। यह आज का आखिरी मौका था जब अपने कमरे में उनको जाना था, फिर तो पार्टी-मीटिंग का जटिल युद्ध सामने आनेवाला था।

ग्यारह

मंजूर ने जिसे धोबन की गठरी समझा था वह और कुछ नहीं, मोलोटोव काकटेल का गट्ठर था, और फिर राघव की बेरहम, बेशर्म-सी मोटी आवाज को, जो उस वक्त जरा तीखापन लिए हुए थी, देख-सुनकर वह चकित हो उठा। अफसोस और निराशा की पैनी-सी चीख उसके अंदर से उठकर जेहन के हर किनारे को भरती हुई, कुछ कह सकने

के लिए निकलनेवाले लफ्जों को कुचलते हुए जीभ के तालुओं में जाकर चिपक गई। ऐसा नहीं था जो राघव की यह हरकत बेमानी-सी लगे या फिर ऐसा नहीं होगा जिसकी उसे बिलकुल उम्मीद ही नहीं थी। लेकिन आज दारुश्शफा के इस माहौल में जब केंद्र के बड़े नेता मौजूद थे और लोकतांत्रिक सरकार का गठन होने जा रहा था, इतनी ख़तरनाक साजिश के अहसास ने पल-भर में ही उसे जड़ सहित हिला दिया था! दूसरे ही क्षण उसक सामन अपने भाइ मुख्तार अहमद का चेहरा घूम गया और उनकी राघव को जरा खयाल रखने को कही बात का मतलब भी अब जाकर उसकी समझ में आ गया था।

लेकिन इस वक्त राघव के तेवर ऐसे नहीं थे जिनमें उससे कोई बात कह सकना मुमकिन हो पाता। और फिर कुछ देर पहले तक की सारी हरकतों का हिसाब, उसके इरादों को सामने-सामने साफ कर चुका था। जाहिराना तौर पर, बड़ी कोशिशों से मंजूर ने अपनी सारी प्रतिक्रियाओं को दबा लिया और कछ सोचते हए, खामोश कदमों से कमरे के बाहर निकल आया। फिर राघव के बाहरी कमरे में आते ही, मजूर बाथरूम में गया।

नहानघर में पानी का नल पूरा खोलकर, महज राघव को इत्मीनान दिलाने के लिए मंजूर कोई पुरानी गजल गुनगुनाने लगा। हाथों में झिनझिनी छूट रही थी, पैरों में कमजोर होता हुआ नशा चींटियों की शक्ल में रेंगने लग गया। साथ-ही-साथ वह बड़ी तेजी से सोच रहा था। भाई मुख्तार अहमद के पास तक पहुँच न पाने का अहसास और खुद ही इन सारे झमेलों से निपटना होगा, इस जानकारी ने उसके अंदर चिढ़ और कुढ़न की लहरें उठा दीं। नहाने-धोने में उसका जी तो लग नहीं रहा था, फिर भी बाहर निकल आने की भी उसे जल्दी नहीं थी। क्योंकि बाहर फिर उसे राघव का सामना करना था। और राघव का सामना कर लेने से पहले वह बचाव का कोई रास्ता निकाल लेना, ढूँढ़ लेना चाहता था। काफी देर तक नल से गिरते हुए पानी को बीच-बीच में छेड़ते रहने से मंजूर के दिमाग में फिर से हरकत होने लगी, तब एकाएक उसके जेहन में एक खयाल न जाने खुदा के करम से कैसे उठकर बैठ गया, जिसके साथ ही वह बस खुशी में हल्के-हल्के सीटी निकालने लगा।

उधर राघव अपने सलूक पर कुछ शर्मिंदा हो गया था। बात उसने कोई सख्त तो नहीं कही, लेकिन सख्त बात कह देने से बड़ी हरकत की थी उसने। एक तो मंजूर भाई के कमरे में बारूद के गोले, बिना जाने-बताए रख छोड़े, ऊपर से उस वक्त जब वह हँसी से दोहरे-तिहरे हो रहे थे, उस समय जब खुद उसे खुश कर सकने को वह कहकहे लगाए जा रहे थे, उस समय उसने एक तरह डाँट दिया था उनको। बस, सामने चेहरे पर से हाथ बढ़ाकर जैसे एक प्यारी-सी अदा छीन ली थी। आदतन-उसूलन और लिहाज के खातिर वह ऐसा करता नहीं, लेकिन खुद अपनी गलती छिपाने-भर को उससे ऐसा हो गया था।

अब मंजूर भाई बाथरूम से निकलेंगे तो उनका सामना कैसे करेगा, इसकी फिक्र हो चुकी थी राघव को। स्वाभाविकता, अपनेपन का मुखौटा जब खुद राघव ने उनके चेहरे से उतार लिया तो अब कहेगा क्या वह ? मंजूर भाई उसके गुरु मुख्तार अहमद के भाई ही नहीं, खुद उसके जिगरी दोस्त थे। फिर इधर काफी दिनों से वहीं रहता था वह। बड़े अहसानात थे मंजूर भाई के उसके ऊपर। न जाने किस लिहाज से वह किसी भी पल उसे पलकों से ओझल तक नहीं होने देते ! जरा देर के लिए जो वह कहीं चला जाए, बस आसमान उठा लेते हैं। जब तक वह लौट नहीं आता, दसियों जगह पर जाकर पूछ आते, 'भला राघव को देखा''' अरे राघव दिखा क्या ?,' 'कहाँ हो राघव ?,' 'इधर तो नहीं आया राघू ?'

राघव और मंजूर के जिस्म तो दो थे, लेकिन जान एक ही थी। लेकिन इधर कुछ दिनों से राघव में बड़ी तेजी से बदलाव आया था। यह बदलाव शायद इसीलिए आया हो, क्योंकि मंजूर भाई विधानसभा के सदस्य हो लिए और वह अभी भी सड़कछाप नेता था। या फिर इतने दिनों तक की लड़ाई में अपने लिए, आदर्शों-उद्देश्यों के लिए, गरीब मजदूरों-किसानों के लिए, तनिक-भर हासिल न कर पा सकने का अहसास उसे मारे डाल रहा था। न जाने क्यों उसे लगने लग गया, जो और आगे बढ़कर उसने इन्कलाबी दौर में अगला कदम नहीं उठाया तो सिटी-पिटी व्यवस्था का, किसी वक्त, किसी वक्त भी वह हिस्सा बना लिया जाएगा। उसे भी लोग फाँस लेंगे, वैसे ही जैसे मंजूर भाई को फाँस लिया। तब वह किसी काम के लायक न रह पाएगा। और तभी से राघव का दिमाग तो छिटककर अलग हो गया, लेकिन दिल फिर भी मंजूर भाई से ही जुड़ा रहा—उनकी गर्मजोशी में सराबोर, बेहिसाब डूबा हुआ !

और कोई वक्त होता तो राघव वहाँ से चला जाता। मंजूर भाई का सामना न कर सकने के लिए, वह कुछ भी कर बैठता—गायब हो जाता, कहीं भी भटकता रहकर तब तक नहीं लौटता, जब तक उसे अपनी जहालत से ज्यादा मंजूर भाई पर तरस नहीं आने लगता। लेकिन आज की बात और थी। आज वहाँ बारूद का गट्ठर रखा हुआ था। और फिर उसकी बावत मंजूर भाई को पता लग चुका था। हालाँकि उसे इस बात का पूरा यकीन था, उसकी इजाजत के बिना अब मंजूर भाई गट्ठर को हाथ भी नहीं लगाएँगे, फिर भी एहतियातन वह वहाँ से जा नहीं सकता था। बारूद के गट्ठर के अलावा अपनी योजना से ताल्लुक रखनेवाली गुदगुदाहट उसे लगातार छेड़ती जा रही थी। अभी न सिर्फ कुछ और सोचना बाकी था, उसे अभी अपने चंद साथियों का भी इंतजार था, जो उसे लेने के लिए आनेवाले थे।

इससे पहले राघव आगे का कोई और रास्ता सोचता या फिर खयालों की बुलंदियों की उड़ान में खो जाता, बाहरी कमरे का दरवाजा खटका, जिसके साथ चौकन्ना होकर

वह उछल खड़ा हुआ। उसे लगा, यहाँ से तिलभर भी हटना ठीक नहीं था। अपने मकसद की कामयाबी के लिए, अब हर पल उसे यहीं पर मौजूद रहना होगा। लेकिन दरवाजे के अंदर जाकर, जब सी. पी. ने परदे हटाकर उसकी ओर देखा तो अनायास ही राघव ने कह डाला, ''धत तेरे की !''

''लो, अब इनको देखो, यहाँ बैठे हैं। भला वहाँ से कब खिसक आए ?''

''क्यों ?''

''अरे उस वक्त हम तुम्हारे पास ही तो आए रहे !''

''मेरे पास ? मुझसे भला क्या काम था ?''

''काम तो कुछ खास नहीं था ··· लेकिन अब बैठूँ तो ! तेरे को ढूँढ़ते-ढूँढ़ते थक गया, यार !''

''ढूँढ़ते-ढूँढ़ते, और फिर मुझे ? मैं कहाँ की तोप हूँ ?''

''अरे यार, तुम मेरी तोप हो !'' सी. पी. कुर्सी पर बैठ गया। पैरों से चप्पल उतारकर पालथी मारते हुए उसने आगे कहा, ''न जाने क्यों उस वक्त मंजूर भाई ने मुझे यहाँ आने नहीं दिया या फिर उनको पता नहीं होगा, तुम साले यहाँ होगे ?''

''हाँ, भला उन्हें क्या पता ? मैं तो ऐसे ही चला आया था !'' सी. पी. का आना वैसे तो राघव को बुरा ही लगता, पर इस वक्त जब उसे यहाँ से हटकर जाना नहीं था और अकेले में मंजूर भाई का सामना कर सकने की स्थिति में भी वह नहीं था, उसका आना कुछ खास खला नहीं। लेकिन वह बस थोड़ी देर तक के लिए ही उलझना चाहता था। उसे मालूम था, सी. पी. जैसे चिपकू किस्म के आदमी से जल्दी-जल्दी छुटकारा पाना मुमकिन नहीं। इसलिए उसने फौरन बातचीत का सिलसिला शुरू कर दिया, ''तो गुरु, चक्कर क्या है ?''

''चक्कर नहीं, घनचक्कर कहो !''

''वह कैसे ?''

''क्या है राघू, आज तो हम फँस गए !''

''फँस गए ?''

''हाँ-हाँ, अच्छे-खासे फँसे हैं अब !''

''पहेलियाँ बुझाने से क्या होगा ?''

''यहाँ तो पसलियाँ तक गिन लेने की हसरत पूरी नहीं हो पाती, अब देखो, पहेलियाँ कौन बुझाएगा ?''

''तो फिर ?''

''राघू, मेरे जुलूस का क्या होगा ?''

जिस दयनीय भाव से पूर्ण कातरता की मुद्रा में सी. पी. बोला था, उसे सुनकर राघव

को एकाएक हँसी आ गई। हँसी तो रुकने का नाम नहीं ले रही थी। हाँ, उसके साथ इतनी देर से धुंध में उलझे हुए मन के तार सुलझने लगे। एक तरह का संतोष, राघू की हस्ती में समाने लग गया। उसे लगा, सी. पी. ने यहाँ आकर ठीक ही किया। फिर जब हँसी का दौर कम हो गया, तो उसने कहा, ''अरे सी. पी., जुलूस निकालना भला इतना मुश्किल कब से होने लगा? यही तो इल्म था तुम्हारे पास, इसीलिए तो सब साले बरदाश्त करते थे।''

''हाँ-हाँ, और तो हममें कुछ है ही नहीं। घर छोड़ा, बीवी छोड़ी···।''

''फिर कहोगे बच्चे छोड़े···।''

''देखो राघू!'' सी. पी. ने हाथ उठाकर धमकाया।

''बुरी लगती है बात, तो मेरे सामने कुर्बानियों का हिसाब न दिया कर। तुम साले, घर क्या ख़ाकर छोड़ोगे? लतियाकर भगा दिया था घरवाली ने, अब आए हैं बातें बनाने!''

सी. पी. रुआँसा हो गया था। मजाक में ही सही, राघव ने उसकी दुखती रग छेड़ दी थी। वह तो आदतन यह सब कहता और लोग उसकी बरजोर, छिनार औरत के बारे में जानते जरूर थे, लेकिन आमने-सामने कोई कहता नहीं। आज राघव ने बड़े दिन बाद साफ बात कह डाली थी जिसकी वजह से उसे लगा, वह एकाएक पूरा नंगा हो गया है। फिर लंबी साँस, जो किसी जलती हुई आह से कम न थी, छोड़ते हुए वह दर्द-भरी आवाज में बोला, ''हाँ राघू, खोट जब अपने अंदर है तो और किसे कहें, किसका मुँह बंद करें? वह ससुरी बदजात, हरामजादी, कुतिया है, यह तो सभी जानते हैं। लेकिन एक बात कोई नहीं जानता, घर मैंने खुद छोड़ा था। और घर छोड़ देने के पहले उसे इस काबिल बना आया था जिससे आगे बदकारी करने लायक ही न रहे!''

''ना रे, सी. पी., ना···मेरा ऐसा कुछ मतलब नहीं था, मैंने तो बस ऐसे ही छेड़ दिया था।'' राघव को अपनी गलती का अहसास हो गया और बात सँभाल लेना ही उसने ठीक समझा, ''चलो···चलो भूल जाओ वह सब। हाँ तो, जुलूस का मामला अभी बना नहीं क्या?''

तब तक सी. पी. भी सँभल गया। वह जानता था, जब राघव ने अपनी गलती समझ ली तो बात आगे बढ़ाने से ज़हालत ही हाथ लगनी थी। कोई सुखद प्रसंग तो था नहीं जिसमें भिड़ा रहता।

''कहाँ बना? सब साले सर पै सवार हैं! कहते हैं, सर फोड़ो, कुछ भी करो, जहाँ से भी लाओ, कुछ होना है आज!''

''कित्ते मिले?''

''मिले तो हैं पचास···साठ, लेकिन अधकचरे हैं सब ! ठीक से नारे भी नहीं लगा पाते ! ''

''अरे भय्ये, नारे लगाने के लिए कलेजे में दम और दिमाग में जोश चाहिए ! ''

''सो तो है ! ''

राघव ने सी. पी. को बताया था, इसलिए वह और मुलायमियत से पेश आ रहा था, ''तो क्या सोचा है ?''

''मेरी तो कुछ भी अक्ल में नहीं आया । ये सब जो मिले हैं वे तो पुलिस की एक घुड़की में भाग खड़े होवेंगे ! ''

''फिर ! ''

''तुम्हारे पास तभी आया हूँ, वैसे उन्हें तो 'बी' ब्लॉक के पिछले मैदान में रोक रखा है ।''

''मैं कर क्या सकता हूँ ?''

''अरे राघू, यह तुम कह रहे हो ? क्या कर सकता हूँ ? तुम गुरु, तुम क्या नहीं कर सकते ?''

''मतलब ! ''

''मतलब सीधा है, अगर तुम चाहो तो सबकुछ हो सकता है ।''

''वह कैसे ?''

''अच्छा तो सुनो,'' सी. पी. के तेवर बदले हुए थे, ''आदर्श और इन्कलाब यहाँ बैठे-बैठे नहीं आएगा । उसके लिए सड़क पर लड़ाई लड़नी होगी । जेहाद छेड़नी होगी । माना, आज तुम्हारी पार्टी अलग है, मेरी अलग । लेकिन कुछ दिन पहले तक हम एक ही पार्टी में थे । हम दोनों समाजवाद के लिए प्रतिक्रियावादियों के खिलाफ बड़ी-से-बड़ी कुर्बानियाँ दे देने के लिए जूझे हुए थे । आज प्रतिक्रियावादियों का बाप उत्सुकदास जब मुख्यमंत्री बनने जाएगा तो क्या हमें सांकेतिक विरोध भी नहीं करना चाहिए ? सवाल पार्टी की लोकतांत्रिक सरकार का नहीं, सवाल उत्सुकदास-जैसे जालिम के ऊपर सीधे हमले का है ।''

''लेकिन···।''

''मुझे कहने दो, राघू ! आज, सच पूछो तो यह जुलूस के लिए आदमी जुटाने का तो सब नाटक था । असल में हम लोग कुछ कर गुजरना चाहते थे । ऐसा कुछ जिसे देखकर मुख्यमंत्री बन जाने के बाद भी उत्सुकदास के अंदर एक दहशत, कोई डर घर कर जाए । और फिर वे तमाम पढ़े-लिखे मध्यम श्रेणी के लोग जो बुर्जुवा शासन का सड़ा हुआ हिस्सा बनकर जी रहे हैं, अलग हों, नहीं तो अलग होने की सोचने लग जाएँ, या फिर अपनी सड़ाँध निकालकर फेंक दें और कभी-न-कभी खुद-ब-खुद हमारे आंदोलन के

लिए गाहे-ब-गाहे सहयोग दें।"

"तो क्या सोचा है ?"

"आज गुरिल्ला लड़ाई होगी। इसलिए हमें स्टार्म ट्रूपर्स चाहिए जो पुलिस का घेरा तोड़कर राजभवन की दीवार फाँदकर दरबार-हॉल में पहुँच जाएँ और उत्सुकदास के हाथ से शपथ का कागज छीन लें, माइक तोड़ डालें और चारों तरफ हल्ला बोल दें।"

"कागज छीन लेने से क्या समारोह रुक जाएगा ?"

"हम माइक तोड़ देंगे, बिजली काट देंगे···।"

"और जो पकड़ लिए गए ?"

"सात-सात आदमियों के तीन जत्थे होंगे और चौथा बाहर पुलिस से मोर्चा लेगा। यह सब एक साथ होगा। उधर जब तक, चौथा जत्था जो सात की जगह चौदह-पंद्रह का होगा, पुलिस को उलझाए रखेगा, अंदर के जत्थे अपना काम करके खिसक जाएँगे।"

सी. पी. की बातों में दम था, जिसकी वजह से राघव जिसने दया की मासूम भावना को लेकर सुनना शुरू किया था, अब तक उसकी योजना में काफी-कुछ शामिल होने लग गया था। और फिर वह सी. पी की योजना से अपनी साजिश मिला देने की बात सोचने लगा। उसने सोचा, कहीं अगर इसके साथ सहयोग किया जा सके तो बारूद के गट्ठर का अधिक प्रभावशाली तरीके से प्रयोग किया जा सकता है। लेकिन उसे अगर सी. पी. के ऊपर शक नहीं था, तो भी उसके आदमियों पर तो भरोसा नहीं था। और फिर बारूद के गोलों के प्रयोग करने की बात का उसके ऊपर क्या असर होनेवाला था, इसका भी उसने अंदाजा नहीं लगाया था। हाँ, एक खयाल जरूर उसे आया, जिसकी तफतीश के लिए उसने सी. पी. को खोदना शुरू किया।

"तो सी. पी.···भला यह सब करने के लिए जो आदमी हैं वे भरोसे के कितने हैं ?"

"हैं तो भरोसे के, लेकिन सब-के-सब दिमाग से कुंद हैं।"

"और हिम्मत ?"

"उसको तो मैंने खूब परखा है। तुम तो जानते हो, मैं पेशेवर जुलूसबाज हूँ और अपनी योजना में हमेशा, पीछे न हटनेवालों को ही लेता हूँ। अच्छे पैसे देने पर काम भी अच्छा लेता हूँ। चोट आने से इलाज होता है सबका और जेल जाने पर घरवालों को खुराकी मिलती है।"

"और पुलिस···!"

"पुलिस से डरनेवाले नहीं हैं। नामी हैं सब ! फिर तीन दिन से ट्रेनिंग दी जा रही है। बस उनको करना क्या होगा, यह कोई बार-बार बताता रहेगा तो जुटे रहेंगे सारे !"

"पूरा इत्मीनान है तुम्हें ?"

"हाँ!"

"क्या उम्मीद रखें, अगर चार इन्कलाबी तुम्हारे चारों जत्थे के साथ भेज दूँ तो यह बात छिप सकेगी?"

"क्यों नहीं?"

"पर यह इतना आसान नहीं है! तेरे को कसम उठानी होगी, जो मेरा नाम आया, अगले दिन काटकर फेंक दिए जाओगे।"

"ऐसा?"

राघव के दिमाग में बात साफ हो चुकी थी। वह खुद इतनी देर से इसी उधेड़बुन में था—आखिर कैसे, कहाँ और कब बारूद के गोले फेंके जाएँ? अब सी. पी. की योजना सुनकर उसे लगा, अगर अपने इन्कलाबियों को इसके आदमियों में घुसपैठियों की तरह मिला दिया जाए तो जब तक इसके जत्थे नाटक करें, इन्कलाबी अपना काम निपटाकर निकल जाएँ। फिर भी एक-दो बातें और थीं।

"सी. पी., तुमको मेरी कही बात का बुरा नहीं मानना चाहिए, लेकिन क्या है, हम इन्कलाबी तुम्हारी बूर्ज्वा विचारधारावाली पार्टी के संग खुल्लमखुल्ला मिल-जुलकर कोई भी एक्शन नहीं ले सकते। और यह तुम्हारे खुद के हित में भी नहीं होगा।"

"सो तो है।"

"फिर ऐसा करो, हमारी बातें टॉप सीक्रेट रहेंगी। तुम्हारे चारों जत्थों में हमारे लोग शामिल हों। सभी आदमियों को कब क्या करना है, यह बताते रहें और वहाँ तुम अपना काम करो और हम अपना। हम दोनों वहाँ आपस में बातचीत नहीं करने के!"

"ठीक!"

"और अपने जुलूसियों से कह देना, उन्हें जैसा कहा जाए वे वैसा ही करें, नहीं तो वहीं-के-वहीं ढेर कर दिए जावेंगे!"

"नहीं राघू, उन्हें डराना ठीक नहीं होगा।"

"क्यों?"

"इससे उनके ऊपर बुरा असर पड़ेगा। वे तो सब-के-सब वैसे ही लँगोट बाँधकर आनेवाले हैं। उनको हुक्म मिलेगा तो पुलिस तक की बधिया बैठा देंगे, लेकिन अगर डरा दिया गया तो मौका मिलते ही भाग लेंगे।"

"लेकिन झंडा?"

"झंडा तो हमारा होवेगा!"

"वाह! वाह!"

"नहीं राघू, इसमें कोई समझौता नहीं होने का। झंडा तो हमारा ही रहेगा।"

पहले तो राघव का मन हुआ, सब बात तोड़ दे⋯इसी प्वाइंट पर सी. पी. को भगा

दे । फिर यह उसके भी हित में होगा, यह सोचकर वह खामोश रह गया । झंडा इनका, बारूद हमारी और मारे जाएँगे ये ही साले । एक बुजर्वा दूसरे को पीटेगा ।

राघव ने सी. पी. की शर्त तो मान ली थी, फिर भी उसे यह सब अच्छा नहीं लग रहा था । इसकी दो वजह थीं । एक तो सी. पी. वैसे तो ठीक आदमी था, लेकिन इन्कलाबी दौर के लायक था भी नहा, आर दूसरे, उसकी सियासती पार्टी बुर्ज़ुर्वा किस्म की थी । फिर भी सवाल सी. पी. का नहीं था, सवाल उसकी बुजुवा किस्म की पार्टी का नहीं था सवाल बारूद के धमाके का था जो आज लोकतांत्रिक नकाब ओढ़े हुए जालिमों को दहलाने के लिए बहतु-बहुत जरूरी था । उसूलों, इन्कलाबी आदर्शों, जिनके वास्ते ही शायद उसने जिंदगी समर्पित कर रखी थी, उसे हर तरफ खीचते और जिम्मेदारियों का बोझ उठाए उसने बार-बार अपने मकसद, अपने आदर्शों के लिए शहीद हो जाने की ही दुआ माँगी थी । वह जज्बाती हदों तक जिन मजदूर-गरीबों के दुख से बँधा था, उसकी कोई हद नहीं थी ।

सी. पी. बेचारा कहीं फँस न जाएँ, बस यही खरोंच उसे चुभ रही थी । सी. पी. को जुलूस-प्रदर्शन का हल्ला बोलना था, बारूद का धमाका खुद उसे मार न डाले । कहीं उसकी भोली-भाली योजना किसी बदनुमा दाग की शक्ल बनकर, हमेशा के लिए जेल, सज़ा के काले अँधेरों में गुम न हो जाए ! अगर कोई बड़ा आदमी व्यवस्था का कोई ठेकेदार होता तो भले ही उसकी जान चले जाने का भी खतरा होता तो एक पल को भी उसे हिचक न हुई होती । लेकिन सी. पी ? सी. पी. तो खुद एक अपने ढंग से इन्कलाबी दौर का हिस्सा था । वह खुद व्यवस्था के जागीरदारों के खिलाफ जहाद बोले हुए था । वह तो समाजवाद का सिपाही था । उसे ऐसे ही आग में ढकेल देना मुनासिब नहीं था । राघव को बड़ी तकलीफ हो रही थी, लेकिन वक्त कम था और कुछ हो भी नहीं सकता था, उसे सही बात बता देना भी मुमकिन नहीं था । और फिर वह खुद राघव के पास आया था । खुद तो उसे बुला लेने गया नहीं था । अफसोस की गहरी साँस निकालते हुए राघव ने कहा, "तो चलो, तुम्हारे आदमी देखें तो, वे हैं कहाँ ?"

"वे तो उधर 'बी' ब्लॉक के पीछे जमा होंगे, और तुम्हारे लोग ?"

"हमारे…हमारे वे तो वहीं पहुँच जाएँगे ।" राघव असल में सी. पी. की बात से हड़बड़ा गया था । अपने इन्कलाबी साथियों से सी. पी. को मिला देना किसी तरह से उचित नहीं लग रहा था और अभी तो वे सब रात की तैयारी में जुटे होंगे । इसी बौखलाहट में उसने सी. पी. की ओर जब अपनी बात को बिना किसी सवाल के मान लेने के लिए देखा तो उसकी नजरें सी. पी. के पीछे आकर खड़े मंजूर भाई से मिल गईं ।

मंजूर भाई के अंदाज ही बदले हुए थे । पिछली बातें-जैसी हुई ही नहीं और अगर हुईं भी तो नहा-धोकर वह उन्हें वहीं बाथरूम में ही छोड़ आए थे । जोश के सैलाब सँभालते

हुए मंजूर भाई ने कहा, ''अरे...अरे रुक क्यों गए...बोलो...बोलो, क्या मजाक चल रहा था ?''

''मजाक ?'' राघव को जैसे झटका लग गया था। उसे हैरत थी मंजूर भाई के लहजे पर। इतनी खतरनाक साजिश के सबसे अहम दौर में वह कह रहे थे, क्या मजाक चल रहा था। ''कमाल है मंजूर भाई, तुमको यह सब मजाक लग रहा है।''

''अरे बच्चे हो तुम...सी. पी. भी बच्चा है। बच्चे मजाक नहीं करेंगे तो क्या हमारे-जैसे खानदानी बुजुर्ग लोग करेंगे ?'' बिना कफ के खाँसते हुए मंजूर भाई ने कहा।

''हाँ...हाँ, क्यों नहीं, तुम तो दादा की उम्र के हो !'' राघू ने चुटकी ली।

''क्या है, राघू, उम्र दो तरह की हौवे है ?''

''वह कैसे ?''

''एक तो शरीर की और एक...।''

''और एक लोबीराम की !''

''हो...हो...हा...हा !'' मंजूर भाई चीखने लगे। फिर अपने को रोककर बोले, ''बात तो पूरी कर लेने दो।''

''हाँ...हाँ, उत्तर गई हो तो बोलो।''

''तो मैं कह रहा था, दूसरी उम्र होती है अक्ल की।''

''जो आपने उधार बाँट रखी है !''

''बाँटने से भला अक्ल कहीं कम होवे है ?''

''अच्छा छोड़ो भी यह रागबट्टा,'' सी. पी ने कुछ ऊबते हुए कहा।

इसी बीच राघव ने सी. पी. को आँख मारकर चुप रहने का इशारा किया और खुद बोल पड़ा, ''मंजूर भाई ! आप तो इधर ही हैं ना, हम लोग जरा ठेके तक हो आएँ।''

''ठेके पर...आज के दिन भला वहाँ क्या जाना ?''

''क्यों...क्यों भला ?''

''आज दारुलशफा का त्योहार है जो।''

''त्योहार ?''

''मंत्रिमंडल बनेगा, प्रजातांत्रिक सरकार...।''

''देखा ! देखा सी. पी., बड़ी उम्रवाली अक्ल की बात ?''

सी. पी. जरा अच्छे मूड में आ चुका था, क्योंकि जुलूस के सिलसिले में उसकी तमाम समस्याएँ राघू ने हल कर दी थीं। इसीलिए वह दोनों की नोकझोंक पर मजे ले-लेकर हँस रहा था।

''अरे राघू, तू किसके चक्कर में पड़ा है, ये अब पहलेवाले मंजूर भाई तो रहे नहीं ! ये तो जब राजभवन में शपथ-समारोह चल रहा होगा, बाहर खड़े होकर ढपली बजानेवाले

थे तो मैंने रोका···मुख्तार साब की इज्जत का वास्ता दिया तब···।''

''ऐ सी. पी., क्या बकता है ?''

''हाँ, हाँ, सी. पी. तो बकता है और आप···मंजूर भाई ! ''

''कुछ भी हो, भाईजान का नाम भला क्यों बीच में लाया ?''

''सज-धजकर जो आए, फिर त्योहार की बात जो कह दी । वहाँ नहीं तो रमजानी बुआ के घर जाएँगे ! '' सी. पी. ने उछाल मारी ।

मंजूर भाई ने आँखें मटकाकर पहले राघू को चिढ़ाया और फिर राघू की ओर देखकर बोले, ''आज बेट्टा, मैं वहाँ जाऊँगा जहाँ बस बेकरार दिल को करार आ जाए ।''

''तो ठीक है, आप करार ढूँढ़ो, हम चले ठेके पर कुज्जियाँ डालने, दोना चाटने ।'' राघू ने जड़ दिया, ''और हाँ, रमजानी से मेरा आदाब कहना न भूलिएगा । हमें भी चाहती हैं वे, कैसे दीदे फाड़कर देखें जैसे समूचा लील जाएँ ।'' इतना कहकर, इससे पहले मंजूर भाई धौल जमाएँ, राघू उछलकर कमरे के बाहर हो गया । पीछे-पीछे सी. पी. भी निकल आया ।

फिर मंजूर भाई ने राघू को टोका, ''अरे भाई, खाना तो खाओगे ?''

चलने को कदम बढ़ाकर भी राघव रुक गया । बस मंजूर भाई की यही अदा कातिल थी ।

''खाना-वाना अब कहीं कुछ बाहर ले लेंगे । आप हमारी फिकर न करना ।'' फिर कुछ सोचकर उसने सी. पी. से कहा, ''तुम आगे चलो, मैं अभी आया,'' फिर जरा पीछे लौटकर वह उनसे बोला, ''मंजूर भाई ! अगर बुआ के यहाँ जाना तो कमरे में ताला मार देना । ''

''हाँ, और क्या खुला रहेगा ?''

''नहीं, यह बात नहीं···मैं कह···,'' आगे राघव से बोला नहीं गया ।

''ठीक है ! ताली है ना तेरे पास ?''

''हाँ, वो तो है ।''

''तो जाओ···ऐश करो ! ''

''वाह, ऐश तो आज आप करोगे, मंजूर भाई ! '' राघव ने आँख मारी ।

''कुछ तो लिहाज किया करो,'' मंजूर भाई ने घुड़का ।

मसखरी में तीन बार आदाब बजाकर राघव आगे बढ़ गए सी. पी. को पकड़ने चल दिया .

राघव और सी. पी. के चले जाने के बाद कुछ देर मंजूर भाई वहीं-के-वहीं खड़े रहे । उस समय उनके जेहन में न तो कोई खयाल था, न ही किसी तरह की हरकत । चुपचाप, खामोशी की घाटियों में बहक जाने-जैसा अहसास होता जा रहा था । एक खालीपन, एक

हल्कापन अंदर से बाहर तक उतरने लगा। फिर धीरे-धीरे नहाने के लिए जाने के बाद स अभी तक की तमाम बातें कहीं दूर से घुटी-घुटी आवाजों की शक्ल में सिर उठाने लगीं। उन बातों की फुसफुसाहट खाली दिमाग के हिस्सों में करवट बदलकर दस्तक देने लगी। और उसके साथ ही अपने आगोश में बचे हुए चंद लमहों में, भूली-बिसरी जिम्मेदारियाँ निभा सकने के हसीन इराद तड़फड़ाने लग गए।

असल में जिस दौरान राघव ने सी. पी. के साथ मिलकर जुलूस के जत्थों के जरिए बारूद के गोलों का धमाका कर सकने की साजिश की थी, उसी बीच नहाने के नल से तेज रफ्तार में गिरते हुए पानी से छेड़-छाड़ करते हुए मंजूर भाई ने भी अपनी साजिश को अंजाम दे डाला था। जहाँ एक तरफ राघव की साजिश इन्कलाब की गहरी आस्था से निकली थी, और सी. पी. की प्रजातांत्रिक जद्दोजहद स, वहाँ मजूर भाई की साजिश प्यार-मोहब्बत के उन जज्बाती रिश्तों की बिना पर टिकी थी जिसके लिए उन्हें लग रहा था, बड़ी...बहुत बड़ी एक जिम्मेदारी बराबर उनको मजबूर किए जा रही थी। अपनी आँखों के सामने वह जान से भी ज्यादा अजीज़ और बड़े भाई के हबीब राघव को तबाह होते भला कैसे देख पाते!

मजूर भाई को बारूद का गट्ठर देख लेने के बाद, दारुलशफा में केंद्रीय नेताओं की मजलिस और ऊपर से नई सरकार के गठन से संबंधित हालात को तौलने-नापने के बाद, इस बात का पूरा यकीन था, राघव वे बारूद के गोले और किसी पर तो नहीं, खुद अपने ऊपर फेंक लेनेवाला था। और कोई मौका होता तो शायद मंजूर भाई इस साजिश से हाथ झाड़कर अलग हो जाते या अगर मुमकिन हो सकता तो पलीते में आग तक लगा देते। लेकिन आज का खेल खतरनाक ही नहीं, जानलेवा था, जिसके बाद राघव के हमेशा-हमेशा के लिए खत्म हो जाने का खतरा पैदा होनेवाला था।

कुछ सी. पी. की बातों की भी भनक उनके कान में पड़ी थी। मंजूर भाई जानते थे, राघव-जैसा इन्कलाबी, बिना खास मकसद के, सी. पी. जैसे पेशेवर जुलूसबाज के साथ कोई राजनैतिक या इन्कलाबी एक्शन करनेवाला नहीं था। इसलिए और उनको अपनी साजिश पर पूरा अमल कर लेने की जरूरत का अहसास होने लग गया था। क्योंकि उनको शक था, सी. पी. एक अनाड़ी था और वह राघव को फँसा देगा। भले ही राघव ने उसके ऊपर विश्वास कर लिया हो, उनको सी. पी. पर जरा भी भरोसा नहीं हो पा रहा था।

मंजूर भाई को राघव के अभी कुछ देर तक न लौट पाने का पूरा इत्मीनान था। और वह मिला हुआ कीमती वक्त बिना जाया किए हुए अपना काम पूरा कर लेना चाहते थे। चहलकदमी रोककर वह अंदर आ गए और उन्होंने बाहर का दरवाजा बंद कर दिया। एक बार उनका मन हुआ, लोबीराम सुलगा लेने का, फिर बारूद का और कम होते हुए

वक्त का हिसाब लगाकर उन्होंने अपना इरादा छोड दिया। उनके अलसाए हुए बदन में फुर्ती की लहरें मचलने लगीं तभी उनको खिड़कियों का खयाल आया, करीब-करीब उछलते हुए उन्होंने एक-एक करके पहले बैठक की और फिर अंदर के कमरे का खिड़कियाँ बंद कीं। एहतियातन उन्होंने रोशनदान भी बंद कर दिए और बाहर की सभी बत्तियाँ बुझा दीं।

अब अंदर के कमरे में मंजूर भाई बारूद के गट्ठर के सामने जा खड़े हुए। कुछ देर तक वह हसरत-भरी निगाहों से गट्ठर को देखकर, उससे जुड़ी हुई राघव की कोशिशों का अंदाज लगाते रहे। कुछ डर भी लग रहा था उन्हें। पटाखों तक से कतरानेवाले मंजूर भाई के सामने बारूद के गोले थे, और फिर उनको अपने नाजुक हाथों से उन्हें ही उठाना भी था। आँखों से तौल पाने में जब वह नाकाम रहे तो आगे बढ़कर उन्होंने गट्ठर की गाँठ को पकड़कर उठा तो लिया, लेकिन काफी वजन होने की वजह से उसे वहीं छोड़कर बाहर निकल आए।

पहले तो खुद अकेले ही गट्ठर हाथों में उठा ले जाने का इरादा था मंजूर भाई का। लेकिन सही वजन का अंदाज लगाकर उन्होंने अपना यह इरादा छोड़ दिया। देर होने का खतरा भी बढ़ता जा रहा था। वह राघव के लौट आने से पहले अपना काम पूरा करके रमजानी के आगोश में पहुँच जाना चाहते थे। वहाँ राघव के आ जाने का भी खतरा नहीं था, क्योंकि राघव या कोई और रमजानी के ठिकाने का पता मालूम नहीं कर सकता था। बल्कि बहुत-से लोग तो, रमजानी को महज उनके खयालों की सनक माना करते। तभी तो बुआ का खिताब लोगों ने जोड़ रखा था।

बाहर निकलकर इधर-उधर ताँक-झाँक कर लेने पर भी जब उन्हें कोई सवारी नहीं मिली तो दरवाजा उढ़काकर वह जरा आगे बढ़ आए। तभी उन्हें दारुलशफा के फाटक से एक रिक्शा अंदर की तरफ आते हुए दिखा। उनको असल में, बाहरी रिक्शेवाले को ठीक कर लेने में कुछ ज्यादा इत्मीनान लगा। वहाँ अड्डे के रिक्शे शायद उन्हें पहचान जाएँ, इसलिए वह बाहर से आए हुए रिक्शे के खाली हो जाने तक रुके रहे।

रिक्शेवाले से रिक्शा अपने फ्लैट के सामनेवाली मुँडेर तक ले आने को कहकर मंजूर भाई वापस चल दिए। बरामदे के पार, दूर घूमकर, 'बी' ब्लॉक के सामने की सड़क तक वह झाँक आए। फिर दूसरी तरफ से आने के रास्ते को भी देखा उन्होंने। इस तरह उनको इत्मीनान हो गया। अगले दस मिनट तक राघव के लौट आने का अंदेशा नहीं था। वापस लौटते समय उनकी रफ्तार काफी तेज थी और यहाँ भी मैदान साफ़ देखा, करीब-करीब दौड़कर उन्होंने फासला तय किया। एक तो वे मिले हुए वक्त का फायदा उठाना चाहते थे, फिर उनको रिक्शेवाले के चले जाने का भी डर था। ऊपर से उढ़के हुए दरवाजे बार-बार उनके दिल में खुल जाने-जैसी दहशत पैदा कर रहे थे। असल में दहशत

दरवाजे खुल जाने की बात से नहीं थी, दहशत तो वहाँ कमरे में रखे हुए बारूद के गट्ठर की थी।

कमरे के सामने पहुँचते ही मंजूर भाई बाहर रिक्शेवाले को न देखकर परेशान हो गए। गनीमत थी, रिक्शा वहाँ था। फौरन पलटकर वह कमरे के अंदर गए। और सरसरी तौर पर सब ठीक देखकर वापस आकर मुँडेर पर टेक लगाकर खड़े हो गए। हर एक गुजरते सेकेंड पर उनको पसीने छूट रहे थे। दूर तक देख आना भी, उनको अपनी बेवकूफी ही लगी, जिसकी वजह से ही एक तो उतना समय जाया हुआ, ऊपर से ससुरा रिक्शेवाला खिसक गया था। शायद फाटक के करीब से रिक्शेवाले ने उनको मुँडेर पर बार-बार मुक्के मारते देख लिया था। वह भागता हुआ आया और उनसे लगा माफी माँगने। बस एक करारी डाँट बताकर मंजूर भाई ने उससे वहीं मुँडेर की उस तरफ की दीवार से लगकर खड़े रहने को कह दिया।

पैनी निगाहों से सामने फाटक से लेकर, दूर बरामदों तक खूब अच्छी तरह एक बार उन्होंने कुछ क्षणों तक देखा और अंदर की ओर चल दिए। मंजूर भाई जब लौटकर बाहर आए तो दोनों हाथों से बारूद का गट्ठर उठाए हुए थे। वजन काफी होने की वजह से, दोनों हाथ लगा लेने पर भी गट्ठर ठीक से उठ नहीं पा रहा था। इतनी देर में ही वह हाँफने लगे थे। रिक्शेवाले को उनकी हालत पर तरस आ गया और वह तपाक से मुँडेर पर कूदकर चढ़ गया। वहाँ से नीचे की ओर झुककर, उसने मंजूर भाई से गट्ठर ले लिया और उसे मुँडेर की दीवार पर रखकर बाहर की तरफ कूद आया। अब मंजूर भाई ने पूरा जोर लगाकर गट्ठर नीचे की तरफ बढ़ा दिया, जहाँ उसे रोककर रिक्शेवाले ने सँभालते हुए रिक्शे में रख दिया। फिर मंजूर भाई ने रिक्शेवाले से हुड चढ़ाकर रिक्शा फाटक के बाहर ले जाने को कहा।

कमरे का दरवाजा बंद कर लेने के बाद उनको इत्मीनान हुआ। लेकिन उनका इत्मीनान बड़े कम वक्त के लिए था, क्योंकि जरा-सा आगे बढ़ने पर उनको रंगीनराय के यहाँ से छूटे हुए विधायकों और खुराकियों ने घेर लिया। बड़ी मुश्किल से जान छुड़ाकर वह भागे। उतने ही बीच उनकी हालत काफी पतली हो चुकी थी। एक तो वक्त कम होने का डर था, फिर यह भी मन में भय जग रहा था कि कहीं बाहर खड़ा रिक्शावाला गट्ठर लेकर ही चंपत न हो जाए।

बारह

मेड़ू खाँ की सराय के खँडहर से निकलकर बिरजू बाहर आ गया था। उसके जेहन में इस समय तमाम खयालों ने चिदियों जैसे उड़-उड़कर गुदगुदी मचा रखी थी। बस उसकी समझ में नहीं आ रहा था, यह गुदगुदी चरस की सिगरेटों ने लगाई थी या उन कोयले से खींची गई लकीरों ने जो चमकी के लिए थीं और जिन्हें आज वह आखिरी बार हमेशा-हमेशा के लिए मिटा देनेवाला था या फिर यह लछमनिया के जवान जिस्म की खुशबू थी जो बार-बार महक मार रही थी। लेकिन साथ-ही-साथ न जाने क्यों, इतनी देर की दिमागी खोजबीन में, तसव्वुर की उधेड़-बुन में उसके अंदर अनजानी डर की छायाएँ भी मँडराने लग गई थीं।

बिरजू के जिस्म के अंदर यह डरावनी छायाएँ दो सबब से उमड़ पड़ीं। एक तो लछमनिया को साथ लेकर बंबई चले जाने का था। उसे मालूम था, इसमें खतरा था। लखनऊ से बंबई तक का लंबा सफर तीस घंटे का था, जिसके दौरान किसी वक्त भी वह पकड़ा जा सकता था। वैसे अपने खुद के पकड़ लिए जाने का उसे कोई अंदेशा नहीं था। वह तो वेश बदल लेने में माहिर था। फिर फुर्तीली उछल-कूद और लंबी दौड़ में भी उसका मुकाबला कर सकनेवाले बहुत कम थे। लेकिन लछमनिया के साथ होने पर वह न तो मौके पर भाग पाएगा और न ही अकेले भाग पाने पर उसके बच जाने की उम्मीद रहेगी। दूसरा, उसके डरने का सबब, लंबी चोरी कर लेने का लालच था, जिसके बाद जाहिर था, बड़े पैमाने पर उसे ढूँढ़ लेने के लिए एक लंबा, कभी न खत्म होनेवाला चक्र चलनेवाला था। अभी तक की छोटी-मोटी, बिखरी हुई चोरियों को तो उसे लग रहा था, वह झेल लाया था। खुद अपनी मौजूदगी में चोरियों के इतने दिनों बाद तक उसे किसी भी बड़े खतरे का अहसास भी नहीं हो पा रहा था।

लेकिन अब इतने करीब आकर पीछे हट जाना भी उसे भला कैसे अच्छा लगता! एक-एक कदम, एक-एक बात उसने अच्छी तरह गहराई में पैठकर समझ ली थी। फिर आज के हमले में, पहली बार यकीन और इत्मीनान दोनों था। प्यार-मोहब्बत से सराबोर, खुद उसके नीचे दबी लछमनिया उसकी साझेदार थी। पहली बार इतनी आसान और फिर इतनी बड़ी वारदात कर पाने का मौका भी छोड़ सकने की हालत में वह नहीं रहा था।

वैसे तो बिरजू ने लछमनिया को साथ लेकर जाने का ही फैसला किया था; लेकिन लंबी रकम और लछमनिया के एक साथ गायब हो जाने पर उसे साफ-साफ अपने पकड़े जाने और इतने दिनों की मेहनत के नेस्तनाबूद हो जाने के आसार भी नजर आने लगे थे।

इसीलिए वह इस समय आगे का कोई कदम उठा लेने के पहले लछमनिया से एक बार और मिल लेना चाहता था। ...वह सोच रहा था, अगर लछमनिया कुछ दिन यहीं रुक जाने के लिए राजी नहीं होगी तब वह क्या करेगा ? गच्चा देकर भाग लेने में खतरा था और उसे साथ ले जाने में उससे भी बड़ा खतरा!

लेकिन बिरजू को मालूम था, अब लछमनिया के संग बात हो पाना मुमकिन नहीं है। जो योजना बनी थी, दोनों में जो तय हुआ था, उसके अनुसार दारुलशफा के इलाके में लछमनिया उसे पहचानेगी तक नहीं, उसकी ओर देखेगी तक नहीं और अकेले में बात कर लेने का तो सवाल ही नहीं उठता था।

बिरजू बेलदारी लेन पर की तरफवाली चारदीवारी के करीब खड़ा होकर बड़ी हसरत से, बड़ी प्यारी-प्यारी नजरों से दारुलशफा की बेदाग इमारत को देख रहा था। यही तो थी वह जगह, जिसने कुत्ते से भी बदतर उसकी जिंदगी को ठहराव दिया था। बंबई की जेल से लेकर अलीगढ़, कानपुर, बरेली, इलाहाबाद और फिर लखनऊ तक की उसकी जिंदगी भटकाव, धक्कों और ठोकरों में तार-तार हो चुकी थी, जब उसे दारुलशफा में सहारा मिला था।

दारुलशफा बिरजू के लिए एक इतिहास बनकर रह गया था। एक ऐसा सुनहरा इतिहास जहाँ उसने वह सबकुछ पाया था जो उसके-जैसा अदना आदमी कभी ख्वाब तक में नहीं देख सकता। कितने साफ-सुथरे तरीके, किश्तों में उसने जितनी दौलत जमा कर ली थी, वह उसे काफी दिनों तक सहारा देनेवाली थी। फिर यह दौलत, उसने जिस माहौल में जिन लोगों के खीसे से निकाल ली थी, उससे किसी तरह का अफसोस या सदमा नहीं था। उसे लग रहा था जैसे दयावान ईश्वर, रहमदिल खुदा, उसका परवरदिगार, उसके ऊपर बख्शीशों की बौछार किए जा रहा था और उसकी झोली इतनी छोटी थी, जिसमें यह सब समा नहीं पा रहा था। आज, अब यह जो आखिरी मौका उसकी पकड़ के इतना करीब आने लगा था, उसके बाद तो उसे हमेशा-हमेशा के लिए बहुत बड़ा आदमी बन जाना था।

और सबसे बड़ी चीज जो दारुलशफा ने उसे दी थी, वह तो उसके दिल और दिमाग की तमाम हदों को पार कर उसकी आत्मा की अंदरूनी तहों तक को छू-छूकर आज तक खुशियों के समंदर उठाने लगी थी। यह खुशियों की फुलझड़ियों में सराबोर चीज और कोई नहीं, लछमनिया थी। वह लछमनिया जो अब तक उसका अपना हिस्सा बन चुकी थी। एक ऐसा हिस्सा जिसे वह काटकर फेंक नहीं सकता था, और न ही उसे अभी से पूरी तरह अपने से, तुरंत आनेवाले लमहों में, दिनों में, जोड़े रख सकता था। जहाँ एक तरफ उसे लछमनिया से प्यार था, उसके बिना कभी-कभी तो पल-भर दूर रह पाने की हालत में वह नहीं रह जाता। फिर भी दूसरी तरफ वह ऐसी कोई बेवकूफी नहीं करना चाहता

था, जिसकी वजह से उसके हाथों से न सिर्फ लछमनिया चली जाए बल्कि इतने दिनों की मेहनत से बटोरी दौलत भी छीन ली जाए। और जिसके साथ जो कुछ थोड़ी-सी उम्मीद, चमकी को भी पा लेने की बांकी बच रही थी, वह भी हमेशा-हमेशा के लिए खाक में मिलकर रह जाए।

बेलदारी लेन की सड़क पार करके दारुलशफा के अहाते में घुसते ही बिरजू के अंदर से जज्बाती दौर निकल चुका था। जैसे अपने-आप वह गुजर जानेवाली परिस्थितियों को आत्मसात करने लग गया। अपने पेशे से उसको बड़ा लगाव था और मौका सामने आ ही जाए तो फिर उसकी इंद्रियाँ कुदरती हरकतें करने लग जातीं। हालात के एक मुकाम से दूसरे मुकाम तक पहुँच जाने में उसे बस कुछ पलों का वक्त ही चाहिए होता। जो कुछ भी अब कर गुजरना था, उसके लिए स्वाभाविक रूप से उसने हिसाब जोड़ना-घटाना शुरू कर दिया।

बिरजू को लछमनिया ने जो सात बजे का समय बताया था, उसमें वह पंद्रह-बीस मिनट की और देर लगाकर ही पहुँचना चाहता था क्योंकि जाने हुए समय में कुछ देर और जोड़ देने से अच्छा ही रहता है और उससे वह उन न जान सकनेवाली बातों के लिए किनारा छोड़ दिया करता जो हो सकती थीं। वैसे तो कभी कुछ भी हो सकता था, लेकिन पंद्रह-बीस मिनट के अंदर, आगे हो जानेवाले हादसे अपनी छाप इधर-उधर छोड़ने लगा करते।

लोबीराम का कमरा उसका देखा हुआ था और वहाँ का पूरा नक्शा उसने अपने दिमाग में उतार रखा था। इसीलिए हर बात को तरतीबवार यादों में उतारता हुआ वह बी ब्लॉक के पीछेवाली पगडंडी से चला जा रहा था। वह जान-बूझकर अंदर की तरफ से नहीं गया था। वहाँ तो जाकर वह एक बार फिर पुरानी घटनाओं से जुड़ जाने लगता। उन खतरों, उन लमहों में सिमटने लगता जिनसे गुजरकर वह आज अपनी मंजिल के इतना करीब था। पगडंडी का रास्ता खत्म हो चुका था और उसके सामने बी और ए ब्लॉक के बीचवाली सड़क थी। उस सड़क पर आज और दिनों के अलावा भीड़ बहुत ज्यादा थी। जगह-जगह फसली नेताओं के गोल और कतार के ऊपर कतार उमड़ती चली जा रही थी। बिरजू भी अपनी जेब में मास्टर चाभी और पतली सलाई को टटोलता हुआ उन कतारों में खोकर, धीरे-धीरे आगे बढ़ने लगा।

इस तरह उसको लोबीराम के कमरे के पास पहुँचने तक में दस मिनट और लगे। उसकी पैनी निगाहें दूर-दूर तक लछमनिया को ढूँढ़ रही थीं। इसी चक्कर में वह पहले बाहर-ही-बाहर बी ब्लॉक की सामनेवाली दीवार को देखता हुआ आखिरी छोर तक गया। फिर उलटी तरफ देखते हुए धीरे-से उसने अपनी निगाहें लोबीराम की खिड़की के ऊपर गड़ा दीं। लेकिन वहाँ अंदर अँधेरा होने की वजह से वह कोई अंदाज नहीं लगा

सका। फिर जरा और आगे जाकर उसने पिछली दीवार से सटी हुई गुमटी देख लेना ठीक समझा। गुमटी आज बंद थी। जाहिर था, लछमनिया या तो अंदर कमरे में होगी या अपने बाप लालबाग बीड़ीवाले के पास तक हो आने को गई होगो। बिरजू वहाँ से लालबाग की तरफ बढ़ गया। उसने वहाँ जाकर इत्मीनान कर लेना ही ठीक समझा।

कई दिनों की छानबीन के बाद, सभी पहलुओं को नाप-तौलकर ही बिरजू ने पहले आठ बजे के बाद का समय तय किया था। और तभी वह मेडू खाँ सराय के इलाके में आठ बजने का इंतजार कर रहा था लेकिन इसी बीच लछमनिया ने आकर लोबीराम के सात बजे ही चले जाने की बात कही थी। अपने तय किए हुए कार्यक्रम को बदल देने में बिरजू को बड़ी तकलीफ होने लगी थी। उसे अच्छा नहीं लग रहा था। यह उसके भी उसूल के खिलाफ था। और फिर मेडू खाँ की सराय में कुज्जियों और चरसी सिगरेटों के जो लपेटे उसने लगाए थे, उनका असर पुरजोर था। उसको मालूम था, अपने तय किए गए समय तक ही वह इस काबिल होनेवाला था जो पूरी रफ्तार से हमला कर सके।

लेकिन लछमनिया से बात हो गई थी, इसीलिए वह आ गया था। एक तरह से उसे लग रहा था, यह अच्छा ही रहेगा। इस बीच उसे मौके की, हालात की, आस-पास सुराग में मँडरानेवालों की, पूरी मालूमात हो जानी थी। और इस बीच अगर कोई बड़ी, साफ रास्तेवाली हालत मिल ही जाए तो उसे भला क्या इनकार होता? फिर भी बिरजू को बार-बार लग रहा था, मौका, सही मौका तभी होगा जब लोबीराम आठ बजे के बाद पार्टी-मीटिंग में बैठ जाएँ।

लालबाग चौराहे तक हो आने पर भी बिरजू को लछमनिया नहीं दिखी। वापस लौट चलने के लिए वह मुड़ा ही था, तभी उसकी निगाह सामने के फुटपाथी होटल में केटली से गिलास में उँड़ेलती हुई चाय पर पड़ी। जहाँ वह खड़ा था, वहाँ तक चाय की खुशबू आने लगी थी। चूँकि वापस जाने का उसका कोई बहुत मन नहीं था, इसलिए उसने चाय लेने का ही फैसला कर लिया। फिर चाय की दुकान ऐसे मौके पर थी, जहाँ बैठकर वह लछमनिया के आने-जाने पर भी नजर रख सकता था।

बिरजू फुटपाथ पर ही पड़ी मेज के साथ लगी हुई एक ऐसी बेंच पर जा बैठा, जहाँ से उसे सामने का नजारा दिखता रहे। उसे तो कुज्जी और चरसी का खुमार उतारना था। उसने छोकरे से एक कड़क चाय लाने को कहा। सिर्फ चाय के नाम से छोकरे को नाक सिकोड़ते देखकर उसने फिर दो समोसे और लाल पेड़े भी ले आने को कह दिया। अब छोकरे की बत्तीसी निकल आने लगी और फटाक उसने बिरजू के सामने पानी का गिलास पेश कर दिया। पानी का पूरा गिलास एक झटके में ही खत्म करने के बाद बिरजू वहाँ के पूरे माहौल का जायजा लेने में लग गया। भोपाल हाउस की तरफ से धीरे-धीरे नजरें घुमाकर जब उसने सामने की ओर देखा तो दारुलशफा के अंदर जानेवाली सड़क से लगे

हुए बँगले के अहाते में उसे अँधेरा ही दिखाई दिया। एकाएक उसके चेहरे पर मुसकराहट खिल आई। उसे लगने लगा, अगर इस वक्त कहीं से लछमनिया आ निकले तो उसे इसी अहाते के अँधेरे में घेरकर बात करने का मौका मिल जाएगा।

अब बिरजू को अपने ऊपर समोसे, पेड़े और चाय-जैसा लंबा आर्डर देने पर कोफ्त भी होने लगी। छोकरा अभी भी बेंचों के इधर-उधर घुसपैठ में लगा हुआ था। कब साला लाएगा, कब तक वह खाएगा और जो इस बीच लछमनिया सड़क के उस पार अपने बापू की गुमटी पर आ गई तो वह कैसे सबकुछ छोड़कर, पैसे देने के चक्कर में फँसा हुआ भला निकल पाएगा? बिरजू बेचैनी में बार-बार छोकरे का ध्यान अपनी ओर खींचने में लगा हुआ था, तभी किसी ने पीछे आकर उसके कंधे पर हाथ रख दिया।

एक पल को उसके रोम-रोम में बर्फीली ठंडक फैल गई। उसकी रगों में चलता हुआ खून जैसे अपने-आप जम जाने लगा। किसी अनजाने भय की काली छाया ने धम से उसके दिमाग के कोने-किनारों को डस लिया। वक्त के उस टुकड़े में, जब वह अपनी साजिश के आखिरी दौर से गुजर चला था, तब उसके अंदर अपने पहचान लिए जाने-जैसा जज्बा उठ खड़ा हुआ था। इसके साथ ही बेसब्र रुलाई-सी फूटने लगी और फिर जब तक वह घूमकर कंधे पर बेफिक्री से हाथ रख देनेवाले की ओर देखे, उससे ही कोई कह रहा था, "क्या, भाईजान, मैं भी यहाँ बैठ सकता हूँ?"

"ओफ...!" कहकर बिरजू ने अंदर रुकी हुई साँस छोड़ दी। इतनी देर में उसकी आधी जान ही सूख गई थी। फिर बेंच से उठकर वह दूसरी तरफ से बाहर निकल जाने लगा। उधर कंधे पर हाथ रख देनेवाला आदमी, बिरजू के उठने से बेंच के अंदर घुस आया। और तभी छोकरे ने एक हाथ में समोसा और एक हाथ में पेड़े की प्लेट जोर की आवाज से मेज पर पटक दी। बेंच से बाहर निकल जाने के लिए बढ़े हुए बिरजू के कदम रुक गए और बिना कुछ बोले वह वापस बैठ गया। प्लेट की आवाज के साथ ही उसके जेहन में खयाल आया; जैसे अब इस तरह नाश्ता आ जाने पर, जब शायद कंधे पर हाथ रखनेवाले ने उसकी प्रतिक्रिया का कुछ थोड़ा अंश तो जान ही लिया था, तब उसके चले जाने से किसी को भी शक हो सकता था। या अभी शक न होने पर भी, कभी बाद में इतने लोगों में से किसी को भी उसके अस्वाभाविक व्यवहार की याद आ सकती थी। बिरजू जल्दी-जल्दी दोनों प्लेटों का माल उड़ा लेने में जुट गया। वह जान-बूझकर लोगों को दिखाना चाहता था, वह भूखा है, तभी तो मुँह में ठूँस-ठूँसकर उसने पहली बार में पेड़े साफ कर दिए और फिर समोसे में जुट गया। इतने में छोकरा पानी का गिलास लाया तो मुँह ठुँसा होने की वजह से बिरजू ने हाथ के इशारे से ही उसे रोका और बुशशर्ट की जेब से पाँच का नोट निकालकर दे दिया। तब तक वह बोलने के काबिल हो गया था और उसने छोकरे से चाय न लाने और छुट्टा फौरन ले आने को कह दिया।

बिरजू ने बड़ी देर तक लछमनिया के मिल जाने का इंतजार किया। इस बीच उसने दारुलशफा के कई चक्कर लगाए। वह लोबीराम के कमरे के इर्द-गिर्द मँडराता रहा। और वहीं कमरे के सामने दूसरे छोर की मुँडेर पर टँगा हुआ आस-पास की टोह लेता रहा। लेकिन लछमनिया तो कहीं भी नहीं थी। वह न तो अपने बाप की गुमटी पर आई और न ही लोबीराम के कमरे के आस-पास ही दिखी। वैसे अब तक, हमले का पहले से तय हुए समय को न बदलने का ही उसने फैसला कर लिया था। फिर भी लोबीराम के कमरे के अंदर कौन-कौन है और यह लोग कब तक जानेवाले थे, यह तो जान लेना जरूरी था ही। अब उसे कोफ्त हो रही थी; भला लालबाग जाकर इस तरह अड्डा मारने की जरूरत क्या थी? क्यों... भला क्यों... इतने चक्कर लगाए थे उसने... इधर-उधर भटकते रहने से आखिर मिला क्या? यह सब न करके अगर सीधे-सीधे, अपने पुराने तरीके से ताकता रहा होता तो अब तक इस समय अँधेरे में तो न होता।

जब लालबाग बीड़ीवाले की गुमटी का तीसरा चक्कर लगाकर बिरजू लौटा तो उसके सब्र का पैमाना भर चुका था। अब जहाँ एक तरफ उसे लोबीराम के कमरे पर नजर रखनी थी, वहीं दूसरी तरफ लछमनिया की बाबत जानना था, क्योंकि अपने इस षड्यंत्र में वह जरूरत से ज्यादा उसके ऊपर निर्भर रहा था। इसी वजह से उसने लोबीराम का पीछा तक नहीं किया था और एक बार तो महज लछमनिया की बताई हुई बात को सूत्रधार बनाकर वह पहले से तय किया हुआ समय बदल चलने लगा था। बिरजू की समझ में नहीं आ रहा था, कहाँ से शुरू करे? अब इतने कम समय में कैसे आगे कदम उठा ले? उसे एक खालीपन का अहसास होने लग गया। कहीं इतने दिनों में पहली बार वह चूक न जाए या फिर कोई गलत कदम न उठा बैठे! और साथ में लछमनिया को लेकर अलग हौलदिली मची हुई थी कि कहीं कोई उसे परकाकर कुछ भेद निकाल लेने की कोशिश न करता हो?

सबसे पहले अब उसको बिछुड़े हुए सूत्रों को बटोर लेना था। इन सूत्रों में सबसे अहम् था : लोबीराम को ढूँढ़ निकालना। एक बार उसका मन हुआ, वह रंगीनराय के अड्डे तक जाकर उन्हें देख आए। फिर वहाँ अपने पहचान लिए जाने के डर से उसने यह खयाल छोड़ दिया। वहाँ गैलरी के पूर्वी कोने से पश्चिमी किनारे तक का वह लंबा चक्कर लगाने लगा। इतना तो उसे मालूम था, लोबीराम रंगीनराय की बैठक में गए थे। अगर वह वहाँ से अपने कमरे को लौटे तभी वह उन्हें देख पाएगा। लेकिन उनको देख लेने के लिए उसे किसी ठिकाने पर रुकना ही था। इसलिए वह अब रंगीनराय की बैठक के सामने दक्षिणी सिरे के बरामदे पर जाकर रुक गया।

रंगीनराय की बैठक से लोबीराम के कमरे तक का इलाका देखते-देखते बिरजू के मन को निगलने लगा। और वह लाचार होकर एक बार फिर लालबाग तक हो आने की

सोचने लगा। आखिर में उसने पचास तक की गिनती कर लेने का टटका अख्तियार कर लिया था। पचास की गिनती पूरी हो जाने के बाद उसे वहाँ तो अब रुकना नहीं था। फिर भी वह गिनती जरा रुककर बोल रहा था, जिससे वह पूरा मौका दे पाए। लेकिन गिनती अभी चालीस तक ही पहुँच पाई, तभी थके हुए बिरजू के मन में बड़े जोर का तूफान आया, दूर किनारे की सीढ़ियों से उतरकर लोबीराम सामने के बरामदे में धीरे-धीरे लुढ़ककर चले जा रहे थे।

बिरजू ने लोबीराम का पीछा नहीं किया। वह तो सिर्फ यह तय कर लेना चाहता था, वे अपने कमरे में ही पहुँच जाएँगे। उसके बाद का काम आसान था। अगर लोबीराम के पहुँचते ही और लोग भी उनको घेर लेते तो एक साधारण चकरबंध की तरह वह भी उनके बाहरी कमरे का एक चक्कर लगा लेने की मजबूत स्थिति में था। यह तो उसको मालूम था, आज के दिन लोबीराम कोई बड़ी देर तक कमरे के अंदर बने रहनेवाले नहीं थे। इसलिए, अगर उनको कमरे के अंदर जाने और निकल आने के बीच और लोग नहीं आते-जाते तो जाहिरा तौर पर, उसके लिए रास्ता साफ था। तब वह सिर्फ एक आखिरी चेकिंग के बाद हमला कर सकता था। रंगीनराय के फ्लैट के नीचे की सीढ़ियों से लगे हुए बरामदे से लोबीराम के कमरे तक के सीधे रास्ते की दूरी का अंदाज लगा सकने के बाद ही, बिरजू दूसरी तरफ की सीढ़ियाँ चढ़कर फिर सामने की तरफ जा पहुँचा। हर तरह के शक को दाँव पर लगाकर, उसने लोबीराम को कमरे के अंदर घुसते हुए देख ही लिया।

अब बिरजू अपनी योजना के उस मोड़ पर जा पहुँचा जहाँ उसे लछमनिया के न मिल पाने की वजह से एक अजीब उलझन होने लगी थी। अपने पेशेवर तरीकों की बिना पर खड़ी होनेवाली उसकी हर कोशिश, अपने में एक इतिहास बनकर रह जाती। वह इतने विस्तार में रहकर अपना काम करता जिससे जब तक सीधा-सीधा कोई देख न ले, या रंगे हाथों उसे पकड़ न ले, वह फँसनेवाला नहीं था। आज तक उसने सारे काम खुद अपने भरोसे पर अकेले-अकेले ही किए थे और हर बार वह अपने पीछे सिर्फ हवा का झोंका ही छोड़ गया था। लेकिन आज जब लछमनिया उसकी खुफिया साझीदार बन ही गई थी, वह किसी भी तरह, उससे मिल लिए बिना आखिरी कदम नहीं उठा सकता था। और फिर उसे इस वक्त लछमनिया की जरूरत सिर्फ इसलिए नहीं थी क्योंकि वह उसकी साजिश का हिस्सा थी, बल्कि इसलिए और थी, वह एक बड़ी चोरी थी जिसके लिए उसने बड़ा ही इंतजार किया था। और जिसकी सफलता शायद उसकी पूरी जिंदगी तक की तमाम मुश्किलें आसान कर डाले; शायद उसे इस काबिल बना दे, वह बंबई वापस जाकर चमकी से उन काली लकीरों का हिसाब माँग सके। इतने नाजुक मौके पर वह किसी तरह भी कामयाबी हासिल कर लेना चाहता था।

अब बिरजू ने लोबीराम को कमरे के अंदर घुसते हुए देख लिया और तब भी

लछमनिया का दूर-दूर तक कहीं नामोनिशान नहीं मिला तो उसके जेहन में खयाल आया, कहीं लछमनिया को किसी ने दाब तो नहीं रखा है ? या फिर खुद उसी से मिल पाने-भर को, वह उन खँडहरों पर ही इंतजार करती हो ? अगर किसी ने लछमनिया को दाब रखा होगा तो, कुछ भी पता लगा पाना, उसके बस में नहीं था । लेकिन अगर वह मेड़ू खाँ की सराय के खँडहरों में उसे ढूँढ़ने लगी थी, तब उसे एक बार फौरन वहाँ जाकर देख आना चाहिए । पहले एक बार लालबाग बीड़ीवाले के यहाँ या फिर लोबीराम की खिड़की पर ताक-झाँक कर लेने की उसने सोची, लेकिन फिर मिले हुए इन चंद लमहों का सही इस्तेमाल कर लेना भी जरूरी लगा । उसे मालूम था, अगर लछमनिया इन दोनों जगहों पर होती तो कम-से-कम एक बार आकर उससे इशारेबाजी जरूर कर जाती ।

विमलादेवी के निराश होकर लौट आने के बाद जब पैसे के बूते लोबीराम को घेर लेने का आखिरी हथियार नाकाम हो लिया तो कुछ और कर लेने के लिए बलराम शास्त्री ने राजभवन की तरफ जाकर हल्ला बोल दिया । लेकिन दारुलशफा के बाहर जाने से पहले उन्होंने तीन तिलंगे लोबीराम को ताके रखने के लिए लगा दिए । सबको इतना मालूम ही था, वे रंगीनराय की बैठक में थे । बस उनके यहाँ से निकल आने पर फौरन राजभवन में ठहरे हुए गुरुपदस्वामी के या बलराम के पास खबर भेज देनी थी । बलराम शास्त्री ने तो यहाँ तक कह रखा था, जरूरत पड़ने पर वे सब लोबीराम को ले उड़ाने के लिए भी तैयार रहें ।

पहला तिलंगा तो रंगीनराय की बैठक के बाहर नेताओं और विधायकों की भीड़ में घुल-मिल गया । दूसरे ने बलराम के फ्लैट पर जाकर टेलीफोन की गद्दी सँभाल ली और तीसरा इन दोनों के बीच बारंबार तारतम्य बनाए रहा । दूसरे तिलंगे के पास, राजभवन से बलराम के पाँच टेलीफोन आ चुके थे । यह मुलाकात, हर हालत में, पार्टी-मीटिंग शुरू हो जाने के पहले होनी थी । इसीलिए दूसरे तिलंगे को भी वहाँ से उठकर पहले और तीसरे के साथ मिल-जुलकर कार्यवाही कर लेनी थी ।

जिस वक्त लुढ़कते हुए लोबीराम पर बिरजू की निगाह पड़ी थी, उससे पहले ही ये तिलंगे उनके पीछे लग लिए थे । जैसे बिरजू की घूरती हुई निगाह के बारे में उनको पता नहीं था, वैसे ही तीन तिलंगों के जरा-जरा दूर पर घेरे रहने का भी उनको कतई अंदाज नहीं था । वे तो उधर कमरे में बेसब्री से उनका इंतज़ार करती हुई विमलादेवी की बावत भी कुछ नहीं जानते थे । यह भाग्य की विडंबना ही थी जहाँ एक तरफ, उस समय, लोबीराम अपने हवाई किलों के खुद्दार खयालों की बुलंदियों में भटक रहे थे, वहीं दूसरी तरफ हरफनमौला तीन तिलंगे, मस्तानी नागन विमलादेवी और शातिर बिरजू मिलकर

उनकी बुलंदियों को जमीन तक खींच लाने की खतरनाक साजिश में लगे हुए थे। अगर तब कहीं लोबीराम को इन सबका जरा भी सुराग लग गया होता तो वे, रंगीनराय के यहाँ से निकलकर ही नहीं आते। वहा से, सबके साथ मिलकर वह सीधे पार्टी-मीटिंग में पहुँच जाते।

लोबीराम का, रंगीनराय की बैठक से निकल आना ही गजब ढा देनेवाला कदम था। उनके निकलते ही दूर से ताड़कर, बिरजू ने पेशेवर हरकतें चालू कर दीं और तीन तिलंगों ने भी अपने आखिर तक के कदमों का हिसाब लगा लिया। उधर कमरे के अंदर घुसते ही विमलादेवी ने अलग हमला बोल दिया था। जितनी देर तक विमलादेवी का हमला चलता रहा, उतनी देर में दूसरे तिलंगे ने जाकर राजभवन का फोन खटखटा दिया। पहला तिलंगा तो वहीं लोबीराम के कमरे के पास ही सटकर खड़ा रहा, लेकिन तीसरा जरा देर के लिए एक बंद मोटरगाड़ी और क्लोरोफार्म की शीशी जुटाने चला गया था। इन लोगों ने बस बलराम शास्त्री की मुश्किल समझ ली थी। उनके थोड़ा कहे को ज्यादा जानते हुए अपने ढंग से यह सब पूरी तैयारी कर चुके थे। अभी हाल गुरुपदस्वामी के साथ होनेवाली मुलाकात में अगर लोबीराम को टूट जाने से नहीं रोक पाया जाता तो इन लोगों ने बस आज-भर के लिए उनको उड़ा ले जाने की योजना बना डाली थी।

गुरुपदस्वामी को लोबीराम से मिला देना कोई इतना आसान काम नहीं था। यह भारत के गृहमंत्री की प्रतिष्ठा का प्रश्न था। वह बड़े नेता, पार्टी के कर्णधार थे। यूँ उनका बेगैरत होकर लोबीराम के पास चले आना भी उचित नहीं था। फिर भी गरिमा और प्रतिष्ठा नापने-तौलने में बनती हुई सरकार के बिगड़ जाने का खतरा था। और फिर बलराम शास्त्री को उस समय न तो विमलादेवी के हमले का पता था, और न ही अपने द्वारा छोड़े हुए तीन तिलंगों की बनाई हुई खतरनाक योजना उनको मालूम थी। उनको तो बस इस मुलाकात पर ही सारा दारो-मदार नजर आने लगा था। खुद उनका अपना भविष्य भी अधर में लटक चला था। जीवन में पहली बार पूरे मंत्री बन जाने की संभावना में खतरे की घंटियाँ बजने लगी थीं।

सवाल सिर्फ बलराम शास्त्री के भविष्य का नहीं था। वे सारे सब जो मंत्रिमंडल की प्रक्रिया से जुड़े हुए थे, अब तक दहल चुके थे। एक तो रंगीनराय की मिनी मीटिंग के साथ लोबीराम और बलदेव चौधरी के जुड़ जाने से और दूसरे पार्टी-अध्यक्ष के वहाँ जा पहुँचने से सभी को खतरे की घंटियाँ सुनाई देने लगी थीं। कइयों ने उत्सुकदास को घेर लिया और कई राजभवन, गुरुपदस्वामी के पास दौड़कर आ गए। वहाँ तो बलराम शास्त्री खुद हर आनेवाले को बढ़ा-चढ़ाकर डरा रहे थे। रुआँसे चेहरे, खौफ में डूबी हुई, हाथ से निकल जाती हुई बाजी का गम खाई निगाहें, बस पल-दो पल में उत्सुकदास का ही कोई करिश्मा देख पाने के लिए बेताब थीं।

समर्थकों और बहुधंधी नेताओं के हुजूम में घिरे हुए उत्सुकदास लपकते हुए बढ़ चले। उनको देखते ही वहाँ पहले से ही जमा हुए उम्मीदवारों में जोर का शोर उठा। उन सबके जज्बात का हिसाब, हिस्सों-हिस्सों में, निराश, डर और लिप्सा के त्रिकोण में जूझा हुआ, बुना हुआ निकल रहा था। सबके-सब एक साथ ही बुदबुदाने बड़बड़ाने लगे थे। आधे से ज्यदा मंत्रिमंडल तब तक वहाँ इकट्ठा हो चुका था। अभी तक जो बलराम शास्त्री के द्वारा पीड़ित किए जा चुके थे, अब किसी तरह उत्सुकदास से आश्वासन के दो शब्द सुन-भर लेने को तरसने लगे थे।

उधर उत्सुकदास, उधार माँगे हुए इन क्षणों में इधर आने की मजबूरी से झल्लाए हुए थे। आज के दिन, और इस आखिरी मुकाम पर पहुँच जाने के बाद, उलटफेर की गाथा उन्हें कोई अच्छी तो लग नहीं रही थी। लेकिन गुरुपदस्वामी ने दुबारा बुलवाया था। बलराम ने तब तक उन्हें विमलादेवी की नाकाम कोशिशों का हिसाब टेलीफोन पर ही दे दिया था। न चाहते हुए भी उन्हें आना पड़ा और ऊपर से यहाँ तमाम नेताओं के चेहरों से उड़ती हुई रंगत भाँपकर वह भी थोड़ा हिल गए। उनका अहंकार जहाँ एक तरफ मिली हुई सत्ता के पाए से शिखर तक तड़प रहा था, वहाँ दूसरी तरफ एक नया खाली-पीली मोर्चा खुला जानकर उनको भी हल्की-सी बेचैनी घेरने लगी थी। अब कहीं जाकर, उनको कुछ तो कर लेने का यकीन होने लगा था।

इससे पहले कि उत्सुकदास गुरुपदस्वामी के कमरे में घुस पाते, बलराम शास्त्री ने बड़ी कातरता से प्रणाम जड़ दिया। और कोई वक्त होता तो वहीं पर इस प्रणाम का जवाब वह हिकारत-भरी चुटकियों से देते। लेकिन माहौल दूसरा था। फिर मंत्रिमंडल की गरिमा में डूबे हुए नेताओं की भीड़ ने भी उनको कोई ऐसी-वैसी हरकत करने से रोका था। तभी आगे बढ़कर उन्होंने बलराम शास्त्री का हाथ पकड़कर जरा अपनी तरफ खींचकर सौजन्यतावश दबाते हुए पूछा, "क्यों दोस्त, क्या चला दिया?"

तभी नेताओं की भीड़ का रेला आया और उनका हाथ बलराम शास्त्री के हाथ से छूट गया। जाहिर था, इन लोगों से बचकर अंदर चले जाना मुमकिन नहीं था। और सबके सामने न तो बलराम से और न ही गुरुपदस्वामी से कोई बात कर सकना होता, इसलिए वह एकाएक रुक गए और उनके पीछे घूम लेने के लिए बढ़ते ही, नेताओं की भीड़ भी फौरन रुक गई। हाथ उठाकर उत्सुकदास ने सभी को समझा देने की कोशिश करते हुए कहा, "देखिए, आप लोग पार्टी-मीटिंग में चलें या फिर बगल के कमरे में रुके रहें, अभी मुझे गृहमंत्री और राज्यपाल से मिलना है!"

राज्यपाल से मिलने की बात सुनते ही सभी के चेहरों की झुर्रियाँ सिकुड़ने लगीं और उत्सुकदास को इस संगीन मौके पर न छोड़ते रहने का इरादा लोगों ने कर लिया। लेकिन जरा-जरा पीछे हटने के अलावा वहाँ से कोई गया नहीं। अब तो राज्यपाल से उत्सुकदास

की हो सकनेवाली बातचीत का जायजा लिए बिना राजभवन छोड़ देना बेमानी था। फिर भी बड़े नेताओं और कैबिनेट-स्तर के मंत्रियों से रुका नहीं गया। वे सब उत्सुकदास के जरा-से आगे बढ़ते ही शर्मो-हया का जामा छोड़कर, अन्य लोगों से वहाँ भीड़ न लगाने को कहते हुए खुद आगे बढ़ गए।

गुरुपदस्वामी को कमरे के अंदर न पाकर उत्सुकदास हड़बड़ा गए, "अरे बलराम, कहाँ हैं वे ?"

"वे तो जरा अंदर हैं।"

"तो आवो !"

"नहीं जी, तब तक दो मिनट यहीं रुकें, बस आ ही गए !"

"क्यों भला ?"

कुछ दूर पीछे रुके हुए बड़े नेता तब तक सोफे पर बैठ चुके थे। बलराम ने जरा आगे झुककर उनके कान में कहा, "वहाँ बाई जी हैं।"

उत्सुकदास ने नाकारा-सा मुँह बनाया और वहीं कमरे के दूसरे छोर की खिड़की के पास जाकर जब खड़े हो गए तो उन्होंने बलराम से धीमी आवाज में लगभग फुसफुसाते हुए कहा, "बाबू तो गजब करते हैं, यह कोई वक्त है बाई जी के आने का ! ऊपर से आज और यहाँ राजभवन में, दिन-दहाड़े !"

बलराम को बात बुरी लग गई। गुरुपदस्वामी के लिए उनके मन में अटूट श्रद्धा थी। ऐसा नहीं था, बाई जी के प्रति उनकी कमजोरियों को वह कोई बड़ी ऊँची निगाह से देखते। लेकिन अंधी श्रद्धा थी, उसका भला वह क्या करते ?

"जो आप सोचते होंगे वैसा है नहीं। आज तो बाई जी बेटे की मौत से दुखी हैं।" उनकी आवाज में स्वाभाविक रूप से तीखापन उभर आया था।

"ओह !" उत्सुकदास को भी अपनी गलतबयानी पर कोफ्त तो हुआ लेकिन ऐसे मामले में वह पीछे नहीं हटा करते, "फिर भी वे यहाँ कैसे ?"

"फूलदास के कातिल पकड़े गए, पता है आपको !"

"अच्छा, कौन थे भला ?"

"दुर्लभ काछी और उसके साथी।"

दुर्लभ काछी का नाम सुनकर एक बार तो उत्सुकदास दहल गए। उनको कृष्णबल्लभ यादव और दुर्लभ काछी का गहरा रिश्ता मालूम था। आज के दिन यह खबर अच्छी नहीं लगी उनको। फिर बाई जी का यहाँ होना भी अजूबा ही लग रहा था। वह बाई जी और गुरुपदस्वामी के संबंधों को भी जानते ही थे। लेकिन जब ताँबाकांड के सिलसिले में लखनऊ से लेकर दिल्ली तक कृष्णबल्लभ यादव का नाम जीवित हो उठा था, तब मरे हुए फूलदास के लिए पकड़े गए दुर्लभ काछी को अगर कहीं लोगों ने

कृष्णवल्लभ के साथ जोड़कर गुरुपदस्वामी के सामने पेश कर दिया तो एक और मुसीबत खड़ी हो जानी थी। क्योंकि बाई जी के यहाँ होने से गुरुपदस्वामी इन भावुक रिश्तों को शायद ही छोड़ पाएँ। बस एक पल में ही उत्सुकदास ने यह सब सोच डाला था। फिर भी उनके चेहरे पर इसकी जरा भी छाप नहीं आने पाई और अपने को पूरी तरह संतुलित रखे हुए उन्होंने कहा, ''तब तो बाबू भी जाएँगे ना ?''

''कहाँ ?''

''बाई जी के साथ, फूलदास की अन्त्येष्टि में !''

''हाँ, शायद पार्टी-मीटिंग के बाद जाएँगे। आई. जी. पुलिस तो आए थे। और हाँ, पता भी तो लगाया जा रहा था, कब होगी अंत्येष्टि ?''

''क्यों बलराम, अच्छा-खासा दिन कैसे अंत होने लगा है ?''

''हाँ गुरु ! सो तो मुझे भी लग रहा था।''

''अच्छा, अब जो होगा भुगतेंगे। यह तो बताओ, कुछ सोचा है ?''

''अपने तो हाथ-पैर फूलने लगे हैं, समझ में घुन घुस गया है।''

''यह ससुरा लोबीराम... !''

''बस एक ही रास्ता था जो मैंने भी बाबू को बता दिया और उनको लोबीराम से मिल लेने को राजी कर लिया है।''

''यह तो ठीक है, मानेगा वह ?''

''इसके अलावा रास्ता भी क्या है ?''

''एक रास्ता है।''

''वह क्या ?''

''बाबू को मत बतलाना, आपस की बात है। तुम वहाँ रहना जब लोबीराम से वे मिलें...।''

''लेकिन मिलेंगे कहाँ, और फिर ससुरा मुझे देखकर भड़केगा !''

''मिलेंगे कहाँ ?'' उत्सुकदास एक पल को हिसाब लगाने लग गए और फिर बोले, ''और कहाँ, यहीं राजभवन में !''

''यहाँ आवेगा ?''

''आवेगा नहीं तो लाना होगा। और जो नहीं आवे तो बाबू को मोटर में दारुलशफा ले जाना। फिर घेर-घारकर उसे मोटर तक खिंचवा लेना। उसके आते ही मोटर चल देगी...समझ गए...!''

इसके आगे उत्सुकदास अपनी साजिश का वह मुद्दा कह लेना चाहते थे जिसे गुरुपदस्वामी के सामने कहना मुमकिन नहीं होनेवाला था। लेकिन उनको उसका मौका मिला ही नहीं, इतने में अंदर के कमरे से निकलकर गृहमंत्री आ चुके थे। उनको देखते ही

उत्सुकदास ने लपककर पैर छुए। गुरुपदस्वामी कुछ बोले नहीं, सामने रखे हुए सोफे पर एक के ऊपर दूसरी टाँग रखकर बैठ गए। इससे पहले वह और कोई बात करें उत्सुकदास ने जल्दी से बात शुरू कर दी, "बाबू, हम लोगों ने बड़े विचार-विमर्श के बाद तय किया है, आपसे बिना मिले लोबीराम मानेगा नहीं।"

"लेकिन बलराम के साथ कौन गया था?"

"क्यों बाबू...विमलादेवी?"

"ओह!" विमलादेवी का नाम सुनकर गुरुपदस्वामी एकदम सनक गए। फिर दूसरे क्षण उनके होंठों पर हल्की-सी रहस्यमय मुसकराहट उभरी जो इतनी पैनी थी, इतनी तीखी थी जिसे महसूस करके एक बार उत्सुकदास को अहसास हुआ, वह अब इस वक्त कोई ऐसी बेवकूफी कर रहे हैं जिसकी बाबत खुद भी उनको कुछ पता नहीं। बलराम तो बिलकुल उल्लू की तरह कभी गुरुपदस्वामी और कभी उत्सुकदास को देखे जा रहा था। इन लोगों के भौंचक हो जाने की जरा भी परवाह न करते हुए गुरुपदस्वामी ने बड़ी मुलायम और गहराई तक पैठ जानेवाली आवाज में कहा, "और विमलादेवी लौटकर आ गई। किसी ने जान लेने की कोशिश की, वे भला हैं कहाँ?"

यह कोई ऐसी बात नहीं थी जिससे उत्सुकदास का संतुलन बिगड़ जाता। विमलादेवी खुद उनकी विषय-वस्तु थीं, इसलिए गुरुपदस्वामी की बात का जवाब था उनके पास। और कोई होता तो इस सवाल का जवाब उत्सुकदास जरा जमकर दो-चार गालियों की रंगीनियों में दे देते। लेकिन उनके सामने भला कहते भी क्या? बस शालीनता ही थी शब्दों में, "क्या है बाबू, वो अपने पर बड़ा भरोसा रखे थी। अब काम नहीं बना तो सामने आने से कतराय रही होवेगी।"

बात उत्सुकदास ने कही तो थी, लेकिन गुरुपदस्वामी को जरा भी इत्मीनान नहीं हुआ। फिर भी वह कुछ आगे इस बारे में बोले तो नहीं पर मन में कहीं विमलादेवी को बस इतना ही मान लेने का उनका मन नहीं हुआ। उसी वक्त बेसब्री से घड़ी की बढ़ती हुई सुइयों को गिन लेने की कोशिश करते हुए वह बोले, "फिर तुम लोग यहाँ क्या कर रहे हो?"

बलराम शास्त्री कसमसाकर उठ बैठे, "हाँ...हाँ...मैं तो चला लोबीराम को ले आने। आप यहीं रहेंगे, बाबू?"

"रहना तो था, पार्टी-अध्यक्ष ने आने को कहा था। यहीं से उनकी पी. एम. हाउस बात करानी थी। लेकिन उससे पहले लोबीराम से भी मिलना जरूरी है।"

"तो आप यहीं रुकें, मैं उसको ले आने की कोशिश करता हूँ!"

"और जो वह नहीं आया?" उत्सुकदास ने पूछा।

एक पल कुछ सोचकर गुरुपदस्वामी उठ खड़े हुए और फिर उत्सुकदास से बोले,

"तुम यहीं रहो। पार्टी-अध्यक्ष के आने से उनको रोक लेना और हो सके तो इस बीच दिल्ली लगावो, कुछ पता करो वहाँ क्या चक्कर चला रखा है लोगों ने ?"

"हाँ ··· वह तो करना था और राज्यपाल से भी मिलता हूँ।"

"उनसे मिलकर क्या होगा, वे तो मौका ताड़े हुए हैं चोट मारने को।"

"फिर भी देखना है।"

"देखो उत्सुकदास, मौका बड़े नाजुक मोड़ पर आकर रुक गया है। यहाँ से इन सबने मिलकर एक बहुत बड़ी साजिश कर छोड़ी है। मैं बलराम के साथ लोबीराम को लेंने जा रहा हूँ, और तुमको अगर कुछ करना है तो दिल्ली ठीक करो। कोई पी. एम. से जाकर कहे, राज्यपाल को राष्ट्रपति-शासन समाप्त होने की घोषणा करने को कहें। और कुछ देर बाद पार्टी-अध्यक्ष का फोन पहुँचने पर उनसे भी सर्वसम्मति से पार्टी-मीटिंग में हाई-कमांड के निर्णय को कामयाब कराए जाने का निर्देश दें, तभी कुछ होगा।"

"ठीक है, बाबू ··· ठीक है ··· आप चलें।" कहते हुए आगे बढ़ चले गुरुपदस्वामी को बाहर तक छोड़ आने को वह चल दिए। कुछ ही दूर पर उनके कदम-पर-कदम मिलाकर चल रहे बलराम शास्त्री का कुर्ता खींचकर जरा अपनी ओर घसीटते हुए उत्सुकदास ने वह बात कह डाली जो ज़रा देर पहले अंदर कहते-कहते रुक गए थे।

"बाबू को बस दारुलशफा छोड़कर कहीं और मिलवाना। यहाँ ले आवो तो मैंने भी फिटिंग करनी थी और हाँ, किसी को लगा रखा है?"

"वे तिलंगे हैं न!"

"वे हैं तो उन्होंने इंतजाम कर लिया होगा। मैंने बंद गाड़ी भिजवा दी थी। लोबीराम न माने तो साले को मीटिंग में ही नहीं जाने देना।"

लोबीराम जब अपने कमरे तक पहुँचे तो महाभारत की लड़ाई का एक क्षण पूरा कर सकने-जैसा उनको लग रहा था। वैसे तो तुरंत छोटा-मोटा फायदा उठाकर चुप बैठे रहने की अपनी आदत से हमेशा मजबूर रहा करते। लेकिन इस बार एक तरह से वह अपनी दूर की कौड़ी पर संतुष्ट ही थे! राजनीति के दाँव-पेंच तो उनको खूब आते, लेकिन सत्ता चला सकने या सत्ता की धुरी का हिस्सा बने रहना उनको कभी नहीं आया। खुद कभी सत्ता हथिया ले सकने का, ऐसा सोच पाने तक का खयाल, उनको कभी नहीं आया। उनका धंधा छोटा था और खेल भी मामूली! बस वह किश्तों में अपनी तिजोरी भरते आए थे।

यह विधायकों का सट्टा था जिसे बड़ी खूबी से वह खेलते। और फिर खास किस्म के विधायकों पर ही उनकी पकड़ हुआ करती। झाड़ू-पंजा, मुट्ठी-मोची, केवट-कहार, दुतियाए-लतियाए तमाम वर्गों, प्रजापतियों के प्रतिनिधियों को उन्होंने फाँस रखा था।

लोबीराम असल में पढ़े-लिखे, घिसे-घिसाए, चलते-पुर्जे आसामी थे । उनमें पेट के अंदर घुसकर बात डाल सकने की कस्बाई तकनीकी थी । ठर्रे की कुप्पियाँ, पतुरिया की कमर, ताड़ी के घड़े, भाँग के गोले, अफीम की गोलियाँ, गाँजे का दम, चरस की सलाई, वह इस तरह झोंका करते जैसे कोई फौजी कमांडर हथगोले, टैंक, बंदूक और बारूद की खाइयाँ युद्ध-रचना में इस्तेमाल करता है ।

उन दिनों पार्टी में पिछड़े वर्गों के लिए कोई अलग से नेता नहीं हुआ करता था । कुर्मी, भटियार, ग्वाला, लोध और छतवारों के विधायक लोबीराम के ऐश्चर्य से बेहद प्रभावित रहते । बड़े नेताओं के बीच उनकी उठ-बैठ, पढ़े-लिखे-जैसी बातें, कुछ अंग्रेजी की लफ्फाजी और फिर उनके हथियारों की लगातार चोट उन सबको बेबस बनाकर ही छोड़ती । जाति, वर्गों के इलाकेदार बँटवारे से ये सब नए-नए नेता बनने लगे और इनकी पार्टी की राजनीति में पकड़ कमजोर थी, जिसका पूरा फायदा उठाया लोबीराम ने ।

हरिजन और पिछड़े वर्ग के नेताओं की उभरती हुई नस्ल को लोबीराम ने ठीक वक्त पर पहचाना । उनकी भाषा, हाव-भाव, उनकी समस्याएँ जितनी उनकी जानी-समझी थीं, पार्टी में बहुत कम लोग तब जानते थे । पार्टी-टिकट का युद्ध, चुनाव के कुरुक्षेत्र का पैसा, सबको उनके जरिए ही मिला करता । खुले-छुट्टे साँड की तरह, अपने जवानी के दिनों में लोबीराम ने सबको रौंद डाला । जिसने चूँ-चपड़ की उसका पत्ता साफ था । उसे पार्टी का टिकट नहीं मिलता और अगर टिकट मिल भी जाए तो पार्टी के सूत्रों से मिल जा सकनेवाला पैसा वह डकार जाया करते । जाने-अनजाने इन विधायकों की टोलियाँ, बस हमेशा उनके साथ जुड़ी रहीं । टोलियों के हुजूम जैसे बढ़ते गए वैसे-वैसे उनमें से बाय-प्रोडक्ट की तरह इत्ते चिलगोजे, इत्ते चमचे निकल आए, जिसके उनको सँभाल पाने का मौका नहीं मिल पाया । बड़े मियाँ ··· बड़े मियाँ, छोटे मियाँ सुभानअल्ला ! जैसे माजरे में हरिजन-मेहतर, मोची, बाल्मीकि, पिछड़ गए अहीर, ग्वाला, लोध और कहारों-कलवारों के नुमाइंदे जो पार्टी राजनीति के सर्कस से कुछ तो खुद चकाचौंध थे, ऊपर से उनको इन नई प्रकार की प्रजातियों ने और उछाल रखा था । सदियों-शताब्दियों से गिड़गिड़ाकर, जुतियाकर, घिघियाते हुए जीने की जिनकी आदत बन चुकी थी, अब आसमान तक ऊँचे उड़ जाने लगे । लेकिन वहाँ भी रह सकने के लिए, उन सबको एक जमीन चाहिए थी, एक धरातल चाहिए था । उस जमीन की ललक उनको लोबीराम में झाँक रही दिखी थी जो खुद उनके अपने स्तर की थी, जहाँ वह खुद रह सकते थे । इन सबको लोबीराम के पास-पास घिरते जानकर उनके तमाम समर्थक भला कब पीछे रहते ! लेकिन इन समर्थकों ने दारूलशफा आकर ऐसा चोला बदला, इतनी जल्दी

सबकुछ आत्मसात किया, अपने-अपने मालिकों को तो ताक में रख दिया और लोबीराम पर टूट पड़े।

लेकिन इतना सब होते हुए भी लोबीराम को खुद अपनी ताकत का अहसास बड़े दिनों बाद हुआ। यह अहसास एक तरह से उनको दूसरों ने ही कराया था। वह तो साफ तरीकों की गुटबंदी में जूझे ही नहीं, उलटे अपने-अपने हथकंडे आजमाने के लिए लोग-बाग उन्हें घेरने लग गए। उनको तो पता ही नहीं लग सका, कब भला, इतनी ताकत उनके साथ जुड़ गई थी। सत्ता की लड़ाई में पार्टी के अंदर जब-जब सर-फुटव्वल होती, उनकी उपयोगिता के नए दाम बन जाया करते। एक अकिंचन पत्थर के टुकड़े को हीरा बनाकर बेहिसाब पार्टी-खेल के खिलाड़ी उसका भाव बढ़ाते रहे।

फिर एक दिन वह भी आया जब सारी बातें उनके सामने साफ थीं। हर खेल के दाँव उनको पता थे, हर दाँव, हर चाल वह साधकर मजे-मजे खेल लिया करते। तब से लेकर आज तक, पार्टी के नेताओं की कभी हिम्मत नहीं हुई उनको बिन पूजे काम चला सकने की। धन-संपदा, कीमत और दाम खड़े-खड़े चलकर नहीं, दौड़कर उनके पास आने लग गए थे। लेकिन आज पहली बार और सबके मुकाबले उत्सुकदास-जैसा बड़ा खिलाड़ी चूक गया था। उनको पूछने तक नहीं आया। शायद उसे पार्टी हाईकमांड का घमंड था।

लोबीराम अच्छी तरह जानते थे, अगर इस बार उनको छोड़ देने के बाद, उत्सुकदास सत्ता हथिया लेने में कामयाब हो गया तो आनेवाले तमाम दिनों में कोई और भी उनको घास डालनेवाला नहीं होगा। एक बहुत बड़ा भ्रम टूट जाएगा। और जो कहीं लोगों ने उनके अनुशासन, उनकी शराफत को सच मानकर आगे से उनकी पूजा करना छोड़ दिया तो वह कहीं के रहनेवाले नहीं थे। उन्होंने उत्सुकदास को आखिर तक मौका दिया था। लेकिन ससुरे ने विमलादेवी को भेजा। और वह भी तब जब वह पार्टी-अध्यक्ष और तमाम विधायकों के सामने खुल्लमखुल्ला विद्रोह कर चुके थे।

अब अपने कमरे की ओर लौट चलने पर उनको जहाँ एक तरफ आनेवाले सुनहरे वक्त का बेसब्री से इंतजार था, उनको यह भी मालूम था, अब विमलादेवी को भगा देने के बाद, उनका हर एक कदम, इस वक्त एक लंबी चलनेवाली लड़ाई के लिए बढ़ रहा था। हालाँकि उनको इस तरह की लड़ाई का कोई भी तजुर्बा नहीं था, और न ही अपने ऊपर पूरा इत्मीनान हो पा रहा था। फिर भी एक बड़े धंधे के लिए, एक बड़ी रकम के लिए और फिर सत्ता की साझेदारी के लिए वह पूरी तरह मर-मिटने को तैयार थे। उनके मुँह को खून लग चुका था। रंगीनराय, उत्सुकदास, दरोगा, बलदेव चौधरी वगैरा को उन्होंने कितने करीब से देख रखा था। शासन के गुर-गुटकों से वह इतना वाकिफ थे, इतनी जान-पहचान थी उनकी व्यवस्था के तंत्र से, अब उनको मजा आने लगा था।

महज छोटे-से पद के लिए अपनी इतनी बड़ी ताकत को यूँ ही [illegible] लगा था उनको।

लोबीराम ने साजिश की चौकड़ी भरते हुए अपने फ्लैट का दरवाजा खोला। बाहरी कमरे में हल्की-सी रोशनी में आगे बढ़ते हुए उनको लछमनिया के गायब होने पर हैरत थी। फिर किसी का वहाँ न होना अच्छा ही लगा। उसके पास मुश्किल से दस मिनट का समय था, जब तक रंगीनराय के यहाँ पार्टी-अध्यक्ष की चाय-पार्टी चलनेवाली थी। एक बात जिसने बार-बार उनके पेट में उठ-उठकर गुदगुदी मचा रखी थी, वह थी आज उनके नेताओं के नेता होने की, सुपरहिट स्टार होने की। रंगीननाथ, बलदेव चौधरी, उत्सुकदास—सबका खेल बस उनके ऊपर आकर टिक गया। उनकी एक करवट, एक इशारा, उनका एक कदम दारूलशफा में ही क्यों, पूरे प्रदेश की राजनीति में तहलका मचा देनेवाला था। सबकी निगाहें उनकी ओर थीं और उनका मन दूर कहीं बज रही सुनहरे भविष्य की धीमी-धीमी शहनाइयों में डूब चला था। अब मंत्रिमंडल, सत्ता और पार्टी के समूचे दाँव-पेंच बस उनके इर्द-गिर्द मँडराने लग गए थे। वक्त के इस दौर में दारूलशफा के हर कमरे में, राजभवन की ऊँची मीनार से दिल्ली में पी. एम. हाउस तक सैकड़ों-हजारों लोग उत्सुकदास, गुरुपदस्वामी, रंगीनराय, बलदेव चौधरी या पार्टी-अध्यक्ष से कुछ भी सुन लेने को बेकरार नहीं थे, वे तो लोबीराम के शब्दों, उनकी भाव-भंगिमाओं और हरकतों का माने-मतलब लगा लेने में लगे हुए थे।

यह पहले दर्जे का संकट था, जिसमें पार्टी के बड़े-बड़े नेताओं का सिर घूम जानेवाला था। सवाल सिर्फ सर्वसम्मति से विधान मंडल पार्टी के नेता के चुनाव का नहीं था, सवाल पार्टी के सरकार बना लेने का नहीं था, सवाल तो पार्टी हाईकमांड की प्रतिष्ठा से जुड़ जानेवाला था। कोई नहीं जानता था, किसी को नहीं मालूम था, क्या हो जानेवाला था। जहाँ एक तरफ लोग लोबीराम के खुले विद्रोह को दिल्ली की गहरी राजनीति से जोड़ने लग गए, वहीं दूसरी तरफ आज की पार्टी के ही टूट जाने के आसार नजर आने लगे थे। गुरुपदस्वामी की प्रतिष्ठा और कोई नहीं, लोबीराम ले डूबने लगा। चालीस-पैंतालिस साल का बनाया हुआ इतिहास खींचे-ताने धंधों की चुहलबाजियों में घुल जानेवाला था। वैसे तो पार्टी घपलों की बुनियाद से ताकत बटोरा करती, लेकिन साफ-साफ नजर आनेवाला घपला किसी के गले से नहीं उतर रहा था।

ऐसा नहीं था कि लोबीराम को यह सब मालूम नहीं था। इस समय यही सब तो उनके अंदर उलट-फेर मचा रहा था, एक सनसनी-सी छूटने लगी; उनके रोएँ-रोएँ से खुशी की डरावनी चीख बाहर निकल भागना चाहती थी। आज उनको मेहतर, मोची, केवट-कहार, अहीर, ग्वाला, लोध, छतकारों की नेतागिरी से ऊपर उठाकर पूरे प्रदेश की राजनीति का सिरमौर बनाया जा रहा था। उत्सुकदास के न आने का, विमलादेवी को

भगो दन का, रंगानगाथ की बैठक हो जाने का, पार्टी-अध्यक्ष के आ जाने का समूचा क्रम किसी युद्ध रचना की नपी-तपाई पैंठ-सा लग रहा था। हालात के मंथन से, उलट-फेर के चक्र से आज पहली बार गुरु-गरिमायुक्त एक ऐसा लोबीराम निकल आने लगा था जिसकी अपार शक्ति से सबके हौसले पस्त होंगे, जिसकी उँगलियों पर होगा सात करोड़ की आबादीवाला, भारत का सबसे बड़ा प्रदेश जो भरत, राम, कृष्ण, बुद्ध की जन्मभूमि था।

बाहरी कमरे से निकलकर लोबीराम बड़े इत्मीनान के साथ बीच की छोटी गैलरी को पार कर, अपने सोने के कमरे में दाखिल हो गए। कमरे में घुसते ही बाईं तरफ का स्विच दबाकर उन्होंने रोशनी कर दी। रोशनी होते ही हमेशा की तरह उनकी नजर सीधे सामने दीवार में लगी हुई तिजोरी पर गई। लेकिन आज इस नजर में कातरता नहीं थी। आज तो उन्होंने तिजोरी को ठंडी भंगिमा से देखा, जिसके साथ ही उनके होंठों पर कुटिल मुसकान उभर आई थी। इस वक्त अपनी योजनाओं के आकार में उनको यह तिजोरी बड़ी नाचीज, बड़ी छोटी ही लगी। और कोई वक्त होता तो वह तिजोरी खोलकर बैठ जाते। और या तो उसमें रखे हुए पैसों को चूमते-चाटते, या फिर लक्ष्मी-जाप शुरू कर देते। पर जो कुछ उन्होंने सोचा था, वह भला इस छोटी-सी तिजोरी में कहाँ समानेवाला था? उसके लिए तो बड़ी-बड़ी आलमारियाँ चाहिए होंगी, बड़े-बड़े कमरे चाहिए होंगे। इस वक्त तो वह तिजोरी के ऊपर रखी शीशी से तीन-चार चम्मच भाँग का चूरन ही फाँक लेने के लिए आगे बढ़ गए।

तिजोरी के ऊपर रखी हुई भाँग के चूरनवाली शीशी का ढक्कन खोलकर उन्होंने मसाला अंदाज से ही अपनी हथेली में उँड़ेल दिया और पूरा मुँह खोलकर फाँक गए। फिर पानी पीने के लिए जैसे ही वह आगे बढ़े तो उनके कदम अचानक रुक गए। उनकी नजर अपने पलंग पर जैसे स्थिर होकर जम गई। वहाँ बीचोबीच रखे हुए, खुले ब्रीफकेस में से बड़ी-बड़ी नोटों की गड्डियाँ उचकी हुई जैसे उनको चिढ़ाने लगीं। ब्रीफकेस में से दिख रहीं सौ-सौ के नोटों की गड्डियाँ, देख पाते ही वह उछलकर वहाँ आ गए। ब्रीफकेस किसका था, उसका ढक्कन खुला हुआ था, उसमें दबा-दबाकर रखे रुपयों का भंडार था। फिर वापस लौटकर वह तेजी से तिजोरी के पास आए। तिजोरी का हैंडिल बार-बार दबाकर उन्होंने देखा, वह बंद था। अच्छी तरह भरोसा कर लेने के लिए उन्होंने जल्दी से तिजोरी खोली और उसको सरसरी तौर से देखकर, सब ठीक होने का उन्होंने विश्वास कर लिया तो तिजोरी बंद कर दी, लेकिन वापस आकर नकद रुपयों की गड्डियाँ उठा-उठाकर तौल लेने की कोशिश करने लगे। पूरे रुपयों को गिन लेना इतना आसान नहीं था। हजार-दो हजार नहीं, वे तो लाखों में थे।

लोबीराम मोटे चश्मे की फ्रेम में फटी-फटी आँखों से इस खुद-ब-खुद आ गई संपदा

को देखने लगे। हर गुजरनेवाले पल के साथ मोह, तृष्णा का जैसे समंदर लहराने लगा। जिसके साथ ही उनके पैरों में एक अजीब तरह की कमजोरी भी पैदा होने लगी। जब और उनसे खड़ा नहीं हुआ गया तो वह धम्म-से वहीं पलँग के पास ही जमीन पर बैठ गए। उसी वक्त उनको कमरे में किसी के आ जाने का अहसास हुआ। और दहशत अंदर-ही-अंदर उछाल मारकर बैठ गई और उनको फिर से खड़े हो जाने के लिए मजबूर करने लगी। बैठे-ही-बैठे पंजों के बल घूमते हुए वह उठ जाने की कोशिश करने लग गए। पीछे पलटकर कमरे के दूसरी तरफ नजर दौड़ाते ही उनके सामने जो हैरतमंद नजारा आया, उसे देखते ही जहाँ एक तरफ पैर के अँगूठे से सिर के बाल तक बिजली की लहरें दौड़कर उतर गईं, वहीं दूसरी तरफ अविश्वास, आश्चर्य, वासना की मिली-जुली कराह दाँतों के बीच से निकल भागी। उनके सामने मादरजात नंगी विमलादेवी खड़ी थीं।

यह स्वप्न था या हकीकत ? अनबूझे, अनजाने ठगे-ठगे लोबीराम कुछ पलों तक यूँ ही खड़े रहे। और सामने विमलादेवी सिर्फ एक नायलान की चार-छह इंचवाली हल्की-सी पैंटी पहने हुए, उन्हें इस तरह घूरे जा रही थीं, जैसे बिफरी हुई शेरनी अपने शिकार को देखे। लोबीराम के सामने तीनों लोक घूम गए—जैसे असंख्य चरस की सिगरेटों का धुआँ, अनगिनत भाँग के गोलों की तह के ऊपर मँडराते हुए, उनकी नस-नस को झिंझोड़ने लगा। विमलादेवी को उन्होंने पहले भी भोगा था। लेकिन आज के इस माहौल में जबकि अभी वह पलँग के ब्रीफकेस में भरी विशाल दौलत को भी बटोर नहीं पाए थे, इस तरह, ऐसी हालत में बिना किसी कपड़े के, खुले हुए लहराते बालों की फाँस के साथ विमलादेवी का शरीर ! यह सब उनको कुछ ज्यादा लग रहा था !

बस कुछ पलों में ही उनके सामने गुजरी हुई रातों के सन्नाटे में, अनेक-अनेक आसनों के जरिए, बदन का जोड़-जोड़ निकालकर चबा लेनेवाली विमलादेवी की गड्डमड्ड तस्वीरें घूमने लगीं। औरतें तो और भी थीं, लेकिन वहाँ उनकी चल नहीं पाती। और सबकुछ खत्म हो जाने के बाद एक तरह की वितृष्णा ही लेकर वह लौटा करते। तब उन्हें अपनी कमजोरियों के अहसास में हर बार और लुट जाने-जैसे हालात की प्रक्रिया महसूस हुआ करती। लेकिन विमलादेवी के साथ ऐसा नहीं था। वे तो एक लंबा खेल खेलतीं, जिसमें हार-जीत का सौदा नहीं था। उसमें लोबीराम की कमजोरियाँ, उम्र के मोड़ पर ढलते बदन की हालत तक पता नहीं लगती। एक कुशल खिलाड़ी की तरह, हर दाँव की नकेल अपने हाथों में रखे हुए भी, वह कुछ भी जाहिर नहीं होने देतीं। इस सबके बावजूद हद तो तब पार होने लगती, जब कहीं कुछ उनके बदन में असर तक न होने पर भी, वह महज लोबीराम का साथ देने के लिए सिसकारियाँ भरने लगतीं।

फिर भी आज विमलादेवी के कुछ दूसरे ही तेवर थे। वह कमर कसके सामने आ गई

था। उन्होंने इस बार अपना सबकुछ बत्ती की रोशनी में, खुल्लमखुल्ला पेश कर दिया था। यह उनके जीवन की सबसे बड़ी लड़ाई थी, जिसे जीत पाने के लिए वह कुछ भी, लोबीराम को समूचा कच्चा खा जाने तक को तैयार होकर आई थीं। पूरे ब्रह्मांड का खालीपन, टूट-टूटकर टुकड़ों में जुड़ जाने-जैसा लग रहा था उनको!

इससे पहले कि लोबीराम हालात को समझकर सँभल जाने की कोशिश करें, विमलादेवी ने हमला बोल दिया। और इस बार उन्होंने उनके सबसे ज्यादा, सबसे बड़े कमजोर मोर्चे पर हल्ला बोला। बस एक ही झपट्टे में वह उनके करीब पहुँच गईं और 'हैं···यैं···का···अरे! अ···र···रे' ही कह पाए, तब तक विमलादेवी के होंठों ने हरकत शुरू कर दी थी।

विमलादेवी की यही अदा कातिल थी जिससे लोबीराम बेबस हो जाया करते। सारे ब्रह्मांड का अखंड सुख, समूचा-का-समूचा सुख उनके अंदर तार-तार होकर जागने लगता। उनकी आकांक्षाओं का स्वर्ग अब उनके सामने था। ऐसे में सत्ता का संघर्ष, नपे-नपाए, जाने-माने मानदंड जो उन्होंने खींचे थे, आपने-आप उनसे बड़ी दूर, उनकी पकड़ से बाहर पहुँचने लगे। वह तिजोरी भी, जो उन्हें जान से ज्यादा प्यारी थी, अपने आकार में छोटी हुई होती धीरे-धीरे दिमागी अनुभव के मानदंड से टकराकर भाग चली। छोटे-बड़े, अनेक प्रकार के सूत्रों में, हजारों-लाखों की दौलत भी वहाँ के खालीपन में घुसकर उड़ते हुए गायब हो गई। काफी देर तक यूँ ही खड़े रहने पर जब उनके अंदर कुछ और मजा पा लेने का खयाल दबाव डालने लगा, तो वह पास के पलँग पर बैठ गए।

बिरजू ने तो लोबीराम के निकल आने की उम्मीद छोड़ दी थी। उसे लग रहा था वह अंदर जाकर किसी गहरी नींद में सोने लग गए थे। कमरे का दरवाजा बंद था और इतनी देर में न तो कोई अंदर ही गया और न ही अंदर से कोई बाहर आया। तभी बिरजू का ध्यान लोबीराम के कमरे से सटकर खड़े हुए उस तिलंगे पर गया जिसे बलराम शास्त्री ने लगा रखा था। कुछ देर बाद दूसरा तिलंगा मँडराते हुए वहाँ आया और खुसर-पुसर करके चला गया। पहले तो वह आदमी ऐसे ढंग से खड़ा था, बिरजू का उधर ध्यान ही नहीं गया! खासकर जब उसने दरवाजों की फाँक से ताक-झाँक की और फिर जब दूसरा तिलंगा वहाँ आया, तब कहीं जाकर बिरजू का माथा ठनका।

वैसे तो लोबीराम के कमरे के इर्द-गिर्द शोहदे, तरह-तरह के रंगीन-मिजाज लोग धका-पेल मचाए रखा करते, लेकिन आज वहाँ कुछ देर पहले तक सन्नाटा था। और अब लोबीराम अंदर थे और हमले का वक्त आ जानेवाला था। उस समय इन तिलंगों की हरकतों से एक नया माहौल बन चला था, जिसे ताड़ लेना बिरजू के लिए जरूरी हो गया

था। उधर लछमनिया का कहीं पता न था। बिरजू एक बार मेडू खाँ की सराय तक हो आया था। वहाँ से लौटकर आते वक्त उसने जाने-माने अड्डों पर बार-बार देखा भी था। लेकिन लछमनिया तो न मिलनी थी और न मिली। फिर भी बिरजू को इत्मीनान था, जब तक वह लोबीराम के यहाँ हाथ साफ करेगा, लछमनिया जहाँ भी होगी—लौटकर जाएगी।

बिरजू ने ताके रहने की अपनी जगह बदल देना ही ठीक समझा। अब एक जगह रुके रहना उसके लिए ठीक नहीं था। इसलिए दूसरी मंजिल की मुँडेर छोड़कर वह बरामदे में टहलता हुआ सीढ़ियों तक आया। फिर वहाँ से ऊपर जाकर उसने उलटा चक्कर लगाना शुरू किया। दूसरी और फिर पहली मंजिल का पूरा चक्कर लगाकर एक बार फिर वह दारुलशफा के दफ्तर के सामने जा पहुँचा। कुछ देर वहाँ रुककर वह बाहर की तरफ देखता रहा, फिर बोर्ड पर टँगी हुई नाम की तख्तियों को पढ़ने का बहाना करते हुए वह तिरछी निगाहों से दफ्तर के अंदर की गतिविधियों को भाँपने लगा। वहाँ तो गर्मजोशी का माहौल था। बड़े जोरों से लोग चिल्ला-चिल्लाकर मंत्रिमंडल की खबरों की धज्जियाँ उड़ा रहे थे।

जितना वक्त उसे गुजारना था, वह गुजर चुका था। बिरजू फिर लोबीराम के कमरे की ओर चल दिया। इस बार उसने लोबीराम के कमरे के बिलकुल करीब से निकलकर जाने की ठान ली थी। वहाँ तक पहुँच जाने पर अनायास बिरजू ने उसी आदमी को फिर देखा। लेकिन अब वह अकेला नहीं था। उसके साथ दो लोग और थे। उनकी ओर बिना देखे हुए भी देखते हुए बिरजू जब वहाँ से निकलकर आगे बढ़ रहा था, तभी दो आदमी और आकर खड़े हो गए। जाहिर था, वहाँ रुक पाना उसके लिए मुमकिन नहीं था। फिर भी इनकी हरकतों का सही जायजा ले सकने के लिए वह बरामदे के नुक्कड़ पर ही जाकर रुक गया। नुक्कड़ पर के खंभे के पीछे छिपकर खड़ा हो गया। उसे वहाँ ज्यादा देर तक इंतजार नहीं करना पड़ा। बाद में आए-गए लोगों ने शायद कमरे पर थाप दी थी। तभी पहले से चिपककर खड़े तिलंगे खिसककर जाने लग गए थे। उसी समय बिरजू ने देखा, कमरे का दरवाजा खुला और एक अधेड़ किस्म की औरत निकलकर बाहर आई। औरत की पहली झलक में बिरजू को एक बार लछमनिया के मिल जाने-जैसे खयाल पर दिल के बल्लियों उछल जाने-जैसा अहसास हुआ था। पर औरत के आकार का सही अंदाज लग जाने पर उसे लछमनिया के न होने का विश्वास हो गया। तब तक औरत वापस अंदर जा चुकी थी और दोनों आदमी वहीं-के-वहीं खड़े थे।

तभी बिरजू को लगा, बरामदे के उस छोर से कुछ लोग आने लगे थे, इसलिए उसका वहाँ खंभे के पास अब और रुके रहना ठीक नहीं था। वह एक झटके में लोबीराम के कमरे और खंभे से लगे बरामदे की जगह के बीच किनारे से लगी सीढ़ियाँ पकड़कर ऊपर

चढ़ गया, लेकिन सीढ़ियाँ चढ़ लेने के लमहे में ही उसने बाहर आकर खड़े हुए लोबीराम को देख लिया था। अब बिरजू के लिए फैसले की घड़ी आ पहुँची थी। उसे मालूम था, अगले कुछ क्षणों में ही न सिर्फ आज का बल्कि उसके लिए आनेवाली तमाम जिंदगी का दारोमदार था। उस समय एक-एक सीढ़ियाँ चढ़ने में, जहाँ एक तरफ उसे खुशियों और ऐश की एक नई मंजिल मिलने की उम्मीद लग रही थी, वहीं दूसरी तरफ उसे न जाने क्यों लछमनिया के बराबर गायब रहने से एक प्रकार का डर लगने लगा था। फिर भी उसे पक्का विश्वास था, लछमनिया खुद उसके खिलाफ नहीं जा सकती। वह या तो कहीं फँस गई होगी या फिर उसके ऊपर कोई मुसीबत आ गई थी।

फिर भी ऊपर पहुँचने के बाद बिरजू को बस तय कर पाना रह गया था, कहीं लछमनिया कमरे के अंदर बंद तो नहीं थी क्योंकि लछमनिया के वहाँ अंदर होने से एक खतरा और था जिसके तहत उससे मिलने-जुलनेवालों पर नजर रखी जा सकती। पहली मंजिल पर बिरजू आगे नहीं गया। दो क्षण आखिरी सीढ़ी के बाद रुके रहकर उसने किसी और के अपने पीछे-पीछे नहीं आने का यकीन कर लिया। उसके बाद पैंट की जेब में मोड़कर रखे हुए कपड़े के झोले को वापस जेब में रख लिया। फिर पैंट की पिछली जेब से उसने छोटी कंघी निकाली और बालों को कसने लग गया। तभी उसने प्यास महसूस की। बड़े जोरों से गले में खुश्की, जकड़न और तालुओं में जलन हो रही थी। कोई भी अगला कदम उठाने के पहले, उसने तय किया, बाहर निकलकर उसे ठंडा पीना था। वह उन्हीं सीढ़ियों से उतरकर नीचे चला गया जिनसे चढ़कर ऊपर आया था।

नीचे पहुँचकर बिरजू रुका नहीं। वह लोबीराम के कमरे की तरफ बढ़ चला। उसने दूर से ही देख लिया था, बाहर खड़े हुए दोनों आदमी अब वहाँ नहीं थे। जरा और आगे बढ़ने पर जब वह लोबीराम के कमरे के ठीक सामने आया तो एकाएक उसके दिमाग से उतरकर खास तरह की झुनझुनी पेट में अँगड़ाई ले गई। खुशियों की एक तरंग उसके सूखे गले को जैसे तर कर गई। यह अहसास बिरजू को लोबीराम के कमरे में लटकते हुए ताले को देखकर हुआ था। लेकिन उसे वहाँ रुकना नहीं था। पहले तो उसे ठंडा पीना था। लेकिन कमरे की खिड़कियों से अंदर बंद अँधेरे को देखकर उसे वहाँ किसी के न होने का विश्वास हो चुका था।

बाहरी बरामदे में पहुँचकर बिरजू ने जो देखा, वह उसके पुराने तरीकों के अनुसार बड़ा हौसला बढ़ानेवाला था। उसकी नजर के सामने बड़े आकार की औरत, दो आदमियों से घिरे हुए लोबीराम लपकते हुए सामने खड़ी हुई एंबेसेडर गाड़ी की ओर जाने लग गए थे। वह झुनझुनी, वह तरंग जो लोबीराम के दरवाजे पर लटकते हुए ताले को देखकर उठी थी, अब फिर से बार-बार बलवले उठकर उसके दिल में, हैरतअंगेज अंदाज में ऊपर-नीचे होने लगी।

ठंडा पानी के लिए बिरजू को लालबाग तक जाना पड़ता, इसलिए उसने वहीं बाहर खड़े हुए ठेले से गन्ने का रस ले लिया। एक छोटे बच्चे की तरह खिलखिलाता हुआ उसका मन ज़रा भी रुक सकने को तैयार नहीं हो रहा था। उसे वैसे भी जल्दी थी, क्या पता लोबीराम, फिर लौट आएँ तो? गन्ने का रस खत्म करके उसने चरस की बची हुई आखिरी सिगरेट सुलगाई। धीरे-धीरे सिगरेट का धुआँ उसकी नस से तोड़-तोड़कर पिछले एक घंटे की थकान और ऊब को जैसे खींचकर बाहर निकाल लेने लगा। हालाँकि उसे मालूम था सिगरेट पी लेने में उसे मिला हुआ कीमती वक्त निकलता जा रहा था, लेकिन उसके बिना, उसे यह भी मालूम था, उसके हाथ-पाँव में जरूरत-भर की तेजी भी नहीं आनेवाली थी। जरूरत और जल्दी के बीच समझौता करते हुए उसने लंबे-लंबे कश लेना शुरू कर दिया और जिस सिगरेट को साधारणतः खत्म करने में उसे दस मिनट से भी अधिक का समय लगता था, वह बस तीन-चार मिनट में ही फूँक चुका था।

सिगरेट खत्म होते ही, उसने आखिरी टुकड़े को जमीन पर फेंककर जूते के तल्ले से मसल डाला। एक आरामगीह, मजे की उस स्थिति में वह पहुँच चुका था जिसमें वह हमेशा ही कामयाब होता आया। उसने पैंट की खुफिया जेब से लोबीराम के लिए खासतौर पर बनाई गई दो तालियों का जोड़ा निकालकर बुश्शर्ट की जेब में डाल लिया और खरामा-खरामा अंदर की ओर चल दिया। इस समय उसकी आँखों की दोनों पुतलियों के सामने लोबीराम की तिजोरी जैसे छुपी हुई बार-बार बाहर निकल आने के लिए बेकरार होने लग गई थी।

बिरजू लोबीराम के कमरे के सामने इतने आत्मविश्वास से गया जैसे वह खुद अपने ही घर को जाने लगा हो। उसने एक सेकेंड में लगे हुए ताले को तौलकर हाथों में ले लिया। बुश्शर्ट की जेब से खुद अपनी बनाई हुई मास्टर-की निकालकर उसने ताले में लगा दी। बस दो-तीन झटकों में ताले का खटका अलग हो गया। दरवाजा ठेलकर वह अंदर घुस गया। पहली बार की तरह उसने अंदर जाकर बगलवाला दरवाजा खोल दिया और बाहर निकल आया। अब उसने दरवाजा बंद करके कुंडी में ताला फँसाकर अपनी चाभी से बंद कर दिया। ताला बंद करने के बाद उसने एक बार बाहरी बरामदे से, पहली, दूसरी मंजिलों के बरामदे तक नजर जरूर दौड़ाई लेकिन किसी खास वजह से, किसी को भी अपनी ओर ताड़ते-ताकते न देखकर वह बगल के दरवाजे से अंदर हो लिया। दरवाजा अंदर की तरफ से बंद कर लेने के बाद उसने चैन की साँस ली।

ऐसा नहीं था, उसके पास वक्त नहीं था, लेकिन मिले हुए वक्त को वह किसी कीमत पर जाया नहीं कर लेना चाहता था। दरवाजे से ताला खोलकर अंदर आकर फिर बाहर निकल आने की बारी में उसने किसी के अंदर न होने के लिए खुद देखभाल कर ली थी। तब एक बार बिरजू को फिर वह शाम याद आने लगी थी, जब वह पहली बार इस फ्लैट

में करीब-करीब इसी तरह दाखिल हुआ था और जब खुदा के करम से अंदर के कमरे में नंगे बदन, प्यारी-प्यारी-सी, शहद में घुली हुई, जवानी की काली घटाओं को तौबा मारती हुई, तड़पती, बेचैन लछमनिया मिली थी जिसे पा जाने की राहत में तब वह लोबीराम की तिजोरी तक साफ करना भूल गया। वह सोच रहा था, काश! आज एक बार फिर यहीं पर उसे खोई हुई लछमनिया मिल जाए।

लेकिन लछमनिया तो वहाँ थी नहीं, तो भला मिलती कैसे? हाँ, इस बार अंदर के कमरे में बेशर्म, बेपरदा तिजोरी आज उसे अपने पास वैसे ही बुला रही थी, जैसे उस रोज खामोश, बेपरदा, बेशर्म खूबसूरती से उसे लछमनिया ने बुलाया था। बिरजू ने कमरे की बत्ती नहीं जलाई और अपनी पेनटॉर्च की हल्की रोशनी से तिजोरी के किनारे पर चाभी लगानेवाली जगह ढूँढ़ निकाली थी। तिजोरी में चाभी लगाने से पहले उसने कमरे का दरवाजा भेड़कर अंदर की तरफ से सिटकनी लगा दी।

चाभी को बिरजू ने खासकर इसी तिजोरी के लिए ही बनाया था, इसीलिए उसे खोलने में ज़रा भी दिक्कत नहीं हुई। उसकी हसरत-भरी निगाहें इस वक्त तिजोरी के खुल जाने का इंतजार कर रही थीं। और उसका दाहिना हाथ खुद-ब-खुद हैंडिल घुमाकर पल्ला खोलने लगा था। हसरत और हकीकत मिलने और मिल जाने के बीच इतना कम फासला रह गया था कि उससे रुका नहीं गया और एक ही झटके में उसके सामने तिजोरी के दोनों खाने थे। इसके साथ ही बड़े जोरों का धमाका हुआ। लगा, जैसे जोरदार हथौड़े की चोट से किसी ने सिर के पिछले हिस्से को खोदकर सलाखें चुभा दीं। उसे हैरत थी, परेशान था वह, यह क्या हो गया? इतने दिनों की तपस्या, और इतना लंबा झोल?

पागलों की तरह बिरजू तिजोरी को नाखून गड़ा-गड़ाकर नोचने लगा। लेकिन उसे मिलता भी क्या? ऊपरी तौर से तिजोरी खाली थी। तभी उसकी निगाह तिजोरी की बाईं तरफ की दीवार में लगाए हुए छोटे-से बक्से पर पड़ी जिसे देखकर एक बार तो उसे कुछ करार-सा आया, पर दूसरे ही क्षण जहालत के गुब्बारे उठने लगे। उसे खुद अपनी बेवकूफी पर हैरत थी। एक पेशेवर चोर होने के बावजूद उसे लगा, ऐसी मामूली-सी बात में वह चूक गया। दुनिया-भर के तीन-तिकड़म कर लेने के बाद बिरजू लोबीराम के कमरे के अंदर अकेला बंद था। बाहर किसी को कानोंकान खबर नहीं थी और उसे अपना काम पूरा कर लेने की खुली छूट थी। और फिर तिजोरी सामने थी, वह उसने खोल भी ली थी। लेकिन लोबीराम का माल तिजोरी की बाईं दीवार में लगी एक और छोटी तिजोरी में था। और इस छोटी तिजोरी की चाभी बना लेने का उसे खयाल तक नहीं आया था। यहाँ तक उसने इसके बारे में कुछ सोचा तक नहीं था। इसका कोई गुमान तक उसे नहीं हुआ था।

बिरजू के पास इस वक्त सिर्फ दो चाभियाँ थीं। एक तो बाहरवाले ताले की मास्टर-की थी और दूसरी नापकर बनाई हुई तिजोरी के बाहरी हिस्से की चाभी थी। उसे मालूम था, इनमें से कोई भी अब उसके किसी काम की नहीं थी। तिजोरी की चाभी बड़ी थी। उसे तोड़कर छोटा करने में उसे फिर तिजोरी खुली हुई छोड़कर जाना पड़ेगा और मास्टर-की दूसरे प्रकार के तालों के लिए थी। फिर उसे खोलकर ठीक करने, बना लेने की कोशिश करने के लिए न सिर्फ समय चाहिए, कुछ औजार भी चाहिए थे। दोनों में से कोई भी उसके पास नहीं था। इसलिए अजीबो-गरीब मनःस्थिति में पहुँचकर बिरजू जैसे थका हुआ बेजार बस अपने सिर के बाल नोंचने लगा।

पर दूसरे ही क्षण उसने अपने आपको सँभाला। हालाँकि आज के मनहूस दिन को वह कोस रहा था, जब इस कमरे में न तो उसे तिजोरी का माल ही मिला था और पहली बार का मिला हुआ लछमनिया का गदगदा शबाब भी उसके हाथों से निकल चुका था। तिजोरी खाली थी, पलँग खाली था। पलँग का खयाल आते ही बिरजू पीछे घूमकर खाली पलँग ''र. उस दिन की नंगी लछमनिया का खयाल करने लगा। तभी उसकी निगाह दो तकियों के नीचे दबे हुए ब्रीफकेस पर पड़ी, जिसे, विमलादेवी से और सब पाने और जिसके तुरंत बाद गुरुपदस्वामी के बाहर रुके रहने का संदेश पाकर, लोबीराम तिजोरी, के अंदर बंद नहीं कर पाए थे। इसी ब्रीफकेस में विमलादेवी के दिए हुए पाँच लाख रुपए थे। पलँग के ऊपर और तकियों के नीचे जिस तरह से ब्रीफकेसनुमा चमड़ेवाला झोला रखा था, उसे देखकर बिरजू को लगा, उसमें कुछ था। उसका तजुर्बा था। दारुलशफा में इस तरह के ब्रीफकेस और थैलों में कागज-पत्तर नहीं नोटों की गड्डियाँ हुआ करती थीं। इस अहसास के साथ ही उसने भड़ाक-से तिजोरी का पल्ला बंद कर दिया और हैंडिल घुमाकर चाभी लगा दी। तभी एक बड़ा हल्का खयाल उसके जेहन से उतर दिल में खुरदरी मचाने लग गया, जिससे खामखा बिरजू को हँसी आ गई। उसे लगा, लोबीराम के इस कमरे में उसके लिए बार-बार यह पलँगही फला था और तिजोरी दगा दे गई थी।

तेरह

लोबीराम टूट गए ''' लोबीराम टूट गए ''' हमने तो कहा था ''' देखा, लोबीराम टूट गए। यह गूँज थी या फुसफुसाहट, राजनीति का, सत्ता सरकार का एक और दाँव था या

लोबीराम के नाम की गुनगुनाहट किसी नई शक्ल में लोगों के दिमाग पर छाने लग गई थी। किसने उड़ाया था, किसका खेल था, लोबीराम टूट गए। इन शब्दों के पीछे कौन-सी साजिश थी, इसका किसी को पता नहीं था। फिर भी सबके-सब इन्हीं तीन शब्दों को उछालते चले जा रहे थे। इसका न तो कोई सूत्र था, न ही कोई आधार। बस, जैसे खुद-ब-खुद दारुलशफा की खामोश दीवारों ने बोल दिया था, इन तीनों शब्दों को, जो अजान की तान की तरह उड़ चले थे। यह तीन शब्द कहीं दूर से हवा के बहाव से उड़कर आए थे जिन्हें नापने-तौलने, जाँच लेने, परख लेने तक की किसी को फुरसत नहीं थी। और न ही इनको सुन पाने के बाद किसी के पास होश तक बाकी रहा था खोज कर लेने का।

लेकिन खबर कहीं से लँगड़ी तो नहीं थी, यह भी शंका उठी थी लोगों के मन में। आखिर कहीं यह सधी-सधाई चाल उत्सुकदास तो नहीं खेल गए? स्वाभाविक था, ऐसा हो सकता था। जब लोबीराम के मिल जाने से रंगीनराय, बलदेव चौधरी का पलड़ा भारी हो चला था, तो सिर्फ ऐसी खबर उड़ाकर ही काफी-कुछ हासिल किया जा सकता था। जो कहीं ठीक-ठाक तरीके से विधायकों के जेहन में झूठ-मूठ ही यह तीन शब्द जमा दिए जाते तो जाँच-पड़ताल करने तक मीटिंग शुरू हो जानी थी। फिर किस-किसको लोबीराम बताते, समझाते, कुछ भी करते, शंका तो घर कर ही जाती और साथ में लाल बुझक्कड़ का जादू दो हिस्सों में बँट जाता। हाँ... हाँ, नहीं... नहीं, कहते-बताते प्रदेश की सरकार के भाग्य का फैसला हो जाता। लेकिन यह तमाम सवाल उठे थे, खबर उडने के दूसरे दौर में। पहले में तो हक्का-बक्का, भौचक्का विधायक अपनी गहराइयों तक इन शब्दों को बस आत्मसात ही कर पाए थे।

फिर भी... लोबीराम टूट गए—यह शब्द निकले तो पैदा भी हुए थे। किसी ने देखा-सुना, कुछ तो जाना ही था, कोई तो आधार था ही। जिस तरह रंगीनराय की मिनी मीटिंग में पार्टी-अध्यक्ष का आना एक धमाका था, लोबीराम का खुल्लमखुल्ला विद्रोह कर देना एक विस्फोट था, जिसने अधकचरे विधायकों को जड़ से हिला दिया था तो इन शब्दों के अंदर भी एक जलजला था, तेज रफ्तार में दौड़ता हुआ ऐसा बवंडर था, जिसने बड़े नेताओं के जोड़-हिसाब को एक झटके में उखाड़ डाला था। अब तो नए सवाल उठने लगे थे। हर कमरे-बरामदे-गैलरी-सड़क और मैदान के हर कोने से विधायक, उनके चमचे, चक्करबंध, चिलगोजे और खुराकी दौड़-दौड़कर असलियत जान लेने में जुटे हुए थे।

असल में पहले-पहल यह खबर उड़ाई थी बलराम शास्त्री के द्वारा छोड़े हुए तीसरे तिलंगे ने जो रंगीनराय की मिनी मीटिंग से उठकर गया तो था, लेकिन गुरुपदस्वामी की मोटर में विमलादेवी के साथ बैठकर लोबीराम के चले जाने की बात उसने फिर लौटकर

वहीं मीटिंग में एक विधायक के कान में डाल दी थी। उसके बाद पहले शोर उठा था—लोबीराम कहाँ है··· लोबीराम गए कहाँ ? यह शोर ही बाद में उनका पता न लग पाने से··· लोबीराम टूट गए··· लोबीराम टूट गए, की फुसफुसाहट में बदल गया था। हालाँकि तब तक पार्टी-अध्यक्ष वहाँ से जा चुके थे और उन्होंने खुद जाते वक्त लोबीराम को पूछा था।

पार्टी-अध्यक्ष को गाड़ी तक पहुँचाकर रंगीनराय, दरोगा द्विवेदी और बलदेव चौधरी वापस लौटे थे, बस इतनी ही देर में सबकुछ हो चुका था। खुद उनके फ्लैट में जमा हुए लोगों ने तब तक सारी कामयाबी पर पानी फेर दिया था। इसी बीच जाने कब दबे पाँव से तीसरा तिलंगा आया और गुरुपदस्वामी के साथ मोटर में बैठकर लोबीराम के राजभवन में चले जाने की गुपचुप बात छोड़ गया। किसने कही—कौन था—किसी को मालूम तक नहीं था। हाँ, उधर दौड़-भागकर जोशीले खुराकियों ने इस खबर की सत्यता की पुष्टि कर डाली थी।

रंगीनराय ने तो सोच रखा था, पार्टी-अध्यक्ष के चले जाने के बाद बाकी बच रहे विधायकों को लेकर वे और बलदेव चौधरी पूरे दारुलशफा में एक-एक कमरे में जाएँगे, सभी का सहयोग माँगने को। इसके दो फायदे होनेवाले थे। एक तो मिनी-मीटिंग का टेंपो आखिर तक बना रहेगा और दूसरे, उत्सुकदास के आदमियों को तोड़-फोड़ कर लेने का मौका ही नहीं मिल पाता। लेकिन वापस आते ही जैसे, किसी ने एक झटके में उनके नीचे से जमीन ही खींच ली थी। अब सवाल और विधायकों का सहयोग ले लेने का नहीं था। अब तो सवाल लोबीराम को रोके रहने का था।

बलदेव चौधरी, रंगीनराय, दरोगा, मनोहरलाल सहित करीब दस विधायक उलटे पैर लोबीराम के कमरे की ओर चल दिए। तभी रास्ते में बलदेव चौधरी ने रंगीनराय की बगल खेंपकर कहा, "क्यों रा··· साब, यह क्या हो गया ?"

"मुझे तो इसमें उत्सुकदास की कोई चाल लगे है ! "

"चाल··· कैसी चाल ?"

"खबर उड़ाकर विधायकों का मनोबल गिराने की।"

"हाँ, या फिर खुद लोबीराम का असर कम करने की।"

"लेकिन दोनों से अपना तो नुकसान होगा ही।"

तभी दरोगा बीच में आ गया और बिना लुका-छिपी के जोर-जोर से चिल्लाने लगा, "देख लेंगे सारे को, जाएगा कहाँ ?"

"और जो बात सही निकली ?" मनोहर ने तुक्का फेंका।

"बस यही न कहो।" दरोगा के स्वर में पीड़ा थी।

"लेकिन एक रास्ता है ! "

रंगीनराय का एक रास्ता बता सकने का माद्दा सबको अच्छा लगा और बलदेव चौधरी के रुक जाने से सबके-सब रुक गए। जाहिर था, आगे बढ़ने से पहले अब आगे का रास्ता जान लेना जरूरी हो गया था।

लोगों के रुक जाने से रंगीनराय ने खुफिया तौर पर फुसफुसाते हुए कहा, "क्या है, हम लोग वहाँ तक चलेंगे और लौटकर कह देंगे, उत्सुकदास ने झूठी खबर उड़ा दी है।"

"लेकिन लोबीराम अगर न हुए ?" बलदेव चौधरी के शब्दों में आश्चर्य था।

"कहेंगे, वे राज्यपाल और गृहमंत्री से मिल लेने के लिए भेज दिए गए।"

"लेकिन आपकी इस बात में एक खतरा है।" दरोगा ने संदेह प्रकट किया।

"वो क्या ?"

"अगर हम मान लेते हैं जो खुद हमने लोबीराम को राज्यपाल और गृहमंत्री से बात करने को भेजा था और अगर कहीं वहाँ से लौटकर वह सचमुच टूट गया तो क्या यह नहीं समझा जाएगा, कि हमने घुटने टेक दिए ?"

"सो तो है।" बलदेव चौधरी ने हामी मिलाई।

"लगाए रहो⋯लगाए रहो⋯दरोगा, अब भला इस सारी फिलासफी का वक्त बच गया है ! अरे छोड़ो भी यह, जो कहता हूँ वही करो। इतनी जल्दी और कुछ नहीं सोच सकते।"

रंगीनराय की बात में दम था, इसलिए सबके-सब खामोश हो गए और लोबीराम के कमरे की ओर फिर से चलने लग गए। अब तक यह भीड़ पंद्रह-बीस की हो चुकी थी और हर क्षण दो-चार और, पीछे से, सामने से, बाएँ-दाएँ से आ-आकर मिल रहे थे। धडधडाते हुए, लोबीराम का दुखी किया हुआ काफिला, क्रोध और हिंसा की आग भडकाता हुआ आगे बढ़ा चला जा रहा था। काफिले के पिछले हिस्से से लोग खिड़की-दरवाजे पर थापें देकर लोबीराम की बाबत पूछते जाते थे। जो सबके तेवर थे, ऐसा लग रहा था, लोबीराम के मिल जाने पर उसे फाड़ डालने, नोंच डालने के लिए ये लोग तैयार थे।

तभी बलदेव चौधरी के बच रहे समर्थकों ने, जो पीछे से पाई खबर पर दौड़ आए थे, उनको रोक लिया। आगे के दाँव सुझा देने के लिए हर कोई बेताब था। इसी उलझाव में एक बार फिर काफिला रुक गया। बलदेव चौधरी के समर्थक बड़े अक्खड़ किस्म के जीव थे; जिनको सँभाल लेना रंगीनराय के बस की बात नहीं थी। इसी बीच उनके पुराने पाँच समाजवादी विधायकों की एक टोली आ पहुँची। इनमें से हर विधायक को अपनी-अपनी सहानुभूति, समर्थन की भड़ास अभी निकालनी रह गई थी, लेकिन एक साथ न बोलकर वे बारी-बारी से आपसी बातचीत के लहजे में लफ्फाजियाँ फेंकने लगे–

एक विधायक : "रायसाब, वह तो कमीना है, हमने पहले ही कहा था।"

दूसरा विधायक : "खुद ही तो चलकर आया था, राय साब भला क्या करें ?"

तीसरा विधायक : "तो भला राय साब कोई भगा देते, क्यों दरोगा ?"

चौथा विधायक : "हाँ, हाँ, और क्या, तभी तो हमने वैसा खेल बनाया था ।"

पहला विधायक : "और अब दगमदगा ! "

तीसरा विधायक : "कोई जरिया निकाल लो तब जानें, खाली-पीली लगाए हैं ।"

पाँचवें विधायक ने, जो अब तक चुप था, तभी मुट्ठी बाँधकर बड़े जोर से हवा में उछाली और उसे रोके रहा, फिर भर्राए गले से चिंघाड़ते हुए बोला, "जमदूत बन जाएँगे, लोबीराम को लाएँगे ! "

और कोई वक्त होता तो रंगीनराय खूब चटखारियाँ भरते, इनको खींचते-तानते, लेकिन अभी तो उन्होंने किसी की कुछ सुनी ही नहीं, अपने खयालों में ही खोए रहे । इतने में बलदेव चौधरी अपने गोल को तोड़कर उनके पास आ गए । और जैसे अपने-आप दोनों के आगे बढ़ जाते ही पूरा काफिला फिर से चल दिया ।

चलने को तो बलदेव चौधरी चल दिए, लेकिन उनका भी मन कहीं और था । उन्हें लग रहा था—रंगीनराय के साथ आकर वह फँस गए । जोड़-तोड़ की राजनीति में तो खतरा रहता ही है । ··· फिर इसमें उत्सुकदास, गुरुपदस्वामी का कौन मुकाबला कर पाएगा ? ··· वे तो सीधे-साधे तरीके से हमला कर देना ज्यादा कारगर समझते हैं । ··· उनके पीछे बड़ी नामवारी थी, जिसकी बिना पर पार्टी के तमाम विधायक साथ हो आते । ···या फ़िर विरोधी दलों के साथ साँठ-गाँठ करके भी मुख्यमंत्री बन जाने का मुद्दा था, उनके पास । ··· लेकिन बस गिनती की राजनीति में घिर गए थे । अब तो उनको साफ-साफ एक बड़ी हार दिख रही थी ।

साथ चलते हुए रंगीनराय ने एक बार आँखें बगलिया कर बलदेव चौधरी को देखा । कुछ कहने-सुनने को तो था नहीं, लेकिन भाव-मुद्राओं से रंगीनराय को उनके अंदर चल रही उथल-पुथल का अंदाज तो लग ही गया था । जाहिर था, अगर बलदेव चौधरी के अंदर उठता हुआ वलवला सँभाला नहीं गया तो उनके अंदर भी या तो कमजोरी पैदा हो जाने लगेगी या फिर वे भीं कोई लंबी उड़ान भरने लग जाएँगे । रंगीनराय का इस वक्त कुछ भी बात करने का मन तो था नहीं, फिर भी महज बलदेव चौधरी को तरंगित रखे रखने के लिए उन्होंने सिलसिला छोड़ दिया, "चौधरी साब, किसी भी तरह लोबीराम को रोकना होगा ।"

"अरे भई, यह तो बड़ा नाकारा निकला ! अभी बीस-पच्चीस मिनट पहले ही ···"

"लेकिन क्या यह नहीं हो सकता, यह सब झूठ हो ?" दरोगा बोला ।

"हो भी सकता है, पर एक बात तो तय पाई, विमलादेवी उसे ले गईं और फिर मोटर में गृहमंत्री थे ।"

"लेकिन राय साब, उससे क्या होता है?"

"होता क्या है? चौधरी साब आप बड़े भोले हैं।"

"क्यों?"

"मोटर राजभवन गई थी।"

"हाँ!"

"और वहाँ उत्सुकदास मौजूद था?"

"हाँ।"

"और अब तक वहाँ पार्टी-अध्यक्ष भी जा पहुँचे होंगे। मेरा खयाल है चौधरी साब, आपको यहाँ रुकना नहीं चाहिए था।"

"फिर?"

"आपको पार्टी-अध्यक्ष के साथ ही रहना चाहिए था।"

"तुम्हीं ने तो रोका था।"

"सो तो है, गलती मेरी है।"

तभी दरोगा ने बात का सूत्र पकड़ लिया और पीछे मुड़कर चिल्लाने लगा, "गाड़ी लाओ···गाड़ी लाओ···जल्दी करो···भागकर जाओ।"

दरोगा की हरकत ने अभी तक बोर होने लग गए कुछ विधायकों में सनसनी फैला दी, लेकिन न तो रंगीनराय ने और न ही बलदेव चौधरी ने इसका प्रतिकार किया। तब तक चार-पाँच ख़ुराकी दौड़ पड़े थे जिनके पीछे चौधरी के भक्त विधायक भी चल दिए, क्योंकि उनको मोटर में पहले से अपने लिए बैठ जाने की जगह ले लेनी थी। एक बार फिर काफिला रुक गया था और अब चूँकि बलदेव चौधरी को अलग हो जाना था और आगे तक नहीं जाना था, इसलिए रंगीनराय ने उन्हें साधे रखने के लिए आखिरी डोज दे देना ठीक समझा। जब तक मोटर बरामदे के किनारे या 'ए' और 'बी' ब्लॉक के बीचवाली सड़क पर आवे, तब तक उनको समझा ही देना उचित था। रंगीनराय ने चौधरी का हाथ पकड़कर ज़रा काफिले की पकड़ से दूर ले लिया और फिर बोले, "चौधरी साब, यह कोई ऐसी बात नहीं है जिससे हम लोग मैदान निकल जाने-जैसी स्थिति में होने का अहसास करने लग जाएँ। कई बातें हैं, कई तरीके हैं, लोबीराम को रोके रखने के।" रंगीनराय के चेहरे पर रहस्यमय कुटिल मुसकराहट उगने लगी थी।

"क्या···क्या?"

"लेकिन यह सब आप हमारे ऊपर छोड़ दें। आप तो बस पार्टी-अध्यक्ष को घेर लें। उनसे किसी को मिलने ही न दें। आपको शायद याद होगा, यहाँ से जाकर उनको पी. एम. हाउस रिपोर्ट देनी थी, जिसके बाद ही फैसला होगा, गोया राष्ट्रपति-शासन समाप्त किया जाए या नहीं!"

"सो तो है !"

"तो आपको यह भी मालूम होगा, पार्टी-अध्यक्ष यहाँ से लोबीराम के साथ ही जाने का भ्रम लेकर ही गए हैं। जाहिर है, वे इस बात का अपनी रिपोर्ट में हिसाब बैठाकर बोलेंगे !"

"हिसाब बैठाकर ?"

"हाँ चौधरी साब, हिसाब बैठाकर। वे बोलेंगे इत्ते लोग खिलाफ हैं। सर्वसम्मति से उत्सुकदास को चुना नहीं जा सकता।"

"ऐसा ?"

"हाँ, ऐसा।"

"फिर तो चुनाव होगा ?"

"हाँ ! लेकिन यह तभी होवेगा जब इस बीच कहीं उत्सुकदास लोबीराम को उनके सामने पेश न कर दे !"

"क्या मुँह लेकर वह जाएगा ?"

"साले का मुँह है भी, सूअर का थोथना है पूरा !" इसके बाद बड़ी बचकानी अदा में रंगीनराय ने अपनेपन में चीख लेते हुए उनको करीब-करीब दबोचकर कह दिया, "भागो चौधरी साब, पार्टी-अध्यक्ष को घेर लो, तोड़ लो, किसी से भी मिलने न देना ···।"

रंगीनराय को आगे सुन लेने के लिए चौधरी रुक नहीं सके। वह सामने सड़क पर रुकती हुई मोटर की तरफ उछल-उछलकर दौड़ चले।

बलदेव चौधरी के चले जाते ही काफिला आधे से भी कम रह लिया था। उनके भक्त विधायक तो मोटर में ठुँस लिए और बाकी साथ खड़ी हुई जीप में भरकर लग लिए। और जो फिर भी बच गए वे रिक्शों में भरकर राजभवन की ओर तमाशे के अंतिम दौर को देख पाने को चल दिए। इन लोगों के चले जाते ही दरोगा, जो अभी तक किसी गहरी चिंता में डूबा हुआ था, बिगड़े हुए शेर की तरह बिखर पड़ा, "राय साब, यह खबर किसने उड़ाई ?"

"जिसने भी उड़ाई, है बड़ी जानलेवा।"

"नहीं, ऐसा नहीं, मैंने कुछ और सोचा था।"

"क्या ?"

"जो लोबीराम टूट गया होता और टूट जाने की खबर ऐसे न फैलती तो ···।"

"तो ?"

रंगीनराय के कान के पास अपना मुँह ले जाकर दरोगा ने फुसफुसाते हुए आगे कहा, "तो हम लोबीराम को गोमती पार जंगल में दबा देत।

"कैसे ?"

'अरे साब, यह भी कोई राजनीति का दाँव है जो इसकी विवेचना करें ? यह तो खड़ा खेल है, अपनी लैन का !''

''इससे क्या होना था ?''

''लोबीराम का सामने का रूप सब आपके यहाँ देख लिए थे । जब वह सामने ही नहीं तो हमें उनके उसी रूप की बदौलत फायदा उठा लेने का मौका मिल जाता ! ''

''तो जाओ, करो न ! किसने रोका है ?'' रंगीनराय ने खीझकर कहा ।

'लेकिन खबर जो उड़ गई है ।''

''उसे हम मोड़ देंगे । जाओ-जाओ, ससुरा बस पार्टी-अध्यक्ष से न मिलने पाए ।''

''तो चुप रहना ।'' उँगली होंठों पर रखकर इशारे में समझाते हुए दरोगा भी बगली काटकर अलग हो लिया ।

जब रंगीनराय बचे हुए काफिले को साथ लेकर लोबीराम के कमरे के सामने जा पहुँचे तो वहाँ लटकता हुआ ताला देखकर उनका कलेजा मुँह को आने लगा । हलक से निवाला निकाल लेने-जैसी बात थी । उनको लगा, वहाँ लटकता हुआ बेजान ताला उनको मुँह चिढ़ा रहा था । उनकी खिल्ली उड़ाने लग गया था । कुछ क्रोध में, कुछ घृणा और निराशा की मिली-जुली प्रतिक्रियाओं में डूब चलने के कारण रंगीनराय ने बड़े जोर से ताला लटकनेवाले दरवाजे के बगल के दरवाजे पर लात मार दी । लात मारते वक्त उनको अपने संतुलन का खयाल तो था नहीं । जिसकी वजह से जोरदार लात के प्रभाव से जब बगली दरवाजा अंदर की तरफ खुल गया तो वह आगे की तरफ जरा फिसल गए । लेकिन उनको पास खड़े विधायकों ने सँभाल लिया । और इसके साथ ही बाकी सब लोग लोबीराम के कमरे के अंदर घुस गए और उलट-फेर करते हुए अपनी भड़ास निकालने लगे ।

पार्टी-मीटिंग शुरू होने का वक्त हो चुका था, लेकिन खास-खास नेताओं का दूर-दूर तक पता न था । उत्सुकदास को गुरुपदस्वामी के साथ, बलदेव चौधरी को पार्टी-अध्यक्ष के साथ आना था । रंगीनराय को पूरे दल-बल के साथ बड़े शोर से हलके का रेला-पेला मचाते हुए आना था, यह तो सबको मालूम था, लेकिन सैकड़ों निगाहें बस लोबीराम के आ जाने का इंतजार करने लगी थीं । सबकी जुबान पर एक ही नाम था, सबके दिल में एक ही सवाल था—लोबीराम कहाँ होंगे, उधर होंगे या उधर ? खबरों में, बतकही इतनी ज्यादा हो चुकी थी, इतने अनुमान, इतने अंदाज अब तक लोगों ने लगा लिए थे जो एक-से-एक नए कोण, एक से एक बढ़कर छान ली गई, घोंट ली गई खुराफातों के अब तक अंबार पैदा होने लग गए ।

लेकिन मीटिंग तो होनी थी, इसलिए हाईकमांड के पर्यवेक्षक शाम से ही आकर जमे

हुए थे। दरियाँ बिछ गई थीं, चाँदनी जमा दी गई थी और सामने बीचो-बीच गुलगुल गद्दों के ऊपर एक और साफ चादर फैलाकर लंबे-लंबे गिर्दे रखे हुए थे। बीच के पाँच गिर्दों के सामने पाँच लकड़ी की संदूकचियाँ थीं। बीच का गिर्दा और उनके सामने की संदूकची पार्टी-अध्यक्ष के लिए थी; जिनके अगल-बगल गृहमंत्री गुरुपदस्वामी और बलदेव चौधरी के गिर्दे और संदूकचियाँ थीं। आखिरवाली दोनों तरफ की संदूकचियाँ पर्यवेक्षक और पार्टी-मंत्रियों के लिए थीं। हर संदूकची पर एक दस्ता कागज, एक-एक कलम-दवात और एक अदद सोख्ता रक्खा हुआ था।

पाँच-सात के गोल में विधायकों में गर्मजोशी की बातचीत चल रही थी। हर जगह बोलनेवाले एक या दो थे, बाकी तो अपनी-अपनी हाँ-ना मिलाने में जुटे थे। जिस गोल में बोलनेवाले दो से ज्यादा पड़ रहे थे, वहाँ से चीखने-चिल्लाने की आवाजें आ रही थीं। जाहिराना तौर पर वे गुटों के आधार पर बँटे हुए थे। सबसे मजबूत और सबसे बड़ा अकेला गुट उत्सुकदास के समर्थकों का था जिसमें गुरुपदस्वामी के आदमी ज्यादा थे। दूसरा गुट बलदेव चौधरी का था जिसमें गिने-चुने विधायक थे। तीसरा गुट पुराने विधायकों का था जो रंगीनराय के साथ थे। और चौथा गुट लोबीराम का था जो अलग-अलग कोनों में बिखरा हुआ भी अपने-आप में एक ताकत रखता था।

गोल और गुटों से अलग पार्टी की सरकार बन जाने का उत्सवी माहौल सबके ऊपर जोशीली तरंग बनकर लहरा रहा था। राष्ट्रपति-शासन से ऊबे हुए विधायकों के लिए आज का मौका एक त्योहार की तरह अनेक-अनेक खुशियों की गठरी लेकर आया था। सबके-सब आनेवाले सुनहरे वक्त के लिए अपना-अपना हिसाब लगा लेने में मशगूल थे। मंत्रिमंडल से लेकर कमेटियों, समितियों, संस्थाओं, निगमों और संस्थानों की सदस्यता, अध्यक्षता से जुड़ी हुई सुविधाओं के साथ कोटा, परमिट, तबादला, तरक्की, धंधा-ठेका आदि की नई-नई रोज-रोजाना की गतिविधियों ने सबके अंदर कई प्रकार की याचक भावनाओं, खूबसूरत तमन्नाओं के फूल जैसे खिला रखे थे! सत्ता और सरकार की जटिल राजनीति जिनकी पकड़ से बाहर थी, उनके लिए तो बस आनेवाले वक्त की यही सुनहरी प्रक्रियाएँ ही माने रखती थीं जो उनकी मुर्दा जिंदगी में एक बार फिर से हलचल पैदा कर सकती थीं।

विधायकों के सारे हिसाब इशारों-इशारों में उभरकर सामने आने लगे थे। बहुतेरे जो गुरु-गंभीर थे, चुप्पी साधे बैठे थे, लेकिन फिर भी साफगोई पर विश्वास करनेवालों ने अपने-अपने चक्कर चला दिए थे। ऐसे विधायक जहाँ राजनीति के खेल में अपने-अपने गुटों से जुड़े होते लेकिन व्यक्तिगत स्तर के धंधों से संबंधित कठिनाइयों, मुसीबतों को बड़ी दयनीयता से आपस में खुल्लम-खुल्ला, बिना संकोच के कहते जा रहे थे, गुटों से अलग होते हुए भी उनके खेल एक-जैसे थे इसीलिए पार्टी की सरकार के बन

जाने का मौका इन सबके लिए एक हसीन प्यारा मौका था, जिसके नशे में इनको झूम उठने का अहसास होने लगा। इधर जब गुरुपदस्वामी, उत्सुकदास, पार्टी-अध्यक्ष, बलदेव चौधरी, रंगीनराय, लोबीराम, दरोगा द्विवेदी अपने सत्ता के खेल में जूझे हुए थे, ये सब खर्चे-पानी के हिस्सों-टुकड़ों को जोड़ लेने में लग गए। इनको इस बात की फिक्र तो थी मुख्यमंत्री कौन होगा, लेकिन पार्टी की सरकार नहीं बननेवाली थी, ऐसा सोच सकने की ताकत अब इनमें नहीं बची थी।

ऐसे माहौल में बड़े नेताओं के अभी तक न आने की वजह से रुकी हुई पार्टी-मीटिंग को देखते हुए एक विधायक बोला, "अरे भई, ये सब कहाँ मर गए?"

बात का अर्थ समझ जाने से उस गोल में खड़े हुए सभी विधायक ठहाका मारकर हँसने लगे तो दूसरा विधायक बोला, "आज सबेरे से मेरी हथेली खुजलाय रही थी!"

"कौन वाली?" तीसरे ने दूर की कौड़ी फेंकी।

"अरे, दाहिनी रे! और कौन-सी!"

"मेरा तो दाहिना पैर तक खुजलाय रहा था!" पहले ने टोका।

"अगर खुजलाने की ही बात हो···।"

"देखो गंदी बात, आज के दिन नहीं।"

"हाँ, हाँ, और क्या, हमने तो हनुमान जी कै परसाद मानो हतो।"

"और हम तो गंगा जी को चुनरी चढ़ावेंगे। तरसा दिया ये सारे राजपाल ने!"

"राजपाल! वे तो ससुरा महा छरछंवी है! जब-जब हमने कुछौ कही तो भूकर कै गुर्रात रहा।"

"हम तो जानत हते सो उनके पास गए नाहीं।" पीछे खड़ा एक और विधायक अपनी दुर्दशा बयान कर रहा था, "इत्ते दिन मा जमा-जोड़ी सो सब उड़ गई। ऊपर से यै सारे खुराकी दो-दो, चार-चार माँग-माँग कै गरीबी लै आय। तौन तंग आयकै हमने तो सब सारन कै भगाय दैय!"

"और का···! और का! मुफ्ती मा कौन खिलायैगा?"

"लेकिन भई, कुछौ कहो इस बीच हम सोए खूब! न सबेरे का चक्कर, न भरी दुपहरी मा निकलना, न ज्यादा भीड़-भाड़! हमारो तो वजन बढ़ि गवो इस बीच!" गोल में दाहिनी तरफ के मुच्छाड़िया ने मुँह बाकर उद्गार प्रकट कर दिए।

"हाँ···हाँ, वजन इनका नहीं तो का हमारा बढ़ैगा, नींद इनका नहीं तो का हमका आवैगी!"

"का है भला?" गंजे ने टोपी उतारकर बदमाशी में पूछा।

"लेव ये कित्ते भोले हैं!"

"भोले हैं!···हाँ···हाँ···भोलेशंकर हैं! लेकिन वजन बढ़ने का नुक्शा तो

बतलावैं।'' गंजा उकसा रहा था।

''अरे इनने गाड़ रक्खी थी, जोड़ रक्खी थी, उसी खातिर चद्दर तान कै सोय रहे।''

''और तुम लोग बड़े साधू हौव!'' मुच्छड़ ने जड़ दी।

''साधू होगे तुम...तुम्हारा बाप! तुम्हारे बाप का बाप!''

''अरे...अरे, साधू होना, भला कोई गाली है जो गुस्सात हौव!'' गंजे ने चेतावनी दी।

''धत्त तेरे की...!'' मुच्छड़ फँसना नहीं चाहता था।

''अरे तुम लोग ऐसे भिड़े रहो, उधर देखो...उधर!'' पीछे की तरफ खड़े हुए विधायक ने, सामने गिर्दा-संदूकचियोंवाले मंच के दाहिनी सिरे पर दल-बल के साथ आकर बैठते हुए रंगीनराय की तरफ इशारा किया।

आगे-पीछे, सामने से मुँह बाए हुए विधायक मंच की तरफ नाक सीधी कर देखने लगे। बड़े हॉल के हर कोने-किनारे से सत्ता के खेल की ताज़ा खबरें, दाँव-पेंच के नए कोण आत्मसात कर लेने के लिए विधायकों का हुजूम रंगीनराय को घेरने लग गया था। इसके पहले कि इस गोल के विधायक भी उधर चलें, गंजा विधायक बोल उठा, ''देखो...देखो यही हैं, हमारी नई आजादी के पैरोकार!''

''आजादी-वाजादी कुछ नहीं, मरवाएँगे यै सबको!''

''क्यों भला?''

''क्यों भला...गुड़-गोबर हव बिलकुत। दै पैसा...दै पैसा...पैसा है तो और कुछ जान लेने की जरूरत कहाँ रह गई?''

''अरे...रे...रे...सीधे मुँह बात करना नहीं आता सारे को।''

''बस बात करो, हम तो चले।''

''लेकिन बतावो ना, कैसे मरवाएँगे?''

''हाँ, तो इनकी साजिश है, सरकार न बनने देने की!''

''कय्या...का का का...!'' एक साथ पाँच-सात विधायक कराह उठे।

''हाँ...हाँ, यै सब उत्सुकदास के खिलाफ हैंगे!''

''उत्सुकदास सारा चोर हैगा!''

''हाँ...यै तो है...हम सबसे हिस्सा माँगैगा!''

''का, खुद?''

''नहीं किशनबल्लभ, यशोदाबल्लभ, कालीशंकर हैंगे इसी काम को!''

''लेकिन सरकार बनेगी, तभी तो...।''

''सरकार तो बननी है...वरना हम सब बरबाद हो जावेंगे!''

''हव...बड़ी कर्म चढ़ गई है।''

[illegible]

''चलो ''' चलो, सब जना मिलि कै कहि दैं ! ''

मीटिंग शुरू होने में देर होने की बात वैसे तो रंगीनराय को पता थी, लेकिन यहाँ आ जाना खुद अपने-आपमें उनकी चाल थी। एक तो जिन विधायकों से अभी तक संपर्क नहीं बन सका था, उनसे मिल लेना हो जाना था और ऊपर से ज्यादा-से-ज्यादा विधायकों के ऊपर और गहरी छाप डाल देने-जैसा कुछ करना था। यह बड़ा कीमती, बड़ा माने रखनेवाला कदम था। फिर उन्होंने दरोगा को लोबीराम के टूट जानेवाली खबर को घुमा देने का भी वादा कर लिया था। लोबीराम का असंतुष्ट विधायकों की मीटिंग से एकाएक गायब हो जाना और फिर उनका गुरुपदस्वामी की गाड़ी में बैठते हुए पाया जाना एक सनसनीखेज वारदात थी, जिसे उत्सुकदास के आदमी बखूबी इस्तेमाल करते जा रहे थे। इसमें रोक लगानी थी, और फिर अगर दरोगा आगे तक के लिए लोबीराम को उड़ा ले जानेवाला था, तो उसकी भूमिका भी बनानी थी।

मीटिंग में पहुँचकर उनको अपना बड़ा गोल बना लेना था, इसीलिए काफी विधायकों को लेकर पहुँचे थे, लेकिन गोल इतना बड़ा खुद-ब-खुद होने लगेगा, इसका उनको पता नहीं था। चूँकि मीटिंग शुरू हो जाने में कुछ देर हो चली थी और बड़े नेता कोई अभी आए नहीं थे, ऊपर से तरह-तरह की अफवाहों ने ऊधम मचा रखी थी, इस खातिर हर कोई अंदर तक की बात जान लेना चाहता था। हर कोई जानना चाहता था, आखिर सब लोग हैं कहाँ, क्या चल रहा है ? इतने सवाल थे सबके मन में जो खुद उनको नहीं पता थे। फिर खबरों के अलावा रंगीनराय के लिए सबके मन में एक आकर्षण था, एक खास जगह थी उनके लिए ! इसीलिए उनके आते ही दस-पाँच को छोड़कर करीब-करीब सभी विधायकों ने चौकड़ी भर लेना चाहा था। वे एक के ऊपर एक लदे-फँदे खड़े थे।

समूचे, वहाँ पर तब तक आ गए, विधायकों को अपने पास खींच लेने का पूरा इत्मीनान हो जाने पर रंगीनराय ने जैसे सबके मन का चोर निकालकर छेड़ना शुरू कर दिया था–

''सरकार बना लेना कोई हँसी-ठट्ठा नहीं है। हमने इतने दिन झक्क नहीं मारी। आप सबके यहाँ आने से पार्टी की बड़ी ताकत छिप जाने लगे, ऐसा भी नहीं है। पार्टी हमारी है, आपकी है, उत्सुकदास के बाप की नहीं है। गुरुपदस्वामी दिल्ली के बड़े हैं, उनको हमने पूजा है, उनके लिए हमारे मन में अनन्य श्रद्धा और विश्वास है। उनके एक हुक्म पर हम सब सर पै कफन बाँधकर जूझने लगें, ऐसा तो है, लेकिन उनका हुक्मनामा अगर पार्टी की एकता को तोड़नेवाला हो, भ्रष्टाचार के पहाड़ उठा लेनेवाला हो, सबको चोट पहुँचानेवाला हो तब ? हम आपके अंदर उठनेवाले सवालों के बारे में कुछ कहें,

इससे पहले हम आपको बता दें, आज उत्सुकदास के खिलाफ जो विरोध का अंधड़ उठने लगा है, उसके पीछे कोई आज का नहीं, दस सालों का हिसाब है। आपमें कौन नहीं जानता, कैसी लूट मचाई थी इसने पिछले मंत्रिमंडल में ? इनका गुट है। गुट तो हमारे भी हैं, आपके हैं, चौधरी साहब के हैं, लोबीराम जी के हैं। पार्टी की राजनीति गुटबंदी की राजनीति तो होती है, लेकिन इनका गुट चोर-उच्चकों का गुट है⋯उसमें कौन है⋯कृष्णबल्लभ यादव। कृष्णबल्लभ को हमसे ज्यादा कौन जानता होगा ? इसने डाकुओं धंधेबाजों, तस्करी सेठों के जरिए गुनाह के अंबार खड़े कर रखे हैं। मैं पाक-दामन, साफ-दामन की बात नहीं करता, लेकिन अफीम की खेती और डकैती की कमाई का भी समर्थक नहीं हो सकता। हम जानते हैं, आप सब दुखी हैं। राष्ट्रपति-शासन हम लोगों के लिए कोई ख़ुशी की चीज़ तो है नहीं। राष्ट्रपति-शासन का लोकतांत्रिक व्यवस्था में कोई स्थान नहीं होता। राष्ट्रपति-शासन न सिर्फ आप सबके पेट पर बल्कि दिमाग पर भी लात मार देने-जैसा है। इसलिए आज सबसे पहले हमारी पहली माँग होवेगी, आज अभी राष्ट्रपति-शासन खत्म कर दिया जाए।''

सभी विधायकों के चेहरे पर ख़ुशियों की लहर दौड़ गई, जिसके साथ जोश में कुछ ने तालियाँ बजा दीं और एक-दो जिंदाबाद करने लगे। उनको रोकते हुए रंगीनराय ने आगे कहा, ''लेकिन राष्ट्रपति-शासन सिर्फ खत्म हो जाने से क्या हमारी समस्याएँ खत्म हो जाएँगी ? अगर कहीं ऐसा हुआ जो राज्यपाल की जगह किसी ऐसे आदमी को प्रदेश का मुखिया बना दिया गया जो पार्टी के आदर्शों, आपकी, हमारी और जनता की भलाई को ताक में रखकर लूटने-खसोटने के लिए पले-पलाए कुत्तों को छोड़ दे, आप सबके ऊपर जाँच, सी. आई. डी. के फंदे डाले जाएँ। डकैतों, मुजरिमों को शह मिले और सारा प्रदेश पूँजीपतियों, काला-बाजारियों, रैकेटियर्स के चंगुलों में फँस जाए ! क्या आप चाहेंगे ? बोलिए तब अपने-अपने घर ज़ाकर आनेवाली नस्ल को आप क्या जवाब देंगे ? जब अगली बार आप चुनाव लड़ेंगे और आपके क्षेत्र की जनता आपसे पूछेगी, सरकार ने किया क्या, पार्टी की सरकार ने क्या किया तो आपके पास क्या जवाब होगा ? हल्ला होगा, बड़ा शोर होगा, उससे बड़ा नाटक होगा लेकिन इस सबके पीछे नामी पेशेवर खिलाड़ी, शराफत की नकाब ओढ़कर जो लूट मचाएँगे, आपको जवाब देते नहीं बनेगा। क्या कहेंगे आप ? बोलिए न ?

''अब मैं आपको बताता हूँ उस कांड के बारे में जिसे पिछले कई दिनों से अखबार की सुर्खियों में आप सब देख रहे होंगे। वह कांड है ताँबाकांड ! ताँबाकांड वह बदनुमा धब्बा है, पार्टी के दामन पर, जिसे हम सात जन्म तक नहीं छुड़ा सकते। ताँबाकांड महज एक घपला नहीं है, यह है राष्ट्र-विरोधी गद्दारों की एक बहुत बड़ी साजिश। ताँबाकांड के ऊपर संसद में, अखबारों में जो बहस चल रही थी, उसे आप सबने पढ़ा होगा लेकिन

आपको शायद यह नहीं मालूम होगा, ताँबाकांड का असली मुजरिम कौन है ?" इतना कहकर कुछ पलों के लिए रंगीनराय चुप हो गए।

"कौन है, कौन है ?" तमाम विधायकों की आवाज गूँज उठी।

"मैं आपको बताता हूँ, कौन है, वह कौन है ? वैसे तो कानूनी मुजरिम है, कामयाब सेठ। लेकिन मेरे कुछ सवाल हैं जिनका जवाब हमें चाहिए आज और अभी, और उससे पहले जब हमें उत्सुकदास को नेता चुन लेने को कहा जाए. मेरा–

"पहला सवाल है : कामयाब सेठ कौन है ? कोई बताएगा हमें, आठ आने सेर की रद्दी खरीदनेवाला कामू कबाड़ी, कामयाब सेठ कैसे बना ?

"दूसरा सवाल : कामू कबाड़ी अगर उत्सुकदास की शह पर कामयाब सेठ बना तो ताँबे के फर्जी लाइसेंस उसे किसने दिए ?

"तीसरा सवाल : बिजली बोर्ड ने ताँबे की लाइनें क्यों उखाड़ फेंकी ? क्या इसके पीछे गुरुपदस्वामी मंत्रिमंडल के उद्योगमंत्री और बिजलीबोर्ड की साँठ-गाँठ नहीं थी ?

"चौथा सवाल : बिजली बोर्ड ने ताँबा उद्योग निगम को क्यों बेचा ? करोड़ों की चीज सिर्फ दस लाख पर क्यों बेची ? इतना घाटा किसलिए ? फिर वह सारा ताँबा गया कहाँ ? मैं पूछता हूँ, आपको मालूम है ताँबा कहाँ गया है ? आपकी आँखों की पुतलियाँ उलटी होकर गिर जाने लगेंगी, आपको गश आ जाएगा, आपके होश फाख्ता हो जाएँगे जब आप इस हैरतअंगेज कारनामे का चिट्ठा सुनेंगे। आप सब अपने आपको चालाक समझते हैं न ? इत्ती बड़ी राजनीति करते हैं, लाख-डेढ़ लाख लोगों का प्रतिनिधित्व करते हैं !"

हाथ की तरंग, चेहरे के हाव-भाव, आवाज की गरिमा, शब्दों का प्रवाह असर डाल चुका था। हर बार पुरानी तरह रंगीनराय का जादू सिर पे चढ़कर बोलने लगा था। जो एक घंटा इनको इसी तरह बोलने दिया जाता तो इस भीड़ को ले जाकर वह आग लगवा दें, तोड़-फोड़, हड़बंग मचवा सकते थे या फिर उत्सुकदास की हड्डी-पसली तक तुड़वा सकते थे।

"लेकिन अगर आप इनके हथकंडे सुन लें, इस ताँबाकांड की हद तक जान लें तब आपको पता लगेगा आप कित्ते पानी में हैं। इन्होंने पहले तो एल्युमिनियम के करोड़पति उद्योगपति से मिलकर, मिली भगत के जरिए ताँबे के तार उखड़वा दिए, जिससे अरबों का तुरंत फायदा हुआ एल्युमिनियम के कारखानों को। ऊपर से उस ताँबे की छीजन में धंधा करके एक करोड़ का सौदा कर लिया। पहले तो बिजली बोर्ड को दस

लाख की चपत लगाकर माल हथिया लिया, फिर साठ-सत्तर लाख के नकद मुनाफे पर ताँबा विदेशी तस्करों को बेच खाया। यह देश के लोगों को सरासर चूतिया बनाना है।

"पाँचवाँ सवाल : मेरा पाँचवाँ सवाल है, दोस्तो, उत्सुकदास से! क्यों, आखिर क्यों उन्होंने बिजली बोर्ड को मजबूर किया ताँबा उद्योग निगम को घाटे पर देने के लिए? क्या इस काम में कृष्णबल्लभ, जो उस समय बिजलीमंत्री थे, उनके साझीदार थे? क्या कृष्णबल्लभ यादव ने बिजलीमंत्री की हैसियत से अपने विभाग के हित को छोड़कर, एक फर्जी जालिए को फायदा नहीं पहुँचाया? कहाँ हैं वह ताँबे की भट्ठियाँ जिनमें छीजन जानी थी? क्या उद्योगमंत्री को यह भी बतलाना होगा कि उद्योग निगम के पास ताँबे की भट्ठियाँ नहीं थीं तो छीजन का उसे क्या करना था? क्या जिन छोटे-छोटे उद्योगों के लिए यह ताँबा लिया गया था, उनके पास ताँबा गलाने की भट्ठियाँ थीं? अगर उनके पास भी भट्ठियाँ नहीं थीं, और उद्योग निगम के पास भी नहीं थीं, तो क्या बिजली बोर्ड ने छीजन उनको काला बाजार करने को दे दी थी? बात यहीं खत्म हो जाती तब भी गनीमत थी, बिना लाइसेंस के ताँबे की छीजन चोरी-छिपे प्रदेश की सीमा से बाहर ले जाई गई। उसकी तस्करी की गई, उसे तस्करों के हाथ बेचा गया। और पैसा कहाँ गया? ताँबा गायब! भट्ठियाँ गायब! पैसा गायब! दोस्तों, ताँबा जाएगा देश के बाहर, पैसा आएगा लेकिन वह भी देश के बाहर चुप्पे-चुप्पे विदेशी बैंकों के खुफिया खातों में जमा हो जाएगा!"

बड़े जोरों की फुसफुसाहट, हल्की-हल्की चीखों से जैसी लिपटी हुई उठी, जिसके साथ विधायकों के बदलते तेवर का दीदार हो गया रंगीनराय को, जो बार-बार हॉल के दरवाजे को देखते जा रहे थे। उनको डर था, किसी भी वक्त, उत्सुकदास या पार्टी-अध्यक्ष, गुरुपदस्वामी के साथ आ सकते थे। उनको अभी भी दस मिनट चाहिए थे। दस मिनट के अंदर वह वहाँ पर मौजूद विधायकों की नफरत को, अनेक-अनेक शंकाओं और सवालों की उस मीनार पर ले जाकर खड़ा कर देंगे जहाँ से फिर उत्सुकदास के लिए उन्हें उतार लाना मुमकिन नहीं हो पाएगा। हल्की चीखों में डूबी फुसफुसाहट के छोर को पकड़ते हुए उन्होंने आगे कहना शुरू किया—

"दिन-दहाड़े पुलिस-अफसर को मार दिया गया, वह मेरा दोस्त था, आपका दोस्त था, हम सबका दोस्त था। वह बेहद ईमानदार था, वह फरिश्ता था और वह हमारे गृहमंत्री का संबंधी था। उसका नाम... उसका नाम फूलदास था!"

भीड़ से उनके ही किसी विधायक ने दहाड़ मारी, "हाय, फूलदास!" कोई और बोला, "अरे राम! फूलदास नहीं रहा!"

रंगीनराय ने यह धमाका जान-बूझकर किया था। यह धमाका था, उन विधायकों के लिए खासकर जो गुरुपदस्वामी के भक्त थे। इनके आपे से बाहर हो जाने से उत्सुकदास की बधिया बैठ जानी थी।

रंगीनराय अब लोबीराम के टूट जाने का हिसाब पूरा करने लगे थे, "लेकिन आपको मालूम है, फूलदास को किसने मारा? अफीम के तस्करी डाकुओं ने। और मुझे बेहद अफसोस के साथ कहना पड़ता है, यह अफीम के तस्करी डाकू बड़े-बड़े फार्म बनाए हुए हैं जहाँ गेहूँ-धान-जौ और बाजरा नहीं पैदा होता। वहाँ तो अफीम पैदा होती है। उस नाजायज अफीम को पैदा करने के लिए, भूमिधर बैंकों से कर्ज लिया जाता है और सिंचाई विभाग पानी देता है, बिजली बोर्ड बिजली देता है। सरकारी गाड़ियों में खाद जाती है। सरकारी मशीनों से सारा काम होता है। वह जमीन जिस पर अफीम की खेती है, वह जमीन भी तो फंदे की है। वह भी गाँव-पंचायत से लपेटी हुई है। ये अफीमी डाकू, यह खतरनाक तस्कर हमारे भूतपूर्व बिजलीमंत्री और आज होनेवाले सिंचाईमंत्री के सगे-संबंधी हैं। मैं तो कहता हूँ, इन्होंने ही फूलदास को मरवाया है। इनकी ही अफीम पकड़ी थी उसने, इन्हीं के कारिंदे से बयान लिखवाया था, उसी ने ताँबा पकड़ा था, अफीम की पेटियों के बीच, दबाकर ले जाता हुआ बिजली बोर्डवाला ताँबा पकड़ा था उसने! कौन नहीं जानता, ताँबे का सौदागर कामयाब सेठ था? कौन नहीं जानता, अफीम का मालिक कृष्णबल्लभ का भाई यशोदाबल्लभ था? और कामयाब सेठ और कृष्णबल्लभ दोनों का रिश्ता···इन दोनों का रिश्ता उत्सुकदास के साथ कौन नहीं जानता?"

विधायकों के चेहरे फक थे। सबको जैसे साँप ने सूँघ लिया था! उस तलहटी पर ले जाकर रंगीनराय ने अपनी तंद्राओं को बाँध दिया था, जहाँ गुमसुम सबके-सब, क्षोभ, पीड़ा और कुंठा में बँधे हुए, उठती-गिरती शब्दों की तरंगों के साथ झूल रहे थे।

"ये सब एक ही थैले के चट्टे-बट्टे हैं! क्या कामयाब सेठ, क्या कृष्णबल्लभ और क्या उत्सुकदास! वे साँपनाथ ये नागनाथ!! बड़ी हवा उड़ाई इन लोगों ने! साफ-साफ कन्नी काटकर अलग हो लिए! पहले तो पट्टी चढ़ाकर उस समय के मुख्यमंत्री से दस्तखत करवा लिए, सारा घपला खुद किया और अब मामला खुल गया तो हाथ झाड़कर अलग हो लिए! कहते हैं···खुल्लमखुल्ला कहते हैं, ताँबाकांड से उनको क्या लेना-देना? इतना बड़ा लेन-देन हुआ था, लाखों के वारे-न्यारे हो गए, करोड़ों का सौदा हो गया और सीनाजोरी देखिए, सारा दोष गृहमंत्री के ऊपर मढ़कर संत बन गए, साधू बन गए! वाह, वाह! कहने को जी चाहता है, क्या जादूगरी दिखाई थी, ताँबा गायब किया, ताँबे की

भट्ठियाँ गायब कीं, पैसा गायब किया और फाइल…ताँबाकांड की असली फाइल भी गायब कर दी।"

"हाँ…हाँ, ठीक…ठीक…शेम…शेम!" कई विधायकों ने नारे लगाए। अब रंगीनराय एक पल को रुक गए…हल्का-सा जो शोर उठा था। उसके साफ हो जाने का इंतजार किया और जब एक बार फिर वहाँ सन्नाटा हो गया तो बड़ी तेज, बड़ी पैनी आवाज में उन्होंने फिर शुरू किया–

"साथियो! एक आदमी कुछ लोगों को बेवकूफ बना सकता है, सभी लोगों को कुछ समय के लिए बेवकूफ बना सकता है, लेकिन सभी लोगों को हमेशा के लिए बेवकूफ नहीं बना सकता! यही हुआ, उत्सुकदास के साथ!" रंगीनराय की आवाज की पिच और बढ़ने लग गई, "मुझे यह बात कहने में गर्व महसूस हो रहा है, उनका भाँडा फूट गया…उनकी ढपली टूट गई, हमने उन्हें नंगा कर दिया, झूठे को घर तक पहुँचा आया हूँ। मिल गई…मिल गई, दोस्तो, ताँबाकांड की असली फाइल मिल गई। कुछ देर पहले तक मेरे पास थी वह फाइल। अभी हाल सी. बी. आई. के एस. पी. को देकर आ रहा हूँ। उस फाइल के हर पन्ने से धंधे की बू आती है। उस समय के उद्योगमंत्री और आज के होनेवाले मुख्यमंत्री ने उसमें जो कुछ लिखा है उसे अगर उनके और कामयाब सेठ के रिश्ते की पृष्ठभूमि में पढ़ा जाए तो गुनाह के जो मंज़र सामने आते हैं, उनको जानकर अच्छों-अच्छों के होश फाख्ता हो जाएँगे। अब तक वह फाइल इन धंधेबाजों की पकड़ से बाहर जा चुकी होगी। हालाँकि पार्टी-अध्यक्ष और गृहमंत्री को इसके बारे में बता दिया गया था। इसी के साथ मैं कहना चाहूँगा, अब उत्सुकदास का खेल खत्म हो गया…।"

"जी नहीं राय साहब…जी नहीं,…उत्सुकदास का खेल खत्म नहीं, अब शुरू हुआ है।" बलराम शास्त्री अपने गुट के करीब एक दर्जन विधायकों के साथ अंदर आ चुके थे। रंगीनराय तो अपने धाराप्रवाह भाषण में इतना व्यस्त थे, उन्होंने न तो बलराम शास्त्री को आते हुए देखा और न ही उत्सुकदास को, जो हॉल के दूसरे कोने में कुछ और विधायकों से घिरे हुए अपनी अलग मंडली बनाने लगे थे। जैसे बलराम शास्त्री के कहे हुए शब्दों ने उनके जेहन में जाकर हल्की-हल्की घंटिया बजाईं। उन्होंने पहले तो बलराम शास्त्री को देखा, फिर घूमकर दूर खड़े हुए उत्सुकदास को और फिर वह उठकर खड़े हो गए।

"आओ, बलराम! आओ, आओ! अच्छा तो यही होता, तुम भी हमारे साथ हो जाते। लेकिन मुझे मालूम है…तुम करोगे तो यही पर आज नहीं…अभी नहीं! आज तो तुम्हारे सामने कुर्सी है, तुम्हारे पीछे कुर्सी है, तुम्हारे ऊपर कुर्सी है, तुम्हारे नीचे कुर्सी है! तुम कुर्सियों से घिरे हो, बलराम! इस वक्त तुम्हें समझ नहीं आएगी, किसका खेल शुरू

हुआ है और किसका खत्म ! इसलिए जाओ वहाँ," उधर खड़े हुए उत्सुकदास की ओर इशारा करते हुए रंगीनराय ने कहा, "वहाँ जाओ, उनको तुम्हारी जरूरत है।"

इससे पहले बलराम शास्त्री कोई जवाब दें या राय साब के समर्थक अपने हिंसक तेवरों पर अमल करें, मीटिंग-हॉल के दरवाजे की तरफ से बड़े जोरों का शोर उठा⋯नारे लग रहे थे—"गुरुपदस्वामी जिंदाबाद! पार्टी-अध्यक्ष जिंदाबाद! पार्टी एकता जिंदाबाद!" उधर उत्सुकदास के गोल के विधायक टूटकर आगे बढ़े तो रंगीनराय भी अपने गोल के विधायकों को लेकर पार्टी-अध्यक्ष का स्वागत करने चल दिए। एक के ऊपर एक चढ़ा जा रहा था। कुछ विधायकों ने कागज के थैले और पत्तल के दोनों में लपेटी हुई फूल मालाएँ निकाल लीं और पार्टी-अध्यक्ष को रोककर पहिनाने लगे। इस भीड़-भक्कड़ में बाहर रुके समर्थक, अखबार-नवीस, फोटोग्राफर वगैरह अंदर आ गए थे, तभी गुरुपदस्वामी और बलदेव चौधरी को उनके खास-खास विधायक फूल मालाएँ समर्पित करके, उनकी जय-जयकार करने लगे। इस स्वागत के माहौल से निकलते हुए पार्टी-अध्यक्ष, गुरुपदस्वामी, बलदेव चौधरी, हाईकमांड के और पर्यवेक्षकों के साथ, धीरे-धीरे अपने लिए बनाए हुए मंच की ओर बढ़ने लगे। इतनी देर में उत्सुकदास ने अपने लिए गुरुपदस्वामी और पार्टी-अध्यक्ष के बीच में जगह बना ली थी।

रंगीनराय इन लोगों से जरा देर के लिए अलग हो गए। उनकी निगाहें इस वक्त लोबीराम को तलाश कर रही थीं। मंच पर बैठ जाने के पहले ही वह लोबीराम को घेर लेना चाहते थे⋯किसी आखिरी कोशिश के लिए। और फिर दरोगा का भी पता नहीं लग पा रहा था। एक क्षण को उन्होंने सोचा जरूर, दरोगा शायद लोबीराम को लेकर उड़ गया होगा, लेकिन अब तक खबर आ ही जानी थी। उनको चिंता इसी बात की होती जा रही थी। जो दरोगा ने खबर नहीं दी तो जहाँ एक तरफ इत्मीनान नहीं रहेगा, वहीं दूसरी तरफ कहीं मीटिंग शुरू हो जाने तक लोबीराम आ गए तो कुछ भी कर पाने के वह काबिल नहीं रह जानेवाले थे। इसी ऊहापोह में, विधायक, समर्थकों, खबरनवीसों और खुराकियों से बचते-निकलते वह, मीटिंग-हॉल के खास दरवाजे तक आ गए, जिससे लोबीराम या दरोगा, किसी को भी देखते ही पकड़ लें। उधर उनको मंच पर पार्टी-अध्यक्ष के पास पहुँचने की भी जल्दी होने लगी थी। लेकिन उनको मालूम था, वहाँ एक बार पहुँच जाने के बाद फिर से अलग हो पाना मुमकिन नहीं होगा।

रंगीनराय ने देख लिया था, विधायकों की भीड़ से घिरा हुआ पार्टी-अध्यक्ष और गुरुपदस्वामी का कारवाँ बस मंच की ओर जानेवाला ही था। कुछ देर बाद उनकी तलाश होने लगेगी। कम-से-कम उस तलाश से बचने के लिए वह हॉल से बाहर निकल आए। बाहर निकल लेने के बाद भी, जब दरोगा का दूर-दूर तक पता नहीं लगा तो वह, खुद-ब-खुद आगे बरामदे में चलने लग गए। उनको दरोगा पर खीज आने लगी

थी। लोबीराम को छोड़ भी दिया जाता, तब भी तो दरोगा का मीटिंग में माहौल बनाने के लिए फौरन आना जरूरी होता जा रहा था।

फिर हारकर राय साब वापस लौट चले। बड़े निराश मन से, उनको लग रहा था, यह शगुन ठीक नहीं हुआ। दरोगा के न होने से एक तो लोबीराम से संबंधित बात नहीं पता लग पाई और फिर समाँ बाँध लेना मुश्किल होगा। हारकर उन्होंने अपनी मन:स्थिति से समझौता कर लिया और यह सोचकर मीटिंग-हॉल में वापस घुस गए कि दरोगा या लोबीराम कोई आया तो वह मंच से उठकर उन्हें अलग ले जाकर बतिया लेंगे।

मीटिंग-हॉल में घुसते ही रंगीनराय ने देख लिया, मंच पर अभी पार्टी-अध्यक्ष बैठे नहीं थे, हालाँकि बाहरी घुसपैठियों को निकाला जा रहा था। तभी उनकी बगल में आकर किसी ने फुसफुसाकर कहा, "जरा इधर आइए!"

फुसफुसाहट की झन्नाहट और अचानक अलग आने की कही बात ने उनको चौंका दिया था। फिर जैसे ही उन्होंने घूमकर देखा तो थका हुआ, परेशान दरोगा, उलझे बाल, बेहाल-सा उनको एक कोने में ले जाने को खड़ा था। इसके पहले दरोगा कुछ और कहे या और कोई मँडराता हुआ विधायक उनसे जुड़ जाए वह खुद दरोगा को खींचते हुए एक किनारे ले गए और धड़धड़ाते हुए बोले, "कहाँ रहि गए थे, यहाँ जान निकल गई रही।"

"अरे कुछ पूछो नाहीं, फिर बतावेंगे।"

"उसका का हुआ?" रंगीनराय रहस्यपूर्ण ढंग से बोले।

"उसको तो बलराम के तिलंगे उड़ा ले गए!"

"क्या?" एक पल को तो रंगीनराय के ऊपर जैसे फालिज गिर गया, पर दूसरे क्षण अपने को सँभालते हुए उन्होंने होंठों पर मुसकराहट लाते हुए कहा, "चलो···चलो ठीक हुआ···साँप भी मर गया और लाठी भी नाहीं टूटी।"

"तो अब लाइन का हैगी?" दरोगा ने पूछा।

"सीधा हमला!"

"कैसे?"

"कृष्णबल्लभ पर हमला और माँग होनी है लोबीराम की!"

"क्या?"

"लोबीराम को पेश करो···लोबीराम को पेश करो?" रंगीनराय ने गाते हुए कहा।

"और उत्सुकदास को छोड़ दोगे?"

"नहीं···कभी नहीं···लेकिन ज़रा बाद में मामला गर्मा जाने पर!"

"और धूमधड़ाका!"

"जब लोबीराम नहीं आएँगे और कृष्णबल्लभ को नहीं निकाला जाएगा!"

"चुनाव की माँग?"

"वह तो है ही।"

"शुरू होते ही?"

कुछ क्षण रंगीनराय सोचते रहे, फिर बोले, "देखते हैं···देखते हैं!"

"तो चला?"

"चला···चला।"

रंगीनराय और दरोगा मंच की तरफ बढ़ चले। किनारे-किनारे चलते रहने पर भी दर्जनों विधायक उठकर प्रणाम, नमस्कार, दुआ-सलाम कर रहे थे। कइयों ने तो घेर लिया था। कुछ और फुसफुसाहट कर रहे थे और गुदगुदा रहे थे। असंतुष्ट गुट की लाइन पकड़ पाने को तड़फड़ाते हुए, घिघियाते हुए इन तमाम विधायकों को मंच के ऊपर चढ़ जाने के पहले एक आखिरी झटका दिया रंगीनराय ने—

"देखिए, आज की मीटिंग में हमें सिर्फ अपने अधिकारों का इस्तेमाल करना होगा। अपना नेता हम चुनेंगे···नेता हम पर थोपा नहीं जाना चाहिए···सारे विधायक यहाँ मौजूद हैं···सबको अक्ल है···अच्छा-बुरा सोचने-समझने की। लाख-डेढ़ लाख जनता के प्रतिनिधि हैं। और अपना प्रतिनिधि···अपना नेता नहीं चुन सकते? कमाल है···और कृष्णबल्लभ-जैसे जालिम को मंत्री बनाएँगे, आँख में मिर्च झोंकेंगे!"

"नहीं···नहीं, कृष्णबल्लभ को बरदाश्त नहीं करने को!" समूह-गान में सब बोल उठे।

"कृष्णबल्लभ चोर है!"

"उसने बड़ी रकम काटी है!"

"और उत्सुकदास क्या कम है···सुना नहीं था, उनकी कहानी राय साब की जुबानी!"

"हाँ···हाँ।" हाथ पे ताली मारकर दो-तीन एक साथ बोले।

"अच्छा तो आप लोग अपने को सँभाले और हम उनको सँभालते हैं," मंच की ओर इशारा करते हुए रंगीनराय ऊपर चढ़ लिए।

मंच पर आते देखकर बलदेव चौधरी ने, जो खुद पार्टी-अध्यक्ष के पास बैठे थे, उनके लिए जगह बनाते हुए कहा, "आवा···आवा, कहाँ अटक गए थे, हमारे तो हाथ-पैर फूलने लगे थे।"

रंगीनराय अपने लिए बनाई हुई जगह पर जाकर बैठ गए और बलदेव चौधरी के कान की तरफ झुके तो इसी बीच वह खुद कंधे झुकाने लग गए थे।

"हाँ···जरा जवाबी हमले का इंतजाम करना जो था!" फुसफुसाते हुए राय साब बोले।

"अरे हमले का छोड़ा ''पहले बतावा'' का लोबीराम टूट गए ?"

"हल्ला तो यही था !"

"लेकिन है कहाँ ?"

"किसे पता ''फिर सुना, बलराम के तिलंगे उड़ा लै गए !"

"राजभवन में तो उसकी झलक दिखी थी ।"

"दिखी थी ?"

"हाँ !"

"तो पक्का समझो, वे टूट गए !"

"हे भगवान ! हे परमेश्वर !! कैसा नाटक करता था ?"

"पार्टी छोड़ने को कह आया था !"

"मुझसे तो मंत्रियों का सौदा तय कर लिया था ।"

"अरे आप यह कहें ''हमारे साथ जो दगमदगा करी है उसे भला भूलेंगे ?"

"क्या ''क्या ?"

"वह मीटिंग ''अपने यहाँ की बैठक ''उसी ने कराई थी ।"

"अच्छा ?"

"और क्या ''हमसे बोला, कसमें उठाई ''बड़े पैंतरे बदले थे उसने, तभी तो ''वह सब हुआ रहा !"

"और पार्टी-अध्यक्ष को क्या कह आया था ?"

"वहाँ तो लगता है ''उत्सुकदास ने फिटिंग कर ली !"

"कैसे ?"

"लगता है, दिल्ली ''दो-तीन बार फोन मिलाया था ''कोई कह रहा था, पी. एम. से भी बात की थी ।"

"और पार्टी-अध्यक्ष ?"

"उन्होंने भी पी. एम. हाउस बाद में लगवाया तो था ?"

"आप नहीं थे वहाँ ?"

"नहीं ''हम जरा देर को गृहमंत्री से उलझे जो थे !"

"बस यहीं चूक गए ।"

"चूक क्या गए ''देखिएगा जरा ''आज अगर इन्होंने उत्सुकदास को मुख्यमंत्री बना दिया ''हमारा हक छीन लिया तो भुस भर दूँगा ।"

"क्या करेंगे आप ?"

"जो कुछ बन पड़ेगा करेंगे ''इनकी तो लुटिया डुबो के मानेंगे ! आज जरा वक्त कम

था ''इसीलिए और कोई राजनीति का दाँव चलाना मुमकिन नहीं था। लेकिन आज के बाद देख लेना!''

''अभी तो आज की सोचो! ''है न?''

''और क्या?''

''तो लोबीराम का टूट जाना क्या माने रखता है, जब वे यहाँ होंगे ही नहीं?''

''कैसे भला?''

''अभी तक उनकी गुट्टियों को तो पहलेवाले ही तेवर याद होंगे?''

''हाँ!''

''उसी पर अपना दाँव लगा देंगे!''

''और?''

''और सीधा हमला कृष्णबल्लभ के जरिए उत्सुकदास पर!''

''तो ठीक है...।''

तभी बलदेव चौधरी ने देखा, पार्टी-अध्यक्ष उन्हें अपने करीब आ जाने का इशारा करने लगे थे। उनकी गृहमंत्री के साथ, इसी बीच चल रही मंत्रणा खत्म हो चुकी थी। तभी उनकी नजर पार्टी के महामंत्री पर पड़ी जो उठ खड़े हुए थे।

सबको शांत करने की कोशिश करते हुए महामंत्री ने मीटिंग शुरू होने की घोषणा कर दी। महामंत्री ने अपने भाषण में विधायकों को मीटिंग के महत्त्व और एजेंडा के बारे में बताया। और पार्टी-अध्यक्ष, गुरुपदस्वामी की कुछ देर जय-जयकार के बाद महामंत्री ने पहले पार्टी-अध्यक्ष से विधायकों को दिशा-निर्देश देने के लिए कहा। पार्टी-अध्यक्ष की लंबाई ज्यादा थी, इसीलिए उनके उठकर खड़े होने पर माइक को उनके मुँह के सामने रखने की कोशिश होने लगी। इसी बीच गृहमंत्री ने इशारे से महामंत्री बल्लभदास को अपने पास बुलाया। इतनी देर चुप रहने के बाद पहली बार गुरुपदस्वामी ने कहा, ''देखो ''इस हॉल से बाहर जाने के कितने रास्ते हैं?''

''दो, गुरु जी!''

''तो दोनों दरवाजे, पार्टी-अध्यक्ष के शुरू होने से पहले बंद कर दिए जाएँ और मेरा भाषण खत्म होने तक बंद रहें!'' कुछ सोचते हुए उन्होंने आगे कहा, ''इस बीच न तो कोई आएगा और न ही कोई बाहर जाएगा!''

बल्लभदास ने गुरुपदस्वामी की बात कुछ समझी और कुछ नहीं समझी, लेकिन दौड़कर हॉल के दूसरे छोर पर चला गया। वहाँ दोनों दरवाजों को, उसे बाहरी तरफ से बंद करते हुए देखकर, कई विधायकों ने ताने मारने शुरू कर दिए, ''हाँ ''हाँ पर्दा खींच दो, बुर्का पहना दो!''

''अरे ''अरे ''ओ! बल्लभदास ''देखो ''देखो वो खिड़की रह गई।'' हँसी के ठहाके

उठ खड़े हुए, तभी एक और बोला, "और... वो... वो रोशनदान!" तभी बल्लभदास के आदमी ने दो ताले पेश कर दिए जिन्हें उसने फुर्ती से दोनों दरवाजों पर जड़वा दिया। कुछ विधायक जो अभी तक इस कारनामे को घूर रहे थे, अपनी जगह से फब्तियाँ कसने लगे, "साले, कैद करके रखेंगे! हो जाने दो मीटिंग, बताएँगे। ...हाँ... हाँ इन्हें भी बंद कर देना!"

बल्लभदास कुछ डर गया था। इसलिए लौटकर जाते वक्त जिधर से फब्तियाँ और ताने आ रहे थे, वहाँ अपनी सफाई देने के इरादे से वह रुक गया।

"मार डालो हमें... टाँग दो... जैसे यह सब हम खुद ही खुशी में करते थे।" फिर धीरे-से रहस्य खोलने की मुद्रा में आधा झुककर विधायकों के एक हुजूम के पास बुदबुदाया, "अरे, गृहमंत्री का आदेश था तभी तो! वैसे बाहर एक आदमी है। जो विधायक रह गए उनको ले आने को कह दिया है।"

इतने में माइक से महामंत्री की आवाज आई, "सब लोग शांत हो जाएँ... बल्लभदास जी आप मंच पर आ जाएँ... देखिए, आप लोगों से विनती है... सब लोग शांति से आगे की कार्यवाही में सहयोग दें!... देखिए, उधर से अब भी आवाजें आ रही हैं... शांत हो जाइए... शांत हो जाइए... कृपया शांत हो जाइए, अब हमारी पार्टी के अध्यक्ष आप लोगों से कुछ बातचीत करेंगे!"

पार्टी-अध्यक्ष ने जो उठकर खड़े हो चुके थे और जिनके लिए माइक लगाया जा चुका था, अपने दोनों हाथ उठाकर लोगों से चुप हो जाने का इशारा किया। कम होते हुए विधायकों की आवाजें जब करीब-करीब बंद हो गईं तो पार्टी-अध्यक्ष की तेज-पैनी आवाज मीटिंग-हॉल में गूँजने लगी—

"आज पहला मौका है इस तरह... यहाँ के माहौल में आप लोगों से दो शब्द कह सकने का! इस प्रदेश, प्रदेश की राजधानी और प्रदेश के विधायकों से मेरी जान-पहचान बहुत पुरानी है। यहाँ की खुली हवा में मेरी धड़कनों ने कभी ताकत बटोरी थी। और आज आप सबके बीच मैं उसी ताकत के बल पर खड़ा हूँ। आपसे मुझे एक ही बात कहनी है कि कोई भी मुल्क आगे तभी बढ़ सकता है जब वहाँ की सबसे बड़ी पार्टी, पार्टी के नेता, विधायक आपसी झगड़ों को छोड़कर देश की समस्याएँ हल करने में जुट जाएँ। हमारे लिए, हमारी पार्टी के लिए सत्ता-सरकार कभी भी अपने-आप में एक ध्येय नहीं रहा है। हमने प्रजातांत्रिक तरीकों से, जनता के मन में खुफिया रिश्तों की डोर बाँधकर चुनाव के माध्यम से सत्ता हासिल भले ही की हो, लेकिन वह सिर्फ देश के लिए, देश की जनता के लिए, राष्ट्र को आगे ले जाने के लिए। हमारा ध्येय, हमारा उद्देश्य, हमारा आदर्श हमेशा-हमेशा से सिर्फ जनता की सेवा करना ही रहा है। शासन की मर्यादा के लिए, सरकार के नियंत्रण के लिए प्रजातांत्रिक तरीकों से हमने सत्ता हासिल,

सिर्फ मुल्क की शख्सियत को ऊँचा उठाने के लिए को। इसलिए आज एक बार फिर हम यहाँ जमा हुए हैं, सरकार बनाने के लिए··· भारत-जैसे महान देश के एक महान प्रदेश की सरकार बनाने के लिए जिसका आधार-स्तंभ यहाँ पर बैठा हुआ हर एक विधायक होगा। आपके अंदर अनेक-अनेक सवाल उठ रहे होंगे ! आपकी शिकायतें हो सकती हैं, आपके मापदंड अलग हो सकते हैं, लेकिन मेरा पूरा विश्वास है कि एकता का एक ऐसा सूत्र है··· पार्टी की एकता का सूत्र जो हमेशा से हम सबको बाँधता आया है और बाँधता रहेगा··· ।''

डायस पर बैठे उत्सुकदास इतनी देर में बोर हो चुके थे। जिस रफ्तार से पार्टी-अध्यक्ष बोल रहे थे, उनके भाषण खत्म होने की कोई उम्मीद नजर नहीं आ रही थी। उधर उनको मुख्यमंत्री बनना था। राजभवन में शपथ-समारोह की तैयारियाँ जो पूरी हो चुकी थीं, पार्टी-मीटिंग के शुरू होने के पहले ही कुछ उजड़ने-सी लगी थीं। वहाँ से चलते समय ही उत्सुकदास का माथा ठनका था। लेकिन फिर दिल्ली से हुई बातचीत का भी उनको भरोसा था। आधे घंटे के अंदर राजभवन से ही उत्सुकदास ने दिल्ली, तीन फोन लगाए थे। पहला टेलीफोन पी. एम. के सेक्रेटरी को था जिससे पी. एम. हाउस की खबरें उनको मिलीं। दूसरा टेलीफोन उन्होंने एक केंद्रीय मंत्री को लगाया था जिनसे उन्होंने यहाँ होनेवाले षड्यंत्र के बारे में बताया। तीसरा और आखिरी टेलीफोन उन्होंने एक आई. सी. एस. अफसर को लगाया था जिससे अपनी दुर्दशा के बारे में बताया और साथ में मिर्च लगाकर पार्टी-अध्यक्ष की रंगीनराय के यहाँ होनेवाली बैठक में होनेवाले घपलों को भी उछाला था। आई. सी. एस. अफसर जिससे उत्सुकदास ने बातें कही थीं, पी. एम. की नाक का बाल था। उसके बस में था कि वह लोबीराम, रंगीनराय की साजिश को एक झटके में तोड़ दे। इसीलिए उत्सुकदास को बड़ा भरोसा था निकल जाने का, जो और सब गड़बड़ होते हुए भी।

फिर भी पार्टी-अध्यक्ष के लंबे भाषण ने एक बार उत्सुकदास को हिला दिया और उनके अंदर हौलदिली मच जाने लगी। पार्टी-अध्यक्ष की नीयत पर उनको शुरू से शक था, लेकिन दिल्ली से उनको निर्देश मिल चुका होगा इसका इत्मीनान था उनको, पर अब यह विश्वास भी डगमगाने लगा था। मन की शंका को दूर करने के लिए वह खिसककर गुरुपदस्वामी के पास आ गए और घबराई आवाज में बोले, ''अरे बाबू, ये हो क्या रहा है ?''

''का ?'' गुरुपदस्वामी ने हैरत में पूछा।

''ये पार्टी-अध्यक्ष का रात-भर बोलेंगे··· उधर राजभवन··· ।''

''हाँ··· हाँ, पता है··· सब पता है।''

''फिर ?''

वे जो कुछ कर रहे हैं, ठीक [illegible] ?

"ठीक है... आप कहते हो!"

"और क्या?"

"लेकिन शपथ-समारोह कब होगा?"

"तुमको शपथ-समारोह की पड़ी है... यहाँ पहले चुनाव तो हो जाए।"

"चुनाव होगा?"

"तो तुम क्या समझे बैठे हो?"

"तो कब होगा?"

"जरा धीरज रखो, हवा खराब थी!"

"अच्छा बाबू, इनकी दिल्ली बात हुई थी।"

"हाँ।"

"क्या पी. एम. से?"

"हाँ।"

"तो पी. एम. ने क्या कहा?"

"हमें क्या पता... बतियात तो रहे... कुछ बताया नहीं?"

इतने में बलराम शास्त्री लपककर आ गए, "हाँ... हाँ, बाबू, इनका रोको... अब देखो जरा-सा पानी पिया और फिर चालू हो गए... क्या... क्या बोल रहे हैं... न सिर न पैर!"

"ऐ बलराम, तू चुप करा... गोबर हव... राजनीति तो आती नहीं।"

गुरुपदस्वामी की डाँट से बलराम शास्त्री फिर वापस जाकर बैठ गए और उत्सुकदास भी दबककर अपनी जगह पर पहुँच लिए।

पार्टी-अध्यक्ष का भाषण तेज रफ्तार में दौड़ने लगा था, अब व देश की राजनीति क इतिहास के कोने-किनारे की झाँकियाँ बताने लगे थे। देश की आजादी की लड़ाई से लेकर वर्तमान में सरकारी योजनाओं तक पर वे धाराप्रवाह बोल रहे थे। इस बीच कुनमुनाते हुए, कसमसाते हुए विधायक करवटें बदल चुके थे। हालाँकि कइयों को पार्टी-अध्यक्ष के रूमानी भाषण से मजा आ रहा था, लेकिन और कई चुटकियाँ काट रहे थे, चटखारियाँ भर रहे थे। यह सबके नशे-पानी का वक्त था। जो विधायक हर तीन-तीन घंटों पर पूरा खाना खाते थे उनके पेट की नसें फड़फड़ा रही थीं। किसी को सिगरेट की तलब थी तो किसी को चिलम की तड़प। पान-तंबाकू तक के लिए सब तरस रहे थे। विधायकों को उत्सुकदास की तरह यह मीटिंग महज एक हंगामा, शुगल और समारोह के सरीखी ही लगी थी जहाँ चंद लफ्फाजियों के बाद विधानमंडल पार्टी के नेता का सर्वसम्मति या बैलट से चुनाव हो जाना था। सबके तेवर, सबका जोश

धरा-का-धरा रह गया। पार्टी-अध्यक्ष ने वह चाल खेली थी जिसका कोई जवाब नहीं था।

उधर रंगीनराय और दरोगा ने जो कुछ सोचा था, उसका ठीक-ठीक उलटा हो रहा था। पहले तो इन लोगों को और खुद बलदेव चौधरी को पार्टी-अध्यक्ष का रफ्तारी भाषण एक तरफ तो वरदान ही लगा। वह इसे उत्सुकदास को गाड़ी से उतार देने का पैंतरा ही समझ रहे थे। उनको लग रहा था, देर लगाकर पार्टी-अध्यक्ष शपथ-समारोह का समय निकाल देंगे जिसके बाद कम-से-कम रात-भर का वक्त मिल जाएगा। लेकिन जब पार्टी-अध्यक्ष के भाषण का रुख पार्टी की महानता, राष्ट्र की समस्याओं से उत्पन्न परिस्थितियों में एकता की तरफ मुड़ने लगा तो वे सनके। रंगीनराय को पार्टी-अध्यक्ष की हरकतें पता थीं। जब भी उनको कोई ऐसी बात मनवानी होती जिसके लिए मीटिंग में मौजूद लोगों को राजी करने में मुश्किल होनेवाली थी तब वह इसी तरह लंबा खींचकर पटकनिया दिया करते थे। यूँ तो पार्टी-अध्यक्ष की इस तरकीब का एक पहलू उत्सुकदास की गाड़ी छुड़वाने का भी हो सकता था, लेकिन अब रंगीनराय को यह मुमकिन नहीं लगने लगा था। क्योंकि पार्टी-अध्यक्ष को दिल्ली भी लौटकर जाना था ''पी. एम. से मिलकर जवाब भी देना था। और फिर अगर उत्सुकदास की गाड़ी-भर छुड़वानी हो तो पार्टी-मीटिंग टाली जा सकती थी या फिर जब गड़बड़ी की पूरी तैयारी हो जाने की उनको खबर थी तो मीटिंग शुरू होने पर ही गड़बड़ी मचवा देने का शोशा छोड़ा जा सकता था। तजुर्बे के बिना पर रंगीनराय ने साफ-साफ पार्टी-अध्यक्ष के इरादों को भाँप लिया।

पार्टी-अध्यक्ष कह रहे थे, ''पार्टी कोई चंद लोगों का हुजूम नहीं होती। भीड़ तो किसी जगह हो सकती है—रेल के प्लेटफार्म, बस के अड्डे, सिनेमाघर पर, सब्जीमंडी या सड़क पर, मेले में या सर्कस में, लेकिन पार्टी का इस प्रकार की भीड़ से अलग एक ऐसा अस्तित्व होता है, एक ऐसी शख्सियत होती है जो बेजान नहीं, जानदार होती है। इसके प्राण होते हैं, इसकी आत्मा होती है। परंपराओं, सिद्धांतों और आदर्शों के लिए जीते-जागते जन-जन, मन-मन में इसकी एक छवि जन्मती है! यह छवि इतिहास की कड़ियों से जुड़ती, बनती और टूटती है। इसे आत्मसात करने में तो वक्त लगता है लेकिन दिखनेवाले काँच की तरह एक-एक पल में टुकड़े-टुकड़े होकर बिखर जाती है। कई बार पार्टियाँ आंदोलन से या इतिहास के दौर से खुद-ब-खुद पैदा हो जाती हैं। इन्कलाब से पार्टी पैदा होती है ''। आप अगर स्वतंत्र विधायक होते, अगर आपने पार्टी के चुनाव-चिह्न पर, पार्टी के टिकट पर, पार्टी के झंडे के नीचे खड़े होकर चुनाव न लड़ा होता तो आप अपनी मर्जी के मालिक थे। तब आपकी व्यक्तिगत पसंदगी, नापसंदगी के अपने आयाम होते। तब आप जो भी चाहे कर सकते थे, कह सकते थे। लेकिन जब आपने पार्टी के अस्तित्व को कबूल किया, जब आपने पार्टी के कार्यक्रमों पर आस्था

रखकर पार्टी की बनाई हुई रणनीति के तहत चुनाव लड़ा तो आपको पार्टी का अनुशासन मानना पड़ेगा। अनुशासन कोई ऐसा शब्द नहीं है जो सिर्फ कहने-सुनने के लिए हो। अनुशासन एक दर्शन है, एक विद्या है। आजादी निरंकुश नहीं हो सकती और पार्टी के सदस्यों को अपनी-अपनी हद में वैयक्तिक आजादी तो है लेकिन जहाँ व्यष्टि और समष्टि के हितों में संघर्ष हो, वहाँ व्यष्टि का समष्टि के लिए बलिदान करना होगा। पार्टी की राजनीति में व्यष्टि का कोई महत्व नहीं होता। हम सब एक प्रकार से बँधे होते हैं... पार्टी के संगठन से। संगठन ही शक्ति है, संगठन पार्टी की आत्मा है।... अनुशासन और संगठन का एक-दूसरे के साथ गहरा संबंध होता है। एकता और संगठन एक-दूसरे के पर्याय होते हैं। जब तक पार्टी के सदस्य, पार्टी के विधायक अपने-अपने व्यक्तिगत विरोधों को भूलकर निष्ठा और विश्वास के साथ, अनुशासन में बँधे हुए पार्टी के द्वारा तय की गई दिशा की ओर नहीं चलते, कोई भी पार्टी ज्यादा दिनों तक जीवित नहीं रह सकती। हर पार्टी में गुटबदी होती है। हमें गुटबंदी से कोई शिकायत नहीं... गुटों के संतुलन से ही राजनीति पैदा होती है... उसका प्रजातांत्रिक स्वरूप बनता है। लेकिन गुटबंदी पार्टी के ऊपर नहीं जा सकती... गुटों का सामंजस्य... संतुलन पार्टी का हाईकमांड करता है जिसे आपने खुद बनाया हैगा। अपनी बनाई हुई चीज को कोई बिगाड़ता नहीं। बिगड़ जाने के बाद किसी चीज को बनने में बड़ा समय लगता है। पार्टी तमाम... असंख्य कणों से बनी हुई काँच की दीवार के बीच में कैद रहती है। जहाँ एक तरफ उसे बाहरी हमलों से बचना होता है, वहीं दूसरी तरफ उसे अपने अंदर होनेवाले दबाव को भी संतुलन में रखना होता है। यह तभी मुमकिन हो जानेवाला हैगा जब कंधे-से-कंधा मिलाकर हम सब न सिर्फ बाहरी हमलों का मुकाबला करें बल्कि अंदरूनी दबाव को भी झेल लें। एकता में ही वह शक्ति होती है जो पार्टी को क्या दुनिया में हर किसी प्रक्रिया को जीवन देती है। पानी की एक बूँद, हवा के झोंके में या वातायन के घनत्व में या जमीन की ताकत में लुप्त हो जाती है। आपने आसमान में बहते हुए बादलों को कभी देखा है। बादल का एक टुकड़ा तमाम गैसों से बनकर भी अपने आपमें रुई से ज्यादा ताकत नहीं रखता। उड़ा ले जाती है हवा उसे, आकाश का खालीपन उसे झुलाता रहता है। लेकिन छोटे-छोटे रुई के गोले-सरीखे अनेक-अनेक बादलों के टुकड़े जब आपस में मिलकर बुन जाते हैं, जुड़ जाते हैं तो हवा के बहाव में क्षण-भर को ही सही, न सिर्फ अपना अस्तित्व बना लेते हैं बल्कि उत्पत्ति की प्रक्रिया को भी जन्म दे देते हैं। तब... तभी उन्हीं बादलों के घेरे से टूटकर निकलती है पानी की बौछार जो धरती को जीवन देती है। पानी की बौछार क्या है? उसकी अपनी तो कोई मौजूदगी नहीं होती। पानी की वह बौछार एक नहीं... दो नहीं, अनेक असंख्य पानी की बूँदों से बनती है। जैसा मैंने कहा, पानी की एक बूँद कुछ भी नहीं होती... एक फूँक में... क्षण के हजारवें हिस्से में सूख जाती है, खो जाती

[illegible] लेकिन जब तमाम बूँद एक हो जाती हैं तो लहरधारा की भाँति धुआँधार बरसात बन जाती है जिससे दरिया बनते हैं, जिससे तालाब, कुँओं का जन्म होता है। तब पानी को आप चाहे किनारों में बाँध दें, लेकिन उसकी रफ्तार को नहीं रोक सकते। बूँद···बूँद से बौछार, तमाम बौछार से धारा, धाराओं से लहर, तमाम लहरों से बहाव पैदा होता है जो सैकड़ों-हजारों पत्थर की चट्टानों, पहाड़ की ऊँचाइयों तक को लाँघती हुई विशाल समंदर में समा जाती है···लीन हो जाती हैं। उत्ताल तरंगों के जोड़-जोड़ से बना असीम सागर भले ही किनारों में रुका हुआ हो, फिर भी उसमें अपनी गति है। सीमाओं में तो संसार-विश्व-ब्रह्मांड तक बँधा है, फिर भी सागर की गुरुता अपरंपार है, उसकी महिमा अपार है, उसकी गति, उसके प्रवाह को नाप सकना भी मुमकिन नहीं! उसी तरह एक ज़र्रा क्या है···उसकी हैसियत क्या है, लेकिन तमाम ज़र्रे मिलकर धरती बनते हैं, उनसे विश्व बना है···उनसे ज्वालामुखी धधकते हैं, बगूले बनते हैं! हवा क्या है···हवा अपने में सिर्फ मामूली प्रवाह है, लेकिन हवा की अनेक-अनेक गोलाइयों, ऊँचाइयों के आयतन से जो पैमाइश से पैदा होती है उससे ब्रह्मांड का संतुलन बनता है, उससे बादल इकट्ठा होते हैं, उससे मौसम बनते हैं। उसी पैमाइश से चक्रवात, तूफान···जलजले पैदा होते हैं। वह तीर की रफ्तार से चकरानेवाली घुमनी जिसमें असंख्य मिट्टी के ज़र्रे, पानी की करोड़ों बूँदें समाई होती हैं···वह सब मिलकर बनी हुई पैमाइश से पैदा होती हैं। पेड़ को लीजिए, पत्तियों को लीजिए, फूल की तमाम पंखुड़ियों को लीजिए—यह सब आपस में मिली हुई, एक-दूसरे में समाई हुई···अपने अस्तित्व को पा सकती हैं। सदियों, शताब्दियों के मानव जीवन के इतिहास की ओर जब हम देखते हैं तो लाखों-करोड़ों साल पहले कीड़ों-मकोड़ों-जानवरों की तरह से जीनेवाला मनुष्य आज कहाँ तक पहुँच गया है। इस तमाम विकास के पीछे इन तमाम शताब्दियों की मिली-जुली कोशिशें हैं। आदमी ने जब से मिलकर काम करना सीखा तभी से उसका विकास हुआ है। पहले वह अकेले जीता था तो उसका अस्तित्व बस महज एक साधारण जानवर की तरह था। उसने मिलकर खोजें कीं, पहाड़ काटे, नदियाँ पार कीं, मुल्क बनाए, देश पैदा किए। फिर देश के अंदर अपनी-अपनी आस्थाओं के घेरे में मँडराते हुए उसने तमाम ईजाद किए···अपने जीने···आराम के सामान इकट्ठे किए, प्रकृति पर विजय प्राप्त की।

''विश्व के इतिहास में आदमी की जीने और तरक्की की प्रक्रियाओं पर गौर करते हुए जब हम मुल्कों का इतिहास देखते हैं तो हमें यह ज्ञात होता है कि जिन मुल्कों ने, जिन देशों ने एक होकर, मिल-जुटकर आत्मशक्ति के स्रोत बनाए, वे ही देश महान बन सके। रोम, ग्रीस, मिस्र, फारस, भारत और बाद की शताब्दियों में ब्रिटेन और जर्मनी सारे देशवासियों की एकता और संगठन-शक्ति के बलबूते पर ही महान बन सके।

देशभक्ति, समष्टिगत परंपराओं और विश्वास के भरोसे ही इतिहास [illegible] स्थान बनाया, अपने दौर को बनाया। भारत की सबसे बड़ी कमजोरी टुकड़ों-टुकड़ों में बँटकर आपसी झगड़ों में जुटे रहना थी। भारत को इतिहास ने इसकी सज़ा दी है। हमने सैकड़ों साल तक वह सज़ा भुगती है··· गुलामी की जंजीरों में जकड़े हुए, तड़पते हुए। भारत का बीता हुआ इतिहास आपसे कराह-कराहकर दर्द-भरी आवाज में कह रहा है कि उन भूलों को, उन गलतियों को फिर से न दोहराओ। उस दौर में हम कुचले गए, हम मारे गए, हमारे देश के ऊपर जो अत्याचार हुए हैं उनका अगर हिसाब किया जाए, उनकी अगर विवेचना की जाए तो एक बार मानव इतिहास की आत्मा गुनाहों के बोझ से दबकर टूटने लगेगी···।"

अब रंगीनराय का माथा ठनका, उनका शक सही निकला। साफ-साफ पार्टी-अध्यक्ष दगा देने लगे थे। उन्होंने अपने शक को भरोसा देने के लिए दरोगा की ओर देखा तो उसका चेहरा पहले से ही सफेद होने लगा था। सिर पर से बेतहाशा पसीने की बूँदें टपक रही थीं, उलझे हुए बाल उँगलियों से तोड़ता हुआ वह बार-बार उनकी ओर देख रहा था। रंगीनराय को अपनी ओर देखता हुआ जानकर दरोगा उनके जरा और पास खिसक गया और फुसफुसाते हुए बोला—

"यह दगा···यह खेल!"

"अरे हाँ···देखो भला!"

"पहले लोबीराम टूट गए हैं और अब ये गुड़गोबर किए हैं।"

"लोबीराम का झटका तो मैंने झेल डाला था···यहाँ तैयार बैठे हैं सब-के-सब!"

"क्या लोबीराम के आदमी आपका साथ देनेवाले थे?"

"हाँ! और फिर सबने उसको देखा था मेरी बैठक में बोलते हुए।"

"सो तो है!"

"और तब से लेकर अभी तक उसका और कोई संदेश तो आया नहीं?"

"वह ऐसा है भी नहीं जो बार-बार बात बदले···।"

"खुल्लमखुल्ला!"

"हाँ···खुल्लमखुल्ला कभी नहीं। उसका तरीका तो है, ऐसे मौके पर, जब नीयत खराब हो जाए तो घुट्टी मार के बैठ जाओ···।"

"लेकिन सब सारे उसका कोड समझते हैं।"

"कोड क्या?"

"अरे वही हिस्सेवाली बात···कहा हो तभी दिलवाएँगे।"

"सो तुम कहोगे वह सारा, इनको हिस्सा देता?"

"नहीं···आज नहीं, अरे क्या पता कुछ चाय-पानी करवा देता···वक्त बदलने लग

गया है···कोई यूँ मानता है नहीं।"

"अच्छा छोड़ो···अब इनको क्या हुआ?"

"हाँ···यह खूब रही···मेरा तो माथा चकराने लग गया है।"

"लेकिन अभी भाषण किसी तरफ भी मोड़ा जा सकता है," रंगीनराय ने उम्मीद से कहा।

"यह तो इनकी पुरानी तरकीब है। बड़ा लंबा खींचकर लाते हैं और कब तोड़ेंगे किसी को पता नहीं।"

"लेकिन पता तो करनाहोगी!"

"कैसे? यह बैठे तभी तो!"

"नहीं, मालूम करना है पी. एम. से इनकी बात हुई थी?"

"हाँ, सो तो हमें मालूम है।"

"क्या भला?"

"यह तो बाप को भी न बतावे हैं!"

"फिर भी।"

"कुछ पता नहीं···किसी को भी कुछ पता नहीं!"

"उत्सुकदास को भी?"

"उसकी तो खुदै हालत पतली रही···अभी हाल मुँह बनाय रहा था···बड़बड़ा रहा था···तब गृहमंत्री ने डाँटा।"

"अरे हाँ, गृहमंत्री को तो पता होगा?"

"मुझे तो लगता है···दोनों बुड्ढे मिल गए हैं।"

"यह एक ही सूरत में हो सकता है।" रंगीनराय की समझ में बातें आने लगी थीं।

"कैसे?"

"जब पार्टी-अध्यक्ष का और गृहमंत्री का फैसला एक हो।"

"गृहमंत्री का फैसला तो सबको मालूम है···उधर संबंधी की लाश पड़ी है···लेकिन उत्सुकदास को दूल्हा बनाए बिना अर्थी न उठावेंगे, राय साब···ऐसे हैं ये!"

"और पार्टी-अध्यक्ष का फैसला चौधरी साब ने बताया था···हमने खुद देखा था···सुना था!···अगर इनके और गृहमंत्री के फैसले छत्तीस का आँकड़ा हैं तो भला ये छाछठ कैसे हो गए?"

"बीच में कहीं कछ गोल है···कुछ छूट रहा है हम लोगों से!"

"···छटा-ऊटा कछौ नाहीं···बस मैं कहना नहीं चाह रहा था!"

"का···का भला?"

"अरे यही," ताली पर हल्की ताली मारते हुए राय साब ने कहा, "पी. एम.

"ओह··· !"

"फिर भी दुविधा में हैं हम··· ये अध्यक्ष जो हैं··· इनके काटै का मंतर नहीं है··· अगर उत्सुकदास को उड़ाना हो न··· तब भी ऐसे ही बोलेंगे।"

"और गृहमंत्री जो चुप बैठे हैं··· बलराम को गरियाया है।"

"अरे, वे तो गोबर के चोथ हैं··· बड़े आशावादी हैं !"

"लेकिन राय साब मानि गए, ये अध्यक्ष बड़े खिलाड़ी हैं, फिर भी हम करें क्या ?"

"करें क्या ?" सोचते हुए राय साब ने अपना माथा खुजलाते हुए कहा, "अभी जरा रुक जाओ··· इनको मुड़ने तो दो।"

"लेकिन आपै ने अभी कही··· आखिर तक समझ न आएगा !"

"सो तो है पर ये देखो भला कैसे मगन होए··· दौड़ाए हैं··· जैसे ढपली बजाते हों··· ऐसे में कैसे छेड़ें ? चलने दो अभी··· तुम उधर," उत्सुकदास की तरफ इशारा करते हुए दरोगा को ढकेल दिया, "ज़रा खयाल करो··· कुछ ढूँढ़ो !"

"ठीक है··· ठीक है," कहकर दरोगा खिसक गया।

दरोगा ने बलराम शास्त्री के पास पहुँचते-पहुँचते पार्टी-अध्यक्ष के अब जोरों से चल रहे तूफानी भाषण की वजह से मुँह बनाया था जिसे सहमतिपूर्वक देखते हुए बलराम शास्त्री भी चिढ़ाने-जैसी भाव-भंगिमा पैदा करने लगे। दोनों दुखी थे, पार्टी-अध्यक्ष ने उनको दुखी कर रखा था। अलग-अलग गुटों के नेता होते हुए भी इस वक्त के हालात में दोनों की विचारधारा एक ही पैमाइश में उतर रही थी।

"आवा··· आवा दरोगा !" दरोगा के पास आते ही शास्त्री धीमी पर चीखती आवाज में बोला।

"अरे का आवा··· ये तो धुआँधारी होइ गए ! लगता है··· सबेरे तक बोलेंगे।"

"हाँ··· हाँ··· हम सब परीशान हैं !"

"क्यों नहीं··· क्यों नहीं, राजभवन जाने की जल्दी होगी न !"

"अरे, हाँ यार ! तुमका तो सब मालूम है। सारा इंतजाम हो चुका है।"

"क्या तुम लोगन का इत्ता इत्मीनान रहा ?"

"काहे का ?"

"अरे यही उत्सुकदास के चुने जाने का।"

"ओह ! उसकी बात है··· वह सब तो ठीक है !"

"क्या खाक ठीक है !"

"क्यों भला ?"

"ठीक होता तो ये इत्ती देर से बर्रा रहे होते !"

''यही तो मैंने भी कहा था बाबू से।''

''बाबू से!''

''हाँ और मुख्यमंत्री भी घबराए थे!''

''अब साले! अभी से मुख्यमंत्री बनाए हव!''

''बनाए तो हते पर अभी हाल दहला दिया पार्टी-अध्यक्ष ने।''

''देखो बलराम, हमारा आपस का कितना भी विरोध हो, इस मामले में तो हम एक हैं न?''

''किस मामले में?''

''यह पार्टी-अध्यक्ष की भड़ास पर!''

बड़े जोर की हँसी आ गई शास्त्री को, जिसकी आवाज से डायस पर बैठे लोग उधर मुड़कर देखने लगे। एक बार पार्टी-अध्यक्ष ने भी बोलते हुए पलटकर घूरा था, इनकी तरफ। गुरुपदस्वामी ने भी तब आँखें चढ़ाकर शास्त्री को गुस्से में तरेर दिया। शास्त्री को गलती का अहसास हो लिया, फिर भी धीरे से फुसफुसाकर दरोगा से बोले, ''हाँ यार, इसमें तो हम एक हैं। बोलो कुछ करना है?''

''अब क्या करना है⋯तुम्हारी फूहड़ हँसी ने खेल बिगाड़ दिया।''

''हाँ!''

''और क्या, बैठो चुप्पाए कै,'' कहकर दरोगा आगे खिसक गया, गुरुपदस्वामी की निगाहों से दूर।

''लेकिन दरोगा के खिसक जाने से और बलराम शास्त्री के खिसियाकर आँखें नीची कर लेने से कोई बात खत्म नहीं हो गई थी। शास्त्री की फूहड़ हँसी आग लगा चुकी थी। तमाम विधायक जो अब तक पार्टी-अध्यक्ष के सनसनाते हुए भाषण के खौफ से चुपचाप बैठे हुए थे, कसमसाने लगे। शास्त्री की हँसी डायस की तरफ से आई थी जिससे और लोगों में हिम्मत के बल करवटें बदलने लगे थे। फिर भी खुल्लमखुल्ला कोई भाषण में प्रतिरोध नहीं डाल सकता था, क्योंकि एक तो भाषण अच्छा था, एक-एक शब्द जैसे सम्मोहन में बाँधे हुए विधायकों को ऊँचाई से नीचे तक बार-बार दौड़ा रहे थे, दूसरे पार्टी-अध्यक्ष की प्रतिष्ठा, सम्मान और व्यक्तित्व—सभी को खास तरह के भय की रस्सी में लपेटे हुए था।

और कुछ तो होना नहीं था, हाँ फुसफुसाहट, गुदगुदाहट का दौर जरूर शुरू हो गया था। शास्त्री की हँसी ने उनके मन की ऊब जो सम्मोहन में बँधी और भय में लिपटी, दुबकी हुई थी, उभरकर एक-दूसरे का सहारा ढूँढ़ने लगी।

एक विधायक: ''अमा! हम तो देख यह रहे हैं⋯इनका भाषण द्रौपदी के चीर की तरह खिंचता जा रहा है!''

दूसरा विधायक : "अरे, उत्सुकदास को तो देखो कैसी हवाइयाँ उड़ी हैं चेहरे पर !"

तीसरा विधायक पीछे से लपका : "क्यों, भला क्यों ?"

पहला विधायक : "अब इनकी सुनों ... क्यों, भला क्यों ?"

चौथा विधायक : "उसके हवाइयाँ ही नहीं, कलेजे पर छुरियाँ भी चले हैं जी !"

पाँचवाँ विधायक, जो अभी तक गंभीर मुद्रा में भाषण सुनने का बहाना किए था "जो यह रात-भर ऐसे ही बोलते रहे तो उसके हलक से निवाला निकाल लिया समझो ।"

दो-तीन विधायक एक साथ बोल उठे : "और क्या, और क्या !"

दूसरा विधायक : "और हम जो खिचड़ी चढ़ा आए थे ?"

सब लोग मुँह छुपाकर खी-खी करने लगे, फिर तीसरा बोला : "का कहयो ... खिचड़ी !"

दूसरा : "हाँ ... हाँ, स्टोव पर खिचड़ी चढ़ी है और कमरा बंद है ।"

इन लोगों की बातों में रुचि लेते हुए दो-चार और अधलेटे होकर बढ़ आए थे । उनमें से एक बोला, "इनका खिचड़ी की पड़ी है, हमारी सारी दावत घुसि गई ।"

"कैसे ... कहाँ थी ?"

"अरे वही दास के यहाँ ... अंग्रेज है साला । टाइम से न पहुँचो तो खा-पीकर सो रहेगा ।"

"ऊपर से कुत्ते अलग छोड़ देगा," एक ने तजुर्बे से कहा ।

"हमने आज छानी नहीं थी सो बड़ा गंदा लग रहा है ।"

"मैं तो ज्यादा खा गया था तो पेट गुड़गुड़ाय रहा है ।"

"वो तो लगता है, सभी का हाल है ... कैसी-कैसी आवाजों में गैस-पटाखे बज रहे हैं !"

"धत्त !"

"हमरे यहाँ कई कारीगर आए बैठे हैं ।"

"कारीगर क्या ?"

"अरे वे ही !"

"हाँ ... मैं बताऊँ वे हैं खुराकी देनेवाले ... चढ़ावावाले ... लौटि गए तो हजारों का नुकसान अलग !"

"बाप रे बाप ... आखिर ये चाहत का हैं ?"

"भाड़ में जाए चाहत, मेरी तो नस फटी गई समझो !"

"नस ?"

"हाँ ... इधर कुछ बहुमूत्र रोग लगा हुआ था ... तो !"

पेट पकड़कर, मुँह दबाकर सबने हँसी रोकी, फिर भी भिनभिनाहट तो डायस तक

जा ही पहुँची। अच्छा-खासा गोल बनने लगा था इन लोगों का। सबके-सब अपना-अपना रोना लगाए हुए थे। मीटिंग-हॉल के एक कोने से दूसरे कोने तक बस माहौल छूटकर भागने का बन चुका था। सबकी मुसीबतें दिल और दिमाग के सोचने-समझने की, अहसास को पकड़ सकने तक की प्रक्रियाओं पर फालिज गिर चुका था। असल में विधायक इतने लंबे भाषण के लिए तैयार होकर नहीं आए थे। सबको पार्टी-मीटिंग के तुरंत बाद राजभवन जाने की बात पता थी। लेकिन केंद्रीय नेताओं का हौआ दबोचे हुए था, जिसकी वजह से बेहद तकलीफ के दौर से गुजरते हुए भी कोई कुछ कह नहीं पा रहा था। उधर पार्टी-अध्यक्ष का रफ्तारी भाषण अब और तेज दौड़ने लगा था। शब्दों का उतार-चढ़ाव, आवाज की पिच नपी-तुली, लगातार विधायकों के दिमाग पर हथौड़े बरसा रही थी, कोड़े जमा रही थी। उनकी मुद्राएँ, हाथों का उठना-गिरना जैसे नोच-नोचकर हर विधायक के अंदर से जमा हुई ताकत निकाल रहा था, जिसमें कहीं भी विरोध कर सकने का इरादा हो। कुछ जो स्वस्थ और सुंदर मन के थे, स्वाभाविक रूप से उनके जादू के घेरे में आ चुके थे और जो उखाड़ी-पछाड़ी और ऊबे थे उनके अंदर कुछ कह सकने, कर सकने का माद्दा ही नहीं बाकी था।

ऐसा नहीं था, पार्टी-अध्यक्ष यह सब देख नहीं रहे थे, समझ नहीं रहे थे। विधायकों की चुलबुलाहट, सबकी बेचैनी, मुसीबत और परेशानी उनकी तेज निगाहों से छिपी नहीं थी। और कोई वक्त होता तो कसमसाहट और फुसफुसाहट वह एक झटके में साफ कर देते, लेकिन आज... आज उनको ऐसा नहीं करना था। आज तो बड़ी खूबी से... इतनी देर की मेहनत के बाद... जान-बूझकर उन्होंने यह माहौल पैदा कर दिया था। पार्टी-अध्यक्ष की पैनी निगाहों ने पैमाइश कर ली थी... सब्र का... सबके सब्र का पैमाना नाप लिया था। एक-एक की नब्ज पकड़ रखी थी उन्होंने!

पार्टी-अध्यक्ष कह रहे थे, "साथियों...यहाँ आने से पहले मैं पी. एम. से मिला था। और अभी राजभवन से मैंने फिर टेलीफोन स उनसे बातें भी की थीं। उनसे बातें करने के बाद हमने गृहमंत्री के साथ सलाह-मशविरा भी किया। इस दौरान आज मैं तमाम विधायकों के साथ काफी देर तक रहा। विधायकों के अंदर जो असंतोष है... सिद्धांतों और व्यक्तित्व की जो लड़ाई चल रही है उसके प्रति हम अनजान नहीं हैं। पी. एम. ने आपके नाम संदेश में मुझसे यह कहने के लिए कहा है कि आपकी भावनाओं का हम आदर करते हैं और आज के बाद आपको उन्होंने दिल्ली आने के लिए कहा है। वह आप में से हर एक की बात सुनेंगे... और आपकी जो भी शिकायतें होंगी, उन्हें दूर किया जाएगा। हम प्रजातांत्रिक ढंग से पार्टी को चलाते रहने को आतुर हैं। प्रधानमंत्री का भी यह कहना है कि प्रदेश की सरकार का गठन कोई इतनी बड़ी घटना नहीं है जिसके लिए आप आपसी मतभेदों को खुलकर सामने आ जाने दें। मगर आज मंत्रिमंडल बनता है तो आपकी

सहमति से बनेगा। आज देश के सामने तमाम समस्याएँ हैं··· तमाम खतरे हैं। विरोधी दलों की साजिश है हमारी पार्टी को कमजोर बनाने की। राष्ट्रीय स्तर पर भी पार्टी और केंद्र की सरकार में हमें यहाँ के कुछ नेताओं की जरूरत है। मुझे इस बात की घोषणा करते हुए हर्ष हो रहा है प्रदेश-पार्टी के अध्यक्ष श्री बलदेव चौधरी, जिनकी निष्ठा, लगन और देश-सेवा से आप सब वाकिफ हैं, को इस सिलसिले में प्रधानमंत्री ने दिल्ली बुलाया है। मुझे विश्वास है श्री चौधरी अब राष्ट्रीय-स्तर पर प्रधानमंत्री की जिम्मेदारी में हाथ बटाएँगे।''

बड़े जोर की तालियाँ बजीं। यह तालियाँ बलदेव चौधरी के विधायकों ने नहीं बजाई थीं··· और न ही उत्सुकदास के समर्थकों ने। यह तालियाँ जहाँ एक तरफ तमाम विधायकों के चौधरी साहब के प्रति सम्मान का प्रतीक थीं, वहीं दूसरी तरफ पार्टी-अध्यक्ष के भाषण के आखिरी दौर में पहुँच जाने की खुशी में भी थीं। तालियों की आवाज धीमी पड़ते ही पार्टी-अध्यक्ष ने अपने प्रयोग की सफलता को आँककर आगे कहना शुरू किया, ''मुझसे प्रधानमंत्री ने अपने साथ ही राय साब को लेकर आने के लिए कहा है··· वैसे यह मेरा भी विचार था अगर चौधरी साब दिल्ली चले आते हैं तो प्रदेश पार्टी की जिम्मेदारी राय साब को ही सौंपी जानी चाहिए।'' एक बार और तालियाँ बजीं··· इस बार तालियों की आवाज ज्यादा तेज थी। कुछ लोग पार्टी-अध्यक्ष, राय साब, चौधरी साहब जिंदाबाद के नारे लगाने लगे।

इसी बीच लोगों ने देखा, पार्टी-अध्यक्ष तो 'धन्यवाद' कहकर बैठ गए थे··· लेकिन उनकी जगह गुरुपदस्वामी आकर खड़े थे। वह लोगों से शांत हो जाने के लिए कह रहे थे। नारेबाजी और हुल्लड़बाजी बंद नहीं हो रही थी तो गुरुपदस्वामी ने बिना और इंतजार किए बोलना शुरू कर दिया। लेकिन उनके पहले वाक्य से ही पूरे हॉल में सन्नाटा छा गया··· जैसे बिजली गिरी हो। उन्होंने एक झटके से असंतुष्ट गुट के नीचे से जमीन निकाल ली थी। विधायक हक्के-बक्के उनकी तरफ हैरतमंद निगाहों से देख रहे थे··· हमेशा सीधी-साधी राजनीति करनेवाले गुरुपदस्वामी कौन-सी चाल खेल गए थे। और तो और, खुद उत्सुकदास को लगा, उनके अपने गुरुपदस्वामी ने यह कौन-सी चोट कर डाली। एक बार वह उठने को हुए, फिर कुछ सोचकर बैठे ही रहे, लेकिन उनका चेहरा क्रोध, निराशा और घृणा से तिरछा हो गया था। रंगीनराय और बलदेव चौधरी को भी जैसे अपने कान पर विश्वास नहीं हो रहा था। गुरुपदस्वामी का पहला वाक्य था, ''कृष्णबल्लभ यादव को पार्टी की सदस्यता से निलंबित कर दिया गया है। उनके ऊपर गंभीर आरोप है!''

● ● ●